KB001992

셀럽시대

지은이 김정섭

성신여자대학교 문화산업예술대학원 문화산업예술학과 교수(Ph. D.)로서 K-컬처, 아티스트, 스타 연구에 집중해 왔다. 아울러 ≪경향신문≫ 기자, 'LG 글로벌 챌린저' 제1기, 성신여자대학교 방송영상저널리즘스쿨 원장, 문화부·인사혁신처·환경부·고용노동부 정책 자문·평가위원, 대통령 연설 자문위원, 한국거래소 상장심사위원, '2022 한국케이블TV방송대상' 심사위원장, KTV 방송자문위원, 한국엔터테인먼트산업학회 이사 등을 지냈다. 2009년에는 '2008년 한국기자상'을, 2019년에는 한국엔터테인먼트산업학회 '우수논문상'을 받았다. 박사학위 논문을 통해 'K-컬처'란 용어를 학문 영역에 처음 데뷔시켰다. 우리나라 최서단 영해기점인 격렬비열도에 대한 연구·저술을 통해 방치된 이 섬의 '국가연안항' 지정에 크게 기여했다. 시나리오 「1978년 대한민국 최서단 무인도 조난 대참사 실화극: 격렬비열도」 등을 창작하고, 아래와 같은 다양한 학술서를 출간했다.

e-mail: lakejs@naver.com

- 『대한민국 신선마을(무형유산 신선강림 전설을 품은 명승 10선)』(2022)
- 『엔터테인먼트 경영·경제학』, 『엔터테인먼트 상품 경영론』, 『엔터테인먼트 통합 마케팅』(3권 공역, 2021)[2022년 대한민국학술원 우수학술도서 선정]
- 『케이컬처 시대의 뮤직 비즈니스』(2021)[2021년 문화체육관광부 세종도서 학술부문 선정]
- 『(함께 가요, 함께 가꿔요, 함께 지켜요) 격렬비열도』(2020)
- 『할리우드 에이전트』(역서, 2019)[2019년 세계일보·교보문고 '올해의 책' 선정]
- 『우리는 왜 사랑에 빠지고 마는 걸까(로맨스 심리학)』(2019)
- 『한국 대중문화 예술사』(2017)
- 『명품배우 만들기 스페셜 컨설팅』(2016)
- 『협동조합: 성공과 실패의 비밀』(공저, 2016)
- 『케이컬처 시대의 배우 경영학』(2014)[2015년 대한민국학술원 우수학술도서 선정]
- 『언론사 패스 심층지식 I·II』(2권, 2014)
- 『한국 방송 엔터테인먼트 산업 리포트』(2007)

소중한 이름을 더욱더 가치 있게 빛내려 애쓰시는
품격 있는 독자님들과 멋진 셀럽, 셀럽 워너비, 셀럽 컨설턴트,
그리고 셀럽 연구자님들을 위하여

셀러브리티의 품격과 향기
William Holden & Audrey Hepburn

| 차례 |

| 머리말 |

최근 들어 '명사名士, celebrity'에 대한 사회적 관심이 더욱 뜨거워지고 있습니다. 저마다 적극적인 소통을 추구하고, 소통을 잘하는 것이 빼어난 능력이 되며, 그것을 권장하는 시대를 맞아 인지도의 범위와 수준이 달라도 모두가 나름대로 '셀럽'의 지위를 누리며 생활할 수 있게 된 시대에 당연한 현상인지도 모르겠습니다. 톱스타와 대통령은 누가 봐도 최고의 유명인사지만, 이들 못지않게 각 직장과 모임, 조직, 동네와 시군구 단위에서 상당한 이름값을 누리며 사는 이들이 적지 않습니다. 본래 제한된 소수의 널리 알려진 사람들만을 명사로 규정하지만 소통 욕구와 미디어 기술이 만나면서 '누구나 명사'인 시대에 이르렀습니다.

이렇듯 명사에 대한 관심이 증대되고 있는 것은 근본적으로 명성을 지닌 명사가 됨으로써 얻는 이점이 명사가 아닐 때의 그것보다 훨씬 크다는 인식이 확산하고 있기 때문입니다. 첨단 미디어 플랫폼과 다채로운 콘텐츠를 기반으로 하는 디지털 경제 시대를 맞아 촘촘한 네트워크를 통해 많이 알리고 널리 전파하는 일이 중시되면서 강화된 인식입니다. 명사가 되면 사생활 제약, 공개 석상 등장에 대한 심적 부담과 스트레스, 대중의 감시, 언론의 비판 등 각종 부작용도 겪게 되지만 자존감과 명예가 높아지는 것은 물론 부와 명예를 얻게 된다고 믿는 경향이 두드러지고 있는 것도 이유입니다.

무엇보다도 디지털 미디어 환경에 바탕을 둔 '관심경제attention economy' 시대를 맞아 상품, 서비스, 기업과 브랜드 이미지 등을 제대로 알리지 않고서는 비즈니스를 하기 어렵거나 경쟁에서 뒤처지기 쉽기 때문입니다. 개인화된 소셜미디어social media를 통해 기성 언론, 홍보 대행사, 홍보 담당자를 거치지 않고도 직접 자신을 소구하거나 홍보해 유명해질 수 있는 편리한 시대가 되었기 때문에 이런 관심은 내재된 욕망의 실현이란 측면에서 더욱 현실성을 갖게 되었습니다.

명성학名聲學, fame study과 명사학名士學, celebrity study, celebritology 분야의 연구에서 현재까지 최초의 공인된 명사로 종종 제시되고 있는 마케도니아의 알렉산더 대왕Alexander the Great(재위 B.C. 336~B.C. 323) 이후 로마 공화국의 장군이자 정치가인 가이우스 율리우스 카이사르Gaius Julius Caesar(B.C. 100~B.C. 44)처럼 계급사회의 상층부를 차지했던 왕과 왕족, 귀족, 그리고 교황과 같은 종교계 지도자들이 명사의 반열에 올랐습니다.

명성을 뜻하는 'fame'이란 용어는 1290년 이전에, 'famous(유명한)'는 셰익스피어 시대에, 'celebrate(축하하다, 찬양하다, 기리다)', 'celebrated(유명한)', 'celebrity(명사)'는 모두 1600년대에 처음 등장했습니다. 이런 어휘의 역사를 볼 때 사람들이 명성이란 개념을 머릿속에 구체적으로 인지하고 그것을 의식하면서 공동체에서 살게 된 것이 적어도 730년이 넘었다고 할 수 있습니다.

알렉산더 대왕, 가이우스 율리우스 카이사르 같은 고대의 명사들에 이어 마차무대, 유랑극장, 실내극장 시대의 가수와 배우, 영사기와 스크린 영화 시대의 배우, 현대 민주정치의 시작과 자본주의의 정착을 이끈 정관계의 유력 인사들도 명사로 각광을 받았습니다. 전통 미디어의 등장으로 신문·잡지·텔레비전에 나와 인기를 얻고 화제를 뿌린 사람도 명사로 떠올라 위대한 칭송과 숭배의 대상이 되었습니다.

커뮤니케이션 기술이 고도로 발달하면서 유튜브, 페이스북, 트위터, 마이스페이스, 인스타그램, 틱톡, 릴스와 같은 개인화된 소셜미디어를 통해서도 얼마든지 다양한 유형과 인지도 수준을 지닌 명사가 등장하고 있습니다. 이를 반영하듯 '영웅hero', '스타star', '퀘이사quasar', '셀러토이드celetoid', '마이크로 셀러브리티micro celebrity', '인스턴트 셀러브리티instant celebrity'처럼 명사의 다양한 층위를 나타내는 용어도 많이 생겨났습니다.

바야흐로 오늘날과 같은 디지털 시대, 초고속 네트워크 시대, 온라인을 통한 무국경 시대에는 누구나 인지도와 영향력의 반경을 지구적인 수준으로 확대하면서 명사가 될 수 있지만 알리기의 난립 현상도 두드러져 그 가치의 경중을 따지면서 옥석을 가려야 하는 '페임 버블fame bubble' 또는 '셀럽 버블celeb bubble' 시대가 된 것입니다. 이런 변화에 따라 명사와 명성 연구는 사회적·심리적·문화적 관점은 물론 정치적·경제적 관점으로까지 입체적으로 구축되고 있습니다.

명사와 명성에 대한 학술 연구는 1990년대 후반부터 많은 연구논문이 쏟아지면서 활기를 띠기 시작했습니다. 이는 미디어의 발달로 얼굴 알리기와 유명한 사람의 등장이 활성화된 현상, 그리고 나아가 그것을 보다 정교하게 비즈니스와 마케팅에 활용하게 된 추세와 관련이 깊습니다. 기업은 명사를 '상업광고'나 '셀럽 마케팅'이란 이름으로 마케팅에 활용하는 것은 물론 자사의 평판을 관리하기 위한 전략 마련과 투자에 적극적으로 나서고 있습니다. 명성 자원, 평판 자원이 기업의 지속가능성 평가 척도 가운데 하나로 꼽히는 것도 이러한 이유에서입니다. 기존의 연예인과 운동선수 매니지먼트 외에 각 분야의 명사를 체계적으로 관리해 주는 컨설팅 서비스나 매니지먼트 회사도 속속 생겨나고 있습니다.

명사와 명성에 대한 연구·관심·활용이 본격화하면서 매체도 많이 등장했습니다. 미국·영국에 *The Celebrity Bulletin*, *Celebrity Skin*, *FAME*, *STAR*, *PEOPLE*, *VOGUE*, *GALA*, *HARRY STYLES*, *GQ*, *Royalty Magazine*, *CLOSER*, *HEAT*, *ICON*, *LOOK*, *OK!*, *HELLO!*, *My Weekly*(이상 잡지), TMZ, E! Online, Page Six, Perez Hilton, US Weekly, Dlisted(이상 뉴스 사이트)와 같은 다양한 셀러브리티 매체가 이미 존재합니다.

국내에서도 셀럽 전문 매체와 채널이 많이 등장하고 있습니다. 이들은 주로 명사 자체의 동정이나 언술을 다루거나 명사를 매개로 확장된 연예, 패션, 뷰티, 엔터테인먼트 등의 다양한 뉴스를 이용자들에게 전달하는 데 집중하고 있습니다. 온라인 매체 〈셀럽 미디어〉와 〈셀럽티비〉 채널, 셀러브리티 라이프 스타일 잡지를 표방한 ≪셀레브리티 31≫과 ≪더 셀러브리티≫, 브레인미디어의 유튜브 채널 〈브레인셀럽 방송〉 등이 그 사례입니다. 세계적인 수준에서 명사 순위를 매겨온 미국의 경제 잡지 ≪포브스Forbes≫에 이어 그것의 한국판인 ≪포브스코리아≫도 2000년 무렵부터 국내 '파워 셀러브리티'를 선정하고 있습니다.

셀러브리티 마케팅도 민간의 영역에서 공공 영역으로 확대되고 있습니다. 광고 모델의 차원이 아니라 대대손손 전승 가치가 있는 명사들을 직접 정부가 선별해 알리면서 해당 명사와 주변 지역의 부가가치를 창출하는 '케이컬처 마케팅'으로 확대되고 있습니다. 일례로 문화체육관광부와 한국관광공사는 전통예술, 기예, 기능 면에서 최고의 기량을 자랑하며 '장인'으로 추앙받고 있는 전국 곳곳의 명사들을 대상으로 하는 여행상품을 개발해 몇 년째 운영하고 있습니다.

필자는 이 책을 여러 가지 학문에 걸쳐 있는 다학제적 관점을 한데로 통합하여 셀러브리티에 대한 긍정적·비판적 관점을 병용하며 학문적·실용적 접근을 포괄함으로써 누구나 입체적으로 활용할 수 있는 '학술서'이자 '비평서'인 동시에 셀럽과 셀럽이 되고자 하는 사람celebrity-wannabe의 자기관리를 위한 '코칭 북coaching book'으로 설계했습니다. 이 책의 콘텐츠를 총 70개의 주제Topic로 나눠 구성함으로써 독자들이 필요한 부분을 먼저 찾아보기 쉽도록 했습니다.

이 책은 이렇게 누구나 명사가 되거나 성공·부유·웰빙을 꿈꾸며 명사가 되기를 열망하는 시대, 명사에 대한 흥미와 관심이 높아진 시대를 맞이하여 명사와 명성에 대한 학술적·실용적 관심 또는 정치적·경제적·사회적·심리적·문화적 관심과 호기심을 충족시키기 위해 기획했습니다. 유사한 주제의 다른 책들과 달리 주제와 관련된 콘텐츠의 충실성·집약성·다양성·입체성·차별성이 도드라진다고 자부합니다.

필자는 명사와 명성에 대한 다각적이고 정치한 학문적 통찰은 물론 삶의 현장에서 직접 읽고 숙지하면서 관리 전략으로서 실천과 수양에 실제적인 도움을 얻고, 전문가인 제3자의 명사 컨설팅이나 코칭에도 유용하도록 집필에 심혈을 기울였다는 점을 밝힙니다. 외람되지만 3년간에 걸쳐 방대한 국내외 문헌과 사례 분석, 인터뷰를 추가하여 다양하고 풍부한 이론과 연구 결과물을 분석해 이해하기 쉽도록 모든 역량을 투여했다고 해도 과언이 아닙니다.

국제적 수준에서 주목을 받는 동서양 명사들의 발언도 놓치지 않았습니다. 필요한 경우 그들 중 일부를 직접 인터뷰하여 생생한 목소리를 전달하려 했습니다. 명성학이나 셀럽 및 스타 연구 분야의 연구자들은 물론 명사와 명사가 되고자 하는 사람, 명사를 관리하는 사람, 명사를 활용하는 사람에게 모두 실질적인 도움이 되도록 활용성에 중점을 둔 것입니다.

따라서 이 책은 이러한 필자의 집필 목적과 독자의 쓰임새에 충실하게 '제1부 이론과 데이터 통찰'과 '제2부 수양과 실천 컨설팅'으로 구성했습니다. 먼저, 제1부는 학술적 통찰에 초점을 두고 명사와 명성에 대한 동서양 학자들의 다양한 이론과 데이터, 각종 연구 결과물의 세계를 깊이 분석하고 탐구해 제시했습니다.

가장 먼저 뮤지컬 〈페임fame〉에서 보여지는 배우 지망생인 청춘들의 분투를 통해 '명성'이 인간의 본능이자 간절한 꿈이라는 것을 소묘하듯 고찰했습니다. 이어 그간 명사학 연구에서 제시된 학술적 논의를 집약하여 '명성'과 '명사'의 개념, 명성과 평판을 구성하는 세부 요소, 명사의 구체적 정체성을 살펴봤습니다.

미국 잡지 ≪포브스≫가 최근 20년간 뽑은 최고의 명사들을 보면 오늘날 자본주의의 중심이라 할 수 있는 북미권에서 어떤 인물이 명사로 인식되고 있는지 쉽게 이해할 수 있습니다. 이어 대체로 '공인公人'인 명사의 법적 지위와 명성이 형성되는 메커니즘의 '네 가지 단계'를 탐구합니다. 명사가 되면 생기는 놀라운 현상들과 명성을 추구하는 사람들의 특성도 학술적으로 고찰합니다.

이어 명성과 명사를 사회학, 심리학, 정치학, 경제학의 관점에서 각각 탐구합니다. 명성의 사회학 수준에서는 사회적으로 인식되는 평판의 형성과 가치, 명성이 개인의 자아를 어떻게 바꿔놓는지, 명사에게 왜 '신뢰'가 왜 중요한지, 명사의 사회적 효과인 '졸리 이펙트Jolie Effect'는 구체적으로 무엇을 말하는지 고찰합니다. 또한 명사에게 닥치는 법적 이슈, 즉 '명예훼손' 이슈와 디지털 시대 명사의 '정보보호' 이슈를 다뤘습니다. 심리학적 관점에서는 명사와 스타, 그리고 '명사 스타덤', 사람들이 명사를 좋아하는 이유, 명사 숭배자들의 등장과 전형적 특성, 명사 숭배의 전형인 청소년의 '스타 팬덤', 명사 숭배의 그늘인 '시기심'의 본질, 소셜미디어 시대에 특히 드러난 명사의 '진짜 친구'와 위험한 '가짜 친구' 문제를 살펴봅니다.

명성의 정치학 수준에서는 지명도·인지도 전쟁인 현실 정치의 모습, 영향력 있는 '오피니언 리더'로서의 명사, 아주 옛날에 등장했다가 사라져 이제는 유물遺物이 된 명망가 중심의 '명사정당名士政黨', 명사의 정치적 효과인 '오프라 이펙트Oprah Effect'에 대해 학습합니다. 명성의 경제학 수준에서는 무한경쟁의 산물인 '희소재', 명성의 승자독식 메커니즘인 '슈퍼스타 경제학', CEO의 유명도 결정 요인과 경영 성과, '셀럽 CEO'와 직원 간의 연봉 격차, 명성의 경제적 효과인 '셀러브리티 마케팅'에 관해 체계적인 접근과 논의를 합니다.

이론과 연구 결과물에만 천착하면 접근과 이해가 다소 어렵기 마련입니다. 아울러 명사, 명사 지망생, 일반 독자 여러분들의 공감을 얻기 어려울 뿐만 아니라 현실 세계와 거리감을 좁힐 수 없습니다. 따라서 이 책에서는 국내외 각 분야의 많은 명사의 존귀하고 생생한 자기 고백적 명사론·명성론을 수집하여 분석하고 제시했습니다.

명사들의 언명言明에는 각자 인생의 금자탑을 쌓는 과정에서 겪은 인생의 영욕과 부침, 그리고 숨겨진 달콤쌉쌀한 사연과 깨달음이 오롯이 배어 있습니다. 그들이 속한 영역만의 고유한 특징도 명쾌하게 드러납니다. 이러한 체험 명성론은 철학자·심리학자·문인들, 정치인·행정가들, 경제인·의료인들, 스타 배우들, 스타 뮤지션들, 스타 언론인과 체육인들과 같이 여섯 부류로 영역을 나누어 제시했습니다.

이어 제2부에서는 셀럽과 셀럽 워너비를 위한 코칭과 컨설팅의 장을 마련했습니다. 명성과 명사에 대한 학술 이론과 연구 결과물에 대한 통찰을 토대로 향후 명사가 되려면, 현재 명사라면 어떻게 전략을 수립해 수양하고 실천할 것인지 그 기법과 전략적 지혜를 제공하는 데 초점을 둔 것입니다. 명사나 명사 희망자들에게 실제적인 '명사 수련'의 장이 되어 각각의 목표와 지향대로 능력과 품격을 갖춘 존경받는 명사가 되도록 돕거나, 명사나 명사 희망자들을 돌봄care 또는 조언·교육할 수 있도록 깊고 알차게 내용을 구성했습니다.

가장 먼저 '입신양명, 그다음이 더 중요한 시대'라는 주제로, 보통 수준 이상의 명사가 된 사람들은 그때부터 그 이름값을 관리하는 데 얼마나 많은 신경을 써야 하는지 강조합니다. 이어 명사의 자기관리에 대한 다양한 영역의 기법을 제시했습니다. 명사의 품격과 처세의 지혜, 명사의 면모와 실력 갖추기, 명사의 자존감 확립·증진하기, 여유와 유머가 넘치는 명사되기, 명사의 자기관리 2대 원칙, 위험의 체계적인 관리와 예방, 효율적인 언론 대응과 관리, 명사가 실행하는 팬덤 육성과 관리 기법, 스트레스 해소를 위한 사적·공적 페르소나 전환 훈련하기가 바로 그것입니다.

이어 영역별로 전문가들이 어떻게 수련해야, 또는 어떤 요소를 중점적으로 단련하고 보강해야 양질의 명성과 평판을 갖춘 '품격 있는 명사'가 될 수 있을지 학술 연구를 통해 제시된 이론과 결과물, 그리고 명사들의 경험담을 종합하고 분석하여 제시했습니다. 이 영역은 정치인, 경제인, 방송인, 운동선수로 나눠 수련의 포인트를 찾도록 했습니다. 아울러 각 분야의 리더 역할을 하는 명사들에게 용도에서 '이용'과 '경계'라는 양면성을 지닌 '마키아벨리즘'에 대해 고민해 보는 시간을 마련했습니다.

마지막으로 다양한 고서와 예화를 수집하고 분석하여 명사 개인의 능력과 지덕체를 수련하는 데 적합한 항목을 추출함으로써 저마다 매일 삼성오신三省吾身의 성찰을 하면서 수양하여 그 품격을 높이는 데 보탬이 되도록 했습니다. '이름만 남는 인생' 숙고해 보기, '컨테이너살이' 명사인 국회부의장 출신 박영록 전 의원님이 던진 사유의 씨앗, 플라톤의 '4주덕'으로 내적 균형 확립하기, 등고자비登高自卑·도광양회韜光養晦로 배우는 때를 기다리는 철학, 때로는 '가죽나무'처럼 크게 초월하기, 조명시리朝名市利를 통한 TPO 프로토콜의 실천이 여기에 해당합니다.

유교에서 기본적인 수련 교재로 삼았던 『대학大學』, 『논어論語』, 『맹자孟子』, 『중용中庸』이란 '사서四書'와 『시경詩經』, 『서경書經』, 『역경易經』이란 '삼경三經'을 분석하고 제시함으로써 명사 수양의 필수 덕목인 시예악詩藝樂, 진솔함, 대범함,

언행일치, 절제·배려의 수양을 꾀하도록 했습니다.

명사의 시선과 실천적 행동은 최종적으로 '노블레스 오블리주noblesse oblige 정신'과 닿아 있어야 합니다. 그것은 사회와 공동체를 향해야 한다는 당위의 선상에서 선행·봉사의 실천을 강조하며, 모범적 사례인 '워너비 셀럽' 오드리 헵번Audrey Hepburn의 이야기를 제시하여 공감의 폭을 넓히도록 했습니다. 명사들의 최종 목표는 개인의 이해나 영달보다 사회 곳곳에 온기를 부여해 구조적으로 현실을 타파하고 미래를 밝고 희망차게 만드는 더 큰 차원의 '선한 영향력' 발휘하기에 있다는 점을 강조하며 이를 '생의 빛'이 되는 마지막 수양 덕목으로 제시했습니다.

무엇보다도 이 책이 현재 명성이 드높은 명사, 내일을 위해 명성을 쌓고 있는 셀럽 워너비와 인플루언서들은 물론 막연히 명사가 되고 싶은 사람, 명사와 명성에 관심과 흥미가 있는 일반 독자, 명사를 활용하는 기업인과 마케터, 명사급 경영자·관리자와 그들의 컨설턴트, 명사·명성·평판을 연구하는 각 학문 분야의 학자들 모두에게 매우 유익한 책이 되기를 소망합니다.

감히 그 바람이 이뤄진다면 3년여에 걸친 자료 축적과 분석, 인터뷰 등 현장 연구가 헛되지 않고 집필의 고단함이 다소나마 해소되면서 필자에게 적잖은 위로가 될 듯합니다. 집필 과정에서 조언 및 인터뷰 요청에 흔쾌히 응해주신 각계의 셀럽 여러분들과 전문가들께 깊은 감사 말씀을 드립니다. 그분들은 이론과 연구 결과물을 현장과 조화를 이뤄 명쾌하게 이해하도록 귀중한 말씀을 주셨습니다.

이 책은 국내에서 엔터테인먼트가 학문의 영역에서 미처 논의되지 못하던 시절 케이컬처K-culture와 엔터테인먼트 분야의 학문화에 시동을 걸어 선구적 역할을 해왔다고 자부하는 필자의 평소 고민을 집약하여 집필한 것입니다. 개인적으로도 엔터테인먼트 영역의 하위 범주로 집중 연구해 온 스타 연구의 확장판이자 최종 종착지라는 특별한 의미를 갖습니다. 필자에게는 올해 전문 분야의 사회활동 30주년(언론계 15년, 학계 15년)을 기념하는 책이기도 합니다. 아울러 필자가 개인적으로 더 깊은, 더 실천적인 성찰·수양을 하고자 매일 들여다볼

'거울'을 만든다는 생각으로 공들여 만든 책이기도 합니다.

이 책의 제작·출간에 심혈을 기울여주신 출판사 한울엠플러스(주) 김종수 사장님과 윤순현, 조수임, 정은선 님을 비롯한 기획·편집진, 디자인팀, 인쇄·유통 관계자에게 감사를 드립니다. 연구에 도움을 주신 최태욱 한국리버럴아츠센터KLAC 센터장님과 시각장애인과 어르신들의 디지털 격차 해소에 헌신해 온 친구 권오설 넥스트지 대표님께도 감사드립니다. 필자는 "사람은 사람을 바꾸지 못할 수 있지만, 책은 사람을 바꾼다"라는 금언을 믿기에 이 책 역시 독자들께 삶을 한걸음 더 진전시킬 유용한 '문자향文字香'이 되리라 믿습니다. 마지막으로 이 책의 출간을 응원해 주신 모든 분과 이 책을 접하실 모든 독자들께 건강과 행복, 그리고 발전이 있기를 기원합니다. 감사합니다.

2023년 5월 8일 저자 김정섭 드림

제 1 부

이론과 데이터 통찰

제1장 명성과 명사 관련 개념

토픽 01 인트로: 뮤지컬 〈페임〉, '명성'은 본능이자 꿈

'명성fame'은 인간의 본능이자 많은 이들이 애타고 간절하게 그리는 꿈이다. 명사celebrity는 곧 그 본능과 꿈을 세상에 펼친 사람이다. 그런 점에서 명성은 가치가 있고 위대하다. 저마다 열성을 다해 그것을 추구하고 갈망하며, 그것을 얻기 위해 분투하는 것은 어찌 보면 당연하다. 명성을 위해 어린 시절부터 모든 정성을 다해 노력하며 구슬땀을 흘리는 현장으로 지금 카메라 렌즈의 초점을 맞춰보자.

미국 플로리다주 마이애미의 코코넛 그로브 플레이하우스Coconut Grove Playhouse. 이곳에서 1988년 초연된 뮤지컬 〈페임Fame〉은 예술가로서 훗날 무대를 화려하게 장식하고 싶은 젊은이들의 꿈과 성공을 향한 도전, 시련, 열정을 다룬 작품이다. 인기와 명성, 나아가 빼어난 스타덤stardom을 얻는 과정이 얼마나 어려운 일이며, 역설적으로 그것이 얼마나 가치 있는 것인가를 떠올리게 한다.

뮤지컬 〈페임〉의 초연 작품 배경은 미국 뉴욕 46번가 라과디아고등학교다.

영화 〈페임〉(1980)의 한 장면과 뮤지컬 〈페임〉 포스터

자료: www.singers.com(뮤지컬 포스터).

이곳은 최고의 명성을 자랑하는 공연예술학교답게 입학하면 누구나 '최고의 배우'가 되어 꿈의 무대를 누비리라는 상상을 하며 수련에 매진한다. 지금도 각국에서 1만 5천 명 이상의 유망주가 몰려들어 까다로운 오디션을 통해 입시의 문턱을 넘는다.

이 학교에 입학했다고 끝이 아니다. 이제부터 무대에 올라 자신이 원하는 명성에 도달하려는 관문의 시작이다. 이때부터 다시 학우들 간의 극심한 경쟁과 시기, 질투 속에서 고되게 수련해야 한다. 뮤지컬에 등장하는 '7인 7색'의 주역은 저마다 부족함과 그늘이 있지만 꿈만큼은 같은 방향을 향하고 있다. 무대를 향한 열정과 애환을 발산하고 개성을 뽐내면서도 우정의 끈을 놓지 않는다.

원작 영화와 마찬가지로 뮤지컬 초연작에서는 유명세에 집착하며 자신감이 지나친 나머지 하루빨리 스타가 되고자 하는 조급증에 시달리는 카르멘Carmen, 이론보다 실제적 연기에 몰두하는 내성적인 성격의 야심찬 여배우 세레나Serena, 재치 있는 코미디언이자 나쁜 소년인 조Joe, 조용한 바이올리니스트로 밴드 음악가를 꿈꾸는 슐로모Schlomo, 무용 전공자로서 재능과 감각이 뛰어나고 클래식보다 힙합을 더 좋아하는 감각파지만 내내 난독증難讀症, dyslexia에 시달리고 있는 댄서 타이론Tyrone, 이론과 기초를 겸비해 진정한 배우가 되고자 하는 아역 배우 출신으로 결단력이 돋보이는 닉Nick, 배우의 악조건으로 치부되는 과체중過體重에 골머리를 앓고 있는 댄서 메이블Mabel, 그리고 가난한 댄서 아이리스Iris의 이야기가 각각 다른 의미를 던져준다.

개성 만점의 원석原石들을 '보석'으로 다듬는 수련 과정은 단지 학교에서 배우는 정규 학습 프로그램으로 끝나지 않는다. 쓰디쓴 약초의 맛 같은 학교생활 이면의 인생 학습이 더 진국이다. 질풍노도疾風怒濤 같은 심경의 변화, 우정, 사랑, 신뢰, 경쟁, 질투와 같은 청소년기 특유의 혹독한 성장통을 슬기롭게 극복해야 한다. 이들은 타고난 재능과 노력의 성취학成就學을 서로 견주고 마룻바닥을 달리고 구르며 예술가가 되는 과정이 얼마나 어려운지 실감한다.

그러면서 개인별로 자신의 재능을 스스로 당당하게 시험한다. 자신의 개성과 역량을 동료들의 그것과 비교하며 뛰어넘어야 할 벽이 더 있고, 그 높이 또한 상상을 초월한다는 것을 깨닫는다. 교사들은 학생들을 발전시키기 위해 다양한 고려를 하지만 학생들은 이런 노력과 처방에 부응하지 못해 갈등하기도 한다. 그러나 사람은 누구나 완벽하지 않기에 최선을 다해 이룩한 성과를 통해 나름대로 인정을 받는다.

〈페임〉은 1980년에 데이비드 데 실바David De Silva가 제작해 개봉한 동명의 뮤지컬 영화를 바탕으로 만든 뮤지컬로 두 개의 타이틀 버전이 있다. 첫 영화가 영화 비평이나 상업적 시각에서 성공하여 여섯 시즌짜리 TV 시리즈와 뮤지컬로 이어진 것이다. 뮤지컬의 첫 번째 버전은 앞에서 소개한 1988년 초연작으로 역시 실바가 구상하고 개발했는데, 호세 페르난데스José Fernandez의 책(대본), 스티브 마고쉬스Steve Margoshes의 음악, 자크 레비Jacques Levy의 작사를 결합해 완성했다. 두 번째 버전은 〈42번가의 페임〉으로 2003년부터 2004년까지 뉴욕 제42번가의 리틀 슈버트 극장에서 공연되었다.

극의 무대가 된 라과디아고등학교는 1936년에 피오렐로 라과디아Fiorello La Guardia가 설립했는데, 배우의 명성을 꿈꾸고 입학해 수학했던 많은 젊은이가 거쳐 갔다. 공연예술 분야 고교에서 최고의 명성을 자랑한다. 대표적으로 이곳에서 알 파치노Al Pacino, 로버트 드니로Robert De Niro, 에이드리언 브로디Adrien Brody,

세라 미셸 겔러Sarah Michelle Gellar, 라이자 미넬리Liza Minnelli, 제니퍼 애니스턴Jennifer Aniston, 김윤진 배우 등을 배출했다.

앞에서 설명한 것처럼 〈페임〉이 1980년 영화로 만들어진 이후 뮤지컬, 드라마 등으로 이어진 것도 명성을 향해 매진하는 배우들, 나아가 다른 분야 젊은이에게 파고드는 '메시지 효과'가 컸기 때문이었을 것이다. KBS 드라마 〈드림하이〉에서도 이런 모습을 엿볼 수 있었다. 주지하건대 명성은 다양한 비판적 시각이 뒤따르지만 인간의 본능이자 간절한 꿈이다. 그것을 쟁취한 자가 바로 명사다. 그 본능과 꿈은 스스로 마음속에 불타오른 것이기에 누구도 막을 수 없고, 누구도 좌절시킬 수 없다. 특히 두 눈이 이글거리는 젊은 청춘들에게는 그렇다.

전국 각지의 청춘들은 오늘도 학업의 현장에서, 공연장에서, 경기장에서, 기예 연마의 현장에서 그것을 쟁취하기 위해 구슬땀을 흘리고 있다. 명성은 그들의 본능이자 열망이자 목표이기 때문이다. 뮤지컬 〈페임〉에는 이런 역학과 심리가 오롯이 배어 있다. 그 명성 가운데 가치가 높거나 충분히 자랑거리가 되는 훌륭한 것, 또는 그런 훌륭한 수준의 존엄이나 품위를 '명예名譽, honor'라 하는 것을 보면 명성 추구는 인간의 기본 욕구(존경·명예의 욕구)임이 분명하다.

포커스

『그릿』을 쓴 심리학자
앤절라 더크워스의 '명성 복용법'

명성은 뮤지컬 〈페임〉의 스토리와 주제에서 명확하게 엿볼 수 있듯이 성장기 청소년에게는 미래를 향한 '꿈'의 대체어이자 열정과 투지를 불태우며 목표 실현에 이르게 하는 마력魔力 같은 촉진제로 기능할 수 있다. 그 시절에는 많은 것들을 억제하거나 미뤄둔 채 자신이 펼칠 인생무대의 그림을 멋지게 그리는 상상을 하는데, 그때 명성은 상상을 현실로 만드는 분투를 하는 데 필요한 최적의 에너지로 쓰인다. 그래서 이를 이런 훈육이나 수련과 같은 교육적 목적으로만 일정 기간 잠시 사용한다면 큰 문제가 없다는 것이 중론이다.

앤절라 더크워스 교수

그러나 명성을 추구하거나 갖는 동시에 그것에 대해 경계하거나 탈출하고자 하는 양면적 생각이 병존하는 오늘날 세상살이를 깨우칠 만한 경륜이 쌓인 성인에게는 사정이 다르다. 그것을 과용·남용할 경우 예외 없이 큰 부작용과 역효과가 나타난다. 흡사 '약藥'과 같다. 대기만성형 인간처럼 명성을 느지막이 어렵게 성취한 사람 가운데 자존감이 강한 사람은 의외로 그것이 아무것도 아닌 것이라 생각하지만, 떳떳하지 못한 수단과 방법으로 명성을 얻었거나 자존감이 약한 사람은 그것이 무너질까 봐 조마조마하면서 사는 경우가 많다.

명성은 사람이 누구인가, 그 사람이 처한 상황에 따라 인식이 다르고 그것의 평가도 언제나 양면적이다. 자신의 성장과 발전, 출세와 비즈니스에 많은 도움을 주는 고마운 존재지만 그것의 치명적 유혹에 이끌려 도취하면 '마약' 중독처럼 몸을 완전히 망치게 할 수 있는 위험성을 지녔다. 명성에 빠지거나 홀리기 시작하면 급성중독은 물론 만성중독의 진퇴양난에 이르기 때문이다. 그러니 이 시대를 살아가는 현명한 사람이라면 명성이란 약을 사용하기 전에 미리 그 약의 효능과 부작용, 복용법을 잘 알 필요가 있다.

미국 펜실베이니아대학교 심리학과 교수인 앤절라 더크워스Angela Duckworth(심리학자)는 베스트셀러 저서 『그릿Grit』(2016)[1]에서 어려움, 역경, 슬럼프를 극복하고 성공에 이르려면 좋은 환경보다 남다른 투지, 인내, 집념이 더 필요하다고 역설했는데, 2021년 2월 28일 미국 팟캐스트 '프리코노믹스 라디오Freakonomics Radio Network'[2]에 출연해 다음과 같이 명성 활용·대처법을 제시했다. 독자들이 이 같은 '명성 복용법'을 서두에서 미리 살펴보고 명성, 명예, 명사 등에 관한 본격적인 탐구와 사유에 함께 나선다면 더욱 가치 있고 유용한 독서의 시간이 될 것이라 필자는 확신한다.

"명성은 아주 오래전부터 존재했죠. 로마에도 'fama'(명성, 유명함, 풍문의 여신이란 뜻)란 말이 있었고 고대 그리스 시인 헤시오도스Hesiods는 유명세를 '악행惡行'으로 묘사하기도 했잖아요. 명성은 대부분 사람들이 인생의 어느 시점에선가 훌륭한 것으로 생각해요. 많은 이들이 실제로 명성을 얻게 되면 그걸 양념이 풍부하게 들어간 '칠리치즈 프렌치프라이chili-cheese french fries'처럼 생각하게 될 거예요. 처음에는 음식 사진을 보고 놀랐다가 실제 주문한 것이 나오면 (비싼 데다 느끼한 것을 다 먹어야 하는 부담감 때문에) 너무 많다고 느껴요. 그 경우 '일반 감자튀김french fries'을 시켰더라면 더 행복했을 거라고 후회하죠. 그런데 지금 자신의 모습은 칠리치즈 프렌치프라이에 집착하고 있는 거죠. 사람들에게 명성이란 바로 이런 존재죠."

"저는 유명인사라고 생각하지 않아요. 제게 명성은 아주 작고 비시각적이라서 사랑스럽고 좋아요. 그건 이상하기도 하죠. 나는 명성이 작아서 밖에 맘대로 나갈 수도 있고, 아무도 내 얼굴을 쳐다보지도 않죠. 나는 유명 배우를 보면 '맙소사, 저건 톰 행크스Tom Hanks야!'라고 외칠 수 있어요. 그러나 (명성이 드높은) 톰 행크스라면 할 수 없는 일과 갈 수 없는 곳이 많죠. 명성을 얻으면 예전보다 더 많은 비용이 들어요. 저는 명성 결핍이 대부분 나쁜 것이라 말하는 것을 끔찍하게 여겨요. 동의하기 어렵죠. 명성은 처음에는 재미있고 심지어 도취할 수도 있어요. 하지만 '독이 든 성배Poisoned Chalice'라 하듯이 한 모금 마시면 믿을 수 없을 정도로 맛있고 도취하지만, 많이 먹을수록 더 나빠지죠."

명성에 관한 이 같은 '복용 안내'와 놓쳐서는 안 될 '경고'는 애플 팟캐스트, 스포티파이Spotify, 스티처Stitcher 팟캐스트로 들을 수 있는 라디오 '프리코노믹스 라디오'의 〈No Stupid Questions(바보 같은 질문 사절)〉란 프로그램의 '우리는 왜 명성에 끌리는가?' 편(대본)에 나온다. 2인 토크 프로그램으로서 『괴짜 경제학Freakonomics』의 공동저자 스티븐 더브너Stephen Dubner가 명성에 대해 다양한 질문을 하자 『그릿』의 저자인 심리학자 앤절라 더크워스가 답한 내용이다.

명성을 애써 추구하지 않는 사람도 자신이 쌓은 명성이 있다면 자신의 업무 활동이나 일 처리를 위한 편리하고 효율적인 의사소통의 수단으로 생각하여 그 필요성을 쉽게 부정하지 않는다. 그러나 다른 한편에서 명성이란 것은 결국 타인이 자신을 획일적인 시각으로 바라보게 하거나 자신을 통제·구속·속박하는 족쇄로 작용하기에 매우 불편한 것이라 여긴다.

이렇게 양립하는 '명성 유용론'과 '명성 무용론'은 각기 고유한 이름을 상징과 기호로 앞세우며 살아가고 있는 현대인들에게 함부로 결론을 예단하기 어려운 끊임없는 논쟁 과제다. 그러나 심리학자 앤절라 더크워스가 프렌치프라이란 익숙한 비유로 안내하고 경고한 것처럼 복용법을 제대로 알고 활용해야 한다는 것과 남용을 해서는 안 된다는 데에는 이견이 없는 것 같다.

토픽 02 명사 관련 용어 목록: '셀럽'에서 '관종'까지

명사 또는 명사와 유사한 지위나 범주에 있거나, 명사를 흠모하거나 명사가 되기를 희망하는 사람들에 관한 용어는 매우 다양하다. 독자들에게 미리 충분한 안내가 될 수 있도록 사전적, 학술적 의미를 포괄하여 이 책에 등장하는 다양한 관련 용어를 관련 문헌의 검증을 토대로 풀이하여 정리했다. 명사 관련 용어들celebrity-related lexicon taxonomy이 매우 다양하니 명사에 관한 본격적인 논의에 앞서 서로 비교하면서 그 차이를 이해할 수 있도록 한다.

명사名士, celebrity

명성이 사람들이 사는 세상에 널리 알려진 사람을 뜻한다. 정치, 경제, 연예, 스포츠 등 모든 분야를 망라한다. 유교 사회에서는 '이름이 알려진 선비'를 지칭하기도 했다. 영어로 '셀러브리티celebrity'인데, 그 약어는 '셀럽celeb'이다. 'celebrity'는 명사 외에 '명성fame'이란 뜻도 갖고 있다.

가수 아이유IU는 2021년 3월 25일 발매한 5집 앨범 〈LILAC〉에 「Celebrity」란 노래를 선보였는데, 역설적으로 가사에 셀럽의 시대에서 소외된 사람을 위로하고 존중하는 내용을 담았다. '별난 사람이 판치는 세상에서 당신은 아직 못다 피었지만 유일함을 지녔기에 별 같은 사람'이라는 취지로 가사를 전개하고 있다.

싸이PSY가 2022년 4월 29일 발매한 9집 앨범 〈싸다9〉에 나오는 노래 「Celeb」은 청자聽者를 명사인 여자 톱스타로 설정하고 있다. 그러나 마치 싸이 자신의 경험담을 얘기하듯 박수갈채 세례, 플래시 세례, 언론 보도 세례, 계약 세례, 팬 사인 세례, SNS의 '좋아요' 세례처럼 명사급 톱스타가 겪게 되는 호사스럽고 번잡한 일상을 묘사하고 있다.

퀘이자이 셀러브리티quasi-celebrity, 준명사[準名士]

스타덤(스타의 신분이나 지위)에 올랐지만 엄밀하게 보면 유명인은 아닌 사람을 지칭한다. '준명사準名士', '유사명사類似名士', '의사명사擬似名士'로 달리 부를 수 있다. 이들은 보통 특별한 재능은 없고 어떤 특정한 사안으로 어느 정도 알려져 스스로 약간의 빛을 발할 만한 정도의 미약한 인지도를 얻은 사람을 말한다. 완전한 셀럽의 경지에 조금 부족하거나 셀럽의 정체성이 미약한 경우를 말한다. 'quasi'는 '의사擬似의', '유사類似의', '준準~', '반半~'이란 뜻의 접두어다.

명인名人, master, virtuoso

어떤 특정한 분야에서 기예, 기술, 재주가 뛰어나 유명한 사람을 말한다. 전통문화 분야의 기예나 옛 기술을 전수하는 장인匠人, 예술의 각 장르에서 심혈을 기울여 창작활동을 하는 거장巨匠, 특정한 과학기술과 공학 분야의 전문가가 이에 해당한다. 명인은 높은 지명도를 바탕으로 하는 명성을 보유하고 있기에 명사에 속한다. 명인은 일반적으로 '이름이 난 사람'도 지칭한다.

마이크로 셀러브리티micro celebrity

온라인상에서 나름대로의 인지도를 구축하여 명사다운 영향력을 행사하는 사람들을 말한다. 소셜미디어에서 자체 브랜드를 구축하고 패션, 미용, 음식 등의 정보를 제공하는 유명 블로거blogger나 인플루언서influencer가 이에 해당한다고 볼 수 있다. 심리학자 게일 스티버Gayle S. Stever에 의하면 이런 부류는 2005년 싱가포르에서 처음 등장했다.[3]

영국의 여성 유튜브 스타인 졸라Zoella[4]를 분석한 안네 예르슬레브Anne Jerslev는 그를 마이크로 셀러브리티로 규정하며, "마이크로 셀러브리티 전략은 특히 온라인에서 접근성, 존재감, 친밀감의 표시와 연관되어 있다"라고 지적한다.[5] 접근성, 존재감, 친밀감이 이들의 인지도 향상 비결이란 뜻이다. 졸라는 패션 감각이 뛰어난 차림으로 다양한 주제의 토크를 선보이며 1000만 명이 넘는 구독자를 확보하고 있다.

워커 셀러브리티 worker celebrity

최고경영자CEO보다 영향력, 주도성, 주목도가 약한 평범한 노동자(직원)가 개인 브랜딩 또는 셀프 브랜딩personal or self-branding을 통해 유명인사가 된 경우를 말한다. '노동자 명사'라고도 부른다. 'CEO 명사'와 비교되는 개념으로 이들도 마이크로 셀러브리티에 속한다고 볼 수 있다.

'노동자의 명사화'는 정보 및 인터넷 시대에 관심자본attention capital을 증진시키는 매개체인 트위터twitter, 페이스북Facebook, 인스타그램Instagram, 유튜브YouTube 등 개인형 미디어의 덕분이다. 이 용어는 호주 시드니대학교의 사회학과 교수인 로버트 반 크리컨Robert van Krieken이 2018년에 출간한 『명사사회: 관심전쟁Celebrity Society: The Struggle for Attention』[6]에서 처음 제시되었다.

인스턴트 셀러브리티 instant celebrity

어느 날 갑자기 즉석에서 유명해진 사람을 말한다. 시간, 노력, 인내, 회복력이 많이 소요되는 확실한 재능, 진정한 공로, 뛰어난 성취에 의한 것이 아닌 무가치한 이유나 해프닝으로 그냥 화제가 되어 유명해진 사람을 지칭한다. ≪타임스Times≫와 ≪선데이타임스Sunday Times≫는 화제를 끄는 웅변, 재미없는 유머, 단순히 잘생기기만 한 외모, TV 토크쇼 출연 등으로 단숨에 유명해진 사람들이 그 사례에 해당한다고 설명했다.

오디너리 셀러브리티 ordinary celebrity

뛰어난 업적, 재능, 성취가 없는 평범한 수준의 사람이 단순하게 유명해진 경우, 그 사람을 지칭한다. 텔레비전의 리얼리티 프로그램(쇼) 또는 유튜브와 같은 개인화된 매체의 셀프 홍보 방송에 출연하여 반복적으로 노출됨으로써 명사 못지않은 지명도와 인기를 얻은 사람이 이에 해당한다. 미디어가 구성한 맥락과 노출이 이런 '평범한 명사'를 양산한다.

슈도 셀러브리티pseudo celebrity

'사이비 명사'로서 온전한 생각으로 마땅히 해야 할 일을 하지 않아 부정적인 평판을 받으면서 유명해진 사람을 뜻한다. 악행과 분란을 일삼거나 사치 행각을 과시하는 연예인, 유명인에 대한 비난과 폭로로 돈을 버는 유튜버, 사술을 부리거나 논리와 합리성이 없는 헛소리와 궤변으로 팬을 끌어모으는 논객, 재능이라고는 찾아볼 수 없는 엉뚱하고 못난 장난꾸러기, 공주병과 마마보이 성향을 과시하는 성인 남녀, 기괴한 취미와 취향으로 시선을 끄는 사람, 흔한 노이즈 마케터 등이 해당한다.

동물명사動物名士, animal celebrity

2010년 남아공 FIFA 월드컵 기간에 승부 예측 적중률 100%로 화제가 된 점쟁이 문어 '파울Paul'처럼 다양한 재능과 독특한 사연, 생김새를 토대로 미디어에 노출되어 인간보다 더 유명해져 엄청난 주목을 받게 된 동물을 말한다. AI 동물과 AI 펫pet도 이에 해당된다. 명사 연구자 데이비드 자일스David C. Giles는 동물명사를 피아노를 치는 고양이와 같은 '의인화된anthropomorphic 동물명사', 동물원의 판다나 고릴라와 같은 '선전·홍보된promotional 동물명사', 머리가 둘 달린 뱀과 같은 '변종freak 동물명사', 톱스타나 대통령이 키우는 고양이나 강아지와 같은 '애완 동물명사celebrity pet'로 구분했다(Giles, 2013).

셀럽 워너비celebrity wannabe

셀럽이 되고 싶은 사람을 지칭한다. 일부는 그렇지 않지만, 많은 사람들이 개인적 욕구와 자아실현, 존재감 발산, 사회적 영향력 확보, 사업 성공 등을 위해 셀럽이 되고 싶은 욕망을 발산하고 있다. 'wannabe'는 'want to be'(무언가가 되고 싶다)를 구어 발음대로 적은 것으로서, 1982년 미국 시사잡지 ≪뉴스위크News Week≫가 처음 사용하여 쓰임새가 퍼졌다.

스타star

명성과 인기를 얻고 있는 연예인이나 운동선수를 뜻한다. 명성, 인지도, 성취가 포함된 개념이다. 스타는 이제 미국 할리우드 등 각국의 쇼비즈니스계를 비롯한 각계에서 새롭게 입지를 굳힌 정상의 사람들을 묘사하는 매우 편리하고 적절한 용어가 되었다. 특히 미디어·영상산업에서 스타는 매체에 투영된 이미지를 기반으로 태동하여 그 존재감이 신화적·환상적으로 더욱 증폭되는 존재로 인식된다. 프랑스 사회학자 에드가 모랭Edgar Morin은 저서 *Les Stars*(1957)에서 "스타는 모든 영화 여주인공의 도덕적 덕목들을 수호성인 및 수호천사의 그것과 비슷하게 동화시킴으로써 결국 스크린 이미지를 초월하게 된다"[7]라고 말했다(Morin, 1957: 86).

리처드 다이어Richard Dyer에 따르면 스타는 영화와 텔레비전에서 배우의 역할, 인터뷰, 라디오 출연, 광고, 출판물, 가십, 타블로이드 신문, 리뷰를 모두 포함하는 광범위한 매체가 만들어낸 대중문화의 집합체적 이미지다.[8] 아울러 "항상 자신이 평범하면서도 비범한 존재"라고 느끼는 모순에 의존하며 살아가는 사람들이다.[9]

서구 문화에서는 인간(인간계)과 천국(천상계)을 연관시키려는 오랜 경향이 있어 '별'의 의인화가 쉽게 이뤄졌다. 인간의 지향성과 초월성, 인간과 신이 교감하는 결합체로서 스타가 활용된 것이다. 문헌 기록상 근대 영시의 창시자로 '영시의 아버지'라 불리는 시인 제프리 초서Geoffrey Chaucer는 시 「영예의 집The House of Fame」(1372)에서 항성인 별을 사람에 빗대어 '스타'란 용어를 처음 사용했는데, "조브가 나를 스타로 바꿔줄까요?Will Jove transform me into a star?"라는 표현에서였다.[10] 이어 초서의 계보를 잇는 프랑스 극작가 몰리에르Molière는 1662년 코미디극 〈아내들의 학교The School for Wives, L'École des femmes〉에서 아그네스Agnes를 "매우 많은 매력으로 장식된 이 젊은 사랑의 별this young star of love, adorned by so many charms"이라고 묘사했다.

연극 무대에서 스타로 처음 언급된 배우는 1761년 런던과 더블린의 히스토리컬 시어터Historical Theatre가 평가한 영국 배우 데이비드 개릭David Garrick(1717~

1779)이다. 이 극장은 개릭에 대해 "저 연극계 태두泰斗가 곧 첫 번째 등급의 별이 되었다"라고 표현했다. 그는 자연스럽고 에너지 넘치는 연기 양식을 정착시켜 18세기 영국 연극을 부흥시켰다는 평가를 받는다. 인기 배우를 '스타'라고 부르는 관행은 19세기 초 유럽과 미국을 순회하던 극단들이 하나의 작품을 장기 공연하여 많은 돈을 벌어 여유가 생기자, 주연 배우들을 배려하기 위해 독방을 배정하고 그 문에 '별표asterisk'를 붙여주면서 확산되었다.[11]

미국 영화 초기에 찰리 채플린Charlie Chaplin(1889~1977)과 같은 배우들이 이미 스타로 떠올라 대중의 사랑을 받는 명성을 떨쳤지만, 전형적인 할리우드의 스타 시스템에 의해 탄생한 최초의 연예계 스타로 인정받은 사례는 1906년 영화에 데뷔한 캐나다 출신 여배우 플로렌스 로런스Florence Lawrence(1886~1938)다.

우리나라에도 조선시대인 1700년대에 매우 추한 외모였지만 심성이 곱고 춤과 재담이 뛰어난 '달문達文'(1707~미상)이란 스타가 탄생해 전국적으로 높은 인기와 명성을 누렸다.[12] 영국 배우 개릭의 사례보다 앞선 시기다. 달문은 '광문廣文'으로도 불렸는데, 바로 홍신유洪愼猷의 시 「달문가達文歌」와 연암 박지원朴趾源의 소설 「광문자전廣文者傳」의 주인공이다.

슈퍼스타superstar

스포츠, 예능 따위의 분야에서 특별히 눈에 띄게 성공하거나 이름이 알려져 많은 사람의 우상이 되다시피 한 사람을 지칭한다. 배우, 가수, 성악가, 연주가, 작곡가, 운동선수 등이 해당한다. 슈퍼스타라는 말은 미디어에 매개되어 대중에게 전파된 개성적 자아임을 내포하고 있다.

톱스타top star

가장 인기가 있는 배우나 가수 따위의 예능인entertainer을 지칭한다. '톱스타'에 대해 「롱맨 영어사전」[13]은 "쇼, 연극 등에서 가장 중요한 인물로 특정 연기자, 배우 등"이라고 정의했다. 엔터테인먼트 산업에서 톱스타의 반열에 오르는 것은 타고난 재능과 끼를 바탕으로 이를 더욱 키우기 위한 각고의 노력에 치밀한 전략·투자가 덧붙여진 융합적 산물이다.

히어로英雄, hero

현실 세계의 영웅 또는 소설, 희곡 등에 나오는 남자 주인공을 말한다. 이때 여자 주인공은 '히로인heroine'이라 한다. 우리말에서 '영웅英雄'은 사전적으로 '지혜와 재능이 뛰어나고 용맹하여 보통 사람이 하기 어려운 일을 해내는 사람', '재능과 지혜가 비범하여 대중을 이끌고 세상을 통치할 만한 사람', '재능과 담력이 뛰어난 사람'을 지칭한다.

슈퍼히어로superhero

소설이나 만화, 영화, 드라마 따위에 등장하는, 초인적인 능력을 지니고 세상을 구하거나 악을 물리치거나 어려운 사람들을 도와주는 인물을 뜻한다. 슈퍼맨, 원더우먼, 배트맨, 조로, 스파이더맨, 아이언맨, 임꺽정, 홍길동 등이 해당한다. 미국의 경우 만화책에 등장한 최초의 슈퍼히어로는 1936년 센토 출판사Centaur Publications가 선보인 복면을 쓴 범죄 투사 '클락Clock'이었으며, 슈퍼맨은 1938년 6월 ≪액션 코믹스Action Comics≫ 1호에 등장했다.

장르 영상물로서 최초의 슈퍼히어로는 유니버설의 258분짜리 범죄 드라마 〈그린 호넷The Green Hornet〉(1940)에 나온 클리블랜드 출신의 두 젊은 남자였다. 우리나라에서는 건국 이야기를 다룬 '단군신화'의 주인공 '단군檀君'을 최초의 슈퍼히어로로 볼 수 있다.

우상偶像, idol

신처럼 숭배의 대상이 되는 물건이나 사람을 지칭한다. 신처럼 모시고 섬기는 그림·조각을 뜻하기도 한다. 에드가 모랭은 저서 *Les Stars*(1957)에서 스타 아티스트를 향한 대중의 극단적 팬덤 현상을 구체적으로 비유하여 설명했다. 그는 "각 스타들의 발밑에는 자생적으로 클럽과 같은 예배당chapel이 솟아난다"[14] 라고 표현했다(Morin, 1957: 74). 2만 명 이상의 광신도를 보유한 프랑스의 클럽

루이스 마리아노Club Luis Mariano와 신도들을 조직화해 정기적으로 예루살렘 순례를 떠나는 미국의 교회들과 흡사하다고 빗댔다. 아울러 "스타에 대한 사랑은 그들을 분열시키는 질투와 시기가 없으며, 상대적으로 성차별이 없는 숭배adoration"[15]라고 그 오묘한 특성을 강조했다(Morin, 1957: 78).

연예인, 운동선수 등이 명사인 톱스타로 뜨는 과정에서 팬들이 그들을 신앙 대상처럼 여겨 무조건 신뢰·애착·흠모·몰입·신봉을 하고 초기 구매자early bird가 되어 열성적으로 작품을 감상하거나 앨범·굿즈를 사주듯이 헌신적 행위를 하는 '우상 숭배偶像崇拜, idolatry'가 작동하고 있음을 통찰한 것이다.

퀘이사quasar

자신이 원하지 않았는데도 우연한 기회에 이름이나 이미지가 널리 알려진 사람을 뜻한다. 미국 컬럼비아대학교와 뉴욕대학교 등에서 강의한 전자출판·영화·미디어 산업 연구자 제임스 모나코James Monaco는 명사를 그 지위(높은 순 → 낮은 순)에 따라 영웅hero, 스타star, 퀘이사quasar로 분류했다(Monaco, 1978).

'영웅'은 특정 분야에서 뛰어난 성취를 하여 대중들로부터 긍정적 평가를 받는 인물, '스타'는 연기나 공연을 통해 어떤 역할을 구현해 대중의 관심을 받아 유명해진 미디어 아이콘을 의미한다. '퀘이사'는 부지불식간에 자신의 이름이나 이미지가 널리 알려진 사람을 말한다. 우주의 '준항성準恒星, quasar'에서 따와 비유적으로 명명한 것이다. 준항성은 은하의 중심핵 폭발로 생겨난 천제로 거대 발광체라서 멀리 떨어져 있어도 별처럼 밝게 보인다.

셀러토이드celetoid

특별한 재능은 없지만 미디어가 집중적으로 노출·조명하여 인위적으로 만들어진 명사를 뜻한다. 사회·문화 연구자인 브루넬대학교의 크리스 로젝Chris Rojek 교수가 명명한 용어로, 그는 셀러토이드를 매체가 주도하는 대중문화의 특성상 양산될 수밖에 없는 불가피한 부수물로 보았다(Rojek, 2001).

로젝은 명사를 공적·사적 자아에 따라 대대로 물려받은 명사인 '부여받은 명사ascribed celebrity', 스스로 성취해 얻은 '성취한 명사achieved celebrity', 사람들에게 주목받아 인정된 '간주된 명사attributed celebrity'로 구분했다. 이 경우 '쾌이사'는 성취한 명사에 속한다.

공인/공적 인물公人, 公的人物, public figure

국가나 사회에 관계되는 공적인 일에 종사하는 사람 또는 현재 널리 알려져 인지도가 높은 사람을 뜻한다. 학계와 법조계에서는 보통 '공적 인물public figure'이라고 표현한다. 법적 정의는 '고위 공직자를 포함한 공적 인물 또는 스스로 공론장에 뛰어들어 명성을 얻은 사람으로서 그에 대한 언론의 비판과 품평이 헌법상 표현의 자유에 의해 널리 보장되는 인물'이다. 대통령, 국무총리, 장관, 국회의원을 포함한 고위 공직자와 지명도가 높은 경제인, 연예인도 공인의 범주에 속한다.

법률적으로 공인은 원칙적으로 언론 보도에 의한 명예훼손의 예외가 되는 중요한 존재이기에 그 해석은 사안마다 다소 복잡하다. 그래서 명사와 연예인이 법적 '공인'인지 여부는 인지도와 활동의 정도, 세간의 평가 등 여러 가지를 따져 판단한다. 지금까지 판례를 보면 대상자가 "일반인들에게 널리 알려진 유명 연예인으로서 상당한 인기를 누리고 있는 '스타'인 경우"(2001, 서울중앙지법)이거나, "영화배우 등으로 활동하는 연예인으로 일반 대중들에 미치는 영향이 클 경우"(2001, 서울중앙지법)에 공인으로 보았다.

보텍스Vortex, 제한적 공적 인물

'제한적 공적 인물public figures for limited purpose'이나 '소용돌이처럼 공적인 논쟁 또는 논쟁의 장에 뛰어든 사람'을 뜻한다. 보통 말하는 공인인 '전면적 공적 인물public figures for all purpose'과 비교하여 학계에서 쓰인다. 'vortex'는 원래 '소용돌이'란 뜻인데, 이 어의처럼 비유적으로 '공공에 영향을 미치는 특정한 공적 논쟁의 장에 자발적으로 뛰어들어 그 문제의 해결에 직접적으로 영향을 미치려는 사람'을 말한다. 단순한 호기심의 대상이 되는 인물은 보텍스로 규정하지 않는다. 미

〈표 1-1〉 인플루언서의 층위 구분

인플루언서의 층위	개념 정의
메가 인플루언서 (mega-influencer)	팔로워 수가 100만 명 초과로 매우 많고, 게시물당 팔로워 참여율은 5% 이상인 인플루언서
매크로 인플루언서 (macro-influencer)	팔로워 수가 1만 명 초과~100만 명이고, 게시물당 팔로워 참여율은 5~25% 수준인 인플루언서
마이크로 인플루언서 (micro-influencer)	팔로워 수가 500명 초과~1만 명이고, 게시물당 팔로워 참여율은 25~50% 수준인 인플루언서
나노 인플루언서 (nano-influencer)	500명 이하의 매우 미약한 팔로워 수를 보유하고, 게시물당 팔로워 참여율이 낮은 인플루언서

자료: Gottbrecht(2016); 최조이스·강환국(2017).

국 연방대법원과 학계에서 공인을 '공무원public official', '전면적 공적 인물pervasive public figure or unlimited public figure', '제한적 공적 인물vortex, limited public figure', '비자발적 공적 인물involuntary public figure' 등으로 세분하면서 알려진 용어다.

인플루언서influencer

인스타그램, 유튜브, 페이스북, 마이스페이스MySpace, 트위터, 틱톡TikTok, 릴스Reels 등과 같은 소셜미디어SNS에서 수만 명에서 수십만 명에 이르는 많은 구독자follower를 확보한 채 대중에게 주목받으며 적지 않은 영향력을 미치는 크리에이터를 지칭한다. 이들의 행동은 일거수일투족이 마케팅, 수익 확대와 같은 경제적인 목적을 겨냥한 것이기에 '관심경제attention economy'의 산물로 본다.

마이크로 인플루언서micro-influencer

소셜미디어에서 연예인이나 최상급 인플루언서들보다 인기는 덜하지만, 관심 분야에 대해 나름대로 상당한 전문성을 갖추고 소통하는 영향력 있는 크리에이터를 가리킨다. 미국의 인플루언서 마케팅 허브 'Mavrck'는 인플루언서를 팔로워 수와 게시물 참여율에 따라 3단계로 구분했다.

100만 명 이상의 팔로워 수와 게시물당 5% 이상의 참여율을 자랑하는 '메가 인플루언서mega-influencer', 1만 명에서 100만 명에 이르는 팔로워 수와 게시물당

5~25%의 참여율을 보이는 '매크로 인플루언서macro-influencer', 500명에서 1만 명에 이르는 팔로워 수와 게시물당 25~50%의 참여율을 나타내는 '마이크로 인플루언서micro-influencer'가 바로 그것이다.[16] 마이크로 인플루언서보다 팔로워 수(500명 이하)나 참여율이 낮은 것을 '나노 인플루언서nano-influencer'로 칭한다. 인플루언서의 층위와 수준에 관한 구분은 분류자마다 다를 수 있다.

파워 블로거power blogger

특정 분야의 활동, 또는 특정 상품이나 서비스 등에 대해 많은 정보를 제공하고 이를 구독하는 사람이 많아 영향력이 있는 블로그 운영자를 말한다. 이들의 활동은 특정한 이해 실현을 위한 의도나 상품을 생산하는 기업과의 협잡에 의하지 않아야 긍정적으로 평가받는다. 파워 블로거 가운데 특정 기업이나 제품에 대해 고의적으로 좋지 않은 품평을 하는 글을 쓰고 이를 빌미로 보상이나 협찬 따위를 요구하는 부류를 악성 소비자인 블랙 컨슈머black consumer에 빗대어 '블랙 블로거black blogger'라 칭한다.

관종關種, attention seeker, attention hog, attention whole

'관심종자關心種子'의 줄임말이다. '관심받기를 원하는 사람이나 그런 부류'를 비판적으로, 부정적으로 칭할 때 또는 놀릴 때 사용된다. 따라서 이 말에는 정서적 거부감이 전제되어 있다. 공연히 자극적인 행동을 일삼고 타인의 일상에 끼어들어 개입자 역할을 하는 사람이다. 순화한 표현은 '관심에 목매는 사람'이다. TPO, 즉 Time(시간), Place(장소), Occasion(상황)에 맞지 않게 자신의 감정을 지나치게 자주 공유하거나, 남들이 쉽게 이해할 수 없는 독특한 감정을 공유하는 경우가 많다.

철학에서는 주목과 인정을 받아야 하는 기존 체제에 종속된 현상으로 비판적으로 바라본다. 철학자 강신주는 필자와의 인터뷰에서 "관종은 타인에게 관심을 받고 인정을 받지 못하면 생존하지 못하는 세상의 체계가 관념적으로 투사된 매우 서글픈 현상"이라고 진단했다. 정신의학에서는 이런 행동이 심할 경우 질병으로 간주한다. 즉, 관종은 정신의학의 관점에서는 타인에게 관심을 받고 싶은 정도가 병적인 상태에 이를 정도로 심한 경우로, 연극적 인격 성향, 해리성解離性(2개 이상의 인격체 존재) 기억의 인지 오류, 공상을 실제의 일처럼 말하면서 허위라고 인식하지 못하는 작화증作話症으로 이해한다.[17] 이런 정신의학의 관점에서는 타인에게 함부로 관종이라 규정하는 것은 큰 상처를 줄 수 있기에 삼갈 필요가 있다. 『관종의 시대』 저자 김곡은 "관종은 편집증, 우울증, 혐오를 저변에 둔 관심 충동으로 인해 끊임없이 '나'를 증명하고 노출해 관심을 축적하기를 스스로 명령하는 행위이며, 그 자신이 피해자이자 가해자"라고 말했다.[18]

관종 가운데는 단순히 자신을 널리 알리고 싶은 욕구를 행동으로 발산하는 사람도 있지만 특정한 논쟁을 유발하거나 논쟁에 끼어들어 이를 즐기거나 노출, 기행, 어그로aggro를 일삼아 눈살을 찌푸리게 하는 부류도 있다. 어그로는 'aggravation'에서 유래한 말로 '상대방을 도발하는 행위', '약오르게 하는 것'이란 게임 용어에서 전용되어 '눈길을 끌 만한 부정적인 글이나 사진, 동영상 등을 내세워 관심을 모으는 것'을 뜻하는 말로 쓰이고 있다.

관종은 개인형 소셜미디어의 기본 게시물은 물론 SNS 등에서 다양한 모습으로 복제되는 짤방 혹은 패러디물인 '밈meme'을 통해서도 자신을 어필한다. 『관심종자』의 저자 양수영은 "기네스북에 등재되는 기묘한 기록을 지닌 기상천외한 인물들이 대표적인 관종"이라고 말했다.[19]

≪매거진 한경≫은 'SNS 관종' 자가 진단 테스트를 위한 열 가지 판단 요소를 제안했다.[20] 학술적인 검증을 거친 방법론은 아니지만 관종이 사회적 화두가 된 만큼 비교적 상식적이고 합리적인 견지에서 추론된 요소를 바탕으로 흥미롭게 활용해 보자는 취지다. 이 가운데 해당 사항 수가 0~3개는 '정상인', 4~6개는 '관종 새싹', 7~9개는 '빼박 관종', 10개는 '관종 끝판왕'이라 진단할 수 있다고 ≪매거진 한경≫ 측은 밝혔다.

그것은 '① 1일 1스타그램 이상 한다, ② 카톡 상태 메시지, 프로필 사진을 하루 한 번 이상 바꾼다, ③ 가슴골이나 복근 등 특정 신체 부위를 강조한 사진을 올린 적이 있다, ④ 페이스북 상태를 자유로운 연애 중 또는 복잡한 연애로 설정한 적이 있다, ⑤ SNS 업로드를 위해 요즘 핫한 맛집이나 카페를 일부러 방문한 적이 있다, ⑥ 선팔, 맞팔, 소통 해시태그를 항상 붙인다, ⑦ 게시물마다 해시태그를 10개 이상 쓴다, ⑧ SNS에 글을 올리고 나면 계속해서 핸드폰 알림을 확인한다, ⑨ 연인과 진한 스킨십을 하는 사진을 올린 적이 있다, ⑩ 우울할 때 친구와 이야기하기보다 SNS에 글을 올린다'였다.

양수영은 인간은 본래 관종인 데다 세상은 언제나 관종에 의해 움직여 왔기 때문에 사회는 점점 더 관종을 필요로 할 것이라고 보았다. 『관종의 조건』의 저자 임홍택은 사회적·경제적으로 관심을 받지 못하면 살아남지 못하는 시대를 맞아 이제는 관종이 부정적 의미를 딛고, 남과 다름을 무기 삼고 주목을 끌며 다재다능을 더 효과적으로 활용하는 긍정적 존재인 '관심 추종자'로 승화되어야 한다고 제안한다.[21] 관종은 보기에 따라, 정도에 따라 긍정적이거나 부정적으로 갈리는 양면성을 지닌다. 그러나 그런 활동을 하는 에너지만큼은 평가받을 만하다.

평판 닥터reputation doctor

기업 등 주요 조직과 개인의 브랜드 및 명성을 진실, 정직, 겸손, 투명성, 책임, 일관성을 통해 최고 수준의 소통과 신뢰 상태로 격상되도록 구축·유지·보수해 주는 역할을 하는 PR 전문가를 말한다. 이 용어는 현재 미국에서 전략적인 홍보, 평판, 기업 커뮤니케이션, 위기관리 및 소송 지원 전문가로 명성이 높은 마이크 폴Mike Paul의 고객 가운데 한 명이 1994년 폴이 수행한 기업의 명성과 브랜드 개선 작업을 극찬해 별명으로 부른 뒤 정착했다. 할리우드 제작자인 폴의 친구가 이 말을 듣고 힘이 있다며 폴에게 자주 사용하라고 권해 1990년대 초 TV 뉴스 인터뷰에서 평판 닥터라는 별명을 사용하기 시작했다. 이후 이 별칭은 등록 상표가 되어 폴의 두 번째 회사(현재 회장)인 'Reputation Doctor® LLC.'의 이름이 되었다. 그는 스포츠 일러스트레이티드Sports Illustrated가 발간하는 PR위크 매거진 ≪미스터 픽싯Mr. Fixit≫이 선정한 '세계 최고의 위기 홍보 전문가'는 물론 '미국 전역에서 신뢰할 수 있는 기업 행동 100대 리더'에 선정되었다.

토픽 03 '명성'과 '명사'의 학술적 정의와 유형 분류

2015년부터 다양한 분야에서 남다른 가치를 창출한 유명인사들에 대한 릴레이 인터뷰 기사를 맛깔스럽게 선보여 누적 조회수 1000만 뷰를 넘어선 인터뷰어인 김지수 ≪조선비즈≫ 문화전문 기자는 2022년 10월 19일 필자와의 인터뷰에서 "기자로서 오랫동안 살펴보니 명성은 자기 분야의 일을 지속적으로 하다 보면 어느새 생기는 것 같고요, 스타성은 시대와 만나야 터지는 것 같아요. 명성을 지닌 많은 분들을 인터뷰하면서 느낀 점은 놀랍게도 그분들이 공통적으로 모든 분야에 대한 호기심이 많고 에너지가 건강하고 넘치며 겸손하다는 것입니다"라고 말했다.

명사에 대한 지근거리의 면밀한 관찰자였던 현장 기자의 생생한 진단과 동서고금의 연구를 통해 켜켜이 축적되어 온 학술적 견해는 어떻게 다를까. 학술적으로 '명성名聲, fame, celebrity, renown, celebratedness'은 보통 "특정 개인이 행한 행동이 칭찬이나 칭송을 받게 되면서 축적되어 형성되는 것으로 대중 사회, 특히 도시 지역에서 유래한 오래 지속된 현상"[22]이라 규정된다. 대중 사회와 도시 사회를 강조한 이유는 사람들이 많이 모여서 교류, 소통, 회합, 사교가 폭넓게 이뤄질 때, 비로소 명성이 형성되기 때문이다. 정치인, 경제인, 예술가, 운동선수, 학자 등 직업에 따라 얻게 되는 명성의 종류는 서로 다르다.

사람들은 명성을 예외적 행위를 통해 얻거나 얻은 것으로 여기고 있는데, 그것은 미디어와 같은 기술에 의존하고 있는 현대적인 현상으로서 오랜 역사적 뿌리를 갖고 있다(Braudy, 1997).[23] 유사 이래로 다양한 종교와 종파의 성인saints, 인쇄술의 보급, 연극과 다양한 예술의 발전은 명성에 대한 대중의 관심을 높였다.[24] 특히 21세기의 디지털 텔레비전, 라디오, 월드 와이드 웹WWW, World Wide Web과 미디어 제작자들의 기여가 크다. 이들은 관심을 끌기 위한 프로그램을 제작하고자 경쟁하면서, 명성을 지닌 유명인들을 보고 들을 수 있는 물리적 공간을 더욱 확대했다.[25]

명성은 오래전부터 영국 등 왕정국가의 왕실이나 종교계, 정치계의 주요 인

알렉산더 대왕

율리우스 카이사르

사가 누리던 고아하고 기품 있는 풍모 및 위상과 관련이 있으며, 미디어가 발달한 이후에는 상업적 목적으로 부각된 측면이 더욱 강하다. 오늘날 명성을 갖췄다는 의미는 단지 높은 인지도나 주목도를 확보했다는 것이 아니라 우선 대중으로부터 긍정적인 평가나 칭송을 받고 있다는 뜻이다. 유명하지만 악명이 높아서는famous but notorious 안 된다는 뜻이다. 대중을 실망시키는 큰 문제를 안고 있어도 안 된다.

그러나 명성은 반드시 좋은 일이나 선행을 많이 하는 것만으로 축적되지 않는다는 통찰도 있다. 미국 서던캘리포니아대학교 교수인 레오 브로디Leo Braudy는 자신의 저서 『명성의 광분: 명성과 역사The Frenzy of Renown: Fame & Its History』(1997)에서 "사회적으로 받아들일 수 없는 부도덕한 행동의 결과로 얻은 명성도 오래전부터 인정받아 왔다"라고 지적했다. 사회적 물의와 부도덕, 나아가 악행으로도 명사가 된다는 것이다.

브로디는 명사 연구를 하면서 로마 공화국의 독재관 율리우스 카이사르Gaius Julius Caesar(B.C. 100~B.C. 44) 이전의 시대에 활약한 마케도니아의 알렉산더 대왕Alexander the Great(재위 B.C. 336~B.C. 323)을 '최초의 명사'로 지목했다. 알렉산더는 그리스, 페르시아, 인도에 이르는 대제국을 건설하여 그리스 문화와 오리엔트 문화의 융합 양식인 새로운 헬레니즘 문화를 창출했다는 선군善君이자 현군賢君이라는 위대한 평가를 받지만 다른 한편에서는 피비린내 나는 포악한 살육을 감행한 정복 군주로 인식된다.

〈표 1-2〉 명성(fame)과 명사(celebrity)의 사전적·학술적 개념

구분	개념
명성(名聲)	• 세상에 널리 퍼져 평판 높은 이름(국어사전) • 뭔가 대단한 성취로 인해 알려진 것(Patty-Giles, 2008) • 특정 개인이 행한 행동이 칭찬이나 칭송을 받게 되면서 축적되어 대중 사회(특히 도시 사회)에서 형성되는 것(Rockwell and Giles, 2009)
명사(名士)	• 세상에 널리 알려진 사람, 유명인사 또는 이름난 선비(국어사전) • 자신이 지닌 유명함이 잘 알려진 사람(Broostin, 1962) • 대중이 인식하는 이상적인 존재에서 일반 개인들과 동일시되는 대상(Dyer, 1979) • 특정 숫자 이상의 대중이 지켜보고 알아차리며 인지하고 있는 모든 사람(Sternheimer, 2014)

국어사전은 '명성'에 대해 '세상에 널리 퍼져 평판 높은 이름'이라 정의하고 있다. 영어 어휘 'fame'은 '말하기', '화술', '소문(풍문)', '여론', '명성'을 뜻하는 라틴어 'fāma'에서 유래했다. 이후에 고대 프랑스어와 앵글로-프랑스어를 거쳐 1175~1225년의 중세 영어부터 현재의 '명성'이란 의미로 정착했다. 어원을 살펴보면 여신 '파마Fama'가 왜 로마 신화에서 '풍문의 화신'이었는지 알 수 있다.

'fame'이란 용어는 1290년 이전에, 'famous'는 셰익스피어William Shakespeare 시대에, 'celebrate', 'celebrated', 'celebrity'는 모두 1600년대에 처음 등장했다.[26] 'celebrity'는 고대 프랑스어에서 '의식rite' 또는 '예식ceremony'을 의미했기에, 어의를 고려하면 유명한 사람 가운데 가장 경박한 사람조차도 어떤 심오한 역할을 수행하고 있음을 알 수 있다.[27]

'명사名士, celebrity'는 유명인사有名人士의 약어로, 명사에 대한 가장 초창기 연구에 속하는 저술에서 '잘 알려진 사람the person who is known for his well-knownness'[28] 이란 학술적 개념 정의가 제시되었다. 대부분의 국어사전은 '세상에 널리 알려진 사람' 또는 '이름난 선비'라 정의하고 있다. 'celebrity'란 단어는 '하늘cele'이 '가져다준bring' 그 '무엇ty'으로 조어되었기에 하늘이 부여한 명성과 재능 또는 그것을 가진 사람을 뜻한다. 'celebrate(축하하다)'도 하늘cele이 가져다준bring 것에 대해 감사하는 마음으로 사람들이 모여서 하는 행동ate이란 구조로 만들어졌다.

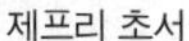

제프리 초서

찰스 디킨스

셀러브리티란 어휘는 19세기 중반 이전에는 '유명한 상태'만을 의미했지만, 그 이후 사진술과 미디어가 발달하면서 '유명한 개인', 즉 '명사'를 나타내는 것으로 의미가 확장되었다.[29] 오늘날에는 셀러브리티의 범위가 '얼굴이 많이 알려진 유명인'에서 '보통 사람'으로도 확장되어 평범한 보통 사람이지만 '미디어에 의해 널리 알려지게 된 사람'도 그 범주에 포함한다.[30] 셀러브리티는 흔히 구어적으로 '셀럽celeb'이라 축약하여 쓰기도 한다.

영국의 시인 제프리 초서Geoffrey Chaucer는 '명사celebrity'라는 단어를 문헌에 처음 쓴 인물이자 '유명한famous'이라는 단어를 처음 사용한 사람 가운데 한 명이다(Garber, 2017). 초서는 '인간'과 우주에 존재하는 모든 물체, 항성, 행성, 위성, 혜성, 성단, 성운, 성간 물질, 인공위성 따위를 통틀어 이르는 '천체天體, celestial bodies'의 어휘적 융합을 함의하듯 인간의 '천상화stellified'를 통해 유명한 인물, 즉 명사를 부각했다.

트레버 패티자일스Trevor Patty-Giles[31]는 명성과 명사는 개념적으로 차이가 있는데, 명성이 "뭔가 대단한 성취로 인하여 알려진 것"이라면 명사, 즉 셀러브리티는 "누군가의 개성이 널리 알려진 것"이라는 점에서 구분된다고 설명했다.

이렇게 널리 알려지는 것을 즐긴 사람도 많았지만, 혹평한 이도 적지 않았다. 대표적으로 영국 빅토리아 시대의 소설가 찰스 디킨스Charles Dickens(1812~1870)는 당대 대중이 숭앙하는 걸출한 현대적인 명사 가운데 하나로 꼽혔다. 1867년 미국을 여행했을 때 록스타처럼 환영을 받았을 정도였다. 그가 머문 보스턴의 호텔은 팬들의 접근을 막기 위해 무장 경비원을 밖에 배치해야 했다. 심지어 그는 사교계 명사인 제인 비글로Jane Bigelow에게 스토킹을 당하기까지 했다.

정작 디킨스 자신은 셀러브리티라는 것에 대해 매우 불편해 하고 셀러브리티 문화를 향유하거나 이해하려 하지 않았다. 그는 그에게 관심을 보이는 여성들을 배척하고 위협했으며 공격하기도 했다. 그 대신에 명성에 대한 냉철하고 지적인 관찰자이자 비판자로 이에 접근하면서 셀러브리티 문화의 기원은 '무가치함'과 '수치심'의 경험이라 지적했다.[32] 명사가 사회적·문화적·정치적 통제에 대해 협력하는 성향을 나타내는 점[33]도 비판의 소재였다.

디킨스의 견해는 프랑스의 유명 석학인 자크 아탈리Jacques Attali의 시각, 즉 예술가들에게도 명성은 예술가의 철학과 진정성 등 그들의 작품에 대한 객관적인 판단을 방해하는 저주curse라는 것과 상통한다. 작가 등 예술가는 자신의 이름과 개인적 역사나 과거로부터 독립적으로 인정받기를 꿈꾼다. 그런 것에서 아무런 영향도 받지 않고 그의 순수한 업적으로 평가받고 존중받아야 하며, 명성보다 정직한 익명성이 훨씬 더 예술적 가치에 부합한다고 보기 때문이다.

대니얼 부어스틴Daniel J. Boorstin은 자신의 책[34]에서 셀러브리티에 대해 "자신의 유명함well-known-ness이 잘 알려진 사람"이라고 규정했다. 그리고 '현대적인 명사'와 위대한 성취를 거둔 '과거의 영웅'은 차이가 있다고 주장했다. 여기에서 'well-known-ness'는 특별한 행위나 성취를 의미한다. 부어스틴이 제시한 명사는 전 세계에 체인을 두고 있는 힐튼호텔의 상속녀이자 여배우인 패리스 힐턴Paris W. Hilton처럼 의도적으로 기획된 이벤트, 설정된 호화 파티, 허위의 쇼, 가짜 사건 등과 같은 '의사사건疑似事件, pseudo-events'으로 만들어진 인물도 포함한다.

미디어에 의한 매개와 창조, 재창조도 여기에 해당한다. 상업적 흐름이 강화될수록 의사사건에 의한 명사 출현과 생산은 빈번해진다. 부어스틴은 '영웅hero'은 대단한 능력으로 엄청난 일을 성취한 사람으로서 그 성취로 구별되는 '대단한 사람big man'이지만, '명사celebrity'는 그의 이미지와 트레이드마크에 따라 차별화되는 '대단한 이름big name'이라고 구분했다.

레스터 설리번

명사는 적어도 하나의 공적 영역에서 알려진 유명함으로 인한 편익, 성취, 재능이 결합된 잉여 가치에서 생겨나는, 주목attention을 끄는 역량의 상태나 품질의 주체를 나타내는데, 그나 그녀가 지닌 명성에는 악명을 포함하여 긍정·부정적인 요소가 모두 포함된다.[35]

최근의 상업적 흐름에서는 미디어의 매개와 결부하여 명사에 대한 많은 부작용이 나타나고 있다. 명사의 상품화는 물론 명성 중독fame addiction, 일방적인 띄우기celebrification(비판이 결여된 찬양과 칭송 행위),[36] 명사 피로감celebrity fatigue 등이 바로 그것이다.[37]

사회문화적 관점에서 다이어는 셀러브리티에 관해 "대중이 인식하는 이상적인 존재에서 일반 개인들과 동일시되는 대상"이라고 정의했다.[38] 미국 서던캘리포니아대학교 사회학과 교수인 캐런 스턴하이머Karen Sternheimer는 셀러브리티를 미디어 관계와 연관지어 "특정 숫자 이상의 대중이 지켜보고 알아차리며 인지하고 있는 모든 사람"이라고 규정했다.[39]

셀러브리티에 대한 초기 정의는 남들이 '인정할 만한 대단한 성취'를 했다든지 '경제적으로 매우 성공'했다는 의미를 포함하고 있어 주로 사회적·경제적 측면에 초점이 맞춰졌다. 그러나 점차 법적 정의는 물론 셀러브리티가 갖는 부정적 효과에 초점을 둔 정치적 측면에 관한 관심도 높아졌다. 일례로 1964년 미국 연방대법원은 ≪뉴욕타임스The New York Times≫와 앨라배마주 몽고메리시 공안국장이던 레스터 설리번Lester Bruce Sullivan 간의 소송(New York Times vs. Sullivan 376 U.S. 254)[40]의 결과를 판시하면서 셀러브리티가 '공인public figure'의 범주에 속한다고 규정했다.

시대가 변하면서 기존 공간이 아닌 다른 공간에서 새로운 권위를 찾는 문화가 나타나고,[41] 리얼리티 텔레비전 쇼, 유튜브, 페이스북, 트위터, 마이스페이스, 인스타그램, 틱톡, 릴스, 기타 블로그의 인기가 점차 증가하면서 셀러브리티

앤디 워홀

앤디 워홀의 통찰력 있는 예언 '15분간의 명성'

"미래에는 누구나 15분 동안 세계적으로 유명해질 것이다"
[1968년 스웨덴 모더나 미술관에서 열린 작품 전시회에서의 발언]

에 대한 정의가 확장되고 있다.[42] 바야흐로 디지털 미디어 시대는 발언, 홍보, 노출, 전파가 수월하여 평범한 개인이라도 누구나 명사가 될 수 있는 환경이기 때문이다.

이런 새로운 환경에서 셀러브리티는 새롭게 정의되고 생성되며 길러지고 강화된다.[43] 이 같은 흐름을 미리 예견하듯 미국 팝아트의 거장이자 영화 프로듀서인 앤디 워홀Andy Warhol은 1968년 스웨덴 스톡홀름에 있는 모더나 미술관에서 열린 자신의 작품 전시회에서 "미래에는 누구나 15분 동안 세계적으로 유명해질 것"[44]이라고 말했다. 이후 세계적인 유행어가 된 '15분간의 명성15 minutes of fame'의 유래다.

앤디 워홀이 말한 지 대략 55년이 흐름 지금 상황을 보면 엔터테인먼트를 비롯한 대중문화의 영역과 소셜미디어의 영역에서는 '15분간의 명성'이란 예언이 실제 현실이 되고 있다. 절묘한 예측과 통찰이라 하지 않을 수 없다. 실제로 요즘에는 누구나 마음만 먹으면 디지털 미디어 등을 잘 활용해 특정 활동과 이슈로 널리 알려져 일정한 수준의 명성을 지닌 '명사'가 될 수 있고, 각자의 영역에서 범위와 수준만 다를 뿐 열정적 활동가들은 나름대로 명사인 경우가 많기 때문이다.

미국에서 가수, 모델로 활동하는 만능 엔터테이너 틸라 테킬라Tila Tequila가 마이스페이스를 통해 얼굴을 알려 유명해진 뒤 MTV에서 〈A Shot at Love with

Tila Tequila〉란 쇼를 맡게 된 것처럼 유튜브와 블로그와 같은 소셜미디어 도구로, 누구나 웹 기반의 리얼리티 스타reality star가 되는 세상이다(Keel and Nataraajan, 2012).[45] 초기에 이런 '15분간+알파'의 명성을 얻은 사람까지 셀러브리티로 규정해야 하느냐에 관해 논란이 많았지만, 셀러브리티는 미디어의 구성 및 재현과 대중의 소통과 같은 사회적 상호작용을 통해 구성되는 사회문화적 구성물이라는 관점에 익숙해지면서 그것이 점차 용인되는 상황이다.

하지만 단순히 유튜브에서 조금 유명해진 사람, '슈렉', '스폰지밥 네모바지'처럼 히트한 애니메이션의 주인공 캐릭터까지 무조건 명사라 부르기는 쉽지 않을 것이다(Keel and Nataraajan, 2012). 액션 판타지 영화 〈잭 스나이더의 저스티스 리그Zack Snyder's Justice League〉(2021)에 등장하는 배트맨, 슈퍼맨, 원더우먼, 아쿠아맨, 플래시, 사이보그, 슈퍼 빌런 스테픈 울프, 데사드, 다크사이드 등 선과 악을 상징하는 유명 캐릭터들도 마찬가지다.

따라서 셀러브리티의 정의를 재확인하면서 그 유형을 명확하게 구분할 필요성이 있다. 셀러브리티에 대한 대중의 보편적 인식은 나름의 기준과 제한조건을 머릿속에 두고 있어 상대적으로 협소한 편이지만, 학자들의 관점은 기준부터 대상까지 다소 광범위하다. 셀러브리티는 그 사람이 지닌 업적과 성취, 그리고 명성과 평판에 대한 품격, 가치는 물론 유명하게 된 경로path가 반영되어야 하고, 인지도나 지명도의 정도도 각기 다르기에 그 격class이 구분될 수밖에 없다.

따라서 명사를 연구하는 학자들이 다양한 기준을 적용하여 그 지위를 구분하기에 이르렀다. 제임스 모나코는 셀러브리티의 지위를 고저 순으로 구분하여 영웅hero, 스타star, 퀘이사quasar 순으로 제시했다.[46] '영웅'은 자신의 분야에서 뛰어난 성취를 하여 긍정적인 평가를 받는 인물이며, '스타'는 연기나 공연을 통해 어떤 역할을 구현하여 대중의 관심을 결집하는 미디어 아이콘이고, '퀘이사'는 자신이 원하지 않았는데도 통제 불능 상태에서 자신의 이름이나 이미지가 널리 알려진 사람을 말한다. 퀘이사는 원래 은하 중심핵의 폭발에 의해 형성되어 강한 전파를 내는 성운星雲인 '준항성準恒星'이란 뜻의 어휘였다.

이와 달리 크리스 로젝은 명사의 실체가 '사적 자아private self'와 '공적 자아

〈표 1-3〉 셀러브리티의 구분

연구자	구분	의미
모나코(1978)의 지위에 따른 구분	영웅 (hero)	특정 분야에서 뛰어난 성취를 하여 대중들로부터 긍정적 평가를 받는 인물
	스타 (star)	연기나 공연을 통해 어떤 역할을 구현해 대중의 관심을 응집하는 미디어 아이콘
	퀘이사 (quasar)	자신이 원치 않았는데도 우연한 기회에 자신의 이름이나 이미지가 널리 알려진 사람
로젝(2001)의 자아 특성에 따른 구분	물려받은 명사 (ascribed celebrity)	로열패밀리처럼 명사 집안의 혈연관계로 인해 선대로부터 물려받은 명성을 지닌 사람
	성취한 명사 (achieved celebrity)	순수하게 특정 분야에서 공개경쟁을 통해 이룩한 성취 때문에 얻은 명성을 지닌 사람
	간주된 명사 (attributed celebrity)	문화적인 매개(매개자)에 의해 이뤄진 주목할 만하거나 예외적인 개인에 대한 집중적인 묘사나 표현으로 명성을 얻은 사람
자일스(2000)의 사회적 지위와 관계 네트워크의 유형에 따른 구분	공인 명사 (public figures)	정치인과 고위 공무원 등 공적 섹터의 유명인
	공적을 인정받아 떠오른 명사 (meritocratic)	특정 전문분야에서 지속적으로 업적을 성취해 그 위업을 인정받게 된 명사
	쇼비즈니스 스타 (showbusiness stars)	가수, 배우, 모델, 영화감독, 작곡가, 음악 프로듀서 등 유명한 연예계 인사
	우연히 등장한 명사 (accidental)	때, 장소, 상황이 맞아떨어져 돌발적으로 유명해졌거나 그와 관련된 명성을 얻은 유명인사

자료: Monaco(1978); Rojek(2001); Giles(2000).

public self'로 구분되는 점에 착안하여 셀러브리티를 '부여받은 명사ascribed celebrity', '성취한 명사achieved celebrity', '간주된 명사attributed celebrity'라는 세 가지 종류로 구분했다.[47] 로젝이 말한 '부여받은 명사'는 영국의 왕가, 미국의 케네디Kennedy 가문처럼 혈연관계로 선대로부터 물려받은 명성을 지닌 사람을 지칭한다. '성취한 명사'는 '영웅'처럼 순수하게 특정 분야에서 공개경쟁을 통해 이룩한 위대한 성취로 얻은 명성을 지닌 사람을 의미한다. '간주된 명사'는 '퀘이사'와 유사하게 문화적인 매개에 의해 이뤄진 주목할 만하거나 예외적인 개인에 대한 집중적인 묘사나 표현으로 명성을 얻은 사람을 뜻한다.

로젝은 미디어가 만들어내는 집중된 묘사와 표현까지 '간주된 명사'의 범위에 포함했는데, 이때 미디어가 만들어낸 그런 산물을 '셀러토이드celetoid'라 칭했다. 그는 셀러토이드를 "대중매체 주변에서 조직화하고 꾸며진 진정성staged authenticity으로 표현되는 문화의 불가피한 부수물"이라고 정의했다. 또한 셀러토이드가 지닌 명성은 문화적 매개로 만들어진 홍보물이나 후기 자본주의에서 강조된 대체 가능한 상품과 같은 것으로 TV 리얼리티쇼에서 평범한 사람이 급작스럽게 인기를 얻은 경우가 대표적인 사례라고 제시했다.

TV 리얼리티쇼 스타의 경우 미디어가 생성하고 압축하고 강제하고 집중한 '간주된 명사'의 한 형태다. 작가, 프로듀서, 스타일리스트, 분장 전문가, 그래픽 디자이너, 의상 전문가 등 프로그램 제작자들이 의도한 문화적 매개로 인해 '꾸며진 진정성'을 선보였기에 인기는 단명할 것이 뻔하다. 셀러토이드는 오늘날 '특별한 재능은 없지만 미디어의 주목을 받으면서 또는 미디어에 집중적으로 노출되면서 반짝 인기를 누리는 사람'을 지칭한다.

심리학자인 자일스는 명사를 사회적 지위와 관계 네트워크의 유형에 따라 공인 명사, 공적인 성취를 인정받아 떠오른 명사, 연예계 스타, 우연히 등장한 명사라는 네 가지로 분류했다.[48] 자일스에 따르면 첫째 '공인 명사'는 정치인과 고위 공무원처럼 공적 섹터의 유명인을 지칭한다. '공적을 인정받아 떠오른 명사'는 특정 전문분야에서 지속적으로 자신만의 업적을 성취해 그 위업을 대중들에게 인정받게 된 유명인을 의미한다. '쇼비즈니스 스타'는 가수, 배우, 영화감독, 작곡가 등 유명한 연예계 인사를 의미하며, '우연히 떠오른 명사'는 때, 장소, 상황이 묘하게 잘 맞아떨어져 돌발적으로 유명해졌거나 그와 관련하여 명성을 얻은 유명인사를 뜻한다. 그는 명사를 분류할 때는 앞에서 설명한 네 가지 유형 외에도 영역domain-specific, 지역사회 기반community-based, 국가national, 국제international란 명성의 네 가지 수준을 고려하고 매우 균형성을 갖춘 시스템이 되도록 해야 한다고 지적했다.

지금까지의 연구에서 명사는 대부분 그 대상이 '인간'임을 전제로 했다. 로젝(Rojek, 2001)이 유명해지려는 욕망의 대상이 인간이 아닌 단순한 '생물'일 가

동물명사의 선구자인 '스터비'와 '스트롱하트'

자료: 코네티컷 주정부 홈페이지,[49] 스트롱하트닷컴.[50]

능성을 열어둔 것이 외연 확장 가능성을 제시한 것의 전부였다. 동물명사에 대한 연구가 시작되지 않았다는 뜻이다. 1920년대 미국 할리우드 영화에는 동물이 출연하여 높은 인기를 얻은 사례가 있었지만 당시에는 연구로 이어지지 못했다.

즉, 제1차 세계대전에서 맹활약하여 미국 최초로 병장 계급을 하사받은 유기견 출신의 개 '스터비Stubby'[51]와 날렵한 경비견인 독일산 셰퍼드 '스트롱하트Strongheart'[52]가 등장하여 처음으로 '높은 명성을 얻는 동물'이 되었으나,[53] 학술 연구로 승화되지 못했다는 것이다.

이 가운데 스터비는 1917년 미국 코네티컷주 뉴헤이븐에서 거리를 떠돌며 천대를 받던 총명한 스트레이 불테리어 종의 유기견이었다. 제1차 세계대전의 전장인 프랑스 참전을 앞두고 부대 이동 중 로버트 콘로이Robert Conroy 상병이 발견하여 비스킷을 던져준 이후 잘 따르게 되어 부대에서 콘로이와 함께 머물게 되었다. 이후 스터비는 묶어둔 줄을 끊고 연합군으로 프랑스에 참전하는 배에 몰래 올라타서 부대 상사에게 발각되어 위기에 처했지만, 금방 부대의 분위기를 밝게 살리고 놀라운 공적을 쌓은 전장의 마스코트가 되었다.

스터비는 격전지에서 독일군의 공격으로 참호 진흙더미에 묻힌 부상 병사

〈표 1-4〉 동물명사의 분류

구분	의미
의인화된 동물명사 (anthropomorphic)	점쟁이 문어, 악기를 연주하는 고양이, 물에 빠진 사람의 목숨을 구한 개처럼 인간이 지닌 특성이나 의인화된 모습을 갖춘 동물
선전·홍보된 동물명사 (promotional)	동물원에서 관람객들에게 널리 인기를 얻은 판다, 고릴라, 표범과 같은 동물(전시장에서 광고·판촉하는 'AI 동물'도 포함)
변종 동물명사 (freak)	머리가 둘 달린 뱀이나 새, 다리가 여섯 개나 달린 거북이처럼 돌연변이로 태어나 화제를 뿌리는 동물
애완 동물명사 (celebrity pet)	대통령, 톱스타 등 인간 명사들이 직접 집에서 키우거나 애정을 갖고 보살펴 세간의 주목을 받은 동물('AI pet'도 포함)

자료: Giles(2013).

를 찾아내고 폭탄을 제거하는 한편, 독일군의 독가스 살포를 탐지해 컹컹 짖으며 경고했다. 적의 동태를 파악하는 척후병斥候兵 역할을 하며 적이 전장에 보낸 스파이를 잡아내기도 했다. 이렇게 전투에서 맹활약한 스터비는 일약 영웅으로 떠올라 여러 신문에 대서특필되었다. 이 전설적 이야기는 훗날 영화 〈캡틴 스터비Sgt. Stubby: An American Hero〉(2018)[54]로 재현되어 재미와 감동을 선사했다.

이후 동물들이 각종 재능과 사연을 토대로 미디어에 노출되어 인간보다 더 유명해져 엄청난 주목을 받게 되자 '동물명사動物名士, animal celebrity'에 대한 연구도 시도되었다. 베를린에만 400개가 넘을 정도로 많은 동물원을 갖추고 있는 독일의 사례를 연구한 영국 윈체스터대학교의 자일스 교수는 처음으로 동물명사에 대한 분류법을 제안하고 동물이 명사로서 유명해지는 과정, 국내외 미디어의 포착 메커니즘 등을 분석했다.[55]

자일스는 동물명사의 유형을 의인화된anthropomorphic 동물명사, 선전·홍보된promotional 동물명사, 변종freak 동물명사, 애완 동물명사celebrity pet의 네 가지로 구분했다. 자일스의 규정에 따르면 ① '의인화된 동물명사'는 점쟁이 문어, 피아노를 연주하는 고양이, '주인 찾아 삼만 리'를 달려온 전라남도 진도의 백구白狗, 한때 우리나라 초등학교 교과서에 실린 적이 있는 전라북도 임실의 '오수의 개'와 같이 물에 빠진 사람의 목숨을 구한 개처럼 인간이 지닌 특성이나 의인화된 모습을 갖춘 동물을 의미한다. 명성이 자자할 만큼 감동적인 영웅적 스토

전북 임실의 '오수의 개' 석상 및 의견비(義犬碑)와 전남 진도의 '돌아온 백구상'

자료: 임실군청 홈페이지,[56] 진도군 의신면 돈지백구테마센터.[57]

리나 기예를 품고 있는 동물이다.

전라남도 진도의 백구는 의신면 돈지마을 박복단 할머니가 키우다가 1993년 3월 대전지역 애견가에게 팔린 개였다. 그러나 백구는 할머니를 잊지 못해 7개월이 흐른 같은 해 10월 300킬로미터가 넘는 거리를 달려 한밤중 탈진한 모습으로 진도의 옛집으로 돌아와 할머니 품에 안겼다. 언론을 통해 사연이 알려지면서 '돌아온 백구'는 일약 스타로 떠올라 컴퓨터 회사 광고모델이 되었다. 백구는 그 후 자신을 내내 돌봐준 할머니 가족과 함께 살다가 열네 살 때인 2000년에 숨졌고, 마을 주민들은 백구를 기려 마을 어귀에 '돌아온 백구상'을 건립했다.[58] 2010년 7월에는 이 이야기를 토대로 창작한 뮤지컬 〈하얀 마음 백구 주인 찾아 삼만 리〉가 경기도 성남시 성남아트센터에서 공연되었다.

특히 우리나라 '오수의 개'는 고려시대 문인 최자崔滋가 쓴 『보한집補閑集』(1230)에 실려 '명사 충견'으로서의 역사성을 자랑한다. 의견비인 석비石碑가 통일신라 혹은 고려시대에 세워진 것으로 보아 그 시대나 이전 시대에 실제로 일어난 실화實話에 근거한 설화로 판단된다. 『보한집』에 따르면 전라도 남원부 거령현(현재 전라북도 임실군 지사면 영천리)에 살던 김개인金蓋仁이란 사람이 매우 총명하고 충직한 개 한 마리를 기르고 있었는데, 그가 어느 날 동네잔치를 다녀오다 만취하여 인근 마을인 상리上里 부근 풀밭에서 잠이 들었다. 때마침 들불이 일어나 김개인이 누워 있던 풀밭까지 불이 번지자 돌아오지 않던 주인을 찾아 나선 개가 불이 난 곳에서 주인을 발견했다. 개는 곧바로 근처 개울에 뛰어들어 몸을 적신 다음 들불 위를 뒹굴기를 반복해 주인을 살리고 자신은 지쳐 쓰러져 죽었다. 주인이 죽을 위기에서 '살신구주殺身求主'를 한 것이다.

김개인은 나중에 잠에서 깨어나 주변을 둘러보며 자초지종을 파악한 다음 개의 헌신적 희생을 확인했다. 그는 개의 죽음을 슬퍼하며 개의 사체를 잘 묻어주고 개를 기억하고자 자신의 지팡이를 꽂아두었는데, 그 지팡이가 나중에 느티나무로 자라나 개獒와 나무樹를 기려 지역 이름인 '오수獒樹'의 유래가 되었다는 것이다.

② '선전·홍보된 동물명사'는 동물원에서 관람객에게 널리 인기를 얻은 판다, 고릴라, 표범, 호랑이와 같은 동물(자일스의 분류는 아니지만, 최근에 첨단의 인공지능과 로봇 기술로 개발되어 각종 전시장에서 광고·판촉되는 'AI 동물artificial intelligence animal'도 포함)을 나타낸다.

2021년 9월 경기도 용인 에버랜드에서는 1990년부터 2013년까지 23년간 새끼 18마리를 낳아 동물분야 기네스북인 국제종정보시스템ISIS에 '세계 최다산最多産 기린'으로 등록된 '장순'이 35번째 생일을 맞이해 관람객의 축하를 받았다. 같은 해 12월 경기도 과천에 있는 서울대공원에서는 일본 타마동물원에서 멸종위기종 상호교환협약으로 들여온 2017년생 치타 자매 '베니'와 '코니'가 공개되어 인기를 끌었다.

③ '변종 동물명사'는 머리가 둘 달린 뱀, 다리가 여섯 개나 달린 거북이처럼 돌연변이로 태어나 화제를 뿌리는 동물을 말한다. 2015년 5월 11일 지리산 특별보호구역에서는 '알비노 오소리'가 국립공원관리공단에 의해 국내에서 처음으로 발견(카메라 촬영)되어 언론에 보도되었다. 이에 앞서 같은 해 3월에는 전북 순창의 한 동굴에서 '흰색 관박쥐'가 발견되었다. 영화 〈램페이지Rampage〉(2018)는 의문의 가스를 흡입하면 엄청난 괴수로 변해 광란을 일으키는 거대한 알비노 고릴라 이야기를 다뤘다. '알비노albino'는 유전자 돌연변이에 의해 체내에서 멜라닌 색소가 합성되지 않아 나타나는 백색증白色症을 말한다.

마지막으로 ④ '애완 동물명사'는 대통령 시절 정치인 문재인의 풍산개 '마루', 윤석열의 애완견 '토리', 김연아의 반려견 '연우', 배수지의 반려견 '데이먼', 이상민의 반려묘 '또또', 강다니엘의 반려묘인 '오리'와 '짱아'처럼 대통령, 톱스타 등 인간 명사들이 직접 키우거나 애정을 갖고 보살피는 동물(자일스의 분류는 아니지만 'AI pet'도 포함)을 지칭한다.

예시로 제시된 동물명사 가운데 2010년 남아공 FIFA 월드컵 기간에 '점쟁이 문어' 또는 '심령 문어'로 국제적으로 알려진 독일의 문어 '파울'은 승부 예측 적중률 100%를 자랑하며 화제로 떠올라 인간 명사 못지않은 인기를 누렸다. 이 문어는 얼마 뒤 죽고 말았지만 그 신묘한 이야기는 미국 덴버에 본사를 둔 시네마 베르티지와 멀린 엔터테인먼트가 합작하여 영화로 제작되었다. 2012년 〈점쟁이 문어 파울의 일생The Life and Times of Paul the Psychic Octopus〉이란 제목으로 선보였고, 국내에서는 제16회 부천국제영화제에서 먼저 상연한 뒤 극장에 개봉되었다.

미디어, 로봇, 인공지능 기술의 발달로 AI 동물과 로봇 동물도 속속 개발되어 눈길을 끌고 있다. '영원한 스무살Young Twenty'이란 뜻의 이름을 가진 신인 버추얼 휴먼 YT는 최근 AI 반려견 '킬러'와 함께 등장해 이름을 알리며 광고 시장도 섭렵하고 있다.[59] 현대차 그룹이 2020년 12월 인수한 미국의 로봇 전문 업체 보스턴 다이내믹스가 내놓은 로봇 경찰견 '스폿Spot'은 뉴욕경찰국NYPD에서 치안과 방범에 적극 활용되고 있다.[60]

이에 앞서 소니는 2017년 10월 코와 입에 달린 카메라로 주인이나 주변 환경을 인식할 수 있고 꼬리를 흔들며 다양한 표정을 지을 수 있는 아이보리색 인공지능 로봇 강아지 '아이보AIBO'를 만들었다.[61] 무게 2.2kg, 키 30cm로 독일산 '닥스 훈트'를 닮았다고 한다. 일본어로 '친구' 또는 '반려견'이란 뜻이다.

단순히 오래 살게 되어 뉴스에 반복적으로 노출됨으로써 '동물명사'의 반열에 오른 동물도 있다. 인간과 가장 가까이 살아가는 동물인 개가 대표적인데, 최근 현존하는 '최장수 개'가 국제 뉴스를 통해 각국에 전파되어 유명세를 탔다. 그 주인공은 포르투갈 정부 공인 반려동물 데이터베이스SIAC에 의해 1992년 5월 11일 태어난 것으로 등록되어 2023년 2월 1일 현재 30살 267일로 기네스 세계

보비　　　　　블루이　　　　　스파이크

기록GWR에 '최고령 개'로 등재된 '하페이루 두 알렌테주Rafeiro do Alentejo' 순종 수컷 개 '보비Bobi'다.[62]

포르투갈 서해안 지역의 레이리아 콩케이로스라는 시골의 사냥꾼 집 별채에서 태어난 이 개는 지금까지 같은 종의 평균 기대수명(12~14년)보다 두 배 이상 생존했다. 자신이 8세 때부터 부친과 함께 보비를 기른 레오넬 코스타Leonel Costa는 "보비는 네 마리의 수컷 새끼 중 하나로 태어나자마자 생매장될 뻔한 위기를 딛고 발견되어 함께 살아왔다. 성격이 매우 조용하고 사교적인데, 이제 늙어서 걷는 게 어려워지고 시력도 많이 떨어졌다. 2018년에는 호흡 곤란으로 쓰러져 입원했다가 회복했다. 함께 사는 고양이 4형제와 함께 장난치며 노는 것을 즐기고 농장 주위를 산책하는 것도 좋아한다. 지나간 시간과 세상을 먼저 떠난 가족을 떠올리게 하기 때문에 우리 가족들에게 특별한 존재"(Armstrong, 2023)라고 말했다.

포르투갈 국립수의사협회는 보비의 장수 비결은 도시에서 멀리 떨어진 시골의 조용하고 평화로운 친환경 거주 공간, 사슬이나 목줄에 매이거나 묶인 적이 없어 스트레스가 적은 점, 집 주변의 숲과 농지를 자유롭게 돌아다니며 운동하고 힐링한 점, 평생 사료가 아닌 사람이 먹는 음식을 물에 적셔 양념을 제거한 상태에서 먹고 자란 점이라고 꼽는다.

종전에 생애 최장수 기록을 지닌 개는 29년 5개월의 나이로 1939년에 죽은 오스트레일리아의 목축견Cattle Dogs '블루이Bluey'였다. 이 목축견은 주인에 대한 맹렬한 헌신과 충성심으로 유명한데, 몸은 땅딸막한 근육질에 짧고 조밀한 속털과 물에 강한 직선 겉털이 이중으로 덮여 있으며, 매우 강한 체력과 지구력을 바탕으로 민첩성 훈련 등 고강도 트레이닝을 통해 단련되었다.

아울러 현재 생존 중인 종전의 최고령 기록 보유견은 구조견으로 활동한 전력이 있는 치와와 종 애완견 '스파이크Spike'다. 미국 오하이오주 캠든에서 리타 킴벌Rita Kimball이 기르고 있다. 스파이크는 2022년 12월 7일에 '23세 7일'의 현존 최고령 나이를 기록했다. 그러나 이 모든 기록은 GWR의 새로운 신청 기록 검증과 업데이트로 주인공이 보비로 바뀌었다.

인간 명사의 범주로 돌아와 보자. 전통적 관점에서는 어떤 사람이 명사가 되려면 특정 개인의 영웅적 사건(서사)이나 상황이 있어야 하고 그것을 통해 그 개인의 위대함, 숭고함, 업적을 인정받아야 한다는 조건이 있었다.[63] 그러나 현대에 이르러서는 미디어에 의한 잦은 노출만으로도 명사가 될 수 있는 상황이 조성되었다. 학술적으로도 명사의 규정 범위가 확장될 수밖에 없게 된 것이다.

갬슨Joshua Gamson은 이런 진전된 관점에서 명사를 미디어에 의해 만들어진 상품으로서 신문, 잡지, 텔레비전, 인터넷, 영화, 대중음악과 같은 기술적으로 정교한 예술 형태에 의해 야기된 대중매체와 관련된 현대적 현상으로 규정했다.[64] 부어스틴도 "명사는 미디어를 통해 만들어진 인물로 대중의 시야에서만 존재한다"라고 보았다(Boorstin, 1992). 이들의 관점에서 명사는 현대의 다채로운 대중문화나 복잡한 정치를 이해하려고 할 때 반드시 알아야 하는 존재들이다.

명사는 오늘날 이렇게 미디어에 의한 노출로 만들어지기 십상인데 이런 과정은 종종 상업성이란 목적과 결부된다. 이 경우 명사로 부상하여 그에 충실한 행동을 한다는 것은 상업적인 의도가 작용했다는 지적에서 자유롭지 못하다. 따라서 그런 과정에 대한 비판도 만만치 않았다. 터너Graeme Turner와 그의 동료 연구자들은 "상업적 영향을 바탕으로 대중의 요구에 의해 만들어진 대상",[65] 홈스Su Holmes와 레드먼드Sean Redmond는 "상업주의의 영향에 의해 탄생하거나 사라지는 명성을 지닌 자"[66]로 각각 규정했다.

로언솔Leo Lowenthal은 이런 문제점을 반영해 오늘날 명사는 대중의 오락을 위한 소비적 산물이라고 비판했다.[67] 요컨대 이러한 명사나 명사문화celebrity culture의 부상은 상품 교환의 자본주의 시스템 내에서 운영되는 미디어 시스템의 발전과 불가분의 관계에 있다(Drake and Miah, 2010).

시대가 점점 변하면서 미디어, 즉 대중매체에 대한 노출이 명사를 규정하는 중요한 전제 조건으로 자리 잡고 있다. 따라서 모든 대중매체, 신문(특히 영국의 ≪데일리 미러Daily Mirror≫, ≪더 선The Sun≫, ≪데일리 스타Daily Star≫, 미국의 ≪피플People≫, ≪글로브Globe≫, ≪스타Star≫, ≪내셔널 인콰이어러National Enquirer≫, ≪보그Vogue≫, ≪글래머Glamour≫ 등과 같은 타블로이드판 신문과 대중 잡지)과 방송, 언론인, TV 방송 진행자들은 공장처럼 명사를 만들어내는 '꿈 기계dream machine'로 칭해진다.

이름과 명성에 관한 우리말 어휘는 이름의 가치를 중시해 온 사회답게 매우 다채롭다. 특히 우리 사회는 전통적으로 대대손손 이름이 더럽혀지는 것을 경계하는 가치를 전수하며 이를 실천하도록 했다. 부모의 보살핌과 가르침, 스승의 지도, 개인의 부단한 노력이 더해져 입신양명立身揚名한 뒤, 명실상부名實相符한 가치 있는 삶을 살다가 인사유명人死留名으로 마무리하는 것이 인생의 행로였다.

'유명有名, celebrated, famous, well-known'은 이름이 널리 알려진 것을 뜻하며, '득명得名'도 유명과 같이 이름이 널리 알려짐이란 의미다. '무명無名, unknown'은 이름이 없거나 이름을 알 수 없음, 또는 이름이 널리 알려지지 않음을 의미한다. '익명匿名, anonymity'은 이름을 숨김, 또는 숨긴 이름이나 그 대신 쓰는 이름을 지칭한다. '저명著名'은 세상에 이름이 널리 드러나 있음을 의미한다. '고명高名'은 높이 알려진 이름이나 높은 명예를 나타낸다.

'허명虛名'은 실속이나 실상이 없이 헛되게 난 명성, 또는 실제의 가치에 어울리지 않는 실질 이상의 명성을 뜻한다. '현명顯名'은 큰 업적으로 이름이 세상에 널리 알려짐을 의미한다. '효명驍名'은 주로 무인武人에게 해당하는 어휘로 무인으로서 무용武勇이 뛰어나 알려진 이름 또는 무인의 명예를 지칭한다. '누명陋名'은 사실이 아닌 일로 이름을 더럽히는 억울한 평판을 의미한다.

'은명隱名'은 사찰에서 승려들이 술을 '반야탕般若湯'이라 칭하고, 법원에서 배석 판사들이 일터에서 자신을 힘들게 하는 부장판사를 골프 용어를 빌려 '벙커bunker'라 하며, 전자담배를 '담전', 보신탕을 '사철탕', '영양탕', '필립탕必立湯'이라고 따로 부르듯이 본디의 이름 대신 숨겨 부르는 다른 이름이다. '이명異名'은 본명 외에 달리 부르는 이름을 지칭한다. '별명別名'은 말 그대로 사람의 외모나 성격 따위의 특징을 바탕으로 본명 대신 남들이 지어 부르는 이름이다. '가명假名'은 실제의 자기 이름이 아닌 이름, 또는 임시로 지어 부르는 이름이다.

'필명筆名'은 글씨나 글을 잘 써서 떨치는 명예, 또는 작가들이 글을 써서 발표할 때에 사용하는 본명이 아닌 이름을 말한다. '예명藝名'은 예술인이 예술 활동을 하기 위한 목적으로 본명 이외에 따로 지어 부르는 이름이다. '태명胎名'은 태아 시절에 지어 부르는 이름, '아명兒名'은 아이 때의 이름이다. '개명改名'은 이름을 고친 행위 또는 고친 이름을, '구명舊名'은 고치기 전의 이름이거나 예전에 부르던 이름을 각각 지칭한다.

'호명呼名'은 단순히 이름을 부름이란 뜻이다. 그러나 알제리 태생의 프랑스 마르크스주의 철학자 루이 알튀세르Louis Pierre Althusser의 '호명Interpellation 이론'에서 유래하여 문학·문화사회학에서는 이데올로기가 사회적 주체들을 불러 그들에게 특정한 자리를 지정하는 과정,[68] 즉 문화적 생산물이 수용자들을 불러내어 이데올로기적으로 배치하는 것을 지칭한다.

이름의 가치성을 나타내는 말 가운데 '명예名譽'는 세상에서 훌륭하다고 인정되는 이름이나 자랑 또는 그런 존엄이나 품위를, '영예榮譽'는 영광스러운 명예를, '청명淸名'은 청렴하다는 명망을 각각 뜻한다. 부정적 뉘앙스가 있는 어휘인 '오명汚名'은 더러워진 이름이나 명예를, '악명惡名'은 악하다는 소문이나 평판을 말한다. 라틴어 'notorious(오명)'에서 유래한 'notoriety'는 '악명'이란 뜻으로, 'notorious'는 '악명이 높은'이란 뜻으로 쓰이고 있다.

'유명세有名稅, penalty of popularity'는 세상에 또는 많은 사람에게 이름이 널리 알려져 있다는 이유로 당하는 불편이나 곤욕을 속되게 이르는 말이다. 단지 유명한 존재가 되었다는 이유로 인해 치르는 불이익이나 불가피한 손해를 말한다. '어떤 대가를 치른다'는 관점에서 '세금'에 빗대 표현하고 그 뒤 대중들에게 회자함으로써 굳어진 말이다.

토픽 04 VIP, VVIP, MVP의 정의와 유래

명사는 권위와 명성이 높으면 통상 'VIP급' 대접과 예우를 받기에 명사의 연관 개념인 'VIP'에 대해 그 의미, 기원, 맥락적 용례들을 상세히 살펴볼 필요가 있다. 경제 분야에서 마케팅을 해야 할 때 기존의 VIP를 세분화하여 'VIP 중의 VIP'로 엄선·관리하는 더욱 특별한 소수인 'VVIP'에 대해서도 고찰해 볼 필요가 있다. 같은 범주에서 스포츠 분야에서 최고의 스타로서 최고의 대우와 갈채를 받는 'MVP'의 유래와 쓰임새도 함께 살펴보기로 한다.

첫째, VIP에 대해 살펴보자.

이제는 매우 흔한 용어가 되어버린 VIP(또는 V.I.P.)는 '매우 중요한 사람very important person'의 약자다. '요인要人' 또는 '귀빈貴賓'이란 뜻으로서, 일반적으로 보통 사람과 확연히 구분하여 특별한 의전·경호·예우·서비스의 대상으로 간주한다. VIP의 복수형은 'VIPs'다.

온라인 영어사전 「딕셔너리닷컴Dictionary.com」[69]에 따르면 VIP는 지위, 권위, 명성, 재력이 높은 사람들로서 특정 분야에서 눈에 띄고 특정 환경에서 특별 대우를 받는 사람을 이르는 비공식적인 지칭어다. VIP는 또한 'VIP 대우treatment'나 'VIP 패스pass' 같은 용어와 같이 그러한 사람들을 위한 특별한 접근을 묘사하기도 한다. 유력 정치인, 재벌을 포함한 유명 경제인, 스타급 연예인을 포함한 문화예술인, 저명한 언론인과 학자 등 모든 직업을 망라한다.

온라인 영어사전 「에티몬라인Etymonline」[70]은 VIP 개념화의 기초가 된 표현을 영국의 시인이자 목사인 존 던John Donne이 1608년 9월 당시 친하게 교류했던 귀족인 헨리 굿디어 경Sir. Henry Goodere에게 보내는 편지에 쓴 문구인 "가장 위대한 사람the greatest persons"에서 찾는다. 던은 다양한 감성과 자유로움이 깃든 연애시(시작 초기)와 신앙심에 바탕을 두며 엄숙하고 신비로운 느낌을 주는 형이상학적 시(중후반)로 유명하다.

던은 이 편지에서 "기껏해야, '가장 위대한 사람들'은 대단한 부잣집이거나

존 던

"기껏해야, '가장 위대한 사람들'은 대단한 부잣집이나 잡동사니에 지나지 않는다네. 재치와 유쾌한 대화술을 지닌 사람들이지만, 그들이 세상이란 몸속에 녹아들어 전체의 지속성에 이바지한다는 점을 제외하면, 장식용 어금니에 불과하다네."
[시인 존 던이 1608년 헨리 굿디어에게 보낸 편지에서]

잡동사니에 지나지 않는다네. 재치와 유쾌한 대화술을 지닌 사람들이지만, 그들이 세상이란 몸속에 녹아들어 전체의 지속성에 이바지한다는 점을 제외하면, 장식용 어금니에 불과하다네"라고 적었다.

VIP란 용어가 지금의 문자대로 처음 사용된 때는 1933년으로, 매우 중요한 인물 또는 그런 인물에 대한 머리글자란 뜻의 비속어였다(etymonline.com). 영국 공군인 RAFThe Royal Air Force 장교는 제2차 세계대전 당시 자국 공군의 중요한 지도자들(상관들)의 비행 편성 담당 임무를 수행하면서 적의 공격이나 간첩의 정보 탐지를 방지하기 위해 비행·수송 계획에서 그 지도자들을 'V.I.P'로 표시·언급했다.[71] 구체적인 신분 노출을 피해 혹시나 있을 수 있는 적군의 요인 암살과 저격을 예방하기 위한 것이었다.

이것이 VIP 용례의 시초인데, 이런 사연이 알려지면서 VIP는 1930년대 영국 사회의 유행어가 되었다. 제2차 세계대전 이후에는 RAF 조종사들이 흔하게 사용했다(etymonline.com). 오늘날 영국 왕과 왕실 가족, 각료들을 수송하는 영국 공군 최초의 VIP 수송기, 최신 공중 급유기, 맞춤형 에어버스 A330 MRTT를 뜻하는 '브이아이피 보이저호RAF VIP Voyager'에도 'VIP'가 들어가 있다.

팝픽Barry Popik[72]과 크루즈 회사 'Earl of Cruise'[73]는 VIP라는 말이 「에티몬라인」이 제시한 시기보다 앞선 1920년대와 1930년대에 프랑스와 영국에 살던 옛 러시아 귀족층 출신의 이민자들diaspora에 의해 만들어져 퍼졌다고 설명한다.

이들에 따르면 1927년 러시아 이민자들이 보는 파리판 신문에 파리~런던 항공기 노선의 티켓이 '위시마 이메니타자 페르소나wiesima imenitaja persona'로 번역되는 러시아어 '아주 유명한 사람(весьма именитая персона, В.И.П.)'으로 광고되어 크게 히트한 것이 사용 유래다.

이 말은 영어 축약어가 'V.I.P'였기 때문에 러시아 이민자들과 그들의 관련 상류층 구성원들 사이에서 널리 퍼졌다(Von Earl of Cruise, 2018). 'весьма именитая персона'란 말은 이미 러시아(당시 소련) 내부에서는 1920년대 초반부터 회자했다고 한다. 미국에서도 VIP는 1943년에 '매우 중요한 사람들을 위한 군대 속어'로 묘사되었고, 이후 군대, 정치, 사업에서 주로 특별한 대우와 특권을 필요로 하는 사람이나 사람을 나타내기 위해 사용되었다(Popik, 2012).

VIP라는 약어는 1930~1940년대 소설, 잡지, 신문 등 여러 문헌에도 등장한다(Popik, 2012). 영국 소설가 콤프턴 매켄지Compton Mackenzie가 제1차 세계대전 당시 자신이 경험한 영국 정보전을 바탕으로 써서 1933년 출간한 코미디 스파이 소설 *Water on Brain*의 111쪽에는 "글라이든 양은 그가 당혹스러워하고 있는 것을 아는 듯했다. 그녀는 바로 몸을 돌려 입을 오므려 '매우 중요한 인물Very Important Personage'이라고 속삭였다"라는 표현이 나온다.

아울러 시타람 조흐리Sitaram Johri가 1933년 발간한 지역 분석서 『인도, 중국, 버마가 만나는 곳Where India, China and Burma Meet』[74]의 13쪽에도 "매우 중요한 사람 VIPVery Important Person VIP"가 등장한다. 잡지 ≪윈저 매거진: 남성과 여성을 위한 월간 삽화The Windsor Magazine: an illustrated monthly for men and women≫의 1934년판 제79권 332쪽에도 보고를 받고 호통치는 대상으로 'Very Important Personage'가 묘사되어 있다.

영국의 대중 일간지 ≪데일리 미러Daily Mirror≫ 1945년 8월 11일 자에도 "그러고 나서 그들은 '매우 중요한 사람very important person'이 함께 일어날 때까지 아래 군중들에게 양동이의 물을 붓기 시작했다. 그 VIP는 한 양동이를 혼자 독차지했다. …… VIP는 준장brigadier이었다"란 내용이 있었다.

VIP는 시간이 지나면서 직업이 다양화하고 그 직업군에서 높은 신분 상승을 하는 사람들이 많아지면서 연예인, 부호 경제인, 고위 정치인, 부유층 등을 두루 이르는 말로 용도가 확장했다. 그래서 최근에는 셀러브리티, 국가 원수, 정부 수반, 정치인, 주요 기업주, 고위 관료, 부유한 개인 또는 어떤 이유로든 특별 대우를 받는 다른 사회적으로 유명한 사람들을 모두 포함한다(Von Earl of Cruise, 2018).

우리나라 공적 섹터에서는 대통령이 참석하는 행사를 'VIP 행사'라 표기하듯 VIP를 '대통령'을 지칭하는 약어로 관례적으로 쓰고 있다. 사설 정보지에서 사용하는 'VIP'란 용어도 대통령을 지칭한다. 우리나라 공적 행사의 의전에서 사용되는 '3부 요인三府要人'은 대한민국에서 삼권분립의 원칙에 따라 입법권, 행정권, 사법권을 가지고 있는 각 부의 대표 또는 최고책임자를 말한다. 즉, 국회의장(입법부의 장), 국무총리(행정부의 장), 대법원장(사법부의 장)을 통틀어 지칭한다.

한때는 3부 요인에 헌법재판소장을 포함해 '4부 요인'이라고도 하고 중앙선거관리위원장을 포함해 '5부 요인'이라고 한 적도 있다. 그러나 각종 국가 기념행사의 의전 서열은 그 근거인 행정자치부의 「정부의전편람」에 따라 국회의장, 대법원장, 헌법재판소장, 국무총리, 중앙선거관리위원장의 순서라서,[75] 기존의 용어들과 맞지 않아 이제는 '국가요인國家要人'으로 통칭한다.

VIP는 이후 많은 속어들을 파생시켰다. 이런 속어들은 주로 영미권 사회에서 웃음과 조롱, 그리고 풍자를 위한 목적에서 비롯되었다. 대표적으로 'Very Interesting Person'(매우 흥미 있는 사람), 'Very Irritating Person'(매우 짜증나게 하는 사람), 'Very Important Princess'(매우 소중한 공주), 'Very Impatient Person'(매우 참을성 없는 사람)이 바로 그것이다.

둘째, 'VVIP'에 대해 살펴본다.

경제 분야의 마케팅에서 종종 'VVIPVery Very Important Person, 또는 V.V.I.P.'라는 용어를 사용하는데, 이는 'VIP 가운데 최상위 수준에 있는 사람들'을 지칭한다. 즉, 매우 높은 직급이나 소비력을 가진 VIP를 의미한다.[76] 영어사전 「렉시코Lexico」에 따르면 이 용어는 1970년대에 VIP 모델 가운데 매우 중요한 인물을 줄여 쓴 것에서 유래했다. VVIP는 보통의 VIP보다 대우, 경호, 의전, 혜택, 제공되는 서비스의 품질 등에서 훨씬 더 중요하게 여겨지며, 용어 자체도 더욱더 희소성 있게 사용된다.[77]

주로 부유층을 상대로 '최고급 마케팅high-end marketing' 또는 '초호화 마케팅luxury marketing'을 펼치려는 목적에서 태동한 용어다. 오늘날에는 명품과 귀중품 브랜드, 은행·증권·보험·자산운용사, 극장·공연장·전시·경매, 항공·크루즈·관광·컨벤션·카지노, 병원·산후조리원·상조회사, 기타 다양한 상업적 행사와 이벤트, 그리고 회원제 서비스를 주축으로 하는 다양한 기업에서 널리 쓰이고 있다.

공연장의 경우 표준좌석 등급이 통상적으로 'B(B grade) → A(A grade) → S(Superior) → R(Royal) 석' 체제[미국 브로드웨이 극장가의 경우 Mezzanine(2~3층, Front Mezzanine/Mid Mezzanine/Rear Mezzanine) → Orchestra Seat(Premium Seat을 제외한 1층 모든 자리) → Premium Seat(무대 앞 정중앙 1~5열)]인데, 귀빈·부유층을 상대로 하는 초호화 마케팅을 통해 수입을 올리려고 공공 극장인 예술의전당 등에서도 R석 위에 VIP, VVIP석, 프레지던트석, 프리미엄석까지 만들었다가 여론의 비판으로 한때 표준좌석제로 환원한 적이 있다.[78]

의학·생화학에서 쓰이는 VIP는 '혈관 활성 장내 폴리펩타이드Vasoactive intestinal polypeptide' 또는 '혈관 활성 장내 펩타이드peptide'의 약어다. 뇌와 위장관에서 신경전달물질로 작용하는 물질을 의미한다. 국방 분야에서 쓰이는 'HVTHigh Value Target'는 '고가치 표적高價値標的이란 뜻이다. 적군 지휘관이 성공적인 임무 수행을 위해 필요로 하는 부대, 시설, 장비 등의 자산, 또는 지휘관이 자신의 임무 완수를 위해 공격하고자 하는 목표물이다.

셋째, 'MVP'에 대해 살펴본다.

MVP는 'Most Valuable Player'의 약자다. 스포츠에서 시즌, 시리즈, 단일 경기 가운데 팀의 최고 또는 가장 성공적인 선수를 지칭하거나 그러한 선수에게 주어지는 상을 일컫는다. 영어사전 「메리엄 웹스터merriam-webster」는 MVP에 대

해 "팀의 성공에 가장 많이 기여하는 선수"라 간략하게 정의한다.[79]

보다 구체적으로 풀이하면 선수들 가운데 최고의 성적으로 가장 높은 승리 기여도를 나타냄으로써 '가장 높은 가치'를 발휘한 '최고의 선수'다.[80] MVP는 주로 우승팀 또는 승리 팀 선수 중에서 선발하지만, 리그 전체에서 우승팀 여부와 무관하게 모든 팀을 포괄하여 가장 성적이 우수한 선수를 뽑기도 한다.

MVP는 오늘날 다양한 종목에서 선정하고 있는데, 주로 기자단, 팬, 전문가 등이 참여해 투표하여 선정·시상하기에 투표 당시의 특정한 흐름에 쏠리거나 그 기준이 명확하지 않거나 객관적이지 않은 예도 있다. 'Player of the Game'(북미 스포츠 리그), 'Man Of the Match(MOM)/Woman Of the Match(WOM)'(유럽 스포츠 리그)란 표현도 같은 뜻이다. 영어 어휘사전 「렉시코」[81]에 따르면 MVP라는 용어는 19세기 말 미국 오하이오주 리마에서 발간된 일간 신문 ≪리마 뉴스The Lima News≫[82]에서 처음 사용되었다.

미국 야구에서 MVP는 1911년 처음으로 쓰였는데, 이를 도입한 사람은 미시간주 디트로이트의 자동차사 차머모터스Chalmer Motors의 설립자 휴 차머Hugh Chalmer였다.[83] 이 회사는 1911~1914년 MVP를 선정해 '차머상Chalmer's Award'을 수여했는데 그 기간이 4년에 그치고 말았다. 미국 메이저리그MLB가 선정한 MVP는 1922년 처음 등장했고, 1929년까지 MVP에게는 '리그상League Award'을 수여했다(Costa et al., 2012).[84] 1931년부터 MVP는 미국야구기자협회BBWAA가 선정했는데, 아메리칸 리그와 내셔널 리그의 리그 챔피언십 시리즈, 월드 시리즈, 올스타 게임이 그 대상이다.

샌프란시스코 자이언츠 등에서 활약한 배리 본즈Barry Bonds는 MLB에서 세 번째로 홈런 700개 이상을 쳐낸 선수로서 내셔널 리그에서 가장 많은 7회(1990, 1992, 1993, 2001, 2002, 2003, 2004)의 MVP 상을 받았다. MLB 양대 리그에서 3번 이상 MVP로 선정된 첫 선수이기도 하다. 본즈는 2007년 8월 7일 워싱턴 내셔널스 투수 마이크 바식Mike Bacsik으로부터 756번째 홈런을 쳐내 행크 에런Hank Aaron의 기록을 돌파한 '슈퍼스타'로 각인되었다. 미국 농구협회NBA는 1955~1956년 정규 시즌부터 MVP를 선발했는데, 이 MVP 시상식에서는 NBA 최초의 커미셔너 이름을 딴 '마우리체 포돌로프 트로피Maurice Podoloff Trophy'를 매년 수여한다.

MVP는 경제 분야에서는 '최소기능제품Minimum Viable Product'의 약어로 사용된다. 이 용어는 '코카콜라'라는 상품명과 그것의 초창기 로고를 만들기도 했던 존 펨버턴John S. Pemberton의 회계 담당자 프랭크 로빈슨Frank Robinson에 의해 2001년에 처음 만들어져 쓰였으며, 그 후 '비즈니스 모델 캔버스Business Model Canvas'의 스티브 블랭크Steve Blank와 '린 스타트업The Lean Startup'의 에릭 리스Eric Ries에 의해 대중화되었다.[85] 최소기능제품이란 최소한의 기능features을 구현한 제품이나 콘셉트의 가장 초기 단계 버전이자 제품 시안 또는 제품 원형prototype이다. 기업은 이에 대한 고객의 다양한 피드백을 받아 더욱 품질을 혁신해 최종 제품을 내놓는다.

포커스

최고의 의전
'레드 카펫 환대(red carpet treatment)'

'레드 카펫red carpet'은 세계에 등장한 이래로 예우, 특권, 존경, 영광, 영예, 특별한 순간, 자신감의 상징인 동시에 현란, 과시, 허세, 도발, 독존의 의미가 담긴 의례가 되었다.[86] 오늘날 일정 수준 이상의 지위를 지닌 명사나 VIP급 이상의 신분인 사람에게는 통상적으로 행사의 주최 측에서 '레드 카펫'으로 모시는 예우禮遇를 제공한다.

레드 카펫은 격식을 갖추고 경의와 존중심을 담은 '융숭한 대접red carpet treatment'을 의미하며, 현대 사회에서는 VIP나 VVIP 의전·의례의 구성물로 정착한 지 오래다. 국가적인 외교 의전, 시상식, 영화제와 같은 문화행사, 기관·기업·단체의 각종 행사는 물론 결혼식까지 '특별 예우 및 축하'가 필요한 참석자를 맞이하기 위해 식장이나 행사장에 들어가는 길이나 입구에 깔아놓은 빨간색 카펫이나 행사 참석자들이 그 카펫 위를 걷는 행사를 통칭한다.

영화제와 시상식에서는 톱스타들이 맵시를 뽐내는 포토존으로도 활용된다. 통상·무역 분야나 경제계에서는 외국인 투자자의 투자를 유치하기 위해 해당 외국인이 투자하는 데 필요한 모든 편의 사항을 최대한 고려하는 특별 예우 서비스를 통틀어 '레드 카펫 서비스red carpet service'라 칭한다. 이처럼 레드 카펫 의전이 최고의 예우 및 특권이자 VIP 손님을 맞이하는 예우를 의미하는 것으로 상징화한 것은 기원전 12세기로 거슬러 올라간다.

고대 그리스의 비극 시인 아이스킬로스Aeschylos가 기원전 458년에 쓴 희곡 「아가멤논Agamemnon」이 현재까지 최초의 근거 기록이다.[87] 이 희곡에 따르면 트로이 전쟁(기원전 12세기 그리스군과 트로이군과의 전쟁)에서 승리한 아가멤논(미케네의 아트레우스Atreus 왕의 아들)이 귀국할 때 그의 아내는 남편을 맞이하기 위해 길에 '붉은 천'을 깔아 그 위를 밟게 했으나, 아가멤논은 "빨간색은 신의 색"이라며 절대로 그 위를 걸을 수 없다고 거부하여, 그 뒤부터 빨간색이 '신성'이란 원의原意에 '환영과 존경'이란 뜻이 더해져 레드 카펫이 탄생했다고 한다.[88]

붉은 카펫이 황제의 의전 행사에 깔린 것은 1804년 12월 2일 파리 노트르담 대성당에서 열린 나폴레옹 1세의 황제 대관식Le Sacre de Napoléon 때가 처음이었고, 이때부터 '붉은 옷감'은 최고가로 희소가치가 높아 왕족과 귀족들이 특권적으로 누리는 최고의 예우로 인식되었다.[89]

영국 BBC Culture에 따르면 붉은 옷감이 최고가였던 이유는 당시 진홍색 물감Scarlet을 만드는 것이 가장 어려웠고, 그것의 재료인 코치아닐Cochineal 또는 카민carmine(또는 카르민) 염료가 가장 비쌌기 때문이다(Baker, 2016). 이 염료는 15세기에 아즈텍과 마야인들이 염색 직물에 사용했으며 17세기까지 부가가치가 높은 비싼 수출품이었다(Baker, 2016). 매우 독특하게도 이 염료는 절지동물문 곤충강 노린재목 깍지벌레상과Diaspididae의 '연지벌레Kermes 또는 scale insect(아메리카산 깍지벌레)'를 추출해 만든다.

모직 10kg을 물들이는 카민 염료를 추출하기 위해서는 무려 14만 마리의 연지벌레가 필요한 점이 당시 비싼 옷감 가격을 설명해 준다(황유미, 2017).[90] 연지벌레는 주로 멕시코, 페루, 카나리아 제도 등 제한된 중남미 지역에서 선인장, 가지 등의 즙액을 먹고 기생하는 번식력이 매우 강한 동물인데, 붉은 빛을 띠는 암컷만 색소를 만드는 데 사용된다. '카민산carminic acid이 주성분인 코치아닐 색소를 만드는 데 사용된다.

연지벌레 암컷만을 따로 수집해 말린 다음 가루로 빻아서 여러 단계를 거쳐 붉은 색소인 카민산을 만드는 것이다. 이렇게 생산된 붉은색 색소는 옷감 염료는 물론 붉은색 계열로 착색을 하는 식용품인 젤리, 과자, 햄, 딸기우유, 아이스크림, 빵, 과자, 소시지, 게맛살, 오징어 젓갈, 홍삼 등과 화장품(매니큐어, 립스틱 등)에도 널리 사용했다.

카민산은 연지벌레의 단백질에 오염물질을 포함하고 있어서, 세계보건기구WHO 와 미국식품의약국FDA 등에서는 알레르기를 유발하는 의심 물질로 '주의'를 권고했기에 그간 대체 식용색소를 개발할 필요성이 꾸준히 제기되었다. 결국 2021년 4월 우리나라 KAIST 생명화학공학과에서 카민산을 생산하는 미생물 균주 개발에 성공했으며 그 결과가 동년 4월 2일 자 국제 학술지 ≪미국화학회지Journal of the American Chemical Society≫(온라인판)에 게재되었다.[91]

이런 특별한 이유로 케르메스, 즉 연지벌레로 만든 붉은 옷감은 중세 왕족·귀족 사회에서 위신, 왕족, 귀족주의를 상징하며 그들을 사로잡은 '진홍색 명품'으로 회자되었다. 영국 빅토리아·앨버트 미술관의 소넷 스탠필Sonnet Stanfil 수석 큐레이터는 "실제로 르네상스 미술에서 붉은 카펫과 양탄자는 자주 등장하며, 신, 성인, 왕족의 그림에서도 마찬가지로 빈번한 소재로 사용되었다"라고 설명했다(Baker, 2016).

현대적인 '레드 카펫' 의전은 미국의 제5대 대통령 제임스 먼로James Monroe가 1821년 사우스캐롤라이나의 조지타운강에서 배로 내려 강가에서 기념식을 거행할 때 처음 나타났다(Baker, 2016; Page, 2019). 대통령을 환영하기 위해 배에서 강변 행사장까지 빨간 카펫을 깐 것이다. 그 뒤 이런 격식은 고위 정치인이 참여하는 유명 행사의 표준 의전으로 추가되었다.

'레드 카펫 트리트먼트'란 용어는 1902년 뉴욕 센트럴 철도가 운영하는 '특급열차'가 1등석 승객의 안내 편의를 위해 레드 카펫을 깔아 이들을 맞이하면서 시작되었다. 당시 그것은 사람들에게 매력적인 것은 아니었지만 '사회적 지위'를 나타내고 뭔가 특별하다고 느끼게 하는 것으로 전파되었다(Page, 2019).

영화계에서 레드 카펫이 할리우드의 영광과 화려함의 동의어가 된 것은 1920년대부터다. 더글러스 페어뱅크스Douglas Fairbanks가 주연한 제작비 100만 달러짜리 영화 〈로빈 후드Robin Hood〉의 할리우드 초연을 위해 현지 극장계 거물 시드 그라우만Sid Grauman이 1922년 10월 18일 관객에게 감동을 주려고 자신이 신축한 이집트극장Egyptian Theatre 앞에 진홍색 카펫을 넓게 펼친 것이 그 시초가 되었다(Baker, 2016; Page, 2019).

이후 현재까지 엔터테인먼트 세계의 수많은 영화계 스타들이 영화 시상식 무대에서 레드 카펫을 밟는 영광을 안게 되었다. 미국 '아카데미 시상식'(오스카상 시상식)에서 레드 카펫을 선보인 것은 1961년 산타모니카 시빅 오디토리움에서 열린 행사가 처음이다(Baker, 2016). 몇 년 뒤 미국 방송사들은 흥행성을 간파하여 리무진에서 스타들이 문을 열고 나오는 모습을 보여주려 행사장 밖에서 촬영하기로 결정했다. 그리하여 1964년 아카데미 시상식부터 레드 카펫은 배우들의 화려한 시상식 입장 무대로 인정받아 세계적인 관심을 끌기 시작했다.

1990년대에 이르러 영화와 패션은 레드 카펫 무대를 매개로 '동반 성장 산업'이 되었고, 이 무대를 통해 발렌티노Valentino, 조르지오 아르마니Giorgio Armani와 같은 디자이너가 톱 배우들에게 옷을 제공하며 명품 패션 디자이너로서 우뚝 성장했다(Baker, 2016). 현재 아카데미 시상식을 앞두고 미리 단장되는 '오스카 레드 카펫'의 면적은 무려 1만 6500평방피트(1533m^2)로, 설치하는 데만 꼬박 이틀이 걸린다(Page, 2019).

제2장 명성학·명사학 기본 이론

토픽 05 명성과 평판을 구성하는 세부 요소

명성과 평판은 무슨 차이가 있을까? 명성名聲, fame은 '세상에 널리 퍼져 평판이 높은 이름'을, 평판評判, reputation은 '세상 사람들의 판단에 의해 행해진 시시비비是是非非의 판정'을 각각 의미한다. 명성은 평판의 대상이자 이름값 및 이름 가치의 수준이고, 평판은 대상인 명성의 본질이자 구성인자인 구체적 내용이다. 명성은 특정 주체가 많은 사람에게 널리 알려지거나 인정받는 것이기에 '유명함'을 전제로 한다. '명예名譽, honor'는 가치가 높거나 충분히 자랑거리가 되는 훌륭한 명성 또는 그런 수준의 존엄이나 품위를 의미한다. 반면 평판은 다른 사람 또는 일반 대중들이 당신을 좋거나 나쁘게 생각하거나 평가하는 '의견'에 불과하다. 'reputation'이란 어휘는 명성과 평판이란 두 가지 의미를 모두 포함하고 있어 결국 두 가지 용어가 상호 결부된 관계임을 알 수 있다.

명성 및 평판과 연계된 개념인 '이미지image'[1]는 어떤 사람이나 사물로부터 받은 느낌[2] 또는 모든 감각에 의해 얻어진 현상이 마음속에서 재현된 것[3]을 뜻

〈표 2-1〉 명성과 평판의 의미 구분

구분	의미
명성(名聲)	세상에 널리 퍼져 평판이 높은 이름으로서, 평판의 대상이자 이름값 및 이름 가치의 수준을 의미한다. 유명함을 전제로 한다.
명예(名譽)	가치가 높거나 충분히 자랑거리가 되는 훌륭한 명성 또는 그런 수준의 존엄이나 품위를 의미한다.
평판(評判)	세상 사람들의 판단에 의해 행해진 시시비비의 판정(의견)으로서 명성의 본질이자 구성인자인 구체적 내용이다.
이미지(image)	어떤 사람·사물로부터 받은 느낌 또는 모든 감각에 의해 획득한 현상이 마음속에서 재현된 것으로 평판의 바탕이 된다.

한다. 우리말로 '심상心象·心像'이라 할 수 있다. 사전적으로는 어떤 사람이나 사물로부터 받는 느낌 또는 감각에 의해 획득한 현상이 마음속에서 재생된 것이다. 이미지는 정신적, 물질적, 추상적 요소를 모두 포함하고 있다. 명사의 자기 관리는 물론 기업 경영과 마케팅 측면에서도 지속가능성을 좌우하는 매우 중요한 평판 자원이다(김정섭, 2018). 충성도 높은 고객이나 팬덤을 확보하는 데 기반이 된다. 평판에는 이런 이미지 요소가 포함되며, 결국 좋은 이미지는 좋은 평판의 바탕이 된다.

명성과 평판은 의미 구분도 쉽지 않지만 정확하게 계량화하여 측정하기 어려운 추상적인 개념이기도 하다. 따라서 개인은 어떤 요소를 갖춰야 좋은 명성이나 평판을 구축할 수 있는지, 어떤 자질이 있어야 좋은 명성이나 평판을 갖췄다는 평가를 받을 수 있는지, 또는 어떻게 행동해야 그 개인이 속한 사회나 조직에서 긍정적인 평판을 받는 인물로 자리매김할 수 있는지 큰 관심을 보여왔다.

과거에는 사람에 대한 판단 기준으로 확고부동한 전통적 가치가 있었다. '신언서판身言書判'과 같은 기준이다. '신언서판'[4]이란 덕목은 유교시대의 사회라면 몰라도 사회가 진전되고 다양화된 현대에는 이해하기 어려울 수 있다. 하지만 현대적으로 해석해 보면, 도대체 요즘 시대에는 무엇을 갖춰야 좋은 평판을 얻고 있다고 할 수 있는가란 질문에 대한 답으로는 그 구성요소(신수, 말씨, 문필, 판단력)가 꽤 합리적이어서 적절한 것 가운데 하나가 될 수 있다.

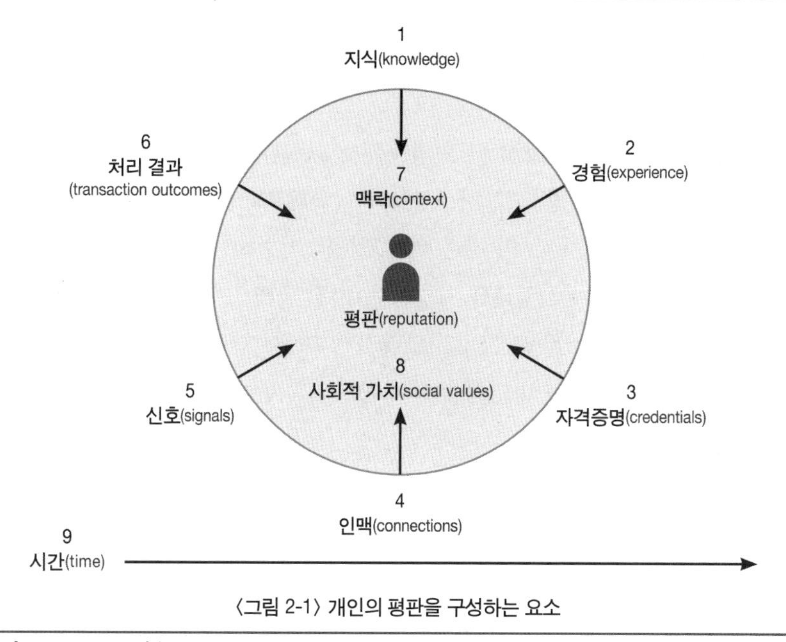

〈그림 2-1〉 개인의 평판을 구성하는 요소

자료: Rein(2005) 인용.

명성과 평판을 연구해 온 학자들의 견해를 빌리면 개인의 사회적 평판이란 개념에는 여러 가지 구성요소가 포함되어 있다. 견해도 학자마다 조금씩 다르다. 먼저 뉴욕주립대학교 교수인 게일 레인Gail L. Rein은 2005년에 평판을 사회적으로 구축되는 지식·정보의 유통 현상으로 선행을 촉진하는 강력한 촉진제라고 규정했다. 그리고 개인의 평판을 결정하는 구성 요인을 지식knowledge, 경험experience, 자격 증명credentials, 인맥connections, 신호signals, 처리 결과transaction outcomes, 맥락context, 사회적 가치social values, 시간time이란 아홉 가지 요인으로 구분했다.[5]

레인(Rein, 2005)의 연구에 따르면 첫째, '지식'은 자신이 몸담고 있거나 관여하고 있는 분야나 주제에 대해 깊이 아는 정도인 전문성을 지칭한다. 즉, 전문가의 면모에 합당한 깊이나 수준을 갖췄느냐의 여부로서, 그것은 평판이나 명성에 영향을 미친다. 둘째, '경험'은 자신이 전문성을 발휘하고 있는 분야의 업무 수련 및 종사 경력과 숙련도를 말한다. 전문 분야에서 켜켜이 쌓은 이력과 그 이력을 대변하는 업무적인 뛰어남을 의미하기에 전문성과도 매우 관련이 깊은 요소다.

셋째, 자격 증명은 변호사, 공인회계사CPA와 같은 타이틀, 팀장, 프로젝트 리더, 부장, 이사, 본부장, 최고재무책임자CFO, 최고운영책임자COO, 최고경영자CEO, 최고환경책임자CGO와 같은 위치, 경영학석사MBA, 박사Ph. D와 같은 학위를 포함한 다양한 자격 형태를 지칭한다. 자격 증명은 부여한 기관의 권위나 위상, 그리고 명성에 따라 그 가치가 달라지기 때문에 그런 자격의 보유 여부는 물론 자격을 발급한 기관의 명성에 따라 개인의 평판에 미치는 영향력이 달라진다.

넷째, '인맥'은 특정인이 사회활동을 통해 형성한 신뢰를 바탕으로 하는 그물망 같은 인간관계를 뜻한다. 입소문이나 입소문 마케팅이 이뤄지는 비공식적인 루트와 같은 기능을 한다. 변호사, 변리사, 의사, 회계사와 같은 전문가들은 어떤 의뢰인이 만족할 경우 그 의뢰인의 추천과 보증 때문에 고객이 늘어나기 마련인데, 이는 심리적으로 신뢰에 기본을 둔 행동이기 때문에 평판과 밀접한 관련이 있다. 인맥은 커츠Henry A. Kautz가 추천 웹Referral Web 프로젝트를 완성하는 과정에서 사용한 '추천 체인referral chain'과 관련이 깊다.[6] '추천 체인'은 전문가를 찾기 위해 외부에 알려지지 않은 현존하는 사회적 네트워크를 활용하고 네트워크상의 관련자들이 협업하여 적격성을 검증하는 것을 지칭한다.

다섯째, '신호'는 마케팅 활동으로 광고, 판촉 등의 방법을 통해 다른 사람들에게 자신의 동기와 의도, 약속, 권유 사항, 주의사항 등의 포괄적인 정보를 제공하는 것을 말한다. 개인이나 조직은 이런 신호를 이행하면 목표한 대로 어떤 성취를 하게 되기 때문에 명성을 쌓게 된다.

여섯째, '처리 결과'는 다른 사람이나 소비자의 의견을 진정성 있게 반영하여 관련 정보와 신호를 처리했는지 그 결과를 따져보는 것을 말한다. 타인이나 소비자의 의견은 추천과 달리 연결이란 직접 소통에서 오기 때문에 이를 잘 반영해 처리할 경우 명성과 직결된다. 타인이나 고객의 의견을 사후 반영해 일을 처리하는 피드백은 명성이나 평판 형성에 부정적인 영향을 끼질 수 있다.

일곱째, '맥락'이란 개인이 속한 공동체에서만 통용되는 속성으로 제도, 법률, 언어, 가치관과 같은 사회적 의미와 상황을 말한다. 어떤 사람이 다른 지역이나 조직으로 옮겨가면 이전에 속한 조직에서의 평판은 무의미해지므로 평판을 새롭게 구축해야만 한다. 여덟째, '사회적 가치'는 특정한 사회와 공동체에 의해 평가되는 특정한 지식, 경험, 자격 등에 관한 가치를 말한다. 아홉째, '시간'이란 여러 가지 요소를 통해 평판을 쌓는 데 투자한 시간 또는 소요된 시간을 의미한다. 자기관리를 잘하는 사람은 시간이 지날수록 좋은 평판을 매우 견고하게 쌓게 된다.

이에 앞서 존스Stephen C. Jones와 쉬라우거J. Sidney Shrauger는 개인의 평판 구성요소로 개인의 성취도, 개인의 품격qualities, 사회적 가치라는 세 가지를 제시했다.[7] 다른 연구자들과 달리 명성으로 쉽게 측정되거나 판별되지 않는 사람의 질적인 수준인 '개인의 품격'을 추가했다는 데 의미가 있다. 밀러Gregory D. Miller는 신뢰감, 사회적 가치, 사회적 대우라는 다소 추상적인 개념으로 이를 구분했다.[8]

진화심리를 연구하는 학자들은 대체로 개인의 평판에는 유능하다는 믿음, 책임감 있는 행동을 한다는 믿음, 타인과 잘 소통하고 공감하며 이타적이라는 믿음, 서로 도우며 신뢰가 있는 행동을 할 것이란 믿음이라는 네 가지 요소가 포함되어 있다고 보았다.[9] 그 가운데 먼저 '유능하다는 믿음'에는 업무 능력이 뛰어나다는 것과 젊은 활기, 외모, 건강미 등 신체적 우월성이 포함되어 있다고 한다.

이와 관련하여 영국 런던경제대학 사회학과 교수를 지낸 런던 정책연구센터 캐서린 하킴Catherine Hakim 연구위원은 사회 자본social capital 이론을 원용하여 경제적·사회적 성공 수단으로서 '성적 자본erotic capital' 즉, 신체적 매력과 성적 매력을 강조했다.[10] 성공하여 명사의 지위를 누리려면 다른 요소도 중요하지만 신체적 매력과 성적 매력을 도외시하면 안 되고, 거꾸로 사람들의 주목을 받는 명사라면 이 정도 요건은 갖춰야 한다는 의미로 해석된다.

그는 노동자들을 인터뷰하고 노동시장의 구조를 깊게 살펴봤더니 성공한 사람들은 ① 아름다운 외모(당대 대중이 평가하는 가치와 수준이 그 기준점), ② 성적인 매력(소속한 사회가 이상으로 꼽는 신체의 유형과 특징, 개성, 취향), ③ 사회적 능력(우아함, 유연한 인간관계의 기술, 자신을 좋아하게 만드는 기술, 함께 있으면 편안하고 행복하다고 상대가 느끼게 하는 기술, 알고 싶어 하고 갈망하게 하는 흡인력), ④ 신체적 건강성, 사회적 에너지, 훌륭한 유머가 섞여 표출되는 활력, ⑤ 사회적 표현력(패션스타일, 헤어스타일, 화장법, 향수·보석 등의 장식품, 액세서리 등), ⑥ 성적 만족감을 주는 모든 성적 능력(파트너에게 성적 만족감을 주는 섹스 테크닉, 열정, 야한 상상력, 장난기, 에로틱한 정서 조성 능력 등)이란 여섯 가지 성적 자본을 갖춘 것으로 조사되어 이런 요건의 구비가 필수적이라는 것이다.

둘째, '책임감이 있는 행동'은 성실하고 부지런하고 근면하며 지식이 많아 올바른 판단을 한다는 개연성이 내포되어 있다. 셋째, '타인과 잘 소통하고 공감하며 이타적이라는 믿음'에는 진실한 성품을 바탕으로 남의 의견을 잘 배려·수용하고 친절하며, 이해심이 있고 자신의 정서조절 능력이 뛰어나다는 특성이 들어가 있다. 넷째, '서로 도우며 신뢰를 주는 행동을 할 것이란 믿음'에는 사람들을 배신이나 배반하지 않고 긍정적인 견지에서 의견을 원활하게 나눠 잘 협동하며 혜택을 입으면 반드시 베푼다는 특성이 내포되어 있다.

평판 측정의 시각에서 평판의 구성요소를 다룬 연구자들도 있다. 황성욱과 조윤홍(2017)은 연구를 통해 일반인의 평판은 인품, 외적 매력, 능력과 배경, 신념, 이타심, 사교성과 친근함이란 여섯 개의 요인으로 측정할 수 있다고 분석했다.[11] '인품'은 배려, 정직, 책임감, 성실성, 겸손함, 준법성, 친절성 정도 등의 덕목이며, '외적 매력'은 신체적 용모, 건강, 단정함 등이 포함된다. '능력과 배경'은 외국어 구사 능력을 비롯한 소통 능력, 학교, 직장, 가정환경과 같이 개인을 둘러싼 네트워크 등 사회적 환경에 대한 평판들로 구성되었다.

'신념'은 개인이 사회의 여러 가지 문제에 대해 가지고 있는 생각이나 관심도에 관한 것이다. 미래 지향적, 진보적 성향과 같은 개인의 신념 요인이다. '이타심'은 사회 공동체를 위한 참여 의지와 참여적 행동에 관한 것으로 구체적으로 봉사활동 및 자선적 기부 활동에 대한 항목들이다. 마지막으로 '사교성과 친근함'은 개인의 대인관계에서 나타나는 사교적인 면모로 적극성과 사교성을 평가하는 항목들로 구성되었다.

이렇게 명성과 평판을 구성하는 요소를 확실하게 이해한다면 개인이 어떻게 하면 좋은 평판을 갖추거나 그런 평판을 갖춘 명사가 될 것인가에 대한 답을 얻을 수 있을 것이다. 신분의 지위 고하, 직업의 귀천, 성별, 나이, 국적 등 인구학적 특징이나 인습적 요소의 구별에 관계없이 평범한 사람도 누구나 명사가 될 수 있는 세상이기에 이런 지혜를 터득하는 것이 중요하다. 명사가 되는 데 필요하기도 하고 그 지위에 걸맞은 평판을 체계적으로 갖춰 관리하는 데도 필요하기 때문이다.

명성, 평판과 연관된 '이미지image'는 어떤 사람·사물로부터 받은 느낌 또는 모든 감각에 의해 획득한 현상이 마음속에서 재현된 것이다. 긍정적이고 높은 수준에서 자신만의 희망 이미지를 구축해 다른 사람들에게 잘 각인시킬 필요가 있다. 이를 '이미지메이킹image making'이라 하는데, 이는 외모appearance, 표정expression, 자세attitude, 행동behavior, 화법speech란 다섯 가지 요소의 조화를 통해 실현할 수 있다.[12]

외모는 호감성, 편안함, 친근함에 유의하고 표정은 밝은 분위기와 감정의 고저에 좌우되지 않는 안정성, 자세는 올바름과 일관성, 행동은 예의와 겸손함, 화법은 명료함, 정제성, 품격, 상호작용에 각각 중점을 둬야 한다. 명성과 평판에 맞는 자신만의 이미지를 설정해 연출하려면 자신에 대한 냉정한 분석과 연구를 통해 이미지의 지향점을 먼저 도출해야 한다.

토픽 06 명사는 구체적으로 누구를 말하는가?

명성과 평판이 무슨 차이가 있고 그것을 구성하는 세부 요소가 무엇인지 명쾌하게 이해했다면 구체적으로 명사가 어떤 사람인지 통찰하는 것이 보다 쉬울 것이다. 명성은 오래전부터 영국 등 왕정국가의 왕실이나 종교계, 정치계의 주요 인사가 누리던 권위와 근엄함과 관련이 있다고 했듯이 첫째, 제1세대 명사인 전통적인 명사의 부류는 황제국가, 왕정국가 체제의 황제, 왕, 왕자, 공주 등 주요 인사와 주변의 귀족층, 명문가royal family, 종교계, 정치계, 군사 분야 등의 지도자를 지칭했다. 신분 상승의 한계와 협소한 언로가 존재하던 시절의 인식이다.

이 가운데 왕가, 귀족층, 명문가와 관련하여 유럽 황실 전문작가 정유경은 『로열 패밀리: 유럽을 지배한 여덟 가문의 기막힌 이야기』(2022)에서 가장 오래된 가문인 '합스부르크', 프랑스 왕가의 전성기를 이끈 '부르봉', 강력한 러시아를 만든 배경인 '로마노프', 황제의 신하에서 왕가로 성장해 독일을 통일한 대가문인 '호엔촐레른', 영국의 전성기를 이끈 '하노버', 치열한 분할 상속으로 유명한 '비텔스바흐'(훗날 팔츠 가문과 바이에른 가문으로 분화), 덴마크에서 출범해 북유럽을 연결한 '올덴부르크', 작센 중심의 통치 가문인 '베틴'을 유럽을 지배한 '8대 가문'이라 제시했다.[13]

일본의 경우 2022년 사망한 아베 신조安倍晋三 전 총리, 부친 아베 신타로安倍晋太郎 전 외무대신, 친조부인 아베 간安倍寛 전 중의원을 배출한 아베 가문이 대표적인 명문가다. 『사조영웅전射鵰英雄傳』, 『신조협려神鵰俠侶』, 『의천도룡기倚天屠龍記』, 『녹정기鹿鼎記』, 『소오강호笑傲江湖』 등을 출간해 인기를 얻음으로써 당대 최고의 무협소설 작가로 평가받았던 진융金庸은 중국 저장성 명문가인 해녕사가海寧查家 출신으로 청나라 때의 유명 시인인 사신행查慎行이 조상이다.

이탈리아 이민자 후손으로 미국 메릴랜드주 볼티모어 출신인 낸시 퍼트리샤 펠로시Nancy Patricia Pelosi 하원의장 집안도 대표적인 명문가인데, 부친 토머스 달레산드로 주니어Tomas D'Alesandro Jr.가 연방 하원의원과 볼티모어 시장을 지낸 데다 큰오빠 토머스 루드위그 존 달레산드로 3세Thomas Ludwig John D'Alesandro III

〈표 2-2〉 시대 변천에 따른 명사의 분류

구분	의미
제1세대 명사	신분 상승의 한계와 협소한 언로가 존재했던 황제국가, 왕정국가 체제의 황제, 왕, 왕자, 공주 등 주요 인사와 주변의 귀족층, 명문 가문, 종교계, 정치계, 군사 분야 등의 지도자들
제2세대 명사	미디어를 통해 인기, 인지도, 명성을 얻은 영화배우, 가수, 코미디언 등 아티스트들, 사회자(MC), 뉴스 앵커 등의 방송인, 신문·잡지 기사 및 방송 프로그램을 통해 주목받은 각계의 인사들
제3세대 명사	블로그, 유튜브, 숏폼 채널(틱톡, 릴스, 쇼츠, 패스트 래프 등) 등의 소셜미디어(SNS)와 같은 디지털 미디어 매체나 그 밖의 경로를 통해 알려져 명성을 얻은 사람들

도 대를 이어 볼티모어 시장을 지냈다. 파키스탄에서 세 차례 총리를 역임한 형 나와즈 샤리프Nawaz Sharif에 이어 2022년 4월 총리로 선출된 셰바즈 샤리프Shehbaz Sharif도 그 나라에서 도드라진 명문가의 일원이다.

우리나라의 경우 부자 가문인데도 기득권을 버리고 일제강점기 독립운동에 모든 재산과 열정을 쏟아부은 이건영·이석영·이철영·이회영·이시영·이호영의 6형제, 민주주의와 여권 신장에 이바지한 정일형 박사와 이태영 변호사 부부, 정치인 2세인 조윤형·조순형을 배출한 조병옥 박사, 영화인인 최은희 배우와 신상옥 감독 부부, 법조인 부부인 강지원·김영란, 가수인 윤향기·윤복희 남매, 음악가인 정트리오(정명화·정경화·정명훈) 집안 등도 명사로 계속 각광을 받아온 대표적인 명문가에 속한다.

둘째, 전통적인 명사의 계보를 잇는 제2세대의 새로운 명사들은 미디어를 통해 인기, 인지도, 명성을 얻은 영화배우, 가수, 코미디언 등 아티스트들과 사회자MC, 뉴스 앵커 등의 방송인과 신문·잡지 기사 및 방송 프로그램을 통해 주목받은 각계의 사람들이다. 셋째, 명사의 개념을 더욱 확산한 제3세대 명사들은 블로그, 유튜브, 숏폼 채널 등의 소셜미디어SNS와 같은 디지털 미디어 매체나 그 밖의 경로를 통해 알려져 명성을 얻은 사람들이다.

첫 번째 부류는 대체로 당대 사회의 존경을 받고 전통과 권위, 품격을 상징하는 권력자들이 지칭되었다. 일례로 오랫동안 세계를 제패했던 영국 역대 왕가의 당대 로열패밀리royal family는 물론 이들의 후손도 오늘날까지 세계인의 관심을 한몸에 받는 명사로 영국의 권위와 품격을 상징한다.

엘리자베스 1세Elizabeth I 여왕과 70년 4개월을 재위한 뒤 96세를 일기로 2022년 9월 9일 사망한 엘리자베스 2세Elizabeth II 여왕, 왕세자 책봉 64년만인 74세에 왕관을 계승한 찰스 3세Charles III 국왕, 의문의 교통사고로 작고한 전처 다이애나 프랜시스 스펜서Diana Frances Spencer, 왕세자 시절의 찰스 윈저Charles Windsor(찰스 3세)와 불륜관계였다는 비판을 듣다가 새 부인이 된 뒤 찰스 3세의 왕위 즉위와 함께 왕비Queen Consort가 된 커밀라 파커 볼스Camilla Parker Bowles, 찰스 3세의 장남인 윌리엄 윈저William Windsor 왕세자와 캐서린 미들턴Catherine Elizabeth Middleton 왕세자비, 차남인 헨리 윈저Henry Windsor 왕자(해리Harry 왕자)와 메건 마클Meghan Markle 왕자비 등은 이런 계보를 잇고 있다.

일본의 일왕은 실제 정치 및 행정 권한이 약한 상징적 존재임에도 일왕과 그의 가족들은 여전히 일본의 자존심을 상징하며 높은 관심을 받고 있다. 나루히토德仁 일왕과 왕의 동생 후미히토文仁 왕세제 부부가 대표적이다. 후미히토 왕세제의 2녀 1남 중 맏이인 마코眞子 전 공주도 2021년 왕족 신분을 포기한 채 미국 뉴욕 메트로폴리탄 미술관에서 자원봉사자로 일해 스포트라이트를 받고 있다. 사우디아라비아 국왕 살만 빈 압둘아지즈Salman bin Abdulaziz와 그의 13남매 중에서 일곱째로 태어나 2017년에 왕세자가 된 이후로 국가의 실권을 장악해 부총리를 맡고 있는 무함마드 빈 살만Mohammed bin Salman(약칭 'MBS') 왕세자도 정치 셀럽으로서 세계 언론의 관심을 누리고 있다.

시민들이 투표하여 지도자를 선출하는 대의제 민주주의가 확립되기 전까지 영국, 프랑스, 폴란드 등에서 왕의 외척과 측근, 개국 공신, 국가 공헌자 등으로서 귀족의 지위를 부여받아 막대한 영향력을 행사하며 실제 정치인으로 활동한 남작(영국 lord, 다른 나라 baron), 자작viscount, 백작count, earl,[14] 후작(영국 marquess, 다른 나라 marquis), 공작duke과 같은 작위가 붙은 사람들도 명사에 속했다.

명사 연구자인 레오 브로디Leo Braudy가 최초의 명사로 마케도니아의 알렉산더 대왕을 지목한 것을 볼 때 장군을 비롯한 유력한 무인들도 같은 범주에 속했을 것이다. 가톨릭의 교황과 추기경, 기독교, 불교 등 종교계의 유력 지도자들도 마찬가지였다. 중국의 요순시대처럼 신神을 대변하는 제사장祭司長에 의해 다스려지던 제정일치祭政一致, theocracy 시기도 있었고, 교황을 비롯하여 종교인들이 실권을 누리며 정치를 하던 시대도 있었으니 이들을 명사로 규정하는 데 이론이 없을 것이다. 우리나라에서도 추기경, 총무원장, 종정, 종법사, 교령 등의 타이틀이 붙은 종교 지도자와 유명 교회 목사들은 명사로 항상 언론의 주목을 받고 있다.

민주정치가 정착된 이후에도 귀족정치 시스템의 전통을 잇는 각국에서 대통령, 총리, 주석, 국회의원들과 같은 정치 지도자들은 옛날 귀족 정치인들이 누렸던 명성의 외피를 계승하고 있다. 한국의 국회의원은 무려 200개가 넘는 법적인 특권을 행사하며 최고의 명성을 누리고 있다. 영국의 특권 계급인 상원上院과 하원下院의 의원, 미국의 상원과 하원 의원, 그것과 체제가 유사한 일본의 참의원參議院('상원'에 해당)과 중의원衆議院(민의원으로 '하원'에 해당)도 마찬가지다.

특히 영국, 미국, 일본의 경우 스웨덴, 독일 등 사회주의적 시스템이 가미된 사회체제의 정치인들보다 귀족주의적 색채가 짙다. 이들은 평상복을 즐겨 입고 의정활동을 하는 유럽 사회주의 국가들의 국회의원과 달리 격식을 매우 중시한다. 머리에 가르마를 타서 기름을 살짝 바른 뒤, 검정 슈트에 넥타이를 착용하고, 검은 세단 자동차를 타는 것을 여전히 관행으로 인식하는 것만 봐도 알 수 있다.

명사의 두 번째 부류는 미디어를 통해 노출되어 인기와 호평을 얻고 긍정적인 명성을 쌓아 자신의 의도와 무관하게 유무형의 영향력을 행사하는 모든 사람이다. 아티스트, 운동선수, 저널리스트, 학자, 저술가, 정치인, 외교관, 경제인, 시민단체NGO 관계자 등과 같은 다양한 사람들이 해당한다.

'귀족=명사'라는 기존의 전통적 인식이 확연히 바뀐 것은 산업혁명 이후 미디어 기술이 점차 발전하면서부터다. 극장 스크린을 통해 영화가 상영되고 안방에 TV를 통해 드라마, 영화, 뉴스, 스포츠, 교양, 시사 프로그램이 방영된 것

배우 메리 픽퍼드와 스타 연구자 에드가 모랭

을 계기로 주목받는 사람들의 범주가 기존의 명사들을 압도하면서 대중들의 인식에 변화가 생긴 것이다. 굳이 과거의 명사들을 바라보거나 선망하지 않아도 될 상황이 된 것이다.

스타 연구자인 에드가 모랭Edgar Morin은 무성영화 시절 할리우드의 여제로 부상한 영화배우 메리 픽퍼드Mary Pickford를 미디어에 의해 형성된 탈전통 개념의 명사 가운데 대표 주자로 보았다.[15] 명사는 곧 귀족이란 등식을 깬 전형적인 인물로 영화 흥행을 통해 자연스럽게 대중으로부터 주목을 받은 명사란 뜻이다. 그는 1892년 캐나다에서 태어나 미국 할리우드에 진출해 스타로 부상했다. 미국 아카데미 시상식에서 여우주연상(1930년, 제2회)을 받은 최초의 캐나다 출신 배우로 기록되었다.

메리 픽퍼드는 특히 제1차 세계대전(1914~1918) 시기에 대단한 인기와 명성을 누렸다. 아카데미 시상식을 주관하는 미국 영화예술과학 아카데미AMPAS의 초기 설립자(36인)로 참여했으며, 미국 영화 스튜디오인 유나이티드 아티스츠United Artists를 공동 창업하기도 했다. 그는 이러한 기여를 인정받아 할리우드 명예의 전당에 헌액되고 1976년 제48회 미국 아카데미 시상식에서 평생공로상을 받았는데, 아쉽게도 1979년 5월 세상을 떠났다.

오늘날에는 전통적 미디어를 뛰어넘어 휴대전화로 무선통신이 연결되는 곳이라면 언제 어디서든지 모두 접할 수 있는 다양한 온라인 디지털 매체를 통해 노출된 명사 부류가 가세했다. 바로 앞에서 구분한 세 번째 부류다. 이제는 평범한 사람도 SNS를 통해 반복적으로 노출되어 긍정적인 평판과 명성을 얻어 사람들에게 특정한 의미를 준다면 명사가 될 수 있다. 누구나 명사가 될 수 있는 시대가 열린 것이다. 명사가 되는 과정은 우연일 수도 있고 의도에 의한 것일 수도 있다.

온라인 투표를 통해 뽑힌 각 정당의 청년 비례대표는 전통적 관념을 깨는 새로운 유형의 정치인 명사며, 온라인 쇼핑몰이나 게임으로 성공한 사람들은 새로운 유형의 경제계 명사다. 심지어 파워 블로거, 유명 유튜버, 팟캐스터Podcaster, BJBroadcasting Jockey까지 다양한 명사 후보들이 부상하여 어떤 이는 중간에서 걸러져 탈락하고, 어떤 이는 연속적인 검증을 모두 통과해 자연스레 명사로 격상된다. 이런 역동적인 과정을 우리는 발달된 미디어를 통해 흔히 살펴볼 수 있다.

따라서 현대에 이르러서는 명사의 범주, 조건, 위계를 구체적으로 정하는 것이 어려우며 그런 작업이 큰 의미도 없다는 것을 알 수 있다. 유명인에 매료된 오늘날 사회에서 '명사의 평준화flattening' 현상도 나타나고 실질적인 성취 없이 명성에 영합하는 '가짜 유명인pseudo celebrity'의 부상도 두드러지고 있다.[16] '평범한 명사ordinary celebrity'란 말까지 등장했을 정도다.

최근의 문화적 변동은 전통적인 명사의 개념 정의나 분류에 대해 회의가 들 정도로 그 속도가 빠르다. 셀러브리티 문화의 내용과 그 문화를 만들어가는 사람들의 부류도 매우 다채롭다. 명사의 의미를 새롭게 규정할 때는 앞에서 구분한 세 가지 부류를 모두 포함하면서 새로운 현상과 체제를 적극적으로 반영하는 열린 사고가 필요하다.

토픽 07 지난 20년간 ≪포브스≫가 선정한 명사들

"정치인과 경제인은 지고 대중문화 예술인과 스포츠 스타가 뜬다."

미국 잡지 ≪포브스Forbes≫가 매년 선정하는 그해 '100인의 명사Celebrity 100'를 보면 이런 진단이 매우 적확하다는 것을 알 수 있다. 자본주의가 발달한 현대 사회에서 자본주의의 중심 격인 미국 사회를 투영하는 경제 잡지가 그 사회의 특성을 반영하여 내놓은 조사라는 점에서 의미가 깊다. 전통적인 관념을 뛰어넘는 현대적 시각의 명사가 어떤 사람들인지 가늠하게 해주기 때문이다.

필자가 ≪포브스≫ 사이트를 대상으로 과거 20년간(1999~2018년) ≪포브스≫가 선정한 100인의 명사 상위 10인(Top 10)을 통계분석(모수 200명)했더니 직업의 분포는 대중음악 뮤지션(가수·싱어송라이터) 38.5%(77명), 배우 17.5%(35명), 운동선수 17%(34명), TV 진행자 12.5%(25명), 영화 제작자 7.0%(14명), 작가 4.0%(8명), 라디오 진행자 2.0%(4명), 코미디언 1.5%(3명) 순으로 나타났다. 엔터테이너인 가수, 배우가 최상위를 차지한 것이다. 이들 Top 10의 직업은 모두 8개에 불과하여 다양성이 낮고 특정 직업군에 대한 집중도가 높았다.

결론적으로 ≪포브스≫가 뽑은 역대 명사들은 미디어를 통해 노출되어 성장한 대중문화 영역의 엔터테이너와 스포츠 분야 스타 일색이었다고 평가할 수 있다. 모두 미디어의 취재 보도와 전파에 지대한 영향을 받는 부류다. 이것은 미디어의 매개적 위력을 실감하는 통계치인 데다 오늘날에는 미디어 플랫폼을 통하지 않고서는 명사로 부상하기 어렵다는 것을 방증하는 현상이기도 하다.

정치인, 경제인, 학자 등 전통적 범주에서 강력한 위상을 발휘한 사람들은 단 한 명도 10위권에 자리매김하지 못했다. 대부분 쇼비즈니스 영역에서 일하는 사람들로 미디어와 대중문화의 힘을 실감하는 통계치다. ≪포브스≫에 의해 지난 20년간 10위권에 가장 많이 선정된 사람은 총 16회로 공동 1위로 집계된 미국 영화감독 출신의 영화 제작자 스티븐 스필버그Steven Spielberg와 미국의 방송 진행자 오프라 윈프리Oprah Winfrey다. 3위는 12회로 집계된 프로 골프 선수 타이거 우즈Tiger Woods, 4위는 11회로 집계된 영화배우 겸 제작자 톰 크루즈Tom

〈표 2-3〉 ≪포브스≫가 최근 20년간 선정한 명사 'Top 10'의 직업 분포(n=200)

순위	직업 분류	비율(사례 수)
1	뮤지션(가수·싱어송라이터)	38.5%(77명)
2	배우	17.5%(35명)
3	운동선수	17.0%(34명)
4	TV 진행자	12.5%(25명)
5	영화 제작자	7.0%(14명)
6	작가	4.0%(8명)
7	라디오 진행자	2.0%(4명)
8	코미디언	1.5%(3명)
9	-	-
10	-	-

* 필자가 ≪포브스≫의 선정 자료(1999~2018년)를 토대로 2022년 8월 분석.

〈표 2-4〉 ≪포브스≫가 최근 20년간 선정한 명사 'Top 10' 포함 인물 분포(n=200)

순위	이름	직업	'Top 10' 선정 횟수
1	스티븐 스필버그(Steven Spielberg)	영화 제작자	16회
	오프라 윈프리(Oprah Winfrey)	방송 진행자	16회
3	타이거 우즈(Tiger Woods)	프로 골프 선수	12회
4	톰 크루즈(Tom Cruise)	영화배우	11회
5	비욘세(Beyonce)	뮤지션	6회

* 필자가 ≪포브스≫의 선정 자료(1999~2018년)를 토대로 2022년 8월 분석.

Cruise, 5위는 6회인 뮤지션 비욘세Beyonce로 각각 나타났다. 지난 20년간 연도별로 가장 많이 1위를 차지한 사람은 오프라 윈프리(6회), 그다음은 톰 크루즈(2회)로 분석되었다. 결국 최근 미국 사회에서 가장 상위 수준으로 칭송받는 명사 5인은 스티븐 스필버그, 오프라 윈프리, 타이거 우즈, 톰 크루즈, 비욘세라는 것을 알 수 있다.

연도별 1위는 2018년의 경우 2015년 WBC·WBA 웰터급 통합 챔피언에 올라 명성을 이어가고 있는 미국의 권투선수 플로이드 메이웨더 주니어Floyd Mayweather Jr.였다. ≪포브스≫ 집계에 따르면 플로이드 메이웨더 주니어는 2018년 기준으로 지난 7년간 네 차례나 세계 스포츠 스타 수입 1위를 차지했다. 특히 2018년 8월 이종 격투기인 UFC 스타 코너 맥그리거Conor Mcgregor와 세기의 복싱 대결을 치러 2억 7500만 달러(약 2945억 원)를 벌고 광고 수입으로 1000만 달러를 추가적으로 확보함으로써 2018년에만 2억 8500만 달러(약 3186억 원)를 벌어들였고 그해 가장 많은 돈을 번 인물로 기록되었다.

2017년은 미국의 흑인 래퍼로서 '힙합 천재'로 불리는 뮤지션 '디디Diddy' 숀 콤스Sean Combs(일명 '퍼프 대디Puff Daddy'), 2016년은 그해 '제58회 그래미 어워드'에서 올해의 앨범상을 받은 가수 테일러 스위프트Taylor Swift, 2015년은 권투선수 플로이드 메이웨더 주니어, 2014년은 가수 비욘세, 2013년은 오프라 윈프리, 2012년은 가수 겸 배우 제니퍼 로페즈Jennifer Lopez, 2011년은 가수 레이디 가가Lady Gaga, 2010년은 오프라 윈프리였다. 2009년은 영화배우 앤젤리나 졸리Angelina Jolie, 2008년과 2007년은 오프라 윈프리, 2006년은 톰 크루즈, 2005년은 오프라 윈프리, 2004년은 영화배우 멜 깁슨Mel Gibson, 2003년은 영화배우 제니퍼 애니스턴Jennifer Aniston, 2002년은 가수 브리트니 스피어스Britney Spears, 2001년은 톰 크루즈, 2000년은 영화배우 줄리아 로버츠Julia Roberts, 1999년은 농구선수 마이클 조던Michael Jordan이 각각 선정되었다.

최근 2년간의 사례를 살펴보면 새로운 인물이 많이 부상했다. 2018년에 1위는 플로이드 메이웨더 주니어, 2위는 배우 겸 제작자 조지 클루니George Clooney, 3위는 모델이자 방송인 카일리 제너Kylie Jenner, 4위는 미국 맨해튼 가정법원 판사를 지낸 변호사이자 방송인 주디 셰인들린Judy Sheindlin, 5위는 프로 레슬러 출신의 영화배우 드웨인 존슨Dwayne Johnson, 6위는 앨범 〈Summer Of Love(Club Remixes)〉를 히트시킨 가수 U2, 7위는 가수 콜드플레이Coldplay, 8위는 아르헨티나 출신 축구선수 리오넬 메시Lionel Messi, 9위는 2018년 제60회 그래미 어워드 최우수 팝 보컬 앨범상을 받은 영국 가수 에드 시런Ed Sheeran, 10위는 포르투갈 출신의 축구선수 크리스티아누 호날두Cristiano Ronaldo였다.

2017년의 경우 1위는 뮤지션 '디디' 숀 콤스, 2위는 비욘세, 3위는 『해리 포터Harry Potter』 시리즈와 『신비한 동물 사전Fantastic Beasts and Where to Find Them』을

〈표 2-5〉 ≪포브스코리아≫가 2021~2022년 선정한 명사 'Top 10'

순위	2021년 선정	2022년 선정
1	방탄소년단(BTS)(가수)	방탄소년단(BTS)(가수)
2	블랙핑크(가수)	블랙핑크(가수)
3	류현진(야구선수)	손흥민(축구선수)
4	손흥민(축구선수)	류현진(야구선수)
5	임영웅(가수)	이찬원(가수)
6	김광현(야구선수)	이승기(가수, 배우)
7	유재석(개그맨, MC)	임영웅(가수)
8	영탁(가수)	윤여정(배우)
9	정동원(가수)	유재석(개그맨, MC)
10	장윤정(가수)	장민호(가수)

자료: ≪포브스코리아≫(2022.4.23, 2021.4.23).

쓴 조앤 롤링Joan K. Rowling, 4위는 힙합 가수 드레이크Drake, 5위는 축구선수 크리스티아누 호날두, 6위는 가수 더 위켄드The Weeknd, 7위는 진행자, 영화배우로서 TV 예능 프로그램인 〈아메리카 갓 탤런트America's Got Talent〉 시리즈의 심사위원을 하면서 유명해진 하워드 스턴Howard Stern, 8위는 가수 콜드플레이, 9위는 『키스 더 걸Kiss the Girls』, 『첫 번째 희생자1st to Die』, 『우먼스 머더 클럽Women's Murder Club』 등의 형사물 작가로서 미국 최고의 베스트셀러 작가 기록을 가진 소설가 제임스 패터슨James Patterson, 10위는 미국 LA 레이커스팀에서 포워드를 맡은 세계적인 농구 스타 르브론 제임스LeBron James였다.

한편, ≪포브스≫ 한국판인 ≪포브스코리아Forbes Korea≫는 2021년과 2022년 국내 가수, 배우, 스포츠, 방송인 등 4개 영역에서 '대중을 사로잡은 명사'를 선정하여 발표했다. 엔터테인먼트와 미디어를 제외한 다른 문화 부분, 정치·경제·사회·국제 부분 등을 대상에서 배제한 것이 특징이다.

≪포브스코리아≫의 '2021 파워 셀럽 40' 조사 결과, '톱텐Top 10'은 1. 방탄소년단BTS, 2. 블랙핑크, 3. 류현진, 4. 손흥민, 5. 임영웅, 6. 김광현, 7. 유재석, 8. 영탁, 9. 정동원, 10. 장윤정으로 나타났다.[17]

'2022 파워 셀럽 40' 조사 결과, 그해의 톱텐은 1. 방탄소년단, 2. 블랙핑크,

3. 손흥민, 4. 류현진, 5. 이찬원, 6. 이승기, 7. 임영웅, 8. 윤여정, 9. 유재석, 10. 장민호 순으로 제시되었다.[18] 2021년 해외 영화제 수상으로 국내는 물론 해외에서 인지도와 인기를 높인 배우 윤여정과 국내에서 가요 오디션 프로그램 등을 통해 부상하여 새롭게 인기를 얻은 가수 이찬원과 장민호도 2022년 톱텐에 진입했다.

BTS와 블랙핑크는 세계적인 명성에 걸맞게 2년간 모두 각각 1, 2위를 차지하여 한국을 대표하는 명사이자 세계적 수준의 엔터테이너라는 것이 확인되었다. 특히 BTS는 2021년에만 제49회 아메리칸 뮤직 어워드에서 올해의 아티스트상, 페이보릿 팝송상, 페이보릿 팝 듀오 그룹상, MTV 유럽 뮤직 어워드에서 베스트 팝 아티스트 부문상, 베스트 그룹 부문상, 베스트 케이팝 부문상, 비기스트 팬 부문상, 빌보드 뮤직 어워드에서 톱 셀링 송상, 톱 듀오 그룹상, 톱 송 세일즈 아티스트상, 톱 소셜 아티스트상을 각각 받았다.

블랙핑크도 2021년에만 아시아 아티스트 어워즈 가수 부문 U+아이돌Live 인기상, 골드하우스 영향력 있는 아시아인 100인상, 제35회 골든디스크 어워즈 음반 부문 본상과 디지털 음원 부문 본상을 각각 수상했다. 블랙핑크 멤버들은 2021년 10월 28일 개막해 한 달 동안 진행된 세계 최대 패션쇼 '파리 패션위크'에 잇따라 참석하여 화제의 인물로 떠올랐다.[19] 멤버별로 보면 지수는 디올, 제니는 샤넬, 로제는 생로랑, 리사는 셀린이란 명품 브랜드의 글로벌 홍보대사다.

축구선수 손흥민은 2021년 4위에서 2022년 3위로 한 계단 상승했다. 윤여정은 유일한 50세 이상의 명사였다. 윤여정은 영화 〈미나리〉에 조연으로 출연하여 2021년 제92회 전미비평가위원회 시상식 여우조연상, 제1회 골드리스트 시상식 여우조연상, 제27회 미국배우조합상 영화 부문 여우조연상, 제74회 영국 아카데미 시상식 여우조연상에 이어 제93회 아카데미 시상식 여우조연상을 휩쓸면서 세계인의 주목을 받아 명사 반열에 올랐다. 2021년에 새롭게 뜨거나 조명된 가수 이찬원·장민호, 배우 이승기도 2022년 톱텐에 진입했다.

≪포브스코리아≫의 명사 발표는 매년 4월 23일 이루어지기 때문에 이 매체의 홈페이지(https://jmagazine.joins.com/forbes)와 관련 내용을 소개하거나 재분

석한 기사를 통해 그 내용을 상세하게 확인할 수 있다. 연구, 비평, 컨설팅 등에 필요한 자료를 입수해 활용하려면 이곳의 홈페이지를 검색하기를 권한다.

토픽 08 명성 형성의 메커니즘 '4가지 단계'

오늘날 대중매체는 대중의 관심과 돈을 잡기 위해 끊임없이 진화하는 명사 출연진에 의존하고 있으며, 새로운 스타들도 같은 목적으로 그들을 사랑하는 관객과 팬을 만들고 그들의 이미지를 높이기 위해 새로운 플랫폼을 정복하고 있다.[20] 기업과 단체도 소비자들을 의식하며 명사들을 활용하기에 바쁘다. 명사들의 유행, 패션, 고유한 이미지는 미디어와 홍보를 통해 대중의 삶을 유지해 주는 혈액 속으로 빨려 들어가기 때문이다.[21]

명사들은 이런 사회적 상호작용을 통해 명성을 획득한다. 명사들이 시간의 경과에 따라 체험하는 명성의 단계는 일반적으로 네 가지 단계를 거친다.[22] 이는 미국 명사들에 대한 인터뷰를 토대로 분석한 경험적 연구의 결과물이다. 첫 번째는 명사의 경험에 대한 '사랑/미움love/hate' 단계, 두 번째는 단지 유명해지는 것을 목표를 행동을 하는 '중독addiction' 단계, 세 번째는 일상생활의 영구적인 변화를 요구하는 '수용acceptance' 단계, 네 번째는 유명해지는 것에 관련된 삶의 변화에 반응하여 새로운 행동들이 발전되는 '적응adaptation' 단계다.

첫째, 사랑/미움 단계에서는 명성과 인지도가 상승해 명사 단계에 진입한 사람들은 명사가 되는 데 적응하는 효과적인 방법들을 찾는다. 유명해지는 경험은 자신의 다양한 자아를 자극하고 자신을 따뜻하게 받아들이도록 수용하고 촉진하는 작용을 한다. 그러나 명사 단계에 진입한 당사자는 내심 그 자체를 좋아하는 동시에 싫어하기도 한다. 명성으로 인해 얻는 관심과 경배를 한껏 즐기면서도 그런 만족감에 대해 '자기 객관화自己客觀化, self-objectification'란 겸손한 잣대를 들이대며 내적으로 의문을 제기한다.

그런 점에서 이 단계에서는 전율도 느끼고 죄책감도 있는 듯한 묘한 감정이 교차한다. 아직 내심으로는 명사라고 스스로 인정하지 못하고 그 지위에 확실하게 적응하지 못해 나타나는 현상이다. 자기 객관화는 자신을 주체가 아닌 객체로 냉정하게 인식하여 현재 있는 그대로의 자신과 자기가 바라는 자신, 그리고 남들이 보는 자신 간의 차이를 자기애는 물론 선입견과 편견을 배제한 채 이

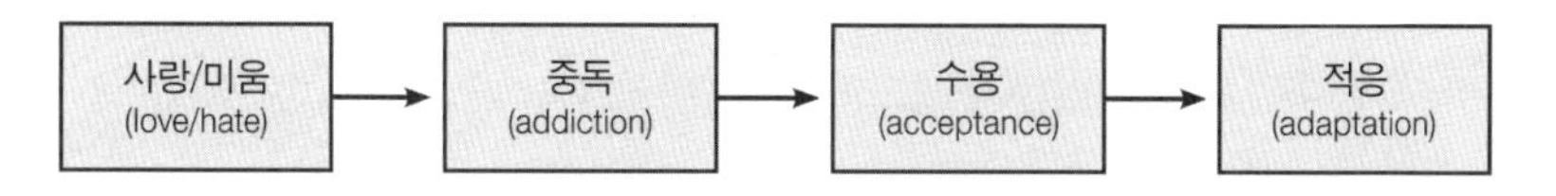

- 사랑/미움: 명사에 진입한 사람들이 적응하는 효과적인 방법들을 찾는 단계
- 중독: 명사 숭배의 유혹에 대해 매력을 느끼는 단계
- 수용: 자신에 대한 세인의 관심이 압도적으로 높아지고 기대, 유혹, 불신과 함께 자신의 가족에 대한 우려가 표면화되는 단계
- 적응: 명사 · 명성 · 명예의 다양한 측면을 이해하고 평탄치 않은 명사의 길을 어떻게 헤쳐 나갈지 고민하며 명사의 삶이 일상화되는 단계

〈그림 2-2〉 명성 형성의 네 가지 단계

자료: Rockwell and Giles(2009)의 주장을 토대로 필자가 도식화.

해하는 것을 말한다.

둘째, 중독 단계는 명사 숭배의 유혹에 대해 스스로 매력을 느끼는 단계다. 명사가 된 이후에 명사의 매력과 묘미에 빠지면 이제는 유명하지 않은 삶을 상상하는 것이 도무지 어려워진다. 알코올의존증 또는 약물의존증 환자처럼 명성에 대한 의지와 집착이 강해지면서, 한편으로는 앞으로 명성이 쇠락하거나 그것을 완전히 잃는 것에 대한 불안감도 느끼게 된다. 명성 상승 욕구와 명성 추락의 위험 사이에서 묘한 딜레마를 느끼는 것이다.

앞의 연구(Rockwell and Giles, 2009)의 한 인터뷰에서 참가자는 "나는 이 시점에 사람들에게 알려진 거의 모든 물질에 중독되었고, 그 가운데 내가 가장 심하게 중독된 것은 명성이다"라고 말했다. 다시 말하면 이 단계는 심리적 안정을 위해 유명한 존재로서의 자아와 유명하지 않은 자아를 조정하는 능력이나 양자 간의 균형 감각이 중시되는 시기다.

셋째, 수용 단계는 명사가 되어 어느 정도 적응된 후 자신에 대한 세상 사람들의 관심이 압도적으로 높아지면서 기대, 유혹, 불신이 커지고 자신이 명사라서 영향이 미칠 수 있는 가족에 대한 우려가 표면화되는 단계다. 명사가 된 이후 그 명성과 지위에 대해 보람과 기쁨만 있는 것이 아니라 그것의 부작용까지 입체적으로 생각하는 상황이 된 것이다.

이때 명사들은 보통 명사가 누리는 경이적인 효과(환대, 칭송, 추종, 숭배 등)는 물론 그 반대편에서 움트는 무섭고 두려운 위협(팬의 만남 요구, 명사답지 못한 행동이 있을 경우의 호된 비판, 사생활과 개인정보 노출, 가족 등 주변인 위협, 자선과 기부 참여 강요 등)까지도 모두 받아들이기로 한다. 아무리 명사라 해도 모든 일이 자신의 의지대로 되지 않음을 깨닫는 시기다.

마지막으로 적응 단계는 명성과 명예의 다양한 측면을 인지하고 거친 파도가 일렁이는 바다와 같은 평탄하지 않은 명사의 길을 어떻게 헤쳐 나갈 것인지 인정한 후 일상화되는 단계다. 중심을 잡고 거친 바다를 안정적으로 항해하는 선장의 지혜가 필요한 상황이다. 명사들은 보통 유명해진 이후 주변 사람들의 눈을 마주치지 않거나 앞을 직시하면서 계속 걷는 패턴을 나타낸다. 혹여 그 명사의 이름을 부르는 사람이 있다 해도 듣지 못한다. 잘 적응하는 사람도 있지만 다른 사람을 만나는 것이나 다른 사람들에게 친절하게 응대해 주는 것을 좋아하지 못하면 '은둔형 스타일'로 자리 잡는 일도 있다. 은둔형 스타일의 명사는 불신과 고립감이 깊어질 수 있다.

위와 같은 결과를 도출한 연구자들(Rockwell and Giles, 2009)의 대면 인터뷰는 미국에서 누구나 보면 알아볼 수 있는 유명인사를 대상으로 실시했다. 35세에서 86세 사이의 15명(남 11명, 여 4명)의 성인 명사들을 대상으로 각각 1시간 반 이상 실시하여 얻은 결과다. 이들은 정부, 법률, 사업, 출판, 스포츠, 음악, 영화, 텔레비전 뉴스 및 엔터테인먼트 등 다양한 분야에 분포하는 사람들이다.

참가자들 가운데는 TV 스타, TV 뉴스 속 인물, 주지사, 할리우드의 배우, 지역 TV와 스포츠 방송사 관계자, 북미아이스하키리그NHL에서 활약 중인 하키 선수, 미국 프로농구NBA 리그의 농구선수, 유명한 최고경영자, 유명한 변호사, 옛 리듬 앤드 블루스Rhythm & Blues 슈퍼스타, 옛 아역 스타가 포함되어 있다. 질문은 다음과 같이 크게 다섯 가지로 구성하여 답을 얻어 분석했다.

1) 명사로서 존재감을 고려할 때, 유명한 존재가 되어 얻은 경험은 무엇인가요?
2) 유명해졌다고 느낀 당신의 최초 기억은 무엇입니까?

3) 유명해진 결과 때문에(명사가 됨으로써) 잃어버리거나 얻은 것은 없습니까?

4) 명사가 되기 이전과 명사가 된 이후의 삶은 어땠나요?

5) 질문 외에 더 추가하고 싶은 말씀이 있습니까?

명성의 형성은 위와 같은 이론에 근거하지만, 그것의 형성 경로는 정해진 것이 없이 더욱더 다양해질 것이다. 새로운 경로인 소셜미디어를 보자. 소셜미디어는 혁신적인 방법으로 사람의 명성을 생산해 명사로 만들고, 그것의 소비에도 영향을 미친다.[23] 아울러 명사의 온라인 존재감 확립과 지명도 증진, 팬덤의 확대에 중요한 역할을 한다. 개인이 자유자재로 운영하며 즉시성, 편재성을 충족하는 콘텐츠를 올리면서 원하는 효과를 달성하고 있기 때문이다.

이렇듯 페이스북, 트위터, 유튜브, 리얼리티 TV와 같은 뉴미디어 시대의 신종 플랫폼은 이전에는 상상하지 못한 명사와 대중과의 관계를 설정하게 한다. 디지털 체제의 개인화된 소셜미디어에 가입했다면 네트워크를 통해 촘촘히 엮어진다. 그 관계의 격과 질도 매우 밀접하고, 깊은 것부터 매우 표면적이고 느슨한 것까지 매우 다양하다. 속도 또한 매우 빨라져 '즉시성卽時性'을 실감한다. 공간도 실로 어느 곳에서든지 상시 연결이 가능한 '유비쿼터스Ubiquitous 체제'가 된다.

이런 네트워크 구축이 다양해져 명사를 중심으로 여왕벌이 수많은 꿀벌을 거느리거나 여왕개미가 엄청난 수의 일개미를 거느리듯 '1 대 다多'의 방사형 연결망이 형성되면 그 명사의 '만들어진 페르소나constructed persona'[24]를 보고 대중들이 다양한 층위와 깊이로 소통하면서 열광하고 반응하게 된다. 네트워크와 소통의 품질 및 속도가 더욱 향상되는 미래에는 사랑/미움, 중독, 수용, 적응과 같은 명성이 형성되는 세부 단계의 양상도 다채로워질 것으로 예상된다.

이런 메커니즘으로 형성되는 명성은 개인 경영self-management의 측면에서 체계적인 관리 기법을 적용해 그 수준과 가치를 더욱 높일 수 있다. 개인이 명성을 구축하고 증진하는 데 유효한 전략은 개인 브랜드personal brand를 구축하는 과정인 '개인 브랜딩personal branding'이 보편적이다. 개인 브랜드는 비즈니스 분야의

〈표 2-6〉 명성 관리를 위한 개인 브랜드 구축 과정과 통합관리 모델

개인 브랜딩의 과정 (Kheder, 2014)	• 제1단계: 개인 브랜드의 정체성 확립 과정 (개인이 정의하는 가치와 경험이 바탕) • 제2단계: 개인 브랜드 위치 개발 과정 (목표와 개인 특성을 비교해 특장점 부각) • 제3단계: 개인 브랜드 이미지 평가 과정 (비교우위 강조, 전문성, 명성, 신뢰성, 자신감 확립)
개인 브랜드 소유의 통합 3단계 모델 (Te'eni-Harari and Bareket-Bojmel, 2021)	• 제1단계: 경력개발 소유권 (커리어 목표 설정, 자기주도적 관리 인식) • 제2단계: 개인 브랜드 활동 (열정을 발휘해 개인 브랜드 구축 충실도 향상) • 제3단계: 개인 브랜드 측정 (구축한 개인 브랜드의 만족도 평가, 피드백)

제품, 서비스, 아이디어보다는 개인, 즉 사람에 집중하여 만드는 사람을 대표하는 브랜드[25]로서 다양한 플랫폼을 매개로 개인을 어필하기 위해 다양한 관행과 기술을 사용하는 것을 말한다.[26]

기술 발전과 소셜미디어의 부상으로 각 개인은 공개된 프로필을 만들고 관리하며 개인 프로필과 콘텐츠 게시를 통해 자신의 능력과 명성을 어필하고 상징하는 브랜드를 만드는 자체 홍보가 가능하게 되었다.[27] 개인 브랜딩은 시장에서 경쟁자들보다 긍정적 위치에 서야 하고 평판이 앞서야 한다는 점에서 제품 브랜딩의 과정과 매우 유사하다. 개인 브랜딩은 설정한 목표를 향해 개인의 강점과 고유성을 기반으로 구축하는 '내부'가 '외부'에 투사되는 과정inside-out process이라는 점[28]에서 자연스럽게 개인의 능력, 신뢰성, 그리고 도덕성을 포함한 투명성을 반영한다.

개인 브랜딩 과정은 첫째, 개인이 정의하는 가치와 경험을 기반으로 하는 '개인 브랜드의 정체성 확립 과정', 둘째, 개인이 설정한 목표의 요구·기대와 개인 특성을 비교하고 일치시켜 남과 비교되는 개인의 긍정적인 특징과 속성을 강조하는 '브랜드의 위치 개발 과정', 셋째, 경쟁자가 지니지 못한 고유한 특성과 같은 비교우위 요소를 개인 스스로 포지셔닝하고 어필함으로써 해당 분야의 전문성, 명성, 신뢰성, 자신감을 명확하게 확립하는 '개인 브랜드의 이미지 평가

과정'으로 순차적으로 구분할 수 있다.[29]

명사가 개인 브랜드를 구축해 자신의 명성과 평판 관리에 체계적으로 활용할 때는 경영학과 심리학의 통섭으로 개발된 최신 모델인 '개인 브랜드 소유의 통합 3단계 모델integrative three-stage model of personal-brand ownership, PBO'을 적용하는 것이 유용하다.[30] PBO 모델은 1단계 '경력개발 소유권', 2단계 '개인 브랜드 활동', 3단계 '개인 브랜드 측정'이란 세 가지 과정으로 구성된다.

첫째, '경력개발 소유권'은 자신이 목표하는 직무와 커리어를 명확하게 설정하고 커리어 개발에 대한 주체성을 확보하여 자기주도적으로 브랜드를 구축해 관리하려고 스스로 인식을 갖는 단계를 말한다. 즉, 경력개발과 관리에 관한 자기관리 인식을 명확히 하는 과정이다. 둘째, '개인 브랜드 활동'은 개인이 브랜드를 구축하기 위해 열정을 발휘하는 과정으로서 이를 통해 개인 브랜드 구축의 충실도를 높이는 것을 말한다. 셋째, '개인 브랜드 측정'은 자신이 구축한 개인 브랜드에 대해 만족도를 다각도로 평가하고 피드백을 통해 개선하는 과정을 말한다.

토픽 09 명사가 되면 생기는 놀라운 현상들

명사가 되면 정말 많은 것이 달라진다. 일단 주변의 시선과 대우가 이전과 다르다. 주변에서 자신을 대하는 달라진 태도나 대중들이 나타내는 뚜렷한 반응을 보게 되면 명사의 지위에 오른 것을 객관적으로 알아차리게 된다. 명사가 되면 예술 무대의 주인공이 된 것처럼 기쁘기 그지없고, 그 단계를 넘어서 흥분하고 희열을 느낀다. 언뜻 세상의 모든 것을 다 가진 것처럼 극도의 행복감에 빠질 수 있다.

그러나 그것은 일시적인 착각이다. 영국의 낭만파 시인으로 당대 최고의 명사였던 조지 고든 바이런George Gordon Byron은 "어느 날 아침 일어나 보니 유명해져 있더라"[31]라고 말했다. 술에 취해 있던 그가, 자신의 시집이 귀족과 상류층 사교계에서 선풍을 일으키고 있다고 시집을 낸 출판사 사장이 찾아와 알려주자 내뱉은 반응이었다. 유명해져 명성도 높아지고 돈도 벌어 좋기는 한데, 술을 깨게 하고 미려하고 감성적인 문학적 분위기만을 즐기고 소비하는 시집 애호가들의 부박함에 자신도 어쩔 수 없이 매여 있음을 직감하고 자괴감을 표출한 것이다.

바이런처럼 명사가 되면 반드시 달콤함 외에 씁쓸함도 맛보게 된다. 지구의 한쪽이 낮이면 그 반대쪽은 밤이고, 인생에 부浮가 있으면 침沈이 있는 이치다. 온탕이 있으면 냉탕이 있다. 영어에도 '오르내림', '기복', '우여곡절'이란 뜻의 'ups and downs'란 어구가 있다. 이런 말처럼 명사가 되면 항상 좋은 일과 나쁜 일, 편리한 일과 불편한 일이 동시에 또는 번갈아 나타난다.

구체적으로 명사가 되면 겪게 되는 좋은 일과 나쁜 일은 다음과 같다.

먼저 명사가 되면 좋은 점은 크게 다섯 가지로 볼 수 있다. 첫째, 언제 어디를 가든지 대중들로부터 특별한 대우를 받는 경우가 많다. 명사가 될 경우 외부적으로 가장 눈에 띄게 감지되는 현상 가운데 하나다. 유명 정치인, 방송인, 연예인, 스포츠 스타들이 거리에 나가면 이들을 본 대중은 환호, 환대, 열광을 나타낸다. 일례로 2022년 FIFA 카타르 월드컵 결승전에서 격전 끝에 프랑스를 물리치고 극적인 우승을 차지한 축구 스타 리오넬 메시를 비롯한 아르헨티나 선

〈표 2-7〉 명사가 되면 나타나는 현상

좋은 점	나쁜 점
1. 언제 어디를 가든지 대중들로부터 특별한 대우를 받는 경우가 많다.	1. 평범한 사람들이 하는 일상적인 활동을 하기 어려워진다.
2. 예전과 비교할 수 없을 정도로 커진 사회적 영향력과 발언력을 경험한다.	2. 나도 모르게 과시 행동이 나타나고 심해지면 거만함이 통제되지 않는다.
3. 명성을 토대로 돈을 많이 벌게 되기 때문에 부자가 될 가능성이 크다.	3. 적잖은 스토커들이 생겨나 본의 아니게 괴롭힘을 당할 수 있다.
4. 신뢰와 호평으로 인해 가는 곳마다 사람들로부터 인정을 받는다.	4. 진정성이 모자란 '가짜 친구들(fake friends)'이 많이 생긴다.
5. 팬덤이 생겨 온·오프라인에서 추종자들은 물론 숭배자들까지 나타난다.	5. 역량과 평판 면에서 끊임없이 평가·검증받는 스트레스에 시달린다.
6. 직업적인 면에서 신분 상승을 꾀하는 더 좋은 기회를 가질 수 있다.	6. 사적인 영역도 공적 관심으로 다뤄져 결국 사생활이 없어진다.

수들은 귀국길 환영 인파가 무려 400만 명이나 몰리며 열광적인 환호를 받았다.

명사는 레스토랑과 같은 음식점에서 특별한 안내를 받고 지정된 테이블을 얻거나 식당 주인으로부터 종종 정성이 유별난 환대나 '무료 대접'이란 서비스를 받을 가능성이 크다. 이때 종이 한 장에 음식점에 대한 호평과 사인을 친필로 담아주면 더할 나위 없으며, 때로는 이 수고로 식사의 대가를 지불한 것으로 간주된다. 공연장, 극장, 항공기, KTX에서도 좋은 자리에 앉을 가능성이 크고, 특별한 의전을 받아 별실인 귀빈실이나 특실에서 다과 접대를 받고 쉬다가 공연 직전에 별도로 입장하는 때도 허다하다. 병원에 가거나 행사장을 방문해도 매우 귀한 사람VIP 대접을 받는다. 호텔에 가면 흔하게 프런트에 요청해 개인적인 서비스private service를 받아 비밀 경로로 이동하거나 무료 주차 서비스를 받을 수도 있다.

둘째, 예전과 비교할 수 없을 정도로 커진 사회적 영향력과 발언력을 실감한다. 달라진 인지도와 위상 때문이다. 명사들의 발언이 매일 실시간 뉴스로 전파되는 현상을 천천히 따져보면, 왜 그런지 그 이유를 이해하기 쉽다. 어떤 사람이 명사가 되면 일을 부탁하거나 무엇을 지적할 때 비교적 빠르게 처리된다. 후진 사회에서 여전히 흔한 선물 세례, 급행료express charge, 뇌물bribe이 전혀 필요가 없다.

명사는 자신을 향한 매체 기자들의 취재 요청도 잦아지는 데다 소셜미디어에 짧은 한마디만 해도 금방 여파가 발생한다. 언론은 명사의 영향력을 시시각각 직관적으로 측정하고 있기에 뉴스를 선택하고 제작하는 과정에서 이들을 상시 주목한다. 아울러 뉴스 제작 시 이들로부터 필요한 멘트를 공들여 따거나 이들이 이미 내놓은 자투리 멘트도 놓치지 않는다. 명사들은 이렇게 자신의 영향력을 감지하고 확인할 수 있으며, 타인을 변화시키는 엄청난 영향력도 지니고 있다.

명사의 경우처럼 사회적 영향력이 효과적으로 작동하면 한 사람의 태도, 믿음, 행동까지 바꿀 수 있고, 가치관과 자아는 물론 정체성까지 새롭게 만들 수 있다.[32] 명사의 놀라운 힘이다. 밀그램Stanley Milgram은 "사람이 사회적 영향력을 갖추면 타인이 그 사람에 대해 동조conformity, 순종compliance, 복종obedience 행동을 하게 된다"라고 했다.[33] '동조'는 팬클럽 모임 참여 시 같은 옷을 입고 가는 것처럼 주변인의 행동·반응에 맞게 자신의 행동을 바꾸는 무의식적이고 자발적인 순응, '순종'은 자선 동참 등 직접적인 요구에 반응하여 자신의 행동을 바꾸는 것이다. '복종'은 영향력이 큰 권위자의 명령에 반응해 행동을 바꾸는 것을 의미한다. 사람들이 명사를 보면 정서적으로 그들의 제안이나 요구에 대한 의무감이 생기고 그들이 지닌 자본, 시간, 에너지, 자원에 대한 반사이익도 짐짓 기대하기에 이런 반응이 나온다는 것이다.[34]

셋째, 명사들은 명성을 토대로 돈을 많이 벌게 되기 때문에 부자가 될 가능성이 크다. 일반적으로 명성은 부와 직결되기 때문이다. 명성이 높아지면 그 영향력을 토대로 방송이나 영화에 출연할 가능성이 높아지는데, 이렇게 되면 출연료 수입이 기대되고 더 큰 돈을 벌 수 있는 광고 모델로 발탁될 가능성이 크다. 회사를 만들거나 가게를 차리는 등의 창업을 하더라도 손님들이 몰리기 십상이다.

박진영, 양현석 등은 가수 시절의 명성을 기반으로 엔터테인먼트 회사를 창업하여 한류를 주도하는 영향력을 발휘할 정도로 성공했다. 모델 홍진경은 김치 사업, 배우 홍석천은 식당 사업을 통해 부를 축적했다. 광고 카피라이터로 이름을 떨친 최인아 전 제일기획 부사장은 퇴임 후 '최인아책방'을 차려 책 판매와 문화행사를 겸한 복합 문화공간으로 정착시켰다.

심지어 창업의 짐을 지지 않고 브랜드 홍보대사만 해도 부의 축적은 어렵지 않다. 실제 국내에서는 연예인 등 방송을 통해 명성을 얻은 인사들이 요식업 프랜차이즈, 꽃다발 배달업, 대리 운전업, 보험, 상조회사 등에서 이미지만 빌려주고 그에 상응하는 보수나 회사 지분을 받는 영업 방식이 유행하고 있다. 이렇게 되면 남들보다 호화로운 집, 자동차, 비싼 옷을 갖는 것은 물론 충분히 사회적 이바지를 할 수 있는 경제적 위상을 갖추게 된다.

넷째, 신뢰와 호평으로 인해 가는 곳마다 사람들로부터 인정을 받는다. 명사가 된다는 것은 사람들로부터 신뢰와 호평을 받아 널리 인정을 받는 것을 의미한다. 가령 가장 촉망받는 정치인이나 경제인, 가장 신뢰도가 높은 방송 진행자나 뉴스 앵커, 가장 인기가 있는 배우란 수식어에는 이런 신뢰, 평가, 인정이 내포되어 있다.

특정인이 명사가 되는 과정은 주변 사람들의 평가와 호평은 물론 미디어의 줄기찬 보도와 반복적인 평가·검증이 뒤따른다. 대중들은 미디어가 평가한 특정 명사에 대한 평판을 그대로 믿고 인정하는데, 자신들도 모르게 직접 대면하지 않고 매체를 통해 매개된 이미지만을 보고서도 친숙해져 환호를 보내게 된다. 어떤 실수나 사건, 문제에 연루되어 몰락하기 전까지 이런 인정은 더욱 강화된다.

다섯째, 명사가 되면 팬덤이 생겨 온·오프라인에서 추종자들은 물론 숭배자들까지 나타난다. 유명인사 친구가 있다고 떠들고 다니는 일name dropping도 흔하게 접할 수 있다. 이들 추종자와 숭배자들은 명사의 팬덤을 확대, 전파, 재생산하는 역할을 한다. 정보통신 플랫폼으로 형성된 사회문화적 연결망의 관점에서 보면 명사들은 네트워크의 정점에 위치한 '허브hub'[35]로서, 사회 속의 여백을 채우는 수많은 커넥터connector와 개별 노드node에 의해 떠받쳐지기 때문이다.[36] 명사에 대한 추종의 수준은 단순한 애착을 넘어 종교 숭배의 수준에 이를 수도 있다. 오늘날 SNS 시대에는 일반인도 페이스북, 트위터, 인스타그램을 잘 활용하면 명사가 되어 적잖은 '친구', '팔로워'라는 이름의 팬을 거느릴 수 있다.

그러한 사례는 너무 많다. 팬들이 넘치는 스타급 연예인들뿐만이 아니라 유력 정치인들도 종교적으로 열광하는 수준의 열혈 팬을 확보하고 있다. 노무현 대통령의 '노사모'와 문재인 대통령의 '문파'는 대표적인 정치 팬덤 그룹이다. 미국의 트럼프 대통령은 지지자들을 향해 거의 쉴 새 없이 자기 생각과 의견을 담은 트윗을 날리고 있다. 유튜브 개인방송이 확산하면서 유시민, 홍준표 등의 정치인들이 개인방송을 시작하여 많은 팬을 확보한 것은 이미 알려진 사실이다.

여섯째, 유명해진다는 것은 직업적인 면에서 신분 상승을 꾀하는 더 좋은 기회로 이어질 수 있다. 유명해지면 재력과 경제적 가치와 같은 '경제 자본economic capital'은 물론 인맥과 네트워크로 형성되는 '사회 자본social capital'과 전수·체험되는 다양한 경험적 노하우와 취향으로 형성되는 '문화 자본culture capital'이 풍부해진다.[37] 이 가운데 사회 자본만 따져 봐도 '밀착형bonds 자본'(가족이나 종교집단에서 나타나는 관계에서 얻는 자본), '결합형bridges 자본'(친구·동료와 같이 동일한 사회적 위계나 지위를 지닌 관계에서 얻는 자본), '연결형linkages 자본'(서로 다른 사회적 지위·계층 간의 관계에서 얻는 자본)이 모두 늘어나게 된다.[38]

따라서 인지도가 높아지면 그만큼 각계의 정상급 인사들을 만날 기회가 많아지고 그런 교류의 장을 통해 형성된 사회적·문화적 자산으로 지탱되는 네트워크가 도타워져 일자리 제의를 받아 직급이나 직위의 상승을 꾀할 수 있다. 신뢰와 호감을 바탕으로 상거래가 트이고 수주와 납품이 이뤄질 수도 있다. 현대건설 이명박 사장은 해외 플랜트 시공 등에서 인정받은 경영 능력으로 명성을 얻으면서 서울시장, 대통령을 차례로 지냈고, 뉴스 진행자로 유명했던 이인용 앵커는 호감도와 신뢰도를 바탕으로 삼성전자의 홍보 총괄 사장으로서 새로운 기회를 얻었다.

지상파 뉴스 앵커였던 이윤성·박찬숙·박영선·신경민·전용학·류정현·박광온 앵커는 그간 형성된 평판과 명성, 인적 네트워크의 힘, 정치권의 평가와 필요에 따라 정치권의 러브콜을 받아 국회의원으로 변신했다. 시민단체 활동을 하면서 미디어에 자주 노출되어 유명해진 박원순 변호사, 오세훈 변호사, 황산성 변호사, 박상기 교수, 조국 교수 등은 정치권과 인맥을 두텁게 맺음으로써 인사권자인 대통령 또는 유권자인 시민들의 선택을 받아 서울시장, 국회의원, 장관, 청와대 수석비서관과 같은 공직에 취임했다.

이와 동시에 명사가 되면 원치 않게 나쁜 일도 적잖이 경험한다. 그런 일은 누구나 겪을 수 있기에 명사라면 나쁜 일과 그 일이 초래할 직접적 여파 및 부정적 연쇄작용을 견뎌낼 수 있는 내적인 강인함과 '심리적 근육'이 반드시 갖춰져야 한다. 단단한 내공, 마음 챙김mindfulness, 회복탄력resilience이 필요하다는 것이다.

첫째, 명사가 되면 평범한 사람들이 하는 일상적인 활동을 하기 어려워진다. 쇼핑, 나들이, 외식, 음주, 목욕탕 이용, 거리 활보 등이 대표적이다. 명사가 되면 대중의 관심을 받고 팬이 생겨 좋지만 좋은 모습만을 보기 원하는 대중들의 기대를 24시간 충족시켜 줄 수 없으므로 일상적인 활동의 노출을 회피하게 된다. 우상인 명사의 실제 삶은 감탄의 대상이어야 한다는 강박증에 모두 답할 수 없기 때문이다.

일례로 힙합 가수 '비비BiBi(본명 김형서)'는 2022년 7월 21일 인스타그램 라이브 방송 도중 유명 가수가 되어 겪는 어려움과 고통을 눈물로 호소했다.[39] 가요계에서 나타난 매우 이례적인 일이었다. 그는 힙합 스타 부부인 타이거JK와 윤미래의 육성 프로젝트에 따라 2017년 가요계에 데뷔하여 감각적인 음악, 자기 세대를 반영하는 가사, 관능적인 퍼포먼스, 그리고 유창한 영어를 구사하며 MZ세대(1980년대 초반~2000년대 초반 출생한 밀레니얼 세대와 1990년대 중반~2000년대 초반 출생한 Z세대를 통칭)에게 크게 인기를 누리고 있었다.

"나는 맘껏 먹고 낮잠도 자고 싶고, 쉬고 싶은데 그럴 수가 없다. 내겐 선택지가 없다. 부양해야 할 가족이 많고, 열심히 일하지 않으면 안 된다. 누구도 내게 세수하는 것조차 허용하지 않는다. 팬들은 내가 얼마나 힘들게 일하고 또 일하고 있는지 모를 것이다. 차라리 내가 아티스트, 가수, 유명인이 아니었으면 좋겠다. 난 심지어 이 망할 화장도 지우지 못한다."

소속사는 새로운 정규 앨범을 준비하는 과정에서 다소 스트레스가 있었고

라이브 방송을 하다가 감정이 북받쳐서 나타난 현상이라 해명하고 본인도 사과했지만,[40] 비비의 돌발 행동은 엄청난 사건이라기보다 근본적으로 명사가 되면 어떤 부작용이 생기는지 미리 충분히 교육받아 예지하거나 대비하지 못해 생긴 지극히 정직하고 순수하며 인간적인 호소로 분석된다. 비비의 호소에는 명사가 되면 제한을 받는 사생활, 팬들을 의식해야 하는 강박적 일상, 돈을 벌기 위해 느슨하게 짤 수 없는 비즈니스 스케줄 등의 문제가 모두 포함되어 있다.

비비의 눈물 호소는 2021년부터 인기가 급상승해 빽빽한 일정을 소화해야 하는 상황이라 피로가 누적된 상태의 반영이다. 아울러 1998년생으로 '아직은 어린' 24살(2022년)에 불과해 유명인에게 닥치는 무게를 견딜 만큼 심리 관리가 수월하지 못할 수 있는 데다, 부모가 있는 고향 경남 창원을 떠나 홀로 경기도 의정부에 살면서 가족의 따뜻한 위로를 직접 받지 못한 채 가수 생활을 한 점이 복합적으로 작용한 현상이라 판단된다. 이것은, 비비 외에도 뜰수록 관심·경쟁·일정의 밀도가 최고조에 이르는 쇼비즈니스계에서 일하는 많은 아티스트들이 경험하는 일들이다.

또한 명사가 되면 자신의 '사생활 보호'에 대한 스트레스가 막심해진다. 예외인 일부 '쿨cool'한 사람들도 있지만, 명사들은 대부분 창피한 모습을 보여주기 싫어하거나 일거수일투족을 감시당한다고 느끼기에 거리 활보나 산책, 시장이나 식료품점 쇼핑, 동네 식당에서의 가족 식사, 대중적인 호프집 이용 등을 마음 놓고 하기가 어렵다.

인근 놀이터에서 공놀이를 하거나 맑은 날 해변에 눕는 일 등은 말할 것도 없다. 팬들은 명사를 대할 때 명사이기 이전에 평범한 사람임을 잊는 경우가 많기에 그들의 일상생활을 대하는 태도도 다르다. 일례로 명사인 스타나 정치인이 가게에서 비교적 저렴한 티셔츠나 콩나물을 사면서 값을 깎았다고 알려진다면 대중들은 그의 검소함보다 인색함을 더 부각해 비판하면서 좋지 않은 소문을 낼 것이다. 명사라고 하면 모두 재력이 있는 줄 알기에 "부자가 콩나물 값 깎는다", "있는 사람이 더한다"라고 아우성칠 것이 분명하다.

둘째, 나도 모르게 '과시 행동epideictic behaviour'이 나타나고 심해지면 거만함이 잘 통제되지 않는다. 더욱이 콤플렉스가 있는 사람은 자신이 부족한 것을 채웠다고 느낄 경우, 이를 유난히 상대에게 강조하게 된다. 과시 행동은 상대가 부족한 부분을 파고들어 심리적으로 자극하기도 한다. 남들은 크게 관심이 없는데, 각계의 VIP와 찍은 사진, 큰 방, 고급스러운 책상, 중후한 소품이나 기념물, 학위증과 상패, 상장, 면허증 등을 어필하며 속물스러운 행동을 보이기도 한다(김정섭, 2020b).

신문과 잡지 기사처럼 명사 인증의 '상징물 과시', 업계나 조직을 장악했다는 '지배력 과시', 거액의 건물·현금 보유를 뽐내는 '재력 과시', 유력 인사들에게 영향력을 행사하고 어떤 일을 쉽게 처리했다는 '능력 과시', 네트워크가 화려하다는 '인맥 과시', 고가의 미술품·골동품·양주·와인 수집가임을 강조하는 고상한 '취향 과시', 일부러 여유를 과시하는 의도적 제스처를 선보이는 '심리적 과시'가 쉽게 나타난다. 과시 행동이 심해지면 거만함으로 진전되어 본인도 인식하지 못하면서 전혀 통제되지 않는 상황에 이를 수 있다. 이런 문제는 전적으로 겸손함과 해탈(내려놓기)이라는 덕목의 수양을 통해 극복해야 하며, 그것의 여부는 전적으로 명사 자신의 몫이다.

셋째, 적잖은 스토커들이 생겨나 본의 아니게 괴롭힘을 당할 수 있다. 팬들은 다양한 부류가 있다. 그 가운데 극성팬들은 명사에게 응하기 어려운 사적 만남을 요청하거나 집요하게 팬레터와 이메일을 보내는 경우가 있다. 요즘에는 페이스북과 인스타그램 이용이 활발해지면서 명사에게 직접 메시지를 보내는 경우도 많다. 스타 연예인에게 흔한 '조공팬'처럼 선물 공세를 펴는 것은 귀여운 수준이다. 이른바 스타의 '사생팬'처럼 명사의 주인이나 집사가 된 양 일거수일투족을 간섭하고 다른 사람들한테 위임받지 않은 명사의 대리인 노릇을 하는 사람이 있다. 명사의 집 앞에 찾아와 매일 초인종을 누르며 만나자고 하는 사람도 허다하다. 언론의 범주를 벗어난 파파라치나 몰상식한 유튜버도 생겨날 수 있다.

여기에 그 명사가 응하지 않으면 악의적 비판, 헛소문 유포, 악성 댓글, 합성 음란 사진 유포, 칼로 얼굴 부분을 파낸 사진 우송 등의 보복 행위나 기행을 일삼기도 한다. 어떤 팬은 병적인 스토커가 되어 소유욕에 불탄 나머지 명사 몰래 혼인신고를 해버려 큰 사건이 된 적도 있다. 명사를 자신의 짓눌린 욕망이나 누적된 불만, 그리고 생활 속의 염증을 해소하는 대상으로 쉽게 생각하는 것이다. 일례로 1980년대 미스코리아 출신 김 모 씨는 라디오 디제이, 방송 프로그램 MC, 가수, 배우를 하다가 극성팬이 몰래 혼인신고를 하는 바람에 충격을 받아 연예계에서 은퇴했다.

넷째, 진정성이 없거나 모자란 '가짜 친구들fake friends'이 많이 생긴다. 유명인사가 되면 선망과 질투의 대상이자 이용 대상으로 치부되는 경우가 많아 진정한 친구를 찾기 힘들다고 한다. 소꿉친구나 학창 시절 우정을 나눈 친구는 신분의 격차로 멀어지거나 질투를 보내는 대상으로 변화되기 십상이기 때문이다. 그렇게 되면 심리적 안녕의 바탕이 되는 주요 요소인 긍정적 인간관계의 구축이 어려워진다. 적잖은 스트레스가 엄습하게 된다. 긍정적 인간관계는 친밀감을 느끼며 다른 사람과 공감하며 교류할 수 있고, 주변 사람들과 따뜻하고 신뢰할 수 있는 인간관계를 맺을 수 있는 능력을 말한다.[41]

친한 팬들도 자칫 이중적일 수 있다. 팬들의 환대에 진심과 정성이 깃들여 있으면 명사가 보답하기 위해 더욱 노력해야 하겠다는 동기 부여를 촉진하고 성찰과 겸손을 끌어낸다. 그러나 SNS 시대에 '친구', 특히 '팔로워'라는 이름의 친구들은 명사의 표피적인 면이나 좋은 이미지만 취하기 위해, 또는 반사적인 이익을 얻기 위해 친한 척을 하는 가짜 친구인 경우가 많다. 팬들은 마치 인스턴트 푸드나 밀키트 조리로 간편 식사snack를 하듯이 '소셜스낵킹social snacking'의 도구로 소셜미디어를 이용하는 경향이 있고,[42] 명사들은 그것의 흔한 대상이 되기 때문이다. 소셜미디어에서 이뤄지는 소통은 본질적으로 오프라인과 같은 직접적인 쌍방향 소통이라 보기 어렵고 대리 또는 가짜 관계인 '준사회적 관계parasocial relationship'이기 때문이다. 준사회적 관계는 준사회적 애착parasocial attachment에 기반을 두고 있다.

바로 이런 이유로 명사들은 의외로 외로움을 겪는 경우가 흔하다. 오늘날과 같은 첨단 소셜미디어 체계에서 사용자들은 팬과 같은 전통적인 미디어 청중의 태도에서 벗어나 '다중 정체성'을 수행하여 상호 작용한다.[43] 상황, 목적, 감정,

기분 등에 따라 하나가 아닌 여러 가지 페르소나를 발산하며 그것을 토대로 상대를 대하기에 명사에게도 겉으로는 진심 있는 행동을 하는 척하지만 실상은 가짜 친구인 팬들이 흔하게 나타난다. 이런 가짜 친구들로 인해 어떤 문제가 발생하거나 좋지 않은 일을 겪게 되면 실망, 낙담, 스트레스는 물론 우울증에 시달려 극도의 대인 기피 행동을 하는 경우도 생겨난다.

다섯째, 역량과 평판 면에서 끊임없이 평가·검증받는 스트레스에 시달린다. 명사들은 주변 사람과 미디어에 의해 언행은 물론 입는 옷, 집, 자동차, 몸, 화장, 성격 등 모든 것을 평가받는다. 종합 일간신문, 타블로이드 신문, 잡지, 파파라치 매체, 그리고 SNS는 어느 정도 명사의 반열에 오르기만 하면 찬사보다는 일상생활을 24시간 추적하면서 유독 당사자에게서 무례하고 불쾌하고 모욕적이고 경멸적인 사안들을 끄집어내느라 열심이다. 특히 연예인과 스포츠 분야 명사는 더욱 그러하다. 어느 순간 대중들은 명사들이 신처럼 전지전능한 능력과 도인처럼 한없이 넓은 인품을 갖기를 바란다. 대중들은 흔히 "사인해 주실 수 있나요?", "사진 같이 찍어도 될까요?"라는 요청을 하면서 답을 주시한다. 그때 명사가 어떻게 답하고 반응하느냐에 따라 그의 그릇이나 아량까지 평가해 댓글로 표현하려 한다.

여섯째, 사적인 영역도 공적 관심으로 다뤄져 결국 사생활이 없어진다. 원래 공인은 고위 공직자를 지칭했지만, 최근에는 미디어에 의한 노출로 자연스레 유명해진 사람들까지 포함될 수 있다. 따라서 명사는 공인의 범주에 속하는 사람들로 간주되어 사생활도 극히 사적인 것이 아니라면 공적 관심으로 다뤄지는 경우가 흔하다. 특히 미디어의 보도는 이런 공인의 사생활 보도에 대한 면책의 범위가 넓다.

따라서 명사는 집 밖에서 무엇을 하든지, 어떤 실수나 잘못을 저지르든지, 심지어 누구와 연애를 하든지, 운전하다가 속도위반 딱지를 떼는 것도 모두 드러날 위험에 처해 있다. 고급 백화점에서 어제 어떤 유명인 남자가 사간 명품 시계를 다음날 유명인 여자가 바꾸어 갈 때 둘의 관계는 금방 매장 직원들의 입소문을 타고 미디어로 유입되어 보도되는 것이 현실이다.

토픽 10 명성을 추구하는 사람들의 특성

일반인들 사이에서 명성을 얻고자 하는 사람들은 평소 어떤 성향을 갖고 있을까? 영국 레스터대학교의 존 말티John Maltby 등 영국 학자 7명이 12~72세 영국인 1534명(남 839명, 여 695명, 평균연령 26.31세, 나이 표준편차 9.4세)을 대상으로 실증 조사하여 명성을 추구하는 사람들의 평소 특성 요소를 탐색했다.

그랬더니 신뢰도가 높은 요소로 아홉 가지 특징이 추려졌다. 연구 결과, 명성을 추구하는 사람들은 기본적으로 '평소에 야망이 있음', '다른 사람들과 비교해 의미를 부여함', '심리적으로 취약함', '관심 끌기 행동(주의력)을 추구함', '남에게 우쭐대는 자만심이 있음', '사회적 접근을 함', '이타적임', '적극적 태도로 긍정적 영향을 미침', '신체적 매력을 발산함'이란 성향을 나타냈다.[44] 그 가운데 '야망이 있음', '다른 사람들과 비교해 의미를 부여함', '심리적으로 취약함', '주의력 추구', '남에게 우쭐대는 자만심이 있음', '사회적 접근을 함'이란 여섯 가지 특징은 중복 가능성이 없고 내적 신뢰도가 높아 이론화하기 적절한 요소로 분석되었다.

연구에 따르면 명성 추구형이 나타내는 특성인 '야망이 있음'이란 일을 열심히 하여 자신이 유명해지는 데 모든 노력을 쏟아붓겠다거나 어느 날 발견한 자신의 존재를 믿고 유명한 생을 살아가겠다고 확신하는 태도를 말한다. 다른 사람들과의 비교는 실제의 삶에서 벗어나 유명해짐으로써 타인과의 비교나 타인에 의한 인정을 통해 삶의 의미를 얻는 느낌이 들게 하는 것을 의미한다. 이들에게 유명해지는 것 외의 일들은 아주 사소한 문제다.

'심리적으로 취약함'은 자아에 대한 확신이 없고 자존감self-esteem이 약하며 걱정거리가 되는 자신의 문제를 거의 늘 안고 있는 특성을 말한다. 유명함을 추구하는 사람들은 내적으로 적지 않은 불안에 시달리고 있음을 암시한다. '주의력 추구 성향'은 주변 사람들이 자신을 주목해 주기를 원하고, 그들의 관심과 시선을 끌기 위해 무엇이든지 할 수 있는 내적 성향을 말한다. 타인이 원치 않는 일을 하려고 한다든지, 어떤 일이든 해서 유명해질 것이라 의도한다든지, 항상

〈표 2-8〉 명성을 추구하는 사람들의 평소 특성

구분	내적 신뢰도가 높고 중복성이 없는 요소(○)
1. 야망이 있다.	○
2. 타인과 비교해 의미를 부여한다.	○
3. 심리적으로 취약하다.	○
4. 주의력(관심 끌기 행동)을 추구한다.	○
5. 남에게 우쭐대는 자만심이 있다.	○
6. 사회적 접근을 한다.	○
7. 이타적이다.	-
8. 적극적 태도로 긍정적 영향을 미친다.	-
9. 신체적 매력을 발산한다.	-

자료: Maltby et al.(2008).

사람들이 자신들을 알아봐 주기를 원하는 심리가 있는 것이다.

'남에게 우쭐대는 자만심이 있음'이란 자신이 유명해질 수 있는 능력과 자질을 갖추고 있다고 믿고, 타인과 비교하여 자신을 과대평가하려는 심리적 특성을 말한다. 의기양양하여 자신을 드러내놓고 뽐내거나 허세를 부리는 것이다. 나는 대단한 사람이라고 허풍을 떨 듯 자신의 존재 가치를 과장하거나, 장차 거물이 될 거라거나, 더 큰 수준의 '대박'을 칠 것이라는 것부터, 장차 남들이 자신을 놀랍다고 여길 것이라거나 명사가 되는 것은 자신의 타고난 운명이라고 생각하는 사람들이다.

'주의력 추구'와 '우쭐댐'의 욕구는 '자기애自己愛'의 표현인데, 과도할 경우 '연극성 성격장애'와 '자기애성 성격장애Narcissistic Personality Disorder'의 수준으로 악화할 수 있으니 주의해야 한다. 연극적 성격장애는 감정이 정서적으로 상승up되어 있어 자신이 끊임없이 주목의 대상이 되기를 바라는 병증이며, 자기애적 성격장애는 거드름을 피우며 보다 많은 존중과 혜택을 요구함으로써 다른 사람에게 공감을 받지 못하는 병증을 의미한다.[45]

연극성 성격장애에 이르면 누군가 자신을 봐주기를 바라고 마치 무대 위의 배우가 된 것처럼 두드러진 제스처와 거창한 언술로 관심을 끌려 하며, 사소한 일에 대해서도 과잉 반응을 하는 경향이 있다. 자기애성 성격장애에 이르면 태도가 거만하고 무례해지며, 자신의 능력, 성취, 재능, 명성, 재력, 지위 등을 과장하고 우월감, 탁월함을 필요 이상으로 강하게 어필하여 상대를 불편하게 한다.

'주의력 추구', '관심 유발', '우쭐댐'이 직접적으로 드러나는 디지털 시대의 보편적인 현상은 '셀카selfie 찍기'와 소셜미디어에 '셀카 사진 올리기'다. 정도만 차이가 있을 뿐 대부분의 사람들이 행하는 거의 일상화된 현상이다. 이를 새로운 라이프스타일이라고 규정하는 사람도 있다. 요즘에 매우 흔한 일상이자 유행이 된 이 두 가지 현상은 심리학계에서 단순한 자기표현이나 자기애의 표현인가, 아니면 이를 넘어선 자기애성 성격장애인가란 논쟁을 불러일으키고 있다.[46]

먼저 긍정론을 살펴보자. 심리학자 패멀라 러틀리지Pamela Rutledge는 셀카는 현실을 반영하는 자기표현의 과정으로 자기 정체성 탐색, 흥미성 증진, 예술적 표현력 강화에 도움이 되는 행위라 보았다.[47] 그는 셀카에 관해 "과학기술이 가능하게 해준 자기표현의 불가피한 산물"이라고 규정했다.

반면 부정적 견해도 많다. 심리학자 조엘 패리스Joel Paris는 셀카를 자기애를 넘어선 자기애성 성격장애와 연관 지어 해석했다.[48] 병적인 행동이라는 것이다. 트레이시 밀러Tracy Miller도 타인에게 불편을 초래하는 부정적인 행동으로 간주했다.[49] 셀카에 대한 집착이 과도하면 '셀피사이드selficide'란 말이 생길 정도로 사고를 당할 우려도 있으니 주변 상황을 살피며 적절히 절제해야 한다. 셀피사이드는 위험한 상황에서 셀피를 찍으려다 목숨을 잃는 상황(교통사고, 추락사, 감전사, 익사, 신체 부상 등)을 일컫는 신조어다.

'사회적 접근을 함'은 모든 사람이 자신의 이름을 알아차림으로써 자신이 각 분야의 엘리트 세계에 진입하기를 원하는 마음을 가진 것을 말한다. 주변 사람의 인정과 수용으로 인해 물리적·심리적 접근 경로가 확보되는 것을 말한다. 타인이 자신을 알고 인정해 줌으로써 명사의 세계에 진입하고 싶은 내재적인 욕망이 겉으로 표출된 것이다. 인간이 사회적 동물인 점을 감안하면 매우 자연스러운 현상이다.

'이타적임(이타심이 있음)'은 자신의 이익보다는 다른 사람이나 이웃, 나아가 공동체의 이익을 보다 우선시하거나 더욱더 추구하는 마음이다. 다시 말해 진실성을 갖고 나보다는 가족들에게 더 나은 삶의 질을 제공하기 위해, 나의 자녀들에게 더 좋은 교육 환경과 기회를 제공하기 위해, 나아가 다른 사람들에게 사회적으로 좋은 역할 모델role model이 되기 위해 스스로 유명해지고 싶은 특성을 말한다. 이들에게 명사가 되고자 하는 목적은 나보다는 가족, 도움이 필요한 사회인들의 사회적·정치적 환경의 개선에 있다. 이타심이 '감정의 전염emotional contagion'이란 공감의 단계를 거치면 사회적 확산으로 이어져 바람직하게도 많은 사회적 기여 활동을 통해 선한 영향력을 발휘하는 효과가 나타난다.

프랑스 세포유전학 박사로 네팔 카트만두의 세첸 사원에서 수행하는 불교 승려 마티유 리카르Matthieu Ricard는 이타심에 대해 "흔히 치부하듯 바보들의 미덕이 아니라 결국 나한테 도움이 되는, 자신과 세상을 바꾸는 위대한 힘"이라고 말했다.[50] 이타심 가운데 자신이 공공재를 공급하는 데 기여했다는 것과 같이 공동체에 공적 기여를 했다는 사실을 남이 알아줄 때, 또는 이러한 선행을 했다는 사실 자체에서 스스로 만족을 얻는 마음을 '유사 이타심類似利他心'이라 한다.

'적극적 태도로 긍정적 영향을 미침'은 뭐든지 자신이 하는 일을 즐기고, 의욕과 열정, 그리고 자신감이 넘치며 자신이 유명해질 가치가 있다고 느끼고 이를 통해 타인에게 선함, 진취성, 활기, 동기 부여 촉진과 같은 긍정 효과를 야기하는 특성을 말한다. 적극성은 의욕과 자부심이 결합된 심리 특성이다. 유명해지고 싶은 사람들은 대체로 긍정적인 태도를 보인다. 그것뿐만이 아니라 타인에게 긍정적인 영향을 미치려는 속성을 지니고 있다. '신체적 매력 발산 성향'은 자신을 '완벽한 외모'라거나 '매우 매력적'이라고 자평하는 속성을 말한다. 잡지에 등장하는 명사들의 사진처럼 자신의 매력과 이미지를 그들의 것과 동등하거나 그 이상이라 인식하는 것이다.

자신이 명사이거나 명사에 필적하는 클래스에 이르렀다고 판단할 경우 위에서 설명한 이런 특성들을 가졌는지 냉정하게 진단하면 명사의 품격을 높이기 위한 성찰과 수양에 큰 보탬이 될 것이다. 주변이나 가족 가운데 명사가 있다면 그들이 이런 특징을 지니고 있는지 곰곰이 따져보면 매우 흥미로울 것이다. 명사가 되고자 하는 사람이라면 자신도 모르게 이런 특성이 있음을 발견할 것이며, 이 가운데 발전시켜야 할 요소와 경계해야 할 요소로 나눠 잘 대처하면 유익할 것이다.

또한 외로움을 타파하고 특정 집단에 편입되어 소속되고 싶은 욕구, 자기도취의 욕구도 명성 추구를 촉진하는 요소다.[51] 심리학자인 게일 스티버Gayle S. Stever는 이렇게 사회적 소속감과 외로움 해소가 명사가 되려는 강력한 동인으로 작용한다고 보았다. 사람이 어느 정도 성공하면 명사들이 소속된 오프라인과 온라인에서 조직화한 다양한 커뮤니티에 들어갈 수 있어 외로움이 제거된다. 아울러 명성의 증진에 따라 지위가 상승하여 그곳에서 다양한 명사들과 대등하게 교류하고, 흠모하는 팬들과 우월한 위치에서 소통할 수 있다.

토픽 11 명사들이 좋아하는 색상과 스타일

명사들의 개인적인 색상color 선호도는 일반인과 마찬가지로 각 개인이 모두 다르다. 대기업 총수 가운데 정의선 현대자동차그룹 회장은 현대차의 상징색인 푸른색을, 윤석금 웅진그룹 회장은 긍정과 희망을 상징하는 노란색을, 허태수 GS 회장은 경기 회복, 밝음, 성장을 의미하는 분홍색을 각각 넥타이 색깔로 선호하는 것으로 알려져 있다.[52] 그런 연유에서인지 특히 웅진그룹의 윤석금 회장은 자서전 『사람의 힘: 영원한 세일즈맨 윤석금이 말한다』(2018)[53]를 출간할 때 제목과 부제도 '노란색' 활자를 선택했다.

스포츠 스타 가운데 배구선수 김연경은 인스타그램 등을 살펴보면 깨끗하고 화사한 느낌을 주는 흰색 옷을 즐겨 입는 것이 눈에 띈다. 축구선수 손흥민은 소유한 고성능 차량 가운데 가장 비싼 페라리 라페라리를 원래의 색상인 빨간색에서 검은색으로 바꿔 도색한 뒤 타고 다니고 있다. 빨간색은 라이벌 구단인 잉글랜드 프리미어리그 아스널을 상징하는 색이라서 오해가 있을 수 있었기 때문이다. 이 경우는 진짜 선호하는 색상 대신 팬덤을 의식한 색상을 선택한 것이라 볼 수 있다.

미국 잡지 ≪저스트 포틴J-14≫에 따르면 한류의 세계 제패를 상징하는 슈퍼스타 '방탄소년단BTS'은 그룹 전체적으로는 아미를 비롯한 팬들을 오랫동안 믿고 사랑하겠다는 깊은 의미로 무지개의 마지막 색상인 '보라색'을 좋아한다. 그러나 BTS 각 구성원은 선호하는 색상 취향이 각기 다르다. 제이홉은 녹색을, 진은 파란색을, RM은 검정·분홍·자주색을, 정국은 검은색을, 뷔는 회색을, 지민은 파랑·검정을, 슈가는 흰색을 각각 가장 좋아한다.[54]

아티스트의 공개된 개인 프로필과 언론 인터뷰 분석에 따르면 영화배우 장동건은 흰색, 하정우는 검정, 고소영은 녹색, 성동일은 노란빛, 전도연과 황신혜는 파랑, 전지현과 배수지는 분홍색, 한지민은 네온 핑크, 서현진은 곶감색, 한가인은 흰색·하늘색, 이연희는 흰색·검정·파랑, 가수 아이유는 자주색, 설현은 핑크, 유노윤호는 빨강을 각각 선호한다. 영화감독 이현승은 푸른색을 좋아한다.

소설가 황순원은 「소나기」의 내용에 자신이 좋아하는 '보라색'을 넣어 주인공 소녀의 심리를 표현하고자 했다. 소설가이자 시인인 한강은 작품 창작을 할 때 유독 '흰색'을 좋아해 이를 서사나 묘사에 적용하고 있다. 특히 소설 『소년이 온다』, 『흰』 등 한강의 2010년 이후 작품에는 서사적 장치로서 삶과 죽음이란 두 세계를 표현하기 위해 '흰색'이란 색상 단계를 넘어 그것이 빛으로 대체된 '흰빛'의 이미지를 강조하고 있다.[55]

해외에서도 영국 왕세자비 케이트 미들턴Kate Middleton과 미국 영화배우 겸 가수 설리나 고메즈Selena Gomez는 둘 다 '갈색' 의상을 좋아하여 머리부터 발끝까지 이 색깔로 치장하는 경우가 많다.[56] 전통적으로 갈색은 대지, 안정, 편안함, 차분함, 견실함, 따뜻함 등의 이미지를 갖고 있다.

영화배우인 앤젤리나 졸리는 검은색을, 가수 겸 영화배우 리한나Rihanna는 붉은색을, 비욘세의 동생인 영화배우 겸 가수 솔란지 놀스Solange Knowles는 노란색을, 영화배우 줄리앤 무어Julianne Moore는 자주색을, 영화배우 겸 모델인 말린 애커먼Malin Akerman은 오렌지색을, 미국의 제41대 대통령인 조지 부시George H. W. Bush 전 대통령의 부인이자 제43대 대통령인 조지 워커 부시George Walker Bush 전 대통령의 어머니인 바버라 부시Barbara Bush는 파란색을 각각 좋아한다.[57]

같은 색상이라도 그 색조, 명도, 채도는 물론 구현 기법manner에 따라 느낌이 달라지기에 호불호가 엇갈린다. 색상을 채택하거나 적용하는 곳이 프라이버시가 보장되는 사적 공간이냐, 아니면 남들 앞에 모습을 드러내는 공적 공간이냐에 따라 선호가 달라진다. 일반적인 색상 선호와 옷의 색상 선호도 다르다. 국가별로도 색상 선호 문화는 조금씩 다를 수 있다.

이런 전제에 따라 셀럽이 좋아하는 일반적인 색상과 스타일을 살펴보고자 한다. 셀럽이 사적 공간에서 좋아하는 색상과 선호하는 스타일은 개인마다 모두 다르기에 일반화나 추론이 어렵다. 따라서 그들이 '공식 석상'에 드러난 모습과 공식 석상에 등장할 때 우리 사회가 요구하는 인식을 기준으로 그 특징을 살펴볼 필요가 있다. 이는 상류층에 퍼진 하나의 '셀럽 문화'이기 때문이다.

셀럽이 참석하는 공식 행사나 파티의 복장 규정dress code은 '흑백 코드black

and white code'인 경우가 많다. 준수한 격식과 권위가 있는 엄숙성과 절제성이 요구되는 자리에 가장 잘 어울리고 무난한 의상 조합이기 때문이다. 그래서 국가 간 외교 행사와 같은 공적 행사는 물론 대학교와 대학원, 동문회, 기업 창립식, 동호회, 클럽, 직장의 행사, 다양한 송년회와 기념행사에서도 초대장이나 초청장을 보면 대부분 이런 복장 규정이 명시되어 있다.

그렇다면 실제로 우리나라 셀럽들은 검정과 흰색을 좋아할까? 현재까지의 취향은 대체로 그런 것으로 나타났다. ≪중앙일보≫는 셀럽에 속하는 '상위 1%'에 속하는 우리나라 상류층들은 블랙·화이트·무채색을 좋아하고 의상 스타일은 브랜드 로고가 드러나지 않는 것을 선호한다고 분석했다.[58] 드라마 속 출연 배우들의 의상을 담당하는 스타일리스트, 상류층이 즐겨 찾는 패션 브랜드 매장의 관계자들을 상대로 의견을 구해 이같이 분석했다고 한다.

이들의 의상은 전체적으로는 깔끔한 스타일이지만 비대칭 구도, 포인트 부여 등 저마다 독특한 개성이 느껴지는 스타일을 선호한다. 겉으로 드러나는 화려함보다는 부드럽고 은은한 카리스마와 지적인 아우라를 내보이는 데 방점이 있기 때문이다. 옷은 심리의 반영이다. 상류층 이야기를 다루는 드라마 〈로열패밀리〉와 〈마이더스〉의 주인공인 차예련이나 김희애의 코디 스타일, 삼성가인 이서현 삼성복지재단 이사장 겸 리움미술관 운영위원장 등 재벌가 2세들의 실제 옷차림이 이와 같다는 것이다.

이 기사에서는 "무채색은 우아하고 부드러운 이미지를 만들기에 좋은데, 그중 블랙과 화이트는 권력과 권위를 상징하는 색상이기에 더욱 적절하다"라고 평가했다(서정민, 2011). 검은색은 동서양을 막론하고 가장 멋스럽고 고풍스러우면서도 권위 있는 색깔로 평가되는데 머리카락, 눈동자 색과 같아 흔히 'DNA 컬러'라 칭해진다. 또한 상류층들은 사치로 인식되거나 튀는 부담감을 줄이기 위해 옷의 브랜드 이름이나 보석, 액세서리는 외형이 보일 듯 말듯 잘 드러나지 않게 배치한다고 분석했다. 상세히 봐야만 브랜드 표시를 발견할 수 있게 한다는 것이다.

이 기사의 분석을 실생활에 반영할 경우 명사들은 첫째, 지적이고 고급스럽게 보이려면 원색 등 과한 색상은 피하고 블랙·화이트·무채색의 옷을 주로 입어야 한다. 이런 색들은 누구에게나 무난한 색으로 인식될 수 있으나 충만하여 더는 무언가를 추가할 수 없는 '완성된 색'이라 평가되기 때문이다.

셀럽들의 지갑을 열게 해야 하는 명품 브랜드들은 주로 어떤 색상으로 시선을 끌까. 패션 칼럼니스트 김현진은 거주 중인 파리에서 관찰한 결과, "명품 브랜드들은 보통 포장 상자나 쇼핑백 색깔로 주로 흰색, 검은색, 하늘색, 오렌지색, 갈색을 사용한다"라고 말한다.[59] 이 다섯 가지 색상이 100년 이상 검증된 '럭셔리 컬러'로 각각의 브랜드 정체성을 유지하기 위해 고수하고 있는 것이라는 분석이다.

구체적으로 샤넬은 위엄을 상징하는 흰색 카멜리아꽃 코사지를 단 검은색, 미국의 보석 브랜드 티파니는 환상적인 느낌을 주는 하늘색(세칭 '티파니 블루'), 랑방은 물망초 빛깔에서 따온 고급스러운 느낌의 푸른색, 에르메스는 클래식한 이미지를 주는 오렌지색(세칭 '에르메스 오렌지'), 루이비통은 세련된 느낌의 깊은 갈색을 각각 쇼핑백 디자인으로 구현해 매장에 준비해 놓고 있다는 것이다. 이 같은 트렌드는 2006년까지의 상황이니 그 뒤 브랜드마다 보수적임에도 불구하고 약간의 변화가 있었을 것으로 보인다.

명품 가방의 경우 흰색보다 검정을 선호한다. 롯데쇼핑의 온라인 쇼핑 롯데온 허보현 여성잡화 상품기획자MD는 "명품은 가격이 비싸서 무난하고 오래 들 수 있는 클래식한 디자인이나 검은색을 선호한다"라고 분석했다.[60] 흰색 가방을 산다면, 흠집이나 염색의 번짐에 취약해서 고가의 명품보다 중저가를 선택한다는 것이다. 색상으로는 크게 유행을 타지 않는 검정과 브라운 컬러가 중고 명품 시장에서 가장 선호도가 높은 것으로 나타났다. 최근에는 검은색 외에도 샌드, 퍼플그레이, 리첸, 카키 등 다양한 배색으로 개성을 살리는 브랜드도 나타나고 있다.

해외 명품 전문 온라인 쇼핑몰 '리본즈'가 2017년 1~4월 중고 명품백의 거래 색상별 순위를 집계한 결과, 역시 크게 유행을 타지 않고 관리가 쉬운 검정(31%)과 브라운(8%) 색상이 압도적이었다. 그다음은 블루, 핑크, 레드 순이었다.[61] 남자 의상 신상품의 경우 코트는 검정, 네이비, 브라운, 베이지, 카멜, 니트는 네이비, 브라운, 베이지, 와인색 등이 보편적으로 거의 매년 채택된다.

둘째, '개성'을 살리고 '절제'와 '은근함'의 철학을 적절히 구사해야 한다. 의상은 남녀 모두의 경우 남들이 쉽게 알아보지 못하지만 뭔가 달라 보이는 것을 고르는 것이 좋다는 뜻이다. 보석과 액세서리는 브랜드를 나타내는 로고가 너무 크거나 도드라지지 않은 것, 또는 선명히 드러나지 않는 것을 선택해 착용해야 한다. 풀꽃을 묘사한 나태주 시인의 시구 "자세히 보아야 예쁘다"처럼[62] 남들이 일부러 눈여겨 잘 살펴볼 때만 브랜드 표시를 인식할 수 있도록 하는 것이 좋다.

최근 4~5년 전부터 보석, 액세서리, 의류, 가방 등 명품 브랜드마다 로고가 커지고 로고를 전면에 화려하게 부각하는 경우가 많아졌다. 1980년대 초에서 2000년대 초에 태어난 'MZ세대'가 명품의 주력 소비자로 부상하면서 그들이 인스타그램 등 SNS에 인증샷을 올리고, 구매담을 자랑하는 것을 놀이로 삼고 있기 때문에 그들의 취향을 반영해 벌어진 현상이다.[63] 명사들이 로고가 가려졌거나 작게 붙은 물품을 사는 것이 이제는 더 힘들어질 수도 있는 상황이 되었다.

여론조사 기관인 '한국갤럽'이 2019년 5월 9일부터 25일까지 전국의 만 13세 이상 1700명을 대상으로 조사한 결과, 현재 우리나라 사람들이 계절에 상관없이 가장 좋아하는 옷 색깔(색상 선호도가 아님) 'Top 10'은 검은색(22%), 흰색(15%), 파란색·청색(11%), 감색·남색(7%), 회색(6%), 빨간색·노란색·분홍색(이상 5%), 녹색·보라색(이상 4%) 순으로 나타났다.[64]

'검은색 옷'에 대한 선호는 한국갤럽의 2004년, 2014년, 2019년 조사에서 모두 1위로 나타났다. 명사뿐만이 아니라 일반인들도 선호하는 의복 색상이란 뜻이다. 권위의 상징, 관리의 수월함 등이 반영된 취향이다. 한국갤럽의 2019년 조사에서 검은색은 대부분의 응답자 특성에서 가장 좋아하는 옷 색깔로 꼽혔고, 특히 나이가 젊을수록(10·20대 37%, 60대 이상 21%) 선호도가 높았다.

남성이 좋아하는 옷 색깔은 검은색, 청색, 남색, 회색의 네 가지가 67%를 차지했다. 반면 여성에서는 네 가지 색의 선호가 35%에 그치며 분홍색을 필두로 노란색, 빨간색, 보라색 등 더 밝고 다채로운 색을 답해 성별 차이를 보였다. 흰색에 대한 선호는 남녀 비슷하게 나타났다. 5년 전인 2014년 조사와 비교하면 검은색(2014년 22% → 2019년 28%)과 흰색(2014년 12% → 2019년 15%) 등 무채색 선호도가 증가했고, 빨간색(2014년 9% → 2019년 5%) 선호도는 감소했다.

≪조선일보≫의 2017년 조사에서도 '검은색 옷'이 단연 1위로 꼽혔다. ≪조선일보≫가 2017년 7월 18~21일 '한국인의 색'(응답자 수 355명)을 주제로 설문 조사한 결과, 좋아하는 옷 색깔이 검정(43.4%), 남색(18.3%), 흰색(7.3%), 회색(7.3%) 순으로 나타났다.[65] 같은 ≪조선일보≫ 조사에서 옷 색깔과 별도로 '선호하는 색상'은 파랑(16.9%), 초록·보라(각각 11.3%), 남색(9.9%), 검정(9%) 순으로 나타났다. '싫어하는 색상'은 주황(18.6%), 핑크(12.2%), 빨강(11.9%), 보라(9.6%), 노랑(7.8%) 순으로 분석되었다. 1위로 나온 파랑은 안정, 긍정, 희망 등의 의미를 준다.

미국의 색채 연구소 '팬톤Pantone'은 한국인이 가장 좋아하는 색상 'Top 5'로 파랑, 초록, 보라, 남색, 검정을 순서대로 꼽았다.[66] 파랑은 시원함과 신뢰감, 녹색은 숲과 녹음을 떠올리게 하며 건강을 지키고 심신을 치유하는 느낌, 보라는 진정 효과와 아픔을 치유하는 효과를 주고, 남색은 파랑과 보라의 느낌을 공유하고, 검정은 강인함의 상징이자 유행을 타지 않는 무난한 느낌이라서 각각 좋아한다는 분석이 뒤따랐다.

이 조사에서 '좋아하는 자동차 색상'은 글로벌 도료塗料 기업 액솔타Axalta의 '2018년 세계 자동차 색상 선호도' 조사에 따르면 국내에서 2017년 시판된 차량 중 흰색(32%), 회색(21%), 검정(16%), 은색(11%) 등 무채색 계열이 상위를 차지했다(윤보람, 2019). 파랑(9%), 빨강(6%), 갈색·베이지색(각각 3%), 노랑·금색(1%), 녹색(1% 미만)은 구매 빈도가 미미했다.

1위인 흰색 가운데는 구체적으로 솔리드solid 흰색이 19%를 차지했고, 나머지 13%는 펄pearl이 들어간 흰색이었다. 이 조사에서 흰색은 부동의 1위로 그 선호 비중은 2015년 36%, 2016년 33%, 2017년 32%로 감소세를 나타냈다. 반면에 파랑은 2013년 조사에서 4%에 불과했던 선호도가 소형차나 스포츠유틸리티차SUV에 채택되어 젊은 층의 구매가 늘어나면서 2배 이상(9%)으로 높아졌다.

≪조선일보≫의 2017년 조사에서는 선호하는 차량색으로 흰색(29%), 검정(26.5%), 은색(25.1%)의 무채색 삼총사가 압도적으로 꼽힌 가운데 남색(7.6%), 파랑(2.5%)이 그다음을 차지했다(김미리·최보윤, 2017). 무채색 선호는 이런 색상이 호불호가 갈리지 않고, 때가 덜 타며, 청소·수리 등 관리가 쉬운 데다 선호 색상이라서 중고차로 팔기에도 유리하기 때문이다.

그렇다면 국내가 아닌 세계시장의 수준에서 고객들의 차량 색상 선호도는 어떨까? 앞의 액솔타의 '2018년 세계 자동차 색상 선호도' 조사에서 세계시장 2017년 자동차 판매량 집계치를 보면 전체적으로 흰색(38%), 검정(18%), 회색(12%), 은색(12%), 파랑(7%), 빨강(5%), 갈색·베이지색(각각 5%), 노랑·금색(각각 2%), 녹색(1% 미만) 순으로 나타났다.[67] 미국·캐나다 등 북미 시장의 경우에는 흰색(29%), 검정(18%), 회색(16%), 은색(12%), 빨강(9%), 파랑(8%), 갈색·베이지색(각각 4%) 순으로 분석되었다. 인구가 많아 세계 최대 자동차 시장으로 손꼽히는 중국은 흰색(58%), 검정(18%), 회색(7%), 갈색(7%) 순으로, 일본은 흰색(35%), 검정(22%), 은색(12%), 파랑(9%), 빨강(6%), 갈색·베이지색(5%), 회색(5%) 순으로 나타났다.

색상에 대한 우리의 인식과 경험은 문화상대주의에 근거해 매우 다양하기에,[68] 나이, 성별, 거주지, 지리적 영역, 공동체 사고, 가치관, 인습, 전통 등 환경·문화적 측면에 기초한 색들의 연상 이미지는 색상 선호도에 영향을 미친다. 일본, 한국인, 중국인, 인도네시아인들처럼 국가별, 문화권별로 색상 선호에 대한 차이가 나는 이유다.

일본 와세다대학교 인간공학대학의 미호 사이토Miho Saito 교수는 1994년 일본 도쿄, 대만 타이페이, 중국 톈진의 색상 선호도에 관한 비교연구에서 앞의 설명과 거의 같은 결과를 확인했다. 이 연구에서 3개 도시의 시민들은 선명한 파랑, 선명한 녹색, 밝은 보라, 밝은 파랑과 흰색을 공통으로 선호했다.[69] '파란색'을 색도에 따라 0에서 9까지 배열했을 때 실험에 응한 사람들이 대부분 '7'을 선택해서 '블루세븐 현상Blue-Seven Phenomenon'이란 말이 생겼을 정도로 파란색은 오랜 세월 동안 아시아의 많은 나라에서 지속해서 선호했다는 점이 재확인되었다.[70]

사이토는 이 연구에서 '선명한 파란색'은 공통으로 깊고 조용하고 즐거운 느낌을 주었는데, 도쿄인들은 원기 회복, 밝음, 투명함, 아름다움을, 타이페이인들은 광대함, 생기, 자유, 원기 회복, 우아함을, 톈진인들은 당당함과 개방성의 의미를 느껴 각각 선호했다고 설명했다.[71] '선명한 녹색'의 경우 톈진인에게는 삶의 활력을, '보라색 계열'에 대해 타이페이인들은 평화, 우아함, 고급, 로맨틱, 정제성을 떠올리고, '어두운 색상'에 대해 도쿄인들은 점잖고 아름답고 귀여우며 원기 회복의 이미지로 해석하여 선호했다고 이유를 밝혔다.

이 가운데 흰색을 선호하는 것은 일본인, 중국인, 인도네시아인을 대상으로 한 1996년의 연구의 결과와 일치한다.[72] '흰색'의 경우 순수하고 깨끗하며 우아한 이미지로 인식되어 3개 도시인 모두 좋아했다.[73] 선호/비선호 비율은 도쿄인 17.5%/0.6%, 타이페이인 19.2%/3.8%, 톈진인 29.7%/8.9%로 나타났다.

올리브색, 어두운 회색, 금속색상(은색·금색·검정), 어두운 노란빛이 감도는 갈색에 대해서는 어둡고 더럽고 무거운 느낌 때문에 3개 도시 주민 모두 싫어했다. '금속성 색상'은 과시나 시신을 상징해 부정적으로 인식했다. '올리브색'은 톈진에서 큰 홍수를 연상시켜서, '회색 분위기의 핑크'는 도쿄에서 불분명함과 더러움을 떠올려서, '금색'은 타이페이에서 조문과 죽음을 상징해서 특히 싫어했다.

우리나라에서 대체로 좋아하는 '검은색'에 대해서는 3개 도시인 모두 대체로 좋아하지 않았는데, 검은색에 대한 선호/비선호 비율은 도쿄 5.6%/6.3%, 타이페이 10.9%/6.4%, 톈진 17.1%/19.0%로 나타났다. 은색에 대해서는 도쿄 8.1%/6.3%, 타이페이 1.3%/ 12.2%, 톈진 1.9%/13.9%, 금색에 대해서는 도쿄 4.4%/16.9%, 타이페이 4.5%/23.7%, 톈진 3.8%/22.8%로 각각 분석되었다.

포커스

색상의 의미 및 연상 이미지와 문화권별 맥락

색상은 고유한 의미나 연상 이미지를 지니며 사회적 맥락에 따라 그 상징이나 의미가 유연하게 해석되지만 문화상대주의 시각에서 특정 문화권이나 지역 상황에서는 매우 미묘하게 해석되기도 하기에 주의할 필요가 있다. 색채학[74]과 세계 문화를 비교·분석하는 글로벌 문화론[75]의 관점을 종합하면 색상 가운데 '검정'은 긍정적인 관점에서 권위와 완벽함, 신비, 정숙, 고상함, 강함, 모던함을 나타내고, 부정적인 면에서는 밤, 상복, 죽음, 공포, 음울, 범죄 성향, 사악함을 의미한다.

〈표 2-9〉 주요 색상의 긍정적 의미와 부정적 의미

구분	긍정적 의미	부정적 의미
검정	권위, 완벽함, 신비, 정숙, 고상함, 강함, 모던함	밤, 상복, 죽음, 공포, 음울, 범죄 성향, 사악함
흰색	낮, 순결, 청결, 청순, 신성, 완벽, 결혼	죽음, 장례, 유령, 추위, 빔, 공허, 이별
회색	평범, 성숙, 신중, 차분, 안정, 겸손, 회개, 회상, 단념	무기력, 의기소침, 쓸쓸함, 외로움, 황량함, 염세주의, 후회, 이기심
금색	행운, 위엄, 명예, 영광, 지혜, 아름다움, 정절, 부유	과시, 사치, 현혹, 우상 숭배
은색	지적임, 우아함, 순결함, 깨끗함	차가움, 거리감, 영원한 2등, 가장 마지막
빨강	감각, 열정, 사랑, 순정, 에너지, 생명력, 흥분, 환희, 태양, 행복감, 혁명	공포, 과욕, 분노, 고통, 상처, 무정부상태, 방화, 출혈(피), 무거움
주황	자부심, 기쁨, 결혼, 은혜, 우호, 야망, 자부심, 명랑, 사교, 애정, 풍요, 엄격, 중후, 명예	무질서, 노후, 칙칙함, 어설픔, 경고, 악마, 사탄
자주	도회성, 세련됨, 화려함, 섹시함, 권력	사치, 허영, 고뇌, 진부함, 칙칙함
보라	고풍, 고귀, 번영, 부(富), 생산력, 섬세함, 근엄, 향수(鄕愁), 기억	허세, 퇴폐, 도발, 공포, 불안, 무거움, 속물근성, 속임수, 순교, 비하, 애도
분홍	예의, 애교, 다정, 에로틱, 열광, 창조	유약함, 연약함, 충격
갈색	편안함, 일상적임, 꾸미지 않음, 가을, 지구, 존엄	혼함, 게으름, 어리석음, 속물, 불임, 가난

노랑	봄, 지혜, 지성, 통찰력, 이해심, 평화, 휴식, 젊음, 기쁨, 즐거움, 고귀, 신비, 발전, 숙성, 번창	초조함, 어두움, 음기, 비겁, 배신, 타락, 미숙함, 경박함
연두색	생명, 생동, 초원, 사랑, 산뜻, 안정	초보성, 미성숙, 소박함
초록	생명, 위로, 치료, 침착, 위안, 평화, 온기, 산뜻, 신선함, 힐링, 순응, 불사의 젊음, 동정심, 친환경	이기심, 반목, 질투, 게으름, 천박, 격노, 광기, 재앙, 죽음
파랑	하늘, 신(神), 신성함, 축제, 희망, 이상, 진리, 진실, 순수, 조화, 명상, 진정(鎭靜), 헌신, 자애, 정의, 영원	의심, 낙담, 우울, 냉담, 고독, 근심, 반성, 보수성

'흰색'은 낮, 순결, 청결, 청순, 신성, 완벽, 결혼(웨딩드레스)을 연상하게 하지만, 죽음, 장례, 유령, 추위, 빔(비어 있음), 공허, 이별을 상징하기도 한다. '회색'은 평범, 성숙, 신중, 차분, 안정, 겸손, 회개, 회상, 단념을 상징하지만 부정적으로는 무기력, 의기소침, 쓸쓸함, 외로움, 황량함, 염세주의, 후회, 이기심 등을 나타내기도 한다. '금색'은 행운, 위엄, 명예, 영광, 지혜, 아름다움, 정절, 부유를 연상하게 하지만 부정적으로는 과시, 사치, 현혹, 우상 숭배를 의미한다. '은색'은 지적임, 우아함, 순결함, 깨끗함을 뜻하지만 부정적으로는 차가움, 거리감, 영원한 2등, 가장 마지막이란 의미를 지닌다.

'빨강'은 감각, 열정, 사랑, 순정, 에너지, 생명력, 흥분, 환희, 태양, 행복감, 혁명을 상징하지만, 공포, 과욕, 분노, 고통, 상처, 무정부 상태, 방화, 출혈(피), 무거움을 나타내기도 한다. '주황'은 긍정적인 관점에서는 자부심, 기쁨, 결혼, 은혜, 우호, 야망, 명랑, 사교, 애정, 풍요, 엄격, 중후, 명예를 뜻하지만, 부정적으로는 무질서, 노후, 칙칙함, 어설픔, 경고, 악마, 사탄 등이 연상된다. '자주'는 도회성, 세련됨, 화려함, 섹시함, 권력을 의미하지만 부정적으로는 사치, 허영, 고뇌, 진부함, 칙칙함을 나타낸다.

'보라'는 고풍, 고귀, 번영, 부富, 생산력, 섬세함, 근엄, 향수鄕愁, 기억을 상징하는 반면 부정적으로는 허세, 퇴폐, 도발, 공포, 불안, 무거움, 속물근성, 속임수, 순교, 비하, 애도를 뜻하기도 한다. '분홍'은 예의, 애교, 다정, 에로틱, 열광, 창조를 뜻하지만 유약함, 연약함, 충격이란 부정적 의미도 연상된다. '갈색'은 편안함, 일상적임, 꾸미지 않음, 가을, 지구, 존엄을 상징하지만, 부정적으로는 흔함, 게으름, 어리석음, 속물, 불임, 가난을 의미한다.

'노랑'은 봄, 지혜, 지성, 통찰력, 이해심, 평화, 휴식, 젊음, 기쁨, 즐거움, 고귀, 신비, 발전, 숙성, 번창을 포괄적으로 상징하지만 초조함, 어두움, 음기, 비겁, 배신, 타락, 미숙함, 경박함을 나타내기도 한다. '연두색'은 긍정적인 관점에서는 생명, 생동, 초원, 사랑, 산뜻, 안정을 연상하게 하지만 초보성, 미성숙, 소박함이란 부정적 의미를 함께 내포한다.

'초록'은 생명, 위로, 치료, 침착, 위안, 평화, 온기, 산뜻함, 신선함, 힐링, 순응, 불사의 젊음, 동정심, 친환경이란 긍정적 의미 외에 이기심, 반목, 질투, 게으름, 천박, 격노, 광기, 재앙, 죽음을 나타내기도 한다. '파랑'은 하늘, 신神, 신성함, 축제, 희망, 이상, 진리, 진실, 순수, 조화, 명상, 진정鎭靜, 헌신, 자애, 정의, 영원을 상징하는 반면에 의심, 낙담, 우울, 냉담, 고독, 근심, 반성, 보수성을 뜻하기도 한다.

각국 전통문화의 영향으로 각 지역마다 색상에 대한 독특한 인식과 금기taboo가 존재한다. 중국은 경사, 환영, 복福의 의미로 붉은색과 황금색을 선호한다. 축의금도 '홍바오紅包'라 불리는 빨간색 봉투에 넣어 전달하며, 중국 설인 춘제의 춘련春聯과 고급 책도 대부분 적색 바탕에 황금색 글씨를 쓴다.

중국에서 흰색은 죽음, 장례, 또는 '허탕 치다', '헛수고하다'는 뜻이기에 하얀 꽃을 선물로 주는 것은 중대한 결례며, 당연히 결혼식장에 흰색 옷을 입고 가서도 안 된다. 아울러 원나라 때부터 유래한 것으로 남자가 녹색 모자를 쓰면 '아내가 바람났다'는 뜻이므로 주의해야 한다(임형택·서영수, 2021).

중앙아시아 남부 산악의 내륙국인 키르기스스탄에서는 중국과 유사하게 결혼 축하금을 반드시 빨간색 봉투에 담고 축하 글도 붉은 글씨로 쓰는 관행이 자리 잡았다. 베트남에서는 악惡의 기운이 있다고 믿는 검정색 물건, 노란색 꽃은 선물로 사절한다. 일본에서는 축의금을 전달할 때 고품위, 고가, 화려함의 의미로 금색의 줄로 장식된 봉투를 사용한다, 싱가포르에서 선물 포장은 빨간색, 핑크색, 노란색이 권장되며 흰색, 파란색, 검정색은 기피한다.

인도에서도 선물 포장은 흰색, 검정색 대신 녹색, 빨간색, 노란색이 권장된다. 인도에서는 양 눈썹 사이에 '빈디bindi'라는 붉은 점을 찍는데, 붉은 색은 존경, 사랑, 풍요를 뜻한다. 전통적으로 기혼 여성은 붉은 점, 과부(미망인)는 칠을 하지 않거나 검은 점을 붙였으나 지금은 종교적 의미가 퇴색하여 미혼과 기혼의 구별 없이 장식품처럼 부착한다. 빈디는 양 미간에 숨겨진 지혜의 자리이자 에너지 중심인 차크라가 모이는 지점, 창조의 시작점, 우주의 신성한 기운이 모이는 곳으로, 인도 사회에서는 '제3의 눈'으로 인식한다.

유대인들은 한여름에도 검정색 모자, 외투, 구두를 착용하고 다니는데, 이는 종교 교리에 충실한다는 의미다. 독일인에게 붉은 장미는 오직 사랑하는 사람에게만 줘야 하며, 흰색, 검정색, 갈색은 장례식을 연상하게 하기에 선물 포장지로 적합하지 않다. 독일에서 도로 중앙선은 한국과 달리 흰색으로 표시되며, 도로의 공사 구간은 노란색으로 표시한다. 스위스에서도 도로 중앙선이 흰색이며 점선인 경우도 있으므로 주의해야 한다.

영국인에게도 빨간 장미, 하얀 백합, 국화는 꽃 선물로 부적합하다. 미국인과 캐나다인에게 백합은 죽음을 뜻하기에 선물로 부적합하다. 이탈리아에서는 선물을 줄 때 보라색, 검정색은 불길한 기운을 상징하므로 금기다. 꽃 선물을 할 때도 노란색은 질투, 붉은색은 불미스러운 비밀을 각각 뜻하므로 삼가야 한다. 브라질에서 검정과 자주색, 보라색은 죽음을 의미하기에 선물 포장이나 선물할 때 꽃 색깔로 부적합하다. 러시아에서 노란색과 흰색의 꽃은 애도용이니 금물이다.

제3장

명성의 사회학

토픽 12 명성의 사회학: 평판의 가치와 매력

우리는 앞의 '토픽 05. 명성과 평판을 구성하는 세부 요소'에서 서로 매우 연관된 개념인 명성과 평판의 의미를 구분했다. 즉, '명성'은 세상에 널리 퍼져 평판이 높은 이름으로서 평판의 대상이자 이름값 및 이름 가치의 수준을 의미하며, '평판'은 세상 사람들의 판단에 의해 행해진 시시비비의 판정으로서 명성의 본질이자 구성인자인 구체적인 내용이라 학습한 것이다.

한걸음 더 깊게 들어가 평판을 탐구하면, 평판이 특정한 개인에 대해 다른 사람들이 갖는 인식의 집합체이자 다른 사람과 구분되는 개인적 특징 및 행동, 오랫동안 축적된 이미지에 대한 평가라는 점이 확인된다.[1] 대상이 지닌 요소에 대한 '통시적 평가通時的 評價, diachronic evaluation'의 산물로서 자산적 가치를 지닌 것이란 뜻이다. 이렇듯 평판의 의미는 개인 등 특정 실체에 대한 인지, 평가, 자산이며, 나아가 특정 실체를 향한 지식, 믿음, 평가, 판단, 브랜드 지식, 개성, 경제적 가치를 모두 포함한다.[2]

〈표 3-1〉 평판의 구체적 개념, 가치와 매력

구분	내용
평판의 구체적 개념	• 다른 사람이 특정한 개인에 대해 갖는 인식의 집합체이자 다른 사람과 구분되는 개인적 특징 및 행동, 오랫동안 축적된 이미지에 대한 평가(Zinko et al., 2012) • 개인 등 특정 실체에 대한 인지, 평가, 자산으로서 특정 실체를 향한 지식, 믿음, 평가, 판단, 브랜드 지식, 개성, 경제적 가치를 모두 포함(Clardy, 2012) • 대상이 지닌 요소에 대한 '통시적 평가(通時的 評價, diachronic evaluation)'의 산물로서 자산적 가치를 지닌 것(필자)
평판의 가치	명성의 본질에 대한 과거 평가와 미래의 기대감을 담고 있기에 평판하려는 대상에 대한 여러 가지 평가 및 인증 척도로 작용
평판의 매력	인간관계에서 신뢰성, 관계의 친밀도, 유익성, 유용성의 척도로 기능하며, 능력과 브랜드 가치를 높여주는 등 성장 기회를 제공

자료: Zinko et al.(2012); Clardy(2012)를 토대로 필자가 재규정.

이런 정의를 모두 반영하면 평판이 개인에 대한 타인의 인식과 판단으로서 그런 행동에 대한 종단적 평가, 즉 과거 평가와 미래의 기대감을 반영하는 개념이라 일갈할 수 있다. 따라서 '평판의 가치'는 한마디로 명성의 본질에 대한 과거 평가와 미래의 기대감을 담고 있기에 평판하려는 대상에 대한 여러 가지 평가 및 인증 척도로 쓰일 수 있다. 우리가 여기에서 관심을 갖는 또 하나의 주제인 '평판의 매력'은 인간관계에서 신뢰성, 관계의 친밀도, 유익성, 유용성의 척도로 기능하며, 능력과 브랜드에 대한 가치를 높여주는 등 성장 기회를 제공하는 것이라 할 수 있다.

개인적 평판에 관한 개념 규정을 보다 확장할 경우 명사에 대한 '사회적 평판social reputation'은 특정 명사에 대해 세상에 널리 퍼진 이미지와 소문, 인지적이고 감정적인 반응, 그나 그녀의 좋고 나쁨과 옳고 그름 등에 대한 사회 구성원들의 폭넓은 평가를 의미한다. 대화, 소통, 교류로 이뤄진 상호 관계를 전제로 한 대중이나 사회 구성원 다수의 평가다. 유무형의 가치를 지녔기에 무형자산인 동시에 경제적 가치로 표시할 수 있는 유형자산으로 평가할 수 있다.

즉, 개인 가운데 명사의 반열에 오른 정치, 경제, 사회, 문화예술, 학술, 저술, 의학, 유전학, 약학, 화학, 물리학, 우주개발, 체육 등 특정 분야의 구체적인 사람을 대상으로 하는 평판이다. 평판은 여러 가지 평가척도로 작용하기에 명사에게 자신의 평판은 가치이자 매력이다. 평판이 좋으면 당연히 신뢰가 가고 관계를 맺으면 좋은 사람이나 유익한 사람으로 권장된다. 그렇지 않으면 경계하거나 만나지 말아야 할 사람, 나쁜 사람으로 회자하기 마련이다. 명사들은 아무래도 많은 사람에게 알려지고 그의 행동이 노출되기 때문에 평판에 많은 지배를 받는다.

명사의 경우 특히 개인적 평판, 즉 특정 개인의 사적인 평가가 아닌 보다 많은 사람에 의해 형성되는 사회적 평판에 매우 민감한 반응을 나타낸다. 이러한 사회적 평판은 해당 명사들에게 더 많은 성장 기회를 가져다주거나 능력에 대한 가치와 브랜드 가치를 높여주는 데 핵심적인 역할을 한다. '부익부빈익빈富益富貧益貧'이란 원리가 사회적 평판이 좋은 명사들의 세계에서도 냉정하게 적용되는 것이다. 돈을 번 사람들이 그 돈을 기반으로, 종잣돈이 없으면 도무지 도전하지 못할 더 많은 기회를 잡아 더 많은 돈을 번다. 이렇듯 명사는 명성이 높으면 높을수록 그 명성으로 더 많은 이익과 혜택을 얻게 된다.

일례로 정치, 경제, 사회 분야의 명사의 경우 지명도와 실력 외에도 사회적 평판이 좋으면 방송 출연, 신문 인터뷰 등을 통해 미디어의 노출이 잦아지기 때문에 인지도와 명성이 높아져 기존의 수준보다 더 많은 부와 명예, 권력을 얻게 된다. 인터넷 팟캐스트 스타는 지상파 방송으로 무대를 옮겨 더 큰 기회와 명성을 얻게 된다. 종합편성 채널 시사 토크 프로그램의 패널 가운데 두각을 나타냈던 사람은 어느새 지상파 방송의 '콜'을 받아 토론 프로그램 사회자로 앉아 있다.

연예인, 성악가, 무용가, 작가, 극작가, 연출가 등 문화예술인의 경우 예술적 실력은 물론 사회적 평판이 좋으면 광고주들의 러브콜을 받아 공연은 물론 특정 기업의 상품이나 서비스에 출연함으로써 보다 높은 출연료를 받게 된다. 이후 도미노처럼 연쇄효과가 나타나 자신의 본업인 예술 콘텐츠 창작, 제작, 출연에서도 더 좋은 대우를 받게 된다. 스포츠 스타들도 이런 원리 적용의 예외가 아니다. 김연아, 박지성, 손흥민, 류현진의 예에서 이런 메커니즘을 확인할 수 있다.

그렇다면 사람들은 왜 명사들의 사회적 평판을 해당 명사의 가치이자 매력으로 볼까? 아울러 명사들은 왜 자신의 사회적 평판을 목숨처럼 민감하게 여길까?

그 답은 대중들이 인식하는 사회적 평판의 다양한 구성요소에서 찾을 수 있다. 우리는 앞에서 명성이나 평판의 구성요소를 살펴보았다. 그 구성요소를 개인의 성취도, 개인의 품격, 사회적 가치로 보거나, 지식, 경험, 자격 증명, 인맥, 신뢰, 거래의 결과, 맥락, 사회적 가치, 시간으로 추출한 경우 등을 보면 그것에는 다양한 가치가 함의되어 있음을 알 수 있다.

인간은 진화를 거듭하고 역사를 이어오면서 그들의 조직이나 집단, 나아가 사회에서 사회적 평판의 '준거틀frame of reference'을 구축해 왔다. 준거틀은 한마디로 판단, 비교, 평가의 종합적 기준이다. 그 틀에는 보통 사람들이 갖추기 어려운 여러 가지 요소가 내재해 있다고 믿었다. 그리고 그런 희소성 때문에 그것을 숭앙했다. 인간의 머릿속에는 이런 전승적 가치가 자리를 잡고 있기에 명성이나 평판의 위력, 그것을 가진 사람들에 대한 존경과 숭배는 시들지 않을 것이다.

토픽 13 명성은 개인의 자아를 어떻게 바꿔놓나?

명성은 개인에게 일상생활에서 사회심리적 동기를 북돋워 주고 더욱 촉진하는 에너자이저energizer 역할을 한다. 명성에 대한 소구력이 개인의 사회적 자아에 지대한 영향을 미치는 것이다. 명성의 소구력을 측정하는 새로운 세 가지 척도(명사 여부 측정 요소)는 '가시성visibility', '지위status', '친사회성prosocial'이다.[3] 가시성은 남 앞에 좋게 보이고 돋보이는 정도, 즉 남들에게 호감 있게 보이고 높게 평가되고 싶은 욕망이다. 지위는 사회 내의 엘리트로 인정받거나 상위 계급에 속하거나 상위 계급의 생활을 한다는 것을 느끼는 정도를 말한다.

친사회성은 개인보다 조직에 더 충실한 정도를 말하는데 '사회적 가치 중심 성향'이라고도 풀이할 수 있다. 다시 말해 친사회성은 개인이 자신이 속한 조직의 이익에 더 집중하는 성향을 나타내는 말로 개인적 이익을 더 추구하는 성향을 나타내는 용어인 '프로셀프proself'(개인적 가치 중심 성향)와 반의어다.[4] 친사회성을 더 구체적으로 세분화하여 '개인친화pro-self 형질foci', '사회친화pro-social 형질', '조직친화pro-organizational 형질'로 구분하는 이도 있다.[5]

개인의 사회적 자아 개념은 다른 사람과 관련된 자아 감각이다. 데시Edward L. Deci와 라이언Richard M. Ryan의 연구에 의하면 개인의 사회적 자아 개념은 '소속 욕구the need to belong, belongness', '나르시시즘narcissism', '관련성relatedness'이란 세 가지 요소로 구성되어 있다.[6] 자아의 세부적인 구성요소를 분류한 것이다.

첫째, 소속 욕구는 개인이 집단에 포함되어 몰두하는 정도를 뜻한다. 본능적으로 갖는 소속감을 나타낸다. 따라서 소속 욕구는 원시적이고 강력한 뿌리를 가지고 있는 요소로, 사람이 어떤 조직이나 모임에 다른 사람과 함께 소속되려 하거나 정서적 행복과 관련이 있는 기본적인 인간의 욕구다.[7]

둘째, 나르시시즘은 개인이 남들에 비해 우월하다고 느끼는 정도로 허영심이 어느 정도 포함되어 있다. 자기애自己愛와 자기애착自己愛着이 사회적으로 승화되어 개인에게 다시 이입移入된 형태다. 전형적으로 다른 사람들보다 우월하다는 명백한 인식으로 특징지어지며 종종 공격성과 낮은 수준의 공감과 같은

〈표 3-2〉 명성(명사 여부)의 세 가지 구성요소(측정 요소)

요소	세부 측정 항목
가시성(visibility)	• 잡지의 표지를 장식한다. • 남들에게 사진이 찍힌다. • 공개적으로 인정받고 있다. • 언론과 인터뷰를 한다. • 남들에게 사인을 요청받는다. • 트위터나 다른 소셜미디어에 많은 팔로워가 있다. • 시상식에 참석한다. • 좋아하는 제품이나 브랜드의 대변인이 된다.
지위(status)	• 퍼스트 클래스로 여행하고 특급 휴양지에 숙박할 능력이 있다. • 고가 명품을 무료로 선물받는다. • 고급 맨션이나 펜트하우스 아파트에 산다. • 최고급 레스토랑의 'VIP 액세스'를 갖고 있다. • 유행의 최첨단에 있는 비싼 의류를 갖고 있다. • 재정적으로 크게 안정된 상태다.
친사회성(prosocial)	• 가족과 친구들에게 재정 지원을 할 수 있다. • 가족과 친구들의 긍지이자 자랑거리다. • 당신의 명성을 중요한 일에 사용할 수 있는 상태다. • 다른 사람의 '역할 모델(role model)'로 선정될 수 있는 상태다.

자료: Greenwood et al.(2013).

반사회적 성향과도 관련이 있다.[8] 이렇게 보는 이유는 나르시시즘은 자신의 우월성을 유지하려는 목적에서 타인을 공격하거나 자기 착각과 허영심에 빠지게 함으로써 폭넓은 공감을 방해하는 특성이 내포되어 있기 때문이다.

셋째, 관련성은 개인이 남들과 짜임새 있게 안전하게 연결되어 있다고 느끼는 정도를 뜻한다. 사람은 본능적으로 소외되거나 혼자 있는 것이 불행하다고 느낀다. 따라서 관련성은 이런 불안한 상태를 회피 또는 탈출하려는 심리와 관련이 있다. 즉, 관련성은 사회적 네트워크 및 타인이 존중하는 정도에 대한 안전의식을 의미하는 것으로 사회적 파트너들과 의미 있는 상호작용을 하는 느낌이며 이런 관련성의 일상적인 감정은 긍정적인 분위기, 활력, 행복과 관련이 있다.[9]

그린우드Dara Greenwood와 그의 동료 연구자들이 가시성, 지위, 친사회성이란 명성 소구 척도를 적용하여 소셜 앱인 아마존 메커니컬 터크MTurk를 통해 18~73세의 남녀 371명을 조사했더니 명성은 개인에게 매우 환상적인 자극 요

〈표 3-3〉 명성 획득 시 나타나는 개인적 자아의 변화

구분	내용
총론적 변화	• 명성은 개인에게 매우 환상적인 '자극 요소'로 작용한다. • 명성은 자기중심적이고 친사회적인 동기를 촉진한다.
자아 구성요소별 변화	• 소속 욕구(개인이 집단에 포함되어 몰두하는 정도) 측면 - 소속감이 높을수록 명성에 대해 기대하는 환상이 강해진다. - 소속감이 높을수록 명성의 구성요소인 가시성, 지위, 친사회성이 강하게 표출된다. • 나르시시즘(개인이 남들보다 우월하다고 느끼는 정도) 측면 - 나르시시즘은 가시성과 지위에 대한 호소력을 증가시킨다. - 나르시시즘은 명성에 대한 환상을 갖는 데 많은 시간을 쓰게 한다. • 관련성(타인과 짜임새 있고 안전하게 연결된 느낌) 측면 - 관련성은 오직 친사회성에만 영향을 미친다. - 여성의 사회적 지위와 친사회성은 남성보다 더 소속 욕구를 자극한다.

* 자아 구성요소는 Deci and Ryan(2000)의 분류에 의함.
자료: Greenwood et al.(2013).

소로, 자기중심적이고 친사회적인 동기를 촉진하는 것으로 나타났다.[10] 소속 욕구, 나르시시즘은 명성의 세 가지 요소와 모두 밀접하게 관련되어 있지만, 관련성은 사회적 요소인 친사회성에만 관련이 있는 것으로 분석되었다.

구체적으로 소속감이 높을수록 명성을 기대하는 환상이 강해지고, 명성의 요소인 가시성, 지위, 친사회성에 대한 소구가 강해지는 것으로 분석되었다. 이어 나르시시즘은 가시성과 지위에 대한 호소력을 증가시켰다. 그래서 명성에 대해 환상을 갖는 데 많은 시간을 소비하게 했다. 관련성은 친사회적인 요소인 친사회성에만 영향을 미치는 것으로 나타났다.

특히 여성들은 그들이 지닌 사회적 지위 및 친사회성이 소속 욕구와 깊은 관련성을 보인 것으로 나타났다. 남성과 견줄 경우 연관 관계가 더욱 높게 분석되었다. 여성들의 사회적 지위와 친사회성은 자신의 소속 욕구를 더욱 자극한다는 뜻이다. 여성들이 남성보다 속물적인 미디어가 만들어 놓은 고가의 옷과 세련된 패션과 같은 명사 규범의 표적이 될 우려가 크다는 뜻이다. 아울러 그것은 외양적인 요소가 엘리트 지위를 열망하는 호소력과 편입 가능성을 높일 수 있다는 의미다.

나이는 친사회성이란 명성 요소와의 관련성을 제외하면, 모든 변수와 반비례 관계를 나타냈다. 젊은이들은 개인적으로 나이 든 사람들보다 나르시시즘, 소속 욕구, 가시성, 지위에 대한 소구, 명성 판타지, 명성 현실주의가 더 높았지만, 명성을 추구하는 사회적 동기와의 관련성은 더 낮았다. 명성에 대한 집착은 이른 나이 때부터 나타나 점차 강력하게 표출되지만, 젊은 시절에는 친구, 일터 동료 등 여러 그룹과 교류가 많기에 명사급 사회적 파트너들과 의미 있는 상호작용을 할 사회적 동기는 덜하다는 뜻이다.

토픽 14 명사에게는 '신뢰'가 왜 중요한가?

많은 사람은 명성이 얻거나 성취하기 어려운 것이라고 보고 명성의 희소성과 가치, 그리고 맹위를 떨치는 그것의 위력을 충분히 인정한다. 동시에 그것은 '허영심이 응축된 신기루와 같은 헛된 환상'이거나, '보기만 좋은 외피'이거나, '일시적이고 변덕스러운 이미지상의 판타지'라고 폄훼한다. 부정적 의미가 적잖이 내포된 판단이다. 명성이라는 것이 외견상 긍정적으로 보이는 화려함을 지닌 데다, 실체가 있는 듯 없는 듯 양면성을 지녔기 때문이다.

그러므로 '상대성 이론'을 제기한 천재적인 물리학자 알베르트 아인슈타인 Albert Einstein, 평생 봉사와 헌신이 빛나는 의사 알베르트 슈바이처Albert Schweitzer, 핵물질인 방사능 분야의 업적이 빛나는 물리학자이자 화학자인 마리 퀴리Marie Curie 등의 예에서 보듯이 명사의 지위를 얻은 사람들은, 그들이 여전히 살아 있다고 가정하면, 그 명성에 걸맞은 언행이나 실력을 통해 신뢰를 얻어야만 명사로서 인정받는다. 아울러 그런 믿음이 견고하고 무너지는 일이 없어야 숭앙받는 명사로서 명실상부한 희소가치와 수명 주기를 누릴 수 있다.

그렇지 않으면 점점 손님들의 시선이나 손이 가지 않아 진열장에서 사라지는 '퇴물 상품'처럼 외면당하는 신세가 된다. 따라서 비유하건대 '신뢰'는 명사의 '재임 기간'이나 '유통 기한'을 결정하는 가장 절대적인 요소라 할 수 있다. 명사에 대한 신뢰 여부에 관한 판단은 명사 자신이 할 수 없기에 신뢰 형성과 유지는 매우 어려운 문제다. 명사 주변의 사람, 팬들, 대중이 평가하기 때문이다. 명사에 대한 신뢰 여부는 전적으로 이들이 부여하는 상황적 맥락에 의해 해석되거나 판단되는 것이다.

우리는 마이크로소프트MS 창업자로서 현재 MS 기술고문을 맡은 빌 게이츠 Bill Gates와 '투자의 귀재'로 불리는 워런 버핏Warren Buffett 버크셔해서웨이 회장과 같은 부호들이 돈을 많이 벌어 명사의 지위에 올랐다는 사실을 잘 알고 있다. 하지만 그런 사실보다 그들이 활발한 기부 활동 외에도 과거에 각각 '창조적 자본주의creative capitalism'와 부자 증세 법안인 '버핏세Buffett rule' 주창으로 명성의 기반인 자신의 존재감과 가치를 한층 더 격상시켜 사회로부터 견고한 신뢰를 확보했다는 사실에 주목해야 한다.

창조적 자본주의는 빈익빈부익부를 심화시키는 자본주의의 폐해나 문제점을 시장의 힘과 작동 원리로 바로잡아 가난한 사람들과 어려운 청소년 등을 비롯한 소외 계층들도 배려하는 자본주의를 의미한다. 버핏세안은 노블레스 오블리주의 정신을 반영하여 연간 100만 달러(약 11억 원) 이상을 버는 부유층의 자본소득에 적용되는 실효세율을 더 높이자는 부유세富裕稅, net wealth tax 증세 방안이다.

명사들이 자연스레 갖게 되는 명성이 상징 자본이나 브랜드 자원이라면 신뢰는 그 상징 자본이나 브랜드 자원의 가치를 더욱 높이고 명성의 유통성을 강화해 주는 소중한 무형자원이라 할 수 있다. 물론 명성이 당장 환금이 가능한 유형자원이라 주장하는 이도 있다. 사람이든 기업이든 지속가능성에 결정적인 영향을 주는 것은 신뢰 자본이다. 그것은 친분이나 네트워크의 결속력을 더욱 강화하는 핵심적인 사회 자본이기도 하다. 오프라인에서든 온라인에서든 진정한 친구는 상호 간의 신뢰 없이는 만들어질 수 없다.

따라서 명사는 신뢰를 확보하기 위해 많은 노력을 기울이고 주변인과 언론의 예측을 초월하는 더 큰 차원의 고민을 하며, 여러 가지 면에서 신경을 써야 한다. 처음부터 신뢰가 기본인 사람, 신뢰를 철칙으로 아는 사람, 신뢰가 태생적으로 몸에 밴 사람이 되는 것이 가장 적합한 실천 방법이다. 그러기 위해서는 태어날 때부터 부모로부터 물려받은 천성이나 인덕이 가장 중요하겠지만 후천적으로도 성찰과 수양, 그리고 체계적인 교육을 통해서 그런 수준에 도달하는 것이 가능하다.

진정한 명사라면 금방 유명해지는 것이 전부가 아니라는 것을 알고 인생의 지표나 지향점을 재빠르게 재설정해야 한다. 캐나다 출신 영화배우 짐 캐리Jim Carrey는 "나는 모든 사람이 부유해지고, 유명해지고, 나아가 그들이 꿈꿔왔던 모든 것을 해야 한다고 생각한다. 하지만 그들은 그렇게 되면 그것이 정답이 아니라는 것을 금방 안다"라고 말했다. 작가 조앤 롤링Joan K. Rowling의 『해리 포터

〈표 3-4〉 명사에게 신뢰가 중요한 이유와 신뢰를 구축하는 좋은 방법

구분	내용
명사에게 신뢰가 중요한 이유	• 신뢰 확보는 전적으로 대중의 맥락적 판단에 달려 있어 명사 자신이 마음대로 생성, 조절, 증진할 수 없는 매우 민감한 자원이기 때문이다. • 명사는 자신에 대한 외부의 믿음이 견고하고 훼손되는 일이 없어야 숭앙받는 명사로서 명실상부한 희소가치와 수명주기를 누릴 수 있기 때문이다. • 신뢰는 명사의 '재임 기간'이나 '유통 기한'을 결정하는 가장 절대적인 요소라 할 수 있기 때문이다. • "사람들은 '천재'는 존경하고 '부자'는 부러워하고 '권력자'는 두려워한다. 오직 '인격자'에 대해서만 신뢰를 한다"[심리학자 알프레트 아들러(Alfred Adler)]
명사가 신뢰를 얻는 좋은 방법	• 자신의 명성, 역량, 천재성을 입증할 만큼 제대로 실력을 보여준다. • '말 대신 행동(No Talking Only Action)'의 자세로 조용히 실천한다. • 진심 어린 언행과 태도를 견지하고 가식적인 행동을 하지 않는다. • 개인에게든 대중에게든 자신이 한 약속을 반드시 지킨다. • 따뜻한 인간미를 바탕으로 공사(公私)에서 진솔한 인간관계를 쌓는다. • 과시적이고 허영심이 가득한 언행과 오만한 태도를 삼간다. • 매사에 허술함과 부정확함 대신 세밀함과 정교함으로 임한다.

와 마법사의 돌Harry Potter and the Sorcerer's Stone』에서도 "명성이 전부는 아네요"라는 표현이 나온다.

명사에게 매우 중요한 '신뢰성credibility'이란 개념은 판단의 대상이 되는 객체, 사람, 정보 자체에 내재하는 것이 아니라 사람에 의해 감지되고 파악된 이후에 나타나는 '인지된 속성perceived quality'이며, 다양한 측면으로 이루어져 있다.[11] 그것을 구성하는 요소는 크게 두 가지다.

첫째, '신용 가치trustworthiness'는 믿을 만한 이유와 가치가 있다는 것으로 정보원이 인지한 대상의 도덕성이나 윤리성을 뜻한다. 신용은 신뢰성 평가의 가장 중요한 요소로서 의도의 올바름, 선의, 정직, 진실, 공정, 편향되지 않음 등의 의미가 복합적으로 내포되어 있는데, 고대 그리스에서 '에토스ethos'(사람이 지닌 고유한 성품)라 불린 것과 관련이 깊다.

둘째, '전문성expertise'은 지식, 경험, 능력으로서 정보원이 인지한 대상의 보유 지식이나 기술적인 성숙도 측면을 의미한다. 어떤 특정한 분야에 해박함, 정통함, 노련함, 숙련됨, 세련됨, 일 처리가 말끔함, 정교함, 유능함 등의 의미가

〈표 3-5〉 신뢰도의 구성요소와 판단 방법

구분	세부 요소	개념
신뢰도 구성요소	신용 가치 (trustworthiness)	대상이 믿을 만한 가치가 있다는 것으로 정보원이 인지한 대상의 도덕성이나 윤리성을 의미
	전문성 (expertise)	대상의 지식, 경험, 능력으로서 정보원이 인지한 대상의 보유 지식이나 기술적인 성숙도를 지칭
신뢰도 판단방법	구성 수준 (construct level)	판단자인 사람이 신뢰성을 구성하고 개념화하거나 정의하여 신뢰성을 판단하는 단계
	경험적 발견 수준 (heuristics level)	판단자가 그간의 경험, 사례, 고정관념을 토대로 경험적 규칙을 만들어 다양한 상황에 적용해 신뢰성을 판단하는 단계
	상호작용 수준 (interaction level)	판단자가 콘텐츠, 주변 정보원의 단서, 주변 정보 객체의 단서에 기초하여 신뢰도를 판단하는 단계

자료: Self(1996); Fogg and Tseng(1999); Hilligoss and Rieh(2008) 재구성.

내포되어 있다.[12]

신뢰도의 구성요소를 이해했다면 이제 그것을 어떻게 판단하는지 이해해야 한다. 신뢰도는 판단 기준을 제공하는 '맥락context'이란 사회적·관계적 동적 프레임 내에서 구성construct, 경험적 발견heuristics, 상호작용interaction이란 세 가지 수준에서 판단한다.[13]

첫째, '구성 수준'은 사람이 신뢰성을 구성하고 개념화하거나 정의하여 신뢰성을 판단하는 단계를 뜻한다. 둘째, '경험적 발견 수준'은 그간의 경험, 사례, 고정관념, 가치관 등을 토대로 경험적 규칙을 만들어 다양한 상황에 적용하여 대상자에 대한 신뢰성을 판단하는 단계, 셋째, '상호작용 수준'은 콘텐츠, 주변 정보원의 단서, 주변 정보 객체의 단서에 기초하여 신뢰도를 판단하는 단계를 각각 의미한다.

사람에 대한 신뢰성의 의미, 구성요소, 판단 방법을 이해했다면 명사들은 이제 어떻게 하여 신뢰성을 높일까 구체적으로 고민해야 한다. 신뢰를 받는 명사가 되기 위해서는 첫째, 자신의 명성이나 뛰어난 수완과 역량, 천재성을 입증할 만큼 명성을 얻은 분야에서 구체적으로 실력을 보여줘야 한다. 이는 신뢰성의 구성요소 가운데 전문성에 관한 것이다. 둘째, 매번 말만 앞세우지 말고 '말 대신 행동No Talking Only Action'의 자세로 조용히 실천하며 자신의 역량과 풍모를 보여줘야 한다.

셋째, 진심 어린 언행과 태도를 견지하며 애초부터 가식적인 행동은 하지 말아야 한다. 일례로 2018년 5월 세상을 떠난 LG그룹 구본무 회장은 신의를 중요하게 여기며 고객과 회사 안팎의 인사들을 진정성authenticity 있게 대하는 것으로 정평이 나 있었다. 넷째, 개인에게든 대중에게든 자신이 한 약속을 반드시 지켜야 한다. 미국의 철강왕 앤드루 카네기Andrew Carnegie는 "아무리 보잘것없는 것이라 해도 한번 약속한 일은 상대방이 감탄할 정도로 지켜야 한다"라고 말했다. 가수 아이유는 데뷔 10주년 팬미팅 때 어린 팬과 한 약속을 지키기 위해 다른 일정을 물리치고 전라북도 김제시 김제여고 졸업식까지 달려가 축가를 불렀다.[14]

다섯째, 따뜻한 인간미를 바탕으로 공사公私의 소통 현장에서 인간관계를 진솔하게 쌓아가야 한다. 여섯째, 명사의 지위나 권력을 지나치게 누리는 듯한 과시적이고 허영심이 가득한 언행, 오만한 태도, 대단한 능력자인 양 사술詐術을 부리는 듯한 꼼수와 반칙은 모두 삼가야 한다. 일곱째, 일이나 인간관계에서 허술함이나 부정확함이 없이 세밀함과 정교함으로 임해야 한다. 특히 명확한 근거가 없는 주장이나 발표, 불분명한 태도는 명사의 위신과 신뢰도를 격하시키기에 충분하다.

오스트리아 태생의 유명한 심리학자 알프레트 아들러Alfred Adler는 "사람들은 '천재'는 존경하고, '부자'는 부러워하고, '권력자'는 두려워한다. 오직 '인격자'에 대해서만 신뢰를 한다"라고 말했다. 명사는 아들러의 말에 비추면 천재, 부자, 권력자가 아닌 진심 어린 '인격자'로 대중들에게 소구되어야 본질적 가치를 구가하며 장수를 누릴 수 있다. 명사나 명사 지망생이라면 미국 시인 헨리 데이비드 소로Henry David Thoreau가 『월든Walden』에서 표현한 "사랑보다는, 돈보다는, 명성보다는, 저에게 진실을 주세요"란 경구를 깊이 음미해 볼 필요가 있다.

작가 오스카 와일드Oscar Wilde가 "세상에서 가장 좋은 느낌은 익명으로 몰래 선행을 하고, 누군가 알게 하는 것"이라 했듯이 명사의 미담은 홍보를 한답시고 노골적으로 알리기보다 나중에 자연스레 알려지게 하는 것이 가장 좋다. 미국 작가 섀넌 올더Shannon Alder는 "명성이나 평판은 다른 사람들이 우리를 생각하는 것이지만, 성품은 하나님이 우리를 아는 것을 말한다. 여러분은 자신에게 무슨 문제가 있는지 항상 자문해 봐야 한다"라고 말했다.

토픽 15 명사의 사회적 효과: '졸리 이펙트'

2013년 5월 14일 미국 할리우드 영화배우 앤젤리나 졸리Angelina Jolie가 세상을 놀라게 했다. ≪뉴욕타임스NYT≫를 통해 양쪽 유방을 절제하는 수술을 받은 것을 고백했기 때문이다. 앤젤리나 졸리는 ≪뉴욕타임스≫에 보낸 기고문에서 "저는 브라카BRCA1 변형유전자를 물려받았어요. 유방암에 걸릴 확률이 87%랍니다. 유전검사 결과 유방암 발병 가능성이 매우 커 고민 끝에 예방적으로 양측 유방절제술을 받았습니다. 이번 일로 나의 여성성femininity이 사라진 것은 절대 아닙니다. 모쪼록 이 글을 읽고 있는 여성들이 힘을 내서 용기 있는 결정을 내릴 수 있도록 돕고 싶습니다"라고 말했다.[15]

졸리는 같은 날 미국 CBS 뉴스에 출연해서도 "나는 예방적 차원에서 이중 유방절제술preventive double mastectomy을 받기로 했는데, 유방암의 위험이 난소암의 위험보다 더 크고 수술도 더 복잡하므로 수술을 가슴부터 시작하기로 했습니다"[16]라고 말했다. 이후 세계의 언론들은 이와 관련된 뉴스를 대서특필했고, 사람들의 구전을 통해 각지의 개인들에게 그 스토리가 퍼졌다.

그 결과 명사인 졸리의 고백으로 유방암으로 고생하고 있는 수많은 여성들과 그 가족들이 큰 위로를 받았다. 유방절제술을 받은 많은 여성도 용기를 내어 그런 사실을 말하는 것을 부끄럽게 여기지 않게 되었다. 졸리를 자매나 친구처럼 여기는 정서적 친숙성을 나타내며 검사에 적극적으로 응하는 여성들도 늘어났다.

실제로 앤젤리나 졸리의 사회적 캠페인 효과에 대한 잠재적 영향을 평가하기 위해, 영국에서 전국 30개 암센터와 유전학 센터를 대상으로 유방암 가족력 관련 데이터를 조사하여 분석했다. 그 결과, 유방암 관련 검사 의뢰 건은 2012년 1981건에서 2013년 4847건으로 2.5배나 증가했으며, BRCA1 관련 검사를 요구하고 유방절제술을 문의한 사례는 두 배로 늘어났다.[17]

졸리는 "나는 내가 연기하는 캐릭터 뒤에 숨는 것을 좋아한다. 공적인 인식이 있음에도 불구하고, 나는 명성과 같은 것에 어려움을 겪는 매우 사적인 사람"

앤젤리나 졸리

졸리 이펙트(Jolie Effect)

앤젤리나 졸리와 같은 명사의 고백(암 발병 가능성이 있어 유방 절제 수술을 고백)을 계기로 일반 대중들이 힘을 얻고 자신의 문제에 대해 능동적, 적극적으로 대처하는 일이 벌어져 사회적 캠페인처럼 확산되는 현상

이라고 말할 정도로 프라이버시를 중시하는 사람이었지만 큰 용기를 냈던 것이다. 이렇게 유명배우 한 사람의 대찬 고백으로 세상이 달라졌다. 이후 명사의 고백으로 힘을 얻고 자신의 문제에 대해 능동적, 적극적으로 대처하는 일이 벌어져 사회적 캠페인처럼 확산되는 현상을 '졸리 이펙트Jolie Effect'라 부르게 되었다.

졸리 이펙트는 구체적으로 유방암에 관한 관심을 높이는 사회적 캠페인 효과를 가져온 것을 의미한다. 양쪽 유방을 제거해도 발병 가능성이 5~10%로 낮아질 뿐 아예 사라지지는 않는다는 점을 고려할 때 검사 비용이 높고(졸리의 경우 335만 원), 예방을 위해 무작정 제거 수술을 하려는 사람들이 생길 수 있다는 의사들의 우려도 제기되었다. 미국의 유력 주간지인 ≪타임Time≫은 그의 ≪뉴욕타임스≫ 기고 직후 표지와 표지 기사로 '앤젤리나 효과The Angelina Effect'를 다뤘다.

우리나라에서도 루게릭병 환우 돕기, 발달 장애인에 대한 관심 환기, 소방관 처우 개선과 같은 이슈에서 이와 유사한 효과가 나타났다. 2014년에는 국내의 각계 명사들이 루게릭병 환우 돕기 '아이스 버킷 챌린지'를 실시하여 환자에 대한 지원과 관심을 촉구했다. 가수 이상우는 2017년, 배우 권오중은 2019년, 유명 웹툰 작가 주호민은 2021년 각각 발달장애 자녀를 둔 사실을 방송에서 고백하여 사회적 관심을 확산시켰다.

2017년 소방 공무원의 국가직 전환과 처우 개선 문제에 대해, 높은 인지도를 보유한 배우 한지민·김혜수가 화재 현장에서 쓰는 소화 분말을 상징하는 흰 가루를 뒤집어쓰는 '소방관 GO 챌린지'에 참여하자 박보검 등 동료 배우들의 릴레이 참여가 이어졌다. 이른바 '소방관 눈물 닦아주기 법안'의 통과를 촉구하는 캠페인으로 하얀 가루를 뒤집어쓴 뒤 다음 상대를 지목하는 형식으로 진행했다.

김혜수는 당시 "5초간 밀가루를 맞았다. 잠깐이었는데도 공황 상태가 올 정도로 숨이 안 쉬어졌다. 소방관들의 고통을 조금이나마 헤아리게 되었다"라고 말했다. 김혜수는 또 "관련 법안이 제출 뒤 1년째 국회에 계류 중이다. 주요 골자는 국가직과 지방직으로 나뉘져 있는 소방 공무원을 국가직으로 일원화시키는 것이다. 저희들의 안전을 책임지고 계시는 소방 공무원들의 처우가 반드시 개선되어야 한다"라며 지지를 호소했다.[18] 결국 강력해진 여론에 힘입어 관련 법안이 2019년 11월 국회를 통과해 소방관은 2020년부터 '국가직'으로 전환되었다.

토픽 16 명사의 법적 지위는 대체로 '공인'

국어사전에는 '공인公人'을 '공적인 일에 종사하는 사람'으로 풀이하고 있다. 나아가 '공적公的인 일'은 '국가나 사회에 관계되는 또는 그런 것'으로 정의하고 있다. 여기에서 '유명한 정도'에 관한 조건은 아예 찾아볼 수 없다. 국가와 사회에 관계되는 것이란 표현도 그것이 뭔지 정확히 규정하기 어려운 면이 있다. 따라서 공인의 개념은 매우 추상적이고 모호하다. 그 의미가 손에 잘 잡히지 않는다.

그러나 법적·학문적 영역에서 공인의 정의는 조금 더 구체적이고 명확하다. '공인(또는 공적 인물)public figure'은 "고위 공직자를 포함한 공적인 인물이거나 사회적으로 널리 명성을 얻은 인물, 또는 스스로 공론의 장에 자발적으로 뛰어들어 명성을 얻은 사람"을 말한다.[19] 공인은 저명성celebrity과 공적인 관심사에 대한 영향력으로 인해 언론의 주목을 받는 대상이며, 이들에 대한 긍정적이거나 부정적인 평판은 '표현의 자유'에 의해 널리 보장된다.

법적·학문적 관점에서 명사는 '명성을 사회적으로 널리 얻은 인물'이란 점에서 공인으로서 기본 조건을 갖췄다고 볼 수 있다. 그렇다면 활동 분야를 살펴보자. 명사가 공인에 해당되려면 명성을 널리 얻되 첫째, 공직자이거나, 둘째, 사회적으로 유명하거나, 셋째, 스스로 미디어와 같은 공론장에 뛰어들어 유명해진 사람이어야 한다. 따라서 명사는 기계적이고 산술적으로 규정하기는 어렵지만, 그들이 획득한 명성의 정도와 활동 분야를 고려할 때 '대체로 공인'의 범주에 속한다고 볼 수 있다.

구체적으로 첫 번째 범주인 '공직자public officials'는 그 범위를 "정부의 업무 수행에 관하여 실질적인 책임과 통제권을 가질 뿐 아니라, 동시에 정부 내에서 명백하게 중요한 지위를 보유하여 그 자격과 능력에 관해 일반 국민이 특별한 이해관계를 갖는 자"로 제한하여 해석할 수 있다(이부하, 2012).

두 번째 범주인 '사회적 명성을 얻은 사람'은 온라인과 오프라인의 미디어 등에 자연스럽게 노출되어 지명도를 확보한 유명 연예인, 대기업 회장, 최고경영자, 스포츠 선수, 작가, 비평가, 칼럼니스트, 종교 지도자, 유명한 사건의 변론

〈표 3-6〉 공인의 의미와 종류

구분		의미
공인의 의미		고위 공직자를 포함한 공적인 인물이거나 사회적으로 널리 명성을 얻은 인물. 스스로 공론의 장에 자발적으로 뛰어들어 명성을 얻은 사람
공인의 범주	공직자 (public officials)	정부의 업무 수행에 관해 실질적인 책임과 통제권을 갖고 정부 내에서 명백하게 중요한 지위를 보유하여 그 자격과 능력에 관해 일반 국민이 특별한 이해관계를 갖는 자
	사회적 유명인	미디어 등에 자연스럽게 노출되어 지명도를 확보한 유명 연예인, 대기업 회장, 최고경영자, 스포츠 선수, 작가, 비평가, 칼럼니스트, 종교 지도자, 유명 사건의 변론을 담당한 변호사 등
	보텍스(vortex)	스스로 공론장에 뛰어들어 유명해진 사람. 즉, 공공에 영향을 미치는 특정한 공적 논쟁의 장에 소용돌이치듯이 자발적으로 뛰어들어 그 문제의 해결에 영향을 미치려는 사람

자료: 이효성(1999); 이재진·이창훈(2010); 이부하(2012)를 결합해 정리.

을 담당한 변호사 등을 말한다. 사회운동과 신드롬 등으로 유명해진 인물도 해당된다. 이들을 '전면적 공적 인물'이라고도 부른다.

세 번째 범주인 '스스로 공론장公論場, public sphere에 뛰어들어 유명해진 사람'은 흔히 '보텍스vortex'라고 부른다. 공론장은 관심사나 이슈 등에 대해 여러 사람이 함께 의논할 수 있는 장소나 환경으로 집회와 토론이 일상화된 정치적 소통 공간, 유세 현장, 토론회, 포럼, 온라인 포털의 댓글과 토론 코너를 포함한 일체의 논의 및 소통 공간을 말한다.

보텍스는 라틴어 'vortex'('워르텍스' 또는 '보르텍스')에서 유래한 말로 '소용돌이'란 뜻이다. 원래 명사나 공인도 아니었지만 스스로 공공에 영향을 미치는 특정한 공적 논쟁의 장에 소용돌이치듯이 자발적으로 뛰어들어 그 문제의 해결에 영향을 미치려는 사람을 말한다.[20] 어느 순간 갑자기 이슈를 타고 부각이 되어 유명해짐으로써 공인의 성격을 적잖이 갖게 된 사람이다.

유명인의 가족, 범죄의 피해자와 주변인, 갑자기 발생한 재난이나 큰 사건 등 어떤 특정한 이슈로 인해 온라인이나 레거시 미디어를 통해 갑자기 이름이 알려진 사람, 스스로 띄우기self-celebrification에 나서 유명해진 사람, 민사소송의 피고와 같이 원래는 평범한 사람이었으나 우연한 사건이나 계기에 의해 자신이 의도하지 않았는데 공적 관심을 받게 된 사람을 말한다. 이들을 '논쟁 사안의 공적 인물' 또는 '비자발적 공적 인물'이라고도 칭한다. 오늘날 '셀프 띄우기'는 발달된 소셜미디어 플랫폼을 통해 콘텐츠를 업데이트하고 즉시성과 진정성을 드러내는 방법으로 실현할 수 있다.[21]

공인에 대해서는 미디어 접근에 대한 자발성과 정책 결정 및 자원 분배의 영향력을 기준으로 첫째, 자발적·정치적 공인(공직자, 정치인, 정당 등의 관계자), 둘째, 자발적·비정치적 공인(연예인, 스포츠 스타), 셋째, 비자발적·정치적 공인(기업 대표, 문화계 인물), 넷째, 비자발적·비정치적 공인(범죄 연루자, 피해자)으로 구분한 학자도 있다.[22]

토픽 17 명사가 직면하는 '명예훼손' 이슈

명사들이 법적인 견지에서 대체로 '공인'으로 인정된다는 것은 특정 상대가 명예훼손名譽毁損, libel을 했다 하더라도 처벌이 예외가 되는 경우가 적지 않다는 뜻이다. 명사 관련 사건은 내용이 다 다르고 결과도 다를 수 있다. 그러나 미디어가 공인에 대한 보도나 공익적 목적을 충족하는 공적 사안에 관한 보도를 하면 우리나라에서는 비교적 폭넓게 면책하고 있다는 점을 명사들은 알아야 한다. 명사의 경우 명예훼손의 면책 사유가 되는 '공인'에 가까운지 '사인'에 가까운지는 당사자의 직업, 인지도, 위상, 평판 등 여러 가지 요소를 고려해 판사가 판단할 것이다.

'명예훼손'은 공연히,[23] 즉 불특정 또는 여러 사람이 인지할 수 있는 상황에서 사실 또는 허위의 사실을 적시하여 산 사람이나 죽은 사람의 정직성, 성실성, 명성 등을 모욕, 조롱, 사곡邪曲(요사스럽고 교활하게 왜곡)하거나 혐오하게 만들거나 그의 가족, 사업 및 직업에 대해 치욕, 기피, 불명예 등을 유발하게 하는 것을 말한다. 대법원 판례상 공인에 대한 표현의 자유를 폭넓게 인정하고 있다.

우리나라 언론 관련 소송 특성은 최신 데이터인 「2021년 언론 관련 판결 분석 보고서」(언론중재위원회 교육본부 연구팀, 2022)[24]를 보면 잘 파악할 수 있다. 이 보고서에 따르면 2021년 매체 관계자(언론인)에 관한 민사소송 판결(총 188건)에서 70.9%는 '면책免責'되었다. 전체 10건 가운데 7건이나 청구 기각, 각하 등으로 원고의 주장을 받아들이지 않은 것이다. 민사소송의 내용은 명예훼손, 초상권 등 인격권 침해에 관한 것이었다. 피소 주체별 비율은 언론사 단독 피소 39.0%, 언론사와 담당 기자(또는 PD) 공동 피소 29.3%, 담당 기자만 피소는 10.8%였다.

전체 판결 사례 가운데 재판을 제기한 원고의 승소율은 44.1%였으며, 원고 유형에서 '일반인'(52.1%)이 상대적으로 인지도와 영향력이 높은 '공적 인물'(37.7%)보다 승소율이 높았다. 공적 인물이 승소율이 낮은 이유는 공적 인물에 관한 언론 보도의 명예훼손, 초상권 침해 등의 면책 인정 범위가 상당히 넓기 때문이다. 공적 인물public figure은 '공인公人'과 같은 말이며, 필자는 앞에서 명성이 높은 명

〈표 3-7〉 2021년 언론 관련 판결 현황과 특성

구분		비율과 금액
승소율	전체	44.1%
	공적 인물	37.7%
	일반인	52.1%
청구 유형	손해 배상	49.5%
	정정 보도	33.6%
	반론 보도	8.9%
	기사 삭제	6.1%
	추후 보도	1.9%
손해 배상 피소 주체	언론사 단독	39.1%
	언론사·담당 기자·PD 공동	29.3%
	담당 기자 단독	10.8%
청구 금액	평균	9030만 원
	중앙값	3000만 원
인용 금액	평균	882만 원
	중앙값	475만 원

자료: 언론중재위원회 교육본부 연구팀(2022).

사들은 대체로 공인으로 인정받을 가능성이 높다고 제시한 바 있다.

판결이 확정된 사례를 분석한 결과, 대략 9000만 원을 손해배상액으로 청구하여 실제로는 평균 880만 원 정도를 배상받았다. 구체적으로 청구금액이 제시된 2021년 소송 사례 210건에서 원고의 손해배상청구액 평균치는 약 9030만 원, 중앙값은 약 3000만 원, 최빈값은 5000만 원이었다. 이 가운데 청구 인용으로 이뤄진 금전 배상 건수는 72건(34.3%), 평균 인용액은 약 882만 원(2020년 1000만 원), 중앙값은 475만 원(2020년 500만 원), 최빈값은 300만 원, 인용 최고액은 7000만 원이었다.

판결 확정 사례를 포함한 2021년의 모든 청구 사례(425건)를 분석한 결과, 청구 유형은 손해 배상 49.5%(210건), 정정 보도 33.6%(143건), 반론 보도 8.9%(38건), 기사 삭제 6.1%(26건), 추후 보도 1.9%(8건) 등의 순으로 나타났다. 청구 사례에서 원고의 유형은 공적 인물 36.7%(69건), 일반인 25.5%(48건), 기업 14.9%(28건),

종교단체 6.9%(13건), 일반단체 5.3%(10건), 공공단체 4.8%(9건), 국가기관 2.1%(4건) 등의 순으로 분석되었다.

명사의 범주에 속할 수 있는 공적 인물이 가장 많았다는 것이 특징이다. 공적 인물 69건의 직업별 분포는 정치인 33.3%(23건), 전문인 18.9%(13건), 공직자 11.6%(8건), 언론인 7.2%(5건), 연예인 2.9%(2건), 기타 26.1%(18건)로 나타났다. 매체별 소송 사례는 인터넷 매체 147건(56.8%), 방송사 40건(15.4%), 일간신문 30건(11.6%), 불명 26건(10%), 주간지·뉴스통신사 6건(2.3%), 월간지 3건(1.2%), 라디오 1건(0.4%) 순이라고 보고서는 덧붙였다.

디지털 시대에 인터넷 매체가 급증하면서 인터넷 신문에 대한 소송이 가장 많아졌다는 것이 두드러진 현상이었다. '명사들은 특히 인터넷 매체를 주의하라'란 말이 통용될 정도의 통계치가 확인된 것이다. 인터넷 신문에 대한 소송 집중 현상은 인터넷 신문의 보도 아이템 선정과 취재의 문제, 인터넷 신문의 사세나 영향력이 신문사·방송사보다 작은 점 등 다양한 요인이 작용했을 것으로 판단된다.

앞의 데이터를 보면 명사는 명성이 높을수록 공적 인물로 포함되는 경우가 많기에 유념해야 할 메시지를 파악할 수 있다. 바로 공인 또는 공적 인물은 항상 일거수일투족이 미디어의 주목을 받는 존재라서 실명實名으로 표현되는 미디어의 잦은 보도와 비평으로 인해 명예훼손의 피해를 볼 우려가 크다는 것이다. 속보 경쟁 체제에 따른 실시간 보도, 클릭 수를 높이기 위한 어뷰징abusing으로 그 여파는 걷잡을 수 없다. '어뷰징'은 뉴스 생산자가 인터넷의 시간적·기술적 특성인 즉시성을 남용해 트래픽 증가를 목적으로 자극적인 제목, 동일하거나 유사한 제목의 동일 기사를 두 차례 이상 반복해 게재하는 행위를 말한다.[25]

명사는 명예훼손의 피해를 입었다고 해도 미디어에 대한 면책 특권으로 인해 자신의 뜻대로 구제받기 어려우므로 평소 언행과 처신에 신중해야 하며, 항상 미디어와 좋은 관계를 맺고 그것을 유지하려고 노력하는 것이 필요하다. 집중적인 조명과 우호적 보도로 자신을 명사로 성장시킨 것도 미디어지만 부정적인 보도로 자신을 몰락하게 하는 것도 미디어라는 사실을 명심해야 한다. 미디어는 본질적으로 호평과 비판을 병행하는 기능을 하고 있으며, 저널리즘이 제대로 작동할수록 매우 '냉정한 존재'다.

그렇다면 공인에 대한 명예훼손이 면책되는 경우를 상세히 살펴보자. 우리나라 대법원 판례에서 공인의 경우 언론의 보도 내용이 다른 사람의 명예를 훼손했더라도 그 내용이 진실하거나, 악의가 없고 보도할 가치가 있으며, 공정한 논평이면 처벌을 하지 않는다. 이 경우 명사에 적용하면 당사자가 공인에 해당하는지, 누설한 내용이 진실한지, 또는 악의가 있는지 등이 중요한 판단 요소다.

결론적으로 언론인이 공인(공적 존재)에 대한 공적 관심 사안을 다룰 경우, 그 보도가 비방 목적 등 악의가 없이 사실에 의하거나 사실이라고 믿을 만한 상황에 의해, 또는 사실의 확인을 위해 최선의 노력을 다한 상태에서 이뤄졌다면 명예훼손 등의 피해를 줬다 해도 면책되는 경우가 많다. 여기에서 '공적 관심 사안'이란 객관적으로 국민이 알아야 할 공공성과 사회성을 갖춘 사안으로서, 여론 형성이나 공개 토론에 기여하는 내용을 말한다.[26]

형법 310조에도 "만약 언론이 타인의 명예를 훼손했더라도 그 행위가 진실한 사실로서 오로지 공공의 이익에 관한 때에는 처벌하지 아니한다"라고 명시되어 있다. 이렇게 언론에 명예훼손에 대해 일부 면책특권免責特權을 부여한 이유는 앞에서 강조한 대로 헌법에 보장된 언론의 자유를 포괄적으로 보장하기 위한 것이다.

우리나라에서 타인의 명예를 훼손했다면 통상 두 가지 법을 위반하게 되어 형법상 '명예훼손죄', 민법상 '불법 행위'가 성립된다. 피해자의 처지에서는 형법과 민법에서 명예훼손에 대한 구제 제도가 마련되어 있다고 볼 수 있다. 형법의 명예훼손죄 구성요건은 '공연히, 사실 또는 허위의 사실을 적시하여 사회적 평가를 저하할 위험이 있는 경우'에 적용하게 되어 있다. 인격적 가치에 대한 자기 자신의 주관적인 평가, 즉 명예의식 또는 명예감정을 침해하는 행위는 별도로 '모욕죄'로 처벌한다.

민법(764조)의 구성요건은 민법상 고의 또는 과실로 다른 사람의 명예를 훼손한 경우에는 불법 행위가 되어 손해 배상 책임을 지게 될 뿐만 아니라, 피해자

〈표 3-8〉 공인의 명예훼손 관련 주요 판례

구분	판례 내용(대법원, 헌법재판소)
판례1	신문에 보도된 기사의 내용이 허위의 사실이라고 하더라도 행위자가 이를 진실로 믿고 진실로 믿은 데 상당한 이유가 있었으며, 그 행위가 오로지 공공의 이익에 관련한 것인 경우에는 위법성이 조각되고, 상당한 이유가 있는지의 여부를 판단함에 있어서는 기사의 성격상 신속한 보도가 요청되는 것인가, 정보원이 믿을 만한가, 피해자와의 대면 등 진실의 확인이 용이한 사항인가와 같은 여러 사정을 종합적으로 고려하여 판단하여야 한다. [대법원 1997.9.30. 선고 97다24207 판결]
판례2	보도 내용이 진실이라고 믿을 만한 상당한 이유가 있는가의 여부는 기사의 성격, 정보원의 신빙성, 사실 확인의 용이성, 보도로 인한 피해자의 피해 정도 등 여러 사정을 종합하여 보도 내용의 진위 여부를 확인하기 위한 적절하고도 충분한 조사를 다하였는가, 그 진실성이 객관적이고도 합리적인 자료나 근거에 의하여 뒷받침되는가 하는 점에 비추어 판단하여야 할 것이다. [대법원 1998.5.8. 선고 96다36395 판결]
판례3	표현의 자유와 명예의 보호라는 상반되는 두 기본권의 조정 과정에 다음과 같은 사정을 고려하여야 한다. 즉, 당해 표현으로 인한 피해자가 공적 인물인지 아니면 사인(私人)인지, 그 표현이 공적인 관심 사안에 관한 것인지 순수한 사적인 영역에 속하는 사안인지, 피해자가 당해 명예훼손적 표현의 위험을 자초(自招)한 것인지, 그 표현이 객관적으로 국민이 알아야 할 공공성·사회성을 갖춘 사실(알권리)로서 여론 형성이나 공개 토론에 기여하는 것인지 등을 종합하여 구체적인 표현 내용과 방식에 따라 상반되는 두 권리를 유형적으로 형량한 비례관계를 따져 표현의 자유에 대한 한계 설정을 할 필요가 있는 것이다. 공적 인물과 사인, 공적인 관심 사안과 사적인 영역에 속하는 사안 간에는 심사 기준에 차이를 두어야 하고, 더욱이 이 사건과 같은 공적 인물의 공적 활동에 대한 명예훼손적 표현은 그 제한이 더 완화되어야 하는 등 개별사례에서의 이익형량에 따라 그 결론도 달라지게 된다. [헌재 1999.6.24. 97헌마265]
판례4	공인 내지 공적인 관심 사안에 관한 표현이라 할지라도 무제한 허용되는 것은 아니다. 일상적인 수준으로 허용되는 과장의 범위를 넘어서는 명백한 허위사실로서 개인에 대한 악의적이거나 현저히 상당성을 잃은 공격은 명예훼손으로 처벌될 수 있다. 공직자의 특정 정책에 대해 비판적인 언론 보도와 같은 경우 표현의 자유가 폭넓게 보호된다고 볼 수 있다. 보도의 내용이 공직자 개인에 대한 악의적이거나 심히 경솔한 공격으로서 현저히 상당성을 잃은 것으로 평가되지 않는 한, 그 보도로 인하여 곧바로 공직자 개인에 대한 명예훼손이 된다고 할 수 없다. [대법원 2011.9.2. 선고 2010도17237 판결]

의 청구에 따라 손해 배상과 함께 또는 손해 배상에 가름하여 명예를 회복시키기에 적당한 처분을 법원에서 명할 수 있다고 규정되어 있다.[27]

명예훼손에 대한 피해구제는 사람의 생존 여부에 차별을 두지 않기 때문에 현존 명사와 사망한 명사들에 대해서도 공인의 범주일 경우 피해구제를 받을 수 있다. 형법 제309조에는 신문·잡지·방송 및 기타 출판물을 통해 산 사람의 명예를 훼손한 자는 3년 이하의 징역이나 금고 또는 벌금형에 처하며, 죽은 사람의 명예를 훼손한 자는 7년 이하의 징역이나, 또는 10년 이하의 자격정지에 처하도록 규정되어 있다.

보통 미디어나 영상물, 공연물 또는 타인(개인)이 특정인이나 단체 또는 조직의 명예를 훼손했을 경우 당사자의 고발 또는 소송 제기가 있으면 피해구제 절차가 가동된다. 따라서 피해자는 배우, 가수, 스포츠 선수 등 명사에서 일반인 등 개인은 물론 정부, 기관, 조직, 기업 등이 될 수 있다.

미국의 경우 공인에 대한 표현의 자유가 우리나라보다 더 폭넓게 보장되어 피해자가 공인이면 대응이 쉽지 않으며, 피해자에게 증명 책임을 부과하기 때문에 소송도 함부로 하지 못하게 하는 효과를 낳고 있다.[28] 미디어가 공인의 범주인 특정 명사에 대해 보도를 하여 결과적으로 그의 명예를 훼손했다고 판단되었을 경우, '내용의 허위성falsity'과 '과실fault' 외에 '실제적 악의actual malice'('현실적 악의'라고도 칭함)에 대한 입증을 명예훼손 소송을 제기한 피해자가 하도록 책임을 부여하고 있다. 현실적 악의란 언론사와 같은 표현 주체가 실제적으로 악의惡意를 갖고 했다는 것인데, 여기에서 '악의'란 '문제가 된 표현이 거짓이라는 것을 알고도 모른 체하거나 거짓인지 여부를 판단하는 것을 무모하게 무시한 경우'를 뜻한다.

명사의 지위에 따라붙기 마련인 '명예名譽'는 '세상에서 훌륭하다고 인정되는 이름이나 자랑 또는 그런 존엄이나 품위'를 말한다. 그러나 사람은 지위 고하, 신분, 남녀노소, 생사와 관계없이 누구나 명예를 지니기 때문에 명예 보호는 명사만의 권리가 아니라 모든 인간의 기본 권리다.

형법상 명예의 정의는 '사람의 인격적 가치에 대한 사회적 평가'로서 나쁜 일과 추한 행동 등 윤리적인 것에 국한하지 않으며 사람의 신분·성격·혈통·용모·지식·능력·직업·건강·품성·덕행·명성 등에 대한 사회적인 평가, 즉 외부적인 명예를 포괄한다. 특정인이 지닌 진가眞價인 내부적인 명예와는 관계가 없다.

토픽 18 디지털 시대 명사의 '정보보호' 이슈

특정인을 식별할 수 있는 정보가 오프라인이나 온라인에 공개되거나 노출되면 당사자의 평판에 지대한 영향을 미치게 된다. 해당 정보가 특정인에 대한 긍정적 또는 부정적 평가나 이미지 형성 및 변화에 적지 않은 영향을 주기 때문이다. 포털, 인터넷 매체, 블로그, 인터넷 카페, 애플리케이션 등을 통해 실시간으로 개인정보가 유통되고 한번 올려진 정보는 쉽게 지워지지 않는 '웹 시대'에는 더욱 그러하다. 평범한 사람뿐만이 아니라 명사들의 개인적 정보와 평판에 관한 정보도 마찬가지다. 이와 같은 디지털 환경에서 명사들의 경우 부정적 정보가 일단 공개되거나 유출되면 오랜 시간 큰 노력을 통해 축적한 명성이 한순간에 무너지기 때문이다.

명사의 반열에 오른 사람이라면 입소문이나 구설은 시간이 흐르고 세대가 바뀌면 사라질지 모르지만, 뉴미디어 분야의 저술가 라시카Joseph D. Lasica[29]가 말한 것처럼 "인터넷은 절대 망각하지 않는다The net never forget"라는 중대한 사실을 잊어서는 안 된다. 먼저 개인이 운영하거나 관리하는 블로그와 같은 웹페이지에 올린 글, 사진, 동영상은 유출될 경우 피해를 구제받기 쉽지 않다는 것을 알고 관리를 신중히 해야 한다. 위기관리를 잘하여 문제가 될 것으로 예측되는 콘텐츠는 게시하지 말아야 한다. 그러나 그런 과정 없이 일단 어떤 내용이 알려져 문제가 된 경우 위기 대응을 잘해야 한다. 일단 자신이 운영하는 웹페이지를 일시 폐쇄하고 문제가 된 내용을 따로 관리하도록 한 뒤 웹페이지를 정비해야 한다.

네이버, 카카오, 야후, 구글 등 정보통신서비스 제공업자가 운영하는 웹페이지에서 사생활 정보나 명예와 평판을 훼손하는 내용이 게시되었을 경우 명예훼손이란 형사적 처벌과 민사상 불법 행위로 인한 구제 외에도 「정보통신망 이용촉진 및 정보보호 등에 관한 법률」에 따라 정보 주체인 이용자들은 구제를 받을 수 있다. 이 법률에 따르면 정보통신서비스 제공업자는 자신들이 자체적으로 판단을 하여 특정한 게시물이 특정 개인의 명예를 훼손하고 사생활을 침해하는 내용이라고 결정되면 관련 정보를 일시적으로 다른 이용자들의 눈에 안 보이게 하는 '블라인드 처리'와 같은 임시 조치를 취할 수 있다. 특정 개인이나 조직과 같은 정보 주체의 요청이 없어도 정보통신서비스 제공업자의 자체적인 판단으로 가능하다.

정보 주체인 이용자들이 피해를 본 경우는 다른 절차를 밟아야 한다. 여기에는 여기에서 다루는 명사들도 포함된다. 「정보통신망 이용 촉진 및 정보보호 등에 관한 법률」에 따르면 정보 주체가 자신의 권리나 법익을 침해당했으면 이 사실을 소명하여 정보통신서비스 제공업자에게 알림으로써 관련 정보 삭제, 임시 조치 등의 조치를 통해 구제받을 수 있다. 정보통신서비스 제공업자는 이런 문제를 요청한 정보 주체에게 조치 사항을 통보하게 되어 있어 처리 과정과 결과를 알 수 있다. 이런 조치는 엄밀하게 보면 관련 법률에서 강제 사항이 아닌 권고 사항이다. 하지만 정보통신서비스 제공업자가 관련 내용으로 인해 법적 배상 책임을 다투는 소송을 당하면 배상 책임을 면하거나 경감시켜 주기 때문에 서비스 제공업자들이 적극적으로 수용할 가능성이 크다. 관련 정보의 영구 삭제는 정밀한 검토를 거쳐 결정하지만, 블라인드 처리와 같은 임시 조치를 우선 취해줄 가능성이 크기 때문이다. 임시 조치를 취한 게시물은 추가 검토와 분석을 통해 영구 삭제 여부를 결정한다.

이와 별도로 현행 「개인정보 보호법」[30]은 개인정보 관리에 관한 원칙을 마련해 개인정보 침해나 명예훼손 등을 원천적으로 예방하기 위한 제도로서 기능하고 있다. 이 법률에 따르면 개인정보 수집, 동의받은 목적과 다른 목적으로 개인정보 이용, 이용자 동의 없는 개인정보 제삼자 제공, 기술적·관리적 조치 미이행으로 인한 개인정보 누출, 개인정보 취급자의 개인정보 훼손·침해·누설, 개인정보 미파기, 민감한 개인정보 수집 및 최소한으로 필요한 개인정보 이외의 정보를 제공하지 아니했다는 이유에서의 서비스 제공 거부, 법정대리인의 동의 없는 아동 개인정보 수집, 주민등록번호 외의 회원가입 방법 미조치, 개인정보 오류 정정 요청에 대한 필요 조치를 하지 아니하고 개인정보 제삼자 제공 및 이용, 이용자의 동의 철회·열람·정정 요구를 개인정보 수집 방법보다 어렵

〈표 3-9〉「개인정보 보호법」의 주요 내용(2020.8.5. 시행)

정보 주체 권리	개인정보의 처리에 관한 정보 제공권, 이용 동의·선택 결정권, 개인정보 열람권, 처리 정지·정정·삭제 및 파기요구권, 피해 구제권 등 보유
정보 처리자 의무	최소한의 정보만을 합목적적으로 적법·정당·적합하게 수집, 용도 외 사용 금지, 정보의 정확성·완전성·최신성·안정성 보장, 열람청구권 등 정보 주체의 권리 보장, 사생활 침해 최소화(익명·가명 처리 가능)

게 한 행위를 금지하고 있다. 이를 어기면 각 규정에 따라 3~10년의 징역 또는 3000만~1억 원의 벌금을 물릴 수 있다.

언론에 보도된 내용이라면 일단 언론 중재 제도를 적극적으로 활용한다. 언론 중재 및 피해구제 등에 관한 법률에 따르면 잘못된 개인정보가 방송, 신문, 잡지와 같은 정기 간행물과 〈연합뉴스〉, 〈뉴시스〉, 〈톰슨로이터Thomson Reuters〉, 〈블룸버그Bloomberg〉 등과 같은 뉴스 통신, 독자적인 기사를 생산하는 인터넷 매체에 알려지면 언론중재위원회에 신청하여 정정 보도 청구권을 행사할 수 있다. 정정 보도가 결정되면 해당 매체는 보도 당시의 같은 활자 크기와 분량으로 정정 보도문을 게시하는 것이 원칙이다.

물론 정정 보도를 통해 훼손된 명예나 평판, 이미지가 그 이전의 상태로 완전히 복구되지는 않지만, 개인이나 조직의 법익을 보호하기 위해 제도적인 측면에서 구제 시스템을 마련했다는 데에 의미가 있다. 이런 언론 중재 제도는 신청인이 이용할 수도 안 할 수도 있는 선택 사항이다. 다시 말해 언론 중재 제도를 거치지 않고 곧바로 민·형사 소송을 제기해 법적 판단을 구할 수 있다는 뜻이다. 그러나 공인의 경우 공적 가치와 영향력으로 인해 해당 보도 내용이 사실이거나 사실에 부합한다고 판단될 경우 언론의 자유를 존중하여 구제받기 어렵다.

정보통신서비스 제공업자나 언론 매체가 운영하는 웹페이지나 뉴스 사이트의 보호제도를 떠나 하루빨리 정보 주체의 '잊힐 권리Right to be Forgotten'가 널리 보장되는 시스템을 구축하는 것이 필요하다. 잊힐 권리는 인터넷이나 웹페이지 이용자가 네이버, 카카오 등의 포털 게시판이나 페이스북, 트위터, 인스타그램 등 소셜네트워크서비스SNS에 올린 게시물을 지워달라고 요청할 수 있는 권리다. 시간이 지나 현재는 부적절한데 여전히 온라인에 게시되어 있는 개인 관련 정보를 삭제해 달라고 요구할 수 있는 권리인 것이다. 2014년 5월 유럽사법재판소ECA의 한 판결을 통해 확립되기 시작한 정보 주체의 권리다.[31]

유럽연합은 ECA의 판결 이후 각고의 노력 끝에 회원국들의 강력한 의지를 담아 개인정보 주체의 권리 강화가 골자인 새로운 개인정보 보호법GDDR, General Data Protection Regulation을 마련해 2018년 5월 25일부터 시행했다. 위반 시 과징금이 부과된다. GDDR에 따르면 정보 주체는 열람 청구권 외에도 정보이동권 등 새로운 권리를 갖게 되어 자신의 정보에 대한 통제력이 강화되었다.

깨알 같은 개인들을 고객으로 하는 기업은 개인정보보호책임자DPO를 지정하고 개인정보 처리 활동을 기록 및 유지하며 개인정보 영향평가를 시행해야 한다. 그러나 잊힐 권리의 문제는 국가별로 표현의 자유와 상치되는 등의 논란이 커서 유럽연합을 비롯한 몇몇 국가 외에는 아직 국제적인 수준에서 권리 보장의 제도화를 위한 진전이 이뤄지지는 못하고 있는 것이 현실이다.

우리나라도 위에서 언급한 법률 외에 이용자가 요청할 경우 해당 게시물을 차단해 주는 권리를 제도적으로 도입하기 위해 노력하고 있지만 아직 구체적인 성과물은 없는 상태다. 방송통신위원회가 2016년 6월 29일 '잊힐 권리 가이드라인'을 만들었지만, 학계, 업계, 이용자로부터 의견일치consensus를 이뤄내지 못했다.

그 '잊힐 권리 가이드라인'에 따르면 인터넷 이용자(작성자가 사망했을 때는 권리 대행자)는 댓글을 포함해 본인이 작성한 글이나 사진, 동영상 등 게시물을 다른 사람이 볼 수 없도록 게시판 관리자에게 요청할 수 있다. 이용자가 요청하면 관리자는 블라인드 처리를 하고, 요청 사항이 거짓으로 밝혀지면 원상으로 복구한다. 물론 요청이 있더라도 공익적 목적이나 다른 법률 등에 의해 삭제가 금지된 글은 운영 주체가 차단을 거부할 수 있다.

제4장

명성의 심리학

토픽 19 명사와 스타, 그리고 '명사 스타덤'

명사가 되면 그 가운데 상당수가 그 이전과 위상이 달라져 '스타star'의 지위를 누린다. 스타는 유명인사의 한 범주로서 대중들에게 공인된 성공과 인지도를 누리는 사람을 의미한다. 이 용어는 특정 직업에서 공적인 역할을 하는 것으로 알려진 사람들을 묘사하는 데 사용되어 왔다.[1]

그러나 대중들은 오늘날에는 명사의 요건에 대해 대중의 주목을 끄는 것 이상의 특별한 업적을 요구하지 않을 수도 있다.[2] 미디어가 발달하면서 미디어를 통해 단지 잘 알려지기만 해도 그런 사람들을 스타라 부르는 개념이 확산되고 있기 때문이다. 이 경우 다소 경멸적인 의미로도 해석될 수 있다.

「옥스퍼드 영어사전OED」[3]에 따르면 스타는 "아주 유명하거나 재능 있는 연예인이나 스포츠 선수" 또는 "한 집단에서 눈에 띄게 성공한 사람이나 사물"을, '스타덤stardom'은 "매우 유명하거나 재능 있는 연예인이나 스포츠 선수가 되는 상태나 지위"를 의미한다. 「케임브리지 영어사전」[4]은 스타를 "매우 유명하고 성공적이며 중요한 사람, 특히 음악가, 배우 또는 스포츠 선수와 같은 시연자", 스타덤을 "가수, 배우 등으로 유명해지는 자질"로 규정하고 있다. 아울러 「롱맨 영어사전」[5]은 스타를 "유명하고 성공한 배우, 음악가, 운동선수", 스타덤은 "유명한 실연자로서의 상태나 지위"라 정의하고 있다.

'star'라는 말은 독일어에 뿌리를 둔 고대 영어 'steorra(별)'에서 기원한다. 이 말은 인도유럽어에서 유래한 라틴어 'stella'와 그리스어 'astēr', 네덜란드어 'ster'와 독일어 'stern'와 관련이 깊다. 모두 항성恒星으로서 '별'이나 '별과 모양이 같은 것'을 의미하는 것이었다. 이후 현세의 인간the human과 이세의 천국the heavenly을 연관시키려는 서구 문화의 오랜 경향 때문에 하늘의 '별'은 사람으로 쉽게 의인화되었다.

연극사학자인 일리노이대학교 피터 데이비스Peter Davis 교수에 따르면 '스타'가 지도자란 뜻으로 의인화하여 널리 사용된 것은 중세로 거슬러 올라간다. 영국 극작가 윌리엄 셰익스피어William Shakespeare도 켈트족 신화인 레어왕King Leir의 전설을 기반으로 1605년 써서 1608년 간행한 비극 「리어왕King Lear」에서 "마치 우리가 필요에 따라 악당이고, 하늘의 강요에 의해 바보인 것처럼, 우리는 태양, 달, 별에 대한 우리의 재앙을 죄로 삼는다We make guilty of our disasters the sun, the moon, and stars, as if we were villains on necessity, fools by heavenly compulsion"라고 한탄하는 표현을 했다. 이는 본격적인 의인화는 아니지만 인간세계와 천체세계를 연계한 암시적 표현이다.

'영시의 아버지'로 불리는 영국 시인 제프리 초서Geoffrey Chaucer는 시 「영예의 집」(1372)에서 별을 사람에 빗대어 '스타'란 용어를 처음 사용했다. 문헌 기록상 현재까지 첫 의인화 표현 사례로 분석된다. 이어 프랑스 극작가 몰리에르Molière는 1662년 코미디극 〈아내들의 학교〉에서 주인공 아그네스를 묘사하는 말로 사용했다(Garber, 2017). 다음은 그들의 당시 표현이다.

> "오, 자연을 만드신 하나님", 몽상가는 생각합니다. "나는 다른 방법으로 죽지 않는가? 조브가 나를 스타로 바꿔줄까요?"O God Who made nature", the dreamer thinks,

"am I to die in no other way? Will Jove transform me into a star?"(Chaucer, 1372).

매우 많은 매력으로 장식된 이 젊은 사랑의 별this young star of love, adorned by so many charms(Molière, 1662).

별이 유명하거나 뛰어난 배우를 지칭하는 의미로 사용된 것은 문헌 기록을 살펴볼 경우 1700년대로 추정된다. 이렇게 배우 가운데 스타로 처음 언급된 사람은 18세기 영국의 연극배우 데이비드 개릭David Garrick이다.[6] 런던과 더블린에 있는 히스토리컬 시어터는 1761년 개릭에 대해 "저 연극계 태두泰斗가 곧 첫 번째 등급의 별이 되었습니다That Luminary soon after became a Star of the first Magnitude" 라고 평가했다.

개릭은 다시 1765년 ≪신사와 런던의 매거진The Gentleman's and London Magazine≫에도 등장하며 스타로서 명성을 드높였다. 이 잡지는 "이 밝은 별bright star이 동부에 나타난다는 소문은 빠르게 퍼지는 번개처럼 마을에 날아들었고, 그곳에서 모든 연극의 동방박사Magi(예수 탄생 때 동쪽에서 별을 보고 찾아와 아기 예수에게 경배하고 황금, 유향, 몰약을 바친 세 사람)가 그의 새로 태어난 천재적인 아들new-born son of genius을 위해 헌신하였다"라고 보도했다. 여기에서 '밝은 별'과 '새로 태어난 천재적인 아들'은 개릭을 뜻한다.

스타가 군대 계급의 마크로 사용된 것은 이보다 앞서는데, 1780년 미국 군대의 복제 규정이 바뀌면서 이때부터 일반 장교들에게는 '은색 별'을 달도록 했으며 장군들은 어깨 부분의 견장에 별 두 개를 부착하도록 했다.[7]

「옥스퍼드 영어사전」은 'star'가 하늘의 별이란 뜻을 넘어 '명예나 재능이 뛰어난 사람'이란 의미로 사용된 것은 1779년이라 설명한다. 그런데 역시 용례가 배우 개릭에 관한 것이다. 이 사전 예문에는 『조지 셀윈과 그의 동시대인: 기억과 기록George Selwyn and His Contempories Vol. 4: With Memoirs and Notes』[8]의 일부분(1779년의 기록)을 인용해 개릭이 등장한다. 여기에는 "그[개릭] 존재의 앞에서 감소된 광선을 숨긴 작은 별들이 그를 괴롭히기 시작한다The little stars, who hid their

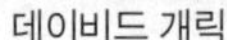
데이비드 개릭

조지 A. 셀윈

diminished rays in his[Garrick's] presence, begin to abuse him"라고 표현되어 있다. 조지 오거스터스 셀윈George Augustus Selwyn은 영국 국회의원을 지낸 정치가다.

19세기 초에는 유럽과 미국을 순회하던 극단들이 하나의 작품을 장기 공연하여 많은 돈을 벌면서 여유가 생기자 주연 배우들을 배려하기 위해 독방을 배정하고 그 출입문에 '별표'를 붙여주면서 인기 배우를 '스타'라고 부르는 관행이 확산되었다.[9] 이른바 공연장이나 그 주변에 주연 배우를 예우하기 위한 '스타의 방'이나 '스타의 대기실'이 생긴 것이다.

요즘에도 MBC 일산 스튜디오와 같은 지상파 방송사의 드라마 스튜디오를 보면 미니 분장실과 간이침대가 딸린 주연 배우용 '스타의 방'이 여러 개가 마련되어 있다. 주연 배우의 경우 드라마의 비중이 많고 촬영 시간이 낮은 물론 새벽까지 이어질 만큼 길기 때문에 가면, 휴식, 재충전, 준비를 위한 용도로 제공되고 있다.

특히 1820년대에는 영국과 미국에서 관객 동원 붐이 일어나 연극 마케팅을 위해 출연 배우 홍보를 본격화하면서 주연 배우를 '스타'로 격상시켜 부르는 것이 보편화했다(Garber, 2017). 이때 미국에서는 이런 마케팅 전략에 따라 에드먼드 킨Edmund Kean, 조지 프레더릭 쿡George Frederick Cooke, 찰스Charles, 패니 켐블Fanny Kemble과 같은 배우들이 잘 팔려나갔다. 영국에서 전성기가 지났다고 여겨진 배우들은 미국으로 무대를 옮겨 상당수가 재기했다.

「옥스퍼드 영어사전」은 추가적으로 1824년 'star'의 용례에서 "반구에 있는 하나의 별이 그에게 사람들로 붐비는 집을 만들어주느라 어찌할 줄 몰랐다 [⋯] was at a loss for a star in the pugilistic hemisphere to produce him a crowded house"라고 표현했다.[10] 「온라인 어원사전Online Etymology Dictionary」에 따르면 star가 '주도적인 연기자(공연자)'란 뜻으로 사용된 것은 1824년이다.[11] 이 말이 인기를 크게 얻었거나 유명해진 영화배우를 뜻하는 '영화 스타'의 의미로 처음 사용된 것은 1914년 무렵부터다.

이 같은 유명배우의 스타 호칭 관행은 무성영화가 발성영화talkie에게 자리를 내준 것처럼 연극계에서 영화계로 이어졌다. UCLA 영화 텔레비전 아카이브UCLA Film and Television Archive의 얀 크리스토퍼 호라크Jan-Christopher Horak 감독이 고찰한 것처럼, 초창기 영화에서는 연극배우들의 상당수가 신기술 적응에 어려움을 겪어 그 영화에 출연한 배우의 이름을 밝히지 않았지만, 영화도 홍보와 배우의 인기를 생명으로 하기에 사정이 금방 달라졌다. 제닌 베이싱어Jeanine Basinger는 저서 『스타 머신The Star Machine』에서 "잠재적 스타덤potential stardom인 눈에 띄는 '불빛glow'은 영화 역사 초기부터 존재했다"라고 말했다(Garber, 2017).

현대 영화에서 스타는 기술 발전의 산물로 재탄생했다. 근접 촬영과 확대 촬영술로 TV 화면이나 스크린을 통해 바로 곁에 있는 사람처럼 배우를 보여줬기에 배우를 허상의 이미지가 아닌 실물로 인식하게 되었고, 이로써 배우에 대한 사랑, 숭배, 애착이 더욱 강화되었다. 촬영 기술이 발달하고 이미지와 소리가 영화 경험의 일부가 되면서 배우의 새로운 페르소나personas의 창출이 가능해졌기 때문이다.

헬렌 피터슨Anne Helen Petersen은 저서 『클래식 할리우드의 스캔들: 미국 영화 황금기의 섹스, 일탈, 드라마Scandals of Classic Hollywood: Sex, Deviance, and Drama From the Golden Age of American Cinema』에서 "초기 영화기인 20세기 초에는 카메라의 부피가 크고 다루기 힘들어 배우의 전신사진 이상을 촬영하기 어려웠지만 기술 발달로 카메라가 개선되면서 배우들의 얼굴과 인간성을 강조하는 클로즈

찰리 채플린

플로렌스 로런스

업이 흔해져 배우 얼굴을 가깝게 볼 수 있게 되었고 그들에 대한 감탄과 애정의 감정이 커졌다"라고 말했다(Garber, 2017).

미국 영화 초기에 찰리 채플린Charlie Chaplin과 같은 배우들이 이미 스타로 명성을 떨쳤지만 전형적인 할리우드의 스타 시스템에 의해 탄생한 연예계 스타는 1906년 영화에 데뷔한 캐나다 출신 미국 영화배우 플로렌스 로런스Florence Lawrence다. 그는 최초의 영화 스타로 불리는데, 공식적으로 기록된 미국의 첫 번째 영화배우였다.

스타는 이렇게 점차 '뛰어난 연예인의 배우, 가수 등 또는 이름이 대중에게 특별한 매력으로 광고되는 사람'이란 의미가 추가되어 정착되었다. 오늘날 스타의 전제 조건은 '흥행hit'이다. 배우는 그 이름이 히트하는 순간 관련 기사, 광고, 리뷰 등 텍스트의 모든 항목에 동일한 가중치가 부여되기에 한번 히트하면 그나 그녀의 스타 텍스트는 계속해서 형성되고 재구성된다.[12]

스타는 이처럼 19세기 초까지는 극장, 스포츠 분야에서 뛰어난 재능을 보인 사람들을 대중적으로 논의할 때 사용되었지만 20세기 들어 미국 할리우드에 스튜디오 시스템이 도입되자 영화 스튜디오에서 가장 유명하고 인기 있는 배우들을 흔히 지칭하게 되었다. 그러면서 엔터테인먼트 분야의 성공적 인물을 묘사하는 말로 확대되어 사용되었다. 현재 미국 할리우드의 '명예의 거리Walk of Fame'에는 성공한 배우들을 기념하기 위해 연분홍색의 '오각형 별pentagrams'이 채워져 있다.

아울러 스타는 텍스트뿐만 아니라 내러티브의 대상이다. 리처드 다이어Richard Dyer는 먼저 스타를 텍스트뿐만 아니라 내러티브의 대상으로 인식했다(Dyer, 1979). 다이어는 "스타의 이미지는 스튜디오가 광범위한 매체에 걸쳐 만들어낸 대중문화적 산물의 집합체"(배우의 영화와 텔레비전에서의 역할, 인터뷰, 라디오 출연, 광고, 출판물, 가십, 타블로이드 신문, 리뷰를 모두 포함)라며 "시각적, 언어적, 청각적 신호의 종합적 배열로 미디어 텍스트 전반에 걸쳐 발견되며 대중들이 공식적으로 접할 수 있는 영화배우로서의 신호와 정보를 통해 구축된다"라고 보았다.[13]

줄리아 로버츠

다이어와 달리 폴 맥도널드Paul McDonald는 유명 배우인 줄리아 로버츠Julia Roberts, 톰 행크스Tom Hanks, 윌 스미스Will Smith 등에 대한 사례연구를 통해 보다 산업적인 맥락에서 스타덤을 통찰했다.[14] 맥도널드의 연구는 대표적으로 『스타 시스템: 할리우드의 대중적 정체성 제작The Star System: Hollywood's Production of Popular Identities』(2000)과 『할리우드 스타덤Hollywood Stardom』(2013)이 있다. 그의 관점은 할리우드 영상산업과 스타 시스템, 엔터테인먼트와 정치, 스타들이 개척한 활동 공간인 플랫폼platform의 메커니즘에도 초점을 두었다. 이는 배우 조지 클루니George Clooney 연구서[15]에서도 잘 드러난다.

다이어와 맥도널드의 공통된 관점은 스타가 처한 모순과 이중성에 관한 통찰이다. 이들은 "스타들에게 가장 주목할 만한 것은 그들이 항상 '평범ordinary'하면서도 '비범extraordinary'한 것이라는 모순에 의존하며 살아간다"는 것이라고 말했다.[16] 인간 개인으로서는 평범하지만 미디어에 의해 특별하게 또는 환상적으로 구축되는 이미지가 스타라는 것이다. 그래서 스타는 태어나는 것이 아니라 구축되는 것이란 다이어의 관점에서 볼 때 스타의 품질은 '진정성authenticity'의 확보 및 배양과 직결된다.[17]

보다 넓은 범위와 수준에서 접근한 셔윈 로즌Sherwin Rosen은 스타에 대해 "뛰어난 재능을 발휘해 엄청난 돈을 벌고 그들이 관여하는 활동을 지배하는 상대적 소수의 사람들"이라 정의했다.[18] 이러한 여러 정의 등을 고려하면 스타는 특정한 분야에서 뛰어난 능력을 발휘하는 대상을 지칭하는 말로 사용되었다. 스타라는 말은 그러나 대체적으로 정치, 경제, 사회 등 일반적 분야의 명사보다 예술, 엔터테인먼트, 스포츠 분야의 명사를 의미하는 말로 사용되는 경향이 많다.

우리나라도 일찍이 내·외국인 스타를 배출했다. 조선 후기 '달문達文'은 공연예술 분야에서 최고의 인기를 누린 톱스타였다. 그는 실존 인물로 세종대왕의 셋째 아들인 안평대군安平大君의 후손이라 전해진다. 외모는 비록 매우 추하다 못해 흉측했지만,[19] 숭어 뛰기나 자반뒤집기가 연상되는 남사당놀이의 살판과 같은 '팔풍무八風舞', 산대 위에 인형을 놓고 돌리는 '만석중놀이', 철괴鐵拐(쇠지팡이)를 짚고 호리병을 든 모습으로 묘사되는 중국 신화 속의 나이든 신선 이철괴李鐵拐를 흉내 내는 탈춤인 '철괴무'에 능하며, 말재간도 매우 뛰어나서 대중의 인기를 사로잡았다.[20] 달문의 또 다른 이름은 '광문廣文'이다.

달문의 톱스타로서의 면모와 예술적 역량을 살펴볼 수 있는 문헌자료는 홍신유의 「달문가達文歌」, 박지원의 「광문자전廣文者傳」과 「서광문전후書廣文傳後」, 이규상의 「달문達文」, 이옥의 「달문達文」, 조수삼의 「달문達文」 등 모두 6종이다. 그 가운데 박지원의 「서광문전후」에 따르면 달문은 전라도, 경상도의 여러 고을로 순회하며 공연했는데 가는 곳마다 떠들썩할 정도로 인기가 높았다. 다른 문헌에도 이런 양상이 소개되었다.

달문은 1707년 서울에서 전주 이씨 양반 집안의 자제로 태어났으나 세 차례 내리 상喪을 당해 집안이 몰락했다. 하는 수 없이 거지처럼 유리걸식遊離乞食을 하면서 타고난 끼와 예능을 무기로 재인才人의 길로 들어섰다. 외모가 흉하며 어리숙하다고 놀림을 받았지만 인정, 덕德, 신의, 의협심이 깊어 약방과 남의 집에서 사환 노릇도 하고, 기생들과 우정 관계를 유지했다.[21]

달문은 온갖 고초에 삶에 회의를 느낀 나머지 51세 때인 1757년쯤 영남으로 내려가 살면서 7년간 팔도를 순회하며 전국적 스타로서의 명성을 얻었다. 사색

문학과지성사의 동화책 『광대 달문』(2015)[22]의 표지(왼쪽)와 내용에 처음 묘사된 달문의 모습. 외모는 몹시 추하지만 재주가 많고 후덕하며 익살스러운 캐릭터를 잘 표현했다. 이 책의 공동 저자인 일러스트레이터 홍선주가 옛 문헌의 서술을 보고 창작했다.[23]

당파 가운데 하나인 소론少論의 세력 회복을 위해 이태정李太丁이 1764년 경상도에서 주동한 역모 사건에 연루되어 함경도 경성에서 귀양살이를 했다.[24] 그는 비록 힘이 약한 천민으로서 소론계의 정치적 이용 대상이었지만 민중들에게는 지극히 선한 데다 호탕한 성품의 소유자로 통용되어 명성이 자자했던 조선의 '영웅'이었다(김정섭, 2020a).[25]

달문이 당시에 어느 정도 인기가 있었는지는 「달문가」의 "가는 곳마다 사람들 그의 얼굴 알아보고", "이름이 벌써 온 나라를 들썩이다가", 「광문자전」의 "그가 공연하면 싸우던 사람들도 웃고 화해하고 가 버렸다"라는 구절만 봐도 알 수 있다. 공연하는 예인으로서 당시 그가 선보인 관객 동원 능력과 누린 스타덤 및 팬덤의 수준은 「달문가」와 「광문자전」에 나온 구체적인 표현을 통해 가늠해 볼 수 있다.

먼저 「달문가」에 나온 달문의 관객 동원 능력이다. "산대놀음의 좌우부에 장안의 소년 무리가 운집했다", "통신사 무리 500~600명이 빽빽이 모인 동래, 부산에 홀연 달문이 어디에서 나타나자 고을 사람들 달문을 한번 보자고 가는 곳마다 몰려 떼를 이뤘네", "동쪽으로 금강산 비로봉 서쪽으론 백두산 꼭대기, 구경 나온 사람들로 담장을 둘러친다"라는 표현에서 대단했던 톱스타였음이 명증된다.

이어 「달문가」에 나온 달문의 스타덤을 살펴보자. "기생들 역시 그의 이름을 들었던 터, 한번 보고 크게 반가워하며 한껏 뽐내다가 애교로 바뀌어 슬슬 기고 고분고분 하는구나!", "이리저리 발길이 닿는 대로, 동쪽으로 금강산 비로봉 서쪽으론 백두산 꼭대기, 가는 곳마다 사람들이 그의 얼굴 알아보고", "이름이 벌써 온 나라를 들썩이다가"란 표현에서 구체적으로 드러난다.

「달문가」에 나온 달문의 팬덤 수준은 "장안의 소년 무리가 광문을 상석上席에 앉히고 귀신이나 모시듯 떠받드네", "동래, 부산에 홀연 달문이 어디에서 나타나자 모두 전처럼 은근히 맞이한다", "서로들 잡아끌어 집으로 데리고 가서, 안주는 수북수북 술잔이 넘치는데"란 표현에서 확인할 수 있다.

「광문자전」에서 달문의 스타덤은 "한양(서울)의 이름 있는 기생들은 광문(달문의 또 다른 이름)이 소리를 함께 맞추지 않으면 한 푼의 가치도 없는 것과 마찬가지였다", "싸움판에 가담해 무어라 중얼거리며 땅에 줄을 그으면서 옳고 그름을 따지는 척하며 공연을 하니 싸우던 사람들도 웃고 화해하고 가 버렸다"라는 표현에서 두드러진다. 특히 타인에게 유희를 제공하는 것을 업으로 하며 스타의 반열에 오르기도 하는 기생들이 가장 좋아한 톱스타였다는 점에서 당시 그가 얼마나 재기가 뛰어나고 인기가 많았는지 알 수 있다.

「광문자전」에서 달문의 팬덤은 "한양 기생 운심雲心이 즉시 일어나 옷을 갈아입고 광문을 위해서 칼춤을 췄다"와 "우림아羽林兒와 각 전殿의 별감別監들과 부마도위駙馬都尉 등의 손님 일행이 다시 광문과 벗이 되길 청하고는 떠나갔다"라는 표현에서 확인할 수 있다. 그는 비록 가난한 데다 추남이었지만 한양 기생 운심을 안달이 나게 하고 권세가 높아 전혀 아쉬울 것이 없는 당대의 양반들이 친구가 되기를 청할 정도로 인기가 높은 예인이었다는 것을 알 수 있다.

외국인의 경우 조선 효종 때인 1653년(효종 4년) 여름 상선 스페르버르Sperwer호를 타고 일본으로 항해하다가 폭풍을 만나 제주 대정현에서 배가 좌초되어 살아남은 네덜란드 동인도회사의 서기관 헨드릭 하멜Hendrik Hamel 일행이다.[26] 하멜 일행 36명은 제주 해안인 대정현에 다다른 뒤 제주성, 전라도, 충청도를 거쳐 서울로 압송되어 효종을 알현謁見했는데, 당시 효종이 고국 송환 간청을 뿌리

네덜란드에서 발간된 암스테르담 스티흐터르 판(Rotterdam Stichter version) 『하멜 보고서(Hamel's Report)』(1668)에 삽입된 하멜 일행의 효종 알현 장면 삽화.

친 채 먼저 네덜란드의 춤을 추고 노래를 불러보라고 명했다.[27] 개항기 무렵 조선에서 열린 첫 외국인 공연이었던 것이다.

이들은 외국인이라서 금발, 장신, 거구란 외형만으로도 조선 백성들의 화제가 되었는데, 전문 공연 예술인은 아니었지만 공연을 잘한다는 소문까지 나서 금세 장안의 스타로 떠올랐다. 공연 이후 팬덤이 형성되어 순회공연을 하게 된 것이다. 1650년대 외국인 표류객들이 선보인 기예에 이방인에 대한 근원적인 호기심이 곁들여져 연예인처럼 당대 사대부 귀족사회는 물론 서울 거리의 명사가 된 것이다.

「효종실록」에는 "하멜 일행 가운데는 (개인기를 발휘해) 코로 퉁소를 부는 자도 있었고, 발을 흔들며 춤추는 자도 있었다"라고 적혀 있다. 이때 이들이 선보인 춤은 양쪽 다리를 번갈아들고 어깨를 들썩이며 추는 포크댄스(민속춤)로 파악되며, 검술은 동인도회사 사람들이 많이 하던 것과 같은 장도長刀로 기사도처럼 겨루는 형식이었을 것으로 추정한다(김정섭, 2022).

당시 공연의 반응이 좋아서 하멜 일행은 매일 사대부 귀족들의 잔치에 초대받아 네덜란드 춤과 검술 솜씨를 선보였다. 하멜은 귀국 후 펴낸 여행기에 "조선 처자들은 우리가 노는 솜씨를 보기 위해서 구경하고 싶어 했다"라고 자신의 퍼포먼스 기량을 은근히 과시했다. 이 내용은 효종의 사위인 정재륜鄭載崙이 궁궐을 출입하면서 쓴 『동평위 공사견문록東平尉 公私見聞錄』(1675~1720)에도 기록되어 있다.

토픽 20 사람들이 명사들을 좋아하는 이유

2018년 10월 26일 오후 7시 서울 잠실체육관. 팔순을 앞둔 오페라의 거장 플라시도 도밍고Plácido Domingo의 서울 순회공연을 앞두고 관객이 구름처럼 몰려들었다. 체육관의 객석은 남녀노소 가릴 것 없이 다양한 부류의 인사들로 가득찼다. 그가 등장하고 노래를 부르고 퇴장할 때마다 격한 환호성이 울려 퍼졌다. 다소 힘겨워하는 거장의 표정에 더 큰 박수와 울림이 뒤따랐다. 필자의 목격담이다.

이날 관객들은 콘서트 무대의 에너지는 예전만 못해 아쉽다고 느꼈지만 명성이 지대한 그를 직접 보기만 하는 것만으로도 흡족해하는 표정이었다. 게다가 우리의 대표적인 가곡을 선곡해 부른 것에 깜짝 놀랐을 뿐만 아니라 크게 감동하는 모습이었다. 도밍고는 그에게는 매우 낯선 「그리운 금강산」이란 노래를 안경을 끼고 악보를 보면서 불렀다. 한국 공연을 위해 특별히 준비한 이벤트 레퍼토리 같았다.

이 얘기는 하나의 사례에 불과하지만, 이렇듯 사람들은 명사를 좋아한다. 어떤 이들은 심지어 광적으로 흠모하고 좋아한다. 그들이 등장하면 조건반사적인 호감을 나타내고 온통 그들에 관한 이야기로 일상 대화의 상당 부분을 채운다. 유행을 고려할 때 요즘에는 문화예술과 스포츠 분야의 명사에 관한 얘기가 가장 많겠지만 정치, 경제, 사회 분야 명사에 관한 화제도 만만치 않다. 그렇다면 사람들은 왜 명사를 좋아할까? 본질에서는 같은 사람인데 이름이 많이 알려졌다는 것만으로 그나 그녀를 그렇게 좋아하는 이유는 무엇일까?

그것은 명사가 지명도知名度, 인지도認知度, 주목도注目度, 친숙도親熟度, 친밀도親密度가 높은 사람이라고 정의되는 점을 고려할 때 사람들이 이들을 실제 오프라인이나 온라인, 대중매체 등을 통해 직간접적으로 자주 접함으로써 어느새 자신이 실제 만나본 것처럼 친근해져 좋아하는 마음을 갖게 되기 때문이다.

우리가 영화배우, 음악가, 운동선수와 같은 명사들을 좋아하고 대면, 연결, 편지 등을 통해 교감하면서 그들의 활동을 더욱더 매력적으로 느끼는 이유는 심리학자 카를 구스타프 융Carl Gustav Jung이 말한 '집단 무의식collective unconscious'이 작동하고 있기 때문이다.[28] 명사를 좋아하는 것은 인류의 역사와 문화를 통해 경험적, 반복적으로 공유된 정신의 뿌리라는 것이다. 명사를 일상에서 접하는 것이 어려운 현실에서 대중들은 공유하는 집단 무의식의 자연스러운 학습에 따라 미디어를 통해 반복적으로 노출되는 이미지를 매일 보고 교감하는 듯한 친근감과 애착을 느낀다.

그들을 알아차리는 것과 관련된 어휘가 다양하여 우연히 명사를 만나면 그것을 설명할 때 어떤 용어를 써야 하는지 고민하는 경우도 있다. 지명도는 '세상에 이름이 널리 알려진 정도', 인지도는 '어떤 대상을 알아보는 정도', 주목도는 '관심을 두고 주의 깊게 보는 정도', 친숙도는 '친하여 익숙하고 허물이 없는 정도', 친밀도는 '지내는 사이가 매우 친하고 가까운 정도'를 뜻한다.

문화사적으로 접근할 경우 사람들이 명사를 좋아하는 이유는 인간이 만들어 놓은 문화 체계나 신념 체계에서 쉽게 찾을 수 있다. 인간은 특별한 명예, 자부심, 긍지, 실력, 업적, 그 밖의 능력과 가치에 대해 존중하고 숭앙하는 문화를 만들어왔다. 로마의 율리우스 카이사르Gaius Julius Caesar, 카르타고의 한니발Hannibal 장군, 마케도니아의 알렉산더 대왕Alexander the Great, 미국의 에이브러햄 링컨Abraham Lincoln, 독일의 비스마르크Otto von Bismarck, 레오나르도 다빈치Leonardo da Vinci, 베토벤Ludwig van Beethoven, 셰익스피어, 피카소Pablo Picasso, 이사도라 덩컨Isadora Duncan, 헨리크 입센Henrik Ibsen, 오드리 헵번Audrey Hepburn, 펠레Pele, 고상돈…….

세계사적으로 고비마다 등장한 불세출의 영웅이나, 순풍을 맞이하듯 시대의 흐름을 타고 부상했거나, 훗날 재평가되어 지대한 명성을 얻은 스포츠와 예술계 명사들은 역사가 많이 흐른 훗날에도 숭배의 대상이 되었다. 문화는 인간의 교감과 소통의 산물이기에 교감과 소통을 하는 동물인 인간에게 문화 체계는 공통 관심사의 반영일 수밖에 없다. 따라서 명사는 곧 문화 체계의 주요한 요소며 문화 체계를 상징하는 다양한 가치를 담고 있다.

그래서 우리는 명사가 가진 실력, 능력, 명예, 평판, 가치 등 유무형의 자산

〈표 4-1〉 사람이 명사를 좋아하고 숭배하는 이유

- 사람들이 명사를 좋아하는 이유는 인간이 만든 문화·신념 체계에서 기인한다. 명사는 이 체계의 주요 요소로 이를 상징하는 다양한 가치를 담고 있다.
- 인간은 인간의 특별한 명예, 자부심, 긍지, 실력, 업적, 그 밖의 능력과 가치에 대해 존중하고 숭앙하는 문화 체계와 신념 체계를 역사를 통해 만들어왔다.
- 명사 숭배의 구체적인 이유는 명사가 가진 실력, 능력, 명예, 평판, 가치 등 유무형의 자산에 대해 부러워하고 감탄하는 체계가 만들어졌기 때문이다.
- 사람은 평소에 많이 봐서 익숙해진 대상에 대해 '애착'을 느끼기에 명사에 대해서도 호감을 갖고 숭배하는 단계에 이르게 된다(Bowlby, 1969; Vermigli and Toni, 2004).
- 사람은 '죽음'에 대한 공포와 불안을 없애려고 사회의 문화 체계를 따르며 살아간다. 명사 숭배도 그런 문화 체계 순응의 일환이다(Greenberg and Arndt, 2012).

에 대해 감탄하고 숭배한다. 명사들이 가진 것들은 다른 평범한 사람들은 쉽게 가질 수 없기에 그런 성취의 상징을 더욱 특별하게 떠받든다. 명사가 가진 것들을 획득하지 못한 사람들은 그들을 추종하거나 닮아가고자 노력한다.

자신들의 존재감과 가치를 존중받으려는 희망의 실현과 그것에 대한 만족감에서, 때로는 간접적인 소유욕 때문에, 때로는 대리 만족을 경험하기 위해 명사들과 어울리고 그들과 함께한 사진과 기록을 소장하려고 한다. 이런 정서와 욕구는 집단적 가치 체계를 형성하며 때로는 정도가 지나치면 열성팬 같은 집단 증후군으로 발전한다.

인간은 유한한 존재임을 알기에 자신들의 문화 체계에 순응하고 복종하며 살아간다는 것이 이런 분석의 근거다. 제프 그린버그Jeff Greenberg의 '공포관리이론terror management theory'에 따르면 인간은 죽음이란 공포에 대해 불안감을 가지고 있으므로, 그 불안감을 없애려고 죽음을 부정하려는 목적에서 문화 체계에 바탕을 둔 상징적인 세계관 안에서 적응하며 살아가고자 노력한다.[29] 즉, 사람들이 명사를 좋아하고 추종하며 숭배하는 것도 큰 틀에서 인간이 죽음을 부정하기 위해 한계가 있는 존재임을 자각하고 기존의 문화 체계를 잘 따르며 살아가려는 정서적 반응의 표출이라는 것이다.

심리적으로는 '애착이론affection theory'으로 설명할 수 있다. 애착이론에 따르면 사람들은 평소에 많이 대하여 익숙해진 대상에 대해 호감을 느끼고 좋아하는 정서를 갖게 되는데, 좋아하는 정서의 바탕인 애착의 정도는 대상자에 관한 정보와 자극의 양 및 질과 깊은 관련이 있다.[30] 익숙해진 사람에 대해 훨씬 많은 양의 정보와 자극을 얻으면 자연스레 애착 효과가 높다. 미디어에 노출되어 친숙함이 더 많이 형성될수록 호감이 강해진다. 그 반대의 경우는 당연히 애착의 정도가 낮을 것이다. 애착愛着, attachment은 부모나 특별한 사회적 인물과 형성하는 친밀한 정서적 유대로서 대중들이 명사를 좋아하는 심리적인 메커니즘이라 할 수 있다. 사랑, 동정, 기타 감정적 유대 등을 이유로 가까이하고 떨어지려 하지 않으며 이를 유지하려고 하는 심리를 말한다.

애착이론의 창시자인 존 볼비Jonn Bowlby는 '유아와 양육자 사이의 관계'를 연구하면서 사람은 인생 초기에 가까운 사람과 강렬한 감정적 유대를 형성하여 그것을 지속하면서 안정감을 찾으려 한다는 점을 발견했다.[31] 그것은 아이의 시력과 판단력이 발달하는 생후 6개월부터 도드라지는데, 이런 친밀한 관계의 정서는 근본적으로 인간의 진화적 산물이라고 결론지었다. 애착은 친밀한 사람 사이에서 오랫동안 지속하는 정서로서 애착 대상과 분리되면 불안감과 괴로움에 시달린다. 그러나 대상과 재회하거나 대상과의 관계를 회복하면 매우 즐거워한다. 물론 관계의 회복탄력성도 높다. 특히 친밀한 대상과 정서적으로 많은 것을 공유하려고 하는 것이 애착이란 정서의 특징이다.

애착이론의 관점에서 명사란 존재나 그의 작품은 기본적으로 팬들에게 안정감을 주고 삶의 피난처가 되어주기도 한다.[32] 팬들이 명사를 좋아하는 심리적 이유기도 하다. 명사 가운데 연예인의 경우 청소년들이 자신이 성인이 되었을 경우 수행할 역할 모델로 판단할 수 있기에 연예인의 얼굴, 목소리, 태도에 대한 근접성과 친밀감은 성장기에 더욱 강화된다.

그런데 명사와 팬의 관계는 '준사회적인 관계parasocial interaction, PSI', 즉 '일방적인 애착 관계'인 경우가 많아 갈등이 생기는 경우가 적지 않다.[33] 팬들은 명사가 주는 안도감에 만족하려 하는데, 명사는 정작 이에 응답하지 않는 경우가 많기 때문이다. 서로 다른 방향을 보고 달리는 기차 같은 모습이다. 준사회적인 관계인 명사와 팬은 텔레비전과 온라인 플랫폼에서나 만날 수 있는 심리적 관계로서, 직접 접촉을 통한 만족감을 얻기 어렵다는 특징이 있다.

그래서 팬들은 시대가 바뀌면서 애착을 넘어 이러한 명사들을 변화시키거나 길들이려 하고 있다. 제한된 소수의 미디어가 주축을 이뤘던 시대와 달리 언제 어디서든지 접속하여 다중적인 소통을 할 수 있는 디지털 체제가 구축되어 접촉이 훨씬 다양해지고 수월해졌기 때문이다. 명사들이 명성을 지탱하는 수단이나 에너지도 바로 디지털 매체에 촘촘히 들어와 있는 팬들의 지지와 호평, 열성적 반응에서 비롯되기 때문에 무시할 수 없다.

연예인과 같은 유명인들은 새로운 미디어 환경에서 팬들이 원하는 지속적인 접속과 접촉 요구에 맞게 표현 스타일을 변화시켰으며, 그들이 본래 지니거나 수련해 발전시킨 화려함이나 재능보다는 '겉으로 보여주는 진정성'에 더 가치를 두는 문화가 형성되었다.[34] 이런 진정성의 표현은 본래 의미의 그것이 아니기에 바람직한 모습이 아니다.

토픽 21 명사 숭배자들의 등장과 전형적 특성

새롭게 등장한 텔레비전이 안방에 자리 잡기 시작한 1950년대 중반부터 명사와 팬의 친밀 관계가 더욱 촉진되었다. SNS 시대에는 그런 현상이 더욱 가속화했다. 사람들이 명사를 직접 보지도 않아도 매체를 통해 상상의 나래를 펴며 각 분야의 사람들을 관찰하고 응시하면서, 견고한 흠모와 숭배를 통해 팬덤이 형성되었기 때문이다. 사람들 사이에 특정 대상을 숭배하는 이른바 '영웅 리더십 역학heroic leadership dynamic, HLD'이 자리 잡은 것이다. HLD는 숭배 대상이 된 영웅heros이란 존재와 영웅 서사hero narratives가 사람들의 생각을 바꿔놓고 그런 사고 전환의 동력으로 기능한다는 것이 골자다.[35]

즉, 숭배의 대상과 스토리를 다룬 영웅과 영웅 서사는 사람들에게 지혜, 의미, 희망, 영감, 성장의 필요성을 포함하여 중요한 인지적·정서적 필요를 충족시킨다는 의미다. 영웅이 우리 인간에게 활력을 불어넣음으로써 도덕 수준의 제고, 정신적 상처의 치유, 심리적 성장, 카리스마charisma 발산을 촉진한다면, 영웅 스토리는 사람들의 인식의 변화를 유발해 친사회적 행동에 필요한 대본을 제공하고 인간 존재에 대한 근본적인 진실을 밝히며, 삶의 역설들을 풀고 정서 지능을 함양하는 이점을 제공한다(Allison and Goethals, 2016).

이런 숭배 대상을 끊임없이 만들고 이들을 영웅이나 신적 존재로 대하며 특별한 의미를 찾는 명사 숭배자들celebrity-worshipers에 대한 사회심리적인 고정관념은 어떤 것일까? 이에 대해 영국과 미국에서 각각 한 번씩 두 차례에 걸쳐 200명의 대학생 참가자들을 대상으로 측정을 했다.[36] 성격에 관한 인상을 나타내는 18개 형용사로 구성된 '성격 인상Personality Impressions'이란 척도를 개발하여 실시한 연구다. 그 결과 양국 대학생들은 공통으로 명사 숭배자에 대해 '어리석음'과 '미성숙함'이란 두 가지 특성을 띠는 존재라고 보았다. 첫째, 명사 숭배자들에 대해 영국인들은 무책임하고, 미성숙하며, 외롭고, 고립되고, 억압을 받는 성격적 특징을 지녔다는 인식을 나타냈다. 남성일 경우 정신이 이상해 미칠 수 있다고 보았다.

〈표 4-2〉 명사 숭배자들에 대한 긍정론과 부정론

구분	내용
긍정론	• 사실과 허구를 분리할 수 없지만, 사회 부적응자거나 지능과 사회성이 부족한 사람이 아닌, 단지 상상력이 풍부한 사람들이다(Jenkins, 1992).
부정론	• 가상과 현실을 제대로 분리하지 못해 기괴한 행동을 하고 명사를 통제하고자 해를 입힐 가능성이 있다(Caughey, 1978; Burchill, 1986). • 사회적인 관계가 서툴고 미성숙하며, 외로운 사람들이다(Horton and Wohl, 1956). • 이들은 무책임하고, 미성숙하며, 외롭고, 고립되고, 억압을 받는 성격적 특징을 지녔다(McCutcheon and Maltby, 2002).

매커천Lynn E. McCutcheon과 말티John Maltby가 연구에 적용한 이 척도는 신뢰도와 타당도가 뛰어나 많은 연구에 사용된 '명사 태도 척도Celebrity Attitude Scale, CAS'를 사용하여 로젠버그S. V. Rosenberg와 동료 연구자들[37]이 고안한 정신지도mental map의 16가지 성격 속성16 personality attributes에 코스타Paul Costa와 매크래Robert R. McCrae[38]의 5대 성격 특성Big Five Personality Traits 가운데 원만성의 요소인 '질투하는jealous'과, 정서적 안정성의 요소인 '통제가 되는under control'이란 두 가지를 추가하여 구성했다.

정신지도의 16가지 속성은 '사회적social'과 '지적intellectual', '좋은good'과 '나쁜bad'이란 4개 극점의 속성을 조합한 것이다. 구체적으로 '좋은-지적인good-intellectual'이란 속성은 '능숙한skillful'과 '상상력이 있는imaginative'을 포함하며, '나쁜-지적인bad-intellectual'이란 속성은 '지적이지 않은unintelligent'과 '멍청한foolish'을, '좋은-사회적good-social'이란 속성은 '유익한helpful'과 '정직한honest', '나쁜-사회적bad-social'이란 속성은 '변덕이 심한moody'과 '인기 없는unpopular'을 포함한다.

둘째, 미국인은 명사 숭배자에 대해 무책임하고, 어리석고, 끈질기며, 정직하지 못하고, 복종하는 특징을 지닌 존재로 인식했다. 참가자들은 이들이 우정을 잃어 사회적으로 고립되고 외로워지리라 생각했다. 그러나 연구 참가자 가운데 명사 숭배자였던 사람들은 명사가 되는 것이 사회적으로 더 바람직하다고 답했으며, 명사에 대해 비우호적인 사람보다 명사 숭배자들에 대해 더 호의적인 평가를 했다.

이 결과는 미국 할리우드가 영화, 쇼, 드라마 등의 작품을 통해 고착시켜 온 명사 숭배자에 대한 이미지와 거의 일치한다. 명사 숭배자에 대한 할리우드의 고정관념은 무책임하고, 미성숙하며, 외롭고, 고립되고, 억압받고, (남성이라면) 정신이 이상한 사람이란 이미지다. 사회비평가 호턴Donald Horton과 울Richard Wohl은 "사회적인 관계가 서툴고 외로운 사람들이기에 유명한 사람들과의 일방적인 관계에 더 취약해질 수 있다"라고 가정하며 할리우드가 선보인 명사 숭배자들의 이미지는 "미성숙하고 외로운 사람들"이었다고 지적했다.[39]

루이스Lisa A. Lewis는 중심 주제가 팬덤으로 분류된 1950년부터 1988년의 개봉영화 7편을 통해 17명의 팬 캐릭터를 분석했더니 팬들은 전형적으로 무책임하고, 미성숙하고, 여성적이고, 외롭고, 억압받고, 고립된 것으로 묘사된 것으로 나타났다.[40] 남성 팬일 경우 종종 여성 팬보다 정신적으로 이상하고 위험한 존재로 그려졌다. 클라인C. Cline은 여성 팬의 경우 매력적인 남성 인기 연예인의 팬이면 그 연예인과 잠시라도 간절하게 섹스를 하고 싶은 '그루피groupies(가수를 따라다니는 소녀 팬)'란 고정관념이 있다고 설명했다.[41] 루이스가 분석한 작품에서는 각각 1명 이상의 팬들이 주인공이며, 그 줄거리는 연예인에게 경의를 표하거나 그와 접촉하려는 시도를 중심으로 전개된다.

코헤이John L. Caughey와 버칠Julie Burchill은 명사 숭배자들은 가상의 세계와 현실의 세계를 제대로 분리하지 못해 기괴한 행동을 하고 자신이 명사를 통제하려는 의도로 명사에게 해를 입힐 위험 행동을 할 가능성이 있다고 보았다.[42] 젠킨스Henry Jenkins는 미국 TV 쇼 〈스타 트렉Star Trek〉에 출연해 인기를 얻어 다른 TV 쇼인 〈새터데이 나이트 라이브Saturday Night Live〉에 출연한 배우 윌리엄 섀트너William Shatner의 팬들을 분석했다(Jenkins, 1992). 그랬더니 섀트너의 팬들은 사실과 허구를 분리할 수 없는 특징을 나타냈다. 그러나 젠킨스는 이에 대해 그들은 사회적으로 부적응자이거나 지능 또는 사회성이 부족한 사람이 아닌, 상상력이 풍부한 사람들이라고 색다르게 분석했다.[43]

토픽 22 명사 숭배의 전형, 청소년의 '스타 팬덤'

명사는 청소년들에게 가장 큰 동경과 흠모의 대상이 된다. 명사 가운데 특히 스타는 판타지 효과까지 결부되어 종교적 숭배 대상으로까지 확장된다. 명성의 긍정적인 매력은 특히 청소년들에게 불같은 탐닉과 열정을 불러일으킨다. 2000년 발족한 영국의 직업능력개발위원회Learning and Skills Council가 2006년에 조사한 바에 따르면 16~19세 청소년의 16%는 현재 유명해질 것이라고 믿고 있으며, 전체의 11%는 그런 목표를 추구하기 위해 정규 교육을 포기할 준비가 되어 있다.[44] TV의 리얼리티쇼나 오디션을 통해 연예계로 진출해 급속하게 명성을 얻고 싶은 욕구 때문이다. 영국에서는 당시 〈빅 브라더Big Brother〉와 〈엑스 팩터X Factor〉 같은 리얼리티쇼 프로그램이 인기를 끌었다.

동경과 흠모의 대상이 된 사례는 요즘 전 세계 청소년들의 우상이자 신화 같은 존재로 부상한 아이돌 그룹 방탄소년단BTS과 BTS 팬클럽인 '아미'를 보면 상세히 알 수 있다. 따라서 명사들의 경우 자신이 숭배의 대상이 되기에,[45] 특히 언어와 행동이 청소년들에게 막대한 영향을 미칠 수 있음을 알고 신중하게 처신해야 하며, 부모들은 자신의 자녀들이 스타를 비롯한 명사들에 대해 과도한 몰입이나 병적 증세에 빠지지 않도록 잘 지도할 필요가 있다.

팬덤의 형성 과정에 관한 연구들을 보면 청소년들이 스타를 동경하고 그것에 빠져 두터운 팬덤을 형성하게 되는 과정은 여러 단계를 거쳐 강화된다. 기승전결과 같은 방식으로 그 심리가 깊어진다. 청소년들이 스타에 대해 갖는 감정도 단계별로 격상되면서 비정상적인 애착, 몰입, 집착으로 변해간다. 정재민(2010)에 따르면 청소년들이 대중 스타에 대해 팬덤을 갖게 되는 과정은 인지심리적으로 제1단계 '만남과 호감', 제2단계 '자극과 무시', 제3단계 '나를 위한 그', 제4단계 '그를 위한 나'라는 네 가지 단계를 거치게 된다.[46] 이 과정에는 피스크John Fiske가 팬덤의 특징으로 제시한 차별discrimination과 구별distinction, 생산성productivity과 참여participation, 자본 축적capital accumulation이 모두 포함되어 있다.[47]

제1단계인 '만남과 호감'은 청소년들이 일상생활 속에서 미디어, 인터넷, 친

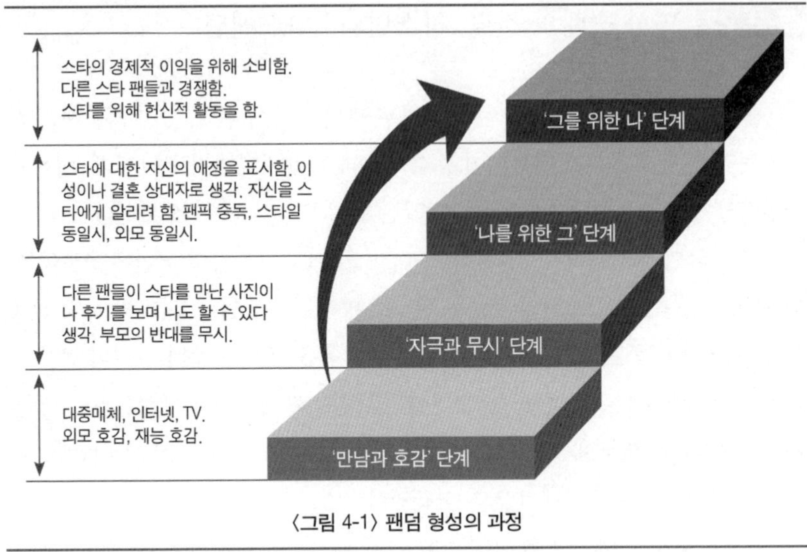

〈그림 4-1〉 팬덤 형성의 과정

자료: 정재민(2010) 인용.

구들을 비롯한 다양한 경로를 통해 대중 스타를 인지하고 점차 알게 되는 일련의 과정을 말한다. 청소년들은 이때 미디어나 친구 등 전달자나 소개자를 통해 스타를 처음 접하고 그 스타에 대한 평판이나 이미지를 전해 듣고 수용하면서 자기 생각과 느낌을 덧붙인다. 외모가 끌리거나, 이미지가 자신의 이상형에 가깝거나, 성격이 좋거나, 스타가 발휘하는 개성과 능력이 뛰어나다면 호감을 느끼게 된다.

제2단계인 '자극과 무시'는 다른 팬들이 스타에 대한 다양한 정보를 공유하고 비밀스러운 스타의 사생활과 관련된 정보들을 공유하고 있는 것에 대해 자극을 받기 시작하는 단계다. 이 자극은 집착욕과 소유욕으로 발전한다. 즉, 처음에는 스타를 보는 것으로 만족하지만, 점차 기대가 커져 직접 보는 것, 만지는 것, 소유하는 것, 사귀는 것으로 판타지가 가미되어 추종, 흠모, 몰입의 정서와 감정이 상승한다. 이런 현상이 초래할 부작용을 알고 있는 부모들은 이 단계에서 자신의 자녀에게 조언과 충고를 하고 나아가 강력한 반대 의사를 나타내며 자녀와 갈등을 겪기도 한다.

제3단계 '나를 위한 그'는 청소년들이 스타를 자신과 동일시하며 애정과 몰입을 집중해 집착욕과 소유욕을 강화하는 단계다. 스타에 관한 관심을 최고조로 끌어올리며 복장, 헤어, 메이크업, 액세서리 등 스타일을 비롯해 모든 것을 무조건 따라 하고 심지어 좋아하는 스타의 신체 가운데 특정 부분을 좇아 성형수술까지 한다. 온종일 스타에 빠져 그 스타가 자신을 알아봐 주기를 기대하며 최대한 어필하는 시기인 것이다. 스타를 만나러 공연장에 뛰어들고, 스타를 자신의 이성 친구로 착각하고, 나아가 스타와 교제 및 결혼을 하는 갈망과 환상을 발전시킨다. 편지, 인형, 책, 꽃, 양초 등 다양한 선물을 보내며 애정 공세를 펴기도 한다. 스타의 일정을 줄줄 외우고 신문·방송·포털의 뉴스, 스타의 소속사 홈페이지, 팬 사이트, 관련 블로그의 게시물 등 모든 정보를 확보하며 집착적 행태로 변해간다.

제4단계 '그를 위한 나'는 스타를 자신의 이상형으로만 여기는 것이 아니라 스타의 경제적 이득과 평판 및 이미지를 높여주기 위해 헌신적 노력을 하는 과정이다. 스타의 가족 구성원이자 연인, 매니저, 집사, 후원자, 관리자가 된 듯한 행동을 하는 것이다. 청소년들은 이때 자신이 애착하는 스타를 돕기 위해 팬 사이트 회원 수나 콘서트 관객 수를 늘리는 비즈니스 캠페인을 전개하고 스타의 공연이나 행사를 알리는 홍보 서포터즈 역할을 한다. 방송사 가요 순위 프로그램에 적극적으로 참여해 좋아하는 스타가 상위권에 자리매김하도록 응원이나 댓글 등 인기도 지표를 올려주고 스타가 발간한 같은 음반이나 스타의 이미지를 담은 상품, 즉 '굿즈goods'를 중복적으로 구매하기도 한다. 나아가 팬 스스로 또는 집단으로 권력화되어, 스타를 어렵게 하거나 손해 보게 하는 방송사, 기획사에 대해 막대한 영향력을 행사하기도 한다. 방송 출연 제한, 이익 배분 문제, 과도한 일정 운용 문제에 대한 지적과 단체 행동이 대표적인 사례다.

청소년들의 팬덤 형성은 이들이 갈구하는 사회문화적 결핍을 메우기 위한 것으로 팬덤 활동에 미치는 요인은 다양한 것들이 있다. 피스크는 청소년들이 자율의 결핍, 공동체의 부재, 불완전한 정체성을 보완하기 위해 명사나 스타에 대한 팬덤을 형성해 그들을 추종한다고 보았다.[48] 피스크의 설명은 청소년들이 만족스럽지 않은 현재의 삶과 자신이 갖지 못한 결핍 요소를 위로받거나 채우기 위해 끊임없이 유명인과 스타에 대한 충성도를 나타내며 자신의 의미와 정체성을 찾고자 한다는 것이다.

전국 78개 중학교 학생 1358명을 대상으로 한 김선숙(2013)의 실증연구에 따르면 삶의 만족도가 낮은 청소년일수록 팬덤 활동에 더 많이 참여하며, 여학생의 경우 특히 더욱 그러하다.[49] 청소년의 자아 탄력성, 즉 상황적 요구에 알맞게 융통성 있는 행동과 문제 해결 방안을 동원할 수 있는 능력은 팬덤 활동에 직접적인 영향을 미치는 동시에 삶의 만족도에 대한 간접적인 영향도 함께 미친다. 반면 또래들과의 감정적 표현과 소통을 통해 형성된 지지의 정서를 의미하는 또래 애착은 팬덤 활동과 직접적 관계는 나타나지 않았으나 삶의 만족도를 통한 간접적인 경로는 유의미했다. 여학생의 경우 자아 탄력성이 높을수록, 삶의 만족도가 낮을수록 각각 팬덤 활동에 많이 참여했다. 반대로 남학생은 자아 탄력성, 또래 애착, 삶의 만족도가 모두 팬덤 활동에 유의미한 영향을 미치지 않았다.

따라서 팬덤 문화를 건전하게 이끌기 위한 사회의 노력이 더욱 필요한데, 특히 감수성이 예민하여 중독적 팬덤으로 발전하기 쉬운 여성 청소년들에 관한 관심과 섬세하고 주의 깊은 대처가 더욱 요구된다는 의미다.

토픽 23 명사 숭배의 그늘, 그 '시기심'의 본질

영화배우, 가수 등 엔터테인먼트 분야의 톱스타와 정치, 경제, 사회 분야에서 이름이 널리 알려진 지도자급 인사들은 대중들의 부러움을 사기에 충분하다. 나아가 그들의 언행이나 형성된 이미지에 따라 경쟁, 불편함, 시기, 미움, 증오, 혐오가 결부된 질투심을 유발한다. 대중 가운데 일부는 직업적이고 개인적인 질투를 넘어 분노가 폭발하고 무력 사용으로 이어지는 경우가 있는데, 이는 명사에 대한 강박적인 집착obsession 심리 때문이다.[50]

따라서 명사들은 이런 대중들의 강박적인 집착에서 비롯되는 '시기猜忌, envy'를 잘 간파하고 나름대로 정교하게 관리할 필요가 있다. 이것은 명사에 대한 평판 형성 차원의 문제가 아니라 명사 자신의 운명과 직결된 관리의 문제다. 극히 우발적인 불미스러운 일로, 또는 엉뚱하게도 자신의 과실이나 요인 제공이 전혀 예상치 못한 불운한 일로 이어져 큰 불행을 겪을 수 있기 때문이다. 시기심으로 인한 예기치 못한 중대 사고는 명사의 지위 추락 차원이 아닌 생명 보호의 문제일 수 있다.

그렇다면 먼저 시기심의 본질이 무엇인지 탐구해 볼 필요가 있다. 우리의 일상생활에서 질투, 시기, 선망은 거의 같은 뜻으로 혼용되어 사용된다. 그러나 심리학에서는 이런 개념들은 엄연히 구분되는 다른 감정이다. 먼저 '선망羨望'과 '시기猜忌'라는 두 가지 의미로 풀이되는 'envy'는 타인이 형성한 지위, 재산, 명성 등 유·무형적 자산에 관한 경계, 불편함, 부러움, 질시가 혼합된 감정이다.[51] 'envy'가 첫째, '선망'으로 쓰일 경우에는 "남이 지닌 지위·능력·소유물 등에 관하여 부러워하고 바라는(원하는) 감정"이며, 둘째, '시기'로 사용될 경우에는 "특정한 타인에 대한 부러움을 넘어 미워함이란 '공격 심리'가 적극적으로 발동하는 단계의 감정"을 뜻한다.

명사의 경우 대중, 팬들과의 관계에서 선망보다는 시기의 단계가 문제가 되기 때문에 여기에서는 시기에 대한 논의에 집중해 보자. 시기심은 가장 원시적 욕망으로서 분명하게 '이자二者 관계'를 전제로 한다. 시기는 그 대상이 존재한

〈표 4-3〉 대중의 '시기'에 대한 명사의 대처

구분	내용
대중이 명사를 시기하는 이유	• 명사에 대한 강박적인 집착 심리 때문이다(Spurgin, 2014).
시기심의 개념과 특성	• 시기는 남이 형성한 지위, 재산, 명성 등 유·무형적 자산에 관한 경계, 불편, 부러움, 질투가 혼합된 감정이다(Neubauer, 1982). • 밀밭에 잡초 씨를 뿌리듯 어둠 속에서 슬며시 발호하는 악마의 본성을 지닌, 가장 비열하고 타락한 감정이다(Bacon, 1985). • 대상자의 명성, 성취 등이 도무지 따라올 수 없는 수준으로 매우 위대하거나 엄청난 경우에만 현실을 수용해 소멸된다.
시기심이 생기는 심리적 원리	• 젖가슴을 훔치거나 훼손하려는 파괴적, 공격적 욕구를 느끼기에 '죽음의 본능'이 정신적으로 표현된 것이다(Klein, 1957). • 시기는 '이자(二者) 관계'를 전제로 하기에 대상을 인식하는 시점부터 발동하며 그의 소유물과 자질에 대한 갈망은 물론 파괴를 목표로 한다(Bacon, 1985). 이와 달리 '질투'는 삼자(三者) 이상의 관계를 전제로 하는데 애정관계, 친분관계에서 원하는 대상의 쟁취와 라이벌의 제거가 목표인 감정이다.
시기에 대처하는 명사의 노하우	• 명사들은 자신의 지위·명성·성과를 더 위대하게 격상시킨다. • 대중과 소통·서비스를 강화해 '시기'를 '감사'로 승화하게 한다. • 대중에게 성공 비결을 충분히 전파하며 '성공 멘토' 역할을 한다.

다는 것을 인식하는 시점에 시작되며 대상이 가진 소유물과 자질에 대한 갈망을 넘어 그것을 파괴하는 것을 목표로 한다. 전적으로 1 대 1의 관계에서 발생하는 감정이다.

시기는 대상이 지닌 모든 좋은 것을 소유하고자 하는 '탐욕greed'과는 분명하게 구별되는 독특한 감정이다. 프랜시스 베이컨Francis Bacon은 "시기라는 감정은 항상 자신을 비교하는 대상이 있어야 생겨난다. 그래서 왕은 (등급이나 격이 같은) 다른 왕들을 제외하고는 그 누구도 부러워하지 않는다"라고 설명했다.[52] 베이컨은 "시기는 정갈한 밀밭에 잡초 씨를 뿌리듯이 어둠 속에서 슬며시 발호하는 악마의 본성을 지닌, 가장 비열하고 타락한 감정"이라고 규정했다.

반면 '질투嫉妬, jealousy'는 엄연히 사랑의 한 형태로서 사랑하고 있는 상대가 자기 이외의 파트너(애정관계의 파트너)를 사랑하고 있을 때 일어나는 남을 부러워하는 감정이다. 그런 감정이 고조된 격렬한 수준의 증오나 적대적인 감정을 뜻하기도 한다. '질투'는 현실과 상상을 오가는 감정으로 한 사회에 함께 공존하

〈표 4-4〉 명사에 대해 흔한 '시기'와 '질투'의 명확한 차이

구분	용어 사용의 전제조건	감정의 개념
시기(猜忌)	나(I)와 상대(You)라는 '이자(二者) 관계'에만 적용 가능 (팬이 명사를 응시하는 통상적 관계에 적용)	• 가장 원시적인 욕망으로 어느 날 비교 대상(타인)이 생겨나 그/그녀가 잘되는 것을 샘하여 미워하고 잘 안 되기를 바라는 부정적 감정(envy). • 영어로는 같은 'envy'를 쓰는 '선망(부러워하고 바라는 감정)'과는 달리 공격성이 가미된 부정적인 감정. • 비교 대상이 지닌 소유물과 자질에 대한 갈망을 넘어 그것을 파괴하는 것을 목표로 갖는 감정. • 어둠 속에서 슬며시 발호하는 악마의 본성을 지닌, 가장 비열하고 타락한 감정(Bacon, 1985).
질투(嫉妬)	소속이 같은 '삼자(三者)' 이상의 친분·애정 관계에만 적용 가능 (팬이 명사와 같은 소속으로 애정 및 친분관계가 있을 경우에 적용)	• 현실과 상상을 오가는 감정으로 사랑하는 대상을 내가 소유하고 나의 경쟁자를 제거하려는 뚜렷한 목표를 갖는 감정(jealousy). • 성적 동기를 갖는 '성적 질투'와 사회적 친분을 방해하려는 동기를 갖는 '비사회적 질투'로 분류함. • 나(I)와 상대(You)라는 '이자(二者) 관계'에는 적용하지 않는, 삼자 관계 이상에만 적용해야 하는 감정.

며 서로 관심이 있는 삼자三者 이상의 친분 및 애정 관계에만 적용된다.

질투는 사랑하는 대상을 내가 소유하고 나의 경쟁자를 제거하려는 뚜렷한 목표를 갖는다. 질투에는 두 가지가 있는데, 성적 동기를 가질 경우 '성적 질투'라 하고, 사회적 친분을 방해하려는 동기가 있다면 '비사회적 질투'로 분류한다. 질투란 감정은 앞에서 강조한 대로 삼자 이상의 친분 및 애정 관계에만 적용되기에 팬이 명사에 대해 그런 감정을 표출한다면 명사와 같은 사회나 소속일 경우라야 한다.

이런 논의를 고려한다면 명사에 대한 대중의 부정적 감정은 이제부터는 삼자 관계 속에 있지 않은 경우라면 분명하게 질투 대신에 '시기'로 칭해야 옳을 것이다. 심리학계의 구분에 따르면 팬과 명사의 관계에서 나타나는 질시적 감정은 '나(I)'란 대중 또는 팬이 '상대(You)'인 명사를 겨냥해 표출하는 '이자二者 관계'의 감정이 대부분이기 때문에 '시기'라 표현하는 것이 적합하다는 것이다.

그렇다면 시기가 발동되는 원리는 어떠할까. 심리학자 클라인Melanie Klein은 유아가 엄마의 젖가슴을 영양 공급원이자 따뜻하고 안락한 안식처로 느끼는 대

신, 자신은 너무 무기력한 존재라는 사실을 깨닫고 고통을 느낀 나머지 시기심의 원천인 젖가슴을 훔치거나 훼손하려는 파괴적이고 공격적인 욕구를 느낀다는 점에서, 시기심은 곧 '죽음의 본능'이 정신적으로 표현된 것이라 설명했다.[53]

시기라는 감정에는 다른 사람이 누린 행운에 대해 불편해 하는 감정과 적대감, 반대로 자신의 능력과 성적 욕구 결핍에 대한 억울함과 굴욕감이나 수치심, 갖고 싶지만 그러하지 못한 모든 것들에 대한 공허함과 갈망이 포함된다. 물론 질투 속에 시기가 포함되는 예도 있다. 그러나 시기라는 감정은 잘 조절하여 초월하면 '감사gratitude'란 정서로 승화된다.[54]

시기는 대상의 성과에 대해 거의 이뤄낼 수 없는 목표라는 것을 인식할 때 생기기에 명사들이 이뤄낸 목표가 선망하는 대중이나 팬들이 따라올 수 없는 수준(소위 '넘사벽'의 단계)으로 매우 위대하거나 엄청난 경우에만 소멸시킬 수 있다. 이 감정은 그런 감정을 갖게 된 사람들이 도무지 성취할 수 없는 그런 목표나 소망을 포기하고 현실을 수용할 때 해소되는 원리를 갖고 있기 때문이다.

시기의 감정이 강렬하면 대상이 지닌 좋은 가치를 발견하자마자 즉각적으로 파괴하고자 하는 공격 본능이 작동한다는 사실을 유념할 필요가 있다. 마음속에 그 대상이 좋은 표상으로 자리 잡을 기회나, 대상과 관계를 진전시킬 기회도 주지 않고 파괴 작전에 들어간다. 도무지 통제하기 어려운 상태다.

그렇다면 대중이나 팬들이 갖는 명사에 대한 시기를 당사자인 명사들은 어떻게 누그러뜨릴 수 있을까? 아울러 그들이 시기란 부정적 감정의 단계를 초월하도록 하여 '감사'의 정서로 전환하게 하려면 어떻게 해야 할까? 이런 목표를 이루려 하는 명사들이 있다면 그들이 해야 할 처신과 언행은 다음과 같다.

첫째, 명사들은 자신이 이룬 지위, 명성, 성과를 조금은 더 위대한 수준으로 격상시킬 필요가 있다. 명사들이라고 해서 현실에 안주해서는 오히려 시기의 대상으로 고착화할 수 있다. 어중간한 수준의 성과로 명성을 얻거나 정당하지 않은 방법이나 반칙을 써서 높은 지위에 올랐다면 더욱 심한 부정적 감정에 직면할 것이다. 따라서 명사들은 자신의 분야에서도 가급적 '초격차超格差 전략'을 실행하여 입지를 더욱 확고하게 구축해야 한다. 선망과 시기를 보내는 사람들이 "그래, 당신은 됐어. 내가 인정해"란 수준으로 높여야 한다. 초격차 전략이란 피겨 스타 김연아, 축구선수 손흥민의 사례와 같이 관련 분야에서 2위와의 격차를 더욱 크게 벌려 아예 추격하려는 마음조차 먹지 못하게, 도무지 넘볼 수 없게 만드는 전략이다.

둘째, 대중들과 소통과 팬 서비스를 강화해 선망이나 시기의 감정을 점차 감사로 승화하도록 다양한 전략을 구사할 필요가 있다. 대중들의 마음이 열리고 그들의 관점에서 수긍이 가도록 맥락과 상황에 맞춰 직접 또는 간접적 소통 전략을 구사해야 한다. 팬클럽을 활용하여 친교를 강화하거나 팬의 범주보다 층이 두터운 대중을 상대로 사회적 기여 활동을 충실히 해야 한다. 무엇보다도 명사들은 대중들에게 긍정적으로 인식되는 언행을 하도록 평소 주의를 기울이는 것이 필요하다.

셋째, 대중들에게 자신의 성공 비결을 충분히 전파하고 그들이 자신이 달려온 길을 학습하여 성공하도록 멘토 역할을 하는 것이 필요하다. 명사들은 각고의 노력을 통해 현재의 명성과 지위, 재산을 형성했겠지만, 대중들의 시선은 항상 곱지만은 않은 법이다. 따라서 성공 비결을 널리 알려 공유하고 후배나 후학을 키우는 일에 적극적으로 나서야 한다. 그런 노하우를 담아 출판한다면 자기 자랑에 치중하는 방식의 자서전을 펴내기보다 조언서助言書, 즉 멘토링 북을 내는 것이 권장된다.

이런 접근법은 정치계, 경제계, 사회계, 문화계에 모두 해당하는 것이다. 이렇게 하면 혼자 독식하는 모습으로 비치지 않게 됨으로써 시기의 감정을 상당 부분 누그러뜨릴 수 있다. 생태계 이론에서 특정 생태계를 지배하는 행위자(생물, 사람, 기업 등)를 자임해 틈새를 공략하는 행위자들을 돕고 키워 서로 상생하는 건강한 생태계를 유지하는 것과 같은 원리다. 포식자가 아닌 상생과 협업의 코디네이터인 키 스톤key stone의 역할을 해야 한다.

토픽 24 명사 주변의 '진짜 친구'와 '가짜 친구'

명사가 되면 자신의 사회적 위상과 계급이 상승하기 때문에 명사가 되기 이전에 잘 지내던 친구들 가운데 자신과 큰 격차나 거리감을 느끼는 경우가 적지 않다. 이런 친구들이 관계가 서먹서먹해지거나, 연락이 뜸해지거나, 사이가 멀어지는 일이 쉽게 벌어질 수 있다. 반대로 명사가 되기 이전에, 그러니까 평범했을 당시에는 자주 연락도 하지 않고 심지어 쳐다보지도 않았던 친구들이 태도를 돌변해 갑자기 호감을 나타내며 급격히 바짝 다가오는 현상이 종종 나타난다.

친했던 친구가 멀어졌다면 그 이유는 명사인 친구가 서운하거나 교만한 언행을 하지 않았다면 밑바탕에 갖고 있는 자신에 대한 소외감, 거리감, 질투심, 시기심 등일 것이다. 친하지 않았던 친구가 점차 다가온다면 그 동기는 친구인 명사가 속해 있는 VIP급 인사들과 만날 수 있는 인적 네트워크에 들어가고 싶은 욕구, 호혜, 공짜 상품과 서비스, 거래처 확보나 자금 대여 등 금전적 이익, 지루함과 외로움을 극복하려는 욕구 등이 될 것이다.

이때 제기되는 문제가 '진짜 친구genuine friends'와 '가짜 친구fake friends'란 존재다. 진정한 친구와 외피만 친구인 가짜 친구는 꽤 구별하기 힘들다. 사실 많은 시간과 인생 경험이 뒤따라야 그것이 가능해진다. 그러나 어느 정도 육감이나 촉이 있는 사람이라면 그것은 잘 분간할 수 있음을 알게 된다. 좋은 친구인지 나쁜 친구인지, 진짜 친구인지 가짜 친구인지, 그것을 판단하는 단서와 징조는 여러 번 나타나게 되어 있다. 이것은 경험적으로 상대인 친구의 태도와 행동에 대해 일관성과 진폭이 어느 정도인지 가늠함으로써 어렵지 않게 판별할 수 있다.

사람은 잘 변하지 않는다. 나이가 들면 더욱더 변하지 않는다. 그래서 우정의 진정성이나 강도를 교정하기 쉽지 않다. 명사는 물론이고 평범한 사람조차도, 반복적으로 곤혹스러운 일을 겪지 않고 심지어 우정의 진정성에 관한 문제로 불쾌감이나 우울증에 빠지지 않으려면 우정의 진정성과 깊이를 잘 구분하고 경계해야 한다. 이 문제는 오프라인은 물론 온라인에서도 동시에 적용되는 문제다.

〈표 4-5〉 명사 주변의 '진짜 친구'와 '가짜 친구' 특성

구분	진짜 친구	가짜 친구
온·오프 공통 (일반론)	• 친구를 있는 그대로 수용 • 명사 여부와 무관하게 처신 • 항상 지원, 지지, 조언자 역할 • 힘과 용기를 북돋는 역할 • 언제나 일관성 있게 행동 • 농담, 허튼소리도 쉽게 한다 • 교만, 잘못도 잘 지적해 준다 • 사과에 대한 수용성이 높다 • 친구가 찾으면 대부분 등장	• 명사 친구의 명성 이용에 관심 • 친구 명성에 대해 불인정하는 태도 • 우정은 조건적이며 임의적 • 상황 변화에 매우 민감한 반응 • 높은 자부심과 특권의식 표출 • 대화 시 자주 맥락 단절과 반박 • 실수를 하면 가혹하게 공격 • 진심 어린 친구 존중이 없음 • 자신이 필요할 때만 등장
명사의 SNS (온라인 반응)	• 꼭 필요한 명사에 친구 신청 • 시선 끌기용 게시물이 적음 • 적극적이면서도 진솔한 활동 • 적절한 빈도와 수준의 반응 • 예의 바른 표현과 소통 행보 • 명사의 위상·지위 활용에 무관심 • 친구 많음을 추구하지 않음	• 분별없이 여러 명사에 친구 신청 • 시선 끌기와 노이즈 마케팅에 치중 • 기분에 따라 표현의 기복이 심함 • 명사의 외적 매력에 과잉 반응 • 명사의 정치적 위상 활용에 관심 • 셀럽의 경제적 지위에 민감함 • 친구 많음을 자기 과시에 활용

먼저 '진정한 친구'는 상대 친구가 하찮거나 평범하거나, 명사의 지위에 올라 신세를 바꾸든지에 상관없이 있는 그대로를 사랑하고 인정한다. 친구를 위한 지원자, 지지자, 조언자로서 모든 방면에서 일관성이 있는 행동으로 큰 힘이 되어주는 사람이다. 영화화된 로맨스 소설 『뱀파이어 아카데미Vampire Academy』의 작가 리첼 미드Richelle Mead는 "가장 친한 진정한 친구만이 불멸의 적으로부터 당신을 지켜줄 수 있다"[55]라고 표현했다. 사람은 이런 행동을 하기가 좀처럼 어려우므로 진짜 친구가 희소성이 큰 것이다.

'진짜 친구'는 자주 연락을 하고, 자주 만나서 함께 많은 시간을 보낸다. 누구나 인생에서 있게 마련인 우여곡절을 공유하며 함께 웃고 함께 운다. 개인적인 비밀은 물론 장단점을 모두 알고 있으면서 직접적으로는 친구의 장점을 살리는 방향으로 동기 부여를 촉진해 주며 남 앞에서는 장점을 부각해 준다. '절친', 즉 '베스트 프렌드(베프)'라면 친구가 무엇을 하든, 어디에 있든, 영광을 얻든지 고통에 처하든지 도움을 준다. 항상 공통의 관심사를 찾으며 공감과 연대를 이어가려 한다.

심지어 진정한 친구는 그의 친구가 설령 수양이 덜 되어 명사가 된 이후에 교만했거나 무례한 행동을 하게 되면 심모원려深謀遠慮의 지혜를 발휘해 이를 치유하려 한다. 상처받지 않을 방법을 동원하여 고언을 아끼지 않는다. 허튼소리, 실수, 과신, 결례를 해도 온정적 태도로 잘못된 점을 부드럽게 환기하며 너그럽게 용서를 한다. 잘못, 실수, 교만함도 잘 수용할 수 있도록 부드럽게 지적해 준다.

영국 소설가 찰스 램Charles Lamb은 "말이 안 되는 허튼소리를 하고, 허튼소리를 존중하는 것은 우정의 특권이다"라고 강조했다.[56] 진짜 친구는 당신이 명사가 되어 교만한 행동을 했을 경우 진심 어린 사과 한마디만 건네어도 마음이 풀리고 이어서 소주 한잔을 서로 들이키면 오히려 우정이 더욱 강해지는 사람이다. 그렇기 때문에 이런 친구는 항상 '당신 편on your side'이다. 어려움에 부닥친 당신의 편이 되어주고 당신을 위해 싸워줄 것이다.

반면 가짜 친구는 명사가 된 친구를 있는 그대로 받아들이지 않는다. 둘 사이의 우정도 '조건적'이며 '임의적'이기 때문에 상황의 변화에 민감한 반응을 나타낸다. 처음에는 어렵게 쌓은 친구의 명성을 잘 인정하지 않으려 하고, 저간의 속사정에 대해서도 깊이 이해하지 않으려 한다. 대화할 때 맥락을 끊어놓거나 심통을 부리며 의도적인 반박을 한다. 친구에게서 오점이 발견되거나, 혹시라도 실수를 하면 가혹하게 공격하기도 한다. 친구에 대한 진심 어린 존중이 없다.

성공한 것에 대해 칭찬을 하는 것처럼 보이지만 속으로는 불편한 듯 뒤틀리며 그렇지 않은 모습을 어디에선가 표정, 눈빛, 말투 등으로 은연중 드러낸다. 이들에게 '칭찬'은 친구에게 정신적인 혼란스러움만 일으키기에 '상처'의 다른 말일 수 있다. 명사가 된 친구의 명성을 이용하려는 데는 관심이 많지만 정작 그 친구가 우정을 간절하게 필요로 할 때는 외면하고 나타나지 않거나 사라지는 경향이 있다. 가짜 친구는 자부심과 특권 의식이 높다는 것도 주요한 특징이다.

가짜 친구는 명사가 된 친구에게 연락도 먼저 하지 않으며, 자신이 곤경에 처하거나 너무 심심할 때만 전화를 한다. 명사인 친구가 없는 다른 데서는 질투와 시기심을 느낀 나머지 명성을 얻은 과정이 정당하지 못하다거나 사생활이 좋지 못하다는 등의 험담을 하는 경우가 많다. 특히 다른 사람들 앞에서는 명사가 된 친구를 절대 옹호하지 않는 모습을 보이는 경우도 있다.

반면 친구가 다른 사람과 함께 있을 때는 친한 친구인 양, 배려심과 매너가 넘치는 양 가식적인 행동을 하면서 '이중 행동'을 한다. 명사가 된 친구에 관한 기사에서 익명을 가장한 비판 댓글의 작성자들이 이들일 가능성이 크다. 특히 비즈니스에 종사하는 사람일 경우 명사 친구가 자기 목표를 달성하는 데 절대 도움을 주지 않는다는 것을 알면, 그 명성을 이용하여 이익을 취하려는 시도를 한다. 친구와의 약속을 종종 어기거나 약속을 잊어버리기도 한다.

온라인에서는 명사가 되면 셀 수 없을 정도로 많은 가짜 친구들이 '친구 신청'을 한다. 심지어 '노이즈 마케팅noise marketing'을 하는 예술가에게도 친구들이 마구 붙는다. 그래서 명사들이 운영하는 페이스북을 보면 친구 신청의 한계를 모두 채우는 경우가 많아 외면한다는 오해를 받지 않기 위해 '더는 친구 신청을 받지 못한다'라는 공지를 띄울 정도다. SNS에서는 특히 정치적 위상이나 경제적 지위가 높을수록, 잘생기거나 예쁘거나 활력이 넘치는 등의 신체적인 매력이 돋보일수록 많은 친구가 붙는다.

SNS에서 진짜 친구는 꼭 필요한 명사에게 친구 신청을 하고, 시선 끌기용 게시물이 상대적으로 적은 편이며, 적극적이면서도 진솔한 활동을 한다. 명사의 SNS 게시물에 대해서는 적절한 빈도와 수준의 반응을 보이며 예의 바른 표현과 소통을 이어나간다. 명사의 위상과 지위를 활용하는 데 별로 관심이 없고 '친구', '팔로워', '리트윗' 숫자를 의식하는 것과 같은 '친구가 많음'을 그다지 추구하지 않는다.

반면 온라인의 가짜 친구는 분별없이 여러 명사에 친구 신청을 하거나 자신의 SNS나 상대 명사의 SNS에 시선 끌기용 게시물과 반응을 올리며 노이즈 마케팅에 치중한다. 이들은 그날의 기분과 정서에 따라 표현의 기복이 심하다. 대체로 명사의 외적 매력에 과잉 반응을 하고 명사의 정치적 위상을 활용하는 데 관심을 두며, 셀럽의 경제적 지위에 민감한 반응을 나타낸다. SNS에 '친구가 많음'을 자기 과시에 활용하는 경향을 나타낸다.

그러나 이들은 애초에 순수한 팬이나 관심을 두는 정도의 친교가 아닌 경우에는 평소 인맥 결핍이 있거나, 친구 부족에 허덕이거나, 친구가 많다는 것을 과시하기 위한 '사이버 친구 수집가cyber friend collector'인 경우가 많다. 이들은 대상자가 막 뜰 때는 '친구'라고 붙임성 있게 다가왔지만, 이후에 더 흥미롭고 강력하고 흡인력이 있는 사람이 나타나면 그에게로 옮겨간다. 교분, 신뢰, 정이 도탑지 못하다.

미국 '라이브볼드와 블룸Livebold & Bloom'에 글을 연재하는 인간관계 분야의 전문 상담가 린지 선드Lindsay Sunde와 배리 대븐포트Barrie Davenport는 각각 가짜 친구의 덫에 빠지는 것을 막고 진실한 친구를 사귀는 방법에 대해 조언했다.[57] 이들의 조언을 수합하여 '진정한 친구를 사귀는 다섯 가지 방법'을 고민해 본다.

> 첫째, 당신에게 '진정한 친구'가 어떤 의미인지 먼저 마음속으로 정의를 하라.
> 둘째, 당신의 잠재적 친구가 어떤 언행과 성향을 나타내는지 폭넓게 파악하라.
> 셋째, 마음이 통하는 새로운 진짜 친구를 만날 가능성이 있는 곳으로 달려가라.
> 넷째, 좋아 보이는 유망한 친구를 초대해 터놓고 이야기하는 시간을 보내라.
> 다섯째, 친구 만들기는 많은 시간이 걸리니 포기하지 말고 줄기차게 노력하라.

첫 번째 조언은 진정한 우정이란 무엇인지 생각해 보고 친구에게 필요한 필수적인 자질과 도무지 용납될 수 없는 자질을 규정해 구분하라는 것이다. 자신과 맞는 친구를 찾는 데 기본이 되는 것들을 마련하는 작업이다. 두 번째 항목은 잠재적인 친구가 자신과 주변 사람을 어떻게 묘사하고 인생의 가치, 취미, 여가, 정치적 반대 의견을 어떻게 나타내고 처리하는지 주의 깊게 파악하라는 것이다. 잠재적 친구에 대한 모든 것을 적나라하게 파악해야 진짜 친구가 될지 판단할 수 있기 때문이다.

세 번째 항목은 기존의 인간관계에서는 더는 좋은 친구로 발전시키는 데 한계가 있으므로 새로운 만남의 장을 마련해 교우의 기회를 얻도록 해야 한다는 뜻이다. 집에 머물러 있으면 새로운 친구 후보조차 만날 수 없다. 지인이나 주변 사람, 또는 기존의 친구 가운데 하나가 주최하는 파티나 이벤트, 도서관 토론

클럽, 동호회 모임, 비즈니스 모임, 자원봉사, 종교행사 등에 적극적으로 참여해야 한다.

네 번째 조언은 만약 당신이 잠재적인 친구로서 유망해 보이는 사람을 만난다면, 다양한 아이디어를 살려 이를테면 커피, 점심, 저녁, 산책, 도보여행, 등산 등에 초대해야 한다는 뜻이다. 둘만의 시간을 갖고 서로 깊이 알게 되면서 인간적인 궁합이 맞는다면 신뢰가 싹터 향후 진정한 친구로 발전할 것이다. 이렇게 하면서 보석 같은 친구를 얻게 된다.

마지막으로 다섯 번째 조언은 "말은 바람처럼 쉽지만, 충실한 친구들은 찾기 어렵다"[58]는 윌리엄 셰익스피어William Shakespeare의 표현과 상통한다. 친근한 지인이나 좀 더 피상적이거나 그저 재미를 느끼는 정도의 우정은 쉽게 구축될 수도 있다. 하지만 신뢰와 교분을 뿌리로 하는 깊은 우정은 원래 시간이 오래 걸리는 일이니 시간과 인내심을 충분히 갖고 다양한 사람을 많은 횟수에 걸쳐 만나며 진정한 친구가 될 재목을 찾아 공을 들여야 한다는 뜻이다. 그러기 위해서는 끊임없이 새로운 사람들을 만나는 '도전'을 즐겨야 한다.

요컨대 진짜 친구는 당신이 좋은 때나 나쁠 때나 항상 함께 있어주며 항상 행복하기를 기원해 주며, 진정성의 밀도와 너그러움의 폭이 넓다. 항상 친구에게 흥미를 보이며 자주 보고 자주 함께 있으려고 노력하며 관계를 지속시키고 강화하려고 한다. 그런 시간과 비용에 확실하게 투자한다. 의견이 달라도, 결점이 있어도, 존중하고 감싸며 항상 경청한다. 신뢰의 깊이가 있기에 친구의 결정이 설령 잘못되었다 해도 심적으로 지지하며 더 잘되거나 반전의 기쁨을 맛보도록 이끌어준다.

친구는 당신이 어려울 때 큰 에너지와 활력이 되는 존재다. 인기 판타지 소설 『하우스 오브 나이트House of Night』 시리즈를 쓴 미국 작가 피시 캐스트P. C. Cast와 크리스틴 캐스트Kristin Cast는 "만약 여러분이 좋은 친구들이 있다면, 아무리 인생이 미숙하다 할지라도 그들이 당신을 웃게 만들 수 있다"라고 했다.[59] 명성의 이면에 외로움이나 고립의 그림자가 클 수 있는 명사일수록 우정에 투자해야 하는 이유다.

인터뷰

'SNS 셀럽' 정미희 MZ세대 CEO의 온라인 프렌드십

격조 있는 분위기를 갖추고 꽃과 술을 함께 파는 사업을 창업·영위하는 서울 용산의 '메이플라워/술술상점 용산' 정미희 대표(CEO)는 자타가 공인하는 '페이스북(페북) 셀럽'으로서 지난 10년간 점차적으로 유명해지는 과정에서 SNS에서 알게 된 사람들이 '진짜 친구'와 '가짜 친구'로 분명하게 갈리는 것을 간파했다.

대학 졸업 후 5년간 직장 생활에서 켜켜이 축적한 실전 마케터의 경험을 밑천 삼아 29세에 소자본으로 꽃집을 창업했다. 이어 미식가로서 음식 사랑과 함께 깊게 빠져든 우리나라 전통주에 대한 애호를 바탕으로 14년째 이어온 꽃집과 전통주 판매장이란 두 가지 업종을 한데 묶은 '콜라보 창업'에 나서기까지 '가짜 친구들'이 가시처럼 찌른 아픔은 아물어 노련함으로 승화되었고, '진짜 친구들'이 보여준 살가운 격려와 찬사는 사업 도전의 용기와 자본이 되었다.

정미희 대표

정 대표는 페이스북 계정 개설 10년째인 2023년 2월 현재 1만 2000명이 넘는 팔로워를 거느린 'SNS 셀럽'으로 떠올랐다. 그 비결은 '친구'와 '팔로워'를 심리적으로 자연스레 이끄는 진솔하고 활기찬 페이스북 운영 노하우 때문이다. 그로 인해 이제는 명성이 높아져 자신의 이름을 붙인 전통주(막걸리) 브랜드 '미희'를 출시해 팔고 있을 정도다. 2022년 1월 20일에는 정 대표와 그가 운영하는 전통주 매장이 미국 ≪뉴욕타임스≫에 "An ancient brew with new appeal(새로운 매력을 지닌 한국의 전통 양조주)"이란 제하로 상세히 보도되었다.

"아시다시피 다른 분들은 페북에서 명품, 해외 여행지 자랑을 하는 경우가 많았죠. 그런데 저는 처음부터 미식 탐방, 새벽시장 장보기, 장터에서 소주 한잔하기와 같은 소소한 하루 일상, 술 시음과 술집 탐방, 여행과 골프 체험기 등 활기차고 생생한 라이프 스토리를 콘텐츠로 올리자 좋은 반응이 나타났고, 7년 전쯤 '친구'가 폭증했어요. 사실 제가 모델 일도 꽤 했던 2000학번 연극영화과 출신이라 외양에서 시선을 좀 끌고, 밝은 성격과 에너지, 감각도 한몫한 것 같아요."

그가 페이스북에서 '이목을 끄는 인물'로 알려질 무렵부터 놀라운 일들이 생기기 시작했다. 식당, 식품업체, 화장품 회사, 주류회사 사장을 비롯한 업체 관계자들로부터 '친구' 신청이 쇄도했다. 블로그를 운영하며 상품평과 홍보를 하는 인플루언서로 봤는지 얼마 뒤부터 그들이 만든 식품, 주류 등을 시식·시음한 뒤 평가해 올려달라고 시제품을 보냈다. 모두 처음 겪는 당황스러운 사례였기에 이를 어떻게 대처해야 할지를 두고 깊은 고민에 빠진 적도 있었다.

정 대표는 "이런 난감함 속에서도 저를 마음 깊이 인정해 주고 진솔한 마음을 보여준 '진짜 친구'가 많이 생겼어요. 그 가운데 평생 같이 지내고 싶은 절친도 5명이나 생겼죠. 진솔하며 관심 분야가 같아 정말 죽이 잘 맞아요"라고 말했다. 그는 "제 이름을 내건 전통주 브랜드를 출시한 것도 페북의 '진짜 친구'인 열띤 응원자 8명과 충북 충주 중원당 청명주의 대표님이 있었기에 가능했죠. 저의 진짜 친구 감별 기준은 '진솔하고 편안하며 계산적이지 않은 사람, 타인에 대해 험담하지 않는 사람, 겸손과 배려로 상대를 잘 맞춰주는 사람'"이라고 덧붙였다.

유명해지면서 겪은 부작용도 만만치 않았다. 페이스북 직통 메일(DM)을 통해 은근히 유혹하며 무작정 만나자는 사람, 선물 공세를 펴는 사람, 예고 없이 가게로 찾아오는 사람이 늘어났다. 심지어 무턱대고 가게에 5번이나 들른 집요한 사람, 돌연 스토커로 변한 말썽꾸러기, 요구에 응하지 않으면 화내는 버럭쟁이, 학력·경력을 속이고 접근한 이중인격자, 페이스북에 게시한 얼굴 사진을 도용해 야한 사이트에 올린 철부지, 칭찬 일색으로 덕담을 하다가 더는 얻을 것이 없다고 봤는지 홀연 친구를 끊고 종적을 감추는 사람과 같은 '가짜 친구'도 즐비했다고 한다.

정 대표는 "저는 SNS에서는 단지 개인적인 관심 분야만 얘기하기 때문에 저의 사업에는 의외로 큰 도움이 되지 않았지만, SNS에서 이렇게 유명해져 겪은 불편함보다 좋은 점이 20 대 80의 비율로 월등하게 많았죠"라며 SNS 활용론과 자신의 SNS 셀럽화 현상에 대해 긍정적으로 평가했다.

그는 "결론적으로 SNS 시대를 맞아 SNS가 문제점이나 부작용이 많다고 회피하기보다 자신감과 적극성을 갖고 잘 활용하는 게 낫죠. 저는 단연코 '존재감 미약한 편안함'보다 '존재감 뚜렷한 불편함'을 선호하겠어요"라고 말했다. 이런 판단 이유에 대해서는 "SNS가 부작용도 많지만, 엄연히 한 시대를 규정하거나 좌우하는 스타

일이자 문화로서 소통·교류·친교의 효율성과 편리성 등의 이점을 고려할 때 꼭 필요한 매체이기 때문"이라고 설명했다.

정 대표는 "앞으로 전통주 사업에 박차를 가하고 꽃과 전통주에 구독 모델을 도입하는 등의 새로운 모델을 개척해 '성공적인 50대 은퇴'란 꿈을 실현한 뒤, 온·오프 소통으로 다져진 '진짜 친구들'과 함께 꿈을 잃은 청소년들에 대한 멘토링 등 선한 영향력을 행사하는 사회봉사를 많이 하고, 어린 시절의 꿈을 살려 영화 제작과 연기에도 도전하고 싶어요"라고 말했다.

제5장

명성의 정치학

토픽 25 명성의 정치학: 선거는 인지도 전쟁

현실 정치를 명성과 관계된 역학으로 투영하면 '지명도와 인지도 전쟁'이라 규정할 수 있다. 학술적으로도 정치는 친밀한 공간과 분위기를 만들어가며 눈에 띄는 정체성을 뚜렷하게 어필하는 경쟁이라는 점에서 종종 '쟁투struggle'로 묘사된다.[1] '지명도知名度, awareness'는 세상에 이름이 널리 알려진 정도를, '인지도認知度, recognition degree'는 어떤 사람이나 물건을 알아보는 정도를 각각 뜻한다. 이름이 널리 알려진 대상이라야 사람들이 쉽게 알아차릴 것이므로 두 가지 용어는 서로 연동된 개념이라 볼 수 있다. 영어로 지명도와 인지도를 'awareness'라고 함께 쓰는 경우가 많기에 유사 개념으로도 볼 수 있다.

정당의 선거는 당의 지도자를 뽑는 '당내 선거'든 유권자를 상대로 시행하는 '공직 선거'든 지명도와 인지도가 가장 중요하다. 냉혹한 현재의 정치 현실에서 더욱 그렇다. 정치에서 지명도와 인지도는 정치의식political awareness의 한 면을 반영한다. 정치의식은 유권자가 갖는 물질적 이해, 정치적 관심도 외에도 후보에 대한 개인적인 주목도를 나타낸다.[2] 또 투표에서 후보들에 대한 평가를 차별화하는 이질성heterogeneity의 근간이 된다.[3]

아울러 그것은 유권자인 시민의 태도 안정성, 이념 일관성, 국가의 주류 가치 등 시민의 정치적 태도와 투표 행동의 모든 측면에 영향을 미친다.[4] 특히 정치인의 명성이 높거나 평판이 명확하면 후보자에 대한 불확실성을 줄이고 지지자들이나 관련된 이해관계자들이 선거에 크게 기여할 수 있도록 하는 데 도움이 된다.[5] 낙선 리스크가 적고 기대 이익이 적지 않기 때문에 망설임이 없이 선거자금을 기부하고 자원봉사도 할 수 있는 것이다.

유권자들은 대부분 신문·방송이나 인터넷 매체의 보도를 통해 정치인을 인식한다. 따라서 이런 매체에 자주 노출되어야 정치인은 인지도와 이미지를 높일 수 있다. 이런 매체들이 채택하는 '뉴스의 틀framing of news'은 그 매체가 어떻게 뉴스를 다루는지 보여주면서 정치인의 평판을 발전시키거나 파괴하는 데 기여한다.[6] 미디어가 정치인의 명성과 인지도를 매개한다는 뜻이다.

선거의 승패는 크게는 선거 시점의 정국 특성과 구도, 정치세력에 대한 유권자들의 평가와 감정이 작용하지만, 기본적으로 그 선거에서 개별 후보인 인물을 선택하는 데 중요한 요소는 명성의 수준(지명도와 인지도), 능력, 이력, 후보에 대한 감정과 정서 등 개인적 요소를 무시할 수 없다. 특히 후보가 명성의 정도면에서 명사급 수준이냐 아니냐는 선거의 유불리를 가늠하는 핵심적 요소다.

당장 당내에서 당대표나 원내대표 같은 리더를 뽑는 선거를 치른다면 인지도가 상대적으로 낮은 정치 신인이나 유망주보다는 인지도가 높고 세력을 갖춘 셀러브리티형 인물이 선출될 가능성이 크다. 당내 선거의 경우 언론들이 여러 전망을 하기는 하지만 이미 결정된 경우가 많아, 언론이 전망하는 일부 '이변의 가능성'이란 것은 당원이나 독자·시청자의 관심을 끌고 흥미를 돋우기 위한 '헛물켜기'에 불과한 경우가 많다. 특정 정당이 심각한 위기에 빠져 세대교체와 일대 혁신을 이뤄야만 하는 특별한 상황에서만 기존 질서를 무시하는 '전략적 투표'가 이뤄질 수 있다.

제19대 대선(2017.5.9) 후보들(문재인, 안철수, 홍준표, 유승민, 심상정, 조원진, 김민찬, 김선동, 장성민, 윤홍식, 이경희, 이재오, 오영국 등)을 분석한 연구에 따르면 당시 후보자들은 제13대 대선(1987.12.16)의 후보자들(노태우, 김영삼, 김대중, 김종필, 홍숙자, 김선적, 신정일, 백기완)보다 셀러브리티화 경향이 두드러졌으며, 그 원인은 사회적으로 정치 및 정치인에 대한 부정적인 인식과 일련의 사건들, 미디어 환경적으로 미디어의 개인화 현상과 정치의 오락화가 정치인 관련 이미지를 강조하고 정치에서도 뉴미디어의 활용이 보편화한 점, 소비자 환경적으로 인터넷 밈 문화와 팬덤의 정치가 영향을 미쳤기 때문이다.[7]

국회의원, 광역 지방자치단체 단체장(특별시장·직할시장·도지사), 기초 지방자치단체장(시장·군수·구청장), 광역의회 의원, 기초의회 의원 등 공직자 선출을 위한 선거에서도 지명도는 매우 유리한 요소다. 지명도가 낮으면 여론조사나 당원 투표에서 밀려 예비경선에서 '컷오프cut-off'될 가능성이 크다. 컷오프는 정당에서 평가를 통해 후보를 공천에서 배제 또는 탈락시키는 것을 의미한다. 그 대신에 지명도가 높으면 큰 노력을 들이지 않고 이런 과정을 무사히 통과할 확률이 높다.

정치인 홍준표의 사례처럼 주요 정당의 고위직을 지낸 정치인이 국회의원에 당선된 후 얼마 뒤 대통령 선거에 출마했다가 낙선한 경우, 다시 광역단체장에 출마하면 지명도가 낮은 후보를 가볍게 이기는 일도 빈번하다. 정치인 이재명의 경우처럼 기초 지자체의 단체장을 하면서 쌓은 인지도를 토대로 광역 지자체 단체장에 당선된 뒤 대선 후보로 나갔다가 낙선 후 그 인지도를 무기로 국회의원에 당선되기도 한다. 이렇듯 인지도가 매우 높은 사람은 단기필마單騎匹馬로 출마해 당선되기 쉬운 득표 요건을 갖추고 있는 것이다.

반대로 공천 철이 되면 명성이 높은 정치인이 희생을 요구받으며 코너에 몰리기도 한다. 기득권자의 '험지 출마론' 또는 '험지 차출론'이 바로 그것이다. 일례로 2015년 새누리당 이재오 의원은 최고중진연석회의에서 "당의 기반을 닦고 국민 통합을 뒷받침하기 위해 권력의 자리에 있으면서 정치적 명성을 얻은 사람들은 과감하게 호남에서 출마해야 한다"라고 말했다.[8] 그러면서 이 의원 자신도 정치판을 새롭게 만들기 위해 그간 쌓아온 정치적 명성을 갖고 광주·전주 등

호남에 출마할 생각이라고 덧붙였다.

표적이 된 오세훈 전 서울시장과 안대희 전 대법관은 수용 의사를 밝혔지만, 김무성 새누리당 대표는 "국회의원 후보는 자신의 연고지에서 출마하는 것이지 명망가라고 해서 전혀 연고가 없는 호남에 출마해야 한다는 것은 사리에 안 맞는다"라며 이를 거부했다. 2020년 자유한국당 시절 총선을 앞두고 험지 출마를 요구받은 정치인 홍준표, 김태호도 부산·경남의 수비대가 되겠다면서 당의 요구를 거부했다.

중앙정치와 지방정치를 나눠 본다면 서울 여의도 국회를 무대로 활동하는 중앙정치인이 인지도가 높은 경우가 많다. 그래서 정치와 정치인을 다루는 언론에서도 인지도는 물론 영향력이 높은 중앙의 정치인, 그중에서도 거물급 인사에 지면과 방송시간을 더 많이 할애하는 경우가 일반적이다. 이렇게 하여 유명해진 중앙정치인이 지방에 투입되면 지역에서 선거를 준비했던 사람들은 무력감을 느끼기 쉽고, 결국 선거에서 이길 방법이 없다. 그래서 "특정 정당 절대 우세 지역의 경우 지명도 높은 중앙 정치인의 진출은 지방선거의 경쟁 시장을 기울어지게 한다"[9]라는 비판이 제기되고 있다.

지명도와 인지도라는 명성의 주요 요소들은 앞에서 다뤘듯이 다양한 효과를 일으키고 그 파워가 강력하기에 정치에서는 가장 강력한 '기득권'으로 기능한다. 이런 점 때문에 정치권에서는 지명도, 인지도에 따라 일종의 서열화한 '계급hierarchy'처럼 명성의 기득권에 관한 위계가 암묵적으로 구축된다. 명성의 순위에 따라 배열하자면 국회의원 299명을 한 줄로 세울 수도 있는 것이다.

국회의원 보좌관, 비서관 등 국회 보좌진 출신의 국회의원 진출이 갈수록 늘어가고 있는 가운데, 이들 보좌진들도 점차 더 나은 능력을 발휘하고 인지도를 높여 향후 공천을 받아 '체급'이 높은 국회의원으로 당선되려는 열망이 많다. 이를 반영한 듯 현재 발간되는 우리나라 국회 보좌진 전문 뉴스레터가 'Celebrity'를 음차한 ≪SELUB≫(Secretary Club)이란 이름으로 발간되고 있다. 주요 보좌진들을 소개하고 보좌진들 간의 정보 교환과 네트워크 강화를 도모하는 것이 목적이다.

정치인이나 공직 후보자의 인지도는 기본적으로 개인의 활동과 언론의 조명에 의해 오랫동안 축적된, 그리고 손에 잡히지는 않지만 막강한 힘을 발휘하는 무형자원이다. 아울러 선거 공천의 중요한 변수다. 각 정당의 현행 정당 공천 방식으로는 지명도가 높은 사람을 '명성 기득권자'와 '명성 비기득권자' 간의 형평성 반영을 이유로 일부러 배제할 수도 없고, 그런 제도도 도입한 사례가 없기 때문이다.

선거를 여러 번 치르면서 명성의 강력한 효과와 영향력을 확인한 정치인들은 각종 매체에 나와 자신을 알리고 홍보하는 데 사활을 건다. 여전히 영향력이 큰 신문·방송과 같은 레거시 미디어legacy media는 물론 유튜브, 팟캐스트, 인터넷 라디오와 같은 뉴미디어에도 적극적으로 출연한다.

디지털 시대를 맞아 이용이 보편화한 소셜미디어는 1인 미디어 기능을 갖추고 있기에 정치인들은 일상적으로 저마다 구미에 맞는 매체에 계정을 개설해 고유한 콘텐츠로 홍보한다. 선거철에는 정체성identification 증진을 위해 소셜미디어를 더욱더 이용하여 자신들의 이야기를 전하고, 생각과 감정을 공유하며, 전개되는 선거 양상을 기록한다.[10]

더욱 중요한 사실은 정치인 명성의 기본이 되는 지명도와 인지도 향상을 위해 물불을 가리지 않는 경우가 흔하다는 것이다. 이들은 '무관심'이 가장 무서우므로 종종 뭐든지, 뭘 해서든지 미디어에 노출되거나 닥치는 대로 이슈 몰이를 해야 하는 처지에 있다. 이런 이유로 정치인들을 "이름 한 자라도 더 노출하려고 안달인 여의도 '꾼'들"이라고 표현한 매체도 있다.[11] 실제 정치권에서는 "정치인에게는 욕먹는 기사도 없는 것보다 있는 게 낫다"와 "악플이 무플(댓글이 없는 것)보다 낫다"라는 우스갯소리 같은 격언이 통용되고 있다.

〈표 5-1〉을 보면 잠정적인 선거를 염두에 두고 경쟁 후보들과 비교하여 우위를 점하기 위해 정치인들이 벌이는 인지도 구애와 명성 쌓기 전쟁의 간절함을 확인할 수 있다. 모두 켜켜이 쌓인 현실 정치 경험의 소산으로서 국회, 정당, 선거판 등에 통용되는 말이기 때문이다. 이 가운데 "정치인은 신문 부고란만 빼고는 언론에 많이 보도될수록 좋다", "정치인은 '무플'보다 '악플'이 낫다", "정치

〈표 5-1〉 정치인에게 인지도가 중요함을 역설하는 한국 정계의 통용 경구들

1	"정치인은 신문 부고란만 빼고는 언론에 많이 보도될수록 좋다"
2	"욕먹는 기사도 정치인에게는 없는 것보다 있는 게 낫다"
3	"정치인은 '무플'(댓글이 없는 것)보다 '악플'이 낫다"
4	"정치인에게는 선거에서 심판조차 하지 않는 '무관심'이 가장 무섭다"
5	"정치인은 오래 떠나 있으면 잊히고, 그렇게 잊히면 끝이다"

인에게는 선거에서 심판조차 하지 않는 '무관심'이 가장 무섭다"란 말은 냉혹한 느낌마저 들게 한다.

정치인들은 인지도 경쟁에서 이기기 위해 상대 정당이나 후보를 향해 마땅히 갖춰야 할 품위와 예의를 고려하지 않고 자극적 형용사로 도배된 악담, 막말, 궤변, 공격을 늘어놓는 경우가 흔하다. 그 모습을 보면 정말 거리낌이 없이 행동하는 경우도 흔하다. 근거를 제시하기보다 서류를 흔들어대며 '자극적인 액션'을 강조하는 폭로성 기자회견을 하거나 국정 감사장에서 불필요한 실험을 시연하는 등 비상식적이거나 흉측한 퍼포먼스나 기행까지 자행한다. 일종의 '노이즈 마케팅'이다.

악담, 막말, 궤변, 공격이 아닌 특정 언사나 퍼포먼스에 대한 반응조차 뜨거운 지지와 격한 비난으로 극명하게 엇갈리는 경우도 흔하다. 선거철이 되면 전선의 긴장이 격화하기에 이런 현상이 더욱 두드러진다. 서로 같은 행위를 반복하면서 상대를 비판하고 폄훼하기에 유권자인 시민들은 혼란스럽고 불쾌하기만 하다.

이런 행태들은 정치적 인지도를 빠르게 높일 수 있으므로 정치인들 또한 이 유혹에서 벗어나기 쉽지 않다.[12] '패션 정치', '타투 정치' 같은 파격 행보로 반응에서 찬반이 엇갈린 21대 최연소 국회의원 류호정은 "정치인은 미움받을 용기가 없으면 안 된다고 생각한다"라는 의견을 제시했다(김미리, 2021). 정치적 노련미가 뛰어나 '정치 9단'으로 불리는 정치인 박지원은 국회의원 시절 "인터넷 문화가 성장하면서 악플 등 부작용도 심각해지고 있으나, 어디까지나 네티즌은 탄압이 아닌 소통의 대상이라는 점을 명심해야 한다"라고 말했다.[13]

이런 정치적 고질병을 벗어나는 것은 긍정적인 의미의 정치적 언행, 건전한

비판과 대안 제시와 같은 일상적 의정활동과 네거티브 전략을 최소화한 선거 캠페인이 제대로 정착할 때 가능하다. 극단적 대결을 줄이는 방식으로 정치체제를 개편할 필요도 있다. 여야 간 또는 경쟁 후보 간 '프레임frame 전쟁'과 극렬한 '팬덤 정치'의 와중에도 선과 도를 넘지 않는 절제의 미덕을 보여야 한다. 그것이 유권자들에게 카타르시스를 선사하는 품격과 박진감이 있는 명성 획득 경쟁이 될 것이다.

인터뷰

헌정사 최초로 정당대표, 국회의장, 국무총리를 모두 역임한 정세균의 통찰

우리나라 현대 정치사에서 오직 '대통령' 자리만 빼고 정치 분야 최고위직인 정당대표, 국회의장, 국무총리를 모두 맡아본 '매우 특별한 명성 경험'을 가진 셀럽 정치인 정세균은 이런 이유 때문에 종종 '살아 있는 정치학 교과서'라 불린다. 국회의원(6선), 장관(산업자원부), 원내대표는 물론 정치인들이 가장 선망하는 최고위직인 여당과 야당의 정당대표(열린우리당, 민주당)에 이어 국회의장과 국무총리를 모두 경험한 우리나라 헌정 사상 유일한 정치인이기 때문이다.

정세균 전 국회의장은 국무총리직 퇴임 후 2022년 3월부터 사람사는세상 노무현재단 이사장을 맡고 있다. 그는 2022년 11월 2일 서울 종로 사무실에서 진행된 필자와의 인터뷰에서 "정치인에게 인지도는 매우 중요한 자산이지만, 그것은 반드시 공적으로 좋은 의미를 지닌 일에 열정을 발휘하여 얻는 경우에만 가치가 있는 것이지 그렇지 않은 것이라면 전혀 불필요한 것"이라고 일갈했다.

정세균 전 국회의장·국무총리

정세균 전 의장은 "정치 분야에서

공적 가치와 품격이 높아지는 선순환이 이뤄지는 인지도 높이기 전략은 정치인들에게 매우 권장되어야 하지만, 일부 정치인들의 일탈적인 모습처럼 SNS 등을 통해 품격 없이 지르고 도발하거나 일단 튀고 돋보이려는 유별난 언행을 하는 것은 결국 국민의 지탄과 눈총을 받기 때문에 전혀 쓸모도 없고 바람직하지도 않다"라고 덧붙였다.

정세균 전 국회의장은 "정치인은 신문의 부고란만 빼고는 언론에 많이 보도될수록 좋다", "정치인은 댓글 없음보다 악성 댓글이 낫다"와 같이 정치에서 인지도의 중요성을 강조하기 위해 여의도 정가에 흔하게 떠도는 말들에 대해 "이제는 이런 말들이 구습·구태와 같은 것이라 정치권에서 완전히 사라져야 한다. 나는 이런 말을 절대로 동의하지 못하기에 사양하겠다"라고 힘주어 말했다.

그는 각 정당이 다른 분야 유명인사들의 인지도를 빌려 선거에 활용하기 위한 목적으로 대통령 선거, 국회의원 총선, 지방선거 등 선거철마다 시도하는 '외부 인재 영입 경쟁'에 대해서도 부정적인 견해를 나타냈다. 정 전 국회의장은 "그간의 사례를 돌이켜 보면 다른 분야 명사들의 경우 대부분 전혀 정치 훈련도 정치 학습도 되지 않은 분들이라서 영입 후 부작용이 많았다. 명성이 성과로 꼭 연결되지 않음을 그간 충분히 봤다. 그래서 전혀 바람직하지 않다"라고 밝혔다.

그는 대안으로 "서양의 경우처럼 청소년기부터 정치에 관심 있는 재목들을 정치학습 과정에 자발적으로 참여하도록 하여 잘 훈련시킴으로써 장차 좋은 정치인으로 키우는 게 바람직하다"라고 제안했다. 무분별한 외부 인재 영입보다 정당 내부의 자체적인 인재 육성이 훨씬 더 현실에 맞고 유용하다고 본 것이다.

정 전 국회의장은 "정치인의 '명성'은 국민이 어떻게 바라보느냐와 같은 일종의 세평世評이며, 명예는 본인 성과에 대한 자신의 가치판단과 자부심의 척도라고 각각 정의하고 싶다"라고 말했다.

그는 "내가 처음 유명세를 느낀 순간은 국회의원 시절 이른바 국제통화기금IMF 외환위기의 시발점 가운데 하나였던 '한보사태'(1997년 1월 발발한 한보철강의 부도와 관련된 권력형 금융 부정 및 특혜 대출 비리사건) 때문에 실시한 국회 한보청문회(1997년)에서 한보 측의 로비자금을 거절한 유일한 국회의원으로 밝혀져 언론의 집중 조명을 받았을 때"라고 회고했다. 그는 "소년 시절부터 좋은 정치를 하는 국회의원을 하는 게 꿈이었기에 그때가 바로 그 꿈이 비로소 이뤄져 국민에게 널리 알려진 순간으로 기억한다"라고 덧붙였다.

당시 청문회에는 정태수 한보그룹 회장이 출석해 한보철강 건설에 소요되는 부족한 자금을 금융권에서 융통하기 위한 로비 용도로 1996년 국회 재경위원회 소속 국회의원 등 유력 정치인에게 불법자금을 건넨 사실을 시인했다. 정 회장은 돈을 받은 사람을 일일이 거명하지는 않았다. 그러나 정태수 회장은 당시 "돈을 거부한 사람이 딱 한 분 있다"라고 말해 엄청난 관심이 쏠렸고, 그 사람이 누구인지를 묻는 추가 질의에 대해 "새정치민주연합의 정세균 의원"이라고 답해 취재기자를 비롯한 좌중을 놀라게 했다.

정세균 전 의장은 "그러나 긴 정치 이력을 반추할 때 정치인으로서 내 명성은 몇몇 이슈로 급작스레 상승한 것이 아니라 초선 의원 때부터 성실히 의정활동을 하고 주요 직책을 맡아 성과를 내면서 언론으로부터 평가를 높게 받으면서 차근차근 축적된 스타일로 자평한다"라면서 "그 과정에서 이해관계와 철저히 거리를 두고 주변 반응에 대한 의식이나 지위가 높아졌다는 인식보다 공적 이익과 책무에 충실하며 국민이 인정하는 성과를 보여주려 노력했다"라고 말했다.

정 전 의장은 그간 체험한 명성의 어두운 면에 대해서도 솔직하게 고백했다. 그는 "그간 정치를 해보니 명성이 쌓여 세인의 관심이 높아질수록 정말 개인적 자유가 없어지더라. 점차 국민을 향한 두려움도 가득 차기 시작했다. 그렇다 보니 빡빡하게 짜인 일정에서 오는 피로감과 함께 매사에 조심해야 하는 스트레스가 가중되었다"라고 털어놓았다. 그는 "이러한 스트레스는 스스로 평정심을 찾고 걷기와 골프와 같은 최소한의 운동과 충분한 수면(하루 6~7시간)으로 거의 말끔히 해소하는 편이었다"라고 덧붙였다.

정 전 국회의장은 "여러 공직 경험에 비추어 정치인 명사가 국민이 우러러보는 뛰어난 '지도자'나 영향력이 매우 큰 '공인'으로서 자격을 갖추려면 책임의식, 신뢰성, 품격이란 세 가지 실천 덕목을 반드시 체화해야 한다"라고 강조했다. 그는 "'책임의식'은 이해관계와 귀책 의식에 대한 두려움을 초월하여 자신이 맡은 공직의 무게를 온전히 떠안고 일하는 자세이며, '신뢰성'은 진정성과 투명성을 발휘해 국민을 받드는 자세이며, '품격'은 매사 조심하고 분별력이 있는 자세로 이른바 '신사·숙녀' 답게 처신하는 것"이라고 각각 설명했다.

그는 자신이 맡은 공직인 국회의원, 장관, 원내대표, 정당대표, 국회의장, 국무총리 직職 가운데 '명성 체감도'는 입법부 수장으로서 최고 의사 결정권자였던 국회의장이 가장 높았고, 정당대표와 국무총리가 그다음 수준이었다고 스스로 진단했다. 이어 직무에 대한 명예심, 자부심, 행복감을 의미하는 '명성 만족도'는 국회의장과 국무총리 직이 가장 높았고, 이어 원내대표·정당대표, 국회의원·장관 직이 각각 그다음으로 높았다고 회고했다.

국회의원, 장관, 원내대표, 정당대표, 국회의장, 국무총리 직무 가운데 '국회의장'이 가장 명성을 크게 느낀 공직이었으며, 그 직무에 따르는 명성의 만족도는 국회의장과 국무총리가 똑같은 수준으로 가장 높았다고 자평한 것이다. 명성 만족도에서 최상위 수준이라고 그가 자평한 국회의장 시절 그의 최대 업적은 안정적인 박근혜 대통령 탄핵 관리, 청소 노동자의 국회직 전환, 국회의 품격 제고이며, 국무총리 시절의 최대 성과는 코로나 창궐·유행 국면에서 수습 책임자이자 지휘자로서 이뤄낸 'K-방역의 성공'이라고 자평했다.

정 전 국회의장은 '스트레스 체감도'는 매일 쏟아지는 세세한 일을 챙기고 복잡한 이견을 조율해야 해서 재임 기간 내내 격무에 시달렸던 원내대표·당대표·국무총리 시절이 가장 높았으며, 이어 국회의장, 국회의원·장관 순으로 높게 느껴졌다고 고백했다. 이와 관련하여 정당대표 시절에는 당직자가 가장 마음이 편한 대상이었지만 선거를 앞두고 '공천'과 '낙천'으로 명암이 극명하게 엇갈릴 수밖에 없는 공천 희망자들이 가장 어렵고 불편한 사람들이었다고 설명했다.

국회의장 시절에는 함께 보조를 맞춰주는 같은 당의 국회의원들이 가장 마음이 편한 대상이었으나 반대자 역할을 하던 야당 국회의원이 가장 불편하게 느껴졌다고 회상했다. 국무총리 시절에는 함께 일하는 국무총리실 직원들(공무원들)이 가장 편했고, 하명·협의·조율·비판·감시·견제란 복잡한 역학이 작동하는 관계인 청와대와 국회가 아무래도 가장 불편한 대상으로 느껴졌다고 말했다.

정 전 의장은 "나는 공직을 수행할 때마다 생업이나 경력 쌓기에 대한 고려보다 '소명의식의 실천'에 방점을 두었다. 첨예한 대립이 일상인 여야 관계에서나 정부 섹터에서 업무가 미진하거나 소홀함이 있을 때는 나도 화가 났다. 그러나 직접 표출하지 않고 역지사지의 자세로 웃으며 넌지시 화를 내고 너그럽게 상대를 이해하려는 정서관리 기법을 적용해 왔다"라고 설명했다. 왜 그의 별명이 '미스터 스마일 Mr. Smile'인지 잘 알게 해주는 특유한 자기관리 기법이다.

그는 "정치인 명사가 우선하여 갖춰야 할 요소는 신뢰성, 능력, 성실성, 개인적 매력·특성 순이라고 본다"라며 "정치인은 국민의 신뢰를 잃으면 존립할 수 없음을 알고 명성의 단맛에 취해 나타나는 얄팍한 명성 증진 행동보다 진정성과 투명성에 뿌리를 둔 신뢰성 확보를 위한 수양과 실천에 모든 촉각과 에너지를 집중해야 한다"라고 조언했다. 이렇듯 그의 화두는 '인지도'로 시작했지만, 결국 정치인의 존재 이유와 직결된 '신뢰성'을 강조하며 매조지했다.

토픽 26 '오피니언 리더'로서 명사의 역할

명사의 발언력, 즉 '보이스 파워voice power'는 어느 정도일까? 명사는 커뮤니케이션 과정에서 '의견지도자意見指導者, opinion leader'가 될 가능성이 크기에 그의 견해가 갖는 영향력은 매우 크다고 할 수 있다. 의견지도자란 모든 사회 계층이나 직업 집단에 존재하는 사람으로 대인관계의 중심적 위치에서 커뮤니케이션의 정보 유통 과정에 개입하여 설득과 같은 대인적인 영향력을 발휘함으로써 일반 대중의 의견을 이끌거나 지도하는 사람을 지칭한다.

한마디로 의견지도자는 특정한 의견을 제시함으로써 다른 사람들의 의견, 태도, 동기 부여, 행동에 영향력을 행사할 수 있는 개인이다.[14] 하나의 전문 분야에 집중하는 사람으로서 자신의 분야에서 전문가로 인정을 받고 있으며 영향력이 큰 행사나 이벤트에 참여적인 성향을 나타내고 대중매체를 접하거나 활용하는 능력도 뛰어나며, 시사 문제에 관심이 많고 교육 수준과 사회적·경제적 수준이 높은 특징을 지니고 있다[15]는 점에서 명사의 특성과 유사하다.

의견지도자는 커뮤니케이션에서 이른바 '2단계 유통 이론two-step flow theory'을 설명하는 핵심적인 개념이다. 그것이 중요한 정보의 원천이거나 핵심 소통 경로이기 때문이다. 이 이론은 대중매체로부터의 정보나 영향력은 곧바로 대중들에게 흘러 수용되는 것이 아니라 중간의 의견지도자를 거쳐 다시 대중들에게 전파된다는 것이다.[16] 여론 형성이나 의제 설정 과정에서 의견지도자의 역할을 강조한 이론이다.

라자스펠드Paul F. Lazarsfeld와 그의 동료 연구자들은 1940년대 미국인들의 공직 후보자 선거 투표 과정에서 미디어의 영향력을 조사하면서 의견지도자가 미디어와 일반 유권자 사이에 미디어가 전달하는 선거 관련 정보나 메시지의 매개자 역할을 하며 영향력을 미친다는 가설을 제시했다.[17] 이들이 전달, 중개, 해석, 설득 등의 방법으로 적지 않은 영향력을 행사한다는 점이 발견되었다는 것이 그들의 결론이다.

이 이론은 정보의 흐름을 너무 단순화한 데다 소수의 의견지도자들이 미치

〈표 5-2〉 의견지도자로서 명사와 의견지도자의 영향력

구분	내용
의견지도자란?	• 대인관계의 중심 위치에서 정보 유통에 개입하여 설득, 태도 변화 촉구·유도와 같은 대인적 영향력을 발휘하는 '오피니언 리더(opinion leader)'를 지칭한다.
명사는 의견지도자인가?	• 명사는 자신의 분야에서 전문가로 인정을 받고 있으며 높은 신뢰도, 인지도, 인기를 바탕으로 언행, 태도, 가치관 등에서 사회적 영향력이 크기에 충분히 의견지도자가 될 수 있다.
의견지도자의 역할과 영향력	• 대중매체가 전달하는 정보나 영향력은 곧바로 그 대중들에게 직접 전달되지 않고 중간의 '의견지도자'를 통해 전파된다. • 이를 '2단계 유통 이론(two-step flow theory)'이라 하는데, 이 이론에 따르면 '의견지도자'는 여론 형성이나 의제 설정에서 핵심적인 역할을 수행한다. • '의견지도자'는 선거에서 미디어의 메시지를 전달·중개·해석·설득하는 역할을 할 수 있어 유권자에게 적잖은 영향력을 미친다.
의견지도자 영향력의 한계	• 정보의 흐름이 보다 복잡해질 경우, 대중이 보다 스마트해질 경우, 미디어의 저널리즘이 제 역할을 할 경우 그 영향력은 감소한다.

자료: Lazarsfeld et al.(1968); Ajzen and Fishbein(1980); Zaller(1992) 요약.

는 영향력을 지나치게 부각하고 대중매체의 직접적인 영향력을 간과했다는 비판에 직면하기도 했다. 아울러 시대가 흐르면서 정보나 메시지의 유통 경로가 다양하다는 '다단계 유통 이론multi-step flow model'이 등장하거나, 인지·해독·분별·판단 능력이 뛰어난 '똑똑한 수용자smart recipient'로서의 대중의 역할이 강조되면서 이 이론의 효과에 대한 의문과 반박이 적잖이 제기되었다. 특히 후보자와 정당 선택과 같은 선거 분야에서 그런 현상이 두드러졌다.

그러나 이런 다각적인 논의에도 불구하고 명사의 반열에 오른 의견지도자의 영향력은 여전한 것으로 보인다. 정치, 경제, 사회, 문화 등 각 분야에서 널리 활용되고 있는 것만 봐도 이를 짐작할 수 있다. 광고나 캠페인에 유명인사나 슈퍼스타가 자주 출연하는 것은 명사가 의견지도자로서 단순한 정보 전달자informer를 넘어 적잖은 이미지 제고 및 설득 효과를 발휘하고 있다고 믿기 때문이다.

명사는 의견지도자라는 사회적 역할 모델로서 충분히 기능하는 위치에 있으며 자신을 추종하고 있는 사람들의 태도에 영향을 미치는 위치에 있다. 이들은 사회심리학자들의 견해처럼 사람들의 태도와 행동 양식을 좌우할 수 있으며,

발언은 사회적 영향력을 발휘한다.[18] 사회적 이슈에 관심이 많고 커뮤니티나 동호회 활동에도 적극적이며 신문, 방송, SNS에서 특정한 의견을 제시할 경우 검색어 순위 상위에 오를 정도로 주목을 받으며 화제와 논쟁을 양산하고 있다.

토픽 27 유물이 되어간 명망가 중심의 '명사정당'

명사와 명사에 버금가는 정치인의 인지도는 정치에서도 매우 중요한 자산일 수 있다. 정당이 당원 가운데 정치 스타를, 혹은 지지도나 인지도가 높은 유력 정치인을 키우거나 영입해 확보한다는 것은 정당의 목적이 '집권'이라는 것을 고려할 경우 매우 절박한 목표다. 국회의원, 도지사는 물론 대권 후보를 선정하는 과정은 내부 경선을 치르는 시점까지의 역량, 명성, 평판, 신뢰도가 매우 중요하다. 정당이 선거로 대결할 때 최종 후보의 인지도와 지지도만 견주어 봐도 이미 게임이 끝난 상황이라는 것을 직감할 수 있다. 판세를 직감해 결과를 어렵지 않게 예측할 수 있다는 뜻이다.

정당은 정당의 강령인 정강에 공동의 목표와 원칙을 담아 공직 진출과 정치적 의사 결정에 영향력을 행사하고자 선거와 같은 정치적 경쟁에 참여하는 사람들의 결사체다. 정당은 프로야구단의 2군 무대처럼 명사 후보를 키워내는 '농장farm'이다. 정당은 소속 당원들을 대다수 국민이 단번에 알아보고 신뢰한 나머지 거리낌 없이 지지를 받을 명성과 능력을 갖춘 후보로 키워야 선거에서 승리한다는 것을 잘 알고 있기에 명사는 중요한 인재 육성 목표가 된다. 될 수 있는 대로 많은 후보를 명사의 반열에 오르도록 성장시키는 것은 그래서 정당 본연의 목표라 할 수 있다.

그러나 평범한 당원이나 정치 신인이 숱한 노력과 도전 끝에 정치적 자산과 영향력을 키워 명사 반열의 정치인으로 성장하는 경우와 경제적, 사회적, 문화적 영향력을 발휘하던 기존의 명사가 그대로 정치 분야로 활동 무대를 옮기는 것은 의미가 다를 것이다. 전자는 민주주의를 기반으로 하는 현대 정치에서 정치인의 일반적인 성장 과정으로 권장되는 경향이 있다. 그러나 후자는 기득권자인 명사가 정치권력까지 손에 쥐려는 시도로 해석되기 때문에 종종 부정적 평가가 뒤따른다. 기득권을 깨기 위한 도전과 기득권의 고수·확대는 전혀 다른 문제이기 때문이다.

민주주의가 발달한 나라일수록 풀뿌리와 같은 유권자 가운데 정당에 가입한 깨알 같은 당원들에 의해 당 강령과 지도자 선출 등 의사 결정이 이뤄지는 '대중정당大衆政黨'의 방향으로 발전하고 있다. 명사나 명망가名望家의 모임이나 결사체가 정당화되는 흐름은 퇴행적이기 때문이다. 기득권자인 기존의 명사들이 자신의 지명도와 네트워크 같은 사회 자본과 재력 같은 경제 자본을 무기 삼아 그대로 정치권력까지 획득하는 것은 많은 부작용을 초래하기에 바람직하지 않다.

독일 사회학자 막스 베버Max Weber는 영국의 정당은 1868년까지만 해도 영국 국교회 목사, 교수, 교사, 변호사, 의사, 약사, 부농, 지역 대지주와 농장주와 같은 명사 중심으로 구성된 '명사정당名士政黨, Honoratiorenpartei'이었다고 지적했다.[19] 명사정당은 근대적인 의회제의 초기 단계에서 나타났던 정당 형태로, 이제는 유물과 같은 정당의 모습이라 할 수 있다.

명사정당은 일종의 수구 기득권적인 독과점 정당이다. 정치인 전병헌은 새정치민주연합 최고위원 시절 "정치학 원론이나 정당론에서는 인물 중심의 정당, 명망가 중심 정당을 가장 낙후된 정치문화이자 가장 전근대적인 정당이라 본다"라고 지적했다.[20] 명사인 특정 몇몇 실세에 의해 정당의 운영과 공천이 좌우되므로 민주주의의 기본에 충실한 의사 결정과 후보자 선출이 이뤄지지 않기 때문이다. 과거에는 우리나라도 진보, 보수 가릴 것 없이 명사들이 주축이 된 정당이 많았다. 유명 정치인의 자녀가 국회의원을 세습한 사례도 이런 특성의 유산이라 할 수 있다.

막스 베버에 따르면 명사정당이란 정당 활동이 각 지역의 명망가, 즉 명사에 의해 주재되거나 이끌어지는 정당을 말한다. 이를 달리 '명망가 정당名望家 政黨'이라고도 하는데, 대중정당과 그 의미가 대비된다. 명망가는 저명인사처럼 명망이 높은 사람을 의미한다. 명사정당은 근대적인 대중정당과 달리 보통 선거 때에만 활동하는 경우가 많다.

명사정당은 정당에 당비를 납부하고 정기 집회를 열며 정책 이슈를 제기하는 계속성과 연속성을 지닌 조직의 특성을 띠지 않는다. 지방의 하부 조직도 갖지 않고 주로 지역이나 당의 유명인사를 중심으로 활동을 전개한다. 의사 결정

〈표 5-3〉 명사정당(名士政黨)의 특징과 퇴조 이유

구분	내용
명사정당의 개념	• 정당활동이 각 지역의 명망가나 명사에 의해 주도되거나 이끌어지는 정당. 대중정당과 반대 의미를 지닌 정당.
명사정당의 특징	• 대중정당과 달리 선거 때에만 활동하는 경우가 많다. • 정당 조직의 연속성이 없고 지방 하부조직도 두지 않는다. • 정치인이 정치를 본업이 아닌 부업으로 삼는다. • 명망가들이 고비마다 목소리를 내며 당내 문제에 개입한다. • 지방을 중심으로 후원금을 걷는 '정치클럽'을 운영한다. • 소수의 명망가가 선거에 나갈 후보자를 추천으로 선정한다. • 당의 정강이 명망가들의 결의나 영향력에 좌우된다.
명사정당의 퇴조 이유	• 명망가가 사회 자본과 경제 자본을 무기로 정치권력까지 획득하는 것은 시대에 맞지 않고 민의를 왜곡하여 많은 부작용을 초래.

자료: 최장집·박상훈(2011)을 토대로 필자가 재정리.

도 상의하달上意下達인 경우가 많다. 의회 후보자는 소수 명망가의 추천으로 선정되기에 인선 과정에서 대가 제공 같은 협잡과 부정이 개입할 소지도 많다.

과거에 영국의 명사정당에서 핵심 세력인 명사들은 자신을 스스로 '젠틀맨gentleman'이라고 부르고, 정치를 본업이 아닌 부업으로 삼았으며, 필요할 경우 고비나 위기 때마다 정치적 목소리를 내면서 후보 공천 등에 영향력을 행사했다. 지방을 중심으로 모여 사교하면서 후원금을 걷는 '정치클럽'을 운영했다. 선거에 나갈 후보자는 명망가들의 추천으로 선정했다. 당의 강령인 정강政綱은 명망가들의 결의나 영향력, 또는 후보자의 선거연설로 결정했다. 이런 유형의 정당에서 당내의 명사들은 당에 막강한 영향력을 행사하면서 자신의 재력이나 영향력을 기반으로 정치 조직이나 정치클럽의 운영과 관련된 경비를 제공했다. 이때 정당 조직의 리더는 원내총무whip가 맡아 정부의 관직 임명에도 적지 않은 영향력을 행사했다. 독일과 프랑스의 명사정당 양태도 비슷했다.

역사를 중세로 거슬러 올라가면 황제를 지지하는 전통 귀족과 지주地主 중심의 세력으로 구성된 도시 정당인 '기벨린당Ghibellines'도 부르주아지인 귀족 중심의 개인적인 추종자들로 구성된 명사정당이었다. 중세 후기 로마의 교황(그레고리우스 7세)과 신성로마제국의 황제(하인리히 4세)가 성직 서임권敍任權 등을 두고 격하게 대립할 때 황제를 지지한 당파로서 '황제당'이라고도 불렸다. 이때 교황 지지파는 신흥 귀족과 중산층을 바탕으로 하는 '구엘프당Guelphs'이었다.

일본에서도 보통선거제도가 도입되어 현대적인 선거 민주주의의 틀이 확립되기 전까지 정당의 성격은 명사들 중심의 '명사정당'이었다. 이때 정치는 탄탄한 대중조직과 유리되어 있었으며, 사상이나 신념보다 소수의 유력 인사나 보스에 의존하여 그들을 중심으로 파벌을 구성해 의회 내에서 영향력을 행사하는 모습이었다.

막스 베버는 영국의 경우 1867년 제2차 선거법이 개혁되면서 유권자가 대폭 확대되고 이런 유권자들의 지지를 얻기 위한 정당들의 노력에 따라 정당의 기능과 구조가 개편되면서 점차 명사정당에서 벗어나기 시작했다고 분석했다(최장집·박상훈, 2011). 소수의 유력한 명사보다 다수의 시민 대중의 지지가 필요했기에 대중정당의 요소를 점차 반영하기 시작한 것이다.

그러나 현대 정치에서도 대중정당이 국민들에게 큰 실망을 주고 정당의 민의 대변성, 정당에 대한 당원의 신뢰성과 일체성, 당원 가입률 등이 크게 나빠질 경우 다시 명사정당이 출연해,[21] 과거처럼 신기루 같은 순간의 기대와 결과적인 실패가 재현될 수 있다. 실제로 최근 국제사회를 통찰해 보면 상당수의 유명한 연예인, 방송인이 명사의 명성과 영향력을 토대로 정당을 창당해 기존 정치 집단에 대한 실망감을 역이용하고 재빠른 지지를 얻어 선거에서 승리했다. 인기 코미디언 볼로디미르 젤렌스키Volodymyr Zelensky가 대통령이 된 우크라이나를 비롯해 슬로베니아, 과테말라, 이탈리아, 독일 등의 사례가 대표적이다. 이런 정당은 대부분 당명과 로고를 감추고 명사인 인물 중심으로 선거 캠페인을 이끌면서 유권자의 마음을 사로잡았다. 그러나 선거 승리 후 당 운영 체제가 '개인화 경향'을 나타내 대중정당의 몰락 원인 가운데 하나였던 대표성 부재가 부메랑처럼 작동하고 공약 이행률조차 낮아져 유효 기간은 대부분 짧았다(호프마이스터, 2021).

하의상달下意上達, bottom-up로 민의가 폭넓게 반영되고 당원들의 지지와 호응이 활발한 방식으로 정당의 민주주의가 발전할수록 기득권자인 명사가 중심이 된 특정 유명인사 중심의 명사정당은 출현하기 어렵다. 따라서 선거의 지지와 정책 집행의 영향력을 크게 확대하기 위해 종종 필요한 정당의 명망가는 정당 내부나 정치인 범주 내에서 길러져야 한다. '영입'보다 '자체 육성'이 우선이란 뜻이다. 필리핀, 인도네시아, 브라질 등의 사례를 봤을 때 영화배우나 스포츠 스타의 후광 효과는 아주 잠깐이었던 점에 비춰보면, 이러한 영입인사는 정치 참여를 통해 오로지 자신의 명성celebrity만을 얻거나 높이려 하는 경우가 많다는 점에서 정당에 큰 도움이 되지 않는다. 정치 컨설턴트 박성민(정치 컨설팅 '민'의 대표)은 "우리 정당은 선거 때마다 명망가를 원하면서도 당내에서 체계적으로 키우는 '유스 시스템Youth System'이 없다"라고 지적했다.[22]

아쉬운 것은 우리나라 정당의 경우 여전히 명사정당의 특징이 남아 있다는 사실이다. 특히 보수정당에서 이런 현상이 두드러진다. 그러나 진보정당도 소수의 몇몇 스타 운동권 인사나 노동운동 명망가들이 주도하는 경우가 많다. 주요 정당을 보면 명망가 정치인이 후보들을 줄 세우며 공천을 주도하고 그것을 무기로 당내 기득권을 지키려 하는 모습이 엿보이는데, 이는 가장 대표적인 명사정당의 흔적이다.

아울러 재력이 출중한 명사 경영자가 국회의원으로 출마해 지역구에서 3~4선을 한 뒤 그 지역구를 자기 재산을 상속받은 아들에게 물려주며 기득권 보호의 도구로 삼고자 하는 행태도 번번이 등장하고 있다. 의정활동에는 별 관심을 두지 않고 사교나 로비에만 열중하는 부유층 출신 중진급 의원들의 모습도 이에 해당한다. 명사정당은 이제 구시대의 유물이 되었는데도 그런 흔적이 남아 있어 아쉽기만 하다.

빌헬름 호프마이스터Wilhelm Hofmeister가 『민주주의를 형성하는 정당: 국제적 시각에서 이론과 실천』(2021)에서 제시한 '성공하는 정당'은 정당의 지도자와 당원이 자유 민주주의의 원칙과 절차를 존중하고, 정당의 정치적 행동의 기준이 되는 가치와 원칙을 명시하여 모든 당원에 의해 공유되는 기본 강령을 보유하며, 정당의 선거 공약과 실질정치는 정당의 기본 가치를 기준으로 실시하며 다양한 정책 분야에서 해결책을 제시하는 정당이다.

아울러 이런 '성공하는 정당'의 당원은 정치적인 사안은 물론 당내 주요 사안에 관한 정보를 지속·개방·투명성의 원칙에 따라 일관되게 제공받고, 전문화한 중앙당 사무처를 중심으로 견고한 전국조직을 갖추며, 해당 지역에서 능력을 발휘해 유권자들을 상대로 당이 강한 존재감을 갖도록 한다. 이런 정당은 남녀평등과 여성의 고위직 진출 및 후보 공천 등을 지원하며 당원은 당 지도부 선출, 후보 공천, 정치적 사안과 정치적 행동에 관한 당내 토론과 절차에 적극적으로 참여한다.

토픽 28 명사의 정치적 효과: '오프라 이펙트'

대통령 선거를 비롯한 공직 선거 캠페인에서 유권자인 대중의 지지를 효과적으로 끌어내는 방법 가운데 하나는 명사를 지지자로 확보하는 것이다. 여론주도자들의 목소리에 귀를 기울이게 하여 지지도를 높이거나 악대차樂隊車가 음악 소리와 볼거리에 호기심을 가진 군중을 자연스레 불러내듯 유명인을 앞세워 '밴드왜건 효과bandwagon effect(편승효과)'를 기대하는 것이다. 이런 전략은 선거에 매우 효과적이기 때문에 선거 때마다 선거 캠프에는 비상이 걸린다. 우리나라 역대 대통령 선거와 현실 정치에서도 유명한 문화예술인, 경제인, 전직 관료, 학자, 언론인 등을 자신의 지지자나 캠프로 끌어들이는 경우를 어렵지 않게 볼 수 있었다.

과거 대선에서 김대중 후보를 지지한 배우 손숙·김명곤과 가수 최희준, 노무현 후보를 지지한 배우 문성근·명계남과 영화감독 이창동, 개그우먼 김미화, 이명박 후보를 지지한 배우 유인촌·이순재·이덕화·김보성·정흥채, 가수 김건모, 박근혜 후보를 지지한 가수 설운도와 탤런트 선우용녀·전원주, 2022년 대선의 윤석열 후보를 지지한 배우 독고영재, 개그맨 최국·김종국, 가수 김흥국·코리아나, 이재명 후보를 지지한 배우 이원종·김의성·박혁권, 개그맨 강성범, 작곡가 윤일상, 가수 이은미·리아 등이 대표적이다.

2008년 대선 당시 상원의원이었던 버락 오바마Barack Obama는 출마를 앞두고 방송 진행자 오프라 윈프리Oprah Winfrey의 지지 선언을 끌어냈다. 그리하여 당시 언론은 대중적 지지도와 인기가 높은 명사의 영향력을 정치나 선거전에 십분 활용하여 박빙의 대결에서 승리를 거두는 데 결정적인 요인이 되었다고 평가했는데, 이런 명사 매개자의 선거 지원 효과를 언론이 '오프라 이펙트Oprah Effect'라고 부르면서 널리 알려졌다. 쉽게 말하면 오프라 이펙트는 정치 분야에서 '명사의 의견지도자 효과'를 나타내는 말이다.

당시 미국 경제학자인 노스웨스턴대학교 크레이그 가스웨이트Craig Garthwaite 교수와 메릴랜드대학교 티머시 무어Timothy J. Moore 교수는 윈프리의 지지로 버

오프라 윈프리

오프라 이펙트(Oprah Effect)

대중적 지지도와 인기가 높은 명사의 영향력을 정치나 선거에 십분 활용하여 선거에서 승리를 거두는 것과 같은 긍정적인 효과를 말한다. 강력한 메시지 매개자인 '명사의 의견지도자 효과'라 할 수 있다.
가스웨이트와 무어(Garthwaite and Moore, 2013)가 이를 학술적으로 실증했는데, 오프라의 지지가 오바마의 득표(100만 표 추가 득표 효과)와 선거재정 확충에 기여해 전체 투표율을 증가시켰다는 결론이 나왔다.

락 오바마가 대선에서 약 100만 표를 더 확보했을 것이라고 공동 분석했는데, 이 연구는 실제 학술연구로 이어져 실증함으로써 관련 논문이 학술지 *The Journal of Law, Economics* 2013년 4월호에 실렸다.[23]

이 두 사람은 해당 논문에서 오프라 윈프리의 영향력, 잡지 구독 및 추천 도서 판매의 척도로서 이 지지가 미치는 영향을 평가했는데, 그 결과 "오프라 윈프리의 지지가 오바마의 득표와 재정(선거자금 모금)에 기여한 것은 물론 전체 투표율을 증가시켰다"는 것을 발견했으며, 그의 오바마 지지가 오바마 후보에게 약 100만 표의 지지를 추가로 안겨다 주었다는 결론이 나왔다고 주장했다. 그러나 이들은 "오프라 윈프리의 영향력과 이전 선거 사이의 연관성이나 근본적인 정치적 선호도political preferences와의 연관성은 발견되지 않았다"라고 발표했다.

사실 '오프라 윈프리 효과'는 우리나라에서도 MBC 〈뉴스데스크〉 앵커 출신 정치인 정동영이 일찍 언급한 바 있다. 제17대 대선을 목전에 둔 2007년 11월 26일 서울 한국프레스센터에서 열린 '문화산업강국 만들기 대선 후보 초청 문화산업정책 간담회'에 참석한 가수 보아를 보고 정동영 후보는 "보아 씨가 이 정동영을 지지한다면 1000만 표는 올라갈 텐데요"라고 말했다.[24] 당시 보아는 K팝 한류의 상징적인 존재였다. 오바마가 윈프리의 지지를 끌어낸 시점이 2008년 대선 전이었으니 미디어 친화적인 인물다운 선구적인 통찰을 드러낸 셈이다.

오프라 윈프리는 1954년생으로 미국 CBS의 〈오프라 윈프리쇼〉(1986.9.8~

2011.5.25 방송)로 명사가 된 여성이다. 성공한 뒤에는 자신의 이름을 브랜드화하여 영화, 잡지 등의 엔터테인먼트 사업으로도 발전시켰다. 〈오프라 윈프리 쇼〉는 매주 4900만 명의 미국인이 시청했으며, 전 세계 140여 개국에서 방영된 프로그램이다. 그가 명사 가운데에서도 주목을 받는 것은 어려움과 고통을 이기고 불굴의 의지로 현재의 지위에 오른 성공 신화에 기인한다. 그는 미국 미시시피주의 시골에서 사생아로 태어나 어린 시절 가난과 인종차별에 허덕이며 자랐으며, 9살 때는 사촌 오빠로부터 성폭행을 당하고 14살 때는 미혼모가 되는 아픔을 겪었다. 고교 시절 지역 라디오에서 일하다 인정받아 저녁 뉴스의 공동 캐스터를 맡고, 낮 시간대 토크쇼를 시작하면서 유명해지기 시작했다.

그는 시사주간지 ≪타임≫에서 '20세기의 인물' 가운데 한 명에 선정되었다. 경제 잡지 ≪포천Fortune≫에서는 '미국 최고의 여성 기업가'로 손꼽혔다. 2013년에는 ≪포브스≫가 '세계에서 가장 영향력 있는 유명인사 100인'으로 선정했다. '오프라 이펙트'는 선거에서 영향력이 있는 명사의 정치인 지지 효과가 매우 강력하다는 것을 보여준다. 학계에서 이 효과가 입증 및 검증되고 그 결과물이 학술논문으로도 출간되었다는 것은 이런 현상이 풍설이나 상식, 그리고 개연성 수준을 벗어나, 이제 과학적인 메커니즘으로 자리 잡을 수 있다는 것을 확인시켜 준다.

명사의 입장에서 살펴보면 '오프라 윈프리 효과'는 자신의 영향력을 자기 눈으로 직접 확인하고 마음속에 품었던 목표가 실현된다는 점에서는 매우 짜릿하다. 반대로 이런 '정치적 커밍아웃political coming out'으로 인해 많은 안티팬들이 생기거나 이미지가 정치화하거나, 선거 기간 '방송 출연 금지'는 물론 선거 후 본업 활동에서 어려움을 겪는 등의 위험을 감수해야 한다. 명사의 정치 참여와 관련하여 대중들이 인식하는 개방성이 미국보다 낮은 우리나라에서는 더욱 그러하다.

특히 지지하던 후보가 낙선하는 경우 '블랙리스트black list'에 올라 승리한 후보 측이 구성한 새로운 정부나 관련된 정치권력으로부터 탄압을 받을 것이란 우려가 가장 크다. 박근혜 정부 때는 이 논란이 실제로 나타났다. 결국 명사의 정치 참여는 개인의 철학과 자존심, 결단·실행의 강단剛斷에 따른 선택의 문제다.

앞에서 우리나라 역대 선거에서 대선 등 공직 후보자를 공개적으로 지지한 명사들의 사례를 언급했지만, 가장 최초의 사례는 1971년 제7대 대선에서 김대중 당시 신민당 대선 후보를 지지한 당대 최고의 스타인 배우 김지미로 꼽힌다.[25] 그는 영화계를 대표하는 상징적인 인물로 그 명성이 높았다. 김지미는 대선을 앞둔 1970년 신민당 경선 당시 김대중 후보의 기자회견장에 배우로서는 유일하게 참석해 화제를 뿌렸다. 그의 친오빠가 신민당 대덕·연기 지구당 위원장을 맡고 있었던 인연 등이 작용한 것으로 정가에 알려졌지만, 자신의 결단에 따른 행동이었다. 지지자들에게는 환호를 불러일으켰지만 후폭풍도 만만치 않았다. 예술인의 정치 참여가 익숙지 않았던 시절, 그는 싸늘한 영화계의 시선을 견뎌야 했고, 반대파 정당의 지지자들에게 적잖은 미움과 협박을 받기도 했다.

개인적인 공개 지지는 위험 부담이 커서 단체로 모임이나 봉사단을 만들어 활약한 경우도 있었다. 1992년 제14대 대선과 1997년 제15대 대선을 앞둔 경우가 대표적이다(이문원, 2022). 1992년에는 배우 이덕화·장미희·길용우·하희라·박규채, 가수 주현미·김완선·최성수·현철·심신 등이 신한국당 김영삼 후보를 지지했다. 민주당 김대중 후보는 배우 오지명·정한용·김을동·손숙 등이, 통일국민당 정주영 후보는 코미디언 이주일, 배우 최불암·강부자 등이 지지자로 나섰다.

1997년에는 배우 이정길·임채무·남성훈·이상아·현석·권은아와 가수 현미·태진아·김수희·설운도 등이 여당인 이회창 후보를, 배우 남궁원·박근형·이대근·최종원·최명길·손창민·김수미·백일섭·오정해, 가수 송대관·이선희·신해철 등이 야당인 김대중 후보를 지지했다. 그 이후의 선거에서는 유권자들이 정치권이 기획하는 미디어 전략에 익숙해지면서 명사의 정치 참여가 그리 신선하게 여겨지지 않게 되었다.

'오프라 윈프리 효과'는 명사의 거대한 영향력을 나타내는 정치적 후광 효과를 설명한 것이지, 현실 정치에서 반드시 권장되어야 한다는 것을 의미하지 않는다. 긍정적 효과도 있지만 그에 못지않게 부정적인 효과도 있기 때문이다. 유권자들의 표심에는 명사의 지지도 더러 영향을 주겠지만 무엇보다도 선거 국면의 상황, 유권자의 인식과 정서, 명사에 대한 평판 등이 종합적으로 작용하기 때문이다.

명사의 특정 정당 후보 지지에 관한 비판론의 줄기 가운데 첫 번째는 연예인 등 유명인사들의 경우 본업의 명성을 정치로 전이시켜 표심과 민의를 왜곡하려 한다는 것이다. 정치적 판단은 온전히 정치에 바탕을 둬야 한다는 것이다. 두 번째는 명사의 선거판 기용은 유권자를 명사의 말과 손짓에 넘어가는 한낱 '멍청한 사람'으로 치부하는 전략이라는 것이다. 특히 소셜미디어로 세세한 정보와 가십까지 알 수 있는 시대에 부적합하다는 주장이 있다.

마지막으로 세 번째는 명사의 후보 지지 효과가 크지 않다는 조사 결과가 있는 데다, 지지 효과가 크지 않다는 반론도 많다는 것이다. 실제로 명사의 지지가 후보 선택에 별로 영향을 미치지 않았다거나, 의외로 거부감을 주었다는 조사가 적지 않다. 이런 정보는 포털에서도 손쉽게 검색된다.

제6장 명성의 경제학

토픽 29 명성의 경제학: 무한경쟁 산물 '희소재'

명성을 경제학적 관점에서 통찰하면 기본적으로 그 존재량이 상대적으로 적고 귀하기 때문에 일정한 대가를 지급해야만 얻을 수 있는 재화인 상품이라는 것을 쉽게 파악할 수 있다. 즉, 유가증권과 같은 '경제재經濟財, economic goods'라는 특성이 있다. 이와 동시에 희소성scarcity이 가치의 높낮이나 많고 적음을 좌우하는 '희소재稀少財, scarce goods'라 할 수 있다. 사회 구성원들 또는 잠재적 이용자들의 욕망이나 욕구에 비해 이를 충족시켜 줄 수 있는 경제적 자원은 제한되어 있는 상황이다. 이를 설명하는 이론이 바로 '희소성의 법칙law of scarcity'이다.

'희소성'이란 문자 그대로 인간의 물질적 욕구보다 그 충족 수단이 질적 또는 양적으로 제한되어 있거나 부족한 상태를 말한다. 복잡한 사회일수록 사람들의 관심은 명성과 명사란 희소자원scarce resources에 쏠린다.[1] 그것은 선택의 어려움이 많은 복잡하고 다양한 현대 사회에서 독특한 특징, 업적, 행동을 선보임으로써 사람들의 주의나 이목을 끌기에 충분한 대상이기 때문이다. 이른바

〈표 6-1〉 희소재로서 명성의 특성

- 복잡한 사회일수록 사람들의 관심은 명성과 명사란 희소자원에 쏠린다(Van Krieken, 2012). 명성은 수요에 비해 공급이 부족하여 희소성이 높아지는 특성이 있는 '희소재(scarce goods)'나 '희소자원(scarce resources)'이다.
- 명성은 선택의 어려움이 많은 복잡하고 다양한 현대 사회에서 독특한 특징, 업적, 행동을 선보임으로써 사람들의 주의나 이목을 끌기에 충분한 대상이기에 가치가 높다.
- 명성은 유사한 수준의 보완재가 딱히 존재하지 않는 데다 대체 불가성이 높다. 경제적으로 무한경쟁의 역학과 시스템이 만들어낸 산물이다. 명성이 생겨나 유통되는 시장의 경쟁 양상은 극심한 모습이다.
- 명성은 '적시성'에 적잖은 영향을 받는다. 명사의 인지도는 평가 주체인 대중들의 인적 구성과 인식이 시대에 따라 변하는 이유 등으로 영속성에 제약을 받기에 꾸준하고 체계적인 관리가 필요하다.

'결정장애決定障礙, indecisiveness'[2]를 겪는 사람들이 의외로 많은 요즘 세상에서 대상은 이렇게 이목을 끌어줘야 빨리 선택되고, 소비자는 이목을 끄는 것에 마음의 결정이 수월해지기 때문이다.

희소재가 존재하는 이유는 물건 본래의 경제적 가치보다는 사람들이 희귀한 물건일수록 더 높은 가치를 부여하고, 나아가 소유하고 싶은 욕망이 커지는 심리 때문이다. 명성은 사람들의 마음속에 형성되어 있기에 눈으로 잘 보이지 않고 손에 잘 잡히지 않는 '무형자산'으로서 심리적인 희소가치가 의사 결정(판단)의 기준으로 작용하여 대상에 대한 가치가 매겨져 나타나는 현상이다.

상품, 물건, 서비스를 소비하는 경우 경쟁자가 있을 때 물건을 획득하기 어려운 정도나 소유 기회 상실과 같은 요인에 의해 가치가 결정된다. 이용자가 내적으로 빨리 결단해 행동을 취하지 않으면 소유의 기회가 곧 사라질 것이라고 생각할수록 가치가 높아지는 것이다. 명성과 명사의 유통시장에서는 바로 이 '소유의 기회'를 포착하여 활용하기 위한 경쟁이 치열하다.

명성은 경제학적으로 통찰하면 무한경쟁의 역학力學과 시스템이 만들어낸 희소재라는 것을 간파할 수 있다. 사람의 경우 상품이나 서비스와 달리 소유 기회보다는 명사나 슈퍼스타의 경지에 오르는 과정, 즉 경쟁이 치열하므로 가치가 높아지는 특성이 있다. 명성이 높은 사람이 의외로 많은 것 같지만, 무한경쟁

체제에서는 '시간'이란 변수 때문에 실제로 그렇지 못하다.

명성은 시대에 따라 부침이 계속된다. 아울러 평가하는 대중이나 이용자도 시간이 흐르면서 세대가 교체되므로 당대에 전체 인구가 알 정도로 인지도가 높은 명사는 매우 드물어진다. 그 인지도의 영속성도 제약을 받기에 꾸준하면서도 체계적인 관리가 필요하다. 시대에 따라 명사나 명성의 평가 주체인 대중들의 인적 구성과 인식이 변하듯 명성은 특정 사회 또는 시장에서 적시성適時性, timeliness, time-to-market'에 적지 않은 영향(제약)을 받는다는 것이다.

경제 원리를 투영하면 선망, 숭모, 경배, 인기를 초래하는 재화, 즉 인적 자원에 대한 수요에 비해 공급이 부족하므로 희소성은 커진다. 명사는 더 높은 명성과 지위를 얻기 위한 통과의례rite of passage로서 극심한 경쟁을 통과한 사람들이기에 그들이 얻은 명성의 희소가치가 높은 것이다. 희소가치는 정치인일 경우 정치적 위상과 지지도, 경제인일 경우 시장의 신뢰, 문화예술인일 경우 인기도와 출연료로 나타난다. 보완재가 존재하지 않고 대체 불가성이 높을수록 가치는 상승한다.

토픽 30 명성의 승자독식 역학, '슈퍼스타 경제학'

유명해지면, 스타가 되면, 명성이 쌓이면 왜 그 사람에게 대중이나 이용자들의 관심과 사랑이 집중되어 금세 '백만장자'를 만들어줄까. 명성이나 인기가 높은 사람은 왜 그렇지 않은 사람보다 엄청난 정도의 차이로 '몸값'이나 '개런티'가 높을까? 왜 그들은 강력한 이름값, 즉 '티켓 파워ticket power'를 지녔을까? 본질적으로 같은 사람인데 그들은 왜 인기가 높다는 이유로 그토록 극진한 대접을 받을까?

사람들 가운데 극히 일부의 사람들이 명성과 인지도, 인기를 바탕으로 엄청난 부를 축적하는 현상이 늘고 있는데, 이것은 이제 특별한 일이 아니다. 이는 특히 그 사람 자체가 지닌 특유한 재능, 감각, 끼, 실력 등이 더욱더 가치를 인정받는 문화예술, 엔터테인먼트, 스포츠 등의 분야에서 두드러진 현상으로 나타나고 있다.

심리학자인 게일 스티버Gayle S. Stever는 소비심리적으로 명사는 다른 사람들이 자신에게 이익을 가져다줄 것 같은 제품의 구매에 돈을 쓰도록 영향력을 행사하여 물질적 부를 축적하게 하는 기능을 한다고 지적한다.[3] 그는 구체적으로 명사가 책, 음악, 영화표, 그 밖의 많은 것들을 사도록 하는 잠재력을 행사한다고 설명했다. "명사가 자본주의를 견인한다"라는 말은 이제 부자연스럽지 않다는 것이다. 오늘날 이런 현상은 매우 자연스럽게 받아들여지지만 정작 그 이유를 경제적인 원리 차원에서 적확하게 규명하고자 심각하게 고민해 본 사람은 많지 않을 것이다.

최고 수준의 명성과 인기를 누려 수많은 사람이 찾는 사람들, 구체적으로 보통 다수의 평범한 사람의 능력을 합해도 따라잡을 수 없는 능력을 지닌 사람을 '슈퍼스타'라 규정할 때, 이런 슈퍼스타들은 경제적으로 그들이 선보이는 재능이나 실력뿐만이 아니라 그들이 제공하는 서비스가 많은 사람의 소비 대상이 되고 그 대상이 대체 불가능하므로 이런 현상이 벌어진다. 이런 경지에 오른 사람들은 몸값이 치솟고 경제활동이 현격하게 수월해지며 온갖 선망, 환대, 편의

게일 스티버

셔윈 로즌

제공의 대상이 되는 '슈퍼스타 효과Superstar Effect'를 체험하게 된다.

이런 원리를 규명한 사람은 미국의 노동경제학자이자 시카고대학교 교수인 셔윈 로즌Sherwin Rosen이다. 그는 생전인 1981년 발표한 논문 「슈퍼스타의 경제학The Economics of Superstars」을 통해 최고의 경지에 오른 스타는 엄청난 보상을 받지만 차상위자부터는 훨씬 작은 보상을 받는 '승자독식勝者獨食' 현상이 나타난다고 통찰했다.[4] 아울러 그 원인을 경제학적으로 분석해 제시했다. 뮤지컬 〈맘마미아Mamma Mia!〉에서 어머니가 딸에게 비정한 세상에서 생존하는 지혜를 가지라는 의미로 절절하게 부르는 노래 「The winners take it all」에서 승자가 모든 것을 가져가는winner-take-all 독식 구조의 의미를 풀이한 것이다.

- 그룹 '방탄소년단BTS'의 콘서트가 올해 세계 음악 공연시장을 압도했다.
- 축구선수 손흥민이 영국 프리미어 리그EPL에서 득점왕을 차지한 후 스포츠 스타 광고모델 섭외 1순위가 되었다.
- 그룹 '블랙핑크'의 정규 2집 〈본 핑크〉가 미국 '빌보드 200' 차트 1위에 올랐다.
- 드라마 〈이상한 변호사 우영우〉의 배우 박은빈이 최고의 스타로 부상했다.
- 배우 전지현은 9년째 특정 치킨 브랜드의 모델을 굳건하게 사수하고 있다.
- 영화 〈범죄도시〉는 속편조차 대히트하여 1천만이 넘는 관객을 끌어모았다.
- 〈오징어 게임〉의 조연 스타 오영수의 연극 〈러브레터〉가 전 회차 매진되었다.
- 그룹 '아이브IVE'의 멤버 장원영은 10대들에게 최고의 인기를 누리고 있다.

- 클래식 시장은 불황이지만 플라시도 도밍고 내한 공연은 2분 만에 매진되었다.
- 피아니스트 조성진의 대학 공연은 플로어 등 8500석이 순식간에 매진되었다.
- 러시아 월드컵 후 조현우가 '신의 손'이라 불리며 최고의 골키퍼로 부상했다.
- 김훈 작가의 『하얼빈』이 나오자마자 온·오프라인 서점 베스트셀러 1위에 올랐다.
- 국립현대미술관의 '이건희 컬렉션 특별전'이 첫날부터 연일 매진을 기록했다.
- 국내에서 '간암 완치율 1위'인 소화기 내과 의사한테 환자들이 몰리고 있다.
- 임상시험으로 검증된 미백 특효 화장품이 출시되자 그것만 불티나게 팔렸다.
- 캐릭터 빵인 '포켓몬빵', '디지몬빵'을 사려 청소년의 '오픈런'이 이어지고 있다.
- 미국 소비자 만족도에서 생활가전은 LG전자, TV는 삼성전자가 1위에 올랐다.
- 르노코리아 E테크 하이브리드 XM3(아리카나)가 영국·스웨덴에서 SUV 부문 1위로 뽑혔다.

로즌의 견해를 응용해 적용하면 이상은 '슈퍼스타의 경제학'이 작동하는 흔한 사례다. 소비자나 이용자들은 희소한 물건일수록 더 높은 가치를 부여하고, 그것을 갖고 싶은 욕망도 더 커지는 경향이 있다. 희소가치가 경제적 의사 결정의 기준으로 작용하기 때문에 나타나는 현상이다. 슈퍼스타, 즉 뛰어난 재능을 가진 사람한테 관심, 인기, 부가 쏠리는 현상은 이러한 소비심리적 원인 외에 경제적으로 몇 가지 특징을 가지고 있다. 소수의 개인에게 생산량, 판매량, 소득이 집중된다는 점이다.

로즌은 해당 논문을 통해 슈퍼스타의 직업 세계에서는 개인적 보상과 시장 크기 간의 관계가 밀접하고, 시장의 크기와 보상의 양이 가장 재능 있는 사람 쪽으로 편포遍布되는(분포가 대칭을 벗어나 한쪽으로 치우치는) 경향이 있다고 지적했다. 슈퍼스타처럼 명성이 높은 시장 참여자는 시장이 클수록 많은 소득을 올릴 수 있으며, 더욱더 명성이 높은 사람에게 시장 점유율과 그 시장에서 획득하는 소득의 양이 집중된다는 점을 의미한다. 경쟁력 있는 상품은 외견상 어느 한 사람이 전체 시장의 크기나 양을 조절해도 미동하지 않는다. 왜냐하면 시장을 조

〈표 6-2〉 '슈퍼스타의 경제학'의 원리

• 슈퍼스타의 직업 세계에서는 최고의 경지에 오른 스타는 엄청난 보상을 받지만 차상위(2위)인 자부터는 훨씬 작은 보상을 받는 '승자독식' 현상이 나타난다.
• 이 시장은 최고 수준인 1인에게만 수요가 집중되고 그가 제공하는 서비스가 다수에게 비교적 저렴한 비용으로 대량 제공될 것이란 기대 아래서 작동한다.
• 슈퍼스타 시장은 개인적 보상과 시장 크기 간의 관계가 밀접하고, 시장의 크기와 보상의 양이 가장 재능 있는 사람 쪽으로 편포(遍布)되는 경향이 있다.
• 통계 조사 결과, 실제로 최상위 1% 수준의 아티스트들이 하위 95%의 수입을 모두 합친 것보다 무려 5배 이상이나 많은 돈을 벌었다.
• 슈퍼스타가 가진 실력과 재능은 물론 그가 제공하는 서비스까지 모조리 소비하고 싶은 이용자 심리와 그 슈퍼스타의 비대체성이 이런 독특한 시장구조를 만든다.
• 슈퍼스타가 그를 이용하는 매체나 기업에 돈을 더 많이 벌어주는 이유는 한계수입(생산량을 한 단위 늘릴 때 추가로 발생하는 이윤)생산이 높기 때문이다.
• 슈퍼스타는 자신이 최고가 되면 그 지위와 명성의 독점적 가치, 이미지의 희소성을 유지하기 위해 지속적인 관리 전략으로 '시장 수성(市場守城)'에 나선다.
• 결론적으로 슈퍼스타가 상상 이상의 높은 수준의 극진한 대접이나 높은 출연료를 받는 것은 그의 '모든 것에 대한 소비 대가'이자 '절대적인 비대체성' 때문이다.

자료: Rosen(1981).

절하려고 하는 사람의 제품은 차별화되어 있지 않은 데다 다른 상품보다 월등하지 않은 것으로 인식되기 때문이다.

인기가 더 많은 슈퍼스타의 '몸값'이 인기가 덜한 스타보다 상상 이상으로 터무니없이 비싸다는 것은 수요와 공급의 원리에 의해 가격이 결정된다는 고전 경제학으로도 설명할 수 있다. 로즌은 사람들이 놀랄 정도로 격차가 엄청나게 심한 가격 형성의 원리나 이유를 설명하기는 쉽지 않다고 설명했다. 그는 슈퍼스타가 상상 이상으로 높은 수준의 극진한 대접이나 높은 출연료를 받는 것은 그가 가진 실력이나 재능뿐만 아니라 많은 사람이 그가 제공하는 서비스까지 모조리 소비하고 그를 대신할 스타 역시 시장에 존재하지 않기 때문이라고 결론지었다. 스타의 '모든 것에 대한 소비 대가'이자 현재의 시장에서 그를 그 누구도 대체하지 못하는 '절대적인 비대체성' 때문이라는 것이다.

슈퍼스타가 만들어지는 조건은 재능이나 재주를 많이 갖춘 사람이 따라잡을 수 없을 정도로 비범해야 하고, 많은 사람이 그를 흠모하면서 그의 재능, 이미지, 서비스를 소비할 수 있어야 한다는 것이다. 여기에서 미디어의 매개 역할이 매우 중요하다. 그래서 로즌은 슈퍼스타 경제학에서 작동하는 미디어의 역할을 절대 놓치지 않았다.

미디어는 슈퍼스타 만들기 과정에서 선망을 받는 떠오르는 샛별rising star의 노출을 극대화함으로써 대중들의 주목도를 높이면서 심리적으로 소비 욕구를 발산하도록 유도하고, 소비자 또는 이용자들을 상대로 '호감'과 '끌림'의 반응을 끌어내 점차 슈퍼스타를 만들어간다. 이로써 '슈퍼스타의 경제학'이 만들어진다.

슈퍼스타는 한마디로 미디어를 통한 반복적 노출, 즉 시각적 자극을 통해 소비자들이 효용을 얻는 문화상품이기에 소비를 경험한 사람들끼리 평판과 만족감 등에 관한 정보를 교류하는 등 활발한 상호작용을 일으킨다. 이로 인해 다른 소비자들은 다중이나 또래 그룹peer group에서 공유하는 소비의 경험에서 자신이 소외되지 않고 효용과 만족감을 얻고, 나아가 근원적인 호기심을 충족하기 위해 심리적으로 인기 상품인 슈퍼스타를 선택할 가능성이 커진다.

일례로 피겨 스케이터 김연아, 가수 이효리, 영화배우 송강호·이병헌·이정재·정우성·김혜수·손예진·윤여정, 영화감독 봉준호·박찬욱, 뮤지컬 배우 김준수·정선아·옥주현, 성악가 조수미, 피아니스트 조성진·임윤찬, 프로야구 선수 류현진·김광현·양현종·김하성, 축구선수 손흥민 등은 과거, 과거에서 현재까지, 또는 현재 슈퍼스타의 경지를 경험했거나 그 지위를 유지하고 있는 스타들이다.

영화배우 내털리 포트먼Natalie Portman, 제니퍼 로런스Jennifer Shrader Lawrence, 스칼렛 요한슨Scarlett Johansson, 톰 크루즈Tom Cruise, 축구선수 크리스티아누 호날두Cristiano Ronaldo와 신예 스타인 파리 생제르맹의 네이마르Neymar da Silva Santos Júnior, 골프 선수 타이거 우즈Tiger Woods, 전 육상선수 우사인 볼트Usain St. Leo Bolt, 테니스 선수 라파엘 나달Rafael Nadal, 팝 그룹 방탄소년단 등은 세계인이 인정하는 국제적인 슈퍼스타들이다.

이들은 벌떼 같은 팬과 구름 관중을 몰려들게 하여 순식간에 공연장이나 경기장의 매진과 만석을 이끈다. 흔히 말하는 '아레나arena의 우상'이 되는 것이다. 또한 충성도와 헌신성, 열정이 높은 탄탄한 팬클럽을 지니고 있다. 아울러 숭배

崇拜와 숭모崇慕의 대상으로서 판타지 효과를 불러 일으킴으로서 팬들과의 심리적 관계나 쇼비즈니스 시장에서 강력한 영향력을 행사한다. 우울한 사람도 이들만 보면 기분이 삽시간에 상쾌하게 변하며 결국 희열을 느낀다. 이런 소비심리에 기대어 이들 슈퍼스타에 대한 광고 섭외가 줄을 잇는 것이다.

제프 페어번

경제계의 슈퍼스타들도 연봉만 살펴봐도 그 위력을 알 수 있다. 2018년 8월 15일 영국 공인인력개발연구소CIPD와 경제 두뇌집단 하이페이센터의 발표에 따르면 영국 100대 기업 최고경영자CEO의 연봉 중앙값이 2017년 약 56억 2404만 원을 기록했다. 이 조사에서 영국 주택건설회사 퍼시몬의 CEO 제프 페어번Jeff Fairburn은 최상위 수준인 700억 원을 받았다. 중앙값median은 통계집단의 변량을 크기의 순서로 늘어놓았을 때 중앙에 위치하는 값으로 평균값과 다르다. 이는 당해 영국 근로자 평균 연봉이 약 3363만 원이란 점을 참작할 때 이들의 연봉 166년 치를 합산한 값이다.

국내의 경우 2017년 결산보고서에 따르면 당시 권오현 삼성전자 회장(2023년 현재 한국발명진흥회 회장)이 반도체 호황에 힘입어 미국 기업 인텔을 제치고 매출 실적 세계 1위 반도체 기업을 달성함으로써 243억 8100만 원의 연봉을 받아 월급쟁이 전문경영인과 그룹 총수 일가를 통틀어 가장 많은 연봉을 받았다. 그는 저서 『초격차』 시리즈로 독자들로부터 각광을 받기도 했다.

대기업 총수 일가 경영인 중에서는 신동빈 롯데그룹 회장이 152억 원으로 가장 많은 보수를 받았다. 삼성전자 권 회장, 롯데그룹 신 회장에 이어서는 서경배 아모레퍼시픽그룹 회장이 약 110억 원을 받아 3위를 기록했다. 직원 1인당 급여는 정유업계가 가장 높은 가운데 회사별로는 SK이노베이션 1억 1100만 원, GS칼텍스 1억 800만 원, 에쓰오일 1억 2100만 원, 삼성전자 1억 1700만 원 순이었다.

슈퍼스타들이 많은 예술이나 스포츠 분야로 다시 돌아가 방송사나 기업의 측면에서 슈퍼스타들을 살펴보자. 기업이 광고하거나 방송사가 프로그램을 만들 때 막대한 비용(출연료)에도 불구하고 이런 슈퍼스타들을 캐스팅하려는 이유는 무엇일까? 그것은 슈퍼스타들의 한계수입생산이 높기 때문이다. '한계수입限界收入, Marginal Revenue, MR'이란 생산량을 한 단위 늘릴 때 추가로 발생하는 이윤을 뜻하며, '한계수입생산限界收入生産'이란 재화 한 단위를 추가로 판매함으로써 발생하는 총수입의 변화분(증가분)을 말한다. 다시 말해 슈퍼스타가 돈을 더 많이 벌어준다는 예측이 가능하다. 실상 그런 예측은 이전의 비즈니스 경험을 통해 입증되었기 때문에 결정은 어렵지 않다. 스타성이 있는 인물이 나타나면 미디어의 관심으로 인해 잠재적인 팬과 이용자들을 상대로 노출이 잦아지고 대중의 접근이 쉬워지면서 수요가 집중되어 스타는 물론 스타의 이미지를 차용한 상품에 대한 수요까지 높아진다.

따라서 기업은 스타의 한계수입생산을 높게 평가한다. 이어서 그 스타를 자사의 상품이나 서비스의 판촉을 위해 광고모델로 고용한다. 방송사의 경우 자사 프로그램의 광고 가치를 높이기 위해 이런 스타들을 출연시킨다. 방송은 시청자에게 프로그램을 팔고 기업에는 시간을 팔기 때문이다. 이때 기업이나 방송사가 지급하는 출연료는 예측한 한계수입생산에 상응하는 가격이다.

이렇듯 슈퍼스타의 시장은 공급의 비탄력성이 두드러진 가운데 최고 수준의 한 사람에게만 수요가 집중하고 그 사람이 제공하는 서비스가 다수의 사람에게 비교적 저렴한 비용으로 대량 제공될 것이라는 기대 아래서 작동한다. 이때 당사자인 슈퍼스타들은 일단 자신들이 최고의 지위에 오르면 그 지위와 명성의 독점적 가치, 이미지의 희소성을 유지하기 위해 지속적으로 노력하고 전략을 세워 실현한다. 치밀한 관리의 실행도 뒤따른다. 시장 수성 전략이다.

인간의 재능, 감각, 실력은 '완벽하다'라는 수식어를 붙이기 어렵다. 그 자질이나 능력이 평생 유지되지 못하며 균질하게 구현되도록 컴퓨터처럼 정교하게 설계될 수 없기 때문이다. 근원적으로 한계를 지닌 많은 사람 가운데 그런 한계를 극복하고 뛰어난 역량을 발휘하는 사람이 대중의 호응을 얻어 슈퍼스타로 등극하는 것이다. 이는 경제학이나 경제학에서 말하는 자원resources의 특성 가운데 '유한성'이 강조된 개념이다. 유한성은 자원 대부분이 재생 불가능한 고갈 자원으로 채굴 가능연수, 즉 '가채연수'가 짧다는 의미다. 가채연수可採年數, Reserve Life Index, Reserve/Production Ratio, R/P란 어떤 자원의 확인된 연간 확인 매장량Proved Reserve을 연간 생산량Production(채굴량)으로 나눈 지표로서 향후 얼마나 오랫동안 해당 자원을 채굴할 수 있는가를 보여준다.[5]

아울러 소비자나 대중들은 이런 슈퍼스타들 밑에 있는 수준의 스타들을 통해서는 같은 만족감을 느낄 수 없는데, 이것은 경영학에서 규명된 가치성valuableness, 희소성rareness, 비대체성nonsubstituability, 모방 불가성inimitability이란 네 가지 자원의 특성[6] 가운데 비대체성의 다른 표현인 '대체 불가성'이 반영되고 있는 현상이다. 재능의 특성은 작은 수준 차이로 대체 불가성이 명확해진다는 것이다.

그래서 슈퍼스타는 자원으로서 유한성과 대체 불가성이 짙어 차상위 수준의 스타들보다 출연료나 연봉에서 월등한 우위를 나타낸다. 가장 밝은 빛을 내는 슈퍼스타 주변의 그림자는 어두울 수밖에 없다. 로즌 교수는 상위 1%의 아티스트들이 하위 95%의 수입을 모두 합친 것보다 5배 이상의 돈을 번다는 통계치를 제시했다. 이렇듯 승자독식이나 부익부빈익빈의 원리가 철저하리만큼 적용되어 슈퍼스타냐 아니냐의 여부에 따라 수입이나 소득이 극명하게 갈린다.

토픽 31 관심·주목이 돈인 시대: 명사와 '관심경제'

명사는 사람들의 시선을 끌거나 관심을 받게 됨으로써 형성되는 무형적인 지위이기에 경제적 관점에서 살펴보면 '관심경제attention economy'의 산물이라 할 수 있다. 특히 정보통신 기술의 발달과 온라인 네트워크 사회의 형성에 힘입어 태동한 '파워 블로거power blogger', '인플루언서influencer', '마이크로 인플루언서micro-influencer'와 같은 새로운 부류들이 온·오프라인 네트워크 이용자들의 지속적인 관심으로 성장했기에 더욱 그러하다. 모두 주시와 주목이란 관심 행동을 '돈'으로 절묘하게 연결하여 성장을 도모하거나 성공한 부류들이다.

요즘은 최첨단 기술의 발달로 활용이 더욱 쉬워진 소셜미디어나 더욱 촘촘해지고 즉시성이 강화된 언론의 취재 보도망을 통해 대중의 관심을 끌거나 모으는 것이 그 어느 때보다 쉬운 일이 되었기에 '자극적인 퍼포먼스'나 '노이즈 마케팅'과 같은 방식으로 쉽게 유명인사가 되어 이익을 취하려는 부류도 나타나고 있다. 흥미성, 자극성, 주목성, 화제성이 있어 관심을 끌 만한 인물이라면 어김없이 온라인 포털을 통해 뉴스로 등장한다. 온라인에서 인정을 받게 되면 더욱 더 관심을 받고 싶은 욕구가 발동하고, 나아가 사회적 연계, 일자리, 돈과 같은 실제적인 보상이 뒤따라올 수 있기 때문이다.[7]

본능적으로 동물들은 구애 행동, 짝짓기 행동과 같은 '관심 끌기 행동'을 통해 뇌의 호르몬을 자극해 갈망하는 사랑을 쟁취하고 종족을 번식시켜 왔다. 식물들도 꽃가루, 변색, 변온, 향기 발산 등을 통해 수분 매개자인 곤충들을 유인하여 목표를 실현한다. 사람도 그런 동물에 속하기 때문에 다양한 관심 끌기 행동은 심리를 자극하고 다른 사람들에게 사랑, 인정, 순종, 배려, 협조 등 어떤 특별한 감정적·행동적 반응을 불러일으킨다. 갓 태어난 아기를 보면 누가 교육하거나 시키지도 않았는데, 울고 웃고 소리를 내며 부모가 자신에 대해 늘 관심을 두기를 원한다.

미국심리학회The American Psychological Association는 우리말로 '주의' 또는 '관심'(이 책에서는 관심경제를 다루기 때문에 '관심'으로 통일한다)으로 풀이되는 'attention'

에 대해 "인지적 자원이 다른 환경의 특정 측면에 집중된 상태"로 정의한다. 주의력이나 흥미가 특정한 사물로 향하고 있을 때의 심적 태도나 감정을 의미하는 'interest'와 다소 차이가 난다.

허버트 사이먼

'attention'은 고성이나 이상한 냄새를 알아차리거나 자극적인 색채의 광고판이나 매혹적인 이성에게 끌리는 무의식적인 1차적 행동, 주얼리·액세서리 디자이너가 습관적으로 직업의식 때문에 행인의 액세서리에 눈이 가는 준準 1차적 행동, 시끄러운 길거리나 버스 안에서 자신의 의지로 음악 감상이나 독서에 빠지는 2차적 행동으로 흔히 구분한다.

이런 자극과 반응은 정보가 유통되는 관점에서 보면 경제적인 분야로도 확장된다. '관심경제'라는 21세기의 새로운 용어는 심리학자·경제학자로 1978년 노벨경제학상을 받은 허버트 사이먼Herbert A. Simon(1916~2001)이 처음 만들어 제시했다.[8] 1971년 미국 존스홉킨스대학교와 브루킹스 연구소가 후원한 강연에서 그가 "관심은 정보화 시대의 가장 큰 자산이자 가장 가치 있는 자원이 될 것"이라 예언할 때 처음 등장한 용어다.[9]

사이먼은 관심은 자극적인 환경에서 우리가 인식할 수 있는 것과 우리가 할 수 있는 것 모두를 제한하는 '인간 사고의 병목bottleneck of human thought'이기에 부유한 정보는 관심의 빈곤을 초래한다고 지적했다. 관심은 희소하고 가치 있는 인지자원cognitive resource이며 잠재적으로 주식, 부동산, 현금에 비교할 수 없는 수익성이 높은 자본자산capital asset이다(Hendricks, 2022). 다음 문장은 사이먼이 중시한 관심과 정보 소비의 의미를 명쾌하게 설명해 준다.

> 정보가 풍부한 세상에서 정보의 풍요는 다른 것의 부족함, 즉 정보 소비의 결핍을 의미한다. 정보 소비는 정보에 대한 정보 수신자의 '관심attention'을 소비하는 것을 뜻하기에 정보 소비는 상당히 명백한 개념이다.[10]

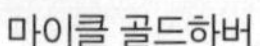

마이클 골드하버 토머스 대븐포트 존 벡

사이먼의 선구적 통찰에 이어 1997년 이론물리학자 마이클 골드하버Micheal Goldhaber는 제조업 종사자들이 줄고 정보를 가지고 일을 하는 신종 직업들이 태동하는 한편, 온라인에서 많은 서비스가 무료로 제공되는 현상을 지적하며 국제 경제가 '물질 기반 경제material-based economy'에서 '관심 기반 경제attention-based economy'로 전환되고 있다고 진단했다.

정보화 시대에 소비는 이용자의 '관심'을 토대로 이뤄지기에 개인, 조직, 사회는 자신에 대한 관심 분석과 입체적 관리를 통해 이익을 창출해야 한다는 것이 바로 '관심경제'다. 관심경제를 정보생태학과 접목해 체계화한 학자들은 토머스 대븐포트Thomas H. Davenport와 존 벡John C. Beck이다. 이들은 공저 *The Attention Economy: Understanding the New Currency of Business*(2001)에서 정보의 흐름을 자연 세계의 생태계의 원리에 투영하여 관심의 중요성을 환기함과 동시에 관심경제로 전환할 것을 역설했다. 이들은 기업들이 저마다 특성에 맞는 관심경제 전략과 실행 기법을 수립하지 않는 한 치열한 경쟁에서 절망적인 수준으로 낙오할 것이라고 보았다.

대븐포트와 벡은 정보 홍수의 시대에서 가장 부족한 자원은 아이디어나 재능이 아니라 바로 '사람들의 관심'이기에 개인, 조직, 기업은 심리에 대한 앞선 이해를 바탕으로 자신에 대한 이용자나 거래 파트너들의 관심을 구조화하고 보호하기 위해 관심을 끄는 기술을 사용해야 한다고 말했다.[11]

〈표 6-2〉 '관심경제'와 명사의 대응

- '관심경제(attention economy)'는 정보화 시대의 소비가 이용자의 '관심'을 토대로 이뤄지기에 기업들은 자신에 대한 관심 분석과 입체적 관리를 통해 이익을 창출하고 시장의 경쟁우위를 확보해야 한다는 것을 말한다.
- 자연 생태계에서 동식물들은 짝짓기 유인, 향기 발산과 같은 '관심(attention) 끌기 행동'을 통해 뇌의 호르몬을 자극해 사랑을 쟁취하고 종족을 번식시켜 왔다.
- 관심은 정보화 시대에 가장 중요한 자산이다. 정보 소비는 정보에 대한 '관심'을 소비하는 것이기에 정보가 넘치면 관심의 빈곤이 초래된다(Simon, 1971).
- 관심은 희소하고 가치 있는 인지자원으로서 잠재적으로 주식, 부동산, 현금에 비할 수 없는 수익성이 높은 자본자산이다(Hendricks, 2022).
- 정보홍수 시대에 희소자원은 아이디어·재능이 아닌 '사람들의 관심'이라서 관심을 구조화하고 보호하기 위해 노력해야 한다(Davenport and Beck, 2001).
- 명사는 대중, 팬, 이용자들의 주시·주목이 돈이 되는 시대에 가장 큰 수혜자이기에 관심경제의 최전선에 있는 사람들이다.
- 명사들은 소수의 선도 기업과 마찬가지로 관심을 잘 관리해야 지위를 유지하고 맞수와의 생존경쟁에서 우위를 확보할 수 있다.
- 명사들은 평소 경시했을지도 모를 '친구', '팔로워', '리트윗', '좋아요', '누르기'의 가치를 재확인하고, 대중이 원하는 자신의 정체성과 콘텐츠의 제공에 주력한다.

자료: Simon(1971); Hendricks(2022) 등 요약.

관심의 구체적인 매개 수단은 홍보와 광고다. 관심을 끄는 기술은 철저하게 소비자의 선택과 연관성을 충족해야 한다. 관심이란 행동은 정신적인 집중을 요구하는 우리 환경의 다양한 요소들이 관여하는 집단적인 능력으로서, 이 능력이 인간에게 제한적이며 경쟁에서도 상상 이상의 영향력을 발휘한다는 것을 반영하고 있다(Marcos, 2020).

관심경제 이론을 적용하면 명사들은 관심경제의 최상층이나 최전선에 있다. 무명인 사람들은 유명해지기 위해 애쓰고 유명한 사람들은 그 명성을 지키거나 높이기 위해 노력한다. 텔레비전, 영화, 잡지, 책, 인터넷은 그것의 중요한 매개 수단이다. 이런 관심 끌기 전쟁은 사회·경제·정치 구조와 역동적으로 결부되어 있다. 트위터, 페이스북, 인스타그램, 유튜브, 틱톡, 릴스 등은 관심을 관심자본attention capital으로 격상시키면서 관심경제를 운용하는 동력으로 작용한다.

호주 시드니대학교 사회학과 교수인 로버트 반 크리컨Robert van Krieken은 이러한 오늘날의 명사 사회를 독일의 유대계 사회학자 노르베르트 엘리아스

Norbert Elias의 책 제목을 빌려 '궁정사회court society'로, 명사들은 이 사회의 상속자 또는 상속녀라고 규정했다.[12] 과거 귀족사회의 특권화된 많은 기능을 맡고 있으면서도 문명화 과정처럼 변화를 꾀하고 있는 특성 때문이다. 명사는 대중의 주시·주목이 돈이 되는 시대에 가장 큰 수혜자다. 명사의 인지도와 이미지를 제대로, 또는 효율적으로 소비하게 함으로써 명사 자신에게 최대한의 경제적 이익이 환원되게 하는 동력이 바로 대중의 '관심'이기 때문이다.

로버트 반 크리컨

따라서 관심을 촉발해 대중들의 반응을 이끄는 것이 관심경제의 작동 역학이라는 것을 간파한다면, 누구나 명사의 자기관리와 혁신의 포인트를 쉽게 추려낼 수 있다. 명사들은 시장을 주도하는 소수의 선도 기업들과 마찬가지로 자신에 대한 관심을 잘 관리해야 자신의 명성과 지위를 확고하게 유지할 수 있다. 아울러 매일 새롭게 등장하는 명사 유망주나 격렬한 맞수와의 생존 경쟁에서 우위를 확보할 수 있다.

특히 지금은 소셜미디어로 모든 것이 해결되는 디지털 시대다. 기업들이 관심경제를 실현하기 위해 전통적 자원의 범주를 넘어 현시대 이용자들이 가장 많은 관심을 두고 직접 이해를 표출하는 자원의 확보와 육성에 치중하고 있듯이, 명사들도 자신을 제대로 분석해 장점을 강화하면서 홍보해야 한다. 명사들은 관심경제의 원리를 활용해 대중들이 호평하거나 희소하게 여기는 자신의 가치와 명성을 체계적으로 관리·육성·유지·발전시키는 것이 필요하다. 앞에서 강조한 대로 관심경제에서 가장 중요한 것은 대중, 즉 이용자의 선택과 연관성이기 때문이다.

미디어 산업의 왜곡으로 정보는 넘치지만 좋은 정보, 양질의 정보, 필요한 정보는 부족한 문제가 초래되고 있다. 허버트 사이먼 등 관심경제 선구자들이 미처 지적하지 못한 것들이다. 우리의 현실을 보면 쓸모없고 약탈적인 정보는 넘쳐나지만 정작 우리가 관심을 가질 만한 정보는 종종 구걸해야 하는 수준이기에,[13] 명사에게도 자신이 제공하는 정보의 특성과 품질, 그리고 그 정보가 향하고 있는 방향과 목적은 매우 중요한 요소가 되었다.

명사들은 이제 흔하게 여겼을지도 모를 '친구', '팔로워', '리트윗', '좋아요', '누르기'의 가치를 새삼 확인하며 구체적으로 몇 가지 문제를 고민해야 한다. 대중들이 원하는 나만의 가치와 콘텐츠가 무엇일까? 나에 대한 긍정적인 관심을 어떻게 더 끌어모을까? 그리고 이후 어떤 처신을 하면서 유익한 서비스를 제공할까? 미래에는 어떤 것으로 대중을 유인하여 명사의 지위를 유지하거나 격상할까?

이러한 고민에 답이 되는 모든 것은 대중의 관심을 제대로 파악한 후 실행해야 한다는 것이다. 관심은 돈으로 직결되기 때문이다. 관심의 표현이 전혀 제한적이지 않은 시대를 맞아 관심경제는 명사의 출현과 성장에 무한한 가능성을 열어주고 있다.

토픽 32 CEO의 유명도 결정 요인과 경영 성과

기업가는 전문 지식과 야망을 갖고 자원 확보, 제품과 서비스 개발, 위험 관리, 투자에 관한 의사 결정을 하여 이익과 기회를 창출함으로써 기업의 성장을 도모하는 일을 한다.[14] 즉, 아이디어를 사업으로 전환시키고, 위험을 예방·돌파하며 조직을 이끌고 비전을 세우고 실천하는 사람이다.[15] 이런 기업가의 부류 가운데 의사 결정과 집행의 최고 정점에 있는 사람이 최고경영자CEO, chief executive officer다. CEO는 기업의 조직 위계나 조직에 대한 헌신성으로 볼 때 기업 내 엘리트나 브레인 가운데 가장 강력한 구성원으로서(Bates, 2011), 조직의 전략적 과정을 설정하고 유지하며 목표하는 조직의 성과를 달성할 수 있는 최종 권한을 지닌 사람이다.

그렇다면 이렇게 막중한 위상을 지닌 CEO의 명성의 높낮이, 즉 유명도는 어떤 요소들이 좌우하며 그것은 기업의 경영 성과와 어떤 관계가 있을까? CEO는 기업 정체성의 상징으로서 그나 그녀의 전문성, 행동, 독특한 가치와 성격은 이해 당사자들이 조직에 대해 판단하는 것에 영향을 미치기 때문에 CEO의 평판과 기업 평판에 중요한 영향을 미친다.[16] CEO의 평판이 좋으면 기업의 평판도 좋아 기업의 실적, 가치 같은 성과를 높인다는 것이다.

'명사celebrity CEO'는 단지 유명함만을 의미하지 않는다. 이 용어에는 능력과 성취를 인정받는 '업무 능력task competence의 유능함'과 대중의 칭송과 관심을 크게 받는 '저명성wellknown'이 함께 포함되어 있다. 이런 정의에 따라 명사 CEO는 두 가지로 구분된다. 바로 변혁적·비전적 리더십을 발휘하는 대담한 CEO와 거래적·실행적 리더십을 발휘하는 신중한 CEO다.[17]

전자는 대담하고 도전적이며 때로는 예측 불가능한 행동을 취하며, 종종 위험스러운 일도 감수하는 스타일이다. 공격적 인수합병M&A에도 적극적이다. 이들은 선견지명이 있고 임직원들에게 변화를 이루도록 정서적으로 호소하며, 보다 장기적인 관점을 채택해 과감하게 행동한다. CEO 가운데 대체로 자포스의 토니 시에Tony Hsieh, 제너럴 일렉트릭의 잭 웰치Jack Welch, 포드자동차의 리 아이아코카Lee Iacocca, 녹십자 허은철, 호반건설 김상열이 해당될 것이다.

후자는 뛰어난 업무 능력을 바탕으로 신중성, 주도면밀함, 예측 가능성, 덜 위험한 행동과 효과적 실행에 중점을 두는 스타일이다. 전망 가능한 계획과 지침을 제시해 임직원들에게 동기를 부여하고 단기 지향적 업무를 수행하면서 효과적인 경영 흐름을 유지한다. 대체로 GE의 제프 이멀트Jeff Immelt, 포드의 앨런 멀럴리Alan Mulally, 제록스의 앤 멀케이Anne Mulcahy, 25년 이상 재임한 스타키그룹의 심상돈, 4연임에 성공한 메리츠증권의 최희문과 GS건설의 임병용, 3연임을 넘어선 하나금융지주의 김정태 등이 해당한다고 볼 수 있다.

능력과 성취 면에서 유능하다고 인식되는 CEO는 유능함의 요소로 지능, 양심, 경험에 대한 개방성, 정서적 안정이란 네 가지를 갖추고 있다.[18] 이런 업무의 유능성은 시간 경과에 따라 얻어지는 특정 영역 내에서 개인의 품질·능력에 대한 관찰자의 집단적 판단으로 측정되는데, 이를 보유하면 다른 CEO보다 더 높은 급여를 받는 것이 상식이다. 이런 명제는 2000명을 대상으로 실시한 CEO 이미지 연구 결과에서도 입증되었다.[19]

CEO가 다양한 사회활동이나 의미 있는 경영 활동을 하여 자신의 이름을 긍정적으로 널리 알리고, 경제적·사회적으로 명성을 얻게 되면 유명도가 높아진다. 여기에서 유명도는 보유한 '명성의 척도degree of famous'로서, 대중적 지지의 정도나 대중에게 알려진 정도를 의미한다. '지명도'와도 비슷한 말이다. 이러한 CEO의 명성 형성에 영향을 미치는 요소는 미디어 노출, CEO 관련 상의 수상 실적, CEO의 재임 기간, 내부자 또는 외부자의 영향, CEO의 연령이다.[20]

기존 연구에서는 '명사 CEO'가 취임하면 회사의 고객, 공급업체, 직원 등이 유명한 지위로 인해 CEO의 행동에 더 충실하고 잘 따른다거나,[21] 유명한 지위를 지녔기에 이해 당사자들은 그것이 자원과 기회에 대한 접근에서 이익을 제공한다고 인식한다[22]고 제시되었다. 아울러 명사 CEO는 그 자체가 무형자산으로서 소속 회사에 대한 투자를 유인 및 촉진하는 주요 이유가 된다거나,[23] 자신의 능력과 지분을 보호하려는 의지와 확신이 강해 회사와 장기적 관계를 이어갈 이해관계자들을 더 유치할 수 있다거나,[24] 또는 기업이 대중으로부터 받는

〈표 6-3〉 '명사 CEO'의 경영 효과

명사 CEO가 경영할 경우의 효과에 대한 연구 결과
• '명사 CEO'가 있으면 회사의 고객, 공급업체, 직원 등이 유명한 지위로 인해 CEO의 행동에 더 충실한다(Pfeffer and Salancik, 1978). • '명사 CEO'는 유명한 지위를 지녔기에 이해 당사자들은 그것이 자원과 기회에 대한 접근에서 이익을 제공한다고 인식한다(Cialdini, 1993). • '명사 CEO'는 그 자체가 무형자산으로서 소속 회사에 대한 투자를 유인 및 촉진하는 주요 이유가 된다(Russell Reynolds Associates, 2003). • '명사 CEO'는 자신의 능력과 지분을 보호하려는 의지와 확신이 강해 회사와 장기적 관계를 이어갈 이해관계자들을 더 유치할 수 있다(Hayward et al., 2004). • '명사 CEO'는 또한 기업이 대중으로부터 받는 경제적 기회를 늘리고 직원 및 기타 이해관계자의 사기를 향상시킨다(Ranft et al., 2006). • '명사 CEO'는 명사의 지위를 이용해 이해관계자들에게 감정적으로 어필하고, 대담한 행동으로 충성도를 높여 좋은 성과를 낼 수 있다(Karuna and Merchant, 2014).

경제적 기회를 늘리고 직원 및 기타 이해관계자의 사기를 향상시킨다는[25] 긍정적 효과도 강조되었다. 명사 CEO는 또한 명사란 지위를 이용해 이해관계자들에게 감정적으로 어필하고 대담한 행동으로 회사에 대한 충성도를 높여 좋은 성과를 거둘 수 있다.[26]

이렇게 기존 연구에서는 거의 일관되게 CEO가 유명할수록 기업의 경영이나 경영 성과에 긍정적인 효과를 미친다고 보았다. 특정 CEO가 더 영향력 있는 미디어에 자주 노출된다면 이해관계자나 대중들이 '성공한 CEO'로 인식할 가능성이 높아 자원과 기회의 창출이 쉬운 데다, 각종 상賞을 받게 되면 칭송을 받음과 동시에 경제계에서 'CEO 슈퍼스타'로 선망되어 거래가 늘어날 수도 있기 때문이다.

CEO의 재임 기간이 길수록 개인 및 회사의 정체성을 부여하거나 강화하는 효과가 크다. 관리방식이 안정되게 정착되어 긍정적인 성과를 낼 가능성이 크다. 회사의 이사회가 신뢰하여 장기적으로 책임자 역할을 부여했다는 의미도 내포되어 있기에 유능함과 높은 신뢰도를 상징한다. 무능하거나 문제가 있는 CEO에게 대주주나 이사회가 장기 재임(보통 6년 이상)을 허락할 이유가 없기 때문이다.

CEO가 접하는 내부인과 외부인은 새로운 비즈니스 전략과 관행의 도입을 촉진할 가능성이 크다. 회사의 운명을 긍정적으로 바꿀 혁신 방안을 제공할 수도 있다. 새로 영입한 임원, 새로 뽑은 다양한 발상과 커리어를 지닌 경력사원과 신입사원은 큰 자극제다. 매일 밖에서 만나는 사람들은 엄청나게 기발한 아이디어와 사업 제안을 하는 경우가 많다. CEO의 연령은 고령일수록 시장의 신뢰도가 높다.

특히 CEO의 연령과 관련하여 미국 애리조나대학교의 교수인 매튜 서플링Matthew A. Serfling은 "CEO들은 나이가 들수록 경영에서 위험을 감수하는 행동을 적게 한다"는 연구 결과를 제시했다.[27] CEO의 나이와 주식 수익률 변동성은 반비례한다는 것이다. 나이 든 CEO들은 덜 위험한 투자정책을 선택하고, 무모한 연구개발R&D을 경계하며, 기업 인수의 다각화로 경영 리스크를 줄이는 경향을 나타낸다. 반면 CEO가 젊을수록 기업 경영과 정책의 리스크가 크다. 서플링은 그래서 일반인들이 투자할 때 젊은 CEO가 경영하는 기업은 장기 투자, 나이 든 CEO가 맡고 있는 기업은 단기 투자를 하는 것이 수익 창출에 유리하다고 권고한다.

CEO의 유명도는 시간과 무관하게 고정되지 않는다. 시간이 흐르면 그 강도가 등락하거나 변하기 마련이라서 제한된 시간의 구간에서 측정하는 것이 바람직하다. 따라서 CEO의 유명도 측정 방법에 대해 딥하우스David L. Deephouse는 보통 CEO가 미디어를 통해 얼마나 많이 노출되며 어떠한 성향으로 대중에게 노출되는가를 측정해야 한다고 했으며,[28] 랜프트Annette L. Ranft와 동료 연구자들은 대상 CEO가 경영 활동과 관련하여 평가기관, 언론기관, 학회 등 외부로부터 얼마나 많은 상을 받았는지 조사해 측정할 수 있다고 했다.[29]

윤지혜·정동섭(2017)은 2013년부터 2015년까지의 3년간 한국거래소 유가증권시장에 상장된 250대 기업을 대상으로 표본기업 CEO의 유명도와 그 유명도를 결정하는 요인, CEO의 유명도와 기업의 경영 성과에 대해 각각 분석했다.[30] 그 결과, 전문경영인을 선임한 '전문경영' 체제인지, 설립자이자 대주주인 소유주가 직접 경영하는 '소유경영' 체제인지의 여부와 사외이사社外理事 비율 등 기업의 지배 구조가 CEO의 유명도를 결정하는 요인으로 나타났다. 반면 CEO의 출신 대학과 출신 대학에서 이수한 전공, CEO 재임 기간은 유명도와 무관한 것으로 나타났다.

이 연구에서 연구자들은 먼저 기업의 지배 구조를 경영 체제와 경영자 통제로 나눠 살펴보았다. 그 결과 기업의 경영 체제는 CEO의 유명도에 유의미한 영향을 미쳤으며, 특히 전문경영 체제보다는 소유경영 체제가 더 큰 영향을 미치는 것으로 분석되었다. 소유경영 체제는 기업 성과는 물론 의사 결정의 신속성이나 장기적 안목, 주인의식ownership에서 기인하는 지도력과 책임성이 발휘되는 장점이 있다.

기업의 경영자 통제는 CEO의 유명도에 유의미한 영향을 미치며, 구체적으로 사외이사 비율이 높은 회사일수록 해당 기업의 CEO의 유명도에 긍정적인 영향을 미친 것으로 나타났다. CEO의 경영 활동이 최종 의결기구인 이사회의 통제와 감시로 건전해지기 때문이다. 또 사외이사들의 다양한 조언과 의견을 듣고 오판과 오류를 최소화하며 경쟁 상황과 환경 변화에 유연하게 대처하면 경영 성과에도 긍정적인 영향을 미쳐 언론의 주목을 받을 가능성이 크다.

이어 CEO의 인구통계학적 특성이 유명도를 좌우하는지 살펴보았다. 그 결과 출신 대학의 이름, 대학 전공, 교육 과정, 재임 기간과 근무 경력은 CEO의 유명도에 유의미한 영향을 미치지 못했다. 즉, CEO가 인문·사회 분야 전공자일 경우 자연·공학 분야 전공자보다 더 유명할 것이라는 가설, 명문 대학 출신일수록 유명도가 높을 것이란 가설, CEO의 재임 기간이 길수록 유명도도 높아질 것이란 가설은 모두 입증되지 못해 기각되었다. 인습적인 측면에서 그동안 사람들의 의식 세계를 지배해 왔던 학벌과 같은 사회나 조직의 '엘리트' 개념에 관한 구성요소들과 CEO 유명도와는 아무런 관계가 없는 것으로 나타난 것이다.

이 연구에서 CEO의 유명도는 기업의 경영 성과(자산수익률)에 유의미한 정(+)의 영향을 미친 것으로 분석되었다. 이 연구에서 기업 성과는 2년간의 평균 자산수익률을 적용했기에 CEO의 유명도와 자산수익률은 정비례한다는 뜻이다. 자산수익률은 기업의 총자산 대비 순이익으로 기업자산 운용의 재무적 성과를

〈표 6-4〉 유명한 CEO의 경영 특성과 효과에 대한 실증연구 결과

- 미국 ≪포천≫ 선정 500대 기업 직원 187명 온라인 설문 결과(Men, 2012)
  - CEO의 유명도는 조직 평판과 직원 참여에 긍정적인 작용을 한다.
  - 직원의 조직 평판 인식은 직원 참여에 대한 CEO 신뢰도를 완전히 조절한다.
- 1987~2003년에 수상 실적이 있는 CEO 89명 조사 결과(Koh, 2011)
  - 유명한 CEO일수록 회계 관리에서 더 보수적인 성향을 나타낸다.
  - 유명한 CEO일수록 성과 중심의 안정적인 경영을 한다.
  - 유명 CEO가 상을 받으면 미디어 노출로 더욱 친근한 이미지를 만든다.
  - 그럴 경우 기업 이미지 또한 높아져 기업 성과를 향상시킨다.

나타내는데, 종종 CEO 경영 활동에 대한 성과지표로 사용되어 왔다. 이 결과는 CEO의 유명도와 기업의 경영 성과 간에 긍정적 영향 관계가 있다는 기존의 연구를 지지한다.

구체적으로 한 연구자가 미국 ≪포천≫ 선정 500대 기업의 직원 187명을 대상으로 벌인 온라인 설문조사 결과에서는 CEO의 유명도가 조직의 평판과 직원 참여에 각각 긍정적인 연관작용을 한다고 드러났다.[31] 이 조사에서 조직의 평판은 직원 참여에 상당히 긍정적인 영향을 미쳤다. 조직의 평판에 대한 직원들의 인식은 직원 참여에 대한 CEO의 신뢰도를 완전히 조절하는 것으로 확인되었다.

1987~2003년에 269개의 상을 받은 89명의 CEO를 대상으로 유명인사 CEO들의 경영 스타일을 살펴본 연구에서는 유명한 CEO일수록 회계 관리에서 더 보수적이고 깐깐하며 성과 중심의 안정적인 경영을 하는 데다, 수상 후 미디어의 노출을 통해 대중들에게 더욱 친근한 이미지를 만들게 되고, 그러면 결국 자신이 경영하는 기업 이미지 또한 높아지기 때문에 기업의 성과를 증진하는 것으로 나타났다.[32] CEO가 유명해지면 자신이 보유한 긍정적인 평판과 자신이 경영하는 기업의 평판을 견주어 생각하는 경향이 있기에, 더 좋은 평가를 받기 위해 기업의 안정성과 경쟁력을 유지하는 데 더욱 신경을 쓴다는 유추가 가능하다.

그러나 명사 CEO가 지닌 유명함을 질적으로 구분해, 연예인처럼 얼굴과 이름이 널리 알려져 칭찬과 관심을 많이 받는 유명한 사람과 실적 등 업무 역량이

뛰어나 유명해진 사람으로 나눠 평가하면 결과가 미묘하게 해석된다. 먼저 얼굴이 유명한 CEO는 그가 지닌 명성만큼 호소력과 협상력이 높아서[33] 기업 입장에서 유명한 CEO를 기용한 만큼 이익을 기대할 수 있다. 이런 유형의 CEO는 일반적으로 뛰어난 대인관계적 속성을 보유하고 있으며, 회사의 이해관계자들에게 영감을 주고 감정적 화음을 울리며 대담한 행동을 호소하는 관계 지향적 행동을 보여준다. 변혁적 또는 비전적 리더십을 발휘하는 것이다. 급여를 결정할 때도 이사회에 대한 호소력이 커서 그가 요구하는 급여 수준을 관철할 가능성이 높다.[34]

이와 달리 업무 역량이 뛰어나 유명해진 CEO는 예측 가능한 행동을 통해 상대적으로 높은 실적을 내는 경영 기술을 보유하고 있기에 안정적인 성과를 기대할 수 있다. 이런 유형의 CEO는 보통 거래적 또는 실행적 리더십을 발휘한다(Bass, 1985).[35] 업무 능력으로 유명한 이런 CEO들은 그러한 명성이 없는 CEO보다 위험 회피와 재능에서 이점이 있기에 CEO, 기업, 산업 수준에서 임금 통제요인이 있다 해도 더 높은 급여를 받는다.[36]

그렇다면 인지도가 높은 CEO와 업무 능력이 뛰어나 유명해진 CEO 가운데 한 명을 선택한다면 어떤 유형이 좋을까? 그간의 연구 결과는 후자에 선택이 집중된다. 지명도가 높은 CEO는 대담하고 위험한 프로젝트에도 과감히 투자하며 공격적인 기업 정책을 채택할 수 있지만, 업무 역량의 명성이 높은 CEO는 위험한 신사업 투자는 신중하고 연구개발에 더 치중하는 보수적 정책을 채택하는 경향이 있기에 업무 능력으로 유명한 CEO보다 이름만 유명한 CEO가 경영의 불가측성이 높아 더욱 위험할 수 있다.[37]

한 연구에서는 인지도가 높은 CEO일수록 인센티브를 통해 그들의 보상을 극대화하기 위해 주가 수익률에 더 얽매이는 경향이 있어 급여 수익 민감도에 비해 높은 급여를 받고, 업무 역량으로 유명한 CEO는 다른 CEO에 비해 실적 예측 가능성이 높고 주가 수익률에 덜 신경쓰는 등 경영이 안정적이어서 급여 수익 민감도에 비해 낮은 급여를 받는 것으로 나타났다(Karuna and Merchant, 2014).

앞에서 살펴봤듯이 경영자의 이미지, 언행, 실력 등을 통해 형성된 평판, 명성, 그리고 브랜드 가치는 기업의 '무형자산'으로서 기업의 성과에 정의 영향을 미친다. 이는 명사 CEO가 그 자체로 무형자산이라서 투자를 유인·촉진하는 주요 이유가 된다(Russell Reynolds Associates, 2003)는 앞의 연구와 견해를 같이 한다.

그러나 명성 관리 전문가인 존 두를리John Doorley와 헬리오 프레드 가르시아 Helio Fred Garcia는 진전된 관점으로 접근해, 명성이나 평판이 그 자체로 금전적 가치를 직접 매기거나 돈으로 교환할 수 있는 유형의 가치를 가지고 있다고 평가하며 무형자산이 아닌 '유형자산'이라 간주했다.[38] 이들은 기업 섹터에서 명성은 이미지의 총합sum of images으로서 전통적인 관점의 간편형 모델은 '성과 performance+행위behavior+커뮤니케이션communication'의 산출 결과치로, 현대적 관점인 확장형 모델은 '[성과performance+행위behavior+커뮤니케이션communication]× 진정성 요소authenticity factor'(명성의 본질적인 정체성을 지키는 것)의 산출 결과치로 각각 측정할 수 있다고 주장했다(Doorley and Garcia, 2011).

명성은 경영자나 기업의 핵심 자산 가운데 하나로서 이제는 결코 무시하거나 외면해서는 안 될 경쟁력이 되었다. 그것은 다양한 방법으로 측정할 수 있기에 최고경영자는 미리 그것을 분석하여 포괄적이고 체계적인 명성 관리를 해야 한다.

토픽 33 '셀럽 CEO'와 직원 간의 연봉 격차

경제계에서는 최고경영자CEO가 천문학적인 숫자만큼 월등히 높은 연봉을 받고 있다는 것만으로도 미디어의 집중적인 조명을 받아 즉시 명사의 반열에 오른다. 여기에 덧붙여 월등한 실적과 성과를 내거나 타인의 존경심을 불러일으키는 도드라진 선행을 했을 때는 더할 나위가 없을 것이다. CEO 개인에게도 고액 연봉과 함께 명사의 반열에 오르는 것은 큰 기쁨이자 영광이 아닐 수 없다.

경영 분야에서 유명 CEO가 되면 많은 돈도 벌고 머잖아 셀럽, 즉 명사의 지위를 누리게 된다. 대중들의 찬사를 받으며 서점에서 인기인 자기계발서의 주인공이나 기업 연수나 TV 성공 인물 특집 프로그램의 단골 연사가 되기 십상이다. 소박한 월급쟁이들에게 꿈같은 존재로서 숭앙을 받게 되는 것이다. 어떤 기업의 CEO가 유명해진다는 것은 시장경제 체제에서 CEO 개인이 자아를 실현함은 물론 기업 평판이 제고되고 협상·거래가 수월해지는 등 기업의 경쟁력 제고 측면에서 긍정적인 기능을 한다.

그러나 CEO와 직원 간의 연봉 격차가 크면 많은 문제를 초래하여 기업 경영에 악영향을 미치는 경우가 많다. 기업의 생산성 악화, 실적 저하, 투명성 악화, 노사 분규의 빈발, 이직자 증가, 소득 불평등 심화 등이 대표적인 부작용이다. 직원들의 경우 보통 상황에서는 자신도 열심히 일하여 승진한 다음 최종적으로 CEO가 되어 현재의 CEO처럼 좋은 대우와 평판을 누리고 명사가 되어 스포트라이트를 받고 살기를 바란다. 평사원들에게 이런 기대 심리는 당연하다.

그러나 연봉 격차가 너무 과도하다고 느끼면 조직의 구성원들은 대부분 아무리 일해도 그런 고액 연봉 수령은 도무지 실현 불가능한 꿈일 것이라고 인식할 것이다. 이 경우 CEO에 대해 불평등, 허탈감, 의욕 상실, 회계 투명성 의심이 더해져 부정적 정서로 돌아설 가능성이 크다. 특히 사원들이 판단하기에 임원이나 회사가 거둔 성과와 받는 급여가 상호 연관성이 적다면, 이런 부정적인 정서는 더욱 악화되기 마련이다. 회사에서 이런 문제는 사실 '논리 게임'이라기보다는 '정서 게임'인 경우가 많기에 조직의 인화와 안정성 확보를 위해 조속히 해

〈표 6-5〉 기업 경영에서 '셀럽 CEO'의 순기능과 역기능

- CEO가 유명해져 '명사'의 반열에 오르면 CEO 개인 평판이 기업 평판으로 전이되고 협상과 거래가 수월해지는 등 기업의 경쟁력 제고 측면에서 긍정적 기능을 한다.
- CEO와 임직원의 연봉 격차는 영국 FTSE 상장사 100곳이 평균 133배, 삼성전자 208배(2017), 아모레퍼시픽 142.3배(2017), 현대자동차 49.8배(2017)였다(영국 하이페이센터, 2014; 한국거래소, 2018).
- CEO와 직원 간 연봉 격차가 너무 크면 기업의 생산성과 실적 저조, 투명성 악화, 조직 내 불만 가중, 노사 분규 빈발, 이직자 증가 등의 부작용이 나타난다.
- 미국 상장사에서 CEO 총보수 비율과 직원 1인당 매출 총이익을 비교한 결과 반비례하여, CEO와 직원의 연봉 격차가 적을수록 생산성이 높았다(CNBC, 2018).
- '셀럽 CEO'는 육성·활용하되 연봉 격차 관리는 필요하다. EU는 2007년 금융위기 이후 연봉 50만 유로 이상 은행 임원의 보너스를 연봉의 2배 이하로 규제했다.

결해야 한다.

항공기업인 에어프랑스의 최근 사례를 보면 이 정서 게임의 양상을 잘 간파할 수 있다. 유럽 최대 항공사인 에어프랑스-KLM 그룹이 창사 이래 최초로 그룹 산하 에어프랑스에 외국인 CEO를 고액 연봉에 내정하자 산별노조가 거세게 반발하고 있다고 〈AFP통신〉이 2018년 8월 17일 보도했다.[39] 그룹 이사회가 에어캐나다 최고운영자COO 출신인 캐나다인 벤저민 스미스Benjamin Smith를 전임 CEO인 프랑스인 장마르크 자나야크Jean-Marc Janaillac의 연봉(2017년 14억 3000만 원)보다 4배(400%)에 가까운 54억 원에 CEO로 선임하자 생긴 분란이다. 이 회사 노조는 회사가 지난 6년간 사원 임금을 동결하고 전임 CEO가 15차례의 임금 협상을 결렬시켰다는 점을 지적하며 과도한 연봉 인상폭이라고 지적했다. 노조가 제시한 임금 인상안은 전년 대비 5.1%포인트였다.

우리나라의 경우 한국거래소 사이트를 통해 확인 가능한 2017년 기업보고서를 기준으로 살펴봤더니, 시가총액 30대 기업 가운데 CEO와 직원 간 연봉 격차가 가장 큰 곳은 삼성전자로 무려 208배였다. 시가총액 1위 기업인 삼성전자는 2016년에는 CEO와 직원 간 연봉 격차가 62배였다. 그러나 2017년에는 권오현 회장이 정기 상여금과 일회성 특별 상여금 등을 포함하여 243억 8100만 원을 받고 직원들이 평균 1억 1700만 원을 수령해 208배로 격차가 더 벌어졌다.

시가총액 16위 기업인 아모레퍼시픽의 경우 두 번째로 격차가 컸는데, 서경배 회장이 75억 4100만 원을 받고 직원들이 평균 5300만 원을 받으면서 142.3배의 격차를 나타냈다. 세 번째인 삼성물산의 경우 최치훈 당시 사장이 57억 5500만 원을 받고 직원들이 평균 9000만 원을 받으면서 63.9배로 나타났다. 네 번째로 임금 격차가 큰 기업은 삼성그룹이 차세대 성장동력으로 육성 중인 삼성바이오로직스다. 삼성바이오로직스 김태한 사장은 38억 5900만 원을 받은 데 비해 직원들은 평균 7100만 원을 받아 격차가 54.4배였다.

보수 언론 등으로부터 "노동조합은 고액 연봉을 받는 '귀족노조'다"라고 비판받고 있는 현대자동차의 경우 49.8배로 30대 기업 가운데 6위 수준이다. 정몽구 회장이 45억 7900만 원을 받은 데 이어 직원들은 평균 9200만 원을 받았다. 30대 기업 가운데 금융권의 경우 상대적으로 하후상박下厚上薄의 원리가 적용되어 대기업치고는 그 격차가 상대적으로 적었다. 신한금융지주의 경우 조용병 회장이 6억 2000만 원을 받은 데 비해 직원들은 평균 1억 500만 원을 받아 5.9배로 최저 격차를 보였다. KB금융의 경우 윤종규 회장이 9억 2600만 원을 받고 직원들은 평균 1억 2700만 원을 받아 7.3배를 나타냈다.

그렇다면 고액 연봉은 기업 경영 전반에 어떤 영향을 미칠까?

미국의 경제정보 채널 CNBC는 2018년 5월 13일 미국 상장기업 직원 급여 중간값에 대한 CEO 총보수 비율과 직원 1인당 매출 총이익을 비교한 결과 반비례하는 경향을 나타내 CEO와 직원의 연봉 격차가 적을수록 생산성이 높다는 분석 결과가 나왔다고 보도했다.[40] 임직원 간 연봉 격차 관리가 필요하다는 의미다.

CNBC는 일례로 미국 나스닥에 상장해 있는 바이오 상품 제조업체 가운데 CEO 보수율이 94배인 길리드 사이언스Gilead Sciences의 1인당 매출 총이익이 23억 1000만 원이었는데, CEO가 직원보다 935배나 더 버는 매러선 페트롤륨Marathon Petroleum Corporation은 2억 1000만 원으로 나타났다고 제시했다. 이 조사에서 서비스업 기업 가운데 CEO 보수율이 37배로 가장 낮은 메타 플랫폼Meta Platforms Inc.(약칭 '메타', 페이스북 운영사로 2021년 10월 '페이스북'에서 '메타'로 회사명을 바꿈)의 1인당 매출 총이익은 약 14억 9000만 원이었다. 이에 비해 CEO 보수율이 596배나 되는 옴니콤 그룹Omnicom Group Inc.은 3800만 원이었다고 전했다.

영국의 경영진 연봉 분석단체인 '하이페이센터'는 2014년 1월 보고서에서 영국 런던 증시인 FTSE의 상장기업 100곳의 임원들 연봉이 평균 약 75억 원으로 일반 직원(약 4600만 원)의 133배였다고 밝혔다.[41] 보수 격차는 2002년 107배보다 더 늘어났다는 것이다. 이 단체는 "영국의 CEO들은 일반 직원들이 1년 동안 버는 연봉을 2.5일 만에 받는 셈인데 임금 격차가 큰 회사에서 노동쟁의, 질병, 이직이 더 많이 생겼다"라고 지적했다.

이에 따라 유럽연합EU은 2007년 글로벌 금융위기 이후 연봉 50만 유로가 넘는 은행권 임원에게 보너스가 연봉의 2배를 넘지 않도록 규제해 왔다. EU는 기업 임원과 일반 직원의 천문학적인 보수 격차를 개혁하기 위해 EU 28개 회원국의 상장기업 1만여 곳에서 일하는 최고경영자CEO들의 보수 상한선을 주주들이 승인하는 방안을 추진하고 있다. 이후 EU 13개국이 주주들에게 임원진의 보수를 제한할 수 있는 권리를 부여했지만, 아직 프랑스와 오스트리아 등에는 이러한 제한이 없다.

토픽 34 명성 비즈니스: '셀러브리티 마케팅'

유명인사를 기업에서 마케팅 커뮤니케이션 전략의 일부로 이용하는 것은 오늘날 기업 또는 브랜드 이미지를 지원하는 주요 기업에 매우 일반적인 관행이다. 셀러브리티가 사람들의 감정과 태도를 흔들고 브랜드를 홍보하거나 메시지를 증폭하는 중요한 수단이 되기 때문이다. 이러한 '셀러브리티 마케팅celebrity marketing'(이하 약칭 '셀럽 마케팅')의 기원은 "종교가 삶의 기적적인 돌파구"라고 하면서 대중들을 상대로 줄기차게 설파했던 17세기 가톨릭 추기경들의 사례에서 유래한다고 보는 것이 학계의 지배적인 시각이다(Ray, 2004).

이후 19세기 후반 교황 레오 13세Leo XIII와 발명가 토머스 에디슨Thomas Edison이 보르도 와인과 코카인을 섞은(코카 잎을 6개월간 와인에 우려낸) '빈 마리아니Vin Mariani'[42]를 '최고의 토닉tonic'이라 보증한 이래로 셀러브리티 마케팅 방식은 오랫동안 상품 판매에 사용되면서도 매력도를 높여왔다.[43] 교황 레오 13세는 빈 마리아니를 오랫동안 시음해 본 뒤 "인류의 은인benefactor of humanity"이라 격찬하며 금메달을 수여했고, 하루 4시간만 자면서 생활했던 토머스 에디슨은 이를 항상 마셨다.

명사를 마케팅에 이용하는 것은 그들이 기업이나 기업이 생산하는 제품의 매력도, 호감도, 신뢰도를 증진해 줄 것이라 확신하거나 바람직한 효과를 발휘할 것이라 믿기 때문이다.[44] 또한 명사가 지닌 인지도와 영향력이 작동하여 이런 효과를 보증해 주거나, 공인해 주거나, 또는 담보한다고 믿기 때문이다. 브랜딩과 연관 지어 설명하면 기업이 광고를 할 때 셀럽의 인물 이미지를 차용해 모델로 쓰는 경우가 많은데, 그때 소비자가 제품을 구매하면서 광고의 모델을 연상케 하는 것이다.[45] 명사란 사람, 명사의 브랜드 적합성, 명사의 전문성, 명사의 동기라는 네 가지 요소가 브랜드 인증·보증endorsement을 하여 소비자의 브랜드 회상brand recall을 촉진하는 역할을 한다는 연구 결과도 있다.[46]

셀럽 마케팅이 유효하다고 믿는 근거는 크게 세 가지 이론·학설에 기인한다. 그 가운데 첫째, '출처 신뢰도 모델Source Credibility Model'은 셀러브리티인 후

교황 레오 13세

토머스 에디슨

빈 마리아니

레오 13세가 등장한 신문광고

자료: 신문광고의 출처는 WikiDoc(https://www.wikidoc.org/index.php/Vin_Mariani).

원자가 있을 경우 그의 전문성과 신뢰성에 대한 소비자의 인식이 광고 메시지의 효과에 영향을 미친다는 주장이다.[47] 그러나 후속 연구에서 명사의 신뢰도가 구매 의도에는 영향을 미치지 않는 것으로 나타나 인식과 태도 증진 효과에 국한된 모델로 평가되었다.

둘째, '출처 매력 모델Source Attractiveness Model'은 명사의 신체적 매력이 광고

〈표 6-5〉 '셀럽 마케팅' 효과의 근거와 전략 유형

구분	내용
셀럽 마케팅의 개념 정의	• 명사가 기업과 제품의 매력도, 호감도, 신뢰도를 증진해 줄 것이라 확신하거나 바람직한 효과를 발휘할 것이라 믿고 광고·홍보 등에 명사를 활용하는 마케팅 기법(Erdogan, 1999; Stever, 2018)
셀럽 마케팅 효과의 근거	• 출처 신뢰도 모델(Source Credibility Model) - 셀럽이 광고 시 그가 지닌 전문성·신뢰성을 소비자가 인식하면 광고 메시지 효과에 영향을 미침(Dholakia and Sternthal, 1977 등) • 출처 매력 모델(Source Attractiveness Model) - 셀럽의 신체적 매력이 광고 메시지의 효과와 소비자의 구매 의도에 영향을 미침(Baker and Churchill, 1977). • 제품 일치 가설(Product Match-Up Hypothesis) - 명사의 이미지가 좋을수록 그 명사가 보증·지지하는 브랜드와 소비자의 인지도가 부합(Kamins, 1990). • 명사의 보증 효과(Celebrity Endorsement Effect) - 명사의 보증은 광고를 적극적으로 수용하게 하여 수익과 브랜드 가치 등 기업의 경제적 가치를 증진(Atkin and Block, 1983 등)
셀럽 마케팅의 네 가지 유형	• 대변자(spokespersons) 역할 부여 • 광고하기(advertising) • 브랜딩하기(branding) • 제품 배치하기(product placement)

메시지의 효과와 소비자의 구매 의도에 영향을 미친다는 연구 결과에서 확립된 주장이다.[48] 한마디로 외양이 매력적인 셀럽일수록 덜 매력적인 셀럽보다 상품 선호, 연상, 구매 의도에 더 많은 영향을 미친다는 것이다.

셋째, '제품 일치 가설Product Match-Up Hypothesis'은 명사의 이미지가 좋을수록 그 명사가 보증 및 지지하는 브랜드와 소비자의 인지도가 부합한다는 것을 나타내는 주장이다.[49] 명사의 이미지와 광고 브랜드 사이의 적합성이 소비자의 광고 태도, 브랜드 태도, 구매 의도에 영향을 미친다는 것이다.

이후에도 셀럽 마케팅이 꾀하는 '명사의 보증 효과Celebrity Endorsement Effect'는 수익 증진과 브랜드 가치 증진 등 기업에 긍정적인 경제적 가치를 가져다준다는 사실이 여러 연구를 통해 실증된 뒤 활용되었다.[50] 제품 일치 가설에서 강조한 명사의 보증·지지endorsement의 영향력을 '명사 소개·추천 브랜드와 소비자 인지도 일치'의 차원을 넘어 광고 메시지의 수용 태도 및 구매 태도와 결부시

켜 통찰한 것이다. 제품 일치 가설을 지탱하는 명사의 보증 효과 학설에 따르면 명사의 지지·보증은 이용자에게 긍정적인 광고 태도를 만들고 (제품과 서비스에 대한) 구매 의도를 증가시키는 데도 더욱 효과적이다.[51] 명사를 활용한 기업의 마케팅이 실제로 효과적이며 실익을 가져다준다는 뜻이다.

따라서 기업들은 브랜드와 조직의 평판 증진이란 효과를 발휘할 든든한 후원자가 되어줄 셀럽 마케팅에 상당한 비용을 투자한다. 업종과 관계없이 이런 흐름은 정착되어 있다. '셀러브리티 브랜딩celebrity branding' 또는 '셀러브리티 보증celebrity endorsement'이란 세부 전략을 바탕으로 명사의 명성이나 사회적 지위를 이용하여 제품, 브랜드, 서비스를 홍보하거나 문제에 대한 인식을 높이는 광고 캠페인 또는 마케팅 전략을 전개하는 것이다.

유명인의 명성을 브랜드나 제품에 덧붙이는 이러한 전략을 구사하면, 소비자들 또는 이용자들은 우상인 사람이 연상시키는 제품 이미지를 떠올리며 구매 행동에 나설 수 있다는 원리다. 이는 특정 소비자와 이용자 집단에서 흔히 구전효과口傳效果라고 하는 '입소문 효과word of mouth effect'를 불러일으키기 때문에 심리적 연쇄작용의 수혜를 누리는 이점이 있다. 이를 이용하는 쪽에서는 '바이럴 마케팅viral marketing'을 구사하는 셈이다.

일례로 약효가 마케팅의 생명인 제약업계에서는 유명인의 체험 사연을 바탕으로 하는 셀렙 마케팅이 발달해 있다. 17세기 가톨릭 추기경들이 했던 것처럼 21세기의 많은 명사는 현재 제약회사로부터 많은 수수료를 받으며, 그 약품의 사용은 경이로운 치료법이며 때로는 영원한 생명을 약속한다고 소문을 퍼뜨리는 일에 관여하고 있다.[52] 스타 파워를 지닌 명사들은 주요 건강 문제에 대한 공공의 의제나 논쟁을 근본적으로 바꾸는 데 도움을 줄 수 있다. 셀럽 마케팅은 윤리적일 때 생명력을 갖는다.[53]

명사를 이용한 홍보는 브랜드 이미지를 높이기 위한 효과적인 광고 도구로서 최근에도 꾸준히 증가하고 있다. 그 이유는 젊은 소비자들이 연예인 홍보의 주요 표적이 될 것이라는 사실 때문이다. 그 효과는 실로 매우 강력하다. 젊은 소비자 222명을 상대로 한 온라인 설문조사 결과 명사 모델이 살인과 같은 중대

범죄를 저지르지 않는 이상, 명사 모델의 스캔들이 광고주의 제품 브랜드 이미지에 거의 영향을 미치지 않는다고 나타났다.[54]

일반적으로 셀럽 마케팅은 제품, 서비스, 이미지, 가치를 파는 기업이나 여타 조직에서 대변자spokespersons 역할 부여하기, 광고하기advertising, 브랜딩하기branding, 제품 배치하기product placement의 네 가지 형태의 실행 전략으로 구현하고 있다.

첫 번째, '대변자 역할 부여하기'는 명사를 선택해 TV·온라인·인쇄 광고에서 제품이나 기업의 이미지를 증진시키는 대변인으로 활용하는 전략이다. 지명도가 높은 연예인, 운동선수, 그 밖의 유명인사들이 특정 제품과 기업에 대해 호의적이거나 긍정적인 메시지와 이미지를 전파하는 역할을 하는 것이다. 이 경우 명사들은 해당 기업과 제품의 이미지에 고착되고, 심지어 그 회사의 임직원처럼 인식되는 일도 있으므로 다른 기업이나 다른 제품의 마케팅에 참여하기 어려워진다.

두 번째, '광고하기'는 식품, 식품, 의류, 전자제품, 보석, 향수, 화장품, 운동기구, 뮤직 비디오, 가요 앨범, 영화, 병원과 같은 제품 라인과 그것을 생산하거나 공급하는 기업에 인지도가 높은 톱스타급 명사의 이름을 사용하여 미리 준비된 대본에 따라 메시지를 전달하도록 하는 전략이다. 광고들은 보통 연예인의 제품 사용에 대한 근거를 전달하는 대본을 포함한다.

광고하기 전략을 실행할 때는 "이 제품이 최고다", "이 옷이 가장 감각적이다", "이 제품이 가장 편리하다", "이 제품이 가장 효과가 좋다", "이 약품이 가장 신통하다", "이 병원이 가장 실력이 있고 친절하다", "이 작품이 가장 감동적이다", "이 작품이 가장 매력적이다"와 같은 수사적 메시지가 뒤따른다. 유명인이 상품 출시 행사, 상품 판촉 행사 등 상품 홍보 이벤트에 참여하거나 평범한 일반 소비자들을 인터뷰하는 방식으로 광고를 할 수도 있다.

셋째, '브랜딩하기'는 유명인의 이름이 브랜드의 이름이 되거나 그 이미지를 제품의 브랜드로 사용하는 전략을 말한다. 흔히 피카소Pablo Picasso, 제임스 딘James Dean, 제인 오스틴Jane Austen 등의 사례에서 볼 수 있다. 데이비드 베컴David

Beckham과 빅토리아 베컴Victoria Beckham을 의미하는 'dVb'란 브랜드도 마찬가지다. 우리나라에서는 '식빵 언니'란 별명을 얻은 배구선수 김연경이 제빵기업 파리바게뜨의 브랜드 기획에 따라 '김연경 식빵'이란 이름으로 식빵을 출시했다. 편의점 업체 세븐일레븐은 가수 임창정의 이름을 내건 '임창정 미숫가루 꿀 막걸리'를, 배우 김수미의 이름을 사용한 '수미 막걸리'를 각각 선보인 사례가 있다.

이런 사례는 특히 사치재인 보석, 화장품, 향수, 패션 등에서 종종 나타나고 있다. 명사들은 이런 전략의 차원에서 기업들과 제휴하거나 아예 '동업'하는 경우도 흔하다. 브랜딩하기에서 명사들은 제품의 이미지가 자신의 흥망성쇠를 결정할 수도 있기에 품질 관리에 특히 신경을 써야 한다. 아울러 가수 영탁과 막걸리 회사 예천양조의 상표권 분쟁 사례에서처럼 이해관계가 엇갈리거나 사전 동의 없는 상표권 무단 사용과 같은 문제가 발생하는 것을 미리 방지해야 한다.

공공 섹터에서도 이런 마케팅을 적용하고 있다. 문화체육관광부와 한국관광공사는 수년째 지역 명사와 함께 떠나는 문화체험 여행 상품(다음 사진)을 내놓고 있다. 2022년에는 매실한과 달인인 충남 당진 백석올미마을 김금순, 양조장인인 경북 문경의 오미나라 이종기, 강원도 원주 명주사의 고판화박물관 관장인 한선학, 옹기 장인인 울산시 외고산 옹기마을의 무형문화재 허진규 장인 등을 대상으로 했다.

이런 브랜딩하기 전략은 더 세분화할 경우 '셀러브리티 단일 브랜딩Celebrity Mono-Branding', '공동 브랜드 셀럽 제품Co-Branded Celebrity Products 내놓기', '셀러브리티 감추기 브랜드 제품Noncelebrity-Branded Products'이란 세 가지 기법으로 구분할 수 있다(Keel and Nataraajan, 2012).

'셀러브리티 단일 브랜딩' 기법은 명사의 이름만을 부각하여 노출하는 전략이다. 엘리자베스 아덴Elizabeth Arden이 관능적인 이미지가 강한 가수 브리트니 스피어스Britney Spears와 협력해 '브리트니 스피어스 향수'를 생산해 판매한 것에서 사례를 찾아볼 수 있다.[55] 이 방식은 보통 제조업체 브랜드 인지도와 브랜드 자산의 가치가 낮을 때 사용되었으나, 엘리자베스 아덴의 사례처럼 그것들이 각각 높을 때 사용된 예도 있다.

한국관광공사의 '지역 명사와 함께 떠나는 문화체험 여행' 광고

'공동 브랜드 셀럽 제품 내놓기' 기법은 하나의 제품에 두 개의 브랜드가 나타나는 브랜드 제휴 전략이다. 기존에 더 유명한 1차 브랜드는 물론 덜 유명한 2차 브랜드의 가치를 높일 수 있는 이점이 있다. 실제로 공동 브랜드 제품이 단일 브랜드 제품보다 품질 향상,[56] 가치와 이점 증진,[57] 소비자 인식과 평가 제고[58]의 효과가 뛰어나다는 연구 결과가 제시되었다.

스포츠 용품 기업 나이키가 골프 선수 타이거 우즈Tiger Woods 전용 골프용품을 'TW'라는 브랜드로 출시한 경우, 아디다스가 데이비드 베컴의 브랜드 캐주얼 의류와 신발 라인을 생산하고 있는 사례가 해당된다. 아울러 래퍼인 엘엘 쿨제이LL Cool J의 의류가 유통업체 시어스에서만 판매되고, 리얼리티 텔레비전 스타 로런 콘래드Lauren Conrad의 의류가 유통업체 콜스에서만 판매되는 사례도 여기에 해당한다. 래퍼인 엘엘 쿨제이와 로런 콘래드 사례는 명사와 소매점의 '공동 브랜딩'이다(Keel and Nataraajan, 2012).

'셀러브리티 감추기 브랜드 제품' 기법은 명사나 유명 제조사가 각각 제품을 브랜딩하여 내놓았지만, 일부러 그 이름이 드러나지 않게 하는 전략이다. 공동 브랜딩이나 단일 브랜딩만큼 많지는 않지만, 수용자층이 좁거나 매력도가 제한된 명사들이 많이 쓰는 전략으로서, 명사들은 그들의 이름이 감춰진 채 광범위한 제품을 어필하며 브랜드화함으로써 이익을 얻을 수 있다. 연상 효과와 입소문 효과를 겨냥한 것이라고 볼 수 있다.

미국 사례를 보면 매우 흥미롭다. '폴 마송Paul Masson'은 와인 브랜드로서는 매우 유명하지만 미국 캘리포니아에서 포도 재배와 양조를 하는 데 선구자적 역할을 한 사람으로서는 유명하지 않다.[59] 〈크렁크 주스Crunk Juice〉라는 앨범을 내놓은 래퍼 릴 존Lil Jon은 에너지 드링크 '크렁크Crunk!!'를 만들어 그가 직접 판매를 위해 클럽을 위주로 열심히 홍보하지만, 그의 이름은 음료 캔에 등장하지 않는다.

여배우 린제이 로한Lindsay Lohan은 '6126'이란 패션 브랜드를 출시하고 이 브랜드의 광고에도 등장하고 있다. 그런데 이 브랜드는 그와 연관성이 전혀 없는 마릴린 먼로Marilyn Monroe의 생년월일 6126(1961년 2월 6일)을 지칭하는 것이다. 이 기법은 당사자가 보유한 명성, 전문 분야와 제품의 거리가 너무 멀기 때문에 긍정적인 평가를 끌어내기 위한 이상적인 전략이 아닐 수도 있다는 일각의 비판을 받고 있다(Keel and Nataraajan, 2012).

넷째, '제품 배치하기'는 특정한 콘텐츠와 공간, 그리고 행사에 명사가 애용하는 제품이나 예술 콘텐츠를 배치하는 기법을 말한다. 드라마나 영화에 흔히 나오는 'PPL'과 같은 방식이다. 명사들이 특정한 제품을 들고 행사장에 나타나

이를 언급하는 것이나, 명사들이 특정 디자이너의 옷을 입고 영화제에 나타나 디자이너 이름을 언급하는 사례가 이에 해당한다. 뮤지션이 콘서트에 출연해 자신이 도움을 준 신곡 앨범을 언급하는 것도 이에 해당한다. 제품 배치하기를 할 때는 '상황'과 '맥락'을 제대로 파악해 일방적인 상품 홍보라는 소비자나 팬들의 비난에 휩싸이지 않도록 사전에 철저히 검토해야 한다.

그러나 때때로 셀럽 마케팅을 구현하면서 유명인사의 자질이 부적절하고, 무관하며, 바람직하지 않을 수 있다. 전문 분야의 실력이 부족하거나 사생활의 부적절함이 많아 위험을 내포하고 있는 명사들이 적지 않기 때문이다. 이런 경우 기업들은 유용한 많은 대안 가운데 행실이 바르고 위험도가 극히 적은 적임자, 즉 '딱 맞는 유명인right celebrity'을 선택해 유지하며, 동시에 이러한 자원을 입체적으로 관리하면서 잠재적인 함정을 피할 수 있는가 고민한다.[60] 연예인과 스포츠 스타를 동원한 광고나 마케팅을 하면서 계약서에 다양한 부대조건을 넣어 리스크를 방지하는 것이 대표적인 대책이다.

제7장 셀럽들의 명성론 I

토픽 35 철학자·심리학자·작가의 명성론

기원전 5세기에 활동하면서 문답법을 통한 깨달음, 무지의 자각, 지덕 일치를 중시했던 고대 그리스의 철학자 소크라테스Socrates는 좋은 평판의 중요성과 축적 방법을 불에 빗대 설파했다. 소크라테스는 "당신이 가질 수 있는 보물 가운데 '좋은 평판'을 최고의 보물로 생각하라. 명성은 모름지기 불과 같아서 일단 불을 붙이면 그 불꽃을 유지하기가 비교적 쉽지만, 꺼뜨리고 나면 다시 그 불꽃을 살리기가 매우 어렵기 때문이다. 좋은 평판을 쌓는 최적의 방법은 당신이 보여주고 싶은 모습을 갖추기 위해 줄기차게 노력하는 것이다"라고 말했다.

2세기경 로마 제정시대의 스토아학파 철학자 에픽테토스Epictetus는 "어려움이 클수록 그것을 극복하는 영광이 더 커진다. 숙련된 조종사들은 태풍과 폭풍을 극복함으로써 명성을 얻는다"라고 말했다.[1] 그는 기원후 1세기 중반쯤 지금의 튀르키예(옛 '터키') 서남쪽의 프리기아 히에라폴리스에서 태어난 노예 출신 철학자로 폭풍 같은 인생을 산 것으로 유명하다. 로마제국의 제5대 황제인 네로

소크라테스 노자

Nero(재위 54~68년)가 그를 노예 신분에서 해방시켜 줬다. 로마에서 학교를 다녔지만 서기 90년 로마에서 추방된 후 그리스 니코폴리스에서 따로 학교를 설립해 강의를 했다.

사상가인 노자老子와 인도 철학자 오쇼 라즈니쉬Osho Rajneesh는 돈에 천착하는 배금주의적 명성을 경계했다. 노자는 "명성과 완전 무결성 가운데 어떤 것이 더 중요한가? 돈과 행복 가운데 어느 것이 더 가치가 있나? 성공과 실패 가운데 어느 것이 더 파괴적일까? 남들에게 성취를 기대한다면, 결코 진정 성취하지 못할 것이다. 만약 당신의 행복이 돈에 달려 있다면, 당신 자신은 결코 행복하지 못할 것이다. 당신이 가진 것에 만족하고, 있는 그대로를 즐기라. 부족한 것이 하나도 없다는 것을 알게 되면 온 세상이 모두 당신 것이 된다"라고 설명했다.

오쇼 라즈니쉬는 『부처님 말씀…: 삶의 어려움에 대한 도전』에서 "명성은 어리석고, 가치가 없고, 무의미합니다. 전 세계가 당신을 안다고 해도, 그것이 어떻게 당신을 더 부유하게 만들 수 있을까요? 어떻게 하면 그것이 당신을 더 행복하게 만들 수 있을까요? 어떻게 하면 더 잘 이해하고, 더 잘 인식할 수 있게 도울 수 있을까요? 좀 더 주의 깊게, 좀 더 생기 있게 있으라고요?"라고 반문했다.

아울러 노자는 『도덕경道德經』에서 "현인賢人의 허명虛名을 존중하지 말아야 백성들이 서로 비교하며 다투지 않게 된다"라고 말했다. 여기에서 '현인'이란 본래의 의미인 재덕才德을 겸비한 사람이 아니라, 술수를 부려 자리나 이익을 탐한

스피노자

마틴 루서 킹

사람이거나 곡학아세曲學阿世하여 통치자에게 아부하면서 자리를 탐하는 자들을 이른다.[2] 이런 사람들의 명성, 명예, 지위, 소유욕 등을 백성들이 너나 할 것 없이 숭배하면 필연적으로 이익 쟁탈을 위한 격렬한 싸움이 발생하기에 이를 경계한 것이다.

인권운동에 앞장섰던 미국의 마틴 루서 킹Martin Luther King Jr. 목사는 "모든 사람이 유명할 수 있는 것은 아니지만 위대할 수 있다. 위대함은 자신이 베푸는 것service에 의해 결정되기 때문이다"라고 설명했다. 독일 철학자 아르투르 쇼펜하우어Arthur Schopenhauer는 과도한 명성 추종을 경계했다. 쇼펜하우어는 "부富는 흡사 바닷물과 같다. 술을 많이 마실수록 갈증도 생긴다. 사실은 명성도 마찬가지다"라고 설교했다.

자연 지배와 인간 개조를 강조한 범신론자이자 유물론자인 네덜란드의 철학자 바뤼흐 스피노자Baruch Spinoza(1632~1677)는 "욕망은 인간의 본질이다"라며 좋아 보이지만 허황한 명성에 대한 맹목적 추종을 경계했다. 그는 "사람들에게 뭐가 제일 좋으냐고 물으면 부귀, 명성, 쾌락의 세 가지로 귀결된다. 사람은 이 세 가지에 너무 집중하기 때문에 다른 좋은 것은 거의 생각하지 못한다"라고 일갈했다. 스피노자는 "명성에는 큰 단점이 도사리고 있는바, 바로 우리가 명성을 좇을수록 그것이 주는 환상에 비위를 맞추는데, (그러지 말고 진정한 명성의 유지에) 우리 인생을 다 바쳐야 한다는 것이다"라고 지적했다. 아울러 그는 "자만pride은 인간이 자신을 과대평가하는 데에서 생기는 기쁨"이라고 덧붙였다.

프랜시스 베이컨

로마제국의 제16대 황제(재위 161~180년)이자 스토아학파 철학자인 마르쿠스 아우렐리우스Marcus Aurelius Antoninus는 그가 전쟁통에 진중에서 남긴 『명상록冥想錄』 '34. 명성에 대하여'에서 다음과 같이 명성의 허망함과 명성을 좇는 사람들의 덧없음을 지적했다.

"명성을 얻고자 하는 자들의 생각이 어떠한지, 그들이 무엇을 구하고 무엇을 피하는지를 보라. 파도가 밀려오면 거기에 휩쓸려 오는 모래가 전에 있던 모래를 덮어버리듯이, 인생에서도 이전에 죽은 자들은 최근에 죽은 자들에 의해 아주 신속하게 덮인다."[3]

철학서 『노붐 오르가눔Novum Organum』을 저술했고 영국 고전 경험론을 창시한 철학자 프랜시스 베이컨Francis Bacon은 "좋은 명성이나 명예는 불과 같다. 불을 붙이면 그것을 쉽게 보존할 수 있지만 불을 끄면 다시 불을 붙이지 못한다"라고 말했다. 그는 본질적으로 "명예는 강물과 같아서 가볍고 부풀어 오르는 것들을 소유하고 무겁고 견고한 것들을 익사시킨다"라고 지적했다.

프랜시스 베이컨은 나아가 "명예를 얻는 것은 그 비결이 정도正道를 행할 때 가능하다"라며 명성은 무엇보다도 정당한 절차에 따라 취득해야 함을 강조했다. 고대 그리스의 철학자 소크라테스는 "나는 가장 적은 욕심을 가졌으므로 신에 가장 가까운 존재다"라고 말해 사람에게 명성과 같은 세속적인 욕망을 통제하는 것이 얼마나 어려운 것인지를 넌지시 제시했다.

쾌락을 최고선으로 규정한 그리스 아테네의 철학자 에피쿠로스Epicouros는 "돈이나 쾌락 또는 명예를 사랑하는 자는 남의 어려움과 아픔을 모르며 사람을 사랑할 수 없다"라고 말했다. 후기 스토아 철학을 대표하는 로마 제정시대 철학자이자 정치가 세네카Lucius Annaeus Seneca는 "흰 머리카락과 주름이 있다고 오래 살았다고 할 수 없다. 그는 그저 오랫동안 존재했을 뿐 오래 산 것은 아니다"라며 명성보다 진정한 삶의 실천을 강조했다.

미국 하버드대학교 교수를 지낸 철학자 조지 산타야나George Santayana는 "허영심이 최고조에 이른 형태는 명성에 대한 사랑이다"라며 명성의 실체 없음과 덧없음을 강조했다. 최고의 허영심이 바로 명성에 대한 사랑이라는 뜻이다. 프랑스의 철학자이자 수학자인 블레즈 파스칼Blaise Pascal은 "명성의 매력은 너무 커서 우리는 그것이 붙어 있는 모든 대상, 심지어 죽음까지도 좋아한다"라고 말했다.

'만물의 근원은 불'이라고 주장했던 기원전 6세기 말의 고대 그리스 철학자 헤라클레이토스Heraclitus는 "최고의 사람들은 인간의 영원한 명성, 그 한 가지 목표를 성취하기 위해 모든 것을 포기한다. 그러나 대부분의 사람은 소처럼 자신을 채워 넣는다"라고 말했다. 미국 뉴욕 세인트존스대학교 교수로서 다양한 자기계발서 작가로 유명한 심리학자 웨인 다이어Wayne Dyer는 "당신의 명성은 다른 사람들의 손에 달려 있다. 그게 바로 명성이다. 당신은 그 명성을 통제할 수 없다. 당신이 통제할 수 있는 것은 당신의 성격뿐이다"라고 말했다.

세이브룩대학교의 교수인 도나 로크웰Donna Rockwell과 윈체스터대학교 교수 데이비드 자일스David, C. Giles는 "명성은 주로 대중 사회, 전형적으로 도시 사회에서 유래된 오랜 현상으로 간주하는데, 그런 사회는 개인들이 자신들의 행동에 대해 미화한다"라고 설명했다.[4] 대니얼 조지프 부어스틴Daniel Joseph Boorstin은 "명사란 그의 명성이 높아서 알려진 사람을 말한다"라고 단순 명료하게 정의했다.[5] 브리티시컬럼비아대학교의 교수인 심리학자 마크 샬러Mark Schaller는 "명예는 심지어 위험한 것일 수도 있다. 왜냐하면, 그것을 남용하여 비참하게 죽거나 자신을 파괴하는 유명인사들의 사례가 많이 있었기 때문이다"라고 설명했다.[6]

심리학자 레오 브로디Leo Braudy는 "명성으로 모든 것이 만들어지는 모든 기회의 이면에는 더 참혹하게 능지처참further dismemberment하는 도끼질하는 사람이 도사리고 있다"라고 말했다.[7]

사회학 관점에서 심리 현상을 바라본 미국 콜로라도대학교 교수 퍼트리샤 애들러Patricia A. Adler와 덴버대학교 교수인 피터 애들러Peter Adler는 명성을 얻으면 적지 않은 스트레스를 동반하게 된다고 설명했다. 이들은 1989년 공동 연구에서 "구체적으로 명성을 얻는 경험을 보유한 대학교 운동선수들을 대상으로

질적 연구와 참여 관찰 연구를 해봤더니 명성을 얻은 운동선수들이 그 결과 때문에 자아개념 수준에서 스트레스를 받는 변화가 나타났다"라고 분석했다.[8]

'니체 철학의 권위자'이자 정치철학자로 명성이 높은 이진우 포스텍 명예교수는 자신의 저서에서 "유명인사의 삶을 들여다보면서 욕망을 키우고, 자신을 끊임없이 드러냄으로써 유명해지는 현대인의 삶에서 진정한 자아란 무엇을 의미할까"라고 생각해 본다면서 "명성은 이중적이다"라고 말했다.[9]

그렇다면 시인, 소설가, 극작가 등 각 분야의 작가를 망라한 문인들의 깊은 사고에서 우러나오는 명성·명예에 관한 통찰은 어떠할까. 시리아 태생의 고대 로마 작가 푸블릴리우스 시루스Publilius Syrus는 "훌륭한 명성은 돈보다 훨씬 가치가 있다"라고 말했다. 1975년 '지그문트 프로이트 문학상'을 받은 미국 소설가 에리카 종Erica Jong은 "(당신이 지닌) 명성이라는 것은 수백만 명의 사람들이 당신이 어떤 사람인지 잘못 알고 있다는 것을 의미한다"라며 명성의 부정적 속성을 들췄다. 미국 소설가이자 드라마 작가인 수잰 콜린스Suzanne Collins는 〈헝거 게임The Hunger Games〉에서 "승리는 명성과 부를 의미해! 지는 것은 확실한 죽음을 의미해! 헝거 게임이 시작됐어"라고 표현했다.

미국 소설가 마거릿 미첼Margaret Mitchell은 "충분한 용기가 있다면 평판 없이도 살 수 있다"라고 덧붙였다. 영국 극작가 윌리엄 셰익스피어William Shakespeare는 〈오셀로Othello〉에서 "명성이라는 것은 참으로 허무한 군더더기다. 명성은 공로가 없어도 때로는 우리 수중에 들어오지만, 죄를 짓지 않았는데도 홀연히 사라져 버릴 때가 있다"라고 표현했다. 『해리 포터』 시리즈와 『신비한 동물 사전』으로 명성을 얻은 영국 태생의 작가 조앤 롤링Joan. K. Rowling은 "명성은 흥미로운 것이다. 왜냐하면, 나는 결코 유명해지고 싶지 않았고, 내가 유명해질 것이라고는 꿈도 꾸지 않았는데 얻었기 때문이다"라고 말했다.

미국 시인 제임스 러셀 로웰James Russell Lowell은 "평판은 단지 촛불과 같은 것이라네. 흔들리는 불안한 불꽃이라 바람에 쉽게 꺼질 수 있네. 그러나 그것은 세상이 장점을 찾아내고 발견해 내는 불빛이기도 하네"라고 말했다. 영국의 역사학자이자 저술가인 매튜 헤일Matthew Hale은 "만약 당신의 '혀'가 당신을 칭찬

윌리엄 셰익스피어 / 조앤 롤링

마거릿 미첼 / 제임스 러셀 로웰 / 에밀리 디킨슨

하고 있다면 그것은 당신의 평판이 작고 가라앉고 있다는 징조다"라며 명성과 명예를 지닌 자의 겸손한 언사와 자세를 당부했다.

미국 작가 로이 베넷Roy T. Bennett은 『마음속의 빛The Light in the Heart』에서 "여러분의 약점이 아니라 강점에 집중하세요. 평판이 아니라 성격에 집중하세요. 불행이 아니라 축복에 집중하세요"라고 말했다. 미국 작가 로이스 맥매스터 부졸드Lois McMaster Bujold는 자신의 소설 『시빌 캠페인A Civil Campaign』에서 "명성은 다른 사람들이 당신에 대해 알고 있는 것을 뜻한다면, 명예는 당신이 자신에 대해 아는 것을 뜻한다"라고 지적했다.

자연, 사랑, 영원, 죽음, 청교도주의적 세계관을 주도 다룬 미국 시인 에밀리 디킨슨Emily Dickinson은 "나는 명예를 위해 인생을 허비하는 사람을 좋아하지 않는다. 자신의 이름을 만들기 위해 사는 사람이 더 좋다"라고 말했다. 디킨슨은 책 출판을 조금 미루겠다는 출판사 지인에게 보낸 편지글에서 "만약 명성이 저절로 찾아온다면 내가 그걸 피할 필요야 없겠지만, 제 발로 찾아온다 해도 그것을 추구하고 우리 집 개의 허락을 받는 데 많은 시간이 걸릴 것이기에 나는 맨발 계급이 낫다"라고 답신을 보내며 미소를 머금었다. 소설 『바다의 이리The Sea-Wolf』, 『존 발리콘John Barleycorn』 등을 쓴 미국 소설가 잭 런던Jack London은 "현금이 명성과 함께 온다면 명성을 취하고, 명성이 없이 현금이 온다면 현금을 취하라"라고 말했다.

시집 『카인Cain』, 『사르다나팔루스Sardanapalus』 등을 출간한 영국 귀족 출신의 낭만파 시인 조지 고든 바이런George Gordon Byron은 "명성은 젊음의 목마름이다"라고 말했다. 시집 『에반젤린Evangeline』, 『마일스 스탠디시의 구혼The Courtship of Miles Standish』 등으로 유명한 미국 시인 헨리 워즈워스 롱펠로Henry Wadsworth Longfellow는 "명성은 자격이 있을 때만 찾아오는데, 운명destiny처럼 피할 수 없는 것이다. 왜 그런가 하면 명성은 사람의 운명이기 때문이다"라고 말했다.

르네상스 시대 이탈리아가 낳은 위대한 천재이자 그림, 건축, 과학, 의학 등 다방면에 걸친 만능 예술가인 레오나르도 다빈치Leonardo da Vinci(1452~1519)는 "얼마나 많은 황제와 얼마나 많은 왕자가 살았는지, 얼마나 많은 왕자가 죽었는지, 그들에 대한 기록이 남아 있지 않다"라며 "그들은 그들의 명성이 영원히 지속할 수 있도록 지배와 부를 얻으려고만 했다"라고 한탄했다. 그러면서 "인간이란 새는 자신의 첫 비행을 하고 세상을 놀라움으로 채우고, 명성이 담긴 모든 글을 읽은 다음 떠올라 둥지에 영원한 영광을 가져다줄 것"이라고 말했다.

프랑스의 시인 겸 영화감독인 장 콕토Jean Cocteau는 "예술에 대한 진정한 보상은 명성이나 성공이 아니라 도취intoxication다. 그래서 많은 나쁜 예술가들은 그런 명성을 포기할 수 없는 것이다"라고 말했다. 1982년 노벨문학상 수상자로 소설 『아무도 대령에게 편지하지 않다El coronel no tiene quien le escriba』, 『백 년의 고독Cien años de soledad』 등을 쓴 콜롬비아의 작가 가브리엘 가르시아 마르케스Gabriel García Márquez는 "명성은 매우 유쾌하지만 나쁜 것은 하루 24시간 지속한다는 것이다"라고 말했다.

'에드거 앨런 포 상'을 받은 바 있는 미국 작가 존 그린John Green은 청소년의 시각에서 명성과 권력 등을 추구하는 어른들의 허망함을 꿰뚫어 보았다. 존 그린은 소설 『거북이는 언제나 거기에 있어Turtles All the Way Down』에서 "대부분의 어른은 술, 돈, 종교, 명성, 또는 그들이 숭배하는 어떤 것으로 자신을 채우려고 하는데, 그것을 보게 되면, 그들은 그걸 구할 때까지 내적으로 심한 괴롭힘을 당한다. 그 어른들을 보면 자신들이 권력을 휘두른다고 생각하겠지만, 실제로는 권력이 그들을 휘두른다"라고 말했다.

미스터리 작가인 윌리엄 윌키 콜린스William Wilkie Collins는 특히 여성들이나 여성 명사가 빠지기 쉬운 함정을 경계했다. 콜린스는 소설 『흰옷 입은 여자The Woman in White』에서 "여자는 남자의 사랑, 남자의 명성, 남자의 외모, 남자의 돈에 버텨낼 수 있지만, 남자에게 어떻게 말을 해야 할지 알면서도 남자의 혀에는 당해낼 수 없다"라고 표현했다.

작가 버지니아 울프Virginia Woolf는 자신의 일기에서 "나는 '유명하지 않을 거야', '훌륭해'. 나는 감정을 드러내거나 고정관념에 사로잡히는 것을 거부하고 내 마음과 눈을 열고 모험하고, 바꿀 것이다. 무엇보다도 중요한 것은 자기 자신을 자유롭게 하는 것이다"라고 말했다.

미국 ≪퍼트넘스 매거진Putnam's Magazine≫과 ≪하퍼스 위클리Harper's Weekly≫에 쓴 에세이는 물론 이 에세이로 구성된 다수의 책을 출간해 명성을 인정받은 작가 조지 윌리엄 커티스George William Curtis는 "평판은 명성과 구별되는 친숙한 악명이며, 이는 인류의 최고의 지성에 의한 위대한 행동과 고귀한 생각을 영구적으로 인정하는 것을 말한다"라고 평가했다.

종교 역사학 박사로 『성공하는 사람들의 7가지 습관The 7 Habits of Highly Effective People』, 『살고 사랑하고 업적을 남겨라The Wisdom and Teachings of Stephen Covey』와 같은 자기계발서를 출간한 경영 컨설턴트이자 저술가인 스티븐 코비Stephen Covey는 "명성보다는 자신의 인격에 관심을 두어라. 왜냐하면 인격은 진정으로 내가 누구인지 말해주기 때문이다. 그러나 명성은 나에 대한 다른 사람들의 생각일 뿐이다"라고 말했다.

언론인 출신의 문학평론가이자 작가인 이어령 전 이화여자대학교 명예교수는 사람이 자기 죽음을 미리 안다면 자신의 명성을 어떻게 가꾸고 그것을 대하는 태도가 어떠해야 할지 잘 알 수 있다고 생전에 자주 강조했다. 그는 암 투병 중 병상에 누워 쓴 미공개 육필 원고를 묶어 출간한 유고문집 『이어령의 마지막 노트(2019~2022): 눈물 한 방울』에서 "늙은이가 젊은이에게 해줄 수 있는 말은 단 한 마디. Memento Mori(자기 죽음을 기억하라). 죽음을 생각하라는 말이다. 늙어서 죽음을 알게 되면 '비극'이지만 젊어서 그것을 알면 '축복'인 게다"라고 말했다.[10]

인문학을 접목해 삶을 꿰뚫는 '직설 철학자' 강신주의 명성론

강신주는 철학자이자 베스트셀러 작가로서 동서양의 철학과 인문학을 인간의 삶에 투영하여 냉철하고 비판적인 시각과 메시지 전달력이 뛰어난 강렬하고 직설적인 언어로 대중과 교감하며 소통을 넓혀왔다. 동양철학을 전공한 철학박사로서 출판기획사 문사철文史哲의 기획위원회 위원, 서울대학교 철학사상연구소 객원연구원, 연세대학교 철학과 외래교수 등을 지냈다.

강신주 철학자

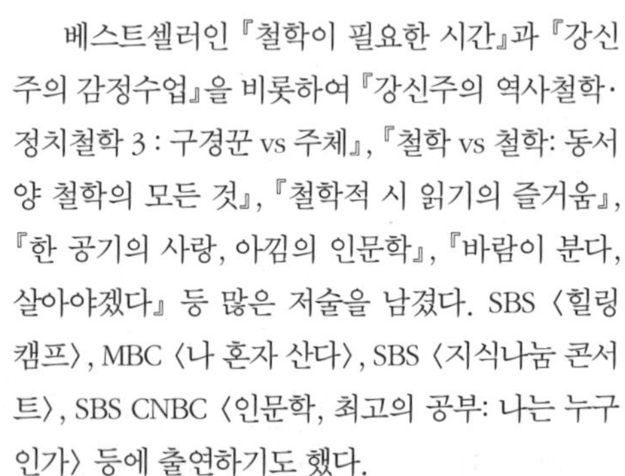
베스트셀러인 『철학이 필요한 시간』과 『강신주의 감정수업』을 비롯하여 『강신주의 역사철학·정치철학 3 : 구경꾼 vs 주체』, 『철학 vs 철학: 동서양 철학의 모든 것』, 『철학적 시 읽기의 즐거움』, 『한 공기의 사랑, 아낌의 인문학』, 『바람이 분다, 살아야겠다』 등 많은 저술을 남겼다. SBS 〈힐링캠프〉, MBC 〈나 혼자 산다〉, SBS 〈지식나눔 콘서트〉, SBS CNBC 〈인문학, 최고의 공부: 나는 누구인가〉 등에 출연하기도 했다.

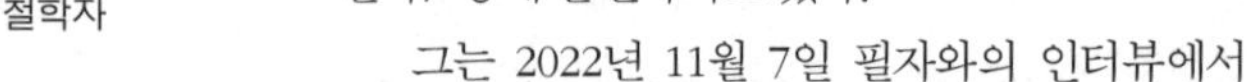
그는 2022년 11월 7일 필자와의 인터뷰에서 "명성이란 마치 아이가 엄마가 원하고 엄마를 통해 전달되는 인식체계에 순응하는 것과 같은 '유아론적幼兒論的 개념'이기에 개인의 주체성을 무너뜨리고 노예와 같은

피동적이고 굴욕적인 존재를 만드는 독약"이라고 정의했다. 그렇게 간주하는 이유에 대해 그는 "철학과 인문학의 견지에서 명성은 주인인 자신이 원하는 삶을 사는 방법이 아닌 타인이 원하는 삶을 따라가야 하는 '노예의 전략'이기 때문"이라고 설명했다.

강신주 철학자는 "명성을 추구하는 삶은 자기 목소리를 잃고, 자신의 삶도 없고, 허깨비 같은 것을 좇는 것이기에 결국은 꼭두각시의 삶을 사는 것"이라며 그것이 야기하는 부작용을 재차 강조했다. 그는 "비유하면 그것은 무명작가가 베스트셀러 작가가 되어 유명해진 후 그 독자들의 뜨거운 반응에 도취해 계속 그들이 원하는 글을 쓰게 됨으로써 망가지는 것과 똑같은 원리"라고 말했다.

강신주 철학자는 "명성에 대해 서양 철학에서 프랑스 철학자 파스칼Blaise Pascal은 허영虛榮으로 보았고, 동양 철학에서 장자莊子는 '위선무근명爲善無近名(의로운 일을 하더라도 명성을 가깝게 두지 말라)'이라 했듯이 절대로 가까이해서는 안 될 것으로 본 이유가 바로 여기에 있다"라고 강조했다.

그는 "우리가 우연히 행한 일도 어느 날 이웃이나 언론에 의해 '선한 일'이나 '좋은 일'로 평가되면 그런 사회적 평가의 단맛에 이끌려 그다음에도 관성적으로 같은 일만 반복하게 된다. 이런 부지불식간의 명성 추종 행위가 바로 허영이며, 가까이해서는 안 될 것이라 철학자들이 지적한 것"이라고 덧붙였다.

그는 "명성을 추구하라고 은근히 부추기고 유도하는 오늘날의 사회적 시스템은 이처럼 독약과 같은 명성의 단점을 고치지 않기 위해, 전혀 고칠 의지가 없는 사람들이 만들어 놓은 것에 불과하다"라고 지적했다. 명성의 단점은 그것의 달콤함이 주는 '당의정糖衣錠 효과'보다 유명인이 겪는 고통과 같은 사례에서 더욱 치명적으로 드러난다는 것이 그의 지적이다.

강신주 철학자는 "유명인은 타인 앞에 내보이는 자아와 본래의 자아 간의 충돌과 모순으로 너무 괴롭게 살고 있다. 자신의 삶을 남들이 설정해 놓은 기준에 맞춰 살아야 하기 때문이다"라고 말했다. 그는 "이런 유명인의 삶은 세칭 이름값을 자랑하는 명문대 출신들이 그 부류가 가는 전형적인 길을 따라가다 보니 세상의 변화에 크게 이바지하는 자신만의 업적을 창출하지 못하는 것과 같은 원리다. 자신만의 독특한 길과 업적을 만들어내지 못하는 것이다"라고 말했다.

강신주 철학자는 "독일 물리학자 베르너 하이젠베르크Werner Karl Heisenberg는 주변에서 권하는 이런 전형적이고 관념화된 길에 저항하고 이를 물리치면서 물리학자이면서도 고역스럽게 철학, 역사학, 문학 등을 폭넓게 아우르며 인간의 삶과 과학의 관계를 통찰하고 예지력을 높여 양자역학을 창시했다"라고 설명했다.

그는 "누구나 명성에 대한 만성중독으로 삶을 망가뜨리지 않으려면 명성 체계를 구성하는 데 일조하는 상賞과 벌罰이란 제도, 이름의 알려짐과 알려지지 않음, 명예와 불명예에 연연하지 않고, 심지어 누가 모욕을 해도 그 치욕을 견디는 당당한 삶을 살아야 한다"라고 고언했다.

강신주 철학자는 특히 경쟁이 더욱 치열해지고 소셜미디어가 발달한 오늘날 청소년들이 겪는 명성 추종의 부작용을 더욱 크게 우려했다. 청소년은 자신들이 원하는 길이 아닌 어른들이 설정해 놓은 '명성의 위계hierarchy of fame' 범주에서 자신의 미래를 선택할 수밖에 없기 때문이란 것이 그의 시각이다.

그는 "청소년들은 마치 수조 속의 물고기처럼 어른들이 던지는 낚싯대의 미끼를 물지 않을 수 없는 가혹한 상황에 놓여 있다. 미끼처럼 어른들이 권장하는 것 외에 찾을 만한 직업적 대안도 없고 다른 공동체를 구성할 수도 없다. 구조적으로 그 명성 위계의 최상위(100%)에서 적어도 30~50%의 수준에 이르는 명성을 얻지 못하면 생계유지가 어려우므로 딜레마에 빠져 있다"라고 분석했다.

강신주 철학자는 "이른바 최근의 '관종 현상'도 인정을 못 받으면 생존하지 못하는 세상이란 관념이 인지적으로 투사된 현상이다. 유튜브의 조회수가 높아지면 관심과 인정을 받고, 그렇지 못하면 죽는다는 등식이 성립되어 어른들은 물론 청소년들도 이런 흐름에 뛰어들고 있다"라고 분석했다.

사회의 흐름을 관통하는 명민한 철학자의 눈에는 비즈니스나 마케팅이란 이름으로 행해지는 다양한 얼굴 알리기 활동, 취업과 이직을 위한 스펙 쌓기 전쟁, 심지어 몸을 적나라하게 드러내는 보디 프로필body profile 촬영 붐도 모두 같은 범주에 있는 놀라운 현상으로 느껴졌다.

강신주 철학자는 "따라서 명성은 남들 또는 기득권이 만들어 놓은 견고한 이로움과 해로움의 체계인 데다 사회가 변해도 바꾸지 않을 것이므로 각자가 끊임없이 싸우는 수밖에 없다. 이런 싸움은 명성이 자신의 삶을 노예로 만든다는 자각을 한 후 이뤄져야 한다"라고 말했다.

인터뷰

국민 애송 서정시의 주역
'풀꽃시인' 나태주의 명성론

나태주 시인은 우리나라 시인으로서 금세기 가장 많은 사랑을 받는 문인이다. 그는 1945년 충청남도 서천에서 태어나 1971년 ≪서울신문≫ 신춘문예에서 시 「대숲 아래서」가 당선되면서 시인으로 등단했다. 이후 「풀꽃」, 「선물」, 「행복」, 「내가 너를」, 「사랑이 올 때」, 「아름다운 사람」, 「별리」, 「첫눈」, 「사랑에 답함」 등의 시와 『꽃을 보듯 너를 본다』, 『자세히 보아야 예쁘다』, 『오래 보아야 예쁘다 너도 그렇다』, 『이제는 잊어도 좋겠다』, 『나태주 연필화 시집』, 『이제는 잊어도 좋겠다』 등 150편 이상의 작품집을 냈다.

그가 뜨거운 인기를 토대로 '국민 시인'의 명성과 영예를 얻게 된 이유는 청소년기부터 현재까지 50년 이상 축적된 깊은 시심詩心과 일부러 키를 낮추고 눈을 맞추며 어린이들과 함께한 초등학교 교사로서의 43년간의 소통 경험 및 노하우를 토대로 매우 쉽고 간결한 일상 언어로 '너'와 '나'라는 가깝고도 먼 미묘한 '2자 관계'를 감성적으로 표현하며 독자의 마음을 촉촉하게 적셨기 때문이다.

나태주 시인

나태주 시인은 김달진문학상, 정지용문학상, 한국시인협회상 등을 수상했고, 충청남도 공주문화원 원장에 이어 최근까지 한국시인협회의 제43대 회장(2020.4~2022.3)을 지냈다. 나태주 시인은 2014년 10월 충남 공주에 '나태주 풀꽃문학관'을 개관하고, 이후 현재까지 여기에서 시를 사랑하는 독자 또는 관람객과 '풀꽃문학제'와 강연을 통해 소통하고 있다.

그가 쓴 시 「풀꽃(1)」은 "자세히 보아야 예쁘다/ 오래 보아야 사랑스럽다/ 너도 그렇다"란 시구에서 알 수 있듯이 평이하고 간결한 어휘로 짙은 서정성과 미학성을 표현한 시로서, 교보문고를 운영하는 교보생명이 2015년 창사 25주년을 맞이해 실시한 조사에서 '한국인이 가장 사랑하는 시'로 뽑히기도 했다. 이에 앞서 이

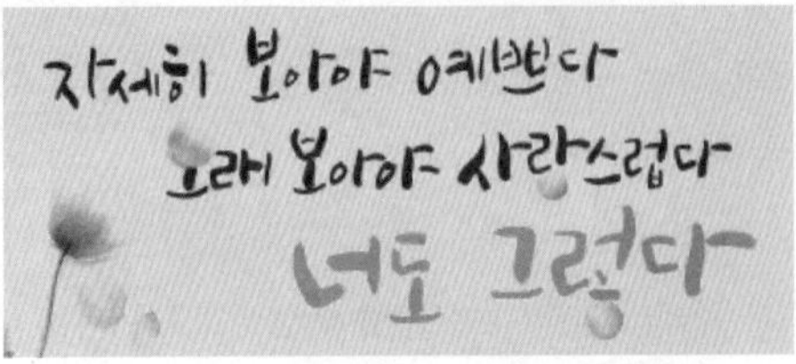

서울 광화문 교보생명 빌딩에 걸렸던 시 「풀꽃」

시는 교보문고가 입주한 교보생명 본사 빌딩 외벽의 대형 글판에 2012년에 걸려 일상에 지친 시민들의 마음을 위로해 주기도 했다.

그의 시집 『꽃을 보듯 너를 본다』는 2020년 K-컬처를 이끈 그룹 '방탄소년단BTS' 멤버 제이홉이 추천해 화제가 되었고, 그 결과 일본에서 번역·출간되었다. 「그리움」이라는 시는 2018~2019년 방영된 tvN 드라마 〈남자친구〉에서 주연배우 박보검이 상대역인 연인 송혜교에게 사랑하는 마음을 전하기 위해 읊으면서 극의 감성미를 높임과 동시에 시청자들로부터 큰 관심을 끌었다.

나태주 시인은 2022년 10월 6일 필자와의 인터뷰에서 "명성이라는 것은 당사자가 아닌, 전적으로 남이 알아주고 평가해 주는 고귀한 가치"라고 정의하면서 "나는 유명한 적도 없었고 현재도 유명하다고 생각하지 않기 때문에 나 스스로 명사라고 생각하지 않는다"라고 높은 명성에도 불구하고 겸손함을 나타냈다.

그는 "나는 어린 시절 우리나라의 시인 윤동주, 박목월, 독일계 스위스인인 헤르만 헤세Hermann Hesse를 모두 흠모하며 이들 '마음속 스승'의 시 세계와 철학을 원동력으로 삼아 시인을 꿈꾼 뒤 마침내 나중에 그것을 이루게 되었다"라며 "윤동주 시인에게서는 '삶의 청순성', 박목월 시인에게서는 '청년의 지혜', 헤르만 헤세에게서는 '노년의 지혜'를 각각 배웠다"라고 소개했다.

그는 "명성은 더는 오를 수 없는 꼭대기이자 정점頂點으로서 그 수명이 그리 오래가지 않으니 앞으로는 누구나 명성보다 수명이 보다 긴 '명예'를 추구하길 권한다"라고 말했다. 명성이라는 것이 유효기간이 매우 짧은 데다 그것에 집착하다 보면 자신의 영혼을 망가뜨리기 쉽기에 신중한 접근 태도가 필요하며, 단지 알려진 정도인 명성보다 존엄과 품위가 가미되어 가치가 더 높은 것으로 평가되는 명예를 얻는 데 주력해야 한다는 취지에서 이렇게 말한 것이다.

나태주 시인은 '빈이무원난 부이무교역貧而無怨難, 富而無驕易(가난하면서 원망하지 않기는 어렵지만, 부유하면서 교만하지 않기는 쉽다)'이란 공자公子의 말을 빗대어 "명성을 가진 사람은 부자의 올바른 처신처럼 교만하지 않은 겸손한 태도가 필요하고, 명성을 지니지 못한 사람은 가난한 자의 마땅한 처신처럼 그것을 얻기 위해 자신의 존엄성을 버리고 아첨하거나, 반칙하거나, 사술詐術을 부리며 아둥바둥

하는 모습을 보여줘서는 안 된다"라고 강조했다.

나태주 시인은 "우리가 살아가면서 진정으로 추구할 것은 명성이 아닌 명예"라면서 자신이 즐겨 사용한 시의 소재와 시어를 빗대 설명했다. 그는 "명성은 '꽃'이고 명예는 '열매'다"라고 규정한 뒤 "꽃은 '화무십일홍花無十日紅'이란 말처럼 그리 오래가지 못하지만, 열매는 해를 넘겨 새로운 잎이 나고, 새로운 꽃이 피고, 새로운 탐스러운 열매를 맺을 때까지 오래오래 간다"라고 말했다.

아울러 "요즘 젊은이들이 흔히 추구하는 명성은 물로 씻으면 금방 지워져 버리는 얼굴의 '화장'과 같고, 경륜 있는 노인들이 갖는 명예는 가슴 속 숨겨진 '흉터'처럼 잘 드러나지도 않고 잘 지워지지 않아 영속하는 것"이라고 비교했다. 화장처럼 순간 반짝하는 겉치장 같은 명성보다 흉터처럼 긴긴 삶의 여정에서 아픔과 눈물, 기쁨과 영광이 버무려져 만들어지는 숭고한 명예를 추구하라는 뜻이다.

그는 "바로 이런 점 때문에 젊은이들이 덩달아 명성을 추구하는 것은 매우 불안하고 위험하기까지 하다. 섣불리 명성을 좇아 다급하게 무슨 일을 하지 말아야 한다. 그 대신에 명성이 한 단계 가치 있게 승화된 명예를 얻고 그것을 높이기 위해 부단히 노력해야 한다. 그리하여 노년이 되면 그 명예가 건강, 돈과 함께 자연스레 조화를 이루도록 하는 게 행복하고 바람직하다"라고 강조했다.

젊은 후배 문인과 작가들에게도 명성과 관련하여 조언을 아끼지 않았다. 나태주 시인은 "요즘 후배들을 보면 너무 성급하다. 신춘문예 당선이나 등단을 너무 서두르거나, 빨리 쓰려고 한다. 그러지 말고 천천히 충분히 생각을 숙성시켜 글을 써야 한다. 그래야 훗날 문인으로서 명예를 얻을 수 있다. 재차 강조하건대 이런 이름값은 추구하는 것이 아니라 결과적이어야 한다"라고 강조했다.

토픽 36 정치인·행정가의 명성론

무려 29년간 하원의원을 지낸 영국의 정치가이자 사상가인 에드먼드 버크Edmund Burke는 "명성에 대한 열정은 곧 모든 위대한 영혼들의 본능인 열정"이라고 정의했다. 미국 정치가이자 외교관인 벤저민 프랭클린Benjamin Franklin은 "유리, 도자기, 평판은 쉽게 깨지지만, 결코 잘 고쳐지지는 않는다"라고 말했다. 한마디로 명성이나 평판은 무너지기 쉽지만 고정성이 강해 잘 개선되지는 않는다는 것이다. 일반인이든 명사든 주변인에 의해 좋은 평판이 형성되고 유지되는 것의 어려움을 표현한 말이지만, 한번 형성된 평판은 이미지와 마찬가지로 수정하기 매우 어려우므로 처음부터 신중하게 관리해야 한다는 것을 의미하기도 한다.

미국 텍사스 독립 전쟁 당시에 텍사스 주민 186명과 함께 요새 알라모에서 멕시코 정규군 약 1800명에 맞서 싸우다 전사한 전설적인 변경 개척자이자 정치인(전 연방 하원의원)인 데이비 크로켓Davy Crockett은 "명성은 마치 기름 바른 꼬리를 지닌 돼지를 면도한 것과 같다. 그래서 그 돼지는 수천 개의 손에서 슬그머니 빠져나가게 되고, 우연히 어떤 사람이 그것을 붙잡고 있는 것과 같다"라고 말했다. 명성은 몇몇 사람만이 우연히 누릴 수 있는 특권이며, 그것을 성취하기도 쉽지 않음을 돼지를 빗대 표현한 것이다.

미국 제16대 대통령 에이브러햄 링컨Abraham Lincoln과 미국 33대 대통령 해리 트루먼Harry Truman은 명사들이 진심과 진정성을 바탕으로 자아내야 할 인격과 성품의 중요성을 강조했다. 링컨은 "인격이 나무라면 평판은 그 나무의 '그림자'와 같다. 우리가 나무에 대해 생각하는 바가 그림자라면 나무는 실제 모습인 것이다"라고 일갈했다. 트루먼은 "명성은 끓는 물의 증기이고, 인기는 우연한 일이며, 부riches는 순식간에 없어진다. 오늘 응원하던 사람들이 내일에는 저주할 수 있다. 그러기에 오직 한 가지, 바로 인격만이 지속할 수 있다"라고 말했다.

로마의 제4대 황제 클라우디우스Claudius(재위 41~54년)와 미국의 초대 대통령 조지 워싱턴George Washington은 명사들이 함부로 사람을 사귀면 명성이 가치

벤저민 프랭클린 데이비 크로켓
에이브러햄 링컨 클라우디우스 버락 오바마

가 절하되거나 추락할 수 있음을 일찍이 경계했다. 클라우디우스는 "면식(사람들과 알게 되는 일)은 명성을 격하시킨다"라고 말했다. 워싱턴은 "자신의 명성을 존중한다면 질이 좋은 사람과 사귀어라. 나쁜 사람들과 어울리는 것보다 혼자 있는 것이 더 낫기 때문이다"라고 말했다. 실제로 명사들은 친교를 잘못하여 온갖 추문과 부정적인 유착connection에 얽혀 몰락하는 경우가 많다.

미국 제44대 대통령 버락 오바마Barack Obama는 일리노이주 상원의원 시절 젊은 차기 지도자로 부상해 연일 신문과 잡지의 1면 톱을 장식하며 전국적인 명사가 되었다. 2008년 민주당 뉴햄프셔 예비 경선을 앞두고 '인기 거품론'이 일자 베스트셀러가 된 자신의 새 책 『담대한 희망The Audacity of Hope』 홍보 행사차 2016년 12월 포츠머스에 와서 환호하는 지지자들과 군중들에게 다음과 같이 발언을 하며 이를 넌지시 비켜갔다. 우쭐함과 겸손함을 결합한 발언이었다. "(나에 대한 그간의 보도나 인기에 대해) 나는 과장 광고인지 의심스러웠습니다. 나의 '15분 간의 명성'이 15분보다 조금 길게 늘어났다는 사실은 나에게는 다소 놀라웠으며, 내 아내에게는 완전히 당혹스러운 일이었습니다."[11]

오바마의 이 말은 그간의 명성도 기대하지 못한 것이었으며, 그런 명성이 현재까지 더 지속되고 있는 것은 자신은 물론 아내가 크게 놀랄 정도로 대단한 일이기에 자신이 거품론의 대상자가 된 것조차 감지덕지란 겸양의 의미다.

인터뷰

모든 정파를 아우른 '카리스마 리더' 김종인의 명성론

정치인 김종인(대한발전전략연구원 이사장)은 5선 국회의원 출신으로 정·관·학에서 경험을 풍부하게 축적했음은 물론 진보에서 보수를 아우르는 정당의 최고 지도자를 모두 지내며 정치인 셀럽으로서 높은 명성과 명예를 누렸다. 서강대학교 경제학과 교수와 한국외국어대학교 석좌교수, 국민은행 이사장, 보건사회부 장관, 대통령비서실 경제수석비서관에 이어 당대표 격인 더불어민주당 비상대책위원회 대표와 국민의힘 비상대책위원장을 지냈다.

김종인 전 국민의힘 비상대책위원장

그는 정계와 언론에서 국내외의 정치·경제 흐름을 적확하게 꿰뚫는 통찰력과 입체적인 정세분석 능력을 보유한 걸출한 경세가經世家로 평가된다. 아울러 정당의 대표자를 맡았을 때는 원칙과 소신을 강조하는 한편 위기나 갈등 국면에서는 자신의 고유한 철학과 명분을 바탕으로 과단성 있는 선택을 하거나 카리스마가 넘치는 모습을 보여 '차르(러시아 황제)'라는 별명으로 불렸다.

그가 생각하는 정치인의 명성은 무엇이고 그 본질적인 요소는 어떤 것일까? 김종인 전 국민의힘 비대위원장은 2022년 9월 30일 필자와의 인터뷰에서 "국민을 상대로 하는 정치인에게 명성은 목숨과 같은 것이며, 그것은 국민 앞에 서서 정치하는 이유이기도 하다"라고 그 중요성을 강조했다. 그는 "정치인이 명성을 갖고 이를 드높여 성공하려면 기본적으로 일을 잘하고 국민들에게 믿음을 주는 '능력'이 있어야 하는데, 그런 능력이 없으면 국민에게 피해만 준다"라고 말했다.

김종인 비대위원장은 "정치인의 명성 축적과 유지의 기본 요소는 정직성, 일관성, 신뢰성"이라며 "그중에서도 하나만 꼽으라면 단연 정직"이라고 설명했다. 그는 "이런 3개 덕목을 가지지 못했다면 아예 처음부터 정치를 해서는 안 된다"라고 말했다. '정직성'은 정치인이 국민과 한 약속은 어떤 일이 있어도 지키는 것이며, '일관성'은 언행과 태도가 오락가락해서는 안 되는 것을 말하며, '신뢰성'은 자신이 한 말에 대해 책임을 짐으로써 형성되는 것이라고 각각 정의했다. 그는 특히 정치인들이 선거가 끝났다고 국민과 한 약속을 내팽개치는 일은 정직성, 일관성, 신뢰성을 모두 저버리는 것이기에 절대 해서는 안 된다고 강조했다.

그는 정치인의 명성 축적과 유지 방법에 대해 "정직성, 일관성, 신뢰성은 애써 수양하거나 노력한다고 배양되는 것이 아니라 개인의 특성에서 양심에 따라 처신하고 자기를 객관적으로 바라보며 성찰하는 성정이 처음부터 확립되어 있어야만 가능하다"라고 말했다. 김종인 대표는 "돌이켜 보면 나 자신도 나의 철학과 명성을 지켜준 것이 양심이라고 생각한다"라고 강조했다.

마지막으로 그는 "정치를 하려고 하는 젊은 후배들이 있다면 정말 자신이 능력이 있는지, 정직성, 일관성, 신뢰성을 갖췄는지 냉정히 판단해 그것을 충족했을 때만 정치를 하고, 그렇지 않으면 정치를 꿈조차 꾸지 말라"라고 일갈했다. 정치는 매우 엄중한 영역으로서 능력과 자질이 없으면 정치인이 될 수도, 정치인을 흉내 낼 수도 없어 결국 국민에게 피해만 주기 때문이라고 그 이유를 설명했다.

인터뷰

'정치 9단'의 정평, 박지원 전 국가정보원장의 명성론

박지원 전 국가정보원장은 흔히 '정치 9단'이라 불릴 정도로 여야가 두루 인정하는 경륜과 지략이 풍부한 정치인이다. 영광 외에도 각종 난관으로 부침도 겪었기에 정치의 달콤함은 물론 매운맛과 쓴맛도 누구보다도 잘 알고 있다. 정치 지도자 김대중의 비서이자 대변인으로서 그가 대통령이 되자 대통령비서실 공보수석비서관에 어어 문화부 장관으로 임명되었으며, 이후 대통령 비서실장이 되어 '왕실장王室長'이란 별칭으로 불리며 '실세'로서의 정치적 후광과 권세를 누렸다. 2023년 현재 4선 국회의원으로서 그간 민주당 원내대표와 비상대책위원회 대표, 민주당과 민주통합당 원내대표, 국민의당 당대표를 거쳐 문재인 정부에서 마지막 국가정보원장을 맡았다.

박지원 전 국가정보원장

박지원 전 국가정보원장은 2022년 9월 5일 진행된 필자와의 인터뷰에서 "정치인에게 명성은 정치인의 정체성과 존재 가치를 규정하는 모든 것, 바로 전부"라고 힘주어 말했다. 구체적으로 그는 "정치인은 오늘을 잘 해서 내일을 사는 사람으로서, 국민의 인정을 받아야 명성을 얻고, 그 명성을 기반으로 정치력을 발휘하고 정치생명을 이어가기 때문에 정치인에게 명성은 존재 자체이자 전부일 정도로 중요하다"라고 말했다.

그는 "정치인으로서 나도 모르게 내가 유명 인사가 되고 있다는 것을 처음 체감한 날은, 야권의 성과가 부진했던 1991년 지방선거 이후 이른바 '꼬마 민주당'으로 불린 이기택·노무현·김상현 등의 민주당과 신민주연합당이 합당하여 새로 창당한 김대중·이기택 공동대표 체제의 민주당 소속으로 1992년 4월 처음 국회의원(제14대)에 당선되어 당 수석부대변인을 맡았을 때"라고 말했다.

박 전 원장은 "합당 정신에 따라 당시 공동대표 체제였지만 관심은 대권후보인 김대중에게 더 쏠려 있었고, 내가 매일 아침 동교동 김 대표님 자택을 드나들며 그의 '입'이 되었기에 수석부대변인이었지만 이기택계의 대변인보다 기자들이 더 몰리며 많은 관심을 표명했고, 밖에 나가면 알아보는 사람이 많아 비로소 이런 게 정치인의 명성이라는 것을 느꼈다"라고 술회했다.

그는 "정치계에서 명사라면 '국회의원' 정도는 되어야 인정받는다고 본다. 정치인이 정치계에서 명성을 얻으려면 철두철미하게 지식을 쌓고, 국가 사회와 국민의 관심사를 파악하고, 미래 상황의 변화를 예측하고 대비하는 등의 자기계발을 해야 한다"라고 덧붙였다. 아울러 "정치인이 하루 만나는 사람이 제한적이기 때문에 영향력, 기능, 효과 면에서 가장 효율적인 매개체인 언론을 하늘같이 알고 받들어야 명성 획득과 증진이라는 목표를 이룰 수 있을 것"이라고 말했다.

박 전 원장은 정치인의 명성 관리 노하우에 대해 "적군(정적)을 극소화하고 우군을 극대화하는 것을 기본으로, 성심을 다해 약속을 잘 지키고 전화 연락과 응대를 잘하며 인터넷에서 비난하는 댓글조차 의미심장하게 받아들여야 한다"라고 조언했다. 그는 특히 "구슬이 서 말이라도 꿰어야 보배이듯이 정치인이 명성을 얻고 그것을 높이려면 언론의 중요성을 간파한 다음 언론을 받들고, 언론을 경청하며, 언론과 좋은 관계를 맺고, 언론에 가급적 많이 나와 존재감을 어필해야 한다"라고 덧붙였다. 정치인으로서 '여의도 정계'에서 몰락하지 않으려면 이런 노하우를 '정설'로 받아들여 반드시 실천해야 한다고 그는 여러 차례 강조했다.

박 전 원장은 명성이 높은 실세 정치인의 몰락 분기점에 대해 방송에 나와 의미심장한 말을 하고는 했는데, "대통령에게 밉보이면 어떻게 넘어갈 수가 있지만 대통령 측근에게 밉보이면 결국 죽는다"는 현실 정치의 냉엄한 정치역학政治力學을 기발하게 표현하기도 했다.[12] 2022년 당시 징계를 받아 위기에 몰린 이준석 국민의힘 대표를 겨냥한 발언이었지만, 실제 조선시대 궁중 정치에서도 목도되었고 현대 정치사에서도 명증되어 온 실제 사례이기 때문이다.

그는 "요즘 후배 정치인들은 시대가 변함에 따라 '선공후사先公後私'보다 '선사후공先私後公'에 치중하며 공적인 정치 활동과 가정생활 및 사생활을 병존하면서 잘 조화하는데, 나는 김대중 당대표 및 대통령을 모시는 내내 바빴기에 개인생활은 물론 가정생활을 보살피는 것을 상상도 하지 못했다. 솔직히 냉정하게 평가하면 그 부분은 빵점(0점)"이라고 고백했다.

박 전 원장은 특히 "나는 정치행위 그 자체를 즐기고 행복하게 여긴 사람이기에 정치 입문 후 지금까지 사적 자아와 공적 자아를 아예 동일시하며 살았다"라며 "아쉽지만 아내와 신혼여행을 다녀온 이후로는 여행 한번 같이 못 갔고, 심지어 자녀들 입학식과 졸업식도 전혀 참석하지 못했다"라고 설명했다.

그는 디지털 시대를 맞아 SNS 등을 매개로 흔하게 나타난 '관종 현상'에 대해 "다른 사람은 몰라도 정치인은 관종 행위에 매몰되어서도 안 되지만, 명성을 얻고 가꿔야 하는 것이 숙명인 직업의 특성상 그것을 무시해서도 안 된다. 그래서 나는 나이가 팔순이 넘었지만 SNS를 매우 열심히 하고 있으며, 주변에서 제일 잘한다는 평가도 받는다"라고 말했다.

인터뷰

'개혁보수와 청년정치의 대표 아이콘' 김세연의 명성론

정치인 김세연(1972년생)은 1970년대 세대를 대표하는 보수정당의 정치 리더에 속한다. 현재 가업으로 물려받은 동일고무벨트의 대주주 겸 전략고문, '청년정치학교' 교감, 사단법인 '아젠다 2050' 대표를 맡고 있다. 2008년 제18대 국회의원 선거에서 한나라당 공천이 좌절되자 무소속으로 부산광역시 금정구에 출마해 64.76%의 득표율로 당선되어 정계에 입문한 이후 3선 의원을 지냈다.

김세연 전 국회의원

언론은 그의 국회 첫 등원 이후 '36살의 집권 여당 최연소 당선', '바른 목소리를 내는 소신파 비주류', '자유한국당 최연소 3선 의원'이란 수식어를 연달아 붙이며 그를 의미 있는 정치 셀럽으로 만들었다. 국회 차원에서는 정치 개혁을, 보수정당 차원에서는 우파 혁신을 부르짖은 드문 청년 정치인이었기 때문이다.

그의 명성은 2012년 새누리당의 국회선진화법 반대·개정 주장에 대한 줄기찬 반대, 2016년 12월 말 새누리당 탈당 및 개혁보수신당(바른정당) 합류, 2018년 초 자유한국당 복당 이후 당내 개혁모임에의 주도적 참여, 40대를 뛰어넘는 '830 기수론'(1980년대 출생·30대·00학번) 주장, 2019년 11월 17일 당의 창조적 파괴를 외친 '불출마 선언'까지 주류 질서에 대한 견제와 보수혁신 주장으로 언론의 주목을 받으면서 축적되었다고 해도 과언이 아니다.

김세연 전 의원은 2022년 10월 4일 실시한 필자와의 인터뷰에서 "정치인은 절대로 명성을 추구해서는 안 되고, 명성이라는 것은 오직 정치인 본인의 의도나 의사와 무관하게 공직에 대한 열정적이고 헌신적인 봉사를 통해 그 결과물로 자연스레 따라오는 것이 되어야 한다"라고 말했다. 그는 "여의도 정가에는 시대가 많이 흘렀지만 지금도 변함없이, 그리고 여전히 '명성 지향', '명예 지향'의 정치가 흔한데, 나는 이를 단호히 배격하고 거부한다"라고 덧붙였다.

그는 "정치인이 명성이나 명예를 위해 정치를 할 경우 공적인 의사 결정에 중대한 왜곡이 생기기 때문에 그것을 지향하는 정치를 하면 안 되고, 그런 욕망이나 의도를 가진 사람은 정치를 해서는 절대 안 된다"라고 강조했다. 다른 정치인들과 확연히 결이 다른 명성에 관한 철학이다. 김 전 의원은 "경험에 비춰볼 때 호평받는 좋은 정치를 통해 자연스레 축적된 명성을 잘 관리하고 이름을 욕되게 하지 않는 방법은 한시적으로 위임된 권한과 권력을 사유물인 양 착각하지 않고 언행을 신중히 하는 '과유불급過猶不及'을 실천하는 것"이라고 설명했다. 과유불급은 '정도를 지나침은 미치지 못함과 같다'는 중용中庸의 철학이다.

그는 정치를 꿈꾸는 청년들에게 "정치에 입문하려면 나도 너무나 어렵다고 느껴 도무지 실천하지 못한 '멸사봉공滅私奉公'은 못하더라도 적어도 '선공후사先公後私'는 할 수 있는 자질을 갖춘 사람만 도전해야 한다"라고 말했다. 그는 "좋은 의미의 공명성과 명예심이 아닌 지배욕, 과시욕, 출세욕이 행동과 태도의 동기요인이 되면 정치가 제대로 될 리 없고 국민들에게 아픔을 주며 지탄의 대상이 되기 때문"이라고 선공후사를 강조한 조언의 배경을 밝혔다.

김 전 의원은 정치인 또는 정치인 셀럽이라 해도 남을 위해서만은 살 수 없으니 균형과 조화가 필요하다고 강조했다. 그는 "이제 정치인이 추구해야 할 정치는 권한과 권력을 사용할 때 착각을 하지 않는 절제의 미학을 발휘하고, 자신의 존엄성과 자존감을 지키면서 주변과 이웃, 내가 속한 공동체를 함께 생각하는 진정한 명성 철학을 실천하는 데 초점이 맞춰져야 한다"라고 말했다.

김 전 의원은 정치에 입문한 이후 '지역구 차원'의 명성과 '전국 차원'의 명성을 모두 경험하면서 많은 것을 배웠다고 답변을 이어갔다. 그는 "처음 부산 지역구 총선에 출마했을 때부터 명성을 누리기 위한 정치를 하기 위해 출마하지 않았다"라며

"출마한 이상 당선이 목표라서 이를 위해 과정상 불가피하게 투표율과 인지도를 높이는 활동을 하여 지역 유권자들에게 꽤 알려져 내가 유명해지고 있다고 느낀 순간 굉장히 부담스러웠다"라고 토로했다.

그렇다면 제18대와 제19대 국회에서 다수의 의원들과 연대를 통한 정치개혁운동이 어려워지자 단독으로 불출마를 선언해 명실공히 '전국적 명사'로 격상되었을 때는 어땠을까? 김 전 의원은 "당시에는 언론과 정계로부터 정치를 한 이래 가장 많은, 엄청난 수준의 스포트라이트를 받았다"라고 밝혔다. 그의 선언에는 "자유한국당은 이제 수명을 다했습니다. 존재 자체가 역사의 민폐입니다. 좀비 같은 존재라고 손가락질 받습니다. 깨끗하게 해체해야 합니다. 완전한 백지 상태에서 새로 시작해야 합니다"라는 충격적인 진단이 포함되어 있기 때문이었다.

그가 서울 양평동 '캠퍼스디 서울'에 오랫동안 청년정치학교를 운영하고 있는 이유도 불출마 당시의 냉정한 평가를 토대로 정치에서도 청년이 변화의 주역이 되도록 해야 한다는 신념을 실천하기 위한 것이다. 김 전 의원은 "그때 나의 결정에 대한 해석은 각자의 몫이었겠지만 나는 당시 모든 파장을 각오하고 그 시점에서 나에게 가장 필요하고 적합한 메시지를 던졌기에 전혀 후회가 없었고, 첫 당선 때보다도 떨리지 않고 오히려 담담하고 의연했다"라고 소회했다.

토픽 37 경제인·의료인의 명성론

이제 실물경제를 이끌고 있는 경제인의 명성론에 관해 살펴보자. 경제인 가운데 미국 오하이오스탠더드석유회사 설립자 존 록펠러John D. Rockefeller는 "젊은이에게 가장 중요한 것은 신용, 명성, 인격을 확립하는 것이다"라고 말했다. 버크셔해서웨이의 CEO 워런 버핏Warren Buffett은 "명성을 쌓는 데는 20년이 걸리고, 그것을 망치는 데는 5분이 걸린다. 그것에 대해 생각해 보면, 너는 일을 다르게 할 것이다"라고 강조했다. 미국 포드자동차 설립자 헨리 포드Henry Ford는 "앞으로 하고자 하는 일이나 행동으로 평판을 쌓을 수는 없다"라고 말했다.

명품 베르사체 브랜드의 수석 디자이너 도나텔라 베르사체Donatella Versace는 "이탈리아어에는 명성에 기대지 않는다는 표현이 있다"라고 말했다. 그는 1978년 베르사체를 설립해 '이탈리아 패션계의 태양왕'으로 불리는 잔니 베르사체Gianni Versace의 여동생이다. 알렉산더 맥퀸 브랜드의 수석 디자이너를 맡은 영국 출신 패션 디자이너 알렉산더 맥퀸Alexander McQueen은 "명성은 영화 스타들에게 맡겨야 한다"라고 말하며 본업에 충실할 것을 당부했다.

프랑스의 디자이너이자 패션 사업가인 가브리엘 코코 샤넬Gabriel Coco Chanel은 우아함과 화려함이 돋보이는 실용적인 디자인 감각을 패션과 장식품에 가미하고 검은색의 미적 가치를 살린 의상으로 상류층과 예술인들이 교류하는 사교계를 강타해 크게 성공했다. 그는 자신의 디자인 철학과 샤넬 브랜드에 대한 확신과 자부심이 매우 강해, 심플한 클래식 스타일을 고수하는 것이 그간 쌓아온 자신과 샤넬의 명성을 지키는 것이라고 생각했다. 샤넬은 "샤넬 모드에 대해 사람들이 얘기하는 것을 원치 않는다. 샤넬은 분명히 스타일이다. 모드는 시간이 흐르면 유행이라 사라지지만 스타일은 그렇지 않고 영속적이다"라고 말했을 정도였다.[13]

제품 디자이너이자 어바웃미About.me.의 공동 설립자 라이언 프리타스Ryan Freitas는 "그대의 명성은 월급보다 더 중요하고, 그대의 청렴함은 당신의 경력보다 더 가치가 있다"라고 말했다. 비즈니스의 성공 가도에서 명성을 쌓는 방법과 관련

존 록펠러 워런 버핏
도나텔라 베르사체 가브리엘 코코 샤넬 라이언 프리타스

하여 친환경을 기치로 내건 레저·스포츠용품을 만들고 있는 파타고니아Patagonia의 설립자 이본 쉬나르Yvon Chouinard는 "등산에서는 산을 어떻게 등반하느냐가 정상에 오르는 일보다 더 중요하다"라고 말했다.

미국의 베온Veon CEO를 역임했고 우버 테크놀로지스Uber Technologies 이사인 어설라 번스Ursula Burns는 "기업의 명성을 유지하기 위해서는 단지 기업이 아닌 '좋은 기업시민good corporate citizen'이 되어야 하는 것이며, 그것이 경영자의 책임이라 믿는다. 나는 그 책임과 협상하는 일은 결코 없다"라고 말했다.

부동산서비스 체인 회사 엥겔 & 뵐커스Engel & Völkers의 CEO 앤서니 히트Anthony Hitt는 자사의 명성 비결에 대해 "우리 회사는 까다로운 고객에게 탁월한 서비스를 제공하여 오랫동안 명성을 이어왔다. 앞으로 기술에 정통한 고객에게 가격 표시부터 사진 표시에 이르기까지 최신 주택 정보와 데이터를 훨씬 더 많이 제공하는 것이 과제"라고 말했다.

일본 규슈 도스의 가난한 한국인 가정에서 태어난 손정의孫正義, Masayoshi Son 소프트뱅크 창업주는 일본에서 트위터 팔로워가 가장 많은 유명인사이자 세계에서 가장 많은 결실을 맺은 유니콘Unicorn 기업(기업 가치가 10억 달러, 즉 1조 원 이상이고 창업한 지 10년 이하인 비상장 스타트업 기업)의 사육자다.[14] "초고속 인터넷이 미래의 이익을 가져다줄 수 있다"라고 말한 그의 예지력과 내면의 강인함, 자신을 가치를 증명하려는 결단력, 공부를 게을리하지 않은 점, 호기심, 모험심, 에너지가 그의 명성의 근원이다.

비즈니스리더 채널 핫토픽Hottopics.Ht의 팀 그린Tim Green 분석가는 "닷컴 추락에도 불구하고 보다폰Vodafone으로부터 소프트뱅크를 인수한 데 이어 미국 3대 네트워크 중 하나인 스프린트Sprint를 인수했다는 점에서는 '도박꾼gambler'이었으며, 과학자를 고용해 음성으로 작동되는 다국어 번역기를 만든 뒤 샤프Sharp에 45만 달러에 팔고 이 돈으로 일본에서 스페이스 인베이더 게임기를 수입해 버클리 캠퍼스에 임대하는 새 사업을 시작한 점에서는 '날카로운 슈터sharp shooter'였다"[15]라고 손 회장의 성장사를 평가했다. 손정의는 2013년 216억 달러를 들여 미국 이동통신사 스프린트를 인수했을 때 언론이 '패자의 합병'이라 혹평하고 이로 인해 주식 폭락으로 순자산 13억 달러가 날아갔어도 "저는 남자라서 1등이 되고 싶어요"라고 의연함을 나타냈다.

기업 평판 전문가이자 국제 평판 전략 및 위기관리 컨설팅 회사인 레저스터 라킨Regester Larkin의 임원인 앤드루 그리핀Andrew Griffin은 그의 책[16]에서 "명성은 결과물이지만, 가치 있고 전략적인 자산이기도 하다"라며 "개인과 조직 모두에게 평판은 건설하는 것보다 파괴하기가 훨씬 쉽다"라고 강조했다.

애플의 공동 창업자 스티브 잡스Steve Jobs는 남의 시선을 의식해야 하는 명성을 추종하는 삶보다 진정으로 하고픈 일을 하는 것이 중요하다고 강조했다. 잡스는 "당신의 시간은 한정되어 있으니, 다른 사람의 인생을 사는 데 낭비하지 말라. 다른 사람의 사고 결과를 가지고 살아가는 도그마에 사로잡혀서는 안 된다"

라고 조언했다. 그러면서 “당신이 인생의 큰 부분을 채우면서 진정으로 만족할 수 있는 유일한 길은 위대한 일이라고 믿는 일을 하는 것이다. 그리고 훌륭한 일을 할 수 있는 유일한 방법은 자신이 하는 일을 사랑하는 것이다”라고 덧붙였다.

우리나라 경제계에서도 명성은 단순한 이미지가 아닌 경쟁력이며, 선택사항이 아니라 필수사항으로 간주한다. 기업 또는 기업인마다 명성을 유지 및 증진하는 방법만 조금씩 다를 뿐이다. 이건희 삼성 회장은 ‘품질경영’을 부르짖으며 어떤 기업인보다 기업의 명성 관리에 심혈을 기울였다. “가족만 빼고 모든 것을 바꿔야 품질이 관리되고 나아가 기업의 명성이 유지 및 증진된다”라는 것이 그의 지론이었다.

이 회장은 이런 목표를 위해 종종 ‘충격 요법’을 사용하면서 명성의 바탕이 되는 임직원들의 체질과 마인드를 무한경쟁 시대에 맞게 근본적으로 바꾸려 했다. 이 회장은 1993년 6월 7일 출장지인 독일 프랑크푸르트에서 삼성전자 직원들이 세탁기를 조립하다 뚜껑 여닫이 부분이 맞지 않자 즉석에서 칼로 깎아 조립하는 영상이 담긴 비디오를 보고 놀라 “회사가 썩었다. 완전히 썩었다”라고 불같이 화를 냈다. 그는 즉시 현지에서 긴급회의를 소집해 삼성그룹 사장단과 임원 200여 명을 모아놓고 “마누라와 자식만 빼고 다 바꾸라”라고 지시했다. 삼성전자가 휴대폰·반도체 분야에서 글로벌 1위로 성장하는 시발점이 된 ‘신경영 선언’의 배경이다.

1994년에는 큰 손실을 감수하고 ‘애니콜 휴대폰 화형식’을 벌이며 임직원들을 다시 각성시켰다. 자사의 휴대폰 품질이 경쟁사보다 뒤처지는 것으로 평가되자 그다음 해에 시가 500억 원에 이르는 휴대폰 제품을 직접 불로 태워버리는 의식을 선보이며 ‘품질경영’을 재차 강조했다. 이후 이런 자극적인 스토리가 속속 대외적으로 알려지면서 삼성(기업)의 명성보다 총수인 이건희(경영자)의 명성이 더 높게 평가된 조사가 제시된 적도 있다. 삼성의 이런 유난스러운 명성 증진 전략은 후대인 이재용 회장 시절에 이르러 ‘초격차 전략’으로 이어졌다.

이재용 삼성전자 회장은 우리나라는 물론 삼성이 제조업을 기반으로 성장한 점을 강조하며 ‘1등 기업’이란 삼성의 명성을 유지하기 위해 기술 혁신과 기술 인력 육성에 주력하고 있다. 이 회장은 이런 맥락에서 산하 기업을 돌며 임직원들에게 "기술만이 살 길이다"(2019.8), "미래 기술을 얼마나 빨리 우리 것으로 만드느냐에 삼성의 생존이 달려 있다"(2020.6), "나와 삼성은 세상에 없는 기술, 우리만이 잘할 수 있는 분야에 더 많이 투자하겠다"(2021.12), "기술 중시, 선행 투자 중시의 전통을 이어나가자"(2022.8)라고 연이어 강조하고 있다.[17]

정주영 현대그룹 창업주는 생전에 기업의 명성을 갖추고 그 명성이 허명虛名이 되지 않으려면 경쟁자들이 인정하고 존중하는 '진정한 실력'을 갖추어야 한다고 늘 강조했다. 모르면서 아는 척하는 알량한 자존심은 기업은 물론 경영자 자신의 명성을 언젠가 나락에 이르게 한다는 것이다. 그는 "상대방이 나를 얕잡아 보고 업신여겨서 자존심이 상한다고 해도 배울 점이 있다면, 마음속으로 언젠가는 그를 뛰어넘어 콧대를 납작하게 해주겠다는 오기를 품더라도 지금은 머리를 숙이고 배워야 한다"라고 강조했다.[18]

그래서 그는 기업의 최고경영자라면 '불치하문不恥下問(자신보다 못한 사람에게 묻는 것을 부끄럽게 여기지 않는다)'이란 고사성어를 머리에 새겨 나보다 어린 사람, 지위가 낮은 사람이라 해도 그들한테 모르는 것을 묻고 배우고 틈만 나면 책을 가까이하는 자세가 필요하다고 말했다. 명성 형성과 축적의 근간인 기업의 품질 관리 향상은 물론 자기 발전에 가장 도움이 되는 방법이라는 것이다. 그는 "나에게 첫째 스승이 부모님이었다면 둘째 스승은 책을 꼽고 싶다"(현대경제연구원, 2011)라고 말할 정도로 배움과 책을 강조했다.

정주영 창업주의 손자인 현대차그룹 정의선 회장은 2020년 10월 수석부회장에서 회장으로 승진한 이후 자동차 산업의 새로운 길을 찾는 혁신경영에 몰두하여 ≪뉴스위크≫가 주관한 '2022 세계 자동차산업의 위대한 파괴적 혁신가들'에서 '올해의 비저너리'를 수상하는 명성을 획득했다. 정주영 창업주, 정몽구 회장에 이어 20년 만에 3세 경영 체제로 전환한 이후 선대의 후광에서 비로소 벗어나는 '고객과 인류의 더 나은 미래'를 위한 '모빌리티 퍼스트 무버'란 독자적인 경영 철학과 리더십과 창출해 그 성과를 인정받게 된 것이다.

정 회장이 새롭게 구축한 명성의 비결은 담대하고 차분한 리더십을 바탕으로 조직을 젊고 역동적으로 재정비하여 전기차 등 친환경차에 주력, 프리미엄 브랜드(제네시스)의 구축, 스포츠유틸리티차량SUV 재구성 등 3두 마차를 잘 이끈 덕분이다. 그 결과 자사 자동차 제품의 부가가치가 높아지고 세계적인 차량용 반도체 대란이란 위기에도 불구하고 미국 시장에서 차 판매량을 높게 끌어올렸다.

롯데 창업주 신격호 회장은 기업의 명성을 유지하기 위해서는 경영 실적도 중요하지만, 평소에 잘 눈에 띄지 않고 간과하기 쉬운 '위험 관리'가 매우 중요하다는 것을 인식하고 이를 항상 임직원들에게 강조했다. 그래서 한국에 올 때마다 밤마다 일과를 마치고 롯데호텔 37층 숙소에서 갑자기 내려와 지하 공조실과 소방시설을 돌며 화재 등의 사고가 없도록 직접 점검했다. 이런 불시 점검 때문에 시설 관리와 경비를 담당한 야근 직원들은 항상 긴장했고, 결국 백화점, 호텔 등 인구 밀집 영업장의 사고를 줄일 수 있게 되었다. 이런 소문이 나서 당시 롯데 출입 기자들은 신 회장을 직접 인터뷰하기 위해 밤에 지하실에 남아 무작정 기다린 적도 있었다.

신격호 회장의 아들인 신동빈 롯데그룹 회장은 보수적인 롯데의 조직문화를 개선하지 않고서는 그룹의 명성을 유지하는 것이 어렵다고 판단했다. 따라서 2002년부터 '유통 명가'라는 명성을 되찾기 위해 '순혈주의'를 깨기로 결단했다. 외부 인사를 CEO로 데려와 조직문화에 생기를 불어넣는 등의 고강도 혁신에 나선 것이다. 같은 해 상반기에 신 회장은 창업주인 신격호 명예회장이 개인 재산으로 매입한 경기 오산시 부지를 기부해, 그곳에 1993년 건립한 롯데인재개발원에서 '롯데, 새로운 혁신'이라는 주제로 사장단 회의를 열고 이런 혁신 의지를 전파했다.

하이닉스 인수 이후 반도체 호황시대를 이끈 최태원 SK 회장은 그룹의 명성을 좌우하는 것이 '혁신'과 '미래'에 있다고 보고 어떤 기업보다도 ESG(환경·사회·지배구조) 경영을 강도 높게 추진하고 있다. 이어 과거의 성과에 안주하지 않은 과감한 조직 개편, 미래 먹거리 확보와 조직의 변화를 위해 MZ세대와 여성을 폭넓게 기용하는 세대교체 인사를 진행했다.

주거와 생활 씀씀이에서 평소 검소하기로 소문난 허창수 GS 회장은 겸손, 검소, 공경, 우애를 선대에서 이어온 가업 운영의 전통이자 원칙으로 여긴다. 기업 명성 유지의 필수조건은 허세를 배척하고 실질을 좇는 실사구시實事求是와 높은 수준의 윤리의식이라고 본다. 허 회장은 특히 철저한 윤리의식에 바탕을 둔 '윤리경영'을 강조한다. 허 회장은 임직원들에게 "경영성과가 아무리 좋더라도 윤리경영에 실패하면 한순간에 고객과 사회의 신뢰를 잃게 되고 기업의 존망이 위태롭게 된다"라며 청탁금지법 시행 이후 전사적 차원에서 정도경영 수준의 재점검과 윤리경영의 강화를 주문해 왔다.

증권사, 자산운용사, 보험사, 캐피털 회사로 구성된 미래에셋그룹의 수장 박현주(현재 미래에셋 글로벌 경영전략 고문 겸 미래에셋증권 홍콩 법인 비상근 회장)는 경험담으로 명사로 부상하는 데는 묘수 대신 '겸허함'과 '배움'이 필요하다는 것을 강조한다. 박 회장은 대학원생 시절 백 할머니(고 백희엽 여사)라는 분이 명동 사채 시장의 큰손이라는 얘기를 듣고 무작정 백 여사를 찾아가 대뜸 '주식 투자를 좀 가르쳐 달라'고 졸랐다고 한다.[19] 백 할머니는 평양 대지주의 딸로 태어났는데, 일찌감치 건설주를 사들여 1970년대 중반에 오일 달러가 두둑했던 건설사들의 주가가 증권 시장에서 많게는 10배까지 널뛰기하면서 단번에 증권가의 큰손으로 떠올랐다.[20] 백 할머니는 당시 삼보증권의 주요 고객이기도 했다.

박현주 회장은 "어찌어찌하다가 백 할머니 뒤를 따라다니게 됐습니다. 할머니 사무실로 출근하고 증권사나 기업체 방문 때 동행하기도 했죠. 그런데 이분께서 답답할 정도로 정석 투자만 하는 거예요"라고 말했다(하진수, 2014b). 박 회장은 묘책 대신 회사의 재무제표를 들여다보면서 우량 기업에만 투자하고, 한 번 투자하면 적어도 2~3년은 보유하는 가치 투자, 정석 투자의 기법이 가장 유용한 주식투자법임을 알고 이런 원칙을 고수하며, 미래에셋그룹을 2019년 총자산 180조 원(공정거래위원회 집계)을 돌파한 금융그룹으로 키움으로써 '최고의 투자 전략가'란 명성을 얻고 있다.

그렇다면 경제계에서 기업 또는 기업인의 명성은 어떤 세부 요소로 평가하며, 반대로 이런 평가를 기대하거나 두려워한다면 어떤 요소들을 평소에 의식하고 경영을 해야 하는가? 명성은 축적된 그 기업 또는 기업인에 대한 이미지의 총합이란 견해부터 기업의 성과, 행위, 커뮤니케이션의 결합물, 나아가 혁신성, 경영의 질적 수준, 직원들의 재능, 재무 실적, 사회적 책임 활동, 제품의 품질, 소통과 투명성, 지배구조governance, 청렴도 등을 기준으로 측정할 수 있다는 견해까지 다양하다. 명성에 대한 언론기관의 평가척도는 이보다 더 구체적이다.

2015년 ≪뉴스토마토≫의 토마토CSR리서치센터가 실시한 '대한민국 재벌 명성지수' 평가에서는 명성지수 구성 요인(긍정적 요소+부정적 요소 합산)으로 긍정적 요소는 사회 전반에 대한 영향력, 경제성장에 기여, 사회 발전 및 통합에 기여, 신뢰, 존경, 사회책임, 윤리, 기업가 정신, 닮고 싶음 여부, 혁신적 리더, 해당 재벌의 성장과 발전에 도움이 될 것 등 11개를 설정했으며, 부정적 요소는 해당 재벌의 성장과 발전에 짐이 됨, 국가·사회 발전에 악영향 등 2개를 설정했다.[21]

'한국 최장수 CEO'
차석용 LG생활건강 전 부회장의 명성론

차석용 LG생활건강 전 대표이사 부회장은 평사원으로 사회에 진출해 대기업 부회장까지 오른 걸출한 전문경영인이자 오직 조직, 제품, 서비스 혁신 분야의 남다른 실력으로 명성을 쌓은 경제계의 셀럽이다. 한국CXO연구소의 기업 분석에 따르면 그는 국내 매출액 '1조 클럽'에 가입한 대기업 가운데 대표이사 직위를 가장 오랫동안 보유한 '최장수 CEO'(2022년 현재 18년 차)다.[22] 그는 2023년 11월 24일 용퇴를 결단하고 자사 음료사업부장인 이정애 부사장에게 CEO 자리를 물려준 뒤 고문직을 맡았다.

차 전 부회장은 LG생활건강 대표이사 재임 동안 '현장'과 '소비자'를 강조하는 경영전략과 리더십을 발휘해 영업이익을 취임 첫해 대비 40배 이상 일궈내는 '매직 리더십magic leadership'의 표상으로 인식되었다. 그래서 존경받는 CEO를 꿈꾸는 평범한 직장인은 물론 후배 경영인에게 '꿈'같은 존재로 부상했다.

그는 미국 P&G 본사 입사 이래 P&G-쌍용제지, 한국 P&G, 해태제과 등 국내외 기업들의 CEO를 두루 거치며 해당 기업들이 처한 낡고 고루한 과거의 체질을 개선하고 위기와 기회가 병존하는 미래를 대비한 지속가능 성장을 주도하면서 전문경영인으로서의 감각과 능력을 쌓았다. 2005년 LG생활건강 대표이사 사장으로 부임한 후 뛰어난 성과를 올려 2011년 부회장으로 승진했다.

차석용 LG생활건강 전 대표이사 부회장

그는 그간 균형 있는 사업 포트폴리오를 고려한 공격적 인수합병(M&A)을 추진해 코카콜라음료(2007), 더페이스샵(2010), 해태음료(2011), 일본 긴자 스테파니(2012), CNP코스메틱스(2014), 태극제약(2017), 미국 에이본(2019) 등 20여 개 기업을 LG생활건강 산하의 새 가족으로 맞아들임으로써 화장품·생활용품·음료에 이르는 탄탄한 연관형 사업구조를 갖춰 그 장점을 취했다.

2000년부터 세계를 강타한 문화 콘텐츠 분야의 '한류 열풍'과 연계하여 강력하게 추진한 감각적인 고품질의 화장품과 여성 생활용품 등의 개발 및 수출로 'K-컬처'의 소비재 확산 버전인 'K-뷰티' 트렌드를 형성하는 데 크게 기여했다. 특히 화장품 등의 세계적 히트에 힘입어 계열사·관계사의 실적을 포함하는 연결재무제표 기준으로 LG생활건강의 2021년 매출액은 8조 915억 원, 영업이익은 1조 2896억 원을 각각 기록했다.

필자는 차 전 부회장이 현직 CEO로 활동하던 2022년 10월 11일 그를 인터뷰하여, 그의 명성을 명증하는 경영철학과 리더십, 뛰어난 실적, 다채로운 경험에서 비롯되는 명성과 평판에 관한 통찰을 들어보았다. 차 전 부회장은 "그간의 경험에 비춰볼 때 기업과 CEO의 명성은 소속 기업의 지속가능성을 좌우하는 가장 중요한 자산"이라며 "그 명성은 잘 보이지 않는 것 같지만 소비자들의 명민한 감각과 반응으로 시시각각 정확하게 측정되는 영예로우면서도 두렵기도 한 양면성이 있는 존재"라고 말했다.

그는 "명성은 기업이나 경영자가 아닌 오직 우리 상품과 서비스를 애용하는 각국의 소비자가 냉정한 눈과 체감으로 가치평가를 내려 선사해 주는 고귀한 것이기에 CEO는 소비자를 '진정한 보스'로 모시고 그것의 증진을 위해 분명하고 일관된 목표와 방향성을 갖고 혁신경영에 몰두해야 한다"라고 덧붙였다.

차 전 부회장은 "CEO가 남들이 선망하는 '자랑스럽고 명예로운 명성'을 얻으려면 진짜 보스인 소비자를 위해 진정성을 바탕으로 최선을 다해 경영능력을 발휘함으로써 그들에게 굳건한 신뢰를 얻도록 해야 한다"라고 강조했다. 이런 실행력을 정교하면서도 속도감 있게 발휘하는 것이야말로 기업과 자신의 명성을 유지하고 증진하기 위한 CEO의 기본자세이자 지속가능 경영의 요체라는 것이다.

그는 구체적으로 "제가 목표하는 지속가능 경영은 LG의 경영이념으로서 '정도경영正道經營, Righteousness Management'으로 표현되는 ① 윤리경영, ② 사회적 책임CSR의 이행, ③ 지구의 생태보존 활동이 이상적 균형을 이루는 데 초점을 두고 있다"라며 "이런 방향성을 토대로 그간 주주들이 신뢰하고, 직원들이 즐겁고 자랑스럽게 일하며, 다양한 이해관계자들이 인정하는 사회적 책임을 다하는 회사를 만들기 위해 애써왔다"라고 강조했다.

차 전 부회장은 "LG생활건강은 소비자의 욕구와 감각, 트렌드에 매우 민감한 화장품·생활용품·음료를 주축으로 하는 기업이기 때문에 회사가 성공하고 시장에서 더욱 좋은 명성과 평판을 얻는 데 중점을 두고 임직원들에게 정직, 진정성, 신뢰, 디테일detail이란 네 가지 덕목을 특히 강조해 왔다"라고 설명했다. 그는 "이 네 가지 덕목은 『손자병법孫子兵法』에 나오는 '오행무상승五行無常勝(한 번 승리가 영원히 반복되는 것은 아니다)'이란 문구가 함의하듯이 기업이 잘나간다고 해서 그것이 영속되지 않기에 변화를 미리 감지하고 다가올 위기에 대응하면서 기회를 창출하기 위해 요구되는 기본 요소"라고 강조했다.

사원들이 CEO가 강조한 이런 네 가지 가치를 공감 및 체화할 수 있도록 LG생활건강에서 그간 차 부회장이 친필로 적은 메시지를 사내 화장실 칸마다 붙여놓고 2~3개월 주기로 교체하는 방식으로 공유하도록 하고 있는 이유도 바로 기업의 명성과 평판 증진에 있다. 그에게 정직, 진정성, 신뢰, 디테일은 소속 기업의 명성과 평판을 드높이는 자양분이자 마중물이다. 평소 스스로 명예로운 데다 남이 봐도 자랑스러운 마음가짐을 갖는 회사를 만들자고 사원들에게 강조해 온 것처럼 사원들에게는 이에 대한 실천전략인 셈이다.

차 전 부회장은 "'정직'은 성공을 얻는 힘이며 위기를 돌파하는 최고의 방법으로서 판별 기준은 타인의 눈이 아닌 자신의 마음이며, '진정성'은 임직원끼리는 물론 소비자와 함께 진실한 마음으로 소통하고 호흡하며 서로에게 축적된 무수한 경험을 생산과 마케팅에 반영하는 것"이라고 설명했다. 그에 따르면 '신뢰'는 위급 상황의 생명줄과 같은 고객과의 끈이자 추진력을 속도감 있게 발휘해 내실 있고 혁신적이며 정의로운 회사를 만들 수 있는 바탕이다. '디테일'은 제품 생산, 고객 서비스, 기업 업무에서 기대되는 빈틈없고 꼼꼼한 일 처리와 마무리를 말한다. 그는 "사찰에서 승려나 불자가 내오는 차茶에도 사람들을 시나브로 감동하게 하는 제법製法, 절차, 배려란 세심함이 담겨 있듯이 '디테일'은 고객 만족을 최고조로 끌어올리는 데 결정적인 요소"라고 강조했다.

차 전 부회장은 "'MZ세대'처럼 시장을 주도하는 새로운 소비층에 대한 정확한 이해를 바탕으로 마지막 5%까지 완벽함을 도모하는 세심한 품질 관리, 고객 만족을 위해 정성을 다하는 서비스 정신, 신속한 행동력을 갖추기 위한 부단한 성찰과 노력, 고객 관점에서 조금이라도 흠이 될 만한 요소를 찾아 제거하는 것이야말로 '디테일'의 실천 행동"이라고 부연했다.

차 전 부회장은 "우리 회사는 앞의 덕목 실천을 통해 그 명성과 평판을 최고조로 끌어올려 소비자에게 부끄러움이 없고 고객 만족에 대한 자부심이 넘치는 '명예로운 회사'를 만드는 데 계속 주력할 것"이라고 경영 이정표를 밝혔다. 그는 "우리 LG생활건강이 코카콜라음료 인수 후에 소비자의 눈에 잘 띄지는 않지만 낙후되고 비위생적인 공장 환경을 개선하는 데 수백억 원을 투자한 이유도 바로 고객이 믿고 인정하는 '명예로운 회사'를 만드는 데 있었다"라고 강조했다.

차 전 부회장은 평소에 LG생활건강과 모든 패밀리 기업의 사원들에게 '멋진 인재의 조건'으로 정직, 성실, 회사문화 보호와 발전에 기여, 업무의 전문성 배양이란 네 가지를 강조해 왔지만, '명예로운 회사'라는 궁극적인 목표의 실현을 위해 고강도의 '가치혁신 경영'이 요구되는 요즘 시대에는 뛰어난 장사꾼의 능력과 감각, 남다른 안목, 명예에 대한 존중과 확고한 도덕성, 글로벌 역량을 덧붙여 배양하기를 요구하고 있다. 사원들은 물론 임원들도 이런 요건을 짜임새 있게 갖춰야 일을 할 때 솔선해서 주도적으로 이끌고 창의적인 대안을 제시하는 '일하는 방식의 고도화'가 가능해져, 빠르게 성장하면서 회사의 명성과 평판을 최고조로 격상시키는 '고수들'이 임직원들 가운데 많이 나타난다는 것이다.

차 전 부회장은 "모든 임직원이 사업가 정신으로 무장하여 촉觸을 쫑긋 세우고 보스인 소비자에게 뭘 할 것인지 고민하면서 근무시간인 하루 8시간 이내에 몰입해 성과를 창출하고, 퇴근 후에는 가족과 함께 저녁을 먹고, 책을 읽고, 눈을 맞추고, 대화하면서 에너지를 비축해야 한다"라고 말했다. 아울러 그는 "LG생활건강, 코카콜라음료, 해태음료, 더페이스샵 등에서 일하는 가족 모두가 개성으로 차별화해야 우리 가치가 '보석' 같은 명성으로 승화할 것"이라고 말했다.

그가 목표한 기업의 명성은 표면이 단단하고 빛깔과 광택이 아름다우며, 희귀성이 입증된 보석과 같은 수준을 의미한다. 차 전 부회장은 "'대인호변大人虎變(대인은 가을철을 맞이한 호랑이처럼 털을 완전히 간다)'이란 말이 있듯이 자신의 목표를 위해 씨를 뿌리고 가꾸면서 결정적 순간에 '선두 주자first mover'처럼 근본적인 변화로서 새로운 분야를 주도해야 성공과 함께 위기에도 끄떡없는 탄탄한 명성을 얻게 될 것"이라고 말했다.

아울러 그는 "이 과정에서 관성과 자만은 무엇보다도 가장 경계해야 할 습성"이라며 "미국의 경영 컨설턴트 짐 콜린스Jim Collins가 자신의 저서 『좋은 기업을 넘어 위대한 기업으로Good to Great』에서 말했듯이 일이 잘 풀릴 때는 '창문'을 보며 외부 환경에 공을 돌리고, 어려움에 부닥치면 '거울'을 보며 자신을 성찰하는 자세를 갖춰야 성공할 수 있을 것"이라고 당부했다.

인터뷰

'귀농 딸기왕 신화'
이종천 다나딸기농장 대표의 명성론

"농민의 명성은 자신이 재배한 작물이 말해줍니다. 저에겐 풋풋하고 탐스러운 저 딸기가 그걸 상징하죠. 온갖 정성, 노력, 풍상, 고초의 산물이기 때문이죠. 농사의 묘미는 자연과 함께 인생을 즐기며 향긋한 과실을 얻는 것입니다."

우리나라 최대의 딸기 생산단지로서 '딸기 특구'이자 딸기 수출의 전진기지로 이름난 충청남도 논산시에서 독보적인 반전의 귀농 성공신화를 써서 '딸기왕'으로 명성이 높은 이종천 '다나딸기농장'(논산시 부적면 마구평리) 대표는 농장을 찾은 손님들을 항상 넓은 품으로 맞으며 호쾌한 행복 에너지를 전파한다.

이 대표는 필자의 현장 방문으로 2023년 2월 22일 이뤄진 인터뷰에서 "사업 실패를 딛고 무일푼으로 귀농해 2년간이나 비닐하우스 시설 일을 하면서 신용불량 상태를 극복하고 가까스로 귀농 자금을 빌려 아내와 함께 딸기 농사를 시작했어요.

이종천 다나딸기농장 대표

이후 8년간 농사를 성공적으로 안착시켜 현재 비닐하우스 딸기 재배동 7개 동과 딸기 육묘장 2곳, 청년귀농장기교육장과 딸기현장실습교육장을 함께 운영하며 연 매출 7억 원 이상의 매출을 올리고 있어요" 라고 롤러코스터 같았던 '반전 딸기 인생'의 숨은 얘기를 풀어놓기 시작했다.

그의 인생은 과거 사업 실패에서 완전한 재기로 반전한 현재에 이르기까지 실패, 절망, 도전, 위기, 성공으로 이어지는 극적 서사를 갖추고 있으며, 개인 농장의 운영에 머물지 않고 귀농을 꿈꾸거나 이미 귀농한 청년들에게 농사 비법을 교육함으로써 '희망 농촌'의 설계자로 명성을 높여가고 있다. 인구 감소와 경제 동력 부족으로 머잖아 '소멸 지역'이 될 것이란 농촌의 당면한 우려를 그의 장기적인 혜안과 헌신 덕분에 이곳에서만큼은 말끔하게 불식시키고 있다.

이 때문에 그는 계백階伯 장군의 최후 항전 유적지 '황산벌'로 유명한 이곳 논산시 부적면을 포함한 충남 지역 사회와 농정 부처인 농림축산식품부는 물론 전국의 딸기 농가에서 수년 전부터 유명인사로 떠올랐다. 더욱이 그는 그의 딸기 농법과 공익적인 농업인재 육성 활동의 성과를 공인받아 2017년 '제30회 대한민국 신지식인'으로 선정된 데 이어 농림축산식품부와 농림수산식품교육문화정보원의 '딸기 현장 실습교육장 및 현장 교수'로 위촉됐다. 필자가 방문했을 때도 딸기 농장이자 재배·관리 기법 교육장인 이곳에는 찾아온 이들이 즐비했다.

그의 농장에는 8년간 1만 명 이상의 귀농 예정자와 견학 손님이 다녀갔다. 실습 교육장 및 현장 교수인 그가 딸기 농법과 유통관리 기법 등을 전수해 준 제자도 이미 100명을 넘어섰다. '딸기 박사'로서 그의 명성과 공적 기여가 널리 알려지면서 2022년 1월 김현수 농림축산식품부 장관이 직접 이 농장을 찾아 작황·출하 상황을 살펴보며 그를 격려했다. KTV도 2023년 1월 〈귀농 다큐: 살어리랏다〉를 제작·편성해 이 대표의 인생과 성공담을 2부에 걸쳐 상세히 다뤘다.

"저는 딸기 품종 가운데 '설향'과, 비타민이 설향보다 32% 이상 많고 과육이 크고 단단한 '비타베리' 딸기를 재배하죠. 딸기 묘를 키워 다른 농장에 공급하는 일도 해요. 비타베리는 충청남도농업기술원 논산딸기연구소 김현숙 박사가 7년간 연구 끝에 개발한 고가의 프리미엄 품종이죠. 하우스용 촉성딸기는 연중 꽃대가 4번 연속으로 나오기에 전년 12월~익년 5월까지 6개월간 수확해요. 검수가 엄격한 학교 급식과 수출용 납품 경험을 계기로 '무농약 친환경 수경 농법'(고설재배)으로 차별화했어요. 다량·미량 요소를 혼합 배양한 비료를 제때 주고, 잎을 갉아 먹는 응애·진딧물도 잎과 과육은 건드리지 않고 병충만 잡아먹는 천적 유충幼蟲을 투입해 말끔히 해결하죠. 유통 방식도 수수료 부담(20~30%)이 커서 공판장을 거치지 않고 SNS 직거래로 전환했어요. 지금은 제 농장의 팔로워가 인스타그램은 7000명을 넘었고, 페이스북은 상한인 5000명을 채웠어요."

이 대표는 "심지어 자신이 평생 공들인 사업에 실패했다 해도 주저앉지 말고 굳건히 다시 일어서야 합니다. 청년들이라면 더욱 그래야죠. 딸기도 생애 4차례나 꽃을 피우며 스스로 새로운 기회를 만들잖아요! 인간이 지니는 자긍심의 근원인 '영예로운 명성'은 어떤 어려움이라도 스스로 딛고 일어서는 도전정신에서 싹 틉니다. 저는 자신 있게 말할 수 있어요"라고 강조했다.

그는 청년기부터 서울에 있는 건설사들에서 20여 년을 일한 뒤 임원으로 명예퇴직했다. 이후 통신 서비스업 회사를 창업했다가 경쟁 과열과 지속적인 투자 여력의 부족으로 4년 만에 부도를 맞았다. 전직 건설사 임원과 회사 대표로서 명성은 고사하고 자존감이 땅에 떨어져 죽음도 생각했다. 그러나 가족이 있어서, 이래서는 사나이가 아니라는 생각에 마음을 다잡고 건설 현장에서 막노동하는 것부터 다시 시작했다. 하지만 고된 노동은 퇴근 후 걸을 수 없을 정도의 고통과 무력감을 안겨줬다. 그래서 친형이 고향인 논산의 시골에서 일정 규모로 딸기 농사를 짓고 있었기에 일단 그곳으로 내려가 새로운 삶을 개척하기로 했다.

"막상 귀향했는데 바로 벽에 부딪히고 말았어요. 딸기 농사를 시작하려는데 사업 실패로 신용불량 상태에 있어 귀농 자금을 신청할 수 없었죠. 2년간 다른 농장 하우스를 짓는 막일을 하면서 꾸준히 저축했죠. 모은 돈 5000만 원과 귀농 자금 1억 500만 원을 빌려 비닐하우스 3동을 지어 딸기 재배를 시작했죠. 초기에는 해박한 전문가를 자처한 '엉터리 재배사'에 속아 비료 시비 오류로 농사를 죄다 망칠 뻔한 위기를 겪기도 했어요."

이 대표는 이후 밤을 새워 딸기 농법을 연구하고 논산딸기연구소와 충남대학교에 있는 농업마이스터대학(2년)을 다니며 재배 기술을 고도화시켰다. 현재보다 미래에 초점을 맞춰 '친환경 무농약 스마트팜'으로 딸기 농법을 차별화하고, 비타베리처럼 상품성이 뛰어난 고가의 품종 생산에 주력했다. 충남마이스터대학 총학생회장과 전국 9개의 농업마이스터대학(학생 2000여 명)을 대표하는 전국 총학생회장(5기)으로 연이어 뽑혀 통 큰 배려심과 리더십도 쌓았다고 한다.

그가 펼치는 농업경영 철학이 지역 사회와 관가에서 더 가치 있게 평가되는 이유는 그가 '성공한 귀농인'에 그치지 않고 경험이 풍부한 '농업 현장의 교수'로서 육묘장 재투자와 미래 농촌의 주역인 귀농 청년들을 체계적으로 교육하며 더욱 '살기 좋은 농촌'의 밑그림을 그리는 데 누구보다 앞장서고 있기 때문이다.

이 대표는 "귀향할 때 이사 비용조차 막막해 패션 디자인을 전공한 뒤 직장 생활을 하던 딸 '다나'(농장 이름으로 삼았다)에게 고작 작은 원룸만 얻어주고 아내랑 내려왔어요. 그땐 정말 가슴이 찢어지는 듯했죠. 제가 딸기 농사를 제법 잘해 다나를 유학 보내 귀국 후 더 좋은 직장으로 옮겼으니 이제는 여한이 없죠. 그보다 더한 성공을 바란다면 그것은 과욕이죠. 이제는 딸기 농사에 대한 투자 확대보다 딸기 농업인 후진 양성에 주력해 5년 후 그들이 가꾼 전국의 농장을 돌며 그 보람과 기쁨을 함께 나누고 싶습니다"라고 말했다.

그는 다른 농업인들의 본보기가 되는 높은 명성·명예를 얻은 전문가로서 식량안보의 시대를 맞아 미래 우리의 먹거리를 책임지는 식량의 보고寶庫로서 농촌과 농업의 새로운 명성을 재구축하는 데 필요한 쓴소리를 아끼지 않았다.

"제가 어렸을 때 농촌은 못 배우고 돈 없는 사람이 사는 곳으로 인식됐죠. 자녀들은 성장하면 돈벌이가 없으니 서울로 다 떠났고요. 마을마다 소출이 빈약한 '소농小農'이 중심이었기 때문이죠. 이제는 달라져야 해요. 청년을 포함한 개인이 저마다 귀향해 농업법인 같은 '대농大農'의 규모는 아니더라도 '중농中農' 정도는 꾸려가도록 육성해야 합니다. 양질의 병원과 학교 같은 인프라도 반드시 갖춰져야 합니다. 중농 정도면 여유 있는 삶과 원하는 수준의 자녀 교육이 가능해 젊은 세대도 만족하고 끝까지 정주定住할 수 있어요."

이 대표는 "딸기 농사에서 '중농'의 기준은 비닐하우스 10동 정도를 운영할 3000평 이상의 땅을 확보하는 것이죠. 요즘은 공적으로 지원하는 귀농 자금도 충분하니 준비를 잘해 결행하면 됩니다. 결국 의지의 문제죠"라며 전국 청년들에게 공간과 마음이 널찍해지는 농촌과 농업에 대한 담대한 도전을 당부했다.

의료인의 명성론은 인생철학과 삶의 족적에 따라 매우 다양한 의미로 다가온다. 독일계의 프랑스 의사인 알베르트 슈바이처Albert Schweitzer는 1913년 의료

알베르트 슈바이처

스티븐 웨스터비

불모지인 아프리카로 건너가 원주민의 진료에 힘써 '아프리카 밀림의 성자聖者'라는 명성을 얻었다. 그는 특히 프랑스령 적도아프리카의 랑바레네에 병원을 세워 평생 의사이자 선교사로서 인류애를 실천함으로써 1952년 노벨평화상을 수상했다.

그는 평소 "사람은 자신이 원하는 것보다 더 많은 존경을 받지 못한다"라며 "성공이 행복의 열쇠가 아니라 행복이 성공의 열쇠이기 때문에 하고 하는 일을 사랑한다면 누구나 성공할 것"이라고 말했다. 또 우리 인간의 명성은 때때로 희미한 '빛'처럼 꺼지지만, 다른 인간과의 만남에 의해 다시 순간적인 '불꽃'으로 되살아나기에 함께 길을 가는 사람들과 긴밀하게 교감하며 영적인 것을 많이 주고받기를 당부했다.

영국 옥스퍼드대학병원 등에서 35년간 1만 건이 넘는 심장 수술을 수행하면서 인공심폐기를 사용하고 그 수술의 주요 후유증인 '관류후증후군'을 해결함으로써 세계적인 심장외과 전문의로 명성을 얻은 스티븐 웨스터비Stephen Westaby는 "나의 명성은 아이러니컬하게도 대학 시절 우연한 신체 사고가 촉발했다"라고 고백했다. 그는 태어날 때부터 세상을 3차원으로 시각화하는 능력이 태생적으로 뛰어났다. 특이하게 양쪽 뇌가 고르게 발달하면서 양손잡이로 성장한 데다 협응력과 기민한 손재주도 돋보였다. 그러나 내향적인 성격과 용기 부족이 엄중한 결단력이 요구되는 의사로서 성장하는 데 걸림돌이 되었다.

스티븐 웨스터비는 자신의 저서 『칼끝의 심장The Knife's Edge』에서 "나의 의

사로서 명성은 대학 시절 럭비 경기를 하다가 상대편 선수와 충돌해 머리를 다친 사건을 계기로 시작되었다. 그때 전전두엽이 손상되어 사이코패스적인 냉철함을 얻었기에 의사로 성공하는 게 가능했다"라고 고백했다.[23]

우리나라의 예방의학 개척자로서 1996년부터 17년간 아프리카에서 세계보건기구WHO 수석고문관으로 지내면서 각종 전염병 퇴치에 앞장서 '한국의 슈바이처'로 불린 주인호 박사는 그의 세계적인 명성과 달리 평생을 허름한 서울 왕십리 18평 집에서 지냈다. 그는 27세의 이른 나이에 미군정 의정국장醫政局長을 지냈으며, '보건'이라는 용어를 처음 사용했다. 딸인 주혜란 박사는 작고한 부친에 대해 "아버지는 세계에서 마지막 남은 천연두 환자에게 우두를 접종하고 WHO가 '천연두 완전 박멸'을 선언케 했다. 세계 최초로 뇌염 바이러스를 분리하기도 했다. 아버지는 영웅이며, 가장 위대한 스승이자 정말 선각자였다"라고 회고했다.[24]

우리나라 정신의학계의 권위자인 이시형 박사는 실체가 없다고 여겨지던 '화병hwa-byung'[25]을 정신의학 용어로 국제 의학계와 영어사전에 등재시키고 뇌과학도 섭렵해 '국민 의사'라는 큰 명성을 얻었다. 그는 이런 명성에도 불구하고 늘 괴로워했다. 40대 중반에 허리디스크와 퇴행성 관절염에 시달렸기 때문이다.

이시형 박사는 "치병治病 위주의 현대의학에 나는 한계를 느꼈다. 나도 명색이 의사인데 내 몸 하나도 관리 못 한다는 자괴감에 자연의학을 공부해 숲의 치유 효과와 명상을 통해 세로토닌serotonin(감정 행동, 기분, 수면 등의 조절에 관여하는 모노아민계 신경 전달 물질)을 조절하고 건강을 유지하는 힐리언스 선마을을 2007년 강원도 홍천에 개원했다"라고 말했다.[26] 그의 꿈은 긍정의 파동을 야기하는 감사, 감동, 행복을 화두로 모두가 건강한 삶을 살도록 하는 것이다.

김대중 전 대통령의 주치의를 지낸 허갑범내과 허갑범 원장은 2003년 한국인 2형 당뇨병 환자 183명을 대상으로 연구한 결과를 바탕으로 당뇨병 환자의 표준 치료 지침을 개발했다. 당뇨 분야 권위자로 명성이 드높은 그는 "당뇨병 자체를 치료하는 것이 아니라, 당뇨병을 가진 사람을 치료해야 한다. 당뇨병은 약보다 심리치료, 식사, 운동 등 올바른 생활요법이 더 중요하다. 이런 조언을

환자들이 잘 믿고 따라준 덕택에 나는 '명의名醫'라는 감투를 썼다"라고 말했다.[27]

1980년 서울시 강남권역에 최초로 지어진 종합병원인 가톨릭대학교 서울성모병원은 최소침습最小侵襲 수술을 가장 먼저 받아들이고, 국내 최초로 신장이식 수술과 소장이식 수술을 실시했다. 최소침습 수술은 수술을 할 때 절개 부위를 가급적 줄여 인체에 상처를 최소한으로 남기는 수술 방법이다. 이 병원에서 암병원, 심혈관센터, 장기이식센터, 암센터 등 집중 육성 분야에 '책임 경영제'를 도입한 시기에 병원장(제18대 병원장)을 맡은 사람은 비뇨기과 복강수술 분야의 권위자인 황태곤 비뇨기과 전문의다. 황 원장은 당시 무엇보다도 병원의 명성은 "수술 잘하는 병원, 소통하는 병원, 윤리적인 병원"이 핵심이라고 강조했다.[28] 병원이나 의사로서 갖는 명성과 권위의 본질이 무엇인지 제대로 꿰뚫어 강조하며 얘기한 것이다.

안면 리프팅, 눈·코 재수술 등의 분야에서 23년간 축적한 독보적인 전문성을 토대로 'K-성형'(한국 미용성형 바람)을 이끈 압구정 케이뷰티성형외과 유중석 대표원장은 필자와의 인터뷰에서 "의사의 명성은 자신이 쏟은 정성과 진심에 대한 환자의 정직한 반응이다. 그것은 기존 환자의 방문 회차나 추천 방문 환자 수로도 쉽게 감지된다"라고 규정했다. 유 원장은 서울 압구정, 김포, 제주는 물론 중국 베이징·칭다오·옌타이, 싱가포르, 베트남에 병원 지점을 각각 개설하여 2012년부터 외국인 진료는 물론 현지 의료진을 상대로 우리나라의 앞선 의료 기술을 교육해 왔다.

그는 "중국, 미국, 베트남, 태국, 몽골 등 외국인 환자 2만 명을 포함해 지금까지 3만 명의 환자를 수술했다. 이를 통해 환자들이 의사가 특별히 어필하는 언행이 아닌 진료, 수술, 사후관리의 전 과정에 투영된 정성과 진심으로 모든 것을 판단한다는 것을 알게 되었다"라고 말했다. 유 원장은 "외국 환자라도 의사와 병원의 명성을 판별하는 데 문화 차이나 언어 장벽도 아무런 장애가 되지 않는다. 코로나 시기에 방호복을 입고 입국한 싱가포르 환자를 보고 놀라 절대로 기존의 명성에 안주하지 않고 의료 수준을 더욱 끌어올리겠다고 다짐했다"라고 고백했다.

인터뷰

'경추·요추 내시경 수술 명인'
김형석 미래본병원 대표원장의 명성론

서울 잠실에 있는 미래본병원 김형석 대표원장(신경외과 전문의)은 '경추·요추 부위 내시경 수술 분야 최고 명인'의 명성을 널리 인정받고 있다. 그 가운데 특히 복잡하고 예민하여 까다롭기로 소문난 경추(목등뼈) 부위의 내시경 수술은 손에 꼽을 정도로 독보적인 전문성을 갖춰 환자들의 관심을 한몸에 받고 있다.

김형석 미래본병원 대표원장

그는 늘 변화의 선두에 서서 업무에서 새로움을 추구하고 각고의 노력과 깊이 있는 연구로 의료 발전을 선도하는 성향과 집념이 있기에 자신이 깊게 숙련한 내시경 수술 기술을 토대로 2021년 잠실역 근처에 전문병원을 개원해 현재까지 임직원 80명 규모의 건실한 조직으로 안착시켰다. 민간 전문병원 개원은, 아주대학교 의과대학에서 학사·석사·박사를 취득하고 군의관을 거쳐 우리들병원에 들어가 우리들병원 의료재단 수련원장과 의무원장 겸 부이사장을 지낸 후 환자 곁으로 더욱더 다가서기 위해 내린 적극적인 결단이었다.

명의名醫로서 김 원장의 명성을 상징하는 내시경 수술 기법은 의사가 신체의 환부를 크게 열어 맨눈으로 하는 수술법이나 현미경을 보며 수술하는 방법과 달리 절개와 상처를 최소화하는 최소침습 기법minimally invasive surgery이다. 7밀리미터의 좁은 틈새로 고해상도를 갖춘 내시경을 삽입해 치료하기 때문에 미용(흉터)을 걱정하는 환자는 물론 큰 수술이 위험한 고령의 만성 질환자에게도 적용할 수 있어 심리적 부담감은 낮고 회복 속도와 만족도는 매우 높은 편이다.

김 원장은 2023년 2월 13일 필자와의 인터뷰에서 자신의 명성 비결을 구체적으로 설명했다. 그는 "제가 국군수도병원 군의관으로 근무할 때인 2002년 미국 식품의약처FDA의 첫 승인(1999년)을 받은 내시경을 병원이 처음 들여왔어요. 그래서 제가 선제적으로 이 기술을 익혔고, 이를 심화하고자 의사 생활 28년(1996년 의사면허 취득) 가운데 무려 22년을 이 분야에 초집중했기 때문입니다. 2023년 2월 말까지 제가 실시한 경추·요추·흉추 부위의 내시경 수술 건수만 9000건 이상입니다"라고 말했다.

김 원장은 "인간 신체의 내구성은 평균 60년인데 이제는 초고령 장수시대가 되어 오래도록 신체 기능을 잘 관리하면서 존엄을 유지한 채 살아가야 하기에 약간의 문제라도 발견되면 빨리 적극적으로 치료해야 합니다. 그간 다양한 학술대회와 방대한 논문을 통해 내시경 수술 기술이 급속도로 발전한 것이 확인되기에 이제는 안정화되어 환자들이 걱정하지 않아도 됩니다. 바로 이 점이 내시경 수술 선구자로서 제가 느끼는 가장 큰 보람입니다"라고 덧붙였다.

그는 "군의관 시절인 2001년 우리 정부가 미국의 요청에 따라 아프간에 파견한 비전투부대(의무부대) 의료진으로 참전해 전쟁의 참상을 목도했어요. 죽거나 다친 사람들이 너무 많았죠. 그 전장에서 일하며 치료하는 의사의 역할이 얼마나 중요한지 새삼 느꼈어요. 군 복무를 마치고 바로 내시경 수술 분야의 심화 수련으로 방향을 잡았어요. 당시만 해도 내시경 적용 질환이 다소 미미해 치료 폭이 좁았기 때문에 고충과 외로움이 많았어요. 하지만 신경외과 수술의 미래는 최소침습最小侵襲을 통한 내시경 수술이 구심점이 되리라고 판단해 이 분야로 '고속 항진'을 했습니다"라고 초집중 과정을 설명했다.

아울러 그는 "척추전문 병원인 우리들병원에 전임의로 입사해 10년 넘게 근속하고 중책(수련원장, 의무원장, 우리들의료재단 부이사장)을 맡아 스스로 수술 기법을 고도화하며 후배들에게 그것을 전수·교육하면서 관련 지식을 재정립하고 최적화함으로써 의술을 최고로 끌어올렸죠. 미국 클리블랜드클리닉 신경외과 연수와 미국 최소침습 척추 수술 전문의FABMISS 및 영국왕립학술원 전문의FRCS 자격 취득도 그런 의술 격상 과정의 하나였습니다"라고 덧붙였다.

김 원장이 대학 의대에서 척추 전문병원으로 옮겨 꽤 많은 시간 일한 후 마침내 전문병원을 설립한 이유는 대학과 대학병원이 싫어서가 아니었다. 당장 아픈 환자는 넘치는 데 신속히 치료하지 못하는 상황이 자신을 내내 괴롭혔기 때문이다. 대학병원은 폭넓은 진료·연구가 장점이다. 하지만 관련 진료 과목은 보통 석 달은 이미 예약이 차 있을 정도로 붐벼 환자들이 발을 동동 구른다. 그래서 병원 개원 때 따뜻한 환자 응대와 함께 진료 서비스의 신속성에 방점을 두었다.

김 원장은 "특히 대기가 극히 짧은 검사·진단·치료로 '원스톱 케어 체제'를 구축해 환자의 만족도를 높이려 노력했어요. 제가 숙련한 수술 기술을 혼자 독점하지 않고 동료·후배 의사들에게 전수하면서 의료진의 저변을 확대하고 환자 사랑과 보살핌을 극대화했기에 가능한 일이었습니다. 이런 혁신적인 진료 체제가 알려지면서 지방에서까지 찾아오는 환자도 많이 늘고 있습니다"라고 말했다.

그는 이런 명성에 힘입어 2022년 10월부터 2023년 내내 채널A가 방영하는 〈꽃길만 걸어요〉에 고정 출연하게 되었다. 전국 농어산촌의 각 마을을 돌며 거동이 불편한 근골격계 환자들을 찾아내 그들의 인생사를 듣고 애환과 고충을 이해하며, 질병을 치료해 줌으로써 일상 회복을 돕고 있다.

김 원장은 "일종의 '애민정신愛民精神'이랄까요. 저는 의사에게 제일 중요한 존재인 '환자'의 아픔에 대한 공감이 앞섰기에 끊임없이 새로운 것에 도전하고 개방적 태도를 견지해 내시경 수술 기술 고도화와 전파에 앞장서고 우리나라 의료 기술의 경쟁력을 높였다고 자평하기에 이를 명예와 긍지로 여기고 있어요"라고 말했다.

그는 후배 의사들에게 높은 존경심과 명예를 얻는 '훌륭한 의사'가 되기 위한 기본 강령으로서 '질병'이 아닌 '사람'을 치료하고, 환자의 각종 기회비용(환자가 치료에 쓰는 시간, 치료 기간의 기능 상실, 치료비용, 치료하면서 발생한 몸의 부담을 회복하는 시간 등)을 최소화하는 방식으로 치료 및 기능 회복을 하며, 실수·잘못의 재발을 방지하기 위한 복기·반성의 실천을 강조하고 있다.

김 원장은 "진료 철학을 숙고할 때 의사의 명성은 오직 환자와 직결되며, 환자를 떼놓고는 아무런 의미나 가치가 없어요. 환자는 사력을 다해 의사만을 믿고 찾아왔기에 이에 마땅히 부응하는 것이 의사의 책무입니다"라고 설명했다. 그는 이에 덧붙여 "의사의 명성은 돈이나 지위가 아닌 환자의 신뢰와 사랑에서 비롯되며, '좋은 의사', '훌륭한 의사', '명예로운 의사'의 출발점도 모두 이와 같다고 생각합니다. 진정 사랑으로 환자를 극진히 돌봤는지에 대한 척도이자 자화상이죠. 의사가 제대로 명성을 갖추려면 환자의 아픔을 깊게 헤아리고 따뜻한 마음으로 대하는 '공감 능력'과 '좋은 인품', 환자를 제때 제대로 치료하는 '뛰어난 실력', 환자에 대한 '치료 의지와 자신감 표출'이 꼭 필요합니다"라고 강조했다.

그는 의사가 높은 명성을 쌓은 뒤 반드시 경계해야 할 것은 자만과 오만, 그리고 그것의 연쇄반응으로 나타나는 게으름과 나태함이라고 지적했다. 그는 "'명의'란 평판을 좀 들으면 의술을 다 통달한 듯 더는 배우려 하지 않을 수 있어요. 권위의식만 높아지고 겸손함과 의술 발전은 뒷전입니다. 이런 착각과 오만을 경계하고 날로 새로워져야 합니다. 저도 늘 명심하고 있습니다"라고 강조했다.

김 원장은 "의사의 덕목 가운데 하나인 진료 기술 수준의 향상과 고도화는 부단히 노력하면 거의 이뤄지지만, 환자를 대하는 소통 기술은 사회적 다양성 확대로 삶의 이력과 표현력의 층위가 다채로운 환자가 많아지면서 크게 발전시키기 어려운 면이 있기에 지금보다 더 역지사지易地思之의 자세로 환자들을 세심하게 헤아려야 신뢰와 인정을 받을 수 있다고 봅니다"라고 말했다.

전문의술 분야 진료에만 집중하는 의사에서 병원 경영자를 겸해야 하는 처지인 김 원장은 병원 개원 이후 1년 6개월을 돌아보니, 조직의 경영자라는 자리가 얼마나 무거운지 매일 실감했다고 한다. 환자들의 고통을 제때 잘 해소해야 하는 것은 물론 임직원과 그 가족(약 320명)의 생계와 직결된 직장을 건실하고 지속할 수 있게 이끌 중대한 책임이 있음을 피부로 느끼고 있기 때문이다.

김 원장은 "투명한 경영, 비전 있는 목표를 토대로 지역 의료와 복지 향상에 앞장서 환자, 직원, 지역사회 모두가 만족하는 '최고의 병원'으로 평가받아 저와 병원의 명성, 환자와 지역사회의 긍지가 일치하도록 하겠습니다"라고 밝혔다. 이를 위해 그는 "매의 눈으로 환자의 증상을 확인·진단해 가장 만족스러운 방법으로 치료함으로써 통증·마비로 고통받는 시민과 지역민들에게 앞선 의료 서비스를 제공하고, 진료 영역도 스포츠 재활 분야로 넓혀 일상의 삶을 더 활기차게 개선하도록 하고, 유소년 운동선수를 지원하고 육성하는 장학사업도 펼쳐나가겠습니다"라고 강조했다.

제8장

셀럽들의 명성론 II

토픽 38 스타 배우의 명성론

우리나라 배우 고두심은 2010년 7월 20일 KBS 2TV 〈승승장구〉에 출연해 '스타병'에 걸린 후배 연기자들에게 따끔한 충고를 했는데, 명성과 인기의 이면을 경계하는 내용이었다. 그는 1972년 MBC 5기 공채 탤런트로 데뷔하여 '국민엄마'라 불릴 정도로 정서적 친근감과 연기적 관록을 인정받은 배우다.

"요즘 스타병에 하도 코가 높아져 물이 콧속으로 들어가려는 친구들이 많다. 한때는 그럴 수 있다. 그런 친구들을 보면 '아, 쟤도 아직 모르고 그러는구나' 라고 생각한다. 배우라는 직업이 인기 직업이고 겉이 화려하므로 못 볼(자신이 모를) 수 있다. 어린 나이에도 그런 것을 누릴 필요는 있다. 하지만 그것이 오래 되면 미움을 받을 것이다. 얼굴만 믿고, 외모만 믿고서 하다가 그 작품에서 잘되면 그나마 다행이다. 그러나 (계속 그런다면) 그 후 작품은 없을 것이다. 나는 그렇게 거만했던 시절이 없었다. 하루아침에 스타가 된 것이 아니고 스텝 바이 스텝으로 여기까지 올라왔다. 그 때문에 이렇게 코를, 고개를 들 시기가 없었다."

리어나도 디캐프리오

원로 배우 이순재는 2019년 4월 3일에 방송된 MBC 표준FM 〈여성시대 양희은 서경석입니다〉에 출연하여, 크게 지탄받은 바 있는 '정준영 단톡방 사건', '승리의 버닝썬 사건'을 겨냥하며 "우리는 공인은 아니지만 공인적인 성격을 띠고 있는 직업이다. 스타일수록 인기가 많을수록 영향력이 크다. 거기에 대한 사회적 책임감을 느껴야 한다. 스타는 자리가 올라갈수록 절제할 줄 알아야 한다. 절제력이 없으면 일탈하게 된다. 인기라는 건 내려가게 돼 있다. 그걸 인식해야 한다"라고 말했다. 2019년 영화 〈우상〉에 출연했던 배우 한석규는 "주인공인 정치인 구명회로 사는 동안 그가 자신에게 던진 질문은 (배우로서도) '나는 용감하게 살고 있는가. 헛된 우상偶像에 사로잡혀 인생을 허비하고 있는 것은 아닌가'였다"라고 말했다.

영화배우 샌드라 불럭Sandra Bullock과 리어나도 디캐프리오Leonardo Dicaprio는 명성이 무엇을 의미하는지 가장 쉽게 설명했다. 샌드라 불럭은 "명성은 컴퓨터 모뎀이 고장이 나면 수리공이 당신의 집으로 좀 더 빨리 나온다는 것을 상징한다"라고 말했으며, 리어나도 디캐프리오는 "명성은 네가 가고 싶은 곳이면 어디든 갈 수 있는 'VIP 패스'와 같다"라고 말했다. 영화배우 커크 더글러스Kirk Douglas는 "명성은 재능에 관한 것만큼이나 행운에 관한 것"이라며 재능과 행운이 결부될 때 명성을 얻을 수 있다고 강조했다.

영화 〈007〉 시리즈의 주연 배우로 명성을 구가한 피어스 브로스넌Pierce Brosnan은 명성의 본질은 채워지지 않는 허기에 대한 식욕과 같다고 표현했다. 피어스 브로스넌은 "명성은 거대한 머랭meringue 조각과 같다. 아름답지만, 계속 먹지만, 아무리 먹어도 여러분의 배를 채워주지 못한다"라고 말했다. 영화 〈스파이더맨: 뉴 유니버스Spider-Man: Into the Spider-Verse〉에 출연한 영화배우 조이 크래비츠Zoë Kravitz는 "명성은 사람들에게 강박관념이 되었고, 그것은 나를 섬뜩하게 한다"라고 말했다.

영화 〈와일드 오츠Wild Oats〉, 〈해피 홀리데이What We Did on Our Holiday〉에서 주연한 영국 영화배우이자 코미디언인 빌리 코널리Billy Connolly는 "명성은 당신한테 담뱃갑의 뒷면에라도 사인하길 요청하고 있다"라며 명성을 지닌 명사의 우쭐댐과 과시적인 성향을 빗대 표현했다. 영화배우 앨 골드스타인Al Goldstein은 "명성은 환영illusion이고 죽음은 우리 미래에 우리가 망각oblivion에 빠지기 직전의 바로 다음 순간이다"라고 말했다. 영화 〈세상을 바꾼 변호인On the Basis of Sex〉의 주연 배우 저스틴 서룩스Justin Theroux는 "당신이 명성을 좇는다면, 당신은 나쁜 선택을 하는 것이다. 유명한 것은 흥미로운 게 아니다"라고 말했다.

메릴 스트립

유명 배우 메릴 스트립Meryl Streep은 명사들에게 명성에 대한 해탈과 일상성의 유지가 행복의 지름길이라 강조했다. 스트립은 "매일 인터뷰도 없이 나에 대해 글을 쓰는 사람이 아주 많다"라고 할 정도로 명사의 지위를 체감하고 있다. 그러나 그는 이것을 의식해 '본업 충실'에서 이탈하면 안 된다고 강조했다. 그는 역경 극복의 상징인 여배우로서 "몸무게가 얼마인지 고민하는 데 너무 많은 시간을 낭비하지 마라. 그것은 삶의 재미에서 벗어나는 자기 파괴적인 기분 전환이자, 지루하고 바보와 같은 짓이다"라고 조언했다. 메릴 스트립은 "수상식에서 지명되었을 때 나는 매우 흥분된다. 그렇다고 그런 기회가 얼마나 많은지 세지 않았고, 얼마나 많은 것을 가졌는지 기억하지 못한다. 단지 그것이 많다는 것만 안다"라고 말했다.

배우 케빈 코스트너Kevin Costner는 "나는 유명인사의 수준, 명성이란 수준, 국제적인 수준, 전국적인 수준, 그리고 당신이 그것을 뭐라고 부르든 간에 유명인의 삶 가운데 있다고 생각하는데, 그것은 꽤 초현실적인 일이다. 당신은 때때로 다른 유명한 사람의 삶 속에 있고, 자신에게 '내가 어떻게 유명해졌는가?'라고 생각하게 되는데, 우리가 있는 이 이상한 클럽은 뭐지?"란 생각이 든다고 말했다.

엠마 왓슨Emma Watson은 "내 친구들은 나의 명성에 대해 아주 잘 알고 있는데, 그저 호기심이 강할 뿐이고, 많은 질문을 할 뿐이다"라고 말했다. 영화배우 메건 폭스Megan Fox는 학창 시절에 흔히 겪는 학교 폭력에 비유해 설명했다. 폭스는 "사람들이 깨닫지 못하는 것은 명성이라는 것이 고등학교 때 그 10명의 아이에게 괴롭힘을 당했을 때, 바로 그것이란 사실입니다. 하지만 저는 배우로서 세계적으로 수백만 명의 사람들에게 끊임없이 괴롭힘을 당하고 있다는 겁니다."

앤젤리나 졸리Angelina Jolie는 "나는 내가 연기하는 캐릭터 뒤에 숨는 것을 좋아한다. 대중적으로 인식되어도, 나는 명성을 다루는 데 어려움을 겪는 매우 '사적인 인간private person'이다"라고 말했다. 벤 애플렉Ben Affleck은 "나에게는 명성이 낭비되는 것 같은 기분이 든다"라고 말했다. 작고한 영화배우 글로리아 스완슨Gloria Swanson은 "명성은 그것이 무너지기 전까지는 감격스러웠다. 돈도 그것으로 살 수 있는 것이 다 떨어지기 전까진 재미있었다"라고 회고했다.

영화 〈안티-소셜Anti-Social〉과 〈랜덤 인카운터스Random Encounters〉의 주연을 맡았던 영화배우 메건 마클Meghan Markle은 "명성은 누구에게나 기회가 된다. 하지만, 내 생각에 내가 충분히 운이 좋고 그것을 열망한다면 그 명성은 유리 슬리퍼에 덜 집중하고, 유리 천장glass ceilings을 통과하는 것에 더 중점을 두도록 옹호하고 공유하고 집중해야 하는 책임도 포함하고 있다"라고 말했다.

배우 겸 영화감독인 조지 클루니George Clooney는 명성에 대해 일찍 깨달음을 얻고 심리적으로 크게 흔들림이 없는 인생을 살아왔다고 자평한다. 그는 "명성은 재미있는 점이 있다. 명성은 당신이 원하는 전부이니까, 그것을 향해 당신이 할 수 있는 한 빨리 달려가는 것이 진실이다. 그것은 명성뿐만 아니라 일과 기회를 의미한다. 그러나 거기에 막상 도달하면, 즉각적으로 이 세상에 구속되어 믿을 수 없을 정도로 얼마나 그것이 제한적인지 충격으로 느낄 것이다"라고 말했다.

조지 클루니는 "나는 어린 시절 유명했다가 나중에는 그렇지 못한 고모 로지 Rosie, Rosemary Clooney의 명성 변화 사례를 보고 느낀 바가 많았다. 그래서 나는 일찍부터 명성이 뭔지 그것에 대해 교훈을 얻었고, 그 명성을 어떻게 사용할지

조지 클루니(좌)에게 행동으로 명성 관리법을 깨우쳐준 고모 로즈메리 클루니(우)

도 이해했다"라고 고백했다. 결론적으로 클루니는 "명성은 매우 위험할 수 있다. 왜냐하면, 당신은 명성의 어떤 부분만 즐기기 시작할 수 있기 때문이다. 그것은 내가 살아가는 데 좋은 부분이 아니다. 좋은 부분은 영화를 만드는 것이다. 당신이 만약 주의하지 않는다면, 그 불쾌한 부분이 바로 명성이 된다"라고 덧붙였다. 미국의 유명 가수이자 배우였던 로즈메리 클루니는 1928년에 태어나 20대에 캬바레 가수로 활동하던 중 1950년대 초반 「Come On-a My House」란 노래로 스타덤에 올랐다. 그는 〈Botch-a-Me〉, 〈Mambo Italiano〉 등의 앨범을 내놓으며 1960년대까지 가수로서 명성을 누리다가 우울증과 마약 중독으로 침체기를 겪었다. 1977년에 데뷔 50돌을 기념하여 기획한 뮤지컬 영화 〈화이트 크리스마스White Christmas〉로 복귀했으나 인기는 예전 같지 못했다. 그는 2002년 6월 폐암으로 사망했다. 어린 시절 고향인 켄터키주 메이즈빌에서 캘리포니아로 함께 이주했던 남동생 닉Nick Clooney의 아들이 바로 조지 클루니다.

2007년과 2008년 연거푸 에미상 리얼리티쇼 부문 수상자가 된 미국 영화배우이자 코미디언인 캐시 그리핀Kathy Griffin은 "많은 유명인사들, 특히 당신이 말하는 정말 거물들은 내가 '페임버블fame bubble(명성 거품)'이라고 부르는 세계에 살고 있다. 아무도 그들에 대해 거절을 하거나 도전하거나 심지어 놀리지도 않는다"라고 말했다. 예일대학교 심리학과를 중퇴하고 영화 〈어 키드 라이크 제이크A Kid Like Jake〉의 주연 배우를 맡은 클레어 데인스Claire Danes는 "명성은 외로움을 끝낼 수 없다"라고 말했다. 명성을 얻는다고 외로움이 사라지지 않는다는 것이다. 클레어 데인스는 또 "사람들은 명성과 검증 혹은 사랑을 혼동한다. 하지만 명성은 보상이 아니다. 보상은 당신이 좋아하는 일을 함으로써 성취감을 얻는 것이다"라고 말했다.

영국 출신으로 영화 〈커런트 워The Current War〉와 〈프랑켄슈타인National Theatre Live: Frankenstein〉의 주연 배우 베네딕트 컴버배치Benedict Cumberbatch는 "명성은 이상한 것이기에 당신은 그것과 거리를 두어야 한다. 사람들은 당신이 자신을 스스로 보지 못하는 가치를 당신 안에서 간파하기 때문이다"라고 말했다. 드라마 〈다운튼 애비Downton Abbey〉 시리즈와 영화 〈여배우들의 티타임Nothing Like a Dame〉의 주연 배우인 매기 스미스Maggie Smith는 "내가 거의 50년 전에 연기를 시작했을 때, 그것은 명성에 관한 게 아니었다. 연기acting에 관한 거였다"라고 명성에 천착하는 젊은 배우들의 세태를 비판했다.

영국 출신의 영화배우이자 드라마 작가인 마이클 페일린Michael Palin은 "명성은 모든 것을 바꿔놓는다. 당신이 유명해지면, 당신은 달라져야 한다. 어떤 사람들은 당신이 요트와 4개의 집을 가지고 있어야 한다고 생각한다. 그렇지 않으면 당신이 '반듯한 사람A Decent Man'인 것만으로도 유명해진 것일 수 있다"라고 말했다.

미국 여배우로서 가장 많은 사랑을 받은 마릴린 먼로Marilyn Monroe는 "명성은 당신을 만족시키지 못한다. 그것은 당신을 약간 따뜻하게 하지만, 그 따뜻함은 일시적이다"라고 말했다. 먼로는 "명성은 철갑상어 알caviar과 같다. 캐비어를 먹는 것은 좋지만 매 끼니 먹는 것은 아니다"라고 지적했다. 먼로는 자신의 경험에 비추어 "명성은 사라질지도 모른다. 오랫동안, 나는 너를 가졌었다. 명성은 변덕스럽다. 명성에는 보상도 있지만, 단점도 있다"라고 통찰했다.

나아가 먼로는 자신이 유명해짐으로써 가족들이 겪은 고통을 이야기한 적이 있다. 먼로는 "의붓자식들은 모두 내 명성에 대한 짐을 지고 있었다. 때때로 그들은 나에 대한 끔찍한 것들을 읽었고, 나는 그것이 그들에게 상처를 줄까 봐 걱정했다. 나는 그들에게 '이것들을 내게 숨기지 말고 모든 것을 솔직하게 물어보는 것이 좋겠다. 그러면 나는 너의 모든 질문에 대답하겠다'라고 말했다"라고 털어놓았다.

어떤 사람의 명성이 진실과 정직에 기초할 경우 종종 남들이 고지식하다면서 대하기 어렵다고 꼬집어 심리적으로 어려움을 겪는 경우도 많다. 이 문제를 절실하게 호소한 배우가 있다. 영화 〈여인의 향기Scent of a Woman〉, 드라마 〈번 노티스Burn Notice 시즌 7〉, 〈원스 어폰 어 타임Once Upon a Time 시즌 7〉 등에 출연했던 영국의 여배우 개브리엘 앤워Gabrielle Anwar는 "저는 제가 진실하고 정직한 사람인데 '어려운 사람'이라는 평판에 시달려 왔습니다. 정말 제 옆구리에 가시가 박힌 것 같았어요"라고 고백했다.

배우 최민식은 진정 배우라면 이전의 작품 출연으로 얻은 명성에 집착하지 말고 항상 새로운 것을 추구해야 한다고 말했다. 그는 영화 〈올드보이〉, 〈악마를 보았다〉 등으로 강한 악인의 이미지가 형성되어 있고, 〈명량〉, 〈대호〉 등으로 영웅의 이미지가 관객들에게 여운처럼 남아 있기도 하다. 최민식은 "배우에게 전작의 명성은 양날의 칼이다. 그만큼 인정받는 작품에 출연했다는 우쭐함도 있지만, 그 이미지가 꼬리표처럼 따라다니는 건 절대 좋지만은 않다. 나는 새로운 것을 내놓고 그것에 관해 얘기하고 싶다. 대중의 트렌드를 좇아 영화를 선택하는 것도 참 어리석다고 생각한다"라고 말했다.[1]

배우 류준열은 유명해진 후 행복을 유지한 방법에 대해 조언은 듣되 비교하지 않는 것이 최선이라고 말했다. 그는 2015년 영화 〈소셜 포비아〉로 데뷔하여 2015~2016년 방영된 tvN 드라마 〈응답하라 1988〉로 스타덤에 올랐다. 류준열은 "저는 원래 타인과 저를 비교하지 않아요. 그게 행복을 지키는 제 기준이죠. 그래서 영화 〈외계+인〉에 출연했을 때 전작 〈전우치〉와 비교해서 생각해 본 적도 없고요. 다만 강동원 선배님께 조언을 들은 적은 있죠"라고 말했다.[2]

아울러 성공의 꿈을 가능케 한 기이한 인연을 강조했다. 류준열은 "제가 처음 소속사 씨제스에 들어간 뒤에 소속사 대표님과 어떤 작품을 하고 싶고 어떤 배우가 되고 싶은지 이야기를 나눈 적이 있어요. 그때 제가 꼭 최동훈 감독님 작품을 하고 싶다고 말했죠. 그 뒤 잊고 지냈는데 어느 날 대표님이 그때 한 말 기억하냐면서 다시 이야기해 주시더라고요. (결국 최 감독님 연출의 〈외계+인〉에 출연했으니) 숨이 턱 막히면서 '와, 세상에 이런 인연도 있구나' 싶었죠. 진짜 너무 감격스러웠어요"라고 고백했다(장주연, 2022).

'대장금 한류'의 주역, 관록의 스타 배우 양미경의 명성론

양미경 배우는 MBC 사극 〈대장금〉으로 비롯된 '대장금 열풍'으로 세계 팬들의 사랑을 한몸에 받은 한류 스타로서 오늘날 세계 문화시장에서 점차 주류로 부상하고 있는 케이컬처K-culture의 주춧돌을 쌓은 일등공신이다. 아울러 1983년 KBS 공채 탤런트 10기로 데뷔한 이래 무려 40년간(2023년 현재)의 연기생활을 통해 깊은 내향성, 맑고 선한 성정, 곱고 단아한 이미지를 꾸준히 보여주며 독보적인 페르소나를 구축해 온 명성과 관록의 배우다.

양미경 배우

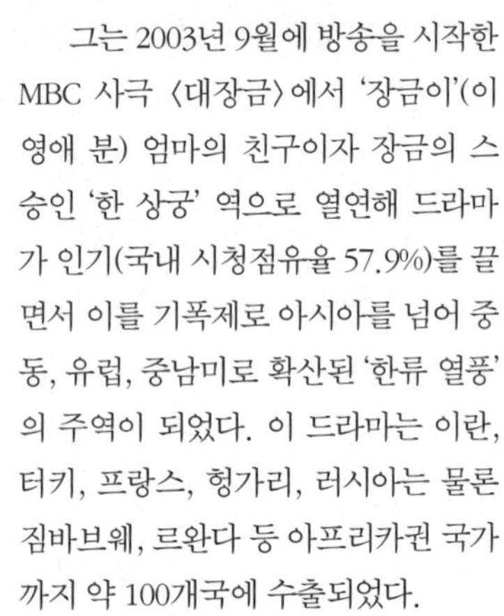

그는 2003년 9월에 방송을 시작한 MBC 사극 〈대장금〉에서 '장금이'(이영애 분) 엄마의 친구이자 장금의 스승인 '한 상궁' 역으로 열연해 드라마가 인기(국내 시청점유율 57.9%)를 끌면서 이를 기폭제로 아시아를 넘어 중동, 유럽, 중남미로 확산된 '한류 열풍'의 주역이 되었다. 이 드라마는 이란, 터키, 프랑스, 헝가리, 러시아는 물론 짐바브웨, 르완다 등 아프리카권 국가까지 약 100개국에 수출되었다.

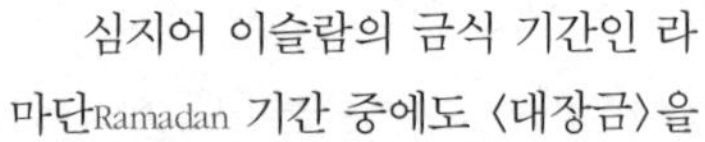

심지어 이슬람의 금식 기간인 라마단Ramadan 기간 중에도 〈대장금〉을 시청할 정도로 경이적인 시청률(90%)을 나타낸 이란에서는 '한 상궁' 양미경 배우가 2009년 5월 '국빈國賓'으로 공식 초대받아 한국 문화를 알리는 행사에 참여했는데, 당시 많은 팬들이 테헤란 공항에 몰려들어 화제가 되었다. 이 국빈을 영접한 이란의 부통령도 현장에서 열띤 호의를 나타냈다고 한다.

2015년 12월 말 홍콩의 중국계 신문 ≪문회보文匯報≫는 홍콩 시민의 약 절반인 328만 명이 〈대장금〉을 시청(최종회 최고 시청점유율 50%)한 점을 들어 그해 '홍콩 연예계의 10대 뉴스' 가운데 하나로 〈대장금〉과 '한류'를 꼽았으며, 양미경 등 출연진들이 홍콩을 방문할 때마다 엄청난 팬들이 몰렸다고 전했다.

이 드라마에서 한 상궁과 장금이 등 수라간의 의녀들과 궁녀들과 사옹원이 주관하는 궁중 음식에 대한 호기심까지 높아지면서 우리 정부는 이를 국가 홍보에 활용했다. 대표적으로 2015년 문화체육관광부 해외문화홍보원은 드라마 〈대장금〉에 나오는 궁중음식 70여 가지의 조리법을 담은 「대장금의 궁중 상차림Jewels of the Palace」이란 영문 홍보 책자를 발간하여 각국에 배포했다.

양미경 배우는 이어진 드라마 〈민들레 가족〉, 〈굳세어라 금순아〉, 〈해를 품은 달〉, 〈메이퀸〉, 〈왔다! 장보리〉, 〈비밀의 남자〉, 〈국가대표 와이프〉 등에서도 빛나는 역할을 수행했다. 그는 배우 활동 외에도 인덕대학교 방송연예과 교수로 활동하면서 어린 후학들에게 몸소 연기를 가르치는 스승의 역할이라는 '투명한 거울'을 들여다보며 쉼 없이 '배우 수련'을 이어가고 있다.

양미경 배우는 2022년 10월 27일 필자와의 인터뷰에서 "'명성'은 고귀함 그 자체라고 정의하고 싶다"라고 말했다. 오랜 연기 경험과 체험한 인생살이의 다양한 일들에 비춰 그렇게 정의한 것이다. 그는 명성名聲은 이름이 소리가 나서 형성되는 것이라고 본다. 그 소리는 선함을 바탕으로 인고의 노력과 울림을 통해 영롱한 새벽이슬처럼 만들어진 것이기에 '명성은 고귀'라고 일갈한 것이다.

그는 "명성은 삶의 기적이라 할 수 있는데, '기적'과 '기회'는 분명 다르다. 기회는 선택할 수 있지만, 기적은 선택이 아니라 운명처럼 받아들일 수밖에 없는 강하고 깊은 흐름이며 아름다운 에너지다"라고 설명했다. 그는 "'행위는 존재를 따른다'라고 했듯이 삶이란 그 주체인 사람의 행동에 근거한다. 실수투성이 인간이라도 그 본질에는 선함을 갖고 있기에 자기 이름이 명성 단계인 울림으로 승화하여 소리가 나려면 무엇보다도 본질을 잘 지켜야 한다"라고 강조했다.

양미경 배우는 긴 배우 인생에서 자신의 명성을 대표하는 작품이 단연 〈대장금〉이라고 꼽았다. 그는 "드라마 〈대장금〉으로 국내뿐만 아니라 국외에서도 많은 사랑을 받았으며, 작품 속 인물은 '멘토'에 대한 사람들의 그리움을 담고 있었기에 더욱 의미가 있었고, 세계인이 열광한 심리적, 내인적 이유가 되었다"라고 평가했다. 아울러 "배우로서 자아실현감과 행복감이 충만한, 자부심이 투사된 명성을 처음 느낀 순간도 〈대장금〉 출연 시기"라고 말했다. 양미경 배우는 "〈대장금〉을 방송

할 때를 돌이켜 보면, 그때 정말 알 수 없는 순간에 찾아오는 듯한 찬란한 에너지를 감지했고, 바로 그것이 새로운 차원의 명성임을 느꼈다"라고 밝혔다. 그는 "당시 그것이 발산하는 빛은 숨길 수 없는 매우 강한, 삶에서 흔히 만날 수는 없는 특별한 에너지였다"라고 술회했다.

양미경 배우는 연기 예술계의 많은 후배에게 "배우로서 '명예로운 명성'을 획득해 유지하는 방법은 명상冥想을 통한 연기 집중이 답이 될 수 있다"라고 조언했다. 아울러 그는 "명성을 얻은 배우가 활동하면서 가장 유념해야 할 것은 자신의 이름이 지닌 밝음을 진화시키기에 앞서 끊임없이 명성의 가치를 인식하고 그것의 중요성을 곱씹으며 깨어 있어야 한다"는 점이라고 말했다. 그는 "자연을 닮은 아이의 눈빛은 자유롭다. 그런 순수함은 이미 우리 마음속에 존재하고 있는데, 우린 종종 잊고 살아가고 있다. 스스로 속도 조절을 잘한다면 누구나 그 순수함을 지키고 밝음의 성숙, 즉 '삶의 원형'과 마주할 수 있다"라고 강조했다.

양미경 배우는 앞으로 전개할 배우 생활의 지향점과 예술철학에 대해 "'스스로 그러하다'는 것으로 풀이되는 '자연自然'처럼, '물결'이 아닌 더 깊은 '물'처럼, 언제나 멈추지 않고 계속 흘러가고 싶은 배우가 되고 싶다"라고 말했다.

연기할 때는 집안의 엄마 같은 멘토가 되어 출연진 전체를 가족처럼 챙겨 각자의 이름이 발하는 빛의 시너지를 만들어내고, 작품이 끝나면 훌훌 털고 산바람, 바닷바람이 세찬 낯선 곳으로 여행을 떠나 순수와 밝음의 에너지를 충전하는 그는 '삶의 본질'은 물론 '명성'이 뭔지 제대로 아는 배우다.

포커스

'연기의 신(神)'으로 우뚝 선 대세 배우 이성민의 명성론

"저의 20~30대 때는 정말 미래가 없었습니다. 제 머릿속에 지금의 모습은 없었어요. 매일 살기 바빴어요. 막연하게 한 번쯤 유명한 배우가 되고, 많은 사람이 날 알아보면 좋겠다고 상상해 본 적이 있습니다. 그런데 실제로 그 꿈을 이루니까 그만큼 책임이 따르고 치러야 할 대가들이 많아지더군요."[3]

'연기의 신'으로 불리는 이성민 배우가 최고의 스타 반열에 오른 현재 자신의 명성에 대해 진솔하게 소회를 밝혔다. 그는 시청자, 언론·평단은 물론 톱스타급 동료 배우들에게조차 '연기의 교본'이란 평가를 넘어 '연기의 신'이란 최고의 찬사를 받고 있다. 보통 배우들과 다른 깊이와 색깔로 작품의 배역마다 외양, 말씨, 눈빛, 성정, 카리스마가 달라져 전혀 다른 사람으로 변신하며 몰입해 감동을 주기 때문이다. 단순한 카멜레온이 아닌 '신들린 카멜레온'의 경지다.

이성민 배우

그는 고교생 시절 우연히 단체 관람으로 보게 된 송승환 배우의 연극에 매료되어 배우를 꿈꿨다. 경상북도 봉화 태생인 그는 대구로 와서 10년 동안 무명배우로 극단생활을 했다. 한 장에 100원짜리 포스터를 붙이고 커피 크림을 죽처럼 만들어 먹을 정도로 생계가 어려웠다. 아내도 이때 만났다. 가정을 꾸리려고 대리 운전과 택시 운전도 고민했다.

곤궁했지만 유명한 배우가 되겠다는 꿈에 대한 열정을 놓지 않았던 20~30대가 지나자 동틀 녘 여명처럼 빛이 보이기 시작했다. 1987년 연극배우로 데뷔해 연극 〈아트〉, 〈쉬어 매드니스〉, 〈변〉, 〈늘근 도둑 이야기〉, 〈샤이닝 시티〉 등에 출연했다. 2004년 첫 상업영화인 〈맹부삼천지교〉에 출연했다. 2012년 드라마 〈더킹 투하츠〉, 〈골든 타임〉에 캐스팅되어 얼굴을 알렸다.

이렇게 40대부터 영상 콘텐츠에서 단역·조연의 기회를 얻다가 윤태호 작가의 웹툰 원작인 tvN 드라마 〈미생〉에 오상식 과장 역으로 나와 주목을 받은 것을 계기로 50대부터는 출연 제의가 밀려들기 시작했고 영화 〈공작〉, 〈남산의 부장들〉, 〈대외비〉, 드라마 〈형사록〉과 〈재벌집 막내아들〉 등에서 독보적인 캐릭터 소화력을 발휘하면서 톱스타로 부상해 배우 인생 최고의 전성기를 누리고 있다.

이성민 배우는 연기론에 대해 "연기는 기술을 부리는 게 아니라 본질, 진정성이 중요하죠. 어릴 땐 문제가 있으면 선배들이 깨우쳐 주는데, 나이가 들고 명성이 쌓이면 누가 지적해 주지 않으니 자신에게 질문을 던지며 해결해야 해요. 계속 후회·반성하면서 고쳐나가는 것이죠"라고 말했다.[4]

그에게 작품 선택 기준을 물었더니 "저는 캐릭터를 보고 선택하진 않죠. 먼저 관객이 얼마나 관심을 가질까를 생각하고, 그다음 연출자를 보고, 이어 캐릭터를 보는데, 그중 하나라도 맞지 않으면 고민합니다"라고 설명했다.[5]

아울러 그는 배우의 명성은 맡은 캐릭터가 훌륭한 작품 안에 완벽하게 구축되고 그럴 때만 의미가 있으므로 자신은 (일단 작품에 들어가면) 무조건 작품이 잘 만들어지도록 온 힘을 다한다고 강조했다. 이성민 배우는 "영화가 잘 만들어져야 배우, 캐릭터가 빛나죠. 배우가 잘되고 명성을 갖는 건 배우 개인에게 중요하겠지만 모두가 함께하는 게 더 중요해요. 작품(영화)도 있고 함께한 배우, 스태프, 연출도 있잖습니까. 그들을 통해서 배우가 빛나니까 우선 영화가 잘됐으면 좋겠습니다"라고 강조했다.[6]

그는 예술가로서 향후 지향에 대해 "다시 태어난다면 고장난 기계들을 수리하는 수리공이 되고 싶지만, 현재로선 배우와 연기가 제게 숙명 같아요. 배우는 무쇠를 가슴으로 녹일 수 있다고 믿는 좀 멍청한 사람이죠. 저도 그런 사람으로서 '조금 더 깊이 있는 배우'가 되는 것이 꿈이죠"라고 말했다.[7]

미래에 자긍심과 품격이 가득한 명성을 누리게 될 '성공한 배우'를 꿈꾸는 후배들에 대해서는 "미련하게 지치지 말고 소같이 묵묵하게 칼을 열심히 갈고 '기회여 언제든 나에게 와라, 단칼에 보여주겠다'는 마음을 갖고 준비해야 하죠. 마음이 조급해지거나 지치면 안 됩니다"라고 조언했다.[8]

토픽 39 스타 뮤지션의 명성론

2014년 BET 어워즈(미국 블랙 엔터테인먼트 텔레비전 네트워크에서 매년 아프리카계 미국인과 음악 등 부문의 소수민족 스타를 대상으로 수여하는 시상식) 최우수 여성 힙합 아티스트상에 이어 2018년 MTV 비디오뮤직 어워드 최우수 힙합 비디오상을 받은 미국의 힙합 가수 니키 미나즈Nicki Minaj는 "나의 행복은 돈이나 명성에서 오는 것이 아니다. 나의 행복은 아등바등 힘들이지 않고 인생을 바라보는 데서 온다"라고 말했다. 2011년 BET 힙합 어워즈 올해의 앨범상을 받은 힙합 가수 빅 션Big Sean은 "명성은 반드시 성공과 관련이 있는 것은 아니다. 명성은 그것이 좋든 나쁘든 당신이 하고 있는 그대로 인정받고 있는 것이다. 그러고 보면 죽은 오사마 빈 라덴Osama Bin Laden도 유명하지 않았는가"라고 반문했다. 가수 겸 영화배우 데이비드 보위David Bowie는 "명성이나 명예 그 자체는 식당에서 좋은 자리를 차지하는 것 이상으로 당신에게 아무것도 줄 수 없다"라고 말했다.

미국 링컨고등학교를 중퇴하고 음악에 뛰어들어 가수가 되었던 에미넴Eminem은 "명성이라는 것은 내게 엄청난 충격을 안겨다 주었다"라고 말했다. 2014년 제56회 그래미 어워드 베스트 팝 보컬 앨범상을 받은 미국의 가수이자 음악 PD인 브루노 마스Bruno Mars는 "유명해지는 것은 결코 내가 하고 싶었던 것이 아니었다. 명성을 얻으면 따라오는 많은 것들이 있다. 그것은 많은 사람들로부터 주목이나 각광을 받는 사람들이 해야 하는 것이다"라고 말했다.

영국의 가수이자 작곡가로서 1980년대 전설적인 유리드믹스Eurythmics의 메인 보컬이었던 애니 레녹스Annie Lennox는 "'명성을 위한 명성'에는 독성이 있다. 어떤 사람들은 아무런 경계선도 없는 그것을 원한다. 그러니 명성은 건강에 좋지 않다"라고 말했다. 사회 운동가이기도 한 그는 영화 〈반지의 제왕: 왕의 귀환The Lord Of The Rings: The Return Of The King〉에 나오는 서정적이고 몽환적이며 신비스러운 느낌을 주는 주제곡인 「Into the West」를 불렀다. 2004년 공연예술 평생공로상을 받은 영국 가수 엘튼 존Elton John은 "명성은 미치광이를 끌어들인다"라고 말했다.

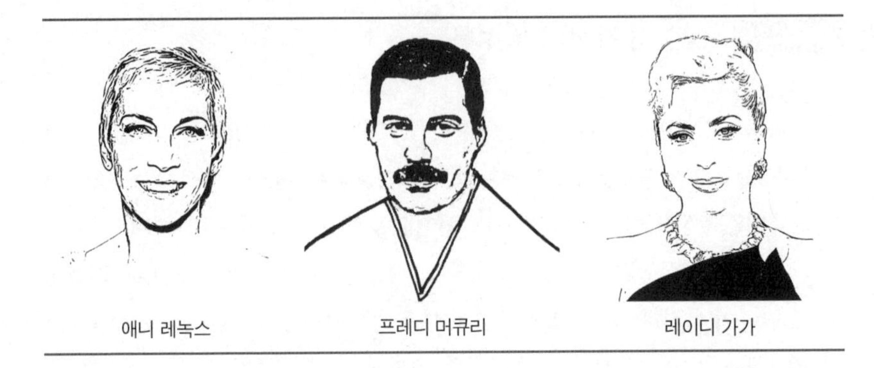

애니 레녹스　　　　프레디 머큐리　　　　레이디 가가

영국의 전설적인 그룹 퀸Queen의 프레디 머큐리Freddie Mercury는 생전에 "왕이 되기 위해 태어난 우리는 우주의 왕자들이다!"라고 음악계에서 슈퍼스타급 명사가 된 기쁨을 표현했다. 전위적인 퍼포먼스와 무대 구성으로 명성을 구가한 가수 레이디 가가Lady Gaga는 "명성은 궁극적으로 욕망의 사이클, 그리고 그것들을 제거하거나 잘 관리하는 방법에 관한 것이다"라고 정의했다. '얼굴 없는 가수'란 콘셉트로 어필하여 유명했던 오스트레일리아 태생의 가수 시아Sia는 "명성 때문에 나는 공황장애가 생겼다"라고 말하며 "명성은 사람에게 일어날 수 있는 최악의 일이다. 나는 어떤 일에도 공개 출연을 하지 않기로 했다"라고 말했다. 시아는 애인의 죽음으로 인해 상실감에 빠진 나머지 마약 중독, 대인기피증, 우울증에 시달려 이를 극복하기 위해 많은 노력을 기울였다.

영국 가수 도노반Donovan은 "나와 비틀스The Beatles는 우리 세대에 명성과 성공을 가져다주도록 미래를 차분하게 달래주는 데 도움이 되는 '방법'이 분명히 있다고 생각했다"라고 말했다. 이들이 말한 '방법'은 바로 마음을 달래주거나 차분하게 해주는 느린 전자 음악 '칠아웃Chillout'이었다.

2013년 MTV 유럽뮤직어워즈 베스트 여자 가수상을 받은 가수 케이티 페리Katy Perry는 "명성은, 내 생각에, 단지 내가 하는 일의 '역겨운 부산물'일 뿐이다"라고 일갈했다. 페리는 "불행히도, 나는 많은 사람이 실제 직업윤리보다 명성에 더 영향을 받는다고 생각한다. 그들 중 많은 사람은 아무것도 하지 않는 리얼리티 TV 타입의 사람들이 되기를 원한다"라고 꼬집었다. 미국의 재즈 테너 색소폰 연주자 스콧 해밀턴Scott Hamilton은 "명성은 매우 혼란스러운 것이다. 왜냐하면 당신이 명성을 갖게 되면 이전에 보지 못했던 많은 사람에 의해 인식되고, 그들은 큰 이점을 누리기 때문이다"라고 말했다.

가수 박정현은 관객을 열광·감동하게 하는 최고 수준의 가창력과 현란한 퍼포먼스 능력을 갖춘 보컬리스트라는 명성과 비교하면 평소에 매우 소탈하고 무욕한 성품을 드러내고 있다. 그녀는 "음악을 계속할 수 있는 것이 내 음악의 목적이다. 사실 그건 굉장히 욕심 있는 목적이다. 내 꿈은 그렇게 노래를 부르는 것이었는데 지금 이미 만족을 하고 있다"라고 말했다.[9]

박정현은 데뷔곡 「나의 하루」를 만든 윤종신을 만났을 때 윤종신은 범접할 수 없는 명사이자 대선배였다. 자연스레 데뷔 전의 아마추어 무명인이 바라본 이미 인기 뮤지션인 명사, 명사가 된 이후에 같은 명사를 바라보는 각각의 시각이 궁금할 수밖에 없다. 박정현은 이에 대해 "데뷔 당시에 윤종신은 잘 지도해주는 선배님이어서, 그때는 정말 시키는 대로 했다. 예전에는 우러러보던 선배님이었다. 그런데 이제는 공동 작업할 수 있는 동료라는 게 너무 가슴이 벅차더라"라며 변화된 위상과 느낌을 전했다(최현정, 2014).

가수 아이유(이지은)는 자신의 첫 상업영화 〈브로커〉에 미혼모 '소영' 역으로 출연한 뒤 함께 연출을 맡아 작업한 고레에다 히로카즈是枝裕和 감독에게서 '명성'의 근거를 찾을 수 있었다고 말했다. 아이유는 "진짜 감독님한테 많이 배웠어요. 대단한 예술가로서도 영감을 제게 줬지만, 힘든 상황이나 예측 불가능한 상황이 닥쳤을 때 항상 마인드콘트롤을 하면서 모든 이에게 일관되게 대하고 평정심을 유지하는 걸 봤는데, 인상적이었거든요. 그가 가진 부담을 감히 상상할 수 없지만, 그걸 티 내지 않고 스태프들을 안심시키는 데에 감동하고 감사했어요"라고 말했다.[10] 자신도 이미 가수로서는 최고의 경지에 오른 명사인데 아직은 생경한 영화 분야의 예인에게서 배움을 얻은 것이다.

이에 대해 대배우 송강호는 "아이유는 예전부터 제가 팬이었어요. 노래를 잘 알진 못하지만, KBS2 〈최고다 이순신〉 때부터 〈나의 아저씨〉까지 워낙 놀라운 연기를 보여줬거든요. 같이 작업하리라곤 상상도 못 했어요. 그래서 더 좋았죠. 함께 작업하면서 '가수로서 성공이 그냥 이뤄진 게 아니구나'라는 걸 확인했어요. 이 친구가 일을 대하는 태도, 깊이감이 남달랐으니까요. 대사 하나하나, 얼마나 준비를 많이 하고 입 밖으로 내는지 제가 똑똑히 봤거든요. 아마도 대한민국을 대표하는 여배우가 될 것으로 확신합니다"라고 말했다.[11]

미국 음악 잡지 ≪롤링스톤Rolling Stone≫은 2022년 6월호(5월 23일 현지 발행) 표지 모델로 "낯선 소녀들이 자매가 되고 팝의 초신성이 되기까지"란 부제를 달은 걸그룹 '블랙핑크'를 선정했다. 걸그룹으로서 이 잡지의 표지 등장은 영국 스파이스 걸스Spice Girls, 미국 데스티니스 차일드Destiny's Child에 이어 세계에서 세 번째이며, 아시아 그룹으로는 최초이기에 역사적인 명성이 아닐 수 없다. ≪롤링스톤≫은 블랙핑크를 '팝의 초신성Pop Supernova'이라 평하며 "한국이 배출한 가장 인기 있는 아티스트 중 한 팀이다. 이들의 음악은 폭발력과 중독성을 지니고 있다. 힙합 비트에 하우스, 일렉트로닉 댄스 음악EDM 등을 믹싱해 불꽃을 만들어낸다"라고 분석했다.[12]

이 인터뷰에서 블랙핑크의 메인 래퍼이자 리드 보컬인 제니는 "블랙핑크 음악의 주조인 힙합은 반항적이지 않으면서 멋지므로 전 세계가 이전에 보지 못했다. 멤버들이 70세가 되어 각자 다른 인생을 살더라도 블랙핑크는 내 마음에서 영원할 것이다"라며 음악적 명성에 대한 자부심을 나타냈다. 구성원에 대해서도 "그들은 이미 내 가족의 일부"라며 강한 애착심을 드러냈다.

리드 보컬인 지수도 "우리의 음악은 우리 멤버들의 의견과 피드백을 주고받으며 완성된다. 다 만들어진 (완제품 같은) 곡을 그냥 받지 않는다. 이런 과정이 있기에 우리는 우리 음악에 자부심을 느낀다"라고 음원을 만드는 입체적인 소통 과정에 대한 설명을 통해 음악의 독보성을 설명했다. 그는 또 명성과 유명세에 대해 "(유명해졌어도) 내가 월드 스타라는 느낌은 없다. 내 위치가 달라졌을지는 모르겠지만, 난 이전의 나일 뿐이다"라고 초연한 태도를 나타냈다.

지수는 별도로 발간된 ≪롤링스톤≫ 2022년 6월호 개별 디지털 커버 인터뷰에서 "음악 장르에 대한 상반된 질문들에 대한 고민이 있다. 나는 다양한 종류의 밴드와 록 음악을 좋아한다. 사람들이 나에게 어떤 종류의 음악을 원하는지도 궁금하다. 언제나 어떻게 하면 음악을 통해 다른 사람의 삶에 더 좋은 영향을 미칠 수 있겠냐고 되뇐다"라며 뮤지션으로서 고민을 드러냈다.[13]

지수는 이 인터뷰에서 "유명한 팝스타가 된 어려움이 나를 더욱 조심하게 만든다. 보는 눈이 너무 많아 공공장소에서 겪는 스트레스, 정신건강과 고군분투해야 하는 나의 고민에 대해 말하는 것이 때때로 어렵다"라고 셀럽으로서의 심각한 고충을 토로했다. 그는 평범함과 솔직함이 자신을 지키는 해법이지만 이것 역시 쉽지 않은 점이 있다고 털어놓았다. 지수는 데뷔 전부터 "(가수로서 데뷔 이후) 안 해본 것이 없지만 나는 평범함을 추구한다. 팬들과 솔직하게 친구인 것처럼 이야기하는 것을 좋아한다. 팬들도 그런 사람이 좋다. 이런 사람들이 내 삶에 존재하지만 (유명인이라서 그렇게 하지 못하는) 나 혼자만의 어려움이 있다"라고 말했다.

가수 김도향은 광고 음악만 3000여 곡을 부른 'CM 송의 대부'이자 심리치료에도 도움을 주는 '명상음악의 대부'로 불린다. 1980년에는 슈베르트Franz Schubert의 세레나데 일부를 편곡한 CM 송으로 '클리오 국제광고제' 라디오광고부문에서 최고상을 받는 등 최정상의 명성과 영예를 누렸다. 그는 그 뒤 피로와 직업의 영속성 등에 관해 회의감이 밀려와 산으로 향했고 명상 수련을 하게 되었다. 그는 광고 음악 작곡가와 가수로 지내온 인생을 자조하면서 「난 참 바보처럼 살았군요」란 노래를 내놓기도 했다. 명사였지만 화려한 것 못지않게 허전함이 교차하는 인생이었다고 느낀 것이다.

김도향은 인생을 관조한 듯 "50여 년간 노래를 불렀어요. 이제는 그동안 가지 못했던 곳을 찾아서 (팬들과) 이야기도 나누고 노래도 들려드리고 웃음도 나누자는 마음이에요. 앞으로 노래에 어울리는 철학 이야기도 하다가, 세상 돌아가는 이야기도 하고요. 민낯으로 포장하지 않은 진솔한 이야기를 나누고 싶어요. 평생에 한 번 만나서 이야기를 나누는 자린데 화장하는 것처럼 겉만 번지르르하게 꾸밀 필요 없잖아요"라고 말했다.[14]

가수 인순이는 편견과 차별에 당당히 맞서며 '대한민국 최고의 디바'라는 명성을 얻었다. 가수 박일준, 윤미래, 소냐도 같은 범주에 속한다. 인순이는 특히 '꿈의 무대'인 미국 카네기홀에서 한국 가수 최초로 두 차례나 공연했다.[15] 국내 공연에서는 음향시설이 좋은 데다 아름다운 무대 공간에서 자신을 표현하고 싶은 욕망 때문에 '예술의 전당'을 선호하는 것으로 알려져 있다.

인순이는 "제가 간이 아직 크지 못해서, (방송보다) 그냥 무대에서 제 감정이 이끄는 대로 놀면서 노래하고 싶어요. '최고'는 그 위치에서 안 내려가려고 너무 많이 고민해야 하니까, '최초'가 더 좋아요. 최초는 살짝 모자라도 다음에 더 잘할 기회를 덤으로 얻잖아요"라고 관록이 있는 명성관을 피력했다.[16]

무대에 서는 아티스트의 자세에 대해 인순이는 "관객들은 가수들의 모든 걸 다 알고 있으니 순간적으로 노래를 틀릴 수는 있지만, 연습하지 않은 티는 숨길 수 없어요. 무대에 오른 가수는 굳건히 땅을 짚고 서 있어야 합니다. 그것이 가수의 덕목이자 의무죠"라고 프로정신을 강조했다(김고금평, 2011). 무대에서는 독하게 예술적 열정을 쏟아내고 관객들에게는 겸손한 자세로 진심을 선사하는 접근 방식이다.

인터뷰

케이팝 '카라 신드롬'의 키 아이콘
가수 구하라의 명성론

"우리 '카라'의 대성공은 철저한 준비와 팬들의 애착 어린 사랑을 유발하는 친근한 소통 덕분이었어요. 히트의 시발점이 된 일본 도쿄 아카사카 브리지 콘서트(1000여 석 매진)를 지금도 잊을 수가 없어요. 그건 정말 기적奇跡이었어요."

일본 등에서 케이팝 '카라 신드롬'을 일으킨 5인조 걸그룹 '카라'의 메인 댄서 겸 서브 보컬 고故 구하라(1991.1.3~2019.11.24)는 세상을 떠나기 전인 2019년 5월 소속 학과 교수였던 필자와의 대화에서 자신의 성공과 명성에 대해 '기적'이란 키워드로 풀어갔다. 필자는 그의 사망 2주기를 맞아 카라 신드롬의 '키 아이콘key icon'으로서 그가 케이팝 황금기를 이끌며 한국 가요사에 남긴 업적과 뮤지션으로서 찬란했던 삶과 열정을 기리기 위해 '카라'의 성공전략에 관한 학술논문[17]을 작성·발표해 헌정한 바 있다.

구하라는 "우리의 성공과 명성이 '기적의 힘' 덕분이라 표현한 이유는 여러 가지가 있어요. 아시다시피 '카라'는 제가 멤버로 들어오기 전 데뷔 성적이 매우 좋지 않아 팀 해체 위기가 있었고, 소속사(DSP엔터테인먼트)의 경영도 '3사'(SM, JYP, YG)보다 어려웠죠. 이런 상황에서 일본에서의 성공 기대는 상상도 할 수 없었죠. 첫 공연 전까지 아무도 예측하지 못했어요"라고 말했다.

가수 구하라

그룹 '카라'의 이미지를 대표하며 톱스타로서 영예로운 명성을 누렸던 구하라는 강지영과 함께 2기 멤버로 2007년 데뷔했다. 당시 매니저에 의하면 다양한 변신력은 물론 귀엽고 예쁜 매력, 두드러진 특징이 적은 민얼굴을 갖고 있어 무엇이든 원하는 대로 프로듀싱과 연출을 할 수 있는 장점이 있었던 것이 발탁 사유다. 그가 선풍적이었던 '카라 신드롬'의 핵심 주역이 되리라고는 아무도 예상하지 못했다.

구하라가 속한 '카라'는 '드라마 한류'에 이어 '케이팝K-Pop 한류'가 도래한 2007년부터 2015년까지 무려 8년간이나 최정상의 인기를 누렸다. 한국 음악사에 2010년 '소녀시대'를 제치고 일본 오리콘 '연간 순위'의 신인 음반 매출 부문에서 1위, 2011년 CD·DVD 매출 한국 가수 1위, 2013년 1월 한국 걸그룹 최초 도쿄돔 단독 만석滿席 공연, 허영지를 제외한 멤버 3인이 소속사와 계약이 만료되어 활동이 중단된 2016년 1월까지 일본에서만 음반 판매고 460만 장 이상이란 대기록을 각각 썼다.

구체적으로 구하라의 '카라'는 2008년 7월 말 타이틀 곡 「Rock U」가 수록된 미니 앨범을 발표해 국내 가요계의 선두를 탈환하며 일정 기간 '원더걸스'와 '소녀시대'를 능가했다. 일본에서는 남들이 따라오기 힘든 독보적인 성과를 올렸다. 이 그룹은 2010년 2월 7일 일본 도쿄 아카사카에서 두 차례의 팬미팅을 한 뒤 3개월 뒤인 같은 해 5월에 일본에 데뷔했다. 노래 「Pretty Girl」, 「Honey」, 「Mr.」, 「Lupin」 등을 잇달아 히트시키며 단박에 스타로 떠올랐다.

'엉덩이춤'을 앞세운 2008년 첫 데뷔 싱글 「Mr.」는 판매 첫 주에 아시아 그룹 최초로 오리콘 차트 상위 10위에 올랐다. 이로 인해 '카라'는 일본 데뷔 석 달 만에

The Korean Girl Group Kara's Differentiation Strategy Which Overcome the Trilemma and Led to the Great Reversal Success

Jeong-Seob Kim*

Department of Cultural Industry and Arts, Sungshin Womens University, Professor

ABSTRACT

The Korean girl group "Kara" has suffered the trilemma of its de facto failure to debut, the crisis of team breakup, and the CEO crisis of the agency. But the group has made an outstanding achievement in the history of Korean pop music after overcoming all odds. Their success strategy has never been disclosed by insiders involved in Kara's total music projects. This study has been carried out in the analysis of the strategy to provide academic implications and to honor the contribution of the late CEO Ho-yeon Lee and Kara's key member Ha-ra Gu. Therefore, between Nov. and Dec. 2020, we conducted in-depth interviews with managers, composers, stylists and Ha-ra Gu(Only in 2019, before her death) who took part in the project. The research model is set up by combining Porter's Competitive Advantage Strategy and the music value chain model into categories of "Product Innovation Differentiation (PD)" (producing, album production, performance activities) and "Marketing Differentiation (MD)" (market targeting, image specialization, promotion and communication). The analysis showed that the PD focused on complete rediscovered harmonization and revalued members' personality and sincerity with peppy songs and dainty dances as well as emission of "bright energy" which caused healing effects instead of mimicking other star singers recklessly. In terms of MD, they selected Japan's 10-20s as their main market, increasing intimacy with fans and media with the image of cute+pretty+classy+sexy. The result suggests that Poter's differentiation can function as a meaningful strategy frame in the fostering, hit, and revival of idol groups. In addition, it reaffirmed that spontaneous and passionate activities of early-stage or celebrity fan may serve as a valid catalyst for realizing differentiation, as Kara's caller of Japanese actor Gekidan Hitori caused a strong "priming effect" that drove Kara's unexpected wonderful success in Japan.

KEYWORDS: Kara, Product Innovation Differentiation, Marketing Differentiation, Harmonizing, Intimacy, Priming Effect, Ha-ra Gu, Gekidan Hitori

ARTICLE INFO: Received 21 December 2020, Revised 19 January 2021, Accepted 25 February 2021.

고(故) 구하라의 위업을 기리고자 쓴 헌정 논문 표지

골든디스크 신인상을 받았다. 2010년 9월에는 일본 오리콘 주간 2위를 기록했다. 일본에서 처음 발간한 정규앨범 〈Girl's Talk〉로 오리콘 차트 1위를 차지한 데 이어 한국 걸그룹 최초로 오리콘 집계 300만 장 판매를 기록했다.

2011년 12월 발매한 일본 앨범 〈Super Girl〉로 2012년 6월까지 6개월간 총 28만 장을 팔아 일본 앨범 판매 순위 7위로 기록되었다. 2013년 1월 6일에는 한국 여성 가수 최초로 4만 5000석 규모의 도쿄돔을 가득 메운 가운데 단독 콘서트를 개최했다. 2015년에는 구하라의 일본 첫 솔로 앨범 〈ALOHARA〉가 예약 판매 당일 일본 최대 음반 유통사인 '타워 레코드' 판매 1위에 올랐다.

구하라는 '카라'의 첫 음반 실패 이후 '구원 투수'로 영입되어 새로 방향을 정한 '발랄한 개성, 밝은 노래, 앙증맞은 댄스'란 콘셉트의 아이콘이 되었다. 특히 일본 가수 아무로 나미에あむろなみえ, Amuro Namie를 닮은 깨끗하고 귀여운 이미지와 캐릭터는 인기 폭발의 시발지였던 일본에서 열풍을 일으킬 매력 요소로 잠재하고 있었다.[18] 일본 배우 겸 코미디언 게키단 히토리劇團ひとり가 일본 방송에서 틈만 나면 "'카라'에 빠져 죽을 것 같다. 정말 미치겠다"라고 자주 언급하며 일본인들의 호기심을 불러일으키게 할 정도였다.

구하라는 "케이팝이 동남아와 일본을 거쳐 서구로 확산할 무렵 미국을 공략한 '소녀시대'와 달리 우리는 일본을 목표로 뒀어요. 국내에서 1집 실패 후 2집을 내놓아 반응이 좋긴 했지만 정말 열심히 노력했는데, 제대로 인정받지 못해 속상했어요. '원더걸스'와 '소녀시대'의 벽을 넘을 수는 없었죠. 고민하다가 일본을 두드리기로 했어요. 그곳에 가서 공연하고 뮤직비디오와 일상을 SNS에 올리고 팬들과 접촉을 많이 하면 뭔가 달라질 수 있다고 생각했어요"라고 말했다.

2집부터 이미지를 일본의 10~20대에 어필하는 '발랄한 에너지' 발산을 기조로 '큐티+프리티+세련+섹시'의 복합 콘셉트로 새로 단장했다. 노래를 만들 때 일본 아이돌 음악에 능한 작곡가를 영입해 구성원들의 앙증맞고 밝은 에너지와 어울려 확실한 힐링 효과를 거둘 멜로디의 창작에 심혈을 기울였다.

구하라는 "도쿄 아카사카 브리지 콘서트 이후 일본 활동으로 '카라'가 꽤 많이 알려졌어요. 그래서 더 성장하도록 가족처럼 응원해 주는 그룹으로 방향을 잡아 일본어 익히기, 일본 방송 출연, 일본 팬들과 소탈하게 어울리기 등을 하며 친밀성을 높였어요. 그랬더니 달라지더라고요. 일본에서 인기가 더 높아지고 그것의 영향을 받아 국내에서도 1위에 올라서게 되었어요"라고 설명했다. '카라'의 일본 내 인기가 높아질수록 그 인기가 국경을 넘어와 국내 인기까지 견고해지는 연쇄효과가 나타난 것이다. 그는 그러나 최정상의 위치에 올랐을 때 오히려 에너지를 절제하고 아티스트로서 지향점을 강화하려 했다고 강조했다.

구하라는 "대성공을 거둬 무척 기뻤어요. 그러나 그 후 감당하지 못할 팬들과 언론의 퍼포먼스 요청이 있어 부담이 컸어요. 방전되어 금방 쓰러질 것 같아 가수로서 너무 소비하지 않으려 많이 절제했죠. 톱에 오른 후에는 일정 소화를 될 수 있으면 줄이고 에너지가 충전되고 심신이 안정된 상태에서 예술성을 발휘하는 아티스트로서 삶을 살아가려고 노력했습니다"라고 말했다.

포커스

'월드팝 독존신화'의 주역 그룹 방탄소년단(BTS)의 명성론

"방탄소년단이 '팝의 혁명'을 이끌었다는 것은 의심의 여지가 없습니다."

미국 애플뮤직이 2021년 2월 8일 진행한 그룹 방탄소년단BTS 인터뷰에서 뉴질랜드 출신의 유명 DJ 제인 로Zane Lowe는 BTS에 대해 이렇게 최고의 찬사를 했다.[19] 이런 명성 평가에 걸맞게 계속 성장세를 이어간 BTS는 이듬해인 2022년 11월 20일 미국 3대 대중음악 시상식으로 꼽히는 '아메리칸 뮤직 어워드'에서 5년 연속 수상했다. 이 시상식의 '페이버릿 팝 듀오 오어 그룹Favorite Pop Duo or Group' 부문에서 콜드플레이Coldplay, 이매진 드래곤스Imagine Dragons, 마네스킨Måneskin 등 걸출한 후보를 제치고 영광의 주인공이 되면서 세계를 제패한 케이팝 가수로서 명성과 위상을 재확인한 것이다. BTS는 그간 '음악을 통한 힐링'을 예술적 목표로 삼아 소통과 감동을 서로 나누는 활동을 해왔기에 그들의 명성론이 어떠할지 궁금해 하는 사람들이 많다.

BTS는 2019년 11월 19일(현지 시각) 발간된 미국 패션 잡지 ≪페이퍼PAPER≫와의 화보 인터뷰에서 다음과 같이 명성론을 펼쳤다.[20] 글로벌 스타로서 유명해지면서 점점 높아진 명성에 뒤따르는 부담감에 대해 BTS 멤버 지민은 "우리 공연을 보기 위해 오는 모든 분들께 완벽에 가까운 공연을 보여줘야 한다는 부담감이 있었어요"라고 털어놓았다. 리더 RM은 "압박감이 없다고 말한다면 사실이 아니죠. 그러나 여전히 우리는 무대 위에서 정말 잘하고 싶습니다"라고 말했다. 슈가는 "압박감이 없다면 거짓말이겠지만, 그 또한 삶의 일부라고 생각해요"라고 답했다.

BTS의 빌보드 '핫 100' 차트 역대 1위곡

(2017년 「DNA」와 「MIC Drop」으로 관련 차트 첫 진입)

- ★ 2020년 「Dynamite」(한국 가수로는 첫 1위), 「Savage Love」, 「Life Goes On」
- ★ 2021년 「Butter」, 「Permission to Dance」, 「My Universe」
- ★ 2023년 「Like Crazy」(지민)

* 데이터 출처: www.billboard.com

제이홉은 명성이 주는 부담감이 많은가란 질문에 대해 "아니라곤 할 수 없지만, 저는 요즘 사명감을 갖고 살고 있어요. '완벽해야 해!'라고 생각하기보다는 진짜 중요하고 기본적인 것들, 결과에 따라오는 신뢰를 기억하며 해야 할 일을 할 뿐이죠"라고 설명했다. 진은 "저 역시 바른 처신, 옳은 길을 가려고 노력해요"라고 덧붙였다. 뷔는 "저도 명성에 대해 압박감을 느끼는 것은 사실이지만, 자연스러움을 유지하는 것도 중요하다고 생각해 그렇게 하고 있어요"라고 말했다.

그룹 멤버들이 바라는 공통의 꿈에 대해서는 "지금 제가 느끼고 있는 것들을 놓치지 않고, 우리 모두의 불타는 열정과 함께 똑바로 나아가고 싶습니다"(RM), "앞으로도 지금처럼 음악과 공연을 계속하고 싶어요"(정국), "우리를 응원해 주는 사람들에게 오래도록 더 많은 공연과 더 나은 음악을 선사하고 싶습니다"(지민), "상상하지 못했던 것도 이룰 수 있었으면 좋겠어요"(뷔)라고 답변했다.

구성원이 많은 아이돌 그룹의 경우 견해 차이로 솔로나 듀엣 가수보다 명성 축적과 관리 과정이 험난하기만 하다. 이에 대해 RM은 "멤버 7명이 개성과 가치관이 모두 달라 수많은 모순과 차이점을 마주하면서 서로 이해하고 배려하며 난관을 극복해 온 점이 돌이켜 보면 좋은 추억이었다"라고 회상했다. 이런 난관 극복 과정에 대해 막내인 정국은 "내가 말이나 행동으로 사람들을 실망하게 했을 때 역지사지의 지혜를 발휘해야 함을 깨달았다"라고 덧붙였다. 지민은 "바로 이 점이 이제 우리는 대체 불가능한 한 팀이 된 이유"라고 설명했다.

이 인터뷰에서 음악의 지향성에 대해 구성원들은 "우리 시대의 진보적인 모습을 담고 싶다"(RM), "카리스마 넘치는 록을 하고 싶다"(진), "(지금의 명성과 위상에 머물지 않고) 더욱 발전하는 모습을 관객들에게 보여주고 싶다"(정국)라고 각각 밝혔다(Russell, 2019).

RM은 1년 후인 2020년 9월 13일(한국 시각) 미국 뉴스 채널 CNN과의 인터뷰에서는 가수로서 명성과 유명세에 대해 "긍정적인 면이 있으면 부정적인 면도 있기 마련이죠. 그것은 우리의 운명이라고 생각합니다"라고 말했다.[21] 유명해지면서 축적해 발휘할 수 있는 좋은 의미의 영향력과 그 반대편의 부담감을 동시에 깨우치고 있다는 뜻이다. 같은 인터뷰에서 진은 "어쩌다 외출하면 많은 사람이 BTS 덕분에 한국이 많이 알려져 자랑스럽다고 말해줘요. 그럴 때마다 성취감을 느껴요"라며 긍정적인 면을 강조했다.

CNN은 이때 BTS의 싱글 「다이너마이트」가 한국 가수 최초로 빌보드 핫100 차트에서 2주 연속 1위를 차지한 것을 언급하면서 "BTS는 빌보드 앨범 순위에서 비틀스의 기록을 깨면서 자주 비교되고 있다"라고 평가했다(Melas, 2020). 이 인터뷰에서 BTS의 제이홉은 "우리가 비틀스의 열렬한 팬으로서 함께 언급되어 큰 영광으로 생각합니다. BTS는 우리만의 음악을 계속해서 우리만의 색을 보여주고 싶어요. 훌륭한 음악을 만들기 위해 더 열심히 하겠습니다. BTS라는 이름이 비틀스만큼 멋지게 들리도록 노력하겠습니다"라고 말했다. 현재의 음악을 갈고 닦아 그 명성을 더욱 빛내겠다는 의지를 밝힌 것이다.

BTS의 멤버 가운데 정국과 지민은 뮤지션으로서뿐만 아니라 다양한 재능과 매력을 갖춘 '글로벌 셀럽'으로 관심을 한몸에 받고 있다. 정국의 경우 음악, 댄스, 미술, 운동 등에서 다재다능한 데다 평소 그가 먹는 것, 입는 것들마다 품귀 현상을 일으키기에 BTS 멤버 가운데서도 유독 도드라진다.

정국은 ≪보그 코리아Vogue Korea≫ 2022년 1월호 인터뷰(유튜브 채널)를 통해 "개인적으로 많이 끌리고 멋있다고 생각하는 사람이 본인 일을 잘하는 것 같아요. 본인 일을 충실히 하고 그 외에 취미가 다양하게 있는 사람들을 제가 좋아하는 것 같고요, 저도 마찬가지예요. 그런 사람들에게 끌리다 보니까 저도 제 할 일을 먼저 잘하려고 하는 것 같습니다. 올해 가장 듣고 싶은 말은 '멋지다'랍니다"라고 말했다.[22]

그는 이 인터뷰에서 자신이 듣고 싶다고 말한 '멋지다'라는 의미에 대해 "멋진 것은 되게 다양하게 해석할 수 있습니다. 성격, 무대 위의 퍼포먼스, 목소리가 멋지다거나 여러 가지로 많이 형용할 수 있는 단어라서 '참 멋지다'라는 말을 좋아하는 것 같습니다. 그래서 2022년에도 그런 말을 들을 수 있었으면 좋겠습니다"라고 덧붙였다. 그의 언급은 가치 중심의 명성 추구에 방점이 있는 듯하다.

정국은 이런 독보성을 자랑하듯 '2022 FIFA 카타르 월드컵' 공식 가수로 선정되었다. 2022년 11월 20일 오후 5시 40분(현지 시각) 카타르 알코르의 알바이트 스타디움에서 열린 대회 개막식에 등장해 카타르의 국민 가수인 파하드 알쿠바이시Fahad Al Kubaisi를 이끌며 월드컵 공식 사운드트랙 「드리머스Dreamers」를 불러 월드컵 축제의 서막을 화려하게 장식했다.

정국은 이 무대에서 호소력 있는 음색과 역동적인 댄스를 선보여 당일 세계 최대 검색엔진 구글의 미국, 캐나다, 일본, 브라질, 콜롬비아 사이트에서 실시간 검색어 1위에 오르는 반응을 끌어내며 세계인의 시선을 사로잡았다. FIFA는 정국에 대해 "대한민국 출신 가수이자 작곡가이며, 21세기 대중음악의 아이콘인 BTS 멤버다. 정국은 '올라운더'로 잘 알려져 있다. 노래, 랩, 춤도 뛰어나기 때문이다. 음악 스펙트럼이 굉장히 넓으며, 라우브Lauv, 찰리 푸스Charlie Puth와 협업하기도 했다"라고 소개했다.

셀럽으로서 이러한 특색이 두드러지면서 정국의 인스타그램에는 다른 멤버들과 차이가 클 정도로 각국 명사의 손길이 쇄도한다. 넷플릭스 시리즈 〈에밀리 파리에 가다Emily in Paris〉에 출연한 프랑스 배우 카미유 라자트Camille Razat, 인도 여배우 겸 가수 사라 거팔Sara Gurpal, 인도네시아 배우 글렌카 치사라Glenca Chysara, 오스트레일리아 테니스 선수 매슈 엡든Matthew Ebden 등이 대표적이다.

지민은 맑고 투명한 느낌의 고음을 지닌 메인 댄서로서 '보컬 황제', '춤신춤왕'으로 불린다. 이 때문에 온라인에서 높은 인기도를 나타내 글로벌 인기투표 '케이돌KDOL' 투표에서 2022년 10월 셋째 주까지 109회째 주간 순위 1위에 올랐다. 일본 웹매거진 ≪mi-mollet≫에 인터뷰한 지민의 학창 시절 부산의 댄스스쿨 원장은 "지민은 스타로서의 아우라와 품격이 있으면서 변함없이 순수하다. 수만 명이나 있는 공연장에서 멀리서 봤음에도 특별한 빛을 발하고 있었다"라고 말했다.[23]

지민에 대해 미국 ≪빌보드Billboard≫는 '모던 댄스 킹'이라 평했고, 인도의 언론 매체 ≪핑크빌라Pinkvilla≫는 '3세대 K팝 베스트 퍼포머 7인' 가운데 한 명이라고 꼽았다. 2022년 10월 부산 공연을 앞두고 공개한 댄스 영상에서 지민이 착용한 의류는 온라인 판매처에서 금방 동이 났다.

지민은 2022년 11월 8일에 서울의 KSPO DOME(올림픽 체조경기장)에서 열린 '2022 더팩트 뮤직 어워즈'에서 방탄소년단이 대상을 포함해 7관왕을 차지한 후 "여러분들이 주시는 메시지를 소중히 생각하고 있다. BTS 팬이라는 게 부끄럽지 않게 좋은 팀이 될 수 있게 노력하겠다"[24]라고 멤버들과 함께 소감을 밝혔다.

토픽 40 스타 언론인과 스포츠 스타의 명성론

미국 방송인(게임쇼 호스트)이자 요리 전문가 겸 식당 경영자인 가이 피에리Guy Fieri는 "이보세요, 그 명성이란 로켓은 오직 제한된 시간 동안 상승 궤도에 있을 뿐이잖아요"라며 명성이란 일시적 영광에 지나지 않는다고 말했다. 그는 요리 전문가의 엔터테이너 부상이란 측면에서 '미국판 백종원'으로 불린다. 미국 잡지 ≪뉴요커The New Yorker≫의 편집주간이자 일간신문 ≪뉴욕 트리뷴New-York Tribune≫ 소유주로 미국에서 높은 명성을 누렸던 언론인 호레이스 그릴리Horace Greeley는 인생에서 돈과 명성을 망각하고 사는 것이 현명하다는 점을 강조했다. 그릴리는 "명성은 증기蒸氣이며, 인기는 우연偶然이며, 부富는 순식간에 날아가는 것이니, 지상에서 유일하게 확실한 것은 망각妄覺이다"라고 명성의 덧없음을 에둘러 표현했다.

미국의 유명 방송 진행자인 오프라 윈프리Oprah Winfrey는 "당신 자신이 누구인지 이해하지 못한 상태에서 명성을 얻게 되면, 그것이 당신을 규정하게 된다"라고 말했다. 삶의 지향이나 가치관을 제대로 확립한 뒤 추구하는 명성이 가치가 있고 자신을 망치지 않는다는 점을 강조한 것이다. 나아가 윈프리는 "당신은 겸손하거나 겸손하지 않은 사람이다. 만약 당신이 그 명성을 얻기 이전에 바보였다면, 당신은 단지 더 많은 주목을 받는 바보가 되었을 것이다. 정말 그것을 해낸 당신이 누구였든지 간에"라고 덧붙였다.

미국의 방송인이자 자기계발서 작가인 카렌 살만손Karen Salmansohn은 외견상, 이미지상 도드라져 보이는 명성이란 외피가 초래하는 착시현상을 경계했다. 살만손은 "반대편의 잔디가 항상 더 푸르게 보이기 마련이다. 당신이 그곳에 직접 가서 그게 인조잔디인 '아스트로 터프Astro Turf'라는 것을 확인하기 전까지는 결코 현실이 아니다. 누군가가 물질적인 성공과 명성을 축적했을 수도 있지만, 그것이 그들이 행복하다는 것을 의미하지는 않는다. 그러니, 외관이나 표지로 사람의 인생을 판단하지 마라"라고 말했다.

미국 CBS의 저녁 뉴스 앵커로 전설적인 언론인이자 뉴스 진행자로서 가장

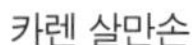

카렌 살만손

월터 크롱카이트

높은 명성을 구가한 월터 크롱카이트Walter Cronkite는 명성의 높고 낮음을 평가하는 잣대를 제시했다. 그것은 신문에 등장하는 '부고 기사의 크기'다. 크롱카이트는 "저널리즘에서, 우리는 유명인사들 사이에 존재하는 일종의 명성에 대한 서열 체계를 간파할 수 있다. 그것은 부고 기사의 길이와 그것이 얼마나 미리 준비되었느냐는 두 가지 방법을 통해 측정한다. 이 기준에 의하면 대통령들, 전직 대통령들, 그리고 특정 국가 원수들이 그 위계 사슬의 최상위에 있다"라고 말했다. 그는 정직, 성실, 믿음, 프로정신이란 네 가지 덕목을 앵커의 자질로 삼아 시청자들로부터 이해도, 신뢰도, 객관성 등에서 높은 평가를 받았다.

미국 스포츠 채널 ESPN2의 앵커를 지낸 유명한 스포츠 및 정치 저널리스트 키스 올버먼Keith Olbermann은 "저는 관리하는 것이 참 힘들어요. 다른 사람이 아무도 그런 관리에 나서지 않기 때문에 제가 명성을 얻고 있는 것 같아요"라고 말했다. 진정한 명성은 어떤 계획적인 고려나 의도와 같은 '관리'를 통해 얻을 수 없다는 것을 역설적이면서도 겸손하게 표현한 것이다.

한국방송KBS에서 역사·시사 전문 다큐멘터리 프로듀서로 명성이 높았던 양승동 전 KBS 사장은 "PD의 명성은 시대 및 수용자와 밀도 있게 이뤄진 교감의 산물로서 전적으로 수용자가 연출자에게 부여하는 고귀한 선물이자 가치"라고 말했다. 양 전 사장은 KBS PD 시절 〈인물 현대사〉(2003~2004), 〈KBS 스페셜: 오래된 기억, 6·15 남북정상회담〉(2017) 등을 연출해 호평을 받았다.

그는 "현장의 PD 시절에는 최고조로 연출에 몰입해 자기 작품만 최선을 다해 제작하면 되었다. 다들 그렇게 인식했다. 그러나 사장이 되어 보니 시대정신과 보편적 가치를 고민하고 디지털 환경에 맞는 기획·제작·유통·도달 문법의 구현을 덧붙여야 한다는 것을 실감했다"라고 술회했다. 양 전 사장은 "변화된 환경을 고려할 때 이제 PD가 실력을 인정받아 높은 명성을 얻으려면 시대정신과 호흡, 영상 기술과 노하우의 축적, 인간에 대한 깊은 이해라는 세 가지를 반드시 갖춰야 한다"라고 강조했다.

문화방송MBC 아나운서로 입사해 같은 방송사의 뉴스 앵커, 시사 프로그램 사회자, 아나운서국 국장을 거친 뒤 MBC아카데미 사장, 교통방송TBS 대표, KTV 국민방송 원장을 역임한 성경환 전 뉴스 앵커는 2022년 9월 5일 필자와의 인터뷰에서 "뉴스 앵커에게 명성은 곧 권력과 돈일 수 있기에 초지일관의 철학을 바탕으로 그것을 악용 대신 선용善用해야 하며, 높은 명성과 인지도를 활용하려는 거액의 광고모델 섭외와 정치권의 영입 제의와 같은 외부의 강력한 유혹을 뿌리치는 심지 있는 관리 기법이 요구된다"라고 말했다.

그는 "명성을 얻은 뉴스 앵커는 사회 상황, 정치 상황과 무관하게 부침을 겪기도 하는데, 그때마다 일관된 가치관과 처신으로 의연하게 대처하는 것이 추락을 막고 명예를 지키는 길"이라고 강조했다. 성경환 전 원장은 "방송인에게 명성의 본질은 자기 억제를 수반하기에 더욱 가치 있는 것"이라며 "명사가 되면 소시민으로서 누릴 자유가 많이 제한되는 것을 감수해야 한다"라고 설명했다. 그는 유능한 뉴스 앵커의 요건으로 전문성(뉴스 이해, 취사선택, 분석 능력), 신뢰받는 이미지, 정확한 전달력, 호감도(표정, 시선, 인상, 스타일, 연기력 등 감성 요인)라는 네 가지를 제시했다.

SBS 편상욱 기자는 "30년 가까운 언론인 생활을 돌이켜 볼 때 명성은 모래 위에 쌓은 성처럼 헛된 것이고, 명예는 돌과 쇳덩이처럼 강하게 다져진 값진 것이란 생각이 든다"라고 말했다. 그는 "명성은 겉으로 보이는 외부적인 것에 초점이 맞춰져 있고, 명예는 내면에 숨어 누가 알아주지 않아도 가치 있는 일을 했으면 조금씩 축적되기 때문"이라고 이렇게 정의한 배경을 설명했다.

그는 우리나라 최초의 24시간 뉴스 전문 채널인 YTN에 공채 1기로 1994년 입사하여 국제부, 사회부, 기동취재부 등에서 일하다 1998년 SBS로 옮겨 사회부, 경제부 등 각 분야 현장의 취재기자를 거쳐 메인 뉴스인 〈8 뉴스〉 주말 앵커, 베이징지국장(특파원), 〈나이트라인〉, 〈5 뉴스〉, 〈뉴스 브리핑〉 앵커를 차례로 역임했다.

편상욱 앵커는 "언론인이 명성을 얻으려면 '권력 감시와 견제'라는 저널리즘 제1의 본령本領에 충실한 파급력 있는 기사를 발굴하는 능력, 일관되게 정확하게 취재하고 정제된 결과물을 내놓는 능력, 성실한 직무와 깔끔한 언행을 바탕으로 어느 한편에 치우치지 않는 균형 감각을 발휘하면서 스스로 성찰하는 능력을 갖춰야 한다"라고 말했다. 아울러 그는 "언론인이 명성과 명예를 얻고 그것을 유지하는 과정에서 가장 경계해야 할 것은 자신이 취재한 사안을 포장해 크게 돋보이게 하려는 과장 유혹과 과시 본능"이라며 "이를 평소 수양한 성정에 따라 조건반사적으로 억제하고 마음속 거울인 진실과 진심에 충실해야 한다"라고 설명했다.

'한국인 최초 퓰리처상'
최상훈 ≪뉴욕타임스≫ 서울지국장의 명성론

최상훈 ≪뉴욕타임스The New York Times≫ 서울지국장(기자)은 한국인 최초의 '퓰리처상The Pulitzer Prizes' 수상자로서 국내외 다른 언론인들이 선망할 정도로 언론계에서 명성이 높다. 2007년 미얀마 민주화운동 보도, 2008년 미얀마 사이클론 피해 보도 등으로 '아시아 출판인협회상'(2008), '아시아 인권언론인상'(2009)을 각각 수상한 이력도 있지만 사람들은 그가 받은 '퓰리처상'의 명성과 영예를 가장 많이 기억하고 있다.

2023년 현재 기자 생활 32년째인 그는 〈AP통신〉 기자 시절인 1999년 9월 30일 차가운 땅에 영구적으로 묻힐 뻔한 '노근리 양민 학살 사건'을 특종 보도해 2000년 한국인 기자로는 처음으로 서구 언론계에서 언론계 노벨상으로 칭해지는 '퓰리처상'(탐사보도 부문)을 수상해 이름을 널리 알렸다.

최상훈 ≪뉴욕타임스≫ 서울지국장

'노근리 사건'이란 한국전쟁기인 1950년 7월 동맹군으로 참전한 미군이 충청북도 영동군 황간면 노근리 철교 밑 터널(쌍굴다리)에서 여기에 피신했던 한국인 마을 피난민 300여 명을 무차별 사격으로 학살한 비극이다. 최 지국장은 미국 본사 동료 기자와 함께 1년 이상의 취재를 통해 한국전쟁 당시 미군이 민간인 사살을 지시한 '작전명령 문서' 등을 찾아내 50년 만에 처음으로 이 사실을 밝혀냄으로써 미국·한국 정부가 각각 대통령 지시로 공동조사를 벌이는 등 정치적·사회적 파장을 일으켰다.

이 역사적인 특종 보도로 최 지국장은 '퓰리처상' 외에도 미국 '조지 포크상', '국제탐사보도언론인협회 국제탐사보도상', '한국기자협회 한국기자상 특별상' 등도 잇달아 수상했다. 아울러 이 사건은 2010년 배우 문성근·전혜진 등이 주연한 영화 〈작은 연못〉(감독 이상우)으로 만들어져 관객들에게 큰 반향을 불러일으켰다. 최 지국장은 취재에 참여한 동료 기자들과 함께 이 사건의 자초지종을 입체적으로 조명한 책 『노근리 다리The Bridge at No Gun Ri』를 2001년(영문판)과 2003년(한국어판) 각각 출간하기도 했다.

그는 '특종 기자'의 명성 외에도 '토종 영어'로 동시통역대학원은 물론 높은 공신력을 자랑하는 외국 언론사의 벽을 차례로 뚫은 성실함과 능력주의의 상징으로도 언론계에서 회자하고 있다. 경제학도(1981학번) 시절 별도의 유학 경험이 없이 온전히 국내에서 영어를 독학으로 숙달해, 1988년 올림픽을 앞두고 '영어 바람'이 불어 지금보다 훨씬 좁은 바늘구멍이었던 1989년에 한국외국어대 동시통역대학원에 들어가 졸업했다.

그 뒤 한국외국어대 동시통역대학원 재학 시절 언론고시를 준비하던 하숙집 친구와 함께 ≪코리아헤럴드≫에 기자로 입사해 3년간 일하다가 능력을 인정받아 〈AP통신〉 기자(11년)를 거쳐 2005년 ≪뉴욕타임스≫로 옮겼으며 서울지국장이 되었다. 그가 기자들의 선망을 받고 있는 것은 이런 독특한 이력 때문이다.

그는 현재 한국 사회를 포함한 한반도 전역에 대한 취재와 지국 관리를 겸하는 중책을 맡고 있다. 중국의 언론 통제와 억압이 심해져 2020년 홍콩에 있던 ≪뉴욕타임스≫ 아시아지사가 서울로 이사 오게 되면서 함께 공간을 사용하며 일하는 ≪뉴욕타임스≫ 서울지국의 위상도 한층 높아지게 되었다.

최 지국장은 2022년 10월 21일 필자와의 인터뷰에서 "오늘날 나의 이름을 만든 힘은 한번 하기로 마음먹으면 열심히 해내는 강한 성취욕과 성실성이라고 본다. 내 이름이 알려지게 된 '노근리 사건' 보도도 그런 과정의 연속선상에서 이뤄진 것"이라고 말했다. 그는 "이 사건의 취재는 어떤 피해자가 쓴 논픽션 실록의 출판이 당시의 참상을 구체적으로 담은 책 내용에 두려움을 느낀 출판사에 의해 거부되고 한미 양국의 외면 속에서 정부에 대해 피해자들이 끈질기게 항의하는 과정에서 시작되었다"라고 밝혔다.

최 지국장은 "나는 청와대가 당시 피해자들의 줄기찬 민원에 답하기 위해 주한미군에 요청한 질의에 미군이 '당시 노근리에 주둔한 사실 자체가 없다'라고 성의 없게 답변한 문서를 입수했다. 나는 그때 큰 충격을 받았다. 순간 앞뒤 모순되는 명백한 거짓말임을 간파했기 때문이다. 이에 〈AP통신〉 취재팀이 미국 국립문서보관소 등을 뒤져 그리 오래지 않아 양민 사살을 지시한 당시 미군 지휘부의 작전 명령서를 찾아낸 것이 특종 보도의 결정적 단서가 되었다"라고 회고했다.

그는 "노근리 사건으로 '퓰리처상'을 받아 언론인으로서 좋은 명성을 얻은 것은 큰 영광이었지만, 그 영광은 그때에 국한된 순간의 기쁨이었고, 곧바로 바쁜 일상에 복귀해 잊히고 말았다"라면서 "수상보다 동맹으로서 한미 양국이 과거사 문제를 진솔하게 되돌아보고 피해자들의 아픔을 달래는 계기를 만들었다는 점에서 큰 보람을 느낀다"라고 말했다.

이어 최 지국장에게 32년간의 기자 생활을 반추하도록 한 뒤 경험과 통찰에서 우러나오는 명성에 대한 견해, 본인이 특종 보도로 유명해졌을 때 느낀 기분, 그간 취재에 응한 명사들에 대한 관찰담, 결과적으로 명성과 자부심을 간직하게 해주는 바람직한 언론인의 자세 등에 관한 정리된 생각을 차례로 물었다.

최 지국장은 "명성이란 사람들을 끊임없이 긴장시키고 겸손하게 만드는 두려운 것"이라고 정의했다. 이어 그는 "내가 기자로서 유명해지고 있는 것을 처음 느낀 순간은 이메일과 SNS를 통해 내가 쓴 기사에 대한 공감과 긍정·부정의 평가가 쏟아지던 순간이었다"라면서 "이런 현상을 보면서 저널리스트로의 명성을 생각할 겨를도 없이 그것에 대한 두려움이 앞섰다. 그래서 기사를 쓸 때 더욱 강도 높은 균형감각을 발휘해야 한다는 다짐을 하게 되었다"라고 말했다.

아울러 그는 "유명인들에 대한 취재와 그들이 쓴 책을 읽은 경험을 돌이켜 볼 때 명성을 가진 사람들은 한결같이 끊임없이 특정 분야에 끈질기게 파고들고 많은 것 가운데 한 가지에 전략적으로 집중했다는 점이 돋보였다"라고 평했다.

최 지국장은 "나는 지금까지 언론인으로서 '사연 없는 무덤은 없다'라는 속담을 가장 중시하여 평소 모든 이슈에는 기삿거리가 있다는 것을 확신하고 성실하고 끈기 있고 입체적인 취재를 하는 것을 철칙으로 삼아왔다"라고 언론관을 소개했다. 아울러 그는 "누구든지 언론인으로서 남에게 존경받는 높은 명성을 얻으려면 스토리텔링 능력, 이슈 파악 및 문제점 발굴 능력, 고도의 균형 감각이란 세 가지를 갖추기 위해 큰 노력을 해야 한다"라고 언론인 직무 비결을 제시했다.

최 지국장에 따르면 첫째, 스토리텔링 능력은 취재 전부터 기사의 이야기 구조를 명확히 파악해 예측한 뒤 완벽한 취재를 통해 기승전결을 제대로 갖춘 기사를 작성하는 역량이다. 둘째, 문제점 발굴 능력은 명민한 관찰력과 남다른 주의 집중으로 여러 사람이 전혀 생각하지 못했거나 알고도 간과했던 이슈를 찾아 밀도 있는 취재 보도를 통해 기사로 문제를 제기하는 역량이다. 셋째, 고도의 균형 감각은 기자의 연차가 어릴 때는 경험이 적다는 이유로 잘 몰라서, 연차가 높아지면 특정 이즘ism이나 자주 만나는 부류에 휩쓸려 편향의 함정에 빠질 수 있는 것을 알고 이를 스스로 엄격히 제어하며 중심을 잡는 역량을 말한다.

최 지국장은 후배 언론인들의 건강한 성장과 발전을 위해 선배로서 도움말을 아끼지 않았다. 그는 "요즘 사회가 매우 혼란스럽다. 극단의 진영 논리에 매몰되는 경향이 있는 데다 언론인들에 대한 냉소도 팽배해 있어 '저널리즘의 본령本領'이 더욱 중요한 시대가 되었다"라고 진단했다. 그는 "그러므로 후배 언론인들은 너무 '조직'에 충성하지 말고 '저널리즘'에 충성해야 하며, 자기 한 명이 '독립적인 언론인'이라는 생각을 굳게 갖고 일해야 한다"라고 강조했다. 언론인들은 혼란스러운 시대를 맞아 다른 직종과 달리 조직 또는 상황 논리에 흔들려 지금까지 쌓은 명성과 명예가 한순간에 무너지기 쉬운 상황에 부닥쳐 있으니, 그 직업을 그만두는 날까지 그런 불행과 불상사를 겪지 않으려면 무엇보다도 '확고한 철학'을 확립하는 것이 선행되어야 한다는 뜻이다.

최 지국장은 "이제 60세가 넘었기에 서서히 나 자신을 들여다보며 생각하게 된다. 아직 이 회사에서 언론인으로서 일할 날이 많이 남았지만 언제나 언론인으로서 끝마무리도 잘해야 한다고 생각한다"라며 "향후 뭐든지 새로운 일을 하게 된다면 노년을 정말 바쁘게 보내고 싶다"라고 말했다.

'MZ 세대 아이콘' 스타 앵커, KBS 박지원 아나운서의 명성론

2019년 11월부터 공영방송 KBS의 〈KBS 뉴스 9〉(주말) 뉴스 앵커를 맡고 있는 박지원 아나운서는 예능·오락, 교양, 뉴스 등 다양한 프로그램을 통해 얼굴과 성정이 알려지면서 사회의 문화상품 소비와 트렌드를 주도하는 젊은 세대가 공감하는 'MZ 세대의 아이콘'으로 인기가 치솟고 있다.

박지원 앵커는 "나에게 명성은 방송사에서 일을 열심히, 잘하게 하는 동기 부여 요인이자 원동력"이라고 말했다. 그는 2022년 8월 27일 실시된 필자와의 인터뷰에서 "방송을 하는 사람에게는 누가 프로그램을 봐주고 인정해 주는 것이 매우 중요한데, 나한테도 그것이 항상 일을 할 때 열정을 잃지 않게 해주는 힘이 된다"라고 덧붙였다.

박지원 앵커는 자신이 처음으로 유명해지고 있거나 어느 정도 유명한 존재라는 것을 처음 자각한 순간은 〈도전! 골든벨〉 진행자(2019~2020) 시절이었다고 회상한다. 그는 "2018년 입사(KBS 45기 공채) 후 지방 근무(KBS 대구총국)를 마치고 서울 본사로 올라와서 〈도전! 골든벨〉 진행을 맡았을 때, 식당에 가면 사람들이 알아봐 주고, 인스타그램으로 모르는 사람이 보내는 개인적인 메시지인 DMDirect Message이 꽤 쇄도하면서 내가 비로소 유명해지고 있다는 것을 처음 스스로 실감했다"라고 말했다.

박지원 KBS 〈뉴스 9〉(주말) 앵커

방송계 인사들도 명성을 얻게 되면 남한테 얼굴이 알려지고 보여줘야 하는 직업의 특성상 각종 스트레스와 사생활 보호의 어려움 등 불편함을 겪기 마련이다. 박지원 앵커도 마찬가지인데, 그는 공적 자아와 사적 자아의 명확한 분리 및 절묘한 전환을 통해 이에 지혜롭게 대응하고 있다고 한다. 그는 "일을 마치고 화장을 지우는 순간이 공적 자아에서 사적 자아로 전환하는 순간"이라며, "화장을 하면 일을 해야 하는 긴장상태가 지속되고, 화장을 지우면 자연인으로 돌아와 친구를 만나거나 취미생활, 운동 등에 몰두할 수 있게 된다"라고 설명했다.

그는 셀럽이란 위상에 맞는 유능한 앵커의 조건은 첫째, 기사를 보고 핵심을 파악하는 능력, 둘째, 명쾌하고 유려한 전달력, 셋째, 진행 능력과 같은 퍼포먼스라고 말했다. 특히 명사급 뉴스 앵커 가운데 손석희 앵커가 지닌 한 걸음 더 들어가 깊이 있는 질문을 던지는 능력과 용기를 본받고 싶다고 말했다.

그의 목표는 보도 부문에서 최고의 능력을 발휘하여 더욱 높은 명성을 지닌 뉴스 앵커로 성장하는 것이다. 박지원 앵커는 "대형 사건, 선거방송, 올림픽 등 역사적 순간을 함께 하는 영광을 누린다는 점에서 뉴스 앵커는 어떤 역할보다도 매력적"이라며 "나는 부단한 노력과 철저한 자기관리로 시청자들에게 높은 신뢰를 받는 앵커가 되고 싶다"라고 포부를 밝혔다.

그는 아울러 "직종에 관계없이 '품격 있는 셀럽'이라면 자신만의 콘텐츠로 실력과 성과를 보여주고, 명성과 인기에 연연하지 않는 의연함을 갖춰야 하며, 배려심이 깊은 품성과 인격을 발산하는 것이 매우 중요하다"라고 설명했다. 특히 자신만의 특화된 콘텐츠가 없다면 셀럽이란 존재는 포말을 일으킨 뒤 금방 기세를 잃고 마는 파도처럼 금방 무너질 것이라고 강조했다.

스포츠 스타들 가운데 미국의 전직 농구선수이자 농구 감독 존 로버트 우든 John Robert Wooden은 "재능은 하나님이 주신 것이니 겸손하라. 명성이란 인간이 부여한 것이니 감사하라. 자긍심은 자생적인 것이니 주의하라"라고 말했다. 아울러 "여러분의 명성보다 성격에 더 관심을 가져라. 왜냐하면 여러분의 성격은 여러분이 실제로 있는 그대로이지만 여러분의 평판은 다른 사람들이 여러분을 생각하는 것에 불과하기 때문이다"라고 조언했다.

미국 프로야구 선수 배리 본즈Barry Bonds는 의연함을 강조하여 "나는 야구 메이저 리그에서 '명예의 전당Hall of Fame'의 일원이 되고 싶지만, 투표자들의 신념과 추정에 바탕을 둔 명예의 전당에 참여하고 싶지는 않다"라고 말했다. 올림픽 금메달리스트인 농구선수 앤 도너번Anne Donovan은 "내 역사에서 기억할 만한 몇 가지 중요한 일들이 있는데, 내 생각에 그것은 '이정표'다. 대학 시절 전국 농구대회에서 우승하고, 올림픽 무대에서 금메달을 획득하고, 명예의 전당에 입성한 것이었다"라고 말했다.

배리 본즈

1960년대 미국 프로야구 세인트루이스 카디널스를 이끈 최고 슬러거이자 1996년 뉴욕 양키스의 감독으로 부임한 후 여러 차례 월드시리즈 우승을 이뤄내며 '양키스 왕조'를 구축함으로써 메이저리그 최고의 명장으로 명성을 떨친 조 토리Joe Torre는 "정직한 것, 그것이 내가 생각하는 나의 명성이다"라고 말했다.

전설적인 호주의 크리켓 스타 셰인 원Shane Warne은 "두 사람이 모일 때, 그들의 과거는 그들의 과거에 불과하듯, 그들의 과거 명성은 명성 그 자체일 뿐"이라고 말했다. 그의 약혼자인 배우 겸 모델 엘리자베스 헐리Elizabeth Hurley는 셰인 원이 52세의 이른 나이로 사망하자 "그는 존경받은 '사자 심장'이었다. 정말 해가 구름 뒤로 영원히 사라진 기분이다. 셰인 원은 내가 아는 호주인 가운데 가장 훌륭한 사람이었다"라고 추도했다.

2022년 FIFA 카타르 월드컵 경기에서 우승을 이끌며 '축구의 신'이란 칭송을 받은 아르헨티나의 리오넬 메시Lionel Messi(파리 생제르맹)는 가정적 어려움과 신체적인 난관을 극복하고 가장 위대한 명성을 지닌 셀러브리티가 되었다. 그는 2011년 인터뷰에서 이미 세속의 주목에 초연함이 가득한 명성 철학을 제시했다. 메시는 당시 "아르헨티나의 축구 영웅 디에고 마라도나Diego Maradona나 아르헨티나 출신의 쿠바 혁명가 체 게바라Che Guevara의 셔츠를 어디서 보면 마음이 울컥한다. 아름다운 느낌이다. 명성과 돈은 인생에서 가장 중요한 것이 아니며, 내가 가진 것이 더 나은 사람이나 더 나쁜 사람의 판단 기준이 될 수 없다"라고 말했다.

이탈리아 이민자의 후예인 메시는 5살 때부터 축구를 시작했지만 친구들보다 키와 몸집이 작아 몸싸움이나 공 빼앗기가 어려웠다. 부친의 사업 실패로 가계가 큰 어려움을 겪었지만 축구선수의 꿈을 놓지 않았다. 그러다가 10살 때 병원에 갔더니 놀랍게도 '성장호르몬결핍증'이란 진단이 나왔다. 그는 호르몬 주사를 맞으며 병을 극복했다. 그러고는 키 큰 경쟁자들을 이기기 위해 반사신경을 키우며 더 빠르고, 더 매끄럽고, 더 민첩한 방법을 수련해 오늘날 최고의 기량을 지닌 축구 스타가 되었다. 브라질의 축구 스타였던 호마리우Romário de Souza Faria는 "뉴턴과 아인슈타인은 자폐 스펙트럼이 있었다. 메시도 그들처럼 매일 자신을 뛰어넘어 우리에게 축구라는 선물을 계속 주기를 바란다"라고 호평할 정도였다.[25]

프랑스 식민지였던 세네갈 출신으로 잉글랜드, 프랑스, 이탈리아 프로축구 리그에서 활동한 1981년생의 축구선수 파트리스 에브라Patrice Latyr Evra(레프트백)는 운동선수가 명사일 경우 야기되는 팀워크 훼손 등의 부정적 효과를 경계했다. 에브라는 "축구팀은 한 사람이 아닌 팀원 모두가 협력해야 재건되므로 (무너진) 맨유를 재건하려면 유명세에 관심 있는 선수들보다 '맨유 배지'(명성과 명예)의 의미에 관심이 있는 사람을 데려왔으면 한다"라고 맨유 감독에게 조언했다.[26] 박지성 선수의 절친으로 알려진 그는 2006년부터 2014년까지 맨유에서 뛰며 2007~2008시즌 유럽축구연맹UEFA 챔피언스리그 등에서 우승했다.

네덜란드 출신 거스 히딩크Guus Hiddink 감독이 지휘한 2002년 FIFA 월드컵에서 맹활약하여 스타로 떠오른 전직 축구선수 박지성(SBS 축구해설위원)은 "제가 유명해졌어도 선수 때는 SNS 같은 건 안 하고 축구 외의 방송 출연은 하지 않았습니다. 맨유 시절 절친인 에브라(프랑스 전 국가대표)가 최근 인스타그램을 하면서 엄청 유명해지고 거기서 부가 수익도 창출했지만, 저는 SNS랑 안 맞는 것 같아요. 앞으로도 방송으로 돈을 벌거나 명성을 얻겠다는 생각은 없습니다. 공부하며 방송의 영향력이 얼마나 큰지 새삼 알게 되었어요"라고 말했다.[27] 그는 2014년 은퇴 후 자신이 세운 JS파운데이션 이사장, 맨체스터 유나이티드(맨유)의 앰버서더, 아시아축구연맹AFC 사회공헌분과위원, 축구 규칙을 관장하는 국제축구평의회IFAB 자문위원 등을 맡았다.

차범근, 박지성 이후에 가장 실력 있는 한국의 축구 스타로 각광받고 있는 손흥민은 자신의 명성에 대해 "매우 영광스럽게 생각하지만, 무엇보다도 급선무는 세계 최고의 선수가 되는 것"이라고 말했다. 손흥민의 어린 시절 축구 스승이자 부친인 손웅정 손축구아카데미 감독도 전 세계가 아들을 '세계 최고'라고 치켜세우는 상황인데도 한사코 "내 아들은 아직 절대 '월드클래스'가 아니다"라며 유명세에 휩쓸려 운동을 소홀히 하는 것을 경계했다.[28]

손흥민은 언론 인터뷰에서 "유명해져 힘든 건 없다. 대한민국의 국민이 나를 응원해 주는 것은 굉장한 영광이다. 축구를 시작했기에 세계 최고가 되는 순간을 꿈꾼다. 내가 열심히 이 일을 하는 이유이기도 하다"라고 말했다.[29] 이런 인터뷰처럼 생각이 바르고 견고하다면 손흥민의 명성은 잘 관리되면서 오래갈 것으로 보인다. 손흥민은 특히 카타르에서 열린 2022년 FIFA 월드컵에서 안와골절이란 큰 부상에도 불구하고 수술 후 마스크를 쓰고 출전해 놀라운 투혼을 발휘함으로써 국민들을 기쁘게 했다. 특히 32강전 마지막 경기인 포르투갈전에서 혼자 드리블하면서 80미터를 질주하며 여러 명의 수비수를 뚫고 황희찬에게 어시스트를 하여 결승골을 넣게 함으로써 한국팀을 12년 만에 16강에 오르게 했다.

영국판 매체 ≪디 애슬레틱The Athletic≫의 찰리 에클셰어Charlie Eccleshare 기자는 2022년 7월에 7일간 손흥민 소속팀인 토트넘의 한국 투어를 동행한 후 작성한 기사에서 "손흥민의 능력은 전 세대와 계층을 아우르며, 이는 손흥민이 엄청난 '문화 현상'이라는 것을 보여주는 부분이다. 그의 명성은 심지어 K-팝 아이돌들을 능가한다"라고 분석했다.[30]

리듬체조의 요정으로 주목을 받았던 손연재는 2015년 5월 미국 CNN 인터뷰에서 명성의 명암에 대해 "내가 한국에 돌아오면 모든 이들이 지켜본다. 사람들이 나에 대해 '최초'라고 말할 때 정말로 기분이 좋고, 나 자신이 자랑스럽다. 모든 사람이 나를 지지해 주기 때문에 행복하다. 가끔은 지나친 관심이 부담으로 느껴질 때도 있지만, 모든 사람이 나를 성원한다는 사실을 알기 때문에 괜찮다. 나는 무척 행복하고 모든 것에 정말로 감사하다"라고 말했다.[31]

CNN은 이 방송에서 "손연재는 한국에서 유명 스포츠 스타 가운데 한 명이지만 유별나게 굴지 않는다. 손연재는 '요정'이라는 별칭을 마지못해 받아들이고 있으며 자신에 대한 관심을 쑥스러워 한다"라고 소개하며, 그의 겸손한 처신을 강조했다. 손연재는 우리나라 선수로는 최초로 2012년 런던 올림픽 본선에 진출했으며, 국제체조연맹 리듬체조 세계선수권대회 사상 첫 메달(2014년 후프 종목 동메달)을 한국에 안겼다. 아울러 2014년 리스본 리듬체조 월드컵 개인종합 금메달, 2016년 국제체조연맹 리듬체조 월드컵시리즈 에스포대회 볼 종목 금메달 등의 성과를 거뒀다.

한국 육상 높이뛰기의 새 역사를 쓴 우상혁 선수는 자신이 평소 흠모했던 우상을 바라보며 수련하여 스스로 그에 가까운 명사가 된 경우다. 명사의 영향력을 거꾸로 활용해 '세계 제패'라는 자신의 꿈을 이뤄가고 있다. 우상혁은 스웨덴의 높이뛰기 스타 스테판 홀름Stefan Christian Holm과 SNS를 통해 친구를 맺고 그를 뛰어넘는 선수가 되고자 부단히 노력했다.

우상혁은 "나는 교통사고로 양쪽 발의 크기가 다르고 (높이뛰기 선수치고는) 키가 작아(188센티미터) 높이뛰기에 최적인 신체를 가지지 못했지만, 홀름 선수를 롤모델로 삼아 노력했다"라고 밝혔다.[32] 홀름이 키가 1미터 81센티미터로 단신인데도 2미터 40을 뛰어넘어 우상혁에게 큰 감동과 용기를 함께 주었기 때문이다.

결국 우상혁은 홀름을 본보기로 삼아 훈련해 2021년 8월 1일 도쿄 올림픽 스타디움에서 열린 육상 남자 높이뛰기 결승에서 2미터 35를 뛰어넘어 한국 신기록을 세우고 4위를 차지했다. 이어 2022년 7월 19일 미국 오리건주 유진 헤이워드 필드에서 열린 '2022 세계육상선수권대회' 남자 높이뛰기 결선에서 2미터 35를 뛰어넘어 2위에 올랐다. 한국 육상 최초로 세계선수권 은메달을 획득한 것이다. 우상혁의 도전 행보와 명성 증진의 레이스는 아직 끝나지 않았다.

여자 쇼트트랙 국가대표 김아랑 선수는 현재까지 동계올림픽 여자 계주에서 '금메달 2개, 은메달 1개'를 따낸 세계 유일의 선수라는 명성을 갖고 있다. 그는 원래 이름이 널리 알려진 선수가 아니었지만 명성이 아닌 자신의 노력과 실력만으로 처음 올림픽 출전권을 따냈다. 전북 전주제일고 3학년 학생이던 그는 2013년 여자 쇼트트랙 국가대표 선발전에서 심석희, 박승희에 이어 3위를 차지해 러시아 소치 올림픽 출전권을 따냈다. 주 종목인 1500미터 결승전을 급성 위염이란 최악의 컨디션에서 출전한 나머지 레이스 초반 넘어지며 실격당했지만, 동료들의 우정과 보살핌으로 용기를 얻어 여자 3000미터 계주 결승전에 출전해 금메달을 차지했다. 김아랑은 2018년 평창 동계올림픽에서는 여자 쇼트트랙 대표팀의 맏언니로 활약하며 여자 3000미터 계주에서 중국, 이탈리아, 캐나다를 제치고 우승해 2연패를 달성했다. 2022 베이징 동계올림픽에서는 같은 계주 종목에서 은메달을 차지했다.

김아랑은 "2022 베이징 동계올림픽이 세 번째 올림픽 도전이었는데, 처음 출전했던 때보다 더 가슴이 벅차고 긴장됐다. 평창 동계올림픽 이후 잦은 부상에 시달려 힘들었다"라며 국가대표 선수로서 명성을 유지하는 일의 어려움을 피력했다. 그는 "가족들이 곁에서 힘을 많이 준 덕분에 세 번째 도전을 아름답게 잘 마칠 수 있었다"라고 말했다. 이에 앞서 베이징 동계올림픽 개막식에서는 한국 선수단의 기수를 맡았는데, 그는 "영광스러운 자리가 주어져 소중한 올림픽이 될 것"이라는 소감을 밝혔다.

프로야구 구단 두산 감독으로 2022년 10월 선임된 이승엽은 삼성 라이온즈의 레전드이자 '국민 타자'로 명성을 날렸다. 출전한 1906경기에서 타율 0.302, 안타 2156개, 홈런 467개, 타점 1498점, 득점 1355점을 기록했다. KBO 리그에서 통산 홈런 1위는 물론 단일 시즌 최다 홈런 기록(2003년 56개)도 보유하고 있다. 일본 프로야구 시절(8년)까지 합하면 통산 626개의 홈런을 쳤다. 이런 명성에 걸맞게 두산 구단은 선수 은퇴 후 5년 만에 감독으로 복귀하는 그에게 3년 계약에 계약금(3억 원)과 연봉(5억 원)을 합쳐 18억 원을 주기로 했다. 코치 경험이 없는 초임 감독 중 역대 최고 대우였다. 그는 감독 취임식에서 "두산의 팀 컬러는 탄탄한 기본기를 앞세워 상대를 압박한 '허슬두(허슬+두산)'였다. 기본기, 디테일, 팬 존중으로 두산의 이미지를 재건해 가을 야구와 구단 7번째 우승에 도전하겠다"라고 말했다.

부자父子가 모두 뛰어난 실력과 기량을 발휘해 '명사'의 반열에 오른 프로야구 스타 이종범과 아들 이정후(넥센 히어로즈)는 유명한 스타로서의 부담감과 유명한 아버지를 둔 부담감이 얼마나 컸는지를 각각 토로했다. '바람의 아들'로 불리는 이종범은 현역 선수 시절 자신의 유명세에 대해 "유명한 것이 사실 무서웠다. 바람이 이상하게 불면 어떻게 될지 모르는 것 아니냐"라고 말했다.[33]

자신이 성공한 원인은 "내겐 가난이 원동력이 됐다. 그 가난이 존재하지 않았다면 '야구선수 이종범'도 세상에 드러나지 않았을 것이다. 아울러 난 키가 작고 체격이 왜소한 신체적인 약점을 극복하기 위해 초등학교 3학년 때부터 10년 동안 하루에 스윙 1000개를 채우지 않고선 잠자리에 들지 않았다. 그렇게 기본기를 다진 게 큰 재산이 되었다"라고 말했다.[34] 명성 유지 방법에 대해서는 "난 일본에서 부상을 당하기 전까지만 해도 두려움이 없었다. 야구에 관한 한 항상 자신감과 열정이 차고 넘쳤다"라며 '자신감'과 '열정'을 강조했다.

아들 이정후는 유명인 아버지를 둔 아들로서 불편함과 부담감이 컸다. 강박증이 있을 정도였다. 하지만 지금은 잘 극복했고 아주 편해졌다. 아버지가 발이 빠른 것은 유명하지만 송구 능력이 정말 탁월하다고 평가하며 아버지의 존재가 감사할 따름이란다. "어렸을 때 아버지가 이종범 선수라는 게 조금 불편했다. 어린 시절부터 TV를 통해, 신문을 통해, 또 주위 사람들을 통해 위대한 기록들에 대해 익히 들었고, 그런 얘기들 속에서 성장했다. 누구의 아들이란 사실로 인해 말하고 행동하는 데 특히 조심했다. 욕하는 댓글들이 날 좀 더 강하고 독하게 만든 것 같다. 혼날 때는 다른 선수들보다 더 혼났고, 갖고 싶은 것도 다른 선수들에게 양보했었다. 더 열심히 인사했고, 더 예의 바르게 하려고 노력했다. 모든 부분에서 조심스러웠다. 내가 못하면 아버지가 욕먹는다는 생각에 잠을 이루지 못할 정도였다"(이영미, 2016).

이종범은 성공해 그 명성을 유지하려면 "가장 중요한 건 스스로 깨달아야 하고, 그 깨달음을 바탕으로 성장해야 한다. 목표를 세우고 그 목표를 이루기 위해 부단히 자신과 싸움을 벌이며 처절한 인내를 공기처럼 배워가야 한다. 젊음은 정말 한때다. 그 시기가 지나면 집중력이 떨어지고, 아무리 노력해도 안 된다"라고 조언했다(이영미, 2016). 아들 이정후 선수뿐만이 아니라 성공과 도약을 꿈꾸는 모든 운동선수들이 새겨들어야 할 내용이다.

인터뷰

'여성 골퍼 황금시대'를 이끈 '골프 여신' 최나연 프로의 명성론

'골프 여신'이란 명성이 빛나는 골프 스타 최나연은 국제무대에서 김하늘, 박인비, 신지애, 이보미, 지은희, 안선주, 유소연 등으로 구축된 '한국 여성 골퍼 황금시대'를 이끈 주역이다. 그는 세계무대를 수없이 제패한 뛰어난 경기 스킬과 운영 능력, 도드라진 스타성과 팬 서비스, 갤러리들의 팬덤을 유발하는 강력한 승부 근성과 투지를 모두 지녔기에 '실력·매력·저력'의 3박자를 완비한 골퍼로 평가된다. 언론은 그간 '롱아이언 샷의 명수'이자 '골프계 최고 얼짱 스타'로도 칭했다.

그는 2004년 11월 데뷔 후 18년간의 현역 생활에서 세계여자골프LPGA 4대 메이저 대회 가운데 가장 돋보이는 'US여자오픈'의 우승(2012년)은 물론 LPGA 투어 대회에서만 우승 9회, 준우승 12회, 3위 7회의 저력을 보여준 뒤 2022년 말 전격 은퇴했다.

최나연 프로는 2023년 2월 24일 고향이자 거주지인 경기도 화성시 동탄에서 이뤄진 필자와의 인터뷰에서 "저를 세계적인 선수로 키워 높은 명성을 안겨준 원동력은 전적으로 태생적 자질인 강력한 도전정신과 성취욕입니다. 그걸 바탕으로 승부욕 자체를 즐기며 쉼 없이 열심히 달려온 것 같아요. 저는 가장 일관성과 꾸준함을 보여준 프로 골퍼로 우리 골프사에 기억되고 싶어요"라고 말했다.

최나연 프로

그는 "2022년 말 은퇴를 결행하면서 그간 많은 대회와 뛰어난 선수들을 경험한 결과, 누구나 '스타 골퍼'로서 명성을 유지하려면 겸손한 성품, 끊임없는 실력 증진 노력, 선수 자신에 대한 믿음이란 세 가지를 반드시 갖춰야 한다는 것을 재차 느꼈다"라고 되새겼다. 아울러 그는 "제가 가장 실력이 급상승해 정상으로 도약하는 계기가 된 시기는 미국에 가서 활동한 2008~2010년이며, 가장 기억에 남는 대회이자 성과는 2012년 'US여자오픈' 우승입니다"라고 회상했다.

최나연 프로는 "제가 우승한 US여자오픈은 어려웠던 국제통화기금IMF 외환위기 시기에 박세리 언니가 물속 '맨발의 샷'으로 우승해 국민에게 희망을 줬던 바로 그 골프장(미국 위스콘신주 콜러의 블랙울프런 골프장)에서 열린 데다, 일요일 경기로 제가 처음에 6타 차이 선두로 출발해 10번 홀에서 트리플 보기가 나서 멘탈이 붕괴한 상황을 딛고 11번 홀에서 버디를 하며 극적 반전으로 승기를 잡았기에 최고로 꼽죠. 그 순간은 희열 그 자체였기에 잊을 수 없죠"라고 말했다. 그는 "그때 분초의 갈림길에서 저도 모르는 승부욕이 발동했고, 그 찰나에서도 긴박감을 한껏 즐겼어요. 저에게 내재한 이런 승부욕은 향후 골프 레이스에서 엄청난 강점으로 작용했다고 자평해요"라고 설명했다.

그는 골프를 한 아버지의 권유와 자신의 독자적인 관심이 합쳐져 초등학교 시절 일찌감치 골프를 시작했다. 결심하면 주저 없이 항진하고 한번 덤비면 끝장을 보는 '승부사 기질'이 있었기 때문에 골퍼를 꿈으로 선택하는 데 주저함이 없었다. 뛰어난 성과를 낸 박세리도 멘토로서 큰 자극이 되었다. 그는 자신을 증명하기 위해 악바리처럼 하루 훈련 일과를 철저하게 계획대로 다 소화한 뒤 귀가하는 방식으로 실력을 길렀다.

2006년 KB국민은행 스타투어 3차 대회와 2007년 신세계배 한국여자프로골프선수권대회 우승 이후 미국 무대로 옮겨 2008년 LPGA 투어 에비앙 마스터스와 LPGA 투어 사이베이스클래식에서 각각 준우승하면서 스타로 떠올랐다. 이어 챔피언에 등극하면서 팬들이 급격히 늘고 언론의 대서특필이 이어졌다.

"정말 치열하게 산 대가였는지, 현역 선수 시절 분에 넘치는 영광과 축복을 받았어요. 저로 인해 갤러리와 팬들이 많아지고 골프의 저변도 대중적으로 확대된 것도 큰 보람입니다. 미국에서는 자국 선수가 한 대회만 우승해도 정말 난리가 나서 칭찬 일색인데요. 당시 국제무대에서 우리나라 선수는 너무 잘하는 분들이 많았기에 언론이 처음에는 칭찬하다가 언제부터인가 모든 대회를 무조건 다 '싹쓸이 우승'해야 하는 듯 채찍질이 당연시되어 꽤 힘들기도 했어요."

그는 "선수로서 저는 100점 만점에 85점은 했다고 자평해요. 부족함이 많았는데, 인복人福이 많아 도와주신 분들과 팬 덕분에 많은 사랑을 받은 뒤 선수 생활을 잘 마무리할 수 있었어요. 경기에 집중하는 저 대신 갤러리들과 잘 소통해 주신 부모님, 통 큰 후원자들, 무려 10년간이나 잊지 않고 생일 파티를 해주신 팬들의 고마움을 잊을 수가 없어요"라고 겸손과 감사의 뜻을 내비쳤다.

최나연 프로는 "많은 대회를 치르면서 기쁨, 절망, 울음이 드라마 시리즈처럼 이어졌고 실수와 자책이 거듭됐죠. 이런 경험은 천금을 주고도 살 수 없는 귀중한 것들이었어요. 선수 시절 저의 철칙은 똑같은 실수를 다시 범하지 않도록 철저히 준비하는 것이었죠"라며 특유의 관리 기법을 설명했다.

그는 "그간 말한 적은 없지만 경기할 때마다 너무 느리게 플레이를 하거나 시끄럽게 혼잣말하는 선수가 더러 있었어요. 이들이 저의 예민한 심리를 자극하곤 했기에 특별한 전략으로 대응해 왔죠"라고 털어놓았다. 그러면서 자신만의 '루틴'과 식이요법을 공개했다. 최 프로는 "고교 시절 허리 부상의 여파로 큰 경기를 앞두고는 항상 일찍 일어나 준비운동을 충분히 해요. 당糖이 많은 음식은 파워의 급상승·급강하를 유발하기에 먹지 않죠. 경기 중에 물은 홀마다 마시고 5~6번 홀에서는 견과류 약간, 전반부 끝난 후 10~11번 홀에서는 바나나 또는 땅콩버터를 바른 식빵을 조금 먹습니다. 그 뒤 후반 15~16번 홀에서 마지막으로 초콜릿이 포함된 단백질 스틱을 먹고 뒷심을 냅니다"라고 소개했다.

최나연 프로는 "은퇴 후 제가 출전했던 경기들을 분석해 보니 '우승'과 '준우승'의 차이는 첫째, 집중력, 둘째, 경험, 셋째, 실력, 넷째 운運, 이렇게 네 가지 요소가 경기 당일 어떻게 최적의 조합을 이뤄 경기력으로 구현되느냐로 귀결되더군요. '최나연 골프학'의 요체는 기본기에 충실하면서 이 네 가지 요소를 최적으로 관리해야 한다고 간명하게 정리할 수 있죠"라고 말했다.

그는 5년 전부터 찾아온 '슬럼프'로 매우 힘든 시기를 보냈다. 뜻대로 안 되어 생기는 무력감은 물론 경기 중 시합에 대한 압박감으로 불안감이 늘면서 근육이 경직되어 평소에는 하던 동작이 수월하게 이뤄지지 못하게 되는 '입스yips'도 종종 골칫거리였다. 답답하고 화가 날 때는 클럽을 부러뜨린 경우도 있었다. 이때부터 그는 언제 어떤 방식으로 멋지게 은퇴할지 본격적으로 고민하기 시작했다. 아울러 미국 투어 중에 입양한 강아지와 동행해 준 친구와의 교감을 통해 인간으로서 새로운 행복을 발견했다고 한다.

최나연 프로는 "그들과 같이 투어하고 경기 후 페르소나를 '자연인'으로 전환해 어울리다 보니 성적에 대한 스트레스가 없어지고, 소소한 행복이 뭔지, 인생을 어떻게 가꿔야 할지 해법을 찾게 되었죠"라고 말했다. 그는 "그렇게 마음을 다잡으니 실력이 다시 오르고, 필드마다 붐비는 갤러리를 심리적 압박 대상이 아닌 '즐기는 대상'으로 여기게 되어 아름다운 마무리를 할 수 있었죠. 골프는 내내 잘할 수 없기에 부침浮沈이 따르는 인생과 똑 닮았죠"라고 강조했다.

최나연 프로는 "저의 긴긴 선수 생활은 '널따란 그린 위에서 한 시대를 수놓은 화려한 꽃이었다'라고 한 줄로 표현하고 싶어요. '얼짱'으로 불렸으나 잘 꾸미지 않고 다녀 '타고난 외모를 잘 활용하지 못한다'라는 핀잔도 적잖이 들었기에 이제는 꾸미는 것에도 관심을 가져볼까 해요"라고 말하며 활짝 웃었다.

그는 2022년 은퇴 이후에는 2년 전 개설한 유튜브('나연이즈백')를 알차게 운영하는 데 집중하고 있다. 고강도 근력 운동을 하며 보디 프로필 촬영을 준비하고, 자서전 집필, 스키·테니스 수련에도 빠져볼 예정이다. 그간 바빠서 봄날의 흐드러진 벚꽃 구경도 한 적이 없고, 전국의 산해진미를 맛본 적도 없기에 그런 소소한 행복 찾기 나들이도 계획하고 있다. '은퇴한 자연인'으로서 심신에 에너지를 가득 충전한 다음에는 후진 양성과 골프문화 개선 활동에 나설 예정이다.

최나연 프로는 "최근 성격검사(MBTI)를 해보니 승부욕이 도드라졌던 옛날 과 달리 친절과 현실감을 토대로 사회에 봉사정신을 발휘하는 'ESFJ(친선 도모형)'로 나왔어요. 뚜렷하게 개인적 욕심이 없어졌고, 있으면 있는 대로 없으면 없는 대로 살려는 마음이 생겼죠. 그래서 힘닿는 대로 많은 봉사를 하려 합니다. 그것이 팬들의 사랑에 보답하는 길이자 제 철학이기도 해요"라고 설명했다.

그는 좀 더 휴식기를 보낸 뒤에는 풍부한 경험과 골프 대중화에 대한 개혁적 신념을 토대로 유소년 골퍼 교육은 물론 골프문화 개선에도 작게나마 기여할 생각이다. 골프문화 개선은 '코로나19' 이래로 형성된 '골프 대중화'가 보다 건전하게 정착하는 데 무엇이 필요한지에 초점이 맞춰져 있다. 골프가 신사·숙녀의 스포츠인 만큼 필드에서 에티켓과 품격을 한층 높이도록 하는 것이 첫 번째 관심사다. 현재 비싼 수준인 골프장 이용료·레슨비·용품비·의상비를 어떻게 낮춰 애호가들의 부담을 덜어줄지도 골프인들과 함께 고민해 볼 문제라고 보고 있다. 그는 "골프 붐으로 인해 요즘 골프를 소재로 다루는 방송사 예능 프로그램이 꽤 많은데, 골프가 보다 제대로 잘 다뤄졌으면 해요. 방송에서든 필드에서든 골프의 규칙과 품격은 보다 엄격하게 지켜지는 게 좋을 거 같아서요"라고 말했다.

최나연 프로는 마지막으로 "우리 세대보다 실력이 뛰어난 동생들이 많아 기쁩니다. 한국 골프의 장래가 밝아요"라고 후배들을 칭찬했다. 그러나 선배의 관점에서 바람직하지 않은 점이 있다며 조언을 했다. 그는 "후배들이 국내 대회의 상금이 많아지자 국내에만 머무는 경향이 있는데, 너무 아쉬워요. 실력이 매우 뛰어나니 국제무대에 과감히 도전해 꿈도 펼치고 한국 골프의 위상과 명성을 더욱 높임으로써 국민에게 큰 기쁨을 줬으면 좋겠어요"라고 당부했다.

포커스

예술·기교의 콜라보로 세계를 휩쓴 '피겨 여제' 김연아의 명성론

스포츠 분야는 물론 거의 모든 분야의 청소년 유망주들이 한결같이 닮고 싶은 대상으로 손꼽는 최고의 명사가 있다. 전 피겨 스케이팅 선수 김연아다. 그는 피겨 스케이팅 여자 싱글 부문에서 뛰어난 운동 실력과 기교, 경탄할 만한 예술적 감각을 발휘하여 2010년 밴쿠버 동계올림픽 금메달과 2013년 국제빙상연맹ISU 세계 피겨 스케이팅 선수권대회 1위 등 최고의 기록을 남기며 세계적인 명사로 떠올라 국민적인 사랑을 받았다. 그는 특히 '국민 여동생'으로 불렸다.

김연아 전 피겨 스케이팅 선수

2014년 소치 동계올림픽(여자 싱글 은메달)을 끝으로 은퇴했으며 2016년 대한체육회 '스포츠영웅 명예의 전당'에 헌액獻額되었다. 김연아의 명성은 '2018 강원 동계 청소년올림픽 홍보대사', '2018 평창 동계올림픽 홍보대사', '유니세프 친선대사' 등 20개에 가까운 홍보·친선대사로 활용되었다.[35] 미국의 올림픽 주관방송사 NBC는 소치 동계올림픽을 앞두고 김연아를 세계적인 팝스타 레이디 가가와 비욘세에 버금가는 '한국의 스타', '대한민국의 영웅'이라고 표현했다.[36]

김연아는 명사와 명성에 대해 어떻게 생각할까?

김연아는 명성이 전혀 없었을 때는 외로움이 너무 컸다고 고백했다. 그는 만 19세 때 미국 로스앤젤레스에서 열린 2009년 세계선수권대회 우승 직후 "3년 전 관심이 없었을 때는 혼자서 외롭게 싸웠다. 내가 잘되기를 바라는 분들이 많은 것은 좋은 일이다"라고 말했다.[37] 김연아는 이후 명성 증진에 가속을 붙이듯 "올림픽 금메달은 누구나 꿈꾸는 것이다. 더 이상 바랄 게 없을 것 같다. 아마 올림픽 금메달을 따면 더 펑펑 울 것 같다"라고 욕망을 표출했다(이석무, 2009).

유명해져 달라진 것은 무엇일까? 이에 대해 김연아는 "전반적으로 행복한 것 같아요"라고 말했다(2013년 3월 런던).[38] 아울러 그는 "전에는 한국 분들이 많이 응원해 줬는데 이번을 계기로 다른 나라 팬들도 나를 많이 좋아한다는 것을 느꼈다. 특히 어제 끝나고 나서 더욱 그랬다. 좀 더 많은 사람이 좋아해 주는 것 같아 더 잘해야겠다는 생각이 든다"라고 말했다(이석무, 2009).

유명해지니 무엇이 불편해졌는가에 대해 그는 "인터넷을 하다 보면 사소한 게 기사화되는 게 좀 부담이 되기도 한다. 앞으로도 그렇게 되면 편하게 살기 힘들겠다는 생각도 든다. 낮에 운동하고 저녁에 쉬고, 낮에 운동하고 저녁에 쉬고, 그런 일이 반복되다 보니 삶의 흥미나 낙이 없다"라고 토로했다(이석무, 2009).

아울러 "유명해지고 사람들이 알아보고 그러다 보니까 좀 불편한 건 피해갈 수 없는 것 같다. 그런 것 때문에 고민하다가도, 그래도 행복한 거지, 그런 생각이 드는 것 같다"라고 말하기도 했다(민병호, 2013). 김연아는 "여유 있는 여행을 가기는 쉽지 않다. 나도 그렇고 다른 분들도 그렇고, 꿈인 것 같다. 파리에 경기가 아닌 여행으로 갈 거다. 스케이트화도 버리고, 링크장 근처도 가지 않을 것이다"라는 속내도 드러냈다.[39]

스포츠 스타이자 명사로서 이미 형성된 명성과 팬들의 바람에 끊임없이 부응해야 하는 난처함도 나타냈다. 김연아는 "밴쿠버 올림픽 이후 내 선수 생활은 끝이라고 생각했다. 인제 그만 쉬고 싶었다. 그런데 한 달 뒤 토리노 세계선수권대회에 나가라고 해서 죽어도 못 하겠다고 난리를 쳤다. 반년 이상 안 나가겠다고 싸웠다. 주변에서 워낙 설득해서 어쩔 수 없었는데, 내가 (경기에) 안 나가면 매스컴이나 팬들, 국민이 나를 외면할 거라고 했다".[40]

자신의 자아는 오랜 훈련과 출전에 피로가 쌓여 쉬고 싶었고 선수 생활도 아예 그만두고 싶은 상태였지만, 사람들 앞에 공적으로 나타나는 자아는 외부의 요구에 걸맞게 행동해야 하기에 그 '딜레마'를 토로한 것이다. 스포츠 스타들의 경기는 자신의 기록, 라이벌 선수, 순간moment in time 충실도, 자신의 명성이란 네 가지 요소와 동시에 싸우는 것이라 그 스트레스가 다른 명사들이 겪는 것보다 강할 수밖에 없다.

선수 생활 시절 최대 맞수인 동시에 자신의 명성 유지·증진의 자극제였던 일본의 아사다 마오浅田真央 선수에 대해서는 "징한 관계"라고 표현했다. 김연아는 "참 그 선수도 대단한 것 같아요. 솔직히 여자 선수가 이렇게 오랫동안 상위권 유지하면서……. 그 선수만큼 유지하는 선수도 없기 때문에……. 그 선수도 제가 짜증나는 존재이겠지만 저도 참 (우리의 관계가) 징해요"라고 말했다(민병호, 2013).

제2부

수양과 실천 컨설팅

제9장 명성 관리와 명사의 수양 기법

토픽 41 입신양명, 그다음이 더 중요한 시대

자신의 분야에서 끊임없이 노력하여 성공하고 자신의 이름을 세상에 알리고 빛내는 것은 누구에게나 본능적인 꿈일 것이다. 특히 성장기에 어려운 시절을 보낸 사람들에게는 그런 성공의 순간이 매우 절박하면서도 감정에 복받쳐 눈물을 흠뻑 쏟아낼 희열을 느낄 만하다. 일단 성공을 하면 언론 매체를 통해 자연스럽게 이름이 알려지고 명사의 반열에 오르기 마련이다. 옛말에 '입신양명立身揚名'이 있는 것만 봐도 성공이나 출세가 사람들의 간절한 소망이자 목표였던 것만은 분명해 보인다. 그것은 제도권 교육을 통해 우리를 낳아주고 길러주신 부모의 은혜에 답하는 길이라고 암묵적으로 인식된 것이다. 당연한 실천적인 효도란 뜻이다.

입신양명은 '신체발부 수지부모 불감훼상 효지시야, 입신행동 양명어후세 이현부모 효지종야身體髮膚 受之父母 不敢毁傷 孝之始也, 立身行道 揚名於後世 以顯父母 孝之終也'란 구절에서 따온 것이다. 우리의 몸, 머리카락, 살 등은 모두 부모로부터 받았으니 그것을 감히 훼손하지 않게 하는 것이 효도의 시작이며, 몸을 바로 세워 도를 행하여 후세에 이름을 날려 부모를 드러나게 하는 것이 효도의 끝이라는 뜻이다. 이 문장은, 유교 윤리의 핵심인 효의 원칙과 규범을 수록한 책으로 과거 청소년 교과서나 다름없었던 『효경孝經』에 수록되어 있다.

전통적으로 강조되어 온 입신양명이란 관념을 반영하듯 꿈을 이룬 사람들은 오늘날에도 감격스러운 순간에 부모를 언급하거나 부모에게 감사하는 마음을 표함으로써 지극한 효심을 나타낸다. KBS 2TV 〈갓파더〉에 출연해 '2021 KBS 연예대상'에서 리얼리티 우수상을 수상한 가수 장민호는 "아버지는 10년 전에 가셨지만, 그 빈자리를 채워주신 김갑수 아버지께 감사하다. 하늘에 계신 아버지, 그리고 어머니 가족 친구들에게 감사하다"라고 말했다.[1]

tvN 드라마 〈응답하라 1994〉에 출연해 2014년 5월 백상예술대상 신인 연기상을 수상한 배우 정우는 시상식에서 "어머니 지켜드리겠다. 형, 아버지 대신 키워주셔서 감사하다. 사랑하는 우리 누나 고맙다. 하늘에 계신 아버지 많이 보고 싶다"라며 눈물을 흘렸다.[2]

한국 여자 프로농구 2018년 시즌 우승으로 정규 리그 6연패를 달성한 우리은행 위성우 감독은 "항상 제 뒤에서 묵묵히 일해준 전주원, 박성배 코치에게 감사드린다. 저를 잘 따라온 선수들에게도 고맙다고 말하고 싶다. 하늘에 계신 아버님에게도 감사하다"라고 말했다.[3] 프로게이머 이윤열은 '천재 테란'으로 불리면서 2002년부터 전성기를 달리며 게임 팬들에게 최고의 인기를 누렸다. 그는 특히 스타리그 3회 우승을 달성해 최초로 골든 마우스를 수상한 영예를 얻은 2006년 신한은행 스타리그 시즌2에서 오영종을 물리친 뒤 "이 우승의 영광을 하늘에 계신 아버지께 바칩니다"라고 말했다.[4]

높고 두꺼운 세계무대의 벽을 뚫고 꿈을 이루고 최고의 명예를 얻은 사람들은 효심을 실천하는 차원 이상의 가치와 담대함을 내비침으로써 성공의 가치를 드높인다. 빌보드 뮤직 어워드, 아메리칸 뮤직 어워드에 이어 미국 3대 음악 시상식에 모두 참석하는 한국 가수 최초의 기록을 세운 방탄소년단BTS에게는 이처럼 세계 팬들의 인정을 받는 무대의 레드 카펫을 밟는 것이 입신양명의 상징이었다. BTS는 2019년 2월 10일 미국 캘리포니아주 로스앤젤레스 스테이플스 센터에서 열린 '2019 그래미상 시상식'에 참석했다. 리더 RM은 언론 인터뷰에서 "'그래미 어워드'에 오는 것이 소원이었다. 꿈을 이뤘다"라고 털어놓았다.[5]

전성기 시절 미국의 시사 주간지 ≪타임≫이 선정한 '영향력 있는 세계 100인'에 선정된 후 할리우드 영화 〈닌자 어쌔신Ninja Assassin〉과 〈스피드 레이서Speed Racer〉에 출연했던 가수 비(정지훈)는 2009년 당시 언론과의 인터뷰에서 "내 이름을 알린다는 것은 세계를 정복한다는 것"이라고 표현했다.[6] 그는 "나는 총과 칼을 이용한 싸움보다 문화와 정신을 지배하는 싸움이 더 크다고 본다. 정신을 지배하면 그때 끝이다. 그런데 내가 만약 미국의 심장부에 진출해서 할리우드 작품을 통해 내 이름을 세계에 알리면 그것은 세계를 정복하는 것이나 마찬가지다"라고 말했다.

그러한 담대함은 성공을 꿈꾸던 시절 흠모 대상이 극복 대상으로 재설정되면서 동기 부여의 차원에서 성공 가도에 더 큰 동력을 제공한다. 공을 다루는 솜씨가 뛰어났던 '슛돌이' 출신 축구선수 이강인은 만 17세에 한국인 최연소로 유럽 5대 리그에 데뷔하여 명성을 얻기 시작했다. 이강인은 소속팀인 발렌시아의 정식 1군 선수가 된 2019년 1월 31일 "11살 때 스페인에 온 이후, 1군에서 뛰는 것이 목표였다. 꿈을 이루게 돼 기쁘다"라고 감격스러운 소감을 밝혔다.[7] 이강인은 이렇게 1차적인 목표를 이룬 이후 태극 마크를 다는 한국 국가대표에 선발되어 크게 활약할 것을 꿈꾸고 있는 데다, 유럽 프로리그 소속팀의 선수로 리그에서 두각을 나타내 자신과 국가의 명예를 빛내는 선수가 될 것이라는 포부에 젖어 있다.

'김연아 키즈'로 불리며 피겨 여왕 김연아 이후의 세대로 주목을 받았던 피겨 스케이팅 선수 유영은 어느 정도 성공하자마자 자연스럽게 어린 시절 자신의 우상을 뛰어넘어 자신만의 고유한 세계를 구축하고 싶다는 포부를 드러냈다. 유영은 2019년 1월 2연속 코리아 챔피언십 우승을 차지한 직후 언론 인터뷰에서 "김연아 언니 때문에 운동을 시작했지만 제가 진짜로 이루고 싶은 건 세계대회 나가서 인정받는 게 아니라 사람들에게 제 이야기를 들려주는 것이다. 사

람들이 제 프로그램에 감동받아 피겨를 시작하겠다는 결심을 한다면 좋겠다"라고 말했다.[8]

이렇게 꿈을 향해 달려나가는 사람들은 일단 마음속에 품었던 성공이 중요하겠지만 성공한 이후가 더 중요하다는 점을 잘 간파해야 한다. 앞에서도 언급한 경제계 명사로서 버크셔해서웨이의 CEO인 워런 버핏Warren Buffett은 "명성을 쌓는 데는 20년이 걸리고, 그것을 망치는 데는 5분이 걸린다"라고 경고했다. 사실 명성을 쌓기보다 그것을 유지하고 관리하는 것이 더 어렵다는 뜻이다. 명성의 몰락은 의외로 순식간이니 평소 명성에 대한 리스크 관리에 철저히 대비하라는 메시지도 담겨 있다.

성공한 사람은 대체로 자신의 행동에 많은 융통성을 부여하는 자유와 재량권이 확대되고 물질적 풍요, 타인의 인정, 그리고 막강한 권력을 누린다. 그러나 많은 이들의 관심을 받고 미디어나 주변 인물로부터 검증을 받으면서 자신의 본질과 본성이 투명하게 드러나기 마련이기에 각종 위험과 악재에 노출되기 쉽다. 기본이나 뼈대가 건강하지 않으면 언제든지 몰락할 수 있다.

성공한 사람들을 지배하는 속물적 의식이나 그것을 부추기는 환경에서 완전하게 해탈하지 않으면 권력과 배경이 매우 출중한 명사라도 언제든지 몰락할 위험을 안고 있다. 내 안에 나도 모르는 '시한폭탄'을 안고 있는 것이다. 겉과 속이 다르거나, 범죄와 악행이 은폐되어 있거나, 자신이 너무 과장되어 알려졌거나, 성취가 사소한데 크게 튀겨진 '명성 거품fame bubble'에 휩싸여 있는 적지 않은 명사들은 더욱더 마음을 졸일 수밖에 없다.

나의 성공은 전적으로 나를 도와준 열성적이고 창의적인 사원들의 덕분이라고 인식하는 기업인, 다른 데 한눈팔지 않고 오직 운동만 열심히 하겠다는 스포츠 스타, 예능을 비롯한 여러 가지 활동보다 수입은 조금 줄어들겠지만 천직天職이라 여기는 연기만 열심히 하겠다는 어떤 톱스타 여배우, 그리고 남편이 막노동을 한다거나 부모의 직업이 변변치 못했다고 고백하며 호사스럽게 비치는 외피를 벗고 당당하고 솔직하게 살겠다는 배우와 아나운서의 모습에서 이런 해탈과 초월의 노력이 엿보인다.

워런 버핏의 경고처럼 명성의 몰락 속도는 가속도가 붙어 성공의 속도보다 적어도 몇십 배 이상은 빠르다. 몰락, 나락, 추락은 그 의미가 조금씩 차이가 나지만 스스로 제어하기가 거의 어려워 생긴다는 공통점이 있다. 미디어가 발달한 현재 사회에서는 더욱 그러하다. 오늘날 정치, 경제, 문화예술, 스포츠 분야 등에서 명사의 지위에 오른 성공한 사람들이 하루가 멀다 하고 미디어를 통해 비판의 도마에 오르고 충격적인 사건의 중심인물이 되어 나락으로 떨어지고 있다.

이유는 명약관화하다. 진실됨이 없이 축적된 명성이었는데 그 주체는 성찰조차 없었기에 생긴 위험의 노출 때문이다. 여기에서 통찰할 수 있는 것은 명성관리에서 핵심 포인트는 성공에 이르기까지보다 성공한 이후가 더 중요하다는 것이다. 우리의 인생을 살펴보면 성공하기 전까지는 '잘되기 게임'이지만 어느 정도 지위를 갖거나 성공한 이후에는 '망가지지 않기 게임'인 측면이 있다.

명성을 얻었다면 그때부터 체계적으로 관리하고 팬이나 대중의 시기심이 감사하는 마음으로 승화되도록 초격차의 실현처럼 보다 더 높은 경지에 오르도록 수련하는 것이 필요하다. 수련의 기본은 명사·명성·평판에 대한 이론을 다루는 양서良書를 탐독함은 물론이고 자신이 보유한 명성과 평판에 대한 자신의 포지셔닝을 제대로 파악해 다양한 수양의 소재를 자극제로 삼아 심신을 가다듬는 데 있다.

명사의 품격과 처세법을 알고 명사의 자기관리 기본 원칙에 따라 명사다운 실력 갖추기, 여유와 유머 갖추기, 공적·사적 페르소나 전환 훈련을 통한 정신 건강 관리, 팬덤 관리, 세부적인 전략과 방법론 등을 익혀 실행하고 지덕체 등의 덕목과 품성을 수양해야 한다. 정치인, 경제인, 연기예술인, 언론인, 방송인, 운동선수, 각 분야 전문가 등 각각의 직업의 특성에 맞게 어떻게 하면 좋은 명성과 평판을 얻을지 파악한 다음 수양하는 것이 필요하다. 사회봉사와 선한 영향력의 실천을 위한 수양은 명사가 자신의 인생에 은은하게 또는 찬란하게 각양의 개성으로 빛을 드리우는 숭고한 일이기에 수련을 빼놓아서는 안 된다.

토픽 42 명사의 자기 경영·관리 기본 원칙

낯선 타인들 앞, 그것도 이름과 예상 행동을 전혀 알 수 없는 무수한 대중들 앞에 서는 것은 매우 두렵고 불편한 일이다. 기쁜 일, 행복한 상황이나 일만이 있는 것이 아니다. 정치인, 경제인, 연예인, 문인, 스포츠 스타 모두 처지는 마찬가지다. 그들은 유명해짐으로 인해 남들이 누리지 못하는 명성과 명예란 특권을 누리지만, 하나의 계곡을 넘으면 더 험준한 계곡이 종종 나타나듯 곳곳에 무서운 함정이 도사리고 있어 대비하고 대처해야 할 것도 한둘이 아니다.

명사라면 철칙으로 여겨야 할 자기 경영·관리의 기본 원칙이 있다. 항상 마음에 두고 실천해야 할 행동 준칙이다. 그것을 두 가지로 요약하여 제시하고자 한다.

첫 번째 원칙은 어떤 사람이 어느 정도 유명해졌다면 명성의 달콤함이란 함정에 빠지는 것을 스스로 경계해야 한다는 것이다. 그러기 위해서는 먼저 자신의 인기가 정말 상승했는지, 상승했다면 언제부터 상승해 자신과 주변에 어떤 변화가 생겼는지 냉정하게 두루 살피며, 이로 인해 나타난 불편함이나 비판 때문에 성격적 변화가 생겨났는지를 자세히 따져 봐야 한다. 자각과 성찰, 마인드의 재정립이 순서대로 필요하다.

이어 명사에 뒤따르는 성공과 행복이란 성취감을 느꼈다면, 충분히 자긍심이나 자부심으로 간직하되 현명한 태도와 지혜를 발휘해 다시 차분해지면서 지금부터 단계별 목표를 세워야 한다. 이때 팬덤에 편승한 과도한 기대치를 목표에 그대로 담는 것은 피해야 한다. 이것은 결국 이룰 수 없는 목표이기에, 자신도 팬들도 실망하게 함으로써 자신감 결여와 불신으로 이어진다. 즉, 자신을 망치는 부메랑이 된다.

명사라고 느낀 순간 성취감, 우월감, 과시욕에 취해 너무 들뜨거나 흥분해서는 안 된다. SNS의 언급과 댓글에 너무 예민하게 반응해서도 안 된다. 소셜미디어는 사람들과 관계를 강화하고 기쁘게도 하지만, 피곤함과 고통을 가져다주고 삶을 파괴할 수도 있다[9]는 사실을 미리 알고 있어야 한다. '나는 정말 대단한 사

〈표 9-1〉 명사가 자기관리에 적용할 2대 원칙

- 유명해졌다면 명성의 달콤함이란 함정에 빠지는 것을 경계해야 한다.
  - 팬덤에 편승한 과도한 기대치와 들뜸이 종종 자신을 망치게 한다.
- 공적인 활동과 사생활을 철저하게 분리해야 한다.
  - 대중의 견제·시기와 언론의 감시·비판을 완화해 자유를 확보하는 방법이다.

람'이란 인식, 즉 지나친 자긍심이나 자존심도 금물이다. 솔직하게 자신과 대화하면서 타인에게 비쳐지는 것 이상으로 부풀려진 존재라고 생각된다면 실제의 자아와 외부에 보이는 자아인 '페르소나persona'를 일치시켜야 한다. 맞지 않는 가면을 계속 쓰고 있다면 얼마나 불편할까? 그 불편함을 스스로 벗어나야 한다.

아울러 지극히 일상적이고 건강한 일상을 유지하면서 보다 더 책임성 있게 행동하며 필요한 경우에만 선별적으로 대중이나 매체의 요구에 응하는 태도가 필요하다. 이것이 잘 안 된다면 홍보 전문가나 경험이 많은 주변 사람들의 도움을 받아야 한다. 스트레스나 과도한 시선, 너무 모든 것을 잘해야 하고 모범을 보여야 한다는 압박감을 줄이기 위해 충분히 혼자만의 시간을 보내며 휴식과 성찰을 해야 한다. 잘 먹고, 잘 쉬고, 정기적인 운동을 하면서 재충전을 하는 것은 기본이다.

더욱 장기적인 관점에서 사회적으로 또는 속한 조직에서 좋은 역할과 행동을 하면서 행복감을 주는 긍정적인 이미지를 유지하려고 노력하고, 스트레스나 부담감의 건강한 배출구를 확보하면서 일, 가정, 휴식이란 세 가지 축에서 삶의 균형을 유지해 나가야 한다는 뜻이다. 이렇게 긍정적 이미지를 심어주려면 소셜미디어 관리도 매우 중요하다. 소셜미디어는 오늘날 늘 손쉽게 활용하는 것으로 원하는 메시지와 이미지를 전파하는 데 유용하고 대인관계의 중요한 창이 되어주기 때문이다.

명사들이 소셜미디어를 운영할 때는 첫째, 팬을 비롯해 다른 사람들이 볼 때 지루하지 않게 할 것, 둘째, 상호작용을 위해 팬에게 계속 친밀하게 다가설 것, 셋째, 팬들이 특별한 대우를 받는 느낌이 들게 할 것, 넷째, 예정된 일정을 게시할 것, 다섯째, 타인의 비난을 두려워 말고 셀카를 올릴 것, 여섯째, 자신의 프로젝트를 팬들에게 강요하지 말 것, 일곱째, 게시물 콘셉트의 일관성을 유지하면서 정기적으로 게시할 것이란 일곱 가지 원칙을 지킬 필요가 있다.[10]

미디어에 투영된 명사의 완벽한 이미지는 상당 부분 허상일 뿐 실제의 모습은 그 어떤 대단한 명사라도 실체와 100% 일치하지 않는다. 외부의 비판과 질시에 대비하여 쉽게 무너지거나 우울해지거나, 또는 신경질적인 반응을 보이는 성격으로 변하지 않도록 내면을 단단히 하고, 가까운 사람들과 더욱더 깊은 친분을 유지하며 정담을 나누며 따뜻한 성정을 가꾸어야 한다. 관계 강화와 촉진을 위해 음악과 미술과 같은 예술은 유효한 매개물이 될 수 있다.

두 번째 원칙은 공적인 활동과 사생활을 철저하게 분리해야 한다는 것이다. 대중의 견제·시기·질투와 언론의 감시·비판을 완화해 자유를 확보하는 방법이다. 명성의 기쁨과 익명성의 행복을 동시에 누리는 지혜가 필요하다는 뜻이다. 사람들은 대체로 남녀노소 가릴 것 없이 관심받기를 갈망하여 주변 사람들로부터 스포트라이트를 받고 드디어 명사의 지위까지 오르면 희열을 느낀다. 그러나 외부에 많이 노출될수록 자유가 사라지고 견제·시기·질투는 늘어난다. 감시와 비판의 대상이 되어 인간으로서 누릴 자유를 상실하게 된다. 심한 경우 해를 끼치는 행동에 직면한다.

그렇게 되면 낙담에 이어 불안감과 우울증이 생기고, 이에 따른 내적 상실감이 찾아올 수 있다. 상처가 중첩되면서 자신은 한없이 연약해지고 외부에 나갈 때마다 두려움까지 느끼게 된다. 이는 결국 자신감의 상실로 이어지며 자신에 대한 의구심이 깊어질 수 있다. 이런 경우를 예방하기 위해 가장 먼저 사생활 분리가 필요하다는 것이다. 공적인 활동에서 자신의 가치와 의지를 표출하는 것과 개인적으로 있을 때 주변 사람들과 의견을 나누며 지혜를 얻고 음악을 듣거나 일기를 쓰면서 성찰하는 것은 서로에게 좋은 영향을 주는 에너지원이 되도록 선순환을 이뤄야 한다.

사생활 분리를 실천하는 각론에서 매우 중요한 것은 명사라면 스스로 공적 활동과 사생활의 경계가 되는 지점을 명확히 정해 이를 구분하고, 그 경계에 맞춰 행동을 분명하게 해야 한다는 점이다. 다양한 외부의 요구에 대해 무엇은 되고, 무엇은 안 되는지 분명하게 미리 정해놓고 반응해야 한다. 명사는 사생활에 대해 답할 의무가 없다. 하지만 각종 행사에서 공적 활동과 사생활에 관한 질문은 동시에 혼합되어 쏟아지기 마련이다. 언론 인터뷰, 팬클럽 회원들과의 대화 등에서는 공적 활동과 연관되어 있다면서 세세한 사생활을 캐묻는 상황도 적지 않게 접할 수 있다.

그때 어떻게 재치 있게 분리하여 답할 것인지 원칙과 행동 요령이 미리 준비되어 있어야 한다. 그렇지 않으면 순탄하거나 상승세였던 공적 활동도 곤경에 빠지고 사생활도 애매하게 언급되어 변죽만 울리게 되면서, 명사의 일거수일투족에 관심이 많고 궁금증이 하늘을 찌르는 열성팬들이 대거 실망하여 안티팬으로 돌아설 수 있다. 머뭇거림 없이 수용할 것은 적극적으로 행하고, 회피해야 할 것은 부드럽고 완곡하게 에둘러 표현해야 한다.

사생활 분리 전략에서 또 하나 중요한 것은 온라인 매체와 소셜미디어를 대하는 원칙을 분명히 해야 한다는 것이다. 온라인이나 소셜미디어를 전략적으로 사용해야 한다는 뜻이다. 자신의 인지도가 점점 높아지는 상황에 있거나 명사로서 영향력을 발휘하고 싶은 충동이 발산되면 구글, 페이스북, 트위터, 틱톡, 릴스 등을 활용하고 싶어진다. 사회적 발언을 하고 싶은 욕구다. 아울러 자신에 관한 기사가 문제가 있다고 보거나 비판적인 댓글을 보면 바로 응수하고 싶은 욕구도 생긴다. 이런 경우 이런 충동이나 대응 욕구를 억제하지 못하면 큰 화를 부르게 된다.

선불리 한쪽으로 치우친 정치적, 종교적, 성적 견해를 표출하는 행위, 다듬어지지 않거나 정제되지 않은 표현으로 특정한 사안을 선불리 논하는 경우, 부박浮薄하고 편견이 가득한 언사를 늘어놓는 경우, 언행일치와 정반대의 위선적 행동을 나타내는 발언이나 태도, 남의 의견을 무조건 믿고 입체적인 사실 확인fact check이나 검증이 없이 부정확한 주제를 함부로 늘어놓는 행위를 경계해야 한다. 이런 행동들은 결국 잘못된 판단과 경솔함의 결과물로 낭패를 초래하는 것이기 때문이다. 우리가 흔히 보았듯이 이런 경우로 인해 명사의 지위에서 추락하거나 출연하는 TV 프로그램, 자신이 맡은 조직의 직위에서 조기 하차하거나 퇴출되거나 은퇴한 명사들이 한두 명이 아니다. 한마디로 비판과 논란, 부정적 파문의 여지가 있는 언사, 표현, 개입, 행동을 하지 말아야 한다.

명사들은 건강을 유지하기 위한 자기관리self-management도 놓쳐서는 안 된다. 헬스케어의 관점에서 건강을 유지하기 위한 자기관리 전략은 컨디션의 의학적 관리, 행동 관리, 감정 관리로 나눠 입체적으로 접근하는 것이 필요하다.[11] 이 세 가지 요소가 이상적으로 조화를 이뤄 체계적으로 관리될 때 명사들의 건강이 최적의 상태로 유지될 수 있으며, 이 가운데 한 가지만 빠져도 헬스케어 측면의 자기관리는 실패하게 된다.

첫째, '컨디션의 의학적 관리'는 평소에 건강 검진을 빼놓지 않고 주기적으로 하면서 돌발하는 크고 작은 질병을 병원에 가서 전문의와 상담해 직접 치료하는 것을 말한다. 둘째, '행동 관리'는 양질의 식사, 적절한 운동, 주변 환경의 위생과 청결 유지 등 질병 예방 활동을 하는 것은 물론 음주, 흡연, 과로 등 건강에 위해를 주는 행동을 자제하는 것이다. 셋째, '감정 관리'는 분노, 경악, 충격, 울분, 우울증, 환각, 들뜸과 같은 이상 정서를 스스로 차분하게 조절하도록 관리하고 그 원인이 되는 요소를 다양한 방법을 동원해 원천적으로 제거하는 노력을 하는 것이다.

토픽 43 명사의 품격과 처세의 지혜 알기

명사가 되면 그의 명성에 걸맞은 인지도, 인기, 지위, 명예, 권력, 영향력, 힘센 친구 등이 새로 생긴다. 무엇보다도 중요한 사실은 부와 명예가 결합한 새로운 권력이 탄생하는 것이다. 권력자가 되면 자신도 모르게 주변 사람들을 안하무인으로 대하거나 경시할 수도 있다. 자신을 통제하거나 조언해 주는 사람이 있다 해도 그들의 말이 잘 또는 좀처럼 귀에 들리지 않는 상태가 되기 때문에 오만해질 수 있다. 스스로 겸허한 자세를 확립하고 남들이 선망하는 품격을 갖춰야 한다. 사전적으로 '품격品格'은 사람 된 바탕과 타고난 성품, 이와 유사한 어휘인 '품위品位'는 사람이 갖추어야 할 위엄이나 기품을 각각 의미한다.

고아한 품격은 좋은 품성에서 나온다. 좋은 품성이 태생적인 것과 후천적인 수양이 결합되어 제대로 갖춰지지 않고서는 아무리 겉으로 연기를 한다 해도 높은 품격이 우러나올 수 없다. 좋은 품성을 기르기 위해서는 첫째, 롤모델을 설정해 점차 본받아 가는 '도덕적 역할 모델 주시하기', 둘째, 주어진 환경에서 최적의 상황 판단을 하여 적용하는 '우리의 상황을 선택하기', 셋째, 자아의 실체를 인식하고 성찰하여 행동에 반영하는 '우리 자신을 바로 알기'라는 세 가지 실천적 방법론을 적용하는 것이 권장된다.[12]

과거에는 신하도 품격을 구분해 관리했듯이 명사도 그 품격의 층위가 구분될 수 있다. '아비투스Habitus'란 말은 자신의 품격을 타인과 비교하는 것을 일컫는다. 아비투스의 초점은 타인에게 과시하지 않고, 나를 타인과 구분 짓는 품격에 맞춰져 있다. 이 말은 프랑스 사회학자 피에르 부르디외Pierre Bourdieu가 제시한 개념으로,[13] 구체적으로 사회문화적 환경에 의해 결정되는 제2의 본성(타인과 나를 구별 짓는 취향, 습관, 아우라)을 일컫는다.[14]

독일의 유명 컨설턴트 도리스 메르틴Doris Martin은 아비투스를 갖추기 위해서는 심리, 문화, 지식, 경제, 신체, 언어, 사회 등 일곱 가지 자본의 측면에서 성공의 원천을 이해하는 것이 필요하다고 말한다.[15] 특히 여유로움, 대담성, 문화자본, 사회 자본이란 네 가지를 고루 갖추기를 당부한다.

명사들은 미국의 제16대 대통령 에이브러햄 링컨Abraham Lincoln이 제시한 '품격 있는 리더가 되기 위한 덕목'을 품성 수양에 참조할 필요가 있다. 그것은 첫째, 교만하지 않기, 둘째, 긍휼矜恤한 마음 갖기(불쌍하고 가여운 마음을 갖고 남을 돕기), 셋째, 사명감 갖기, 넷째, 입체적으로 사고하기, 다섯째, 분노 조절하기다.[16]

신하의 품격을 두 가지로 구분하여 조정에 반영한 사례를 살펴보자. 율령 체제의 정비, 군정의 정비, 학예의 장려로 '정관貞觀의 치治'란 태평성대를 누린 중국 당나라 태종(이세민) 때의 신하 위징魏徵은 신하의 품격을 구분하고 태종에게 다음과 같이 쓴소리를 하며 현명한 용인술用人術을 건의했다.

> '현신賢臣'은 스스로 좋은 이름을 얻을 수 있고 군왕에게 숭고한 칭호를 누려 자자손손 대대로 전해지며 영화와 부귀가 끝이 없지만, '충신忠臣'은 스스로 멸망되게 하고 군왕은 아주 큰 악명에 빠지게 하는바, 그만 홀로 충신이란 이름을 갖고 집과 나라는 모두 손실됩니다.[17]

따라서 충신보다 '현신'처럼 숭앙받는 품격을 갖추는 것이 좋다. 현신의 경지처럼 최상위 층위의 명사가 되면 누구보다도 자신의 인성과 품격 수양, 처세에 신중을 기해야 한다. 주변인들과 대중들의 질투에도 현명하게 잘 대응해야 한다. 명사는 종합적으로 인자仁者의 모습처럼 높은 지위에 있어도 교만하지 않고, 낮은 지위에 있어도 두려워하지 않아야 한다. 바로 지위의 높낮이를 가리지 않는 '가고가하可高可下'의 자세를 갖춰야 함을 강조한 것이다.

첫째, 명사라면 수양의 방향이 분명한 철학과 원칙을 갖추는 데 맞춰져야 한다. 대장부大丈夫의 기개가 필요하다. '대장부'는 군주에게 비굴하지 않고 인의仁義의 도를 실천하며 어떤 유혹이나 압력에도 굴하지 않으며, 빈천貧賤해도 마음이 변치 않는 부동심의 소유자를 의미한다.

말을 먼저 내세우지 말고 행동은 민첩하게 하라는 뜻인 '눌언민행訥言敏行'을 실천해야 한다. '세한송백歲寒松柏'이라 했듯이 추운 겨울에도 잎이 푸른 소나무와 측백나무처럼 역경逆境에도 지조志操를 굳게 지키는 심지와 내공을 보여줘야

〈표 9-2〉 명사의 품격 수양과 처세의 다섯 가지 포인트

- 수양의 초점을 분명한 철학과 원칙을 갖추는 데 둬야 한다.
- 덕을 베풀고 겸손한 언사와 행동을 하도록 수양해야 한다.
- 오만하거나 교만하지 말고 주변과 아랫사람을 잘 대하라.
- 언제 어디에서나 타락과 방탕함에 물드는 것을 경계해야 한다.
- 자신의 지위가 오래가지 못함을 알고 제때 베풀어야 한다.

한다.

'불고염치不顧廉恥'란 말처럼 부끄러움과 치욕을 생각하지 않고 행동해서는 안 된다. '방약무인傍若無人'이란 성어가 있듯이 좌우에 사람이 없는 것처럼 언행을 제멋대로 해서는 안 된다. 특히 '기세도명欺世盜名'이란 말처럼 세상 사람을 속이고 허명虛名을 드러내서는 안 될 것이다. 경계로 삼은 이런 원칙들을 지키고 실천하면 '앙천부지仰天俯地'나 '부앙불괴俯仰不愧'란 말처럼 하늘을 우러러보고 땅을 굽어봐도 부끄럽지 않은 경지에 이를 것이다.

둘째, 덕을 베풀고 겸손한 언사와 행동을 하도록 수양해야 한다. 경거망동輕擧妄動하지 말고 겸양지덕謙讓之德을 실천해야 한다. '경거망동'은 경솔하고 분수없는 행동이며, '겸양지덕'은 겸손한 태도로 남에게 사양한다는 아름다운 덕을 말한다. 이런 자세는 기본적인 언사에 배어 있어야 한다. 에세이집 『말의 품격』에서도 품격 있는 언어를 구사하려면 제일의 실천 과제로서 겸허한 자세로 들어야 마음을 얻는다는 뜻의 '이청득심以聽得心'을 꼽았다.[18]

겸양지덕에는 상대의 말을 먼저 주의를 집중하여 듣고 정확히 이해하여 피드백하려는 적극적인 경청傾聽의 자세가 포함되어 있다. 경청의 기법에는 집중, 인정, 탐색, 감정 조절, 비언어적 의미 파악, 구조화[19] 또는 친근한 감정 갖기friendly, 상대 언행에 주목attention, 상대에 공감하기me too, 상대의 말에 관심 갖기interest, 상대를 응시하기look, 상대가 중심되기you are centered가 있다.[20]

경청을 방해하는 요인으로는 대화 중에 발생하는 주변의 소음, 잡담 등과 같은 많은 외부 환경의 자극, 청자의 성급한 대응과 임의적 판단 습관, 듣고 이해하는 훈련의 부족, 화자의 말과 청자의 듣는 속도 차이 등이 있다.

세칭 명사라고 한다면 등대의 불은 먼 곳을 밝게 비추지만, 정작 등대 자신은 어둡다는 말인 '등대부자조燈臺不自照'와 지덕이 높은 사람은 그것을 내세우지 않고 겉으로는 어리석은 체한다는 '양고심장良賈深藏'이란 경구를 실천하자. 양고심장은 장사를 잘하는 사람은 좋은 물건을 밖에 너절하게 벌이지 않고 깊이 간직한다는 데서 유래한 말이다. 특히 자화자찬은 금물이다. '성혜成蹊'는 샛길이 생긴다는 뜻으로 덕이 높은 사람은 자기선전을 하지 않아도 자연히 흠모하는 사람들이 모인다는 것을 함의한다.

따라서 자기의 뛰어난 실적이나 성과, 그리고 공적을 뽐내지 않음을 뜻하는 '불벌부덕不伐不德'을 실천해야 한다. 무엇보다도 명사가 되었다면 스스로 마음 가운데 만족을 느끼면 부자라는 '지족자부知足者富'와 같은 경지의 넉넉함과 여유가 필요하다. '상마지교桑麻之交'처럼 권세와 영달의 길을 버리고 한적한 시골에서 뽕나무와 삼나무를 벗 삼아 지낼 날을 꿈꾸는 것이 차라리 행복하다.

셋째, 오만하거나 교만하지 말고 주변과 아랫사람을 잘 대하라. '애인여기愛人如己'란 말처럼 남을 사랑하기를 자기를 사랑하듯 해야 한다. 명사가 교만하여 안하무인으로 굴면 점차 좋지 않은 소문이 나고 사람들이 하나둘씩 떠난다. 그리고 원한 관계가 만들어져 장차 그 명사를 무너뜨리게 하는 요인으로 점화될 수 있다. 그러니 근심할 일은 남보다 먼저 걱정하고, 즐거워할 일은 남보다 나중에 기뻐해 주는 '선우후락先憂後樂'의 큰 덕을 갖춰야 한다.

아울러 자기의 견해만을 유일한 것으로 믿는 사람을 뜻하는 '자성제인子誠齊人'과 같은 아집이나 고집불통을 버려야 한다. 도와주는 사람이 직언하면 잘 받아주고 그를 존중해야 한다. 만약 그런 말이 듣기 싫다고 하여 그를 시기하거나 질투하면 곧은 나무는 먼저 꺾여 쓸 만한 사람이 먼저 사라진다는 '직목선벌直木先伐'의 잘못을 거듭할 것이다. 속이 좁은 사람처럼 '투현질능妬賢嫉能'을 해서는 안 된다. 투현질능은 어진 사람을 미워하고 재능 있는 사람을 시기한다는 뜻이다.

'이목번다耳目繁多'란 말처럼 주변에는 의외로 듣는 사람, 보는 사람이 많다. '악사전천리惡事傳千里'란 말처럼 나쁜 사건의 소문은 멀리까지 퍼지기에 주변인, 비서진, 참모진, 부하 동료들, 친구들, 아랫사람들을 대하는 언행에 특별히 신중해야 한다. 범도 위엄을 잃게 되면 쥐와 같이 된다는 '맹호위서猛虎爲鼠'란 말이 있다. 명사라 해도 주변 사람이 모두 떠나면 심신이 피폐해지고 허명만 남기 마련이다.

넷째, 언제 어디서나 타락과 방탕함에 물드는 것을 경계해야 한다. '부귀생교사富貴生驕奢'는 사람이 명사 같은 반열에 올라 부귀를 누리게 되면 교만하고 사치스럽고 방탕한 생활에 빠지기 쉽다는 뜻이다. 편안하게 잘살면 방탕하게 된다는 '포난생음욕飽暖生淫慾'이란 말도 있다. 술, 여자, 재물에 대한 욕심은 정도에서 벗어나기 쉬우니 이에 빠지지 않아야 한다는 '삼불혹三不惑'은 기본이 되어야 한다. 남자도 마찬가지겠지만 여성도 이 경우 '가인박명佳人薄命'이기에 주변의 권력자나 유혹에 휩쓸려 기박한 운명이나 불행에 처하지 않도록 주의해야 한다.

성城 안에 사는 여우와 사단社壇(임금이 토신土神인 사社에게 제사 지내던 제단)에 사는 쥐를 뜻하는 '성호사서城狐社鼠'처럼 몸을 안전한 곳에 두되 나쁜 짓을 하는 사람이 되어서는 안 된다. 이런 경계를 무시한다면 어떤 명사라도 그 명성과 평판을 유지하지 못하며 '유취만년遺臭萬年'이란 말처럼 불행하게도 더러운 이름을 영원한 장래에까지 남길 것이다.

모든 것이 '자작지얼自作之孼', '화복동문禍福同門', '화복유기禍福由己'란 사실을 직시해야 한다. 자작지얼은 제가 저지른 일로 말미암아 생긴 재앙이며, 화복동문은 화나 복은 모두 자신이 불러들이는 것이란 뜻이다. 화복유기는 화나 복은 스스로 초래하는 것이라는 말이다.

다섯째, 명사라면 자신의 지위가 오래가지 못함을 알고 제때 넉넉함을 베풀어야 한다. 강한 활로부터 나온 화살의 최후 운명은 어떠한가. '강노지말强弩之末'이란 강한 힘도 최후에는 쇠퇴하여 아무것도 할 수 없게 된다는 뜻이다. 달도 차면 기운다는 '월만즉식月滿則食'은 사람의 권세나 영화도 한계가 있다는 뜻이다. '권불십년權不十年'이나 '화무십일홍花無十日紅'이란 성어는 어떤 명사라도 그 권세가 십 년을 넘지 못함을 비유한다. 특히 부당한 방법, 떳떳하지 못한 수단으로 그런 지위에 오른 경우에는 더욱 그러하다.

'인생조로人生朝露'나 '조로인생朝露人生'이란 말은 사람의 생명이 아침 이슬이 금방 녹듯이 극히 짧음을 뜻한다. '초로인생草露人生'도 풀잎에 맺힌 이슬과 같은 인생을 말하며 사람이 산다는 것이 매우 허무하고 덧없다는 뜻이다. 병들어 누워 있으면 찾는 사람이 없다는 말인 '와병인사절臥病人事絶'은 권세나 벼슬도 떨어지면 찾아오는 사람이 없다는 것을 의미한다. 명사라면 품격과 처세를 깊이 생각하고 주변을 세심하게 살피면서 성공가도를 이어가야 한다.

토픽 44 명사의 면모와 실력 갖추기

명사가 되려면 앞에서 논의한 명사의 자기관리 기본 원칙을 토대로 명사에 부합하는 면모面貌와 실력實力을 갖추기 위해 부단히 노력해야 한다. 면모는 사람이나 사물의 겉모습 또는 그 됨됨이며, 실력은 실제로 갖추고 있는 힘이나 능력을 뜻한다. 명예로운 이름은 마땅히 떨칠 만한 면모와 실적이 있어야 퍼진다는 '명불허전名不虛傳'이란 말이 있듯이 실력이 매우 중요하다. 세상에 널리 알려진 이름을 가져 '뇌성대명雷聲大名'과 같은 수준이나 경지의 명사라면 더욱 그러하다.

그런 면모와 실력이란 아주 옛날 같으면 신수, 말씨, 글씨, 판단력을 뜻하는 '신언서판身言書判'이란 가치로 표현되겠지만, 요즘에는 아무래도 업무 능력 면에서는 깊고 겸손한 품성과 전문성이 가장 기본적인 요소가 된다. 온갖 사물의 이치와 지식에 정통한 사람인 '박물군자博物君子'는 아니더라도 여러 방면으로 널리 정통하지 못함을 이르는 '박이부정博而不精'의 상태가 되어서는 안 된다.

첫째, 실력을 갖추려면 특정 분야의 명사가 되려는 의지와 목표를 분명하게 설정한 다음 그것을 향해 꾸준히 매진해야 한다. 사방으로 널리 활동하여 공명을 이루려는 의지인 '상봉지지桑蓬之志'가 필요하다. 그 대신에 '연목구어緣木求魚'란 말처럼 성공할 가능성이 없는 것은 무리하게 고집을 피우지 말고 빨리 포기하는 편이 낫다. 아울러 이상(눈)은 높으나 재주(실력)가 없어 행동(실천)이 따르지 못하는 '안고수비眼高手卑'와 같은 행동은 경계해야 한다.

헤엄 잘 치는 사람이 더 빠져 죽기 쉽다는 '선유자익善遊者溺'이란 말처럼 자신의 재주가 많다고 하여 그것만 믿고 까불대다가는 목표도 이루지 못하고 화를 입는다. '견위불발堅危不拔'과 '견인불발堅忍不拔'은 굳게 참고 견디어 뜻을 딴 데로 옮기지 않는다는 의미의 고사성어이기에 참조할 만하다. 불원천불우인不怨天不尤人이란 말은 제 뜻에 맞지 않더라도 하늘이나 다른 사람을 원망하지 않고 늘 반성해 발전과 향상을 꾀한다는 뜻이다.

둘째, 높은 수준의 전문적 역량competency을 확보하기 위해 학습과 수련을 하

〈표 9-3〉 명사·명성에 걸맞은 실력을 갖추기 위한 네 가지 포인트

- 특정 분야의 명사가 되려는 의지와 목표를 분명하게 설정한 다음 그것을 향해 꾸준히 매진한다. [상봉지지(桑蓬之志), 불원천불우인(不怨天不尤人)]
- 높은 수준의 전문적 역량을 확보하고자 학습·수련해 목표 실현에 합당한 구체적 지식과 재능을 갖춘다. [명불허전(名不虛傳), 승당입실(升堂入室), 다재다예(多才多藝)]
- 될 수 있는 대로 특정 분야에서 최고의 명성과 권위를 확보해야 한다. [태산북두(泰山北斗), 탄주지어(呑舟之魚), 불세지웅(不世之雄), 명세지재(命世之才)]
- 신체적 이미지와 심신의 건강도 명사의 실력 가운데 하나이니 경시하지 않는다. [운상기품(雲上氣稟), 옥골선풍(玉骨仙風), 선풍도골(仙風道骨)]

여 그 목표 실현에 합당한 구체적인 지식과 재능을 갖춰야 한다. '역량'은 높은 성과를 창출한 성과자로부터 장기적인 관점에서 볼 때 일관되게 관찰되는 행동 및 사고방식의 특성이다. 즉, 직무나 역할 수행에 필요한 지식, 기술, 태도, 가치, 그리고 이들의 상호작용에 의해 성공적인 결과를 끌어내는 조합 능력이다. 역량은 사람이 원래 지니고 있거나 나중에 배양한 여러 가지 세부적인 유무형 요소의 결합체다.

역량에 대해 라일 스펜서Lyle M. Spencer와 시그네 스펜서Signe M. Spencer는 동기, 특질, 자기 개념(자기 이미지, 태도, 가치관), 지식, 기술의 다섯 가지로 구분했다.[21] 리처드 보야치스Richard Boyatzis는 역량을 목표 및 행동관리 역량(효율 지향, 생산 지향, 개념들의 진단적 사용, 영향력 행사), 부하관리 역량(업무 지시·통제, 부하 육성·개발, 자발적 업무 처리), 리더십 역량(자신감, 언어 표현력, 논리적 사고, 개념화), 타인에 대한 관심 역량(자기 통제, 객관적 지각, 체력과 적응력, 관계 형성·유지), 인적 자원 역량(사회화된 권력의 사용, 긍정적 보상, 집단 프로세스 관리, 정확한 자기평가), 전문 지식 역량(기업, 전문화된 지식)이란 '5개 그룹, 21개'로 세분화했다.[22]

전문적 역량을 수련하여 제대로 갖추지 않으면 명사라 하기 어렵다. 옥불탁불성기玉不琢不成器란 말처럼 아무리 소질이 좋더라도 깎고 다듬지 않으면 훌륭한 인재가 되지 못한다. 기초부터 튼튼히 쌓아 깊이가 느껴지는 다재다예多才多藝의 경지에 올라야 한다. 방에 들어가려면 마루를 지나야 한다는 뜻인 '승당입실升堂入室'이란 말처럼 전문성의 수련도 일의 순서처럼 차근차근 일련의 절차를 밟

아야 한다. 오래된 조개가 진주를 낳는다는 '노방생주老蚌生珠'란 말도 있지 않은가.

그렇게 노력하다 보면 자신의 재능이 세상을 놀라게 할 만큼 뛰어난 수준인 '개세지재蓋世之才'의 경지에 오를 것이다. 이 과정에서 중요한 것은 남의 실패를 거울삼는 것이다. '은감불원殷鑑不遠'은 은나라의 거울은 먼 데 있지 않다는 것으로 남의 실패를 본보기로 삼아야 한다는 말로 풀이된다. '개과불린改過不吝'이란 말도 과실이 있으면 즉시 고치기를 주저하지 말라는 뜻이기에 새겨들어야 한다.

셋째, 될 수 있는 대로 특정 분야에서 최고의 명성과 권위를 확보해야 한다. '군계일학群鷄一鶴', '태산북두泰山北斗', '두남일인斗南一人'이란 말처럼 명사라면 범인凡人 가운데 매우 뛰어난 사람으로 널리 인정받아야 한다. 나아가 배를 삼킬 만한 고기처럼 우러러 받드는 큰 인물인 '탄주지어呑舟之魚'나 세상에 매우 드물게 강림한 영웅인 '불세지웅不世之雄'이 되어야 한다. 이에 더해 실력, 철학, 애국심까지 갖춰 세상을 구할 만한 뛰어난 인재인 '명세지재命世之才'가 되어야 한다.

그런 수준에 이름으로써 명사다운 지명도에 걸맞은 명실상부한 존재가 될 것이다. 이를 실현하기 위해서는 기회를 포착하는 것이 중요하다. '오기삼당五機三當'이란 말처럼 일생을 살면서 다섯 번의 기회가 오고, 그 가운데 세 번을 잡을 수 있다고 한다. 하지만 너무 여유를 부리지 말고, 기회는 한 번밖에 오지 않으니 그것을 잃지 말라는 '시불가실時不可失'이란 말처럼 절실함을 갖고 집중해야 한다.

넷째, 신체적 이미지와 심신의 건강도 명사의 요건인 실력 가운데 하나다. 신선과 같은 풍채와 도사의 골격인 '선풍도골仙風道骨'이면 더할 나위 없겠지만, 적어도 '운상기품雲上氣稟'이나 '옥골선풍玉骨仙風'은 되어야 한다. 운상기품은 속됨을 벗어난 고상한 기질과 성품이며, 옥골선풍은 말 그대로 뛰어난 풍채와 골격이다. 신체 수련과 건강관리를 철저히 하여 자신의 실력 및 재능과 결합할 때 명사로서의 이미지와 가치가 더욱 빛이 난다.

명사의 반열에 오르면 연못의 고기와 새장 속의 새란 뜻의 '지어농조池魚籠鳥'처럼 남의 시선에 노출되어 자유스럽지 못하기에 온갖 스트레스, 불편함 등으로 인해 건강이 나빠질 우려가 크다. 재주가 많은 사람은 흔히 몸이 약하여 잔병이 많다는 '다재다병多才多病'이란 말도 경계로 삼을 필요가 있다. 이상의 제언을 토대로, 자신이 명사라면 그것에 부합하는 면모와 실력을 갖추기 위해 추가로 어떤 부분을 더 노력하고 수양해야 할지 고민해 보자.

토픽 45 명사의 자존감 확립과 증진

명사라면 자신의 자존감이 제대로 갖춰져 있어야 전문 분야에서 일을 잘 성취해 나가는 것은 물론 일상에서도 성정性情이 안정되어 바지런한 언행을 하고, 대인관계에서도 활력이 넘치며 더욱 밝은 빛을 낸다. 일의 속도와 성과에서도 더욱 탄력이 붙는다. 나아가 볕이 들어 소독이 되듯이 심신에 병증이 생기지 않고 멘탈리티mentalality, 즉 정신적인 상태가 흔들리거나 무너지지 않는다.

자존감이 낮거나 크게 무너지면 생활에 활기가 없고 일과 대인관계가 수동적이거나 방어적으로 변하며 자기 신뢰와 자기 확신이 떨어진다. 내면적으로도 수용력 부족, 위축감, 열등감, 소심함, 자기 증오, 무력감, 굴욕감, 우울증, 패배감, 포기와 같은 정서에 휩싸인다.[23] 명사들도 일반 개인과 마찬가지로 사람의 생체리듬이나 처한 환경이 바뀜에 따라 자존감도 수시로 변하기 때문에 체계적인 계획에 따라 철저하게 관리해야 한다.

사전적으로 '자존감自尊感'은 스스로 품위를 지키고 자기를 존중하는 마음이다. 영어로 'self-esteem'이라 표현하듯 자신에 대해 가치 있는 존재로 여기며 긍정적으로 평판하고 이미지화하는 마음이기에 '자아존중감自我尊重感'의 줄임말로도 볼 수 있다. 자존감은 보통 여러 층위의 사회적 가치와 그것에 대한 평가에 기초를 두는 경우가 많다. 자존감은 어린 시절 부모로부터 관심과 사랑을 받아 자기 내면화하며 성장한 후에도 자신에게 영향을 미친다. 자존감을 구성하는 세 가지 기둥은 사람으로서 자신을 평등하고 가치 있는 존재라고 느끼는 것, 자신에 대한 무조건적인 사랑, 자신의 강점을 실현하는 과정인 성장이며, 이를 활용하는 기술을 익숙하게 다룸으로써 자존감을 기를 수 있다.[24]

심리학자들은 자존감에 관해 자기 자신의 가치에 대한 감정과 느낌, 자신의 이미지나 그 이미지에 대한 평가, 자신의 능력이나 속성에 대한 평가 등으로 다양하게 규정한다. 특히 신체, 학업, 종교, 운동, 취미 등 특정 분야나 종합적인 부문에 대한 자신의 능력에 관한 평가일 경우 '자기효능감self-efficacy'이라 부르기도 한다. 자기효능감은 스스로 성취한 과거의 성공 경험은 물론 타인의 성공

사례 수용에서 우러나오는 경우가 많다.[25]

따라서 명사들은 이런 성공 사례를 지속적으로 축적하고 타인의 모범 사례를 관찰 및 모방해 자신의 삶에 반영하고, 존경할 만한 타인으로부터 설득과 응원을 받아 자신의 건강한 심신을 유지함으로써 자기효능감을 더욱 증진할 수 있다. 스스로 부정적인 감정과 기억을 재생하거나 확대 해석하지 않는 대신, 긍정적인 감정과 기억을 떠올리고 보다 중요하게 평가해야 자기효능감이 높아지기 때문이다.

심리학자 너새니얼 브랜든Nathaniel Branden은 자존감의 개념을 '자기 신뢰와 자기 존경'이라 규정하고 그것의 구성요소는 자기효능감을 뜻하는 '자기 능력'과 '자기 가치'라고 제시했다(Branden, 1989). 브랜든은 이 두 가지 요소는 서로 분리될 수 없는 것이며, 두 가지 요소가 상호 작용하여 사람의 고유한 자존감을 확립하고 자존감을 상승시키는 작용을 한다고 설명했다. 결국, 자존감이 확립되어 개인의 마음과 행동을 지배하려면 자기 능력과 자기 가치의 조합combination과 교호reciprocality가 필수적이다. 특히 어떤 사람이 특별하게 높은 자존감을 갖추려면 자존감의 구성요소인 자기 능력과 자기 가치의 수준이 모두 높아야 한다(Mruk, 2006b).

자존감은 그 특성상 스스로 유지하고 높일 수도 있고, 심리상담가, 정신과 의사 등 전문가의 도움을 받아 관리할 수도 있다. 먼저 스스로 관리하는 방법에 대해 살펴보자. 필자는 심리학자 스탠리 쿠퍼스미스Stanley Coopersmith[26]와 브랜든[27]이 연구를 통해 제시한 '자존감이 있거나 높은 사람들의 특징'을 원용하여 개인별 관리 방법을 다음 열 가지로 제시한다. 명사로서 추구하는 명성과 평판의 구체적 모습과 도달 수준을 머릿속에 그리며, 다음과 같은 제시문처럼 몸에 배인 습관이 되도록 매일 반복한다면 큰 성과가 있을 것이다. 결국 이 과정에서 가장 중요한 것은 자세, 태도, 마음의 문제임을 쉽게 알 수 있다.

첫째, 현재의 자신을 있는 그대로 보고 수용하며 존중한다.

둘째, 자신의 능력과 가능성을 믿고 자신에 대한 신뢰를 갖는다.

셋째, 항상 좋은 성취를 했거나 성공했던 과거의 경험을 떠올린다.

넷째, 냉철하게 주변 환경을 진단하고 그것의 개선을 위해 노력한다.

다섯째, 호재든 악재든 개방적이고 융통성 있게 받아들이고 대응한다.

여섯째, 새로운 것에 호기심을 느끼며 도전적이고 모험적인 자세를 갖는다.

일곱째, 스트레스를 줄이고 심신의 건강을 유지하기 위해 노력한다.

여덟째, 타인을 존중하고 칭찬하며 매너 있게 행동하며 교분을 쌓는다.

아홉째, 교활하고 위법하거나 부당한 외부의 위협, 공격, 시기에 잘 대응한다.

열째, 매일 반성, 깨달음, 회복, 실천을 반복하며 마인드를 개선한다.

전문가의 도움을 받는 임상 기법은 자존감이 변할 수 있고 그런 일이 일어나도록 돕는 프로그램을 설계할 수 있다고 믿는 것에서 출발했다. 심리학자 크리스토퍼 므룩Christopher J. Mruk에 따르면 효과적인 자존감 회복 조력 프로그램은 1990년대 이후 지금까지 적어도 아홉 가지 이상 개발되었다.[28] 이런 프로그램의 공통점은 자존감 회복·치유 과정의 일부로 평가를 포함해 체계적으로 조직화한 단계적 접근 방식을 설정하고, 자존감 변화를 돕거나 촉진하도록 하는 개인 지도를 포함한 진행자의 역할을 강조한다.[29]

이런 프로그램에서 가장 중요한 것은 도움을 받을 명사가 '긍정', '공감', '개방'의 자세를 갖는 것이다. 전문가 상담원counselor은 명사인 내담자來談者, counselee가 처한 자존감 결여, 자존감 저하 등의 문제에 대해 먼저 비밀 유지를 확언한 다음, 충분히 기본 신상과 상황을 경청하고 내담자에게 동맹과 같은 우의friendship를 선보여야 한다. 그다음 그나 그녀가 지금 처한 문제를 이야기하면서 기존의 습관, 고착된 사고, 억눌린 감정에 점진적인 변화를 이끌어내야 한다.

새로운 변화가 어떤 긍정적 현상을 가져다줄 것인지, 목표로 하는 자존감의 질적, 양적 수준이 어느 정도인지 그 모형에 대한 명확한 비전을 제시해야 한다. 변화하고자 하는 방향과 목표에 대해 의지를 갖고 상상을 하며, 자신에게 그 생각을 주입시키는 '자기 암시autosuggestion'를 통해 이를 보다 수월하게 실현할 수 있을 것이다.[30] 자기 암시의 구체적인 방법은 생각의 '집중'과 '반복'이다.

시간이 흐르면서 자존감 문제에 처한 명사가 자신 스스로 '자존감 높이기 다섯 가지 단계 문제 해결 노하우'에 따라 처한 문제나 위기를 극복하고 세차게 도약해 더 강하고 활기차고 행복하게 할 수 있는 능력인 '회복탄력성resilience'[31]을 발동시켜 문제를 해결하도록 도와야 한다. 명사는 다른 사람과 마찬가지로 만사가 매끄럽고 순탄하지만은 않은 '흔들리며 피는 꽃'[32]이기에,[33] 언제든지 자존감을 훼손하거나 그 훼손의 늪에서 벗어나지 못하는 상황을 접할 수 있다.

'자존감 높이기 다섯 가지 단계 문제 해결 노하우'는 첫째, 타인과의 비교에 의한 비합리적이고 부정적인 자기평가 극복 → 둘째, 자신의 단점과 실패에 대한 두려움 제거 → 셋째, 과거의 좋은 기억과 장점·강점에 대한 각성과 재인식 → 넷째, 자신에 대한 명확한 신뢰와 결단 → 다섯째, 자기 긍정과 확신을 통한 실천이다. 이 순서대로 스스로의 힘으로 실천하거나 이렇게 실천하도록 주변 전문가의 도움을 받아 행복감과 자존감을 갖추는 동시에 회복하자.

토픽 46 여유와 유머가 넘치는 명사되기

명사는 그 풍채와 언어에서 여유餘裕와 유머 감각sense of humor이 자연스럽게 풍길 때 기품이 있어 보인다. 사람들은 이런 이들을 보면 흔히 '멋진 명사'라고 표현한다. 이렇게 유머가 풍부한 사람들은 다른 사람들을 끌어모으는 힘이 있어 성공할 가능성, 승진 확률, 행복감의 증진에서 큰 효과를 나타낸다.[34] 링컨 대통령도 유머 감각이 뛰어난 명사 가운데 하나로 꼽히는데, 그는 유머를 통해 사람들과 서먹서먹함과 경계심을 풀고, 그들에게 동질감과 신뢰를 심어주고, 그들을 자기 사람으로 만드는 데 탁월해 국가 지도자로서 뛰어난 정치력을 발휘했다고 평가받는다.

여유와 유머는 성격적·기질적인 측면에 영향을 받아 그 발달 수준이 성장기에 고정될 수도 있지만, 훗날 수양과 훈련을 통해 상당 부분 갖춰지거나 진전될 수 있다. 특히 여유의 존재 여부는 유전적으로 타고난 성격과 성격의 발달 과정, 성장 환경에 많은 영향을 받는다. 성격상 낙관성, 개방성, 초월성이 높을수록 여유로운 심리 상태가 형성되기 쉽다. 부모와 형제가 어두운 성향이거나 자신이 신경증neurosis 성향이 있을수록 유머 감각은 발달하기 어렵다.

여유는 사전적으로 '느긋하고 차분하게 생각하거나 행동하는 마음의 상태' 또는 '물질적, 공간적, 시간적으로 넉넉하여 남음이 있는 상태'를 뜻한다. 대범하고 너그럽게 일을 처리하는 마음의 상태를 나타내기도 한다. 사람이 심리적으로 여유로움을 갖추려면 기본적으로 의식주와 사회적 성취와 인정 등 자신과 주변 상황이 안정되어 있어야 하고, 심리적으로 내적인 불안감이 없어야 한다. 갖고 싶은 것의 결핍으로 생긴 열등감이나 우울증도 제거해야 여유로운 마음이 생길 수 있다.

그러나 경제적으로 부유하고 사회적 지위가 높은 사람들도 마음이 여유롭지 못한 경우가 많은 것을 보면, 반드시 의식주 등의 안정이 여유를 담보하는 것이 아님을 알 수 있다. 사람은 자신이 처한 상황과 조건에 맞게 적응하며 열심히 생활하는 것이 순리다. 명사도 마찬가지다. 명사라면 자신이 처한 상황과 여건을

〈표 9-4〉 '여유가 넘치는 명사'가 되기 위한 수양 요소

구분	항목
심리적 안녕감 구축 조건 (Ryff, 1989)	• 개인의 주변 환경 통제 • 타인과의 긍정적 인간관계 구축 • 자율성의 확보 • 개인적 성장의 체감 • 인생의 목적 감지 • 자기 수용적 태도 확립
여유로움 구축 조건 (권석만, 2008)	• 감상력(아름다움과 탁월함에 대한 인식 능력) • 감사(타인의 수고와 배려를 인식하고 고마움을 느끼는 능력) • 낙관성(미래에 대한 긍정적 태도와 활기찬 행동) • 유머 감각(인생의 역설적 측면을 포착해 즐기고 웃게 만드는 능력) • 영성(인생의 초월적 측면에 관한 관심과 믿음, 수행 노력)

냉철하게 진단하고, 그 진단을 바탕으로 평정심을 찾고 여유를 회복해야 한다.

불안이 자신을 감싸고 있다면 먼저 그것의 해소 방법이 무엇인지 고민하여 해결해야 한다. 혼자서 도무지 해결이 어려우면 주변 사람과 전문가의 도움을 받는다. 많은 경우 스트레스 및 피로의 누적과 휴식·휴가의 부재가 고질적인 불안을 초래한다. 여가는 긍정적 기분 전환, 개인의 정체성 형성 및 강화, 개인의 욕구 충족과 능력에 대한 자신감 확인, 대인관계 촉진 등의 효과가 있어 수시로 가질 필요가 있다.

정서적 여유는 기본이다. 태생적으로 성급한 성격이나 화를 잘 내는 성격을 갖고 있다면, 여유로움의 구축을 방해받기도 한다. 심리적인 안녕감은 정신적 건강과 육체적 건강이 밀접한 영향을 미치는데, 개인이 주변 환경 통제, 타인과의 긍정적 인간관계 구축, 자율성의 확보, 개인적 성장의 체감, 인생의 목적 감지, 자기 수용적 태도 확립이란 여섯 가지 조건을 갖춰야 확보될 수 있다.[35]

여유로운 성격이나 그런 마음의 상태를 갖추려면 감상력(아름다움과 탁월함에 대한 인식 능력), 감사(타인의 수고와 배려를 인식하고 고마움을 느끼는 능력), 낙관성(미래에 대한 긍정적 태도와 활기찬 행동), 유머 감각(인생의 역설적인 측면을 예리하게 포착하여 즐기면서 다른 사람을 웃게 만드는 능력), 영성(인생의 초월적 측면에 관한 관심과 믿음, 그리고 수행 노력)과 같은 초월과 관련된 강점을 배양해 더욱 발전시

〈표 9-5〉 위트와 유머의 차이

위트(wit)	유머(humor)
• 비유가 딱딱하고 날카롭고 시큰둥하다.	• 비유가 편안하고 상냥하며 즐겁다.
• '적군'이며 건방지게 결점을 지적한다.	• '우군'이며 안전한 동반자가 되어준다.
• 필요하면 악의를 이용해 점수를 딴다.	• 편안한 의자에서 평온을 유지한다.
• 도화선이 깔려 곧 터질 폭발물 같다.	• 촉감이 편안하며 설득력이 있다.
• 예리하고 빠짝 마른 몸통을 지녔다.	• 친절한 눈과 편안한 몸통을 지녔다.
• 솔로일 때의 목소리가 더욱 좋다.	• 후렴구에 가장 잘 들어맞는다.
• 올가미를 씌우고 번개처럼 예리하다.	• 휘파람을 불며 햇빛처럼 퍼진다.
• 모양이 나는 비단옷을 입고 있다.	• 남루하지만 바람을 잘 견뎌낸다.
• 식탁에서는 더 매서운 동료가 된다.	• 식탁에서도 불평 없이 지나간다.
• 생동감 있는 대답을 위해 서재를 찾는다.	• 남의 농담을 비웃으며 옆구리를 잡는다.
• 온갖 상처를 주니 좋은 자질이 아니다.	• 결국, 더 좋은 자질이기에 권장한다.

자료: Brooks(1917; 1963) 요약.

켜야 한다.[36]

이 가운데 '유머 감각'은 사회생활을 매끄럽게 하는 윤활유와 같은 기능을 한다. 유머는 사전적으로 '남을 웃기는 말이나 행동'을 뜻한다. 다른 사람들을 웃게 만드는 능력으로 훈련으로 습득될 수 있는 기술인 동시에 인간의 모든 정서와 감정의 작용·반작용이 오묘하게 융합되어 발현되는 예술이라 할 수 있다.

미국의 유명 작가 찰스 브룩스Charles S. Brooks(1878~1934)의 에세이에 따르면 '위트wit'가 특정인을 바보로 만들거나 흠을 들추며 비웃듯 남을 아프게 하면서 웃음을 자아내는 행위라면, '유머humor'는 청자聽者나 주변인에 대한 감정의 훼손이 없는 소재를 가지고 재미있게 웃기는 행위를 의미한다.[37] 브룩스의 통찰은 비유적이고 수사적인 측면이 있지만 매우 절묘하다.

브룩스에 따르면 위트는 표현이나 비유가 딱딱하고 날카로우며 시큰둥하지만, 유머는 그것이 편안하고 상냥하며 즐겁다. 유머가 편안하고 온기 있는 '안전한 우방'이라면, 위트는 필요하면 언제든지 악惡의 수단까지 이용하는 '잔혹한 적군'이다. 위트는 온갖 상처를 주기에, 좋은 자질이 아니라서 피해야 한다. 따라서 품격 있는 명사라면 평소 위트를 즐겨 사용하여 '위트 있는 명사'로 불리기보다, 한층 격조가 높은 유머가 몸에 밴 언술을 구사하여 '유머 있는 명사'로 평가되기를 권장한다. '위트 있는 사람'이란 표현은 이제 칭찬이 아님을 알아야 한다.

유머 감각은 사람들에게 주어진 상황에서 일이나 과업을 성공적으로 자신 있게 수행할 수 있다고 스스로 믿는 개념인 '자기효능감'을 높여주는 핵심 요인으로 작용한다.[38] 구체적으로 어떤 사람이 지적이고 맛깔스럽고 절묘한 농담으로 주변 사람들을 간지럽히듯 재미있게 해주는 능력은 직장에서 성공의 필요 요소가 될 수 있다. 아울러 인간관계 유대를 강화하고 수시로 나타날 수 있는 부정적인 감정을 제거한다. 이렇듯 유머 감각은 인간관계 발전의 핵심이 되는 훌륭한 기술이기에 배양하여 발전시킬 가치가 있다.

유머는 관점, 여유, 관계에서 긍정적 변화를 주는 역할을 한다. 사람의 인간적 매력을 증가시키며 질병에 대한 '면역력'을 높여준다. 건강한 유머는 인생의 순간마다 즐거움을 가져다주어 행복을 증가시키고 어려운 순간에 처했을 경우 이를 극복하고 진전하는 회복탄력성의 필수 자산이 된다.[39] 의학적 관점에서도 사람들이 스트레스에 대처하는 것을 돕거나 스트레스를 줄여주고 장수를 촉진한다.[40] 창의력과 자존감을 높여주기도 하는데, 특히 유머와 자존감은 서로에게 선순환 작용을 하는 관계에 있다.[41]

유머의 구사는 각 개인이 보유한 지적 능력과 감성이 결합하여 표출되는 종합적 행동이다. 행복한 기질을 지녔을 경우 더욱 잘 표출된다. 그래서 말이 어눌하고 성격이 어둡고 유머가 영 시원치 않은 명사라면 '유머 유전자humor DNA'의 장착과 증진에 특히 신경을 써야 한다. 보통 사람들은 다른 사람을 어떻게 웃길지, 웃기는 원리가 무엇인지 알지도, 깨닫지도, 배우려고도 하지 않는다. 그래서 사회적 소통 능력과 소속한 집단·조직의 유대감을 떨어뜨린다.

유머는 언어를 이용해 우월감, 인지 부조화, 각성·이완의 원리로 재미를 유발함으로써 통용된다.[42] 프랑스의 철학자 앙리 베르그송Henri Bergson은 웃음(희극 또는 희극적인 것)을 유발하는 요소를 형태, 움직임, 상황, 말, 성격의 다섯 가지로 구분했다. 모니엑 부이젠Moniek Buijzen과 패티 발켄부르크Patti M. Valkenburg는 유머의 요소를 익살스러운 유머clownish humor, 놀라움surprise, 패러디parody, 오해misunderstanding, 법석 떨기slapstick, 비꼬기irony, 풍자satire의 일곱 가지로 제시했다(Buijzen and Valkengerg, 2004).

화법 전문가인 구현정·전정미는 공저 『유머학 개론』을 통해 유머의 중심 소재를 허튼 말nonsense, 풍자, 철학적 유머, 성적 유머, 적대감을 드러내는 유머, 인종이나 지방색과 관련된 유머, 질병과 관련된 유머, 배설과 관련된 유머, 자기 비하라는 아홉 가지로 구분했다.[43] 이 가운데 성적 유머, 인종이나 지방색과 관련된 유머는 자칫 성희롱 논란과 차별 논란을 불러일으킬 수 있기에 이제는 변화된 사회적 감수성을 인지하여 절대 하지 말아야 한다.

아울러 구현정·전정미는 그것의 표현과 해독 기제를 유추(의미·기능·음성적으로 유사한 형태로 동화하거나 변형하기), 재분석(언어의 외형이 아닌 인식의 변화 유도), 환유(대상의 속성과 밀접한 다른 낱말을 빌려서 표현)와 은유(비유하여 어떤 대상을 다른 유형의 대상으로 경험하게 하는 것), 개념적 혼합(다중적인 언어 입력 공간 사용에 따른 이중 연상)이란 네 가지로 분류했다.

유재호는 '위트'의 발상 원리를 아홉 가지로 제시했다.[44] 그것은 어휘의 뜻, 발음, 사건이나 스토리의 상황 등을 전이轉移시키는 '왜곡', 특정 부분을 일부러 삭제하는 '누락', 몇 개의 사례를 보편화한 현상인 양 끌어내는 '일반화', 개념에 대해 상하좌우로 차원을 달리하며 재정의再定義·확장·추론을 하는 '범주화', 암시와 빗댐의 언술인 '비유와 은유', 표현 방식과 고정 위치를 바꾸는 '대칭성', 이야기나 의미를 뒤집어 해석하고 꼬집는 '역설', 일부러 곤란한 지경을 만들어 웃음을 자아내는 '딜레마dilemma', 여러 상황이 합쳐져 웃음을 주는 '융합'이다.

심리학의 견지에서 유머 감각은 유희적 태도와 세계관에 근거를 두는데, 행동 강화와 인지적 재구성(유머 원리를 이해하고 감각을 키우는 훈련)을 통하거나 심리적 성숙과 치료(부정적 정서와 신경증 성향 치료)를 통해 증진할 수 있다.[45] 본격적으로 유머 감각을 증진하거나 남을 웃기기에 앞서 평소에 자신이 필요 이상으로 심각하거나 재미가 없는지, 미소가 인색한지 냉정하게 진단한 다음 다양한 일상 가운데 인생의 즐거운 면에 집중해 사소한 것에도 재미있게 빠져들거나 반응하고, 친절하고 다정한 태도를 견지하며, 자신에게 맞는 코믹한 상황이나 화제가 무엇인지 간파하여 때와 장소에 맞게 차근차근 농담, 언어유희, 웃음을 자아내는 이야기를 구사해 보는 것이 필요하다(Schiraldi, 2017).

유머 감각을 증진하는 해법에 대해 구체적으로 접근하려면 인간관계 분야 콘텐츠 작가인 미할 페요Michal Feyoh가 제시한 '웃기는 방법: 유머 감각을 향상하는 열다섯 가지 방법'을 참조하는 것이 좋다.[46] 이 방법은 어렵지 않게 혼자 그것을 수련할 수 있는 지극히 현실적 방법이기에 권유하는 것이다. 명사들이 이렇게 각자 사정에 맞게 선정한 유머 가이드 파트너를 토대로 짜임새 있게 수련한다면 어느 시점 이후부터 지금보다 부드럽고, 재미있고, 격조가 있는 캐릭터를 갖추게 될 것으로 보인다. 주변 사람들의 반응과 인식이 크게 달라져 생기가 돌고 얼굴색이 밝아질 것이다.

미할 페요의 '웃기는 방법: 유머 감각을 향상하는 열다섯 가지 방법'을 모두 소개하면서 각 항목에 필자의 견해를 덧붙여 풀이한다.

첫째, 일단 나 자신을 드러내자. 상대나 청중들이 당신의 농담을 이해하지 못할 위험을 기꺼이 감수하고 편안하게 웃기는 것을 시도하라는 것이다. 이러한 시도가 모두 성공하는 것은 아니지만, 하다 보면 여러 번 실패하다가 어느새 통하고 굉장한 내공이 형성된다. 삶이 재미있어질 것이다. 경력이 많은 개그맨과 코미디언들도 농담하다가 이따금 통하지 않아 쓴 실패를 맛본다. 일단 시도하려는 결심이 중요하다.

둘째, 나의 '개인사'를 유머 재료로 활용하자. 사람들은 실생활의 재미있는 이야기에 더 많이 웃는 경향이 있다. 개인이 경험한 이야기나 우발적 사건의 스토리텔링에 귀를 쫑긋한다. 다른 사람들이 여러분의 개인사 공개로 인한 희생에 대해 마음껏 즐기거나 비웃도록 허용한다면 더욱 좋을 것이다. 이것이 자신의 성격에 유머 유전자DNA를 주입하고 장착하는 좋은 방법이다. 화자의 개인사 공개는 타인의 얘기가 아니기에 명예훼손 소지도 없어 안전하다.

셋째, TV나 온라인으로 코미디 쇼를 보자. 유머 감각이나 유머 능력 향상에는 다른 분야 학습과 마찬가지로 관찰과 응용 및 창조가 필요하다. 재미있는 프로그램을 많이 봐야 유머 구사 기술이 증진될 수 있다. TV나 온라인으로 다양한 코미디 쇼를 보면서 "내가 왜 이 부분을 좋아할까?", "그 배우는 나를 웃기기 위해 무슨 말을 했는가?", "웃음을 유발하는 핵심 포인트가 무엇일까?"라고 자신에게 질문을 던지면서 해답을 구한다.

넷째, 생방송 코미디 쇼를 자주 보러 가자. 오프라인 라이브 코미디 쇼를 자주 보거나 관찰하기를 권한다. TV쇼나 영화에서와 달리 코미디 극장, 코미디 바 무대에서의 농담은 생방송으로 즉각 전달된다. 그것은 편집이나 커트가 없다. 이런 쇼를 보면서 관객이 특정한 종류의 농담에 어떻게 반응하는지 미묘하게 관찰한다. 농담을 구사하는 코미디언들이 서로 어떻게 다른지 적어보는 것도 필요하다. 이렇게 수집한 정보는 유머 감각 향상에 큰 도움이 된다.

다섯째, '상황'과 '맥락'에 대해 배우자. 유머 구사는 맥락이 필수적인 요소다. 유머는 어휘나 예화를 배치하는 기술로 결국 언어의 맥락 싸움이다. 가장 먼저 어떤 상황인지 파악해야 한다. 그래야 맥락에 맞게 순발력을 발휘해 '통하는 유머'를 창조할 수 있다. 모든 사건의 문맥에는 상승과 하강이 있다. 우연히 웃기게 된 소재가 끝까지 웃길 수 없다. 한번 웃긴 소재는 재탕, 삼탕 하면 반응이 달라진다. 시간적 상황과 맥락에 어긋나기 때문이다.

여섯째, 영화를 통해 유머에 몰입하자. 유머러스한 영화에 빠져보는 것은 유머 감각과 흥을 발전시키는 좋은 방법이다. 일단 가장 재미있다고 생각하는 영화를 골라서 감상해 보자. 매우 코믹하고 기발한 웃음을 주는 소재의 영화를 골라야 한다. 그리고 관람 직후 그 영화에 대해 감상 중 무엇을 즐겼는지 돌이켜 보자. 같은 주제로 다른 영화들을 볼 수도 있다. 유의할 점은 반드시 실제 유머러스한 내용이 짜임새 있게 전개되는 작품을 봐야 한다는 것이다.

일곱째, 가장 잘 통하는 농담을 하나쯤 해보자. 모든 주변 사람이나 관객이 가장 잘 알 수 있는 적합하면서도 절묘한 농담을 찾아 그중 하나쯤 골라보자. 그것은 이른바 '웃음 유발 필살기'답게, 같은 문화권에서 자타가 공인하는 매우 익살스러운 것이라야 한다. 그게 무엇인지 미리 모든 방법을 동원해 찾아야 한다. 명사라면 이런 농담을 적어도 한 개 정도는 머릿속에 갖고 있어야 한다. 그러면서 웃음을 자아낼 가장 좋은 방법이 뭔지 고민해 본다.

여덟째, 사람들이 재미있다고 여기는 것을 주시하라. 나의 유머 감각과 재치를 향상하기 위해 다른 사람들이 재미있다거나 웃긴다고 생각하는 것이 무엇인지 파악해 그것에 주의를 기울여 보자. 다들 무엇이 그 사람들을 웃게 할 것인지 잘 알고 있다고 생각할 수 있지만, 좀 시간을 두고 관찰해 보면 의외의 결과가 나타날 것이다. 전통적 요소도 있지만 유행하는 요소도 있다. 내가 생각한 것들이 남들을 불쾌하게 만드는 것일 수도 있으니 좋은 학습이 될 것이다.

아홉째, 농담할 때는 자신에게 가장 진실해져라. 농담한다고 해서, 재미있다고 평가받고자 해서 다른 사람에 대한 강한 지적이나 비판을 제물로 삼아 남발해서는 안 된다. 앞에서 위트 대신 유머를 구사하라고 한 것도 이 때문이다. 어리석거나 과장된 방식으로 농담과 유머를 발산해서도 안 된다. 남을 지적할 경우 어떤 상황에서 재미있는 면이 무엇인지 간파해 상처받지 않게 가볍게 말하는 것으로 충분하다. 그러면 재미있고 유쾌한 사람으로 여겨질 것이다.

열째, 유머 감각 수련 시 판단하지 말고 그냥 배워라. 유머를 구사하거나 수련할 때 너무 상황 판단에 몰두하면 종종 부정적인 전망이 많이 나올 수 있다. 비판적인 판단도 이어질 수 있다. 이런 결과 때문에 분위기가 어두워지거나 거칠어지면 유머 구사가 중단되거나 방해된다. 그 상황에서는 절대 웃길 수 없다. 심지어 주어진 상황에서 더 크고 재미있는 면을 간파하는 것도 벽에 부딪힐 것이다. 그러니 이럴 때는 판단하지 말고 그냥 배우기를 권한다.

열한째, 자신만의 유머 언어를 향상시킨다. 재미있는 사람의 속사포 같은 빠른 말 한마디는 종종 사람들을 웃게 한다. 다른 사람에게는 없는 자신만의 고유한 언어와 어휘 사용법을 가지고 있기 때문이다. 자신만의 유머 어휘를 개발하고, 그것을 적용한 언술을 지속해서 연습해야 한다. 일단 상당히 많이 훈련하여 준비되었으면 웃기고 논쟁적인 주제들에 대해 무엇을 말해야 할지부터 생각해야 한다. 자신만의 '유머 어휘목록humor lexicon'은 큰 재산이다.

열두째, 남을 웃길 수 있다고 스스로 믿어야 한다. 웃기는 것을 배우는 것은 사실 많은 부담을 줄 수 있다. 타인을 정말 웃길 수도, 시시하다면서 면박을 당할 수도 있기 때문이다. 그러나 그것을 다수의 사람들 앞에서 반드시 견뎌내야 한다. 잘해낼 수 있고 발전할 수 있다는 믿음에서 나오는 성장 마인드를 갖춰야 실제 남들을 웃길 수 있다. 나아가 유머 감각과 능력 신장에 진전이 있다. 웃기는 데 필요한 모든 것을 배울 필요가 있다.

열셋째, 모든 상황에서 재미난 요소를 찾으려 하자. 세탁, 요리, 운동, 만남과 같은 일상과 업무 등 모든 상황에서 흥미로운 요소를 찾아낸다. 사소한 것도 좋다. 불행한 일에 좌절하거나 기분 나쁘게 하루를 보내지 말고 이런 노력을 통해 반전을 시도한다. 왼발에는 빨간 양말, 오른발에는 흰 양말을 신고 출근한 경험부터 졸다가 지하철역을 지나친 일까지 모두 소재가 된다. 비극적이거나 불합리한 일조차 어떻게 말로 풀어가느냐에 따라 유머가 될 수 있다.

열넷째, 가장 웃기는 유머 친구를 찾는다. 가장 재미있고 호쾌한 사람 한 명쯤을 찾아 그를 잘 설득하거나 간절하게 부탁하여 자신 곁에 절친으로 항상 두자. 그리고 그나 그녀를 자신이 구사할 유머의 기준점이자 유머 학습 파트너로 삼는다. 이들은 재치와 언술이 능수능란한 입담꾼이기에 당신이 창조한 유머 기술을 평가해 주고 더 진전되도록 입체적으로 도와줄 것이다. 이들과 주기적으로 농담 섞인 대화를 하면서 자신의 감각과 기량을 향상해야 한다.

열다섯째, 평소에 많이 웃는 것을 생활화하자. 매일 최소한 열 번은 웃는 습관을 들이자. 자신이 자주 웃어봐야 유머의 재미를 알고 삶이 긍정적으로 변한다. 유머 감각이 뛰어나다는 것은 타인을 웃게 하는 것만을 의미하지 않는다. 자신도 만족하며 웃고 점차 건강해지는 것을 뜻한다. '일소일소一笑一少', 즉 한 번 웃으면 그만큼 더 젊어진다고 했으니 매일 자주 웃는 것은 실失이 될 것이 없다. 웃는 얼굴로 살면 복이 저절로 들어온다고 한다.

이 과정에서 무엇이 나와 남을 웃게 하는지 그 심리적·맥락적 요인을 스스로 깨우치는 것이 가장 중요하다. 아울러 유머 DNA의 이식과 전염 효과를 기대하면서 가장 유쾌하고 호탕한 친구들을 가급적 많이 곁에 두거나, 교유하는 모임의 특성을 즐거움, 쾌활함, 박진감을 추구하는 방향으로 이끌어가면 더욱 효과가 있을 것이다. 타인의 유머 스타일을 면밀히 관찰하면서 드라마, 오락·예능 프로그램, 영화, 책, 신문, 잡지, 만화 등에서 기발한 웃음 소재나 예화를 수집해 노트나 파일 같은 아카이브를 만들어 두고 연구해 재창조한다면 머지않아 유머의 고수가 될 것이다.

명사에게 유머는 개인적으로 삶을 활기차게 만드는 에너지이자 윤활유다. 유머라는 어휘가 '습기moisture'라는 뜻의 라틴어에서 유래했듯이 실제 그것은 윤활유처럼 삶을 촉촉하고 매끄럽게 해준다(Schiraldi, 2017). 그가 속한 조직에서 유머는 구성원을 은근히 서로 끌어당긴다. 그리하여 흉금을 터놓고 지내는 친구나 동료로 인식하게 하는 동류의식을 강화한다. '오월동주吳越同舟'란 성어가 함의하듯 미워하던 사람도 한 배를 탄 신세로 인식해 서로 협력하게 만든다. 아울러 구성원 간에 악의, 시기, 비하, 비판을 휘발시키는 대신 조직의 목표와 개인의 책무에 대한 낙관주의를 촉진함으로써 창의적이고 생산적이며 즐거운 일터로 만드는 기능을 한다.

토픽 47 위험의 체계적인 관리와 예방

'위험危險, risk'은 해로움이나 손실이 생길 우려가 있는 것 또는 그런 상태를 나타낸다. 위험은 인간의 모든 행동에서 나타날 수 있고, 모든 영역에 만연한다.[47] 명사가 되면 명성이 비슷한 수준에 있는 다른 명사 맞수와 비판자의 출현, 악성 팬덤의 구축, 사생활과 개인정보 침해, 사이버 테러, 전화 금융사기, 다양한 악재 출현에 따른 언론 보도 등으로 평판과 명예의 추락이 예상되는 경우가 많다. 위기 정도가 미약한 것도 있지만 특정한 피해를 동반하거나 언론에 알려져 자신의 명성을 추락시키는 것처럼 치명적인 경우도 많다.

그러나 많은 경우에 위험은 예측할 수 있기에 대응할 수 있다(Verbano and Venturini, 2013). 위험을 관리하는 데는 체계적인 기법과 노하우가 필요하다. 기본적으로 주변의 모든 이해관계자와 우호적인 정서와 굳은 신뢰에 바탕을 둔 '좋은 관계'를 형성하고 그것을 더욱 증진하려 노력하면 큰 문제가 없을 것이다.

그러나 명사가 되면 이런 노력에도 불구하고 응당 남들의 시선과 주목, 나아가 감시를 많이 받기 때문에 그 명성의 강도만큼 치러야 할 유명세가 항상 생길 수 있다. 각종 위험에 여러모로 대비해야 한다는 뜻이다. 위험은 돌발하는 것만 있는 것이 아니라 잠재된 것도 있으니 더욱 유념해야 한다.

명사에게 닥치는 위험들을 잘 관리하려면 여러 가지 요소를 고려해야 한다. 단순하거나 여파가 크지 않은 소소한 일회성 이슈는 그때마다 지혜롭게 잘 처리하면 되지만, 위험의 양상이 복합적이거나 크고, 예기치 않게 빈번하게 발생하는 징조가 있다면 〈그림 9-1〉에 제시된 '위험 관리 모델'[48]을 적용해 체계적으로 대응해야 한다. 학술적으로 검증된 위험이나 위험 관리 모델은 여러 가지가 있지만, 이 모델이 가장 체계적이라고 추천할 수 있다.

이 모델은 다음과 같은 절차로 적용할 수 있다. 이 모델의 실행 시 온전히 스스로 위험 관리를 하는 경우와 주변인이나 전문가, 나아가 조직의 도움을 받는 경우 적용 방법이 다소 달라질 수 있다. 그 절차는 가장 먼저 위험의 내용인 '위험 대상물'을 파악하고, 그것이 정확히 어떤 내용이고 어떤 성격을 갖는지 '식별'

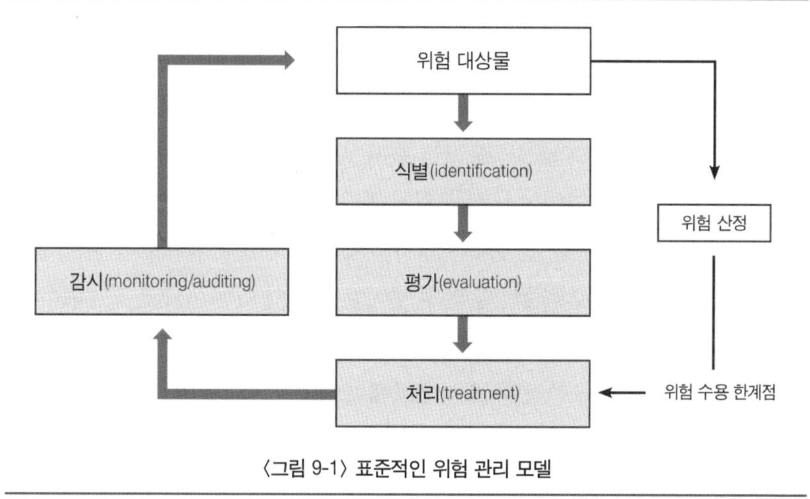

〈그림 9-1〉 표준적인 위험 관리 모델

자료: Henschel(2009); ISO 31000(2009).

해야 한다. 그다음으로 원인과 진행 상황, 여파를 예측하는 '평가'를 정밀하게 실시해 가장 적합한 대응 시나리오를 추출하고 적용해야 한다.

이렇게 해서 일단 위험을 '처리'했으면 그것을 교훈 삼아 재발 방지에 힘써야 한다. 아울러 이 단계부터는 상시로 감시monitoring하면서 위험 요인과 내용을 간파해 위기 여부를 판별하는 점검체제를 가동해야 한다. 미리 방지할 수 있는 되풀이되는 위험의 재발은 그 원인이 전적으로 위험 관리의 태만이나 부주의에 있다. 이를 혼자 관리하기 어려우면 전문가의 도움을 받아야 한다.

위험은 불행한 안전사고처럼 언제 닥칠지, 언제 발생할지 아무도 모른다. 정말 예측 불가인 경우가 많다. 명사 자신은 물론 자신이 속한 가정이나 조직에도 악영향을 준다. 심지어 명성, 평판, 신뢰성의 저하는 물론 심각한 재정적 피해까지 유발하는 폭발성을 내포하고 있는 경우가 흔하다. 위험은 자신의 의도대로 통제하기 어렵고 시간과 상황에 민감하다는 특성도 있다.

위험이 감지되면 그 원인을 파악하고 향후 전개될 추이와 양상을 차분하게 예측하여 외부에 일관된 대응을 하면서 같은 목소리를 내야 한다. 이때 최대한 관련 정보를 많이 수집하고 확보해야 한다. 책임 소재에 관한 것이라면 '관련성이 없음', 또는 '오해받을 일이 없음'을 입증하기 위해 제때에 충분한 증거자료를 확보해 두어야 한다. 책임이 크지 않은 경우도 마찬가지다. 그래야 위험 대응이나 관리의 불확실성이 감소한다. 이런 불확실성에는 이득도 있으나 재정적 손실이란 결과가 뒤따른다[49]는 사실을 잊지 말아야 한다.

언론을 상대로 대응할 경우에는 명사인 당사자가 자꾸 말을 바꾸면 신뢰성을 상실해 더 큰 위기에 봉착하게 된다. 솔직하고 책임 있는 자세로 소통해야 한다. 특히 어차피 알려지게 될 일은 덮어도 나중에 반드시 드러나게 되므로 처음부터 상황을 잘 분석해 인정할 것은 초기에 말끔하게 인정함으로써 화를 더 키우지 말아야 한다. 우리는 그간 다양한 매체의 기사를 통해 어떤 위험이 발생했을 때, 기만·왜곡하려는 내부의 음습한 동력이 작동하거나 일관성과 확실한 메시지가 없는 모호한 대응을 함으로써 사람과 조직이 몰락한 많은 사례를 경험했다.

위험을 접하고 그로 인한 위기를 수습하는 과정에서 사과할 일이 있다면 가장 빠르게 직접적인 방법으로 하는 것이 좋다. 사과할 때는 때와 장소를 고려해야 한다. '적시적소適時適所'가 아닐 경우 그 효과가 반감되거나 아예 없어진다. 피해자가 있어 그들을 상대로 보상과 위로가 필요한 경우에도 마찬가지로 늦지 않으면서도 진정성 있는 태도와 속도를 보여야 한다.

위험이나 위기 국면이 진정되었으면 이제 명사 자신의 명성·평판·신뢰 회복을 위해 주력해야 한다. 과거의 사례들을 반추하며 위험의 재발 방지 매뉴얼을 만들어 두어야 한다. 그 뒤 반복된 시뮬레이션과 훈련을 통해 위기를 부를 수 있는 불확실성에 대비해야 한다. 이 매뉴얼에 따른 모의적인 생각 훈련simulation과 실제 훈련actual training을 함께 병행하는 것이 좋다.

토픽 48 효율적인 언론 대응과 관리

명사에게 언론은 여러 가지 면에서 숙명적인 존재다. 언론을 잘 활용해야 하면서도 언론의 전형적 속성에 매몰되어 원치 않는 피해도 보지 말아야 하기 때문이다. 명사가 당대에 보유하고 있는 명성은 대체로 자신의 가치나 이미지가 언론의 노출과 매개를 통해 형성되거나 축적된 것이다. 평범한 사람이 인지도나 지명도를 많이 얻어 명사가 되는 데는 이처럼 언론의 힘이 필요하기에 언론은 명사들이나 명사 희망자에게 매우 고맙고 유익한 존재라 할 수 있다.

그러나 한번 명성이 높아진 명사들은 늘 세인과 팬덤은 물론 언론의 시선을 끈다. 또한 감시의 대상이 되기에 긴장과 스트레스로 작용한다. 심지어 자칫 잘못하면 명사 자신의 작은 실수조차도 크게 두드러져 부정적 이슈나 뉴스 몰이의 대상이 될 수 있다. 중대한 수준의 불미스러운 일이 생기거나 드러나면 언론은 명사 자신을 몰락시키는 수단으로 기능한다. 언론이 정말 무서운 존재가 되는 경우다.

인터넷 광고 요금과 연동된 '클릭 저널리즘click journalism'이 발달한 요즘 시대에 명사들은 그런 유형의 뉴스가 주목하는 최대 표적이 된다. 저널리즘의 세계에서 기사로 채택될 가능성이 큰 소재는 다양하게 거론되지만, 저널리즘 학계에서는 일반적으로 영향성impact, 근접성proximity, 저명성prominence, 참신성novelty, 갈등성conflict, 시의성timeliness, 기이성unusualness, 부정성negativity, 이슈 관련성issue relevance을 갖춰야 한다는 의견이 제시되고 있다.[50]

언론은 취재와 편집 및 보도 과정에서 매일 매시간 뉴스 가치가 얼마나 있는가, 있다면 얼마나 큰가를 측정한다. 무엇이 뉴스인지 취사선택하는 과정을 '게이트 키핑gate keeping'이라 하는데, 이 과정에서 뉴스 가치와 뉴스의 크기 측정은 항상 고민과 판단의 근거로 작용한다. 앞에서 설명한 아홉 가지 요소들을 뉴스 채택 요건, 즉 '뉴스 밸류news value'라고 한다. 명사는 일단 영향성·저명성을 갖춰 뉴스 가치, 즉 뉴스 밸류의 측면에서 뉴스의 소재가 되기에 충분하다. 사람들의 이목을 끄는 '인지도'가 높기 때문이다. 그래서 그나 그녀가 하는 행동은 긍정적이든 부정적이든 나머지 요건도 갖추기에 충분하므로 최종적으로 뉴스의 대상으로 낙점된다.

뉴스 밸류 가운데 '영향성'은 사람들에게 얼마나 큰 영향력을 미치느냐에 관한 척도다. 일반적으로 더욱 유명할수록, 더욱 유력할수록 영향력은 커진다. '근접성'은 수용자들과 시간적·공간적으로 뉴스의 대상이 수용자와 얼마나 가까운 것이냐를 평가하는 것이다. 외국의 명사보다 국내의 명사가 더 심리적인 거리가 가깝다. 수용자가 서울에 산다면 지방의 명사보다 서울의 명사가 더욱 친숙할 것이다.

'저명성'은 뉴스 소재가 얼마나 유명하거나 기존의 인식체계에서 널리 공유된 정도가 큰 사람이나 사안이냐를 따지는 개념이다. 장관보다 대통령이, 케이리그 스타보다 유럽에서 명성을 떨친 손흥민이 더 저명성이 있다. '참신성'은 얼마나 새롭거나 희귀한 일인가의 여부다. 그간 발생하지 않았던 일이 생기면 뉴스 가치는 커진다. 2022년 한국형 발사체를 통해 누리호가 성공적으로 우주에 발사되었듯이 전대미문인 우주 이벤트의 주역은 금방 명사로 부상할 수 있다.

'갈등성'은 전쟁, 분쟁, 다툼, 싸움, 시비, 논쟁, 공방, 공격과 수비 등이 얼마나 심각한가다. 명사의 술집 폭행, 시비와 주먹 다툼, 고속도로의 위협 운전, 파혼·이혼, 식당이나 상점에서의 갑질, 아파트 층간 소음 유발, 동물 학대 등은 금방 뉴스가 된다. 러시아의 우크라이나 침공은 2022년 한 해 지구촌 최대의 뉴스가 되었다. '시의성'은 뉴스 소재가 과거나 미래가 아닌 현재에 가까울수록 채택 가능성이 크다는 뜻이다. 뉴스news라는 용어는 본질적으로 현재의 사안을 다룬다는 뜻을 지니고 있다. 명사의 경우 과거 일보다 현재의 일이 더 뉴스 가치가 높다.

'기이성'은 뉴스 소재의 진기함이나 색다름의 정도를 말한다. 기이성은 보편성을 벗어나 예상외의 행동을 하거나 이상야릇한 별난 짓을 하여 세간의 관심을 끌게 하는 속성을 말한다. 긍정적 관점에서 평소 존경받는 명사가 그간 누구도 하지 못한 유형의 선행을 하면 뉴스로 잘 채택된다. 이소은의 사례처럼 노래를 부르던 가수가 공부하여 변호사 시험에 합격하면 바로 뉴스가 될 것이다. 부정적 관점에서 멀쩡한 이미지의 명사가 절도한다거나 밀수를 해도 마찬가지다. 누구를 스토킹을 하거나 이른바 '바바리 맨'과 같은 신체 노출을 해도 마찬가지다. 명사의 괴짜다운 속성이 드러나는 경우는 예외 없이 기이성을 충족하기에 뉴스로 채택될 수 있다.

외국의 경우 기행을 하는 독특한 명사가 더러 있는데, 이런 경우 반드시 뉴스가 되었다. 아일랜드 출신의 작가 제임스 조이스James Joyce는 늘 작은 여성용 속바지를 가지고 다니다가 마음에 든다는 표시로 이것을 흔들었으며, 미국의 건국 초기 정치인인 벤저민 프랭클린Benjamin Franklin은 건강 유지를 목적으로 창문을 열어놓고 발가벗은 채 그 앞에서 바람을 맞으며 풍욕風浴을 즐겼고, 영국 태생의 미국 발명가로서 벨 전화회사의 창업자인 알렉산더 그레이엄 벨Alexander Graham Bell은 자신이 싫어했던 보름달의 빛을 막으려고 자기 집 창문을 가리거나 개에게 말을 가르치려 했으며, 영국 출신 작가로 장편소설 『채털리 부인의 사랑Lady Chatterley's Lover』을 쓴 데이비드 허버트 로런스David Herbert Lawrence는 옷을 벗고 뽕나무에 올라가는 것을 좋아했다.[51]

'부정성'은 보편적 가치나 상식 체계, 윤리, 도덕, 법률에 어긋나는 부정적인 평가를 동반하는 사안이냐의 여부다. 나쁜 일을 하거나 그런 일에 연루될 경우 뉴스로 채택될 가능성이 높다는 뜻이다. 일례로 명사의 소송(명예훼손, 이혼, 사기, 폭행, 살인, 계약 위반 등), 원정 도박, 마약 투약, 음주운전, 성폭력 행위, 이웃 및 주변인과의 시비와 다툼 등은 거의 어김없이 뉴스가 된다.

'이슈 관련성'은 최근의 사회적 이슈와 직간접적인 연관성이 있느냐 여부다. 수해가 발생해 이재민 돕기 성금 모금 캠페인이 벌어지면 명사들이 금품으로 온정을 보내는 일은 늘 뉴스가 된다. 코인 투자 사기 수사가 사회적 이슈일 경우, 어떤 명사가 그것에 연루되었다면 보도될 가능성이 높다. 뉴스 가치는 더 두드러진다. 성형 부작용 문제가 쟁점이 되면 특정 연예인들의 성형 부작용 사례가 나열되기도 한다. 빌딩 투자가 논쟁거리가 되면 특정 연예인의 빌딩 매입 관련 기사들이 줄을 잇는다.

이런 뉴스 밸류를 이해할 경우 아주 유명한 사람들의 경우 사소하거나 하찮

〈표 9-6〉 명사의 언론매체 활용 및 관리 전략

구분	전략과 방법
효율적인 매체 활용법	• 언론과 우호적인 관계를 조성해 수시로 소통하며 자신에게 유익한 정보를 제공하여 지면이나 방송을 통해 전달되도록 한다. • 상대하는 매체의 생리와 특성을 정확하게 파악해 그것에 맞게 대처하면서 전략적인 활용법을 강구해야 한다. • 매체에 출연하거나 인터뷰를 할 때 그것의 취지, 방송이나 기사의 방향과 내용을 방송이나 게재를 기준으로 사전·사후에 점검해야 한다.
언론 대응 요령	• 언론을 상대로 진솔하고 일관된 태도를 견지한다. • 전체 발언 가운데 '자극적인 부분'만 인용하는 언론 관행에 유의한다(신문·방송은 시간·지면의 제약과 뉴스성의 고려로 특정 발언만 다룬다). • 항상 정리된 의견과 견해를 내놓는 준비와 습관이 필요하다. • 소셜미디어는 흥미성과 참신성을 유지하되 건전하고 지혜롭게 운영 및 관리해야 한다.

은 일까지도 왜 모두 금방 뉴스가 되는지 쉽게 이해할 수 있다. 과거 포털에서 '실시간 검색어 순위' 제도가 있었을 때는 명사의 일거수일투족은 모조리 뉴스가 되어 곧바로 실시간 검색어 순위 상위에 올랐다. 일부러 '노이즈 마케팅'을 하는 사람도 있었다. 이렇듯 명사들의 일상은 대부분 뉴스의 요건을 충족한다. 늘 세인의 관심 대상이 되기에, 포털을 통해 뉴스가 소비되는 시대에 자연스럽게 가장 유력한 '뉴스 메이커news maker'가 되는 것이다.

그렇다면 명사들은 양면적 특성이 있는 언론을 어떻게 효율적으로 활용해야 할까? 그것은 세 가지로 제시할 수 있다. 첫째, 언론과 우호적인 관계를 조성해 수시로 소통하며 자신에게 유익한 정보를 제공하여 지면이나 방송을 통해 전달되도록 한다. 명사는 자신이 원하는 정보가 언론을 통해 제대로 유통될 때 이미지와 가치가 상승한다. 원하는 정보와 이미지가 잘 유통되려면 매개자인 기자, PD, 작가들과 절친한 관계를 구축해야 한다. 능력이 있고 인간적이면서도 예의 있는 모습, 호감 있는 모습을 보여줘야 한다.

그러나 '불가근불가원不可近不可遠'이란 철칙을 유지해야 하는 경우도 많다. 이 말은 언론인이 취재원을 '너무 가까이해서도 안 되고 너무 멀리해서도 안 된다'라는 뜻이다. 명사 가운데 높은 공적 윤리를 요구받는 정치인, 공직자, 단체장 등 유력 인사의 경우 친하지만 유착하지 않도록 이 원칙을 실천하는 것이 필요하다.

둘째, 상대하는 매체의 생리와 특성을 정확하게 파악해 그것에 맞게 대처하면서 전략적인 활용법을 강구해 적용해야 한다. 정론지인지 상업지인지, 보수 매체인지 진보 매체인지, 종합 일간지인지 경제지인지, 스포츠지인지 연예 전문지인지, 신문인지 잡지인지, 일간지인지 주간지 또는 월간지인지, 레거시 미디어 체제인지 온라인 미디어 체제인지, 열독률과 시청률은 얼마인지, 누가 조직을 주도하고 있는지, 관계사와 계열사가 어떤 것인지 등을 정확히 파악한 다음 쓰임새를 가늠해야 한다.

셋째, 매체에 출연하거나 인터뷰를 할 때 출연과 인터뷰의 취지, 방송이나 기사의 방향과 내용을 방송이나 게재를 기준으로 사전·사후에 점검해야 한다. 매체의 요청에 응할 때부터 정확하게 요청 사유를 파악해 승낙하고, 출연이나 취재가 끝난 후 어떻게 방송되거나 게재될지, 오류는 없는지 미리 살펴야 한다. 아울러 자신이 나올 방송이나 기사로 인해 향후 어떤 여파가 있을지 충분히 예측해야 한다. 특히 부정적인 파문이 예상될 경우 대응 시나리오를 마련해 두어야 한다.

이어 명사들의 상시적인 언론 대응 요령을 살펴보자. 명사가 언론 대응을 하는 데 가장 중요한 원칙 세 가지를 제시한다. 그것은 첫째, 언론을 상대로 진솔하고 일관된 태도를 견지하는 것이다. 언론이 명사를 도와주는 일을 하든, 명사의 위기·위험과 같은 부정적인 측면을 다루는 일을 하든 어떤 경우에도 정직성과 일관성은 중요하다. 특히 명사 관련 사건·사고가 터지면 이 문제는 심각해진다. 진솔하지 않을 경우 그것을 깨우치려는 언론의 반박 및 교정 심리가 발동하여 기사의 방향성, 크기, 성격을 규정하기 때문이다. 도무지 알려지지 않거나 드러나지 않을 사안은 자신의 이익을 위해 비공개해야 마땅하다. 하지만 금방 알려지거나 들통날 사안은 처음부터 정직하게 공개하는 것이 여러 가지 면에서 유리하다.

둘째, 전체 발언 가운데 뉴스성이 있는 자극적인 부분만 인용하는 언론 관행을 미리 알고 유의한다. 언론은 기사 선택에서 가독성이 높은 뉴스성에 치중하고 지면과 시간의 제약으로 전체 발언을 모두 소개하지 못한다. 대결적인 언어, 감정적인 형용사, 상식적이지 않은 비유에 민감하게 반응한다. 명사들이 이것을 미리 이해하지 못한 채 나중에 문제가 되어 '발언 파문'이 이슈가 되면 언론 탓을 해봤자 후회막급이다. 아무런 소용이 없다는 뜻이다. 그래서 뒤늦게 후회하지 않으려면 무조건 문제가 되는 비유나 인용, 감정적이거나 자극적인 표현을 하지 말아야 한다.

미국 매사추세츠주 주지사 출신으로 제30대 대통령을 지낸 캘빈 쿨리지Calvin Coolidge는 평소에 잠은 많았지만 말수가 적고 과묵하여 좀처럼 실수를 하거나 설화舌禍를 일으키지 않았다.[52] 그는 1919년 파업에 나선 보스턴 경찰 노조에 대해 도시 치안을 방기하는 파업을 할 권리는 누구에게도 없다는 단호한 '말'로 유명해졌지만 정작 부통령과 대통령이 되어서는 '말'을 지극히 아꼈다.

셋째, 명사라면 항상 정리된 의견과 견해를 내놓는 준비와 습관에 익숙해야 한다. 매체의 기자가 갑자기 다가올 때나 급박하게 섭외 요청이 들어오는 방송 출연에도 대비가 되어 있어야 한다. 언술은 항상 '간명'한 것이 좋다. 그래야 언론을 대하거나 활용하는 효과를 높이고 위험성을 줄일 수 있다. 명사들이 언론을 상대할 때는 미리 철저히 준비하거나 상시 준비체제를 갖춰 명료하게 답변해야 한다.

망설이거나, 우물쭈물하거나, 중언부언하거나, 너무 많은 말을 늘어놓으면 신뢰성이 떨어지고 나아가 이미지 추락의 위기에 봉착할 수도 있다. 윤석열 대통령 취임 초기의 '출근길 문답door stepping'에서도 이런 문제점이 불거져 언론으로부터 개선을 요구받았다.[53] 생방송에서는 이 점을 특히 주의해야 한다. 이런 훈련이나 준비에 자신이 없다면 조직 내부나 외부의 언론 대응 전문가나 친분이 있는 언론인을 통해 도움을 받는 것이 낫다.

넷째, 소셜미디어는 흥미성과 참신성을 유지하되 건전하고 지혜롭게 운영 및 관리해야 한다. 소셜미디어는 언론이 바라보는 명사의 또 다른 '자아'이자 '집'이기에 불필요하거나 새롭고 재미있는 콘텐츠를 끊김 없이 게시하는 것을 원칙으로 삼으면서, 정제되지 않은 내용을 업로드upload하지 않도록 주의한다. 정치인, 경제인 등 유력 인사들의 페이스북은 언론이 퍼 나르기를 하듯 연일 뉴스의 소재가 된다. 그래서 정제성整齊性에 바탕을 두는 자율 정화의 관리 철학이 요구된다.

그간 SNS에 부적절한 언사나 게시물을 올려 체면을 크게 구기고 사과를 하거나 심지어 몰락한 명사가 적지 않았다. 직접 소통의 시대에 인스타그램, 페이스북, 유튜브, 릴스 같은 개인 채널은 명사에게 꼭 필요하다. 명사가 자신의 이미지와 개성을 유지하거나 높이는 다양한 콘텐츠를 생산해 게시하는 것도 자연스럽다. 그러나 스스로 절제·조절하는 힘이 없거나 약하다면 운영을 하지 않는 것만 못하다.

지금까지 우리는 언론 대응을 주제로 명사가 공사석에서 말을 하거나 SNS를 운영할 때 필요한 전략과 태도를 살펴보았다. 명사의 말은 대외적으로 정제성과 신중함을 제1의 원칙으로 준비성, 정확성, 합리성을 갖춰야 한다. 그것은 사적 공간에서도 다를 바 없기에 평소의 성찰과 수양을 통해 그런 습관이 몸에 배는 것이 필요하다. 러시아 작가 레프 톨스토이Lev Nikolayevich Tolstoy는 "만약 그대가 말하기 전에 생각할 시간이 있다면, 그것이 말할 가치가 있는지, 아니면 누군가를 해칠 수 있는지 생각해 보라"라고 말했다.[54]

토픽 49 명사의 팬덤 육성과 관리 기법

명사의 지위에 있다면 누구나 열성팬을 비롯한 팬덤의 관리가 굉장히 신경 쓰일 것이다. 팬은 명사가 명성을 유지하는 데 필요한 매우 고마운 존재인 데다 지속적인 응원으로 동기 부여를 해주고 어려움에 부닥치거나 위축되었을 때 위로를 해주는 사람들이다. 따라서 명사가 팬들과 공사의 구분 없이 항상 정을 주고받고 교분을 쌓고 쌍방향 소통을 잘하면 순기능이 매우 많아 유익하다. 그러나 명사의 일상이 너무 번거롭고 본연의 업무로도 바쁜 상황에서 팬 관리에 지나치게 신경을 쓰다 보면 적잖은 스트레스에 휩싸이기 마련이다.

그렇다고 팬들에 대해 무관심, 무관리無管理로 일관하거나 서운하게 대했다가는 '안티팬'으로 돌아서 각종 비판과 불상사를 비롯한 후폭풍을 맞을 가능성이 크다. 그래서 열성팬은 고맙기도 하지만 무서운 존재이기도 하다. 즉, 양면성을 지닌 존재들이다. 명사들이 자신의 명성을 유지하거나 강화하고 위험을 예방하거나 줄이기 위해 어떻게 팬들을 관리해야 하는지 살펴보자.

첫째, 팬들에게는 진솔하고 정제된 마음으로 친절을 베풀어야 한다. 오프라인이나 온라인에서 팬을 대할 때 명사들은 말 한 마디, 행동 하나에 특히 신경을 써야 한다. 진심을 발산하며 같은 눈높이로 대화하려고 노력해야 한다. 특히 어린이를 대할 때는 무릎을 굽혀 키를 낮춰 눈을 마주 보며 대화하는 지혜가 필요하다. 공감과 소통의 폭이 훨씬 높아질 것이다. 팬들과 마주칠 때 차갑거나 쌀쌀맞은 행동을 한다면 실망이 클 것이기에 이런 행동을 금해야 한다. 그런 행동은 거기서 그치지 않고 곧 나쁜 소문으로 퍼져 부정적 이미지를 형성하는 데 한몫한다.

'이미지 관리'에 충실한 작위적인 행동에서 벗어나 완전한 정도는 아니더라도 어느 정도 이상으로 개방적인 태도를 보이고 팬들에게 마음의 문을 열어야 한다. 어떤 사안에 대해 감정이나 느낌을 공유하면서 소통을 해야 한다. 소셜미디어나 댓글을 통해 응답할 때는 간결하고 즐겁고 쾌활한 태도를 보이는 것이 좋다. 때로는 경기장에서 집단 응원을 하듯이 팬(들)과 함께 열광하고 소리치고 환호하고 흥분할 필요가 있다. 많은 시간이 아니어도 이런 시도를 많이 하면 할

〈표 9-7〉 명사가 팬들과 마주하는 네 가지 전략

- 팬들에게는 진솔하고 정제된 마음으로 친절을 베풀어야 한다.
- 예의 바른 태도로 될 수 있는 대로 많은 관심과 정성을 보여야 한다.
- 명성에 걸맞은 담대하고 책임 있는 행동을 해야 한다.
- 가짜 팬들을 티가 나지 않게 지혜롭게 가려내야 한다.

수록 좋다. 그렇다면 팬들은 더 큰 고마움을 표시하고 숭앙의 대상으로서 충성도를 점점 더 높일 것이다.

둘째, 예의 바른 태도로 될 수 있는 대로 많은 관심과 정성을 보여야 한다. 이 경우 명사는 심리적으로 안정되고 즐겁고 편안한 상태를 갖춘 다음 팬들을 대해야 한다. 어떤 명사가 열성적인 팬들을 갖고 있다면 여간 큰마음과 정성의 표현이 아닐 수 없다. 정말 많은 시간과 노력, 지식과 정보의 축적, 심리적 집중을 통해 형성되는 것이 팬덤이다. 팬들의 처지와 입장이 되어보아야 한다.

팬덤은 내적으로 '보상 심리'가 작동하기에 팬덤의 대상인 명사가 팬에게 그것을 충족시켜 줄 다양한 서비스를 해줘야 할 당위성이 있다. 특히 명성에 대한 갈망이 가장 높은 청소년기에 있는 팬들에게는 더욱 신경을 써야 한다. 최대의 서비스는 팬에 관한 관심이다. 따라서 이런 팬덤의 형성 과정을 미루어 짐작하고 그에 상응할 만큼 예의와 고마움을 표시하며 자주 소통하려고 애써야 한다.

팬에 대해서는 가급적 한 사람 한 사람의 목소리와 개성에 귀를 기울일 필요가 있다. 허언을 해서는 안 된다. 가수 아이유의 행동은 좋은 본보기다. 아이유는 팬클럽에 속한 한 여고생과의 약속을 지키려고 2019년 2월 서울에서 몇 시간 동안 차로 달려 전북 김제여고 졸업식에 참석해 단상에서 직접 축하곡을 부르고 졸업생 전체를 대상으로 꽃 선물을 하면서 참석자들과 대중들을 매우 놀라게 했다.

셋째, 명성에 걸맞은 담대하고 책임 있는 행동을 해야 한다. 통이 크고 책임 있는 행동의 실천에서 가장 중요한 것은 약속의 이행이다. 팬들이나 대중을 통해 한 약속이라면 반드시 실천해야 한다. 그렇지 못하면 솔직하게 그 사유를 설명하며 이해를 구해야 한다. 아울러 명사로서 '노블레스 오블리주noblesse oblige'[55]

에 충실한 언행을 하고 자선활동, 기부 활동, 사회적 의제가 있는 행사 동참 등 사회적 기여 활동에도 충실해야 한다.

명사인데도 자신의 이익을 극대화하는 경제 활동에만 치중하면서 사회적으로 책임 있는 역할을 하는 것을 소홀히 하거나 외면한다면 명사로 대접받을 만한 자격이 없는 것이다. 책임 있는 역할의 방기 정도가 심할 경우 사회적으로 손가락질의 대상이 된다. 아울러 사회적 물의나 논란의 당사자가 되면 회피하거나 변명하지 말고 솔직하게 입장을 표하거나 사과하는 것도 책임 있는 행동을 실천하는 것에 속한다. 자존심을 과도하게 세우려 하거나 지키기 위한 핑계는 더 큰 화를 부를 수 있다. 많은 명사가 사건 사고에 연루되거나 문제가 있는 언행을 하고서도 자신의 명성을 지키기 위한 옹졸한 자존심 때문에 거짓 해명을 늘어놓다가 낭패를 본 경우가 허다하다.

넷째, 가짜 팬들을 티가 나지 않게 지혜롭게 가려내야 한다. 명사가 되면 특정한 목적을 갖고 접근하는 사람이 많아지며 단지 이익을 위해 친해지려고 하는 기회주의자도 많이 생긴다. 모두 팬이라는 이름으로 접근하기 때문에 착시현상에 빠져 잘못된 인간관계에 엮임으로써 장차 불미스러운 일을 겪거나 원치 않는 고생을 할 수 있다. 이런 사람들은 처음부터 끝까지 경계해야 한다. 이들은 명사들이 특유의 지혜와 직관을 발휘해 일관성과 진정성의 여부란 잣대로 가려내야 한다. 이중적 언행을 하는지, 정말 팬다운 팬인지 결례를 범하지 않고 티가 나지 않게 가려낼 방법은 얼마든지 있다.

진정한 팬이 아닌 상태에서 오직 어떤 이익을 취하려고 접근하는 사람들이 있다면 그 진의가 무엇인지 파악해 친분이나 협력 관계를 유지할지, 단절할지 과감하게 결정해야 한다. 과단성과 단호함이 발휘되어야 할 대목이다. 명사와의 친분을 이용하고 다른 목적으로 사용하거나 부정적인 일에 활용하려는 사람들도 잘 가려내야 한다. 과도한 '명사 집착증'이 형성된 나머지 자신이 흠모하는 명사를 사유화하려 하거나 그의 일거수일투족을 통제 또는 간섭하려는 사람들도 경계의 대상이다. 이것은 정상적인 팬덤 현상의 수준을 넘어선 병적 증상이기 때문이다.

토픽 50 행복을 찾는 '페르소나 전환' 훈련

사람은 '개인적 자아'와 '사회적 자아'란 다소 이질적인 복수의 가면(얼굴)을 동시에 갖고 있다. 심리학자 윌리엄 제임스William James가 말한 '주아主我, pure ego' 및 '객아客我, empirical ego'와 각각 상통하는 개념이다. 제임스에 따르면 주아(I)는 사고의 주체로서 감지하는 본래의 자기myself이며, 객아(Me)는 감지되며 의식의 대상이 되는 피지자被知者로서의 자기를 의미한다.[56] 인간이 가진 이런 얼굴을 '페르소나persona'라 한다. 페르소나란 말은 원래 고대 그리스 시대에 배우가 연극을 하면서 쓰던 가면mask을 지칭하는 말이었다. 그 뒤 서구 근대어인 'person(인격)', 'personality(성격)', 'person(사람)'으로 점차 파생되었다.[57] 인간의 얼굴, 인격체를 뜻한다.

심리학자인 카를 구스타프 융Carl Gustav Jung은 페르소나를 심리 연구에 적용하여 진정한 자아와 차별화되는 '가장된 개인의 외적 인격체이자 공적 얼굴'이라 규정했고, 지그문트 프로이트Sigmund Freud는 '주체의 얼굴에서 표면layer 역할을 하는 존재', 자크 라캉Jacques Lacan은 주체와 타자 사이에 별도로 존재하여 접점이나 경계면 역할을 하는 '인터페이스interface와 같은 존재'라고 각각 정의했다(김정섭, 2021).[58]

페르소나를 구성하는 요소는 연구자의 연구 층위와 관점에 따라 다양하다. 페르소나는 이미지, 가시성, 성품, 일관성이란 네 가지 요소로 구성되어 있다(김정섭, 2021). '이미지'는 외적으로 드러난 당사자의 심상·느낌·평판, '가시성'은 시각적으로 어필하는 매력, '성품'은 드러난 인격과 인간적 풍모, '일관성'은 축적된 변함없는 자세와 능력을 각각 의미한다. 페르소나의 구성요소가 전문성, 리더십, 가시성, 차별성, 일관성, 개성, 끈기라거나,[59] 이미지, 가시성, 일관성, 독특한 개성이란 견해도 있다(예민희·임은혁, 2015).

페르소나는 크게 두 부류로 나눌 수 있다. '개인적 가면(자아)'은 자신 고유의 페르소나며, '사회적 가면(자아)'은 대인관계, 조직, 공동체 등 사회적 관계에서 선보이는 페르소나다. 쉽게 말하면 직장생활을 하거나 각종 모임에 참석할 경우 그간의 사회적 학습에 의해 자기도 모르게 설정되며 드러나는 얼굴이 후자며, 퇴근 후의 일과처럼 개인적 일상으로 복귀한 후 편안한 자기 집에서 선보이는 사적인 모습이 전자다.

따라서 사람에게서 '개인적 자아'와 '사회적 자아'가 완전히 동일한 경우는 기대하기 어렵다. 이런 페르소나 가운데 개인적 자아와 사회적 자아는 각각 하나만 있는 것이 아니라 여러 개일 수 있다. 즉, 인간은 적어도 두 가지 이상의 가면이란 다중의 인격체를 갖고 있고 그것을 발현할 수 있다. 자신을 규정하는 페르소나의 지배력에 따라 '주축 페르소나main persona'와 '부수 페르소나sub persona'로 나눌 수 있다. 온라인 게임에서 유래하여 신드롬처럼 확산된 '부캐'('부수적 캐릭터'의 줄임말)란 용어도 이런 부수 페르소나를 지칭한다.

그러나 개인적 페르소나와 사회적 페르소나는 모두 각각의 수준에서 일관성을 갖추는 것이 당연하면서도 당사자에게 유익하다. 이는 명사들이 자신에 적격한 사적, 공적 페르소나를 갖추고 양자를 전환하는 훈련을 할 때 특히 주의해야 할 점이다. 페르소나를 활용할 경우 지식 유지, 동기 촉진, 소통 강화에 큰 도움을 줄 수 있고,[60] 그런 페르소나가 독특성, 일관성, 이상성(바람직함)을 갖췄다면 성공적인 브랜딩이 되어 사람들의 마음을 지배할 수 있다.[61]

평범한 개인은 물론 지명도가 높은 명사들이 흔히 겪는 문제는 이런 사적 페르소나와 타인 앞에 선보이는 공적 페르소나를 자유자재로 바꾸는 것이 어려운 전환 장애에 직면한다는 것이다. 이런 페르소나 전환이 여의치 않으면 개인생활과 사회생활을 혼동하며 착각에 빠지기 쉽고, 프라이버시 등에서도 큰 방해를 받게 된다. 이런 경우 명사는 자신의 지명도나 인기를 개인생활에 그대로 적용시킴으로써 불미스러운 행동을 하기 쉽고 여러 가지 부작용으로 심한 스트레스를 느끼게 된다. 사회적 명성과 개인의 위치를 혼동하고 공사의 구분이 안 되는 행동을 하기 쉽다. 결국 우울증, 정신착란, 공황장애까지 올 수도 있고 행복을 기대할 수 없는 상황이 된다.

명사는 사적으로 존재할 때는 누구한테도 방해받지 않는 자유로운 '개인'이어야 하고, 사회적 관계에 존재할 때는 주변 환경을 의식하는 '공인'의 모습으로

탈바꿈해야 한다. 그래야 편안하고 행복하다. 항상 같은 자아를 갖고 있다면 문제가 발생하기 쉽다. 따라서 이런 공·사 페르소나 전환은 명사의 수양 과정에서 놓쳐서는 안 될 중요한 체크리스트다.

페르소나 전환은 체계적인 훈련을 거치면 대체로 능숙한 수준에 이를 수 있다. 배우는 픽션(허구의 세계)인 '대본'을 통해 이런 훈련을 하지만, 명사들은 개인적 차이는 있지만 사회적 역할 학습을 통해 인지되어 축적된 '직무 매뉴얼'(현실의 세계)에 따라 전환 훈련을 해야 한다. 직무 매뉴얼은 강조한 대로 논픽션이기에 사회활동을 할 때 명사들은 미리 정교한 역할 학습을 해야 한다.

이런 학습은 연기 훈련 과정에서 많이 활용되고 있는 '투사projection-역투사back-projection 이론'으로 달성할 수 있다.[62] 연기는 배우가 자신이 맡은 인물의 자아에 완전하게 인입引入되는 과정이고 개인으로 돌아가는 것은 환원還元이기에 이 모델은 역할 전환 훈련에 유용하다. 이는 원래 인간의 심리병증 치료용이었다. 정신의학자 프로이트는 이 투사 이론을 심리학적으로 체계화했고, 로버트 랜디Robert J. Landy와 조앤 무어Joan Moore 등은 이를 배우들이 선보이는 연기 원리와 결부시켜 그 활용성을 확장시켰다. 랜디는 투사를 개인이 타인의 정체성을 체험한 것처럼 무의식적으로 느끼는 현상이라 규정하며 논의를 확장했다.[63] 나아가 무어는 연기라는 것은 배우가 현실 기반의 극 스토리를 실제 경험한 것처럼 내적으로 구체화하는 투사의 과정이라고 설명했다.[64]

투사-역투사 이론에 관해 보다 쉽게 설명하면, 먼저 배우가 맡은 배역에 몰입하여 연기하는 과정은 '투사'라는 심리적 과정에 의한 것이다. 자신의 자아에다가 목표로 하는 역할의 자아를 비추거나 쏘아서 들어가는 것이다. 반대로 그 배역 캐릭터의 페르소나에서 벗어나 본래 자신(개인적 인간)의 페르소나로 환원해 일상을 회복하는 과정은 '역투사'를 통해 자연스레 이뤄진다. 화학에서 산화oxidation와 환원reduction 반응이 오가는 것과 같은 이치다. 투사는 '무언가에 흠뻑 빠진 심리적 상태'를 뜻하는데,[65] 멀리서 특정한 물체나 지점에 빛을 쏘듯이 자신이 설정한 배역이나 역할에 심리적으로 몰입해 '완전히 그것이' 되는 것을 말한다. 이런 과정이 배우에게는 '몰입 연기沒入演技'에 해당되며, 명사에게는 사

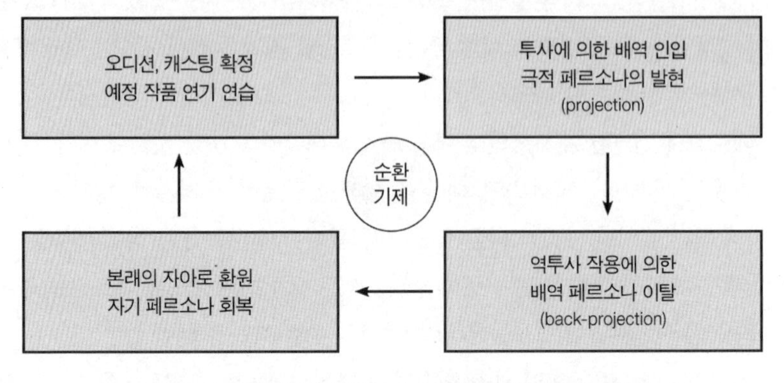

〈그림 9-2〉 역할 전환에 유용한 배우의 투사·역투사 배역 전환법

자료: 김정섭(2021).

회적 페르소나에 대한 능숙한 '역할 몰입'이 되는 것이다. 여기에서 역할은 그 직분에 맞는 세련된 직무 스타일과 명사로서 대중이 원하는 외부적인 모습일 것이다.

이렇게 투사된 공적·사회적 역할(명사의 경우)이나 극중 캐릭터의 정체성(배우의 경우)이 사람들이 인식하는 해당 캐릭터와 거의 완전하게 일치해 보이도록 해야 가장 자연스러우며 이 경우 '역할을 잘 수행한다' 또는 '연기를 잘한다'라고 평가하는 것이다. 러시아의 배우이자 연출가 콘스탄틴 스타니슬랍스키Konstantin Stanislavskii가 창안하여 발전시킨 '메소드 연기Method Acting'도 배우가 극에서 캐스팅되어 맡은 배역에 완전하게 몰입함으로써 그 인물 자체가 되도록 매우 사실적으로 연기하는 방법이기에 근본적으로 이런 심리적 과정을 반영한다.

이런 역할 전환 과정은 심리적으로 투사와 동일시同一視, identification가 연속적으로 발현되는 과정이기에 '투사적 동일시projective identification'라 부르기도 한다. 심리학에서는 죄의식, 열등감, 공격성과 같은 부정적 병리 증상을 타파하는 방어기제나 이런 병증의 치료 기법으로, 연극학에서 배우들이 연기 수련용으로 사용하는 투사와 역투사 기법을 명사들이 잘 활용한다면 사회적 얼굴과 개인적 얼굴의 능수능란한 전환이 가능해져 여러 가지 부작용을 줄일 수 있다.

공사의 엄밀한 구분을 통한 분위기 전환이 가능해지면 삶이 한결 활기차고 행복해질 수 있다. 자아 혼란과 그에 따른 스트레스도 현저히 줄어든다. 이 훈련을 제대로 하여 자신의 몸에 배게 하는 것만으로도 명사들은 큰 행복을 찾을 수 있다. 왜 이 방법을 몰랐을까 뒤늦게 놀라는 사람도 있을 것이다. 프라이버시도 보호하고 오붓한 가정에서 큰 에너지를 얻어 그것을 바탕으로 더욱 활기찬 사회생활을 할 수 있다. 개인적 자아와 공적인 자아를 오가는 페르소나 훈련에 집중하다 보면 처음에는 연극배우가 된 느낌일 수도 있지만, 점차 적응되면 자연스럽게 된다.

지금까지 설명한 앞의 기법과 연계하여 '디롤링De-roling'이란 기법을 적용할 수도 있다. '디롤링'은 역할 또는 배역을 말끔하게 제거하는 기법을 말한다. 드라마테라피 연구에서 배우의 공연 후 처치법으로 응용되어 단장된 역할 탈피술이다. 역할(직무)에 들어가는 것이 '롤링roling'이라면, 역할에서 빠져나오는 것이 '디롤링'이다. 심리학자이자 드라마테라피 연구자인 로버트 랜디는 디롤링에 대해 "배우가 연기를 마친 후에 자신의 진정한 자아authentic self로 돌아오는 과정"이라고 정의했다.[66]

다시 말해 디롤링 기법은 배우가 작품(드라마, 영화, 연극, 뮤지컬, 쇼, 예능 등)에서 맡은 배역을 무대 또는 카메라(화면) 앞에서 연기한 뒤 그 작업이 끝나면 작품 속 역할과 본래 자아 사이의 '흐릿한 경계blurred boundaries'에 머물지 않고 맡은 배역에서 완전하게 벗어나 본래 자신의 자아(자연인)로 돌아오는 고도의 기술이다. 일반인도 마찬가지지만 이렇게 배우가 본래의 자아로 돌아와야 하는 이유는 개인생활의 안정과 행복감, 스트레스와 병증 예방, 기분 전환과 에너지 충전, 직업의 항상성 유지 및 능력 향상에 반드시 필요하기 때문이다.

이 기법은 배우뿐만이 아니라 일반인에게도 매우 유용하다. 특히 외교, 환대, 의전, 접객, 대관對官, 쇼비즈니스 등의 분야에서 고도의 감정노동을 하는 사람들에게는 특히 유효하다. 일반인도 배우와 마찬가지로 자신이 속한 조직이나 직장, 단체 등에서 직업, 보직, 임무, 직분 등 '사회적 역할' 또는 '공적 역할'을 수행한 뒤 그 직업, 보직, 임무, 직분의 캐릭터에서 탈피하여 가장 편안하고 자연스러운 본래의 자아로 환원해야 행복해지기 때문이다. 이때 일반인들의 사회적 역할에 관한 매뉴얼이나 지침은 배우의 '대본'과 같다. 직무(업무) 매뉴얼이나 지침은 소속 조직·직장·단체에서 켜켜이 '축적된 경험'과 '프로토콜protocol'(대외적 의전·의례)이기 때문이다.

배우는 물론 일반인에게도 적용하기 좋은 '간편형 디롤링 모델'은 여섯 가지 기법으로 구성되어 있다. 샐리 베일리Sally Bailey와 페이지 디킨슨Paige Dickinson의 아홉 가지 기법[67]과 루실리아 발렌테Lucilia Valente와 데이비드 폰태나David Fontana의 네 가지 기법[68]처럼 서양에서 개발된 기존 디롤링 모델들[69]은 너무 처치하기 어렵거나 숫자가 많고 어떠한 것은 너무 간단해 적용하기가 쉽지 않아, 연극·뮤지컬 분야에서 활동하는 주연급 전문배우 21명의 심층 인터뷰 결과를 토대로 필자가 한국적 환경에 맞게 2023년 1월 리모델링한 것이다. 대체적으로 바쁘고 역동적인 업무 환경, 다중의 페르소나multiple persona를 선보여야 하는 일터의 복잡한 역할 수행, 급작스러운 상황과 변수의 돌발, 스트레스와 중압감, 그리고 공해가 많은 환경 등과 같은 한국적인 업무 환경을 반영했다.

이 같은 간편형 모델을 도출하는 데는 첫째, 배우 자신의 경험과 효과, 둘째, 여러 기법의 중복성 배제, 셋째, 유사한 기법의 통합, 넷째, 이해·학습·적용이 쉬운 체제로의 재구성을 통한 국내 연기 예술계에서의 통용 가능성이란 네 가지 기준을 적용했다.

이 기법은 1) 연기 공간과 대기·휴식·일상 공간의 이격離隔, 2) 운동·호흡을 통한 감정·육체의 중립화中立化, 3) 호칭 구별과 소품 정리를 통한 캐릭터 분리, 4) 작품 속 캐릭터를 친구로 여겨 거리 두기, 5) 상상의 연기 개시 및 종료 의식 거행, 6) 연기 이외의 예술 장르 적극 활용으로 구성되어 있는데, 〈표 9-8〉과 같이 치환하여 일반인들에게도 적용할 수 있다.

일반인에 맞게 치환된 간편형 디롤링 모델의 여섯 가지 기법은 업무(직무, 역할) 공간과 대기·휴식·일상 공간의 이격, 운동·호흡을 통한 감정·육체의 중립화, 호칭 구별과 업무 용품 정리를 통한 페르소나 분리, 업무(직무, 역할) 속 캐릭터를 친구로 여겨 거리 두기, 상상의 업무(직무) 개시 및 종료 의식 거행, 업무(직

〈표 9-8〉 역할 벗기에 활용 가능한 '간편형 디롤링 모델'(여섯 가지 기법)

구분	배우에게 적용할 경우	일반인에게 적용할 경우
1	연기 공간과 대기·휴식·일상 공간의 이격	업무(직무, 역할) 공간과 대기·휴식·일상 공간의 이격
2	운동·호흡을 통한 감정·육체의 중립화	운동·호흡을 통한 감정·육체의 중립화
3	호칭 구별과 소품 정리를 통한 캐릭터 분리	호칭 구별과 업무 용품 정리를 통한 페르소나 분리
4	작품 속 캐릭터를 친구로 여겨 거리 두기	업무(직무, 역할) 속 캐릭터를 친구로 여겨 거리 두기
5	상상의 연기 개시 및 종료 의식 거행	상상의 업무(직무) 개시 및 종료 의식 거행
6	연기 이외의 예술 장르 적극 활용	업무(직무, 역할) 이외의 예술 장르 적극 활용

무, 역할) 이외의 예술 장르 적극 활용이다.

첫째, '연기 공간과 대기·휴식·일상 공간의 이격'은 일반인의 경우 '업무(직무, 역할) 공간과 대기·휴식·일상 공간의 이격'으로 치환할 수 있다. 공간 이동과 공간 분리 기법을 결합한 것이다. 일하는 장소에서 직무나 역할이 일일 또는 임기 단위로 종료되면 처음 계획한 대로 일하는 공간과 대기하거나 쉬는 공간을 철저하게 분리하고, 당일 일이 다 끝나면 바로 다른 장소로 이동해 자아 전환을 한다.

경영인이 회사와 집을 구분하거나 예술가나 교육자가 작업 공간과 휴식 공간을 차별화하는 것도 공간 분리의 원리다. 직무 종료 당일에 직무 현장을 떠나 카페, 식당, 영화관, 주점으로 이동하는 것도 같은 원리다. 일을 마친 후 당일치기나 며칠 일정으로 골프, 드라이브, 여행, 트래킹, 답사, 캠핑, 낚시, 다이빙, 스킨스쿠버, 패러글라이딩, 번지점프, 등산을 비롯한 레저·스포츠 활동을 떠나 새로운 활력과 기분을 느끼는 것은 공간 이동에 해당한다.

둘째, '운동·호흡을 통한 감정·육체의 중립화'는 배우나 일반인이나 같이 적용할 수 있다. '알바 이모팅Alba Emoting'을 바탕으로 운동과 명상·호흡을 통해 심신을 중립 상태로 돌리는 스텝 아웃The Step-Out과 근육 이완 → 자세 전환 → 감정 전환으로 이어지는 캐릭터 벗기 기법을 통합한 것이다. 이 기법을 적용할 때는 자신의 개인적 심신 특성을 고려하거나 잘 살려 가장 편안하고 자연스러운 방법으로 심신 상태를 중립으로 돌려놓는 지혜가 필요하다. 운동·호흡을 통한 감정·육체의 중립화는 명상 수련은 물론 요가, 필라테스 등과 연계하여 달성할 수도 있는 기법이다.

셋째, '호칭 구별과 소품 정리를 통한 캐릭터 분리'는 일반인의 경우 '호칭 구별과 업무 용품 정리를 통한 페르소나 분리'로 치환할 수 있다. 내 이름 및 정체성 되찾기와 상징적 용품 및 의상 사용 기법을 병합한 것이다. 일이 끝나면 직무 현장에서 불리는 '사장님', '대표님', '상무님', '원장님', '교수님', '박사님', '부장님', '승무원님' 따위의 직업에서의 직무 타이틀을 접어두고 개인의 이름이나 아빠, 삼촌 등의 관계를 나타내는 사적 호칭으로 가정이나 개인 공간에 돌아와야 한다.

회사의 로고가 부착된 정형화된 유니폼이 있다면 회사 집무실에 잘 정리해 두고 귀가해야 한다. 그것이 어렵다면 귀가 즉시 그것을 벗어 집 안 옷장에 잘 정리하고 편안한 옷으로 갈아입는 것이 필요하다. 일상적 수준 이상의 화장을 하거나 특별하게 화장을 짙게 해야 하는 직무라면 일이 끝난 후 가급적 일터 세면실에서 조속히 세안하여 기분 전환 효과를 얻어야 한다. 불가피하다면 귀가 즉시 클렌징을 해야 한다. 종종 회사에서 일상적 업무를 떠난 화합을 목적으로 하는 워크숍을 할 때 사장부터 말단 사원까지 편안한 옷으로 갈아입고 외부 콘도나 레저 시설에 모여 소통하는 것도 이런 '디롤링 효과'를 겨냥한 것으로 이해할 수 있다.

넷째, '작품 속 캐릭터를 친구로 여겨 거리 두기'는 일반인의 경우 '업무(직무, 역할) 속 캐릭터를 친구로 여겨 거리 두기'로 바꿔 적용할 수 있다. 내가 맡은 일터의 직무나 역할을 내가 완전히 빠져 들어가야 할 대상(1인칭 자아)으로 여기지 않고 '내가 점차 알아가야 할 친구'(2인칭 상대)로 인식하는 것이다.

그리하여 천천히 그것에 인입한 뒤 일이 끝나면 역시 그 친구와 유지한 거리감을 반영해 그 직무 캐릭터를 부드럽게 남겨두고 빠져나와 사적인 공간으로 이동한다. '친구'이기 때문에 심리적 인식 체계에서 자아 동일체처럼 여겨 집으로 가져오거나 데리고 올 필요가 없게 의식적인 행동을 유도하는 것이다.

다섯째, '상상의 연기 개시 및 종료 의식 거행'은 일반인의 경우 '상상의 업무(직무) 개시 및 종료 의식 거행'으로 전환해 일일 단위로 적용할 수 있다. 일이나 직무를 시작하기 전, 그리고 하루 일이 끝난 직후에 가볍게 눈을 감고 손을 모아 성스럽고 순조로운 롤링(역할 진입)과 디롤링(역할 이탈)을 위해 상상의 직무 개시 의식과 종료 의식을 각각 치를 수 있다. 자신이 믿는 종교가 있다면 믿음의 대상을 마음속으로 호명하며 "○○님!, 저 지금 시작하겠습니다", "○○님!, 저 지금 마치겠습니다"를 외칠 수 있다. 역시 상상의 의식이기 때문에 주변에 소리가 들리지 않게 하여 타인에게 소음이나 방해가 안 되게 해야 한다.

여섯째, '연기 이외의 예술 장르 적극 활용'은 일반인의 경우 '업무(직무, 역할) 이외의 예술 장르 적극 활용'으로 치환이 가능하다. 한마디로 일터에서 일을 마치면 일에 찌든 '사회적 페르소나' 또는 '공적 페르소나'를 보다 수월하게 제거하기 위해 그림 그리기, 악기 연주, 가창, 음악 청취, 판소리, 도예, 댄스, 공방, 스케치, 드로잉, 사진 및 비디오 촬영 등 다양한 예술 장르를 취미로 즐기라는 뜻이다. 예술 활동은 자아실현은 물론 심미적 가치의 고양을 통한 카타르시스 효과, 인생에 대한 철학과 관조의 증진에도 도움이 된다.

이상과 같은 역할 전환 또는 역할 제거 기법을 효과적으로 활용하면 심신의 중압감, 스트레스, 피로, 무력감, 이로 인한 공황장애, 우울증과 같은 병증을 예방하고 보다 높은 수준의 자아실현감을 얻으며 행복하게 일할 수 있다. 따라서 공적인 노출, 언론이나 이해관계자들과의 팽팽한 힘겨루기, 빈번한 갈등 상황, 극단의 감정노동에 자주 직면하는 명사라면 이런 대처법을 반드시 체계화할 필요가 있다. 지명도나 인지도가 높은 명사일수록 이런 상황은 빈번하다.

제10장 명사의 직업별 평판 증진 전략

토픽 51 정치인이 좋은 평판을 얻는 방법

평판은 모든 인간에게 소중한 자산이지만 표에 의해 생명력이 결정되는 정치인에게는 특히 더 중요한 개념이다. 평판은 정치인의 전부라 해도 과언이 아니다. 반면 정치인의 평판은 미디어와 대중에 의해 매일 평가되고 그 수준이 여론의 향배에 따라 요동치기 때문에 매우 취약하고 변덕스러운 특성을 지녔다.[1] 언제 깨질지 모르는 유리와 같은 것이다. 그럼에도 불구하고 주기적으로 선거를 치르는 정치인에게 평판은 선거에 승리하고 자신의 정치력을 유지하는 가장 강력한 수단이자 도구이기 때문에 적극 활용해야 한다.

만약 어떤 정치인이 국민들의 투표에 의해 재선, 삼선, 사선이란 영예를 누리며 다시 선출되기를 바랄 경우 역대 선거에서 나타났듯이 그들은 그들 자신의 평판과 신뢰성을 높이면서 반대편 후보자의 평판과 신뢰를 파괴하기 위해 어떤 수단이라도 사용할 가능성이 높다. 점잖은 정치인도 선거에 사활이 걸려 있기에 선거 시즌만 되면 전투를 치르는 전사처럼 종종 변한다. 따라서 정치인에게 평판은 반드시 긍정적인 것만 유용한 것이 아니며, 부정적인 것도 유용하게 사용되는 경우가 많다.

기본적으로 정치인이 보유한 긍정적인 평판은 지지세 확장 전략을 가동하여 이른바 기존 지지층인 '집토끼'(내부 결속) 외에 '산토끼'(외연 확장)라 불리는 새로운 표를 끌어모으는 데 활용된다. 부정적인 평판은 실수나 잘못을 했거나 상처가 날 수밖에 없는 상황에 몰린 정치인으로서는 그런 오명의 획득이 불가피한데, 이는 종종 기존의 지지자들을 결집시키고, 견고한 이른바 '콘크리트 지지층'을 만들어 위기를 돌파하는 데 활용된다. 오명도 긴요하게 활용이 되는 매우 역설적인 상황이다.

어떤 선거에서 과거 정치 지도자의 실패나 과오를 반면교사反面教師로 삼아 이를 혁신하는 새로운 정책을 제시하는 후보자가 나타난다면, 참신하고 역동적인 평판과 이미지를 구축하여 선거에서 승리할 가능성이 높다. 이렇게 선거가 끝나고 나면 야당과 같은 견제 세력들은 새로 당선된 현재의 지도자가 범한 실책과 과오를 비판함으로써 향후 집권을 겨냥한 새로운 평판의 구축을 시도한다. 정치에서 평판 구축 전쟁은 순환논리가 작용하여 일정 부분 돌고 돈다고 할 수 있다.

정치인에게 명성에 대한 평판이나 이미지는 매우 중요한 성장의 도구다. 정치인에게는 심지어 스캔들조차 명성을 높이는 도구로 활용된다. 정치인의 스캔들이 명성과 이미지의 추락만을 초래하는 것이 아니라, 명성과 이미지를 증진시키기도 한다는 연구 결과가 제시되었다.[2] 현실 정치에서는 정당과 정파의 이익을 꾀하거나 유권자들에게 정책적 혜택이나 국면 전환의 감동을 주려고 연출하는 깜짝 연극 같은 '가짜 스캔들fake scandals'도 많기 때문이다.

정치인은 남의 명성을 빌려 자신이 성장하는 묘한 시스템 속에 있다. 대통령이란 가장 강력한 지도자의 평판을 빌려 활용할 수도 있고 당대표나 원내대표, 서울시장과 같은 광역 지자체장의 명성을 빌릴 수도 있다. 미국의 경우 특정인이 대통령이나 국회의원에 출마할 경우 전직 대통령, 전직 상원의원, 전직 하원의원의 명성이 모두 활용된다. 지지 연설이 명성을 활용하는 대표적인 행위다.

〈표 10-1〉 정치인의 좋은 평판 구축에 필요한 수양 요소

구분	연구자	항목
정치인 전체	박기태(1999)	• 능력 • 개성 • 리더십 • 비전 제시 • 정강·정책
	권태순(2006)	• 시청각적 요인(외모적 인상, 몸짓, 태도, 말투 등) • 내면적 요인(인품, 능력 등)
	Powell(1977)	• 외향성(적극적 성향) • 안정성(신뢰할 만함, 존경할 만함, 좋음, 선함) • 사회성(친근함, 쾌활함) • 능력(숙련됨, 지적임, 침착함)
	Miller et al.(1985)	• 능력 • 신뢰성 • 성실성 • 카리스마 • 개인적 특성
	정연주(2021) * 선거승리 구비 요소	• 구체적인 비전과 적응력 • 열정과 실행력 • 커뮤니케이션 주도력 • 신념과 설득력 겸비 • 구성원에 대한 신뢰와 위임 • 여유와 자신감
대통령	이준웅(1998)	• 외형적 이미지(생김새, 옷차림, 목소리 등) • 성격(개성, 대중성 등) • 능력(지적 능력, 정치적 능력, 경험 등)
	김현주(1999)	• 인품 요인(친근감, 도덕성, 솔직함, 너그러움, 겸손함 등) • 능력 요인(박력, 말솜씨, 국정 수행능력 등)
	진용주·유재웅(2015)	• 공신력 • 신뢰도 • 전문성
	Gergen(2000)	• 일관성 • 소명의식 • 설득력 • 협상력 • 순발력 • 용인술 • 대중적 인기

힐러리 클린턴Hillary R. Clinton이 2016년 선거에 출마했을 당시 전직 대통령인 빌 클린턴Bill Clinton과 버락 오바마Barack Obama 대통령의 지지를 받은 것, 도널드 트럼프Donald Trump가 선거운동을 하면서 전직 국무장관인 조지 슐츠George P. Shultz 등 인맥이 넓고 영향력이 강한 옛 공화당 인사를 활용한 것이 대표적이다. 정치 신인이 상대 당의 명성이 매우 높은 거물급 정치인을 공격하여 세칭 '체급'을 높여가면서 성장하는 것도 명성을 이용한다는 점에서 같은 이치라 할 수 있다.

먼저 정치인의 평판을 형성하는 이미지의 구성 요인으로 권태순(2006)은 시청각적 요인(외모적 인상, 몸짓, 태도, 말투 등)과 내면적 요인(인품, 능력 등)으로 이원화하여 제시했다.[3] 이에 비해 포웰L. Powell(1977)은 외향성, 안정성, 사회성, 능력이란 네 가지를,[4] 밀러A. H. Miller 등(1985)은 능력, 신뢰성, 성실성, 카리스마, 개인적 특성이란 다섯 가지를,[5] 박기태(1999)는 능력, 개성, 리더십, 비전 제시, 정강·정책의 다섯 가지를 각각 제시했다.[6] 특히 포웰의 연구에서 외향성은 적극적 성향을, 안정성은 신뢰할 만함, 존경할 만함, 좋음, 선함 등의 특성을 뜻한다. 사회성은 친근함과 쾌활함 등을, 능력은 숙련됨, 지적임, 침착함 등의 자질을 나타낸다.

학술 연구가 아닌 현실 정치의 측면에서 능력, 성실성, 정강·정책, 비전 제시는 특히 중요하게 인식된다. 정당대표, 국회의장, 국무총리를 모두 역임한 정치인 정세균은 이 책 제1부의 정치 셀럽 인터뷰에서 "정치인의 자질 가운데 신뢰성이 가장 중요하고 그다음이 능력, 성실성, 카리스마, 개인적 매력과 특성 순"이라고 제시했다. 그가 신뢰성을 가장 강조한 이유는 그것이 투명함과 진정성에서 비롯되는 정치인의 생명력과 같은 것이기 때문으로 설명할 수 있다.

국회의원, 장관, 정당대표, 대통령 비서실장, 국가정보원장을 지낸 관록의 정치인으로 평가받는 박지원도 "정치계에서 명성을 얻으려면 철두철미하게 지식을 쌓고, 국가 사회와 국민의 관심사를 파악하고, 미래 상황 변화를 예측하고 대비하는 등의 자기계발을 해야 한다"라고 말했다. 이런 기본자세의 생활화가 정치인의 명성 형성과 증진을 좌우하는 역량의 바탕이 되기 때문이라는 것이다.

30년 경력의 선거관리 전문가인 정연주는 뉴패러다임 시대에 정치인이 선거에서 승리하려면 여섯 가지 능력과 자질을 갖춰야 한다고 주장했다. 그것은 첫째, 구체적인 비전과 적응력, 둘째, 열정과 실행력, 셋째, 커뮤니케이션 주도력, 넷째, 신념과 설득력 겸비, 다섯째, 구성원에 대한 신뢰와 위임, 여섯째, 여유와 자신감이다.[7] 이것은 단순한 평판 구축 요소가 아닌 정치의 하이라이트인 선거에서의 승리에 초점을 맞춘 정치인의 구비 요소를 의미한다.

정치인의 범주 가운데 국왕, 대통령, 총통, 총리 등 국가 지도자 수준의 평판을 결정하는 요소는 크게 나눠 '공신력', '신뢰도', '전문성'으로,[8] 국가 지도자의 명성 구축에 관한 연구를 통해 얻어낸 결과다. 연구자들은 '공신력'은 개인적인 매력도인 '멋지다', '아름답다', '우아하다', '이끌린다'와 같은 개념들로 측정했고, '신뢰도'는 '믿음이 간다', '신뢰가 간다', '진실되다', '진지한 사람이다', '가치 있는 사람이다' 같은 평가 항목으로, '전문성'은 '전문성이 있다', '경험이 풍부하다', '지식이 풍부하다', '자질이 충분하다', '기술이 있다'와 같은 요소로 측정했다.

국가 지도자의 평판은 국가 평판을 포함하여 해당 국가의 제품에 대한 태도, 구매 의도에까지 영향을 미친다는 것이 연구팀의 결론이다. 정치 지도자의 평판 구축과 평판 관리는 자신뿐만이 아니라 유권자들의 호의적인 태도와 행동을 이끌어낼 수 있는 매력을 지닌 수단이라는 것이 확인되었다(황성욱, 2016).

선출직 정치인 가운데 현대 민주주의 국가에서 권력과 명성의 최고 정점은 일반적으로 대통령이다. 대통령은 국가를 대표하고 입법부, 사법부, 행정부 등 3부를 통할하는 권한을 지닌 헌법 기관이다. 보다 구체적으로 대통령을 선출하는 것을 가정하여 대통령 후보자의 이미지를 구성하는 요인으로는 외형적 이미지(생김새, 옷차림, 목소리 등), 성격(개성, 대중성 등), 능력(지적 능력, 정치적 능력, 경험 등)의 세 가지로 제시되었다.[9]

다른 연구에서는 이를 간략화하여 인품 요인(친근감, 도덕성, 솔직함, 너그러움, 겸손함 등)과 능력 요인(박력, 말솜씨, 국정 수행능력 등)의 두 가지로 제시했다.[10] 대통령 보좌관 출신인 데이비드 거건David Gergen 하버드대학교 존 케네디 행정대학원 교수는 대통령에게 필요한 일곱 가지 지도력을 일관성, 소명의식, 설득력, 협상력, 순발력, 용인술, 대중적 인기라고 제시했다.[11]

이는 미국 역대 대통령들의 성공과 실패 원인을 분석하여 얻은 결과물이다. 거건은 미국 제37대 대통령 리처드 닉슨Richard Nixon의 경우 준비된 대통령의 면모를 보이면서 전략과 인재 등용에 뛰어남을 보였지만, 권력과 리더십을 혼동하는 단점을 드러내 결국 몰락했다고 분석했다. 제38대 대통령 제럴드 포드Gerald Ford는 정직성, 미덕 등 인성 측면의 리더십이, 제40대 대통령 로널드 레이건Ronald Reagan은 배우 출신답게 대국민 설득력과 친화력이 각각 돋보였다고 한다. 제42대 대통령 빌 클린턴은 훌륭한 자질을 보유했으나 인재 등용에 실패하고 도덕성에서 문제점을 드러냈다는 지적이다.

정치인은 이러한 평판 구성요소 외에도 '도덕적 자본moral capital', 즉 도덕성을 갖춰야 명성을 유지하거나 높일 수 있다. 특히 우리나라와 같은 아시아권 정치에서 그 중요성이 두드러진다. 국내 대통령 선거나 국회의원 선거에서 여러 차례 확인되었듯이 도덕성은 선거 결과에 치명적인 영향을 미칠 정도로 매우 중요한 가치이자 자산이다. 정치인이 가진 도덕적 자본은 평상시부터 대중은 물론 유권자, 나아가 지지자들에게 위신, 존경, 충성, 권위를 부여하는 정치적 가치로 기능하기 때문이다.[12]

정치인의 평판은 자신의 노력으로 구축하는 것 외에도, 유권자들에게 어떻게 비치거나 보이느냐를 규정하는 언론의 '틀 짓기Framing'로 생성 및 증진될 수 있다. 따라서 정치인이나 정치 지도자는 대중이나 미디어에 어떤 이미지와 평가로 보이거나 비치고, 노출되느냐가 평판 형성 및 구축에 결정적이다. 언론은 이슈에 대한 틀 짓기는 물론 정치 이미지를 구축하면서 그 과정에서 정치인에 대한 신화를 만들어 전파한다.[13] '음모의 신화', '황금시대의 신화', '영웅-마녀의 신화', '합당·통일의 신화' 등이 그것의 대표적인 사례다.

'언론의 틀 짓기media framing'는 심리적·인식적 측면에서 사람들의 인식 체계를 형성하거나 바꿔놓을 수 있다. 그것은 매스미디어가 현실의 어떤 측면을 선택하고 강조하고 수용자에게 설명하는 반면에 다른 것은 소홀히 하고 무시하는 보도 성향을 지칭한다. 여야 정당이나 후보 진영이 선거 때마다 유리한 평판을 획득해 선거 판세의 우위를 점하기 위해 미디어 출연을 통한 '프레임frame 전쟁'

에 나서는 이유도 여기에 있다. 이 전쟁에서 밀리면 선거에서 패배하거나 주도하던 정책의 실패를 경험할 수 있는데, 이 경우 언론 탓을 하는 경우가 많다.

'틀 짓기 이론Framing Theory' 주창자인 어빙 고프먼Erving Goffman에 따르면 '틀 짓기'란 개념은 사물에 대한 관찰과 이해 과정이자 경험의 조직화 과정으로서 정보가 구축되고 정의되고 이름 붙여지고 분류되는 일반 원칙을 말한다.[14] 특히 매체의 뉴스를 구성하는 '미디어의 틀 짓기'는 미디어가 그것의 영향력을 바탕으로 정치인의 어떤 특성이나 측면을 선택 및 강조하여 수용자에게 설명하면서도 다른 것은 소홀히 하고 무시하는 보도를 함으로써 사람들의 인식이나 평판 체계를 구축하게 하는 것을 말한다.[15]

따라서 정치인은 미디어를 평판의 필수적인 형성 도구로 삼고 있다. 전통적 미디어를 통한 틀 짓기가 자신에게 유리하게 형성되지 않거나 그런 작업이 여의치 않을 경우 자신이 주도하여 자신이 원하는 이미지와 메시지를 전파할 수 있는 블로그, 트위터, 페이스북, 유튜브, 팟캐스트 등의 디지털 미디어를 이용하기도 한다. 정치인 박지원은 앞의 정치 셀럽 인터뷰에서 "하루 만나는 사람이 (물리적으로) 제한적이기 때문에 영향력, 기능, 효과 면에서 가장 효율적인 매개체인 언론을 하늘같이 알고 받들어야 명성 획득과 증진이라는 목표를 이룰 수 있다"라며 자신이 고령에도 불구하고 레거시 미디어는 물론 소셜미디어를 잘 활용하고 있음을 밝혔다.

2011년 스웨덴 스톡홀름대학교 조사 결과, 스웨덴 의회의 국회의원 349명 가운데 약 50%가 페이스북을, 약 20%가 트위터를 각각 운영하고 있었으며 계정당 평균 친구 수는 페이스북 821명, 평균 트윗 수는 트위터 1458건이었다(Pettersson and Karlström, 2011). 국회의원의 소속 정당별 페이스북 가입률은 8개 정당 가운데 7개 정당이 75% 이상을 나타내 페이스북이 정치인의 명성 형성에 가장 유용한 수단으로 나타났다.

연구팀은 페이스북은 공개적이고 콘텐츠 제작에 대한 부담이 적은 데다 정치적 발표물이라 할 수 있는 게시물과 그것에 대한 반응을 통해 정치인의 평판과 이미지를 구체화하기 쉬우므로 인기가 있다고 분석했다. 특히 '좋아요', '추천해요', '체크인'과 같은 반응을 통해 피드백하며 지지 그룹을 확보할 수 있다.

트위터의 경우 140자만 쓸 수 있어 정치인이 이미지를 구축하기 어려울 수도 있지만, 이미지 구축에 도움을 주고 형성된 이미지를 전달해 주는 팔로워 목록을 통해 그런 단점은 쉽게 극복할 수 있다. 이미 높은 평판과 명성을 축적한 정치인들은 팔로워 층이 두터워서 트위터를 더 많이 이용하고 있는 것이 현실이다.

블로그를 이용할 경우 그가 의도하거나 겨냥하는 블로그의 어조와 게시하거나 올리는 콘텐츠uploaded content의 선택을 통해 평판을 구축할 수 있는 장점이 있다. 다만 블로그에서 정치인의 평판 구축은 어떤 용어와 이미지를 사용하고 개별 사안에 대해 어떤 입장을 취하는지가 관건이다.

토픽 52 경제인이 좋은 평판을 얻는 방법

경제인의 꽃이자 월급쟁이들의 로망인 최고경영자CEO는 조직을 이끄는 최상위에 위치하여 의사 결정을 책임지므로 조직에서 매우 중요한 자리다. 최고경영자의 평판은 기업의 이미지나 평판과 직결되며 나아가 기업의 수준과 품격을 상징하는 중요한 요소로 기능한다. CEO의 자질, 능력, 그리고 윤리성 등 CEO에 대한 전반적인 평판은 기업에 대한 선호도뿐만 아니라 기업의 장기적인 성장 및 투자에까지 영향을 끼친다.[16] 나아가 기업의 현재 가치는 물론 잠재 가치를 높이는 영향 요인으로 작용함을 알 수 있다.

CEO의 평판은 그나 그녀를 직접 보고 경험한 사람들, 특히 정부, 시민단체, 고객, 직원, 투자자 등 기업을 둘러싼 이해관계자들stakeholders의 인식에 따라 크게 달라지므로 평가하기가 쉽지 않다. 그 구성요소도 매우 다양하다. 이탈리아 살레노대학교 교수인 프란체스카 콘테Francesca Conte는 "CEO 평판의 평가가 어려운 이유는 그 구성요소가 현실적으로 다차원적이며 일반적으로 계량화하기 어려운 개인적 속성을 포함하고 있기 때문"이라고 지적했다.[17]

네베스Pedro Neves와 스토리Joana Story는 조직 구성원의 조직에 대한 헌신과 윤리적 리더십을 높이는 데 조직 내 상급자에 대한 업무 평판이 중요한 역할을 한다고 강조했다.[18] 즉, 상급자의 평판은 조직에 대한 충성도를 높이는 데 중요한 요인이 되는 것이다. 특히 기업 내에서 무엇이 더 우선인지 과업의 우선순위나 중요도를 선별하는 능력, 팀원들의 자질과 능력을 파악하고 업무 방향을 제시하는 상급자의 능력은 평판 형성에 중요한 영향을 미친다.[19]

CEO의 평판은 신뢰성, 윤리 원칙, 내부 커뮤니케이션, 유능한 인재 구축, 직원 관리 요인에 따라 결정된다.[20] CEO가 약속을 잘 지키고 일관된 언행을 통해 신뢰를 받고, 윤리적인 가이드라인을 지키고, 유능한 인재를 키워 지속가능한 경영을 위한 준비를 하고, 직원과 소통을 원활하게 해야 좋은 평판을 얻을 수 있다는 뜻이다. CEO의 평판 구성요소를 조금 더 구체화하면 '신뢰성', '사회적 책임', '윤리적 행동', '기업 관리 능력', '커뮤니케이션 능력', '위기관리 능력'이란

〈표 10-2〉 최고경영자(CEO)의 좋은 평판 구축에 필요한 수양 요소

연구자	항목
Gaines-Ross(2003)	• 신뢰성 • 윤리 원칙 • 내부 커뮤니케이션 • 유능한 인재 구축 • 직원 관리 요인
Burson-Marsteller(2003), Gaines-Ross(2003) * CEO들이 선정	• 신뢰성 • 윤리적 행동 • 안정적인 기업 관리 능력 • 커뮤니케이션 능력 • 위기관리 능력
Burson-Marsteller(2003) * 이해관계자들이 선정	• 신뢰성 • 명확한 비전 제시 • 위기관리 능력 • 고객 관리 능력 • 유능한 인재 채용 및 유지 능력 • 세계적 사고 능력
한은경·김이환·문효진(2005) * 한국 CEO를 대상	• 신뢰성 • 전략적 비전 • 위기관리 능력 • 고객 관리 능력 • 인사 관리 능력 • 한국적인 품격
김지예·황성욱(2015)	• 과업의 우선순위나 중요도를 선별하는 능력 • 팀원의 자질·능력 파악 및 업무방향 제시 능력
Love et al.(2017)	• CEO의 성과 • 신뢰도 • 카리스마 • 성실성 및 가치

여섯 가지로 간추릴 수 있다.[21]

여기에서 '신뢰성'은 CEO가 약속을 잘 이행하고 행동과 가치관이 일관된 태도를 보이는가에 대한 평가며, 이는 CEO의 평판 확립에 결정적인 요인으로 작용한다. '윤리적 행동'은 CEO가 윤리적 가이드라인을 잘 지키고 있는지에 대한 평가다. '기업 관리 능력'은 조직을 매끄럽고 효율적으로 운영하며 임직원들의 사기를 진작시켜 생산성과 품질 향상으로 이끄는 지혜와 노하우다. '커뮤니케

이션 능력'은 조직 구성원과 외부 이해관계자들과 원활한 소통이 잘 이뤄지고 있는지를 측정하는 것이며, '위기관리 능력'은 위기를 예측해 체계적으로 대응하고 위기가 발생할 때 침착하게 대응해 피해를 최소화하는 능력을 평가하는 것이다.

글로벌 PR 커뮤니케이션 기업인 버슨마스텔러Burson-Marsteller는 2003년 조사에서 이해관계자(저널리스트, 분석가, 정부 공무원, 교수, 대학생 등)의 경우 CEO 평판 요인으로 신뢰성, 명확한 비전 제시, 위기관리 능력, 고객 관리 능력, 유능한 인재 채용 및 유지 능력, 세계적 사고 능력 등 여섯 가지를 제시했다.[22] 한은경·김이환·문효진(2005)은 한국의 CEO 평판 요인으로 신뢰성, 전략적 비전, 위기관리 능력, 고객 관리 능력, 인사 관리 능력, 한국적 품격이란 여섯 가지를 제시했다.[23]

미국 일리노이대학교 어배너 샘페인 캠퍼스의 교수인 제프리 러브E. Geoffrey Love와 동료 연구자들은 CEO는 시간이 지나면서 점차 개인적인 평판이 쌓이는 경향이 있으며, CEO의 평판은 기업을 둘러싼 이해관계자들이 평가하는 CEO의 성과CEO performance, 신뢰도credibility, 카리스마charisma, 성실성 및 가치integrity and values가 모두 반영된 지속적인 이미지의 총합이라고 제시했다.[24]

CEO의 자질과 능력을 리더십 유형으로 구체화한 최건(2005)은 평판의 구성요소 가운데 CEO의 리더십을 카리스마적 리더십, 개별 배려 리더십, 지적 자극 리더십, 상황 보상 리더십, 예외적 관리 리더십 등 다섯 가지 유형으로 상세히 나누어 이들 리더십과 CEO의 평판과 기업 가치와의 관계를 살펴보았다.[25] 그 결과 CEO의 리더십 유형 중 구성원들에게 새로운 각도로 문제를 바라보고 해결하도록 제시하는 '지적 자극 리더십'과 조직 내 하위자에게 권한을 주고 보상과 혜택을 제공하는 '상황 보상 리더십'이 CEO의 평판에 정(+)적인 영향을 끼쳤다.

CEO의 평판을 좌우하는 자질과 능력에 대해 국내의 몇몇 사례를 살펴보자.

평사원에서 창업 후 회장에 올라 '샐러리맨 신화'를 쓴 경제인 가운데 팬택의 박병엽 회장은 창의성과 도전정신에 기반을 둔 세계적 사고능력, 신뢰성, 전략적

비전이 뛰어나 한때 국내와 세계시장에서 호황을 이끌었다. 박 회장은 1987년 맥슨전자 직원으로 사회생활을 시작한 뒤 1991년 전셋돈 4000만 원을 종잣돈으로 팬택을 창업해 '베가·스카이' 등의 인기 휴대폰을 기반으로 휴대폰 제조사 세계 매출 7위까지 오르는 등 상당 기간 이동통신 단말기 시장을 주도했다. 그러나 휴대폰 사업에 대한 위기관리의 문제로 팬택은 법정 관리에 이어 파산해 많은 사람들이 아쉬워했다.

박 회장은 최근 경호원 모습의 직원이 검은색 특수 승합차를 타고 귀금속, 명품, 금고, 국가고시 시험지 등 탈취 우려가 큰 물품을 주로 배송하는 프리미엄 특수배송업체 '발렉스'로 재기를 꿈꾸고 있다(장우정, 2021). 발렉스는 현재 박 회장이 이끄는 지주사 팬택C&I의 주력 계열사 PNS네트웍스가 2015년 인수한 회사로서, 못다 이룬 '휴대폰 신화'의 열망이 담겨 있다는 해석과 평가를 낳고 있다.[26]

또 다른 샐러리맨 신화의 주인공은 대졸 사원, CEO, 부회장을 거쳐 그룹 총수가 된 권오갑 현대중공업지주 대표이사 회장이다. 그는 경영자로서의 성과, 신뢰도, 카리스마, 성실성 및 가치가 빛나는 강력한 리더십을 갖춘 것으로 정평이 나 있다.

그는 1978년 현대중공업 플랜트해외영업부에 입사 후 영국 런던지사, 산하 학교재단 사무국장, 현대중공업스포츠 사장, 서울사무소장을 거쳐 2010년 현대오일뱅크 초대 사장, 2014년 현대중공업 대표이사 겸 그룹 기획실장, 2018년 현대중공업 지주사인 HD현대의 대표이사 부회장을 거쳐 2019년 11월 회장으로 취임했다. 특히 현대오일뱅크와 현대중공업 CEO 시절 과감한 의사 결정과 추진력을 보여주었으며, 자산 매각과 사업 재편을 통해 조선 사업 중흥의 기반을 구축하는 등 계열사 도약의 기틀을 마련하고 지주사로 전환한 것이 그의 핵심 성과로 평가된다.[27]

그룹 회장 3년 차를 맞은 HD현대 권오갑 회장은 2022년 9월 7일 필자의 경제 셀럽 인터뷰 요청에 대해 사양하는 취지의 전화를 직접 걸어와 '너무 감사하지만 지금은 회사 경영에 몰두할 때니 양해를 바란다'는 겸손함을 나타냈다. 그는 "올해는 그룹 창립 50돌로서 5300명에 이르는 서울권 조직을 성남 판교 신사

옥에 이전·결집시키고 서울, 판교, 울산, 영암 등을 오가며 경영을 챙기는 데 몰두하고 있다"라며 "경영을 더욱 혁신하고 계열사 간 처우 차별을 없애 혼연일체가 된 일터로 이끌겠다"라는 강력한 의지를 표명했다.

토픽 53 예술인이 좋은 평판을 얻는 방법

연예인을 비롯한 예술인artist의 평판과 이미지를 구성하는 요인은 크게 해당 장르의 예술성 수준과 열정을 나타내는 '전문성', 예술인 자체의 심신과 언행에 대한 '매력성', 작품 경험을 통해 축적된 '신뢰성'으로 나눌 수 있다. 이런 구성요소는 예술 장르 전반이 유사하기에 모든 예술가들에게 해당된다.

가수의 경우 노래 실력, 배우의 경우 연기 능력과 같은 전문성만 있으면 최상의 조건을 갖췄을 것으로 생각하지만 수용자나 관객의 첫눈을 끄는 외모·인상visual, 신체적인 아름다움과 매력 등과 같은 외적인 요소가 평판과 이미지를 구성하는 데 매우 중요한 영향을 미친다. 특히 배우에게는 외적 요소가 관객을 한눈에 사로잡는 역할을 하기에 매우 중시되고 있다. 미디어가 발달하면서 "영화라는 매체는 출연 배우가 아름다워야 한다는 것을 기본 규칙으로 만들었다"라는 분석이 나오는 이유다.[28]

역대 연구들을 살펴보면 대중예술 분야 예술인의 이미지를 구성하는 요인으로 전문성, 신뢰성, 매력성이 가장 중시되는 것으로 나타났다. 윌리엄 맥과이어William J. McGuire는 연예인 셀럽의 이미지 구성요소로 전문성, 신뢰성, 친근감, 매력성, 호감도, 유사성을,[29] 루비나 오해니언Rubina Ohanian은 신뢰성, 전문성, 매력성을 각각 제시했다.[30] 오해니언의 견해는 연예인 광고모델의 속성이 '신뢰성', '매력성', '전문성'이라고 내놓은 이수범과 동료 연구자들의 연구 결과[31]와 일치한다.

이보영(2006)이 엔터테인먼트산업 전문가의 견해를 바탕으로 연예인의 평판 측정 요인(구성요소)을 분석했더니 '전문성', '매력성', '개인 성품', '도덕성', '사생활 관리', '위기관리', '사회적 책임'이란 일곱 가지 요인으로 나타났다. 이어 한은경·이보영·문효진(2007)은 연예인 평판의 구성 요인으로 '개인 인품', '대내외 관계', '전문성', '외적 특성', '사생활 관리', '사회 공헌', '위기관리'의 일곱 가지를 꼽았다.[32]

한은경·이보영·문효진의 연구에서 나타난 일곱 가지 요소 가운데 가장 중

〈표 10-3〉 연예인의 좋은 평판 구축에 필요한 수양 요소

구분	연구자	항목
연예인 명사 이미지 구성요소	McGuire(1973)	• 전문성 • 신뢰성 • 친근감 • 매력성 • 호감도 • 유사성
	Ohanian(1990)	• 전문성 • 신뢰성 • 매력성
연예인 평판의 구성요소	이보영(2006)	• 전문성 • 매력성 • 개인 성품 • 도덕성 • 사생활 관리 • 위기관리 • 사회적 책임
	한은경·이보영·문효진(2007)	• 개인 인품 • 대내외 관계 • 전문성 • 외적 특성 • 사생활 관리 • 사회 공헌 • 위기관리
배우 평가 요소	김정섭(2015)	자질적 요소(다섯 가지) • 연기 및 소통 능력 • 신체 조건과 이미지 • 연기와 작품에 대한 적극성과 열정 • 작품 및 제작환경에 대한 이해도 • 배우 철학과 자기관리의 안정성 성과적 요소(다섯 가지) • 시청자와 관객 동원 능력 • 스타덤 • 팬덤 • 작품 경력 • 네트워크
연예인화한 전문가 셀럽 (2017)	한미소·윤태진(2017)	• 전문성 • 대중성 • 개성

요한 것은 '개인 인품'이었으며, 그다음으로는 '전문성', '위기관리', '대내외 관계', '사생활 관리', '외적 특성', '사회 공헌' 순이었다. 이는 한국, 중국, 싱가포르의 10~50대 일반 대중 560명을 상대로 조사하여 분석한 결과다. 이들의 연구에 따르면 연예인의 평판을 좌우하는 3대 요소는 '개인 인품', '대내외 관계', '전문성'이다.

이 연구에서 평판 구성 요인들의 구체적인 개념을 보면, 첫째, '개인 인품'은 대상 연예인이 가진 신뢰감, 겸손함, 친근감, 존경할 만함, 성실함, 예의 바름을 말한다. 둘째, '대내외 관계'는 원만한 대인관계, 팬들과의 지속적인 관계, 언론 매체와의 관계, 셋째, '전문성'은 전문 지식 보유, 외국어 능력, 전문 분야에서의 능력을 각각 지칭한다. 넷째, '외적 특성'은 호감을 주는 외모, 잘생기거나 예쁜 외모, 매력적인 몸매, 다섯째, '사생활 관리'는 스캔들이나 부정적인 사건이 없는 상태, 건전한 사생활, 여섯째, '사회 공헌'은 사회 기부 활동, 사회봉사 및 자선활동, 일곱째, '위기관리'는 위기 상황에 대한 솔직한 대처, 위기 상황을 극복하는 노력을 의미한다.

국가별 평판 구성 요인의 차이는 다음과 같다. 한국과 싱가포르의 경우 '전문성'이 가장 높은 비중을 차지했으며, 중국의 경우 '개인 인품'을 가장 중요한 요소로 꼽았다. 구체적으로 한국의 경우 '전문성', '외적 특성', '개인 인품', '사생활 관리', '대내외 관계', '위기관리', '사회 공헌' 순으로 제시되었다. 중국은 '개인 인품', '전문성', '외적 특성', '대내외 관계', '사생활 관리', '위기관리', '사회 공헌' 순인 데 비해 싱가포르는 '전문성', '개인 인품', '외적 특성', '대내외 관계', '사회 공헌', '사생활 관리', '위기관리' 순으로 나타났다.

연예인의 기본 요건으로 강조되는 '외적 특성'의 경우 우리나라는 세 번째, 중국은 두 번째, 싱가포르는 세 번째를 차지했다. '사생활 관리'의 경우 우리나라는 네 번째, 중국은 다섯 번째, 싱가포르는 여섯 번째를 차지하여 우리나라에서 민감도가 가장 높았다.

황성욱(2016)은 20대 대학생들을 대상으로, 한은경·이보영·문효진이 제시한 다섯 개의 평판 구성 요인들에 대해 영향을 미치는 유의미한 변인들을 분석한 결과, 연예인 평판을 체계적으로 관리하기 위해서 연예인을 둘러싼 여러 가지 정황 요인들을 관리하고 개선해야 할 필요가 있다는 메시지를 제시했다.[33]

첫째, 인품 및 대외관계의 평판에 대해서는 자신의 팬덤의 정도, 연예인이 속한 소속사 CEO의 거래적 리더십, 연예인의 윤리성과 인내심, 팬과의 친밀성, 연예 업계의 현황, 팬들의 신뢰성과 합리성에 대한 인식이 영향을 미쳤다. 둘째, 사생활 관리와 위기관리의 평판에 대해서는 응답자의 팬덤의 정도, 소속사 CEO의 거래적 리더십, CEO의 민주적 리더십, 연예인의 윤리성과 인내심, 연예인의 개방성과 유연성, 문제 해결 능력, 일과 모델 활동, 팬들의 신뢰성과 합리성, 연예인이 직면한 이슈에 대한 인식이 영향을 미쳤다.

셋째, 전문성의 평판에 대해서는 소속사의 전문성, 연예인의 개방성과 유연성, 연예인의 경력, 팬들의 사회적 힘과 충성도, 팬들의 신뢰성과 합리성, 그리고 연예인이 직면한 이슈에 대한 인식이 영향을 끼쳤다. 넷째, 외적 특성 평판에 대해서는 소속사의 전문성, 연예인의 윤리성과 인내심, 일과 모델 활동, 연예인의 경력, 팬들의 사회적 힘과 충성도에 대한 인식이, 다섯째, 사회 공헌의 평판은 오로지 자선활동의 정도에 대한 인식이 각각 영향을 미쳤다.

특히 연예인의 전문성에 대한 관객의 반응은 상당히 민감한 것으로 나타났다. 영국 런던웨스트엔드극장의 극장 매니저, 감독, 제작자들과 관객들을 대상으로 '캐스팅 희망 배우 유형'을 조사한 결과, 응답자들은 배우 가운데 단순히 영화, 텔레비전 쇼, 만연한 가십 칼럼을 통해 알려진 것이 아닌 연극 분야에서 전문성(연기 능력)을 가진 명사 배우를 더 매력적으로 생각하는 것으로 나타났다.[34]

산업화된 엔터테인먼트 시스템에서 막대한 투자금의 회수와 이익 보전이 중요하기 때문에 공연할 배우를 캐스팅할 때는 '흥행'이 중요한데, 리얼리티 TV 쇼, 스타 찾기 쇼 등을 통해 유명해져 연극에 진출한 배우보다 원래 연극과 영화에 배경을 둔 유명 배우를 더 선호한다는 것이다. 이는 관객들이 배우를 평가할 때 쇼나 이벤트를 통해 축적된 명성과 연기 분야에서 특정한 업적과 성취를 올려 얻어진 명성을 충분히 구분하고 있다는 것을 의미한다. 이런 추세는 갈수록 강화될 것으로 보인다.

배우 평가요소를 통해서도 필요한 자질을 유추할 수 있다. 배우에 대한 종합적인 평가를 위해 김정섭(2015)은 학제 간 연구라는 융합 관점에서 문헌 고찰을 통해 배우 평가요소들을 엄선해 분류하고 델파이 기법을 적용하여 전문가들이 컨센서스를 이룬 결과를 도출해 제시했다.[35] 그 결과 배우 평가요소는 개인적으로 타고났거나 배양하는 '자질적 요소'인 연기 및 소통 능력, 신체 조건과 이미지, 연기와 작품에 대한 적극성과 열정, 작품 및 제작환경에 대한 이해도, 배우 철학과 자기관리의 안정성, 출연 이력을 쌓으면서 점차적으로 이룬 '성과적 요소'인 시청자와 관객 동원 능력, 스타덤, 팬덤, 작품 경력, 네트워크 등 열 가지로 나타났다.

연예인화한 전문가들은 어떨까. 소위 '주부' 백종원, '뇌섹남' 허지웅, '스타강사' 최진기가 이에 해당하는데, 이들 대상의 연구에서는 이들이 기존 전문가들이 미디어에 재현되는 방식과 다르게 '전문성', '대중성', '개성' 등의 속성을 조합하는 특성을 갖는 것으로 나타났다.[36] 전문인의 연예인 셀럽화는 전문가의 친밀성을 강화하는 효과가 있지만, 역할 역전이나 전이로 인해 전문가의 역할보다 셀러브리티의 역할이 강조되는 부작용이 생긴다는 지적이 뒤따른다.

연예인, 특히 여성 연예인에 대해 미디어가 재현하거나 그것에 길들여진 대중들이 요구하는 셀러브리티의 요건에 대해서는 비판론이 적지 않다. 인식이 개선됨에 따라 여성의 선택성과 주체성을 강조하고는 있지만 그 내용은 여전히 몸을 상업화·자본화하는 가부장제의 연장선에서 성차별이 과거보다 은밀해지고 있다는 것이다.

가수 이효리를 대상으로 한 연구 결과, 신자유주의 담론 등의 영향으로 남성 연예인에게는 기업가적 자아 개발로 생산성을 높이라는 미디어 및 대중의 요구가 우세한 반면, 여성 연예인은 스스로 자신의 몸을 섹시하게 개발·통제하고 섹슈얼리티를 관리하며, 일상을 아름답게 조직하는 구조적인 문제에 개인별로 대응하라는 압력에 처해 있다고 보았다.[37]

이러한 문제 제기에 공감하여 대중문화에서도 강력한 영향력을 지닌 셀러브리티들이 페미니즘 운동에 참여하는 일이 늘어나고 있다. 이들은 대중에게 페미니즘 운동에 대한 직접 참여를 권유하고 대중의 인식 변화를 꾀하는 한편, 대중문화 콘텐츠 제작·유통에서 페미니즘에 반하는 요소를 제거하는 것에 초점을 두어 다양한 변화를 촉구하고 있다.[38]

미디어가 구성해 재현하는 예술인 셀러브리티의 자질 및 요건은 사회적 각성과 인식의 진전을 통해 새롭게 재구성될 것으로 보인다. 기존 자질 및 요건의 유지와 재구성을 놓고 벌이는 '인식 전쟁'은 상업주의와 사회운동의 만만찮은 위력 대결이기에 오랫동안 치열하게 계속되며 조금씩 변화를 이끌 것으로 보인다.

토픽 54 언론인·방송인이 좋은 평판을 얻는 방법

언론인은 정론직필正論直筆이란 확고한 저널리스트 정신에 바탕을 둔 정확하고 파급력 있는 기사 생산, 권력을 견제하고 부패와 부조리를 혁파하는 끈질긴 탐구심, '불편부당不偏不黨'이란 원칙에 충실한 균형 있는 시각과 감각, 디지털 시대에 맞는 정보 이용 윤리와 소통 능력, 사익과 거리를 두는 청렴한 처신과 품격 있는 언행으로 형성된 인지도와 신뢰도가 좋은 평판을 얻는 바탕이 된다.

언론인 가운데, 특히 뉴스 진행자(앵커)는 매체를 통한 자연스러운 반복 노출로 높은 인지도와 지명도를 얻고 주목을 받기 때문에 신문·잡지·인터넷 매체의 기자보다 명사로 부상할 가능성이 크다. KBS의 최동호, 박성범, 류근찬, 이윤성, 황수경, 황현정, 정세진, 김솔희, 이소정, 박지원, MBC의 이득렬, 엄기영, 정동영, 신경민, 손석희, 박상권, 박영선, 백지연, 김주하, 박혜진, SBS의 송도균, 맹형규, 전용학, 편상욱, 한수진, 정미선, 박선영 등이 대표적인 사례라 할 수 있다.

일반적으로 뉴스 진행자는 비주얼, 음성, 차림새 등 개인의 신체적 매력 외에 뉴스 전달력이 뛰어나고 각각의 사안을 예리하게 분석하고 깊게 파고드는 전문성을 갖춰야 하며 지행일치, 언행일치의 행동을 통해 높은 신뢰성을 주어야 좋은 평판을 얻어 명사로 부상할 가능성이 있다. 뉴스 진행자는 저널리즘의 중심에서 해당 방송사를 대표하는 이미지를 형성하기 때문에 좋은 평판의 형성이 매우 중요하다.

뉴스 진행자라고 해서 모두 명사가 되는 것은 아니다. 뉴스 진행자의 평판과 이미지를 구성하는 필수 요소들을 최대한 많이 갖추거나 갖추고 있는 요소 간에 선순환 작용을 하도록 해야 인기를 얻으면서 명사의 반열에 오를 수 있다. 뉴스 진행자는 기자와 아나운서가 모두 오디션을 통해 선발되어 맡을 수 있으므로 직종이 갖는 장점을 평판 형성에 잘 활용할 필요가 있다. 기자의 경우 다양한 취재 경험으로 축적된 현장 감각과 전문성, 그리고 비판 능력이 강점이며, 아나운서의 경우 전달력과 순발력, 그리고 친화력과 신체적 매력이 비교우위를 갖는 요소다.

뉴스 진행자가 좋은 평판을 토대로 인기를 얻어 명사의 반열에 오르려면 구체적으로 어떤 요소를 갖춰야 할까? 이는 미디어 학자들의 오랜 관심사였기 때문에 적지 않은 사례의 연구가 시행되었다. 연구를 통해 얻은 결과물도 세부 항목은 조금씩 다르지만 큰 틀에서는 앞에서 정리한 내용처럼 대동소이하다. 지금까지의 연구[Berlo et al.(1970), Greenberg and Roloff(1974), 김수정(2001), 안송미(2003), 박홍식(2007), 최명일·김신애·최믿음(2013), 유현경·이영아(2017), 하동근·안서진(2018)]를 모두 모아 살펴보면 앵커의 요건이자 명성 획득 조건으로 '신뢰성'과 '전문성'이 가장 많이 꼽혔으며, 그다음은 '사회성'과 '개성적인 매력 요소'(외모, 목소리, 매력성)로 제시되었다.

먼저 브래들리 그린버그Bradley S. Greenberg와 마이클 롤로프Michael E. Roloff는 뉴스 진행자의 이미지 구성 요인으로 '신뢰성', '자격성', '역동성'을 꼽았으며,[39] 데이비드 벌로David K. Berlo와 그의 동료 연구자들은 '전문성', '신뢰성', '역동성', '사회성'을 각각 제시했다.[40] 전자가 제시한 신뢰성은 '믿을 만한', '합리적인', '객관적인', '개방적인' 등의 특성을 개념으로 평가했다. 자격성은 '숙련된', '지적인', '전문적인', '경험 있는', '통찰력 있는' 등의 항목으로, 역동성은 '능동적인', '활동적인', '강력한', '적극적인', '박력 있는' 등의 형용사 항목을 이용하여 측정했다. 후자가 제시한 전문성은 뉴스 앵커의 '신중성', '정확성', '노련한 이미지'를, 신뢰성은 '믿을 만함', '헌신성', '공정성'을, 역동성은 '대담성', '능동성', '혁신성', '즉각성'을, 사회성은 '친근감', '유사성', '호감성'을 각각 의미한다.

김수정(2001)은 '전문성', '인간미', '스타일'을 뉴스 앵커의 이미지 구성요소로 제시했다.[41] '전문성'은 언어 구사력과 적절한 자기연출 능력 등 저널리스트로서의 자질을, '인간미'는 표정, 목소리, 말투에서 느껴지는 친근감, 유사성, 애호성을, '스타일'은 얼굴 생김새, 의상, 헤어스타일 등을 의미한다. 이어 안송미(2003)는 '신뢰성', '전문성', '사회성', '역동성', '외모', '목소리'의 여섯 가지를,[42] 박홍식(2007)은 '전문성', '신뢰성', '도덕성', '매력성', '커뮤니케이션 능력'을 각각 뉴스 앵커의 평판을 결정짓는 구성 요인으로 제시했다.[43]

〈표 10-4〉 방송인(앵커)의 좋은 평판 구축에 필요한 수양 요소

구분	연구자	항목
뉴스 진행자 이미지 구성요소	Berlo et al.(1970)	• 전문성 • 신뢰성 • 역동성 • 사회성
	Greenberg and Roloff(1974)	• 신뢰성 • 자격성 • 역동성
	김수정(2001)	• 전문성 • 인간미 • 스타일
	안송미(2003)	• 신뢰성 • 전문성 • 사회성 • 역동성 • 외모 • 목소리
	박홍식(2007)	• 전문성 • 신뢰성 • 도덕성 • 매력성 • 커뮤니케이션 능력
	최명일·김신애·최믿음(2013)	• 신뢰성 • 전문성 • 매력성
	유현경·이영아(2017)	• 인간미 • 전달력 • 스타일 • 신뢰성 • 전문성
	하동근·안서진(2018)	• 인지도 • 신뢰도 • 매력도

최명일·김신애·최믿음(2013)은 시청자들이 뉴스 프로그램을 선택할 때 고려하는 중요 요인을 알아보는 연구를 했는데, 뉴스 진행자 특성 요인으로 진행자의 '신뢰성', '전문성', '매력성'을 제시해 적용했다.[44] 이 세 가지 요소의 중요

도는 신뢰성(44.4%), 전문성(40.7%), 매력성(14.9%) 순으로 나타났다. 이 조사에서 시청자의 뉴스 선택에 미치는 요인은 뉴스의 특성(39.2%), 진행자의 특성(33.0%), 채널 브랜드(27.8%) 순으로 나타났다.

이어 유현경·이영아(2017)는 우리나라 종합편성채널 4사의 뉴스 선택에 대한 영향 관계를 살펴보는 연구에서 뉴스 앵커의 평판을 전체 이미지로 보고 그 구성요소로 '인간미', '전달력', '스타일', '신뢰성', '전문성'을 제시했다.[45] 이 연구에서 JTBC는 앵커의 '신뢰성', '전달력', '인간미'가, MBN은 앵커의 '인간미', '신뢰성', '전문성'이, 채널A는 앵커의 '전문성'과 '인간미'가, TV조선은 앵커의 '신뢰성'만이 각각 뉴스 선택에 영향을 미치는 것으로 나타났다.

하동근·안서진(2018)은 종합뉴스 채널 뉴스의 앵커 평판과 브랜드 자산 평가가 뉴스의 지속적 시청 의도에 어떤 영향을 미치는지를 검증하는 연구에서 뉴스 앵커의 평판을 구성하는 요소로 '인지도', '신뢰도', '매력도'를 제시했다.[46] 이는 기존 연구인 최명일·김신애·최믿음(2013)과 유사한 구성요소라 할 수 있다.

그렇다면 학술 연구가 아니라 방송사 뉴스 앵커가 현업에서 느끼는, 명성과 평판에 미치는 유능한 뉴스 앵커의 요건은 무엇일까. 경험이 출중한 선배와 새 트렌드를 일구고 있는 후배 앵커는 제시 요소의 표현만 서로 다를 뿐 지칭하는 요소는 대동소이하다. 학술 연구의 결과물과도 사용한 용어만 다를 뿐 내용에서 크게 차이가 없다.

1982년 MBC 아나운서로 입사해 뉴스 앵커를 지낸 41년 경력(2023년 기준)의 성경환 전 KTV 원장은 앞의 방송인 셀럽 인터뷰에서 유능한 뉴스 앵커의 요건으로 '전문성'(뉴스 이해·취사선택·분석 능력), '신뢰받는 이미지', '정확한 전달력', '호감도'(표정, 시선, 인상, 스타일, 연기력 등 감성 요인)라는 네 가지를 꼽았다.

반면 2018년 KBS 아나운서로 입사해 경력 5년 차(2023년 기준)로 〈KBS 뉴스 9〉(KBS 1TV의 메인 뉴스 프로그램)의 주말 앵커를 맡고 있는 박지원 아나운서는 기사를 보고 핵심을 파악하는 능력, 명쾌하고 유려한 전달력, 진행 능력과 같은 퍼포먼스라는 세 가지를 제시했다.

토픽 55 운동선수가 좋은 평판을 얻는 방법

'스포츠 스타sport stars'란 뛰어난 경기 실력과 기록, 운용 능력을 바탕으로 미디어의 보도를 통해 대중들의 마음속에 우상으로서 이미지를 구축한 운동선수를 말한다. 따라서 대중들은 물론 스포츠 산업과 응원 문화 등에 지대한 영향을 미치는 명사며, 대중들이나 팬들이 갈망하는 대상이라 할 수 있다. 스포츠 스타들도 그런 관계를 명확하게 인식하고 있기에 대중과의 긴밀한 관계를 구축하기 위해 소셜미디어에서 그들의 일상을 공유하고 그들의 계정에 자신과 자신의 스폰서를 홍보하기에 바쁘다.[47]

스포츠 스타들은 팬들이나 운동 애호가들에게는 활기가 넘치는 스포츠란 사적 경험을 제공하며, 그 이상으로 스타star라는 수식어를 부여받게 되면서 공적인 영역에 존재한다.[48] 명사이자 공인인 것이다. 현역 시절의 김연아, 박지성, 손연재, 박세리, 장미란, 그리고 현재 활동 중인 손흥민, 기성용, 구자철, 추신수, 류현진, 오승환, 양현종, 김광현, 우상혁, 미셸 위, 박성현, 신지애, 유소연 등이 각각 이런 조건을 갖춘 반열에 올라 그간 국민적인 사랑을 받았다.

스포츠 분야의 명사는 선수, 감독, 코치, 심판, 국제올림픽위원회IOC나 FIFA 월드컵을 개최하는 주체인 국제축구연맹FIFA 소속의 인사들도 다양하게 분포하지만, 그 가운데 누구보다도 선수가 꽃이다. 나머지 직종의 사람들도 선수 출신인 경우가 대부분이며 현역 선수 시절 뛰어난 실력과 기록, 수상 실적, 그리고 자기관리 능력을 선보인 전력을 갖고 있다.

운동선수 시절 이미 두각을 나타내 그것을 능력과 명성을 상징하는 평판 자원으로 삼아 지도자, 스포츠 단체장과 구단 단장, 스포츠 행정가가 되었다는 뜻이다. 현역 선수 시절의 명성이 그다음 자리를 만든 것이다. 선수의 명성이 그다음 얻게 될 다른 분야의 명성으로 이어지는 것을 볼 때 선수 시절의 명성이 가장 중요함을 알 수 있다.

그렇다면 특별히 두각을 나타낸 운동선수, 즉 스포츠 스타는 어떻게 해야 이런 평판을 구축할 수 있을지에 대한 고민이 자연스럽게 뒤따른다. 일반적으로 스포츠 스타의 평판을 구성하는 요소는 가장 중요한 것이 경기 능력과 그것의 결과로 나타난 신기록 수립, 수상 실적이다. 세계 신기록만 세운다면 명사가 되는 데 충분하다. 이어서 문제를 일으키지 않으면서 위기관리도 잘하고 자신의 지명도와 비례하여 경기력을 유지하며 심신의 상태와 사생활을 관리하는 종합적인 매니지먼트 능력을 갖추어야 한다.

나머지 요소는 외모를 비롯한 뛰어난 신체적인 매력, 스타일, 역동성, 자신감, 인간미, 품성 등이다. 특히 스포츠가 산업화된 시대에 데이비드 베컴David Beckham, 크리스티아누 호날두Cristiano Ronaldo, 기성용, 이대훈, 구자욱, 김연아, 김아랑, 한주희, 신수지, 차유람, 궈채이, 이민아 선수처럼 실력이 뛰어난 데다 신체의 비주얼적 요소까지 갖추게 되면 매력도가 높아져 명성의 확보 속도에 가속이 붙고 더욱 두터운 팬덤이 형성된다.

그간의 연구[박상윤·김태희·장경로(2014), 김욱기·방신웅(2020), 구본재·윤영길(2022) 등]를 종합적으로 검토한 결과, 스포츠 스타의 평판 구성 및 측정 요소로는 공통적으로 운동선수가 해당 종목에서 달성하는 '개인적 성과'(실력), '외적 매력과 이미지', '경기 스타일', '인품', '위기관리 능력'이 강조되었다.

스포츠 스타의 평판과 이를 구성하는 요소들에 관해 연구한 박상윤·김태희·장경로(2014)에 따르면 스포츠 분야에서 확고한 위치를 점한 스포츠 스타의 평판을 구성하는 요소는 스포츠 스타 개인의 '인품', '전문성', '외적인 매력', '스포츠 이미지', '위기관리', '사회적 책임', '경기 스타일'의 일곱 가지 요인이다.[49] 스포츠 스타들은 이상의 일곱 가지 요소를 갖춰야 선수로서의 가치뿐 아니라 사회적·문화적·경제적 가치 또한 높아서 강력한 영향력을 발휘할 수 있다.

구체적으로 평판 구성 요인 가운데 '개인 인품'은 신뢰감, 존경, 성실, 예의 등 스포츠 스타가 한 개인으로서 지닌 품격이나 됨됨이에 대한 종합적인 평가를 뜻한다. '전문성'은 운동 기술, 전문 지식, 경기력, 국위 선양 등 스포츠 스타 개인이 수행하는 해당 스포츠 종목의 선수가 마땅히 갖춰야 할 자질과 능력에 대한 평가를 나타낸다. '외적 매력'은 호감을 주는 잘생기거나 예쁜 외모, 신체적 매력, 외적 스타일 등 스포츠 스타의 외적인 모습에서 표출되는 매력에 대한

〈표 10-5〉 운동선수의 좋은 평판 구축에 필요한 수양 요소

구분	연구자	항목
운동선수 평판의 구성요소	박상윤·김태희·장경로(2014)	• 인품 • 전문성 • 외적인 매력 • 스포츠 이미지 • 위기관리 • 사회적 책임 • 경기 스타일
	박보현·한승백(2014)	• 경기 내적 요소: 운동·경기 능력 • 경기 외적 요소: 연예인과 같은 다양한 특성
	정현·이종영(2015)	• 선수의 요소(경기력주의·성취주의 특성): 경기 실력 • 스타의 요소(상업주의 특성): 스타성, 여성성 및 외모
	김욱기·방신웅(2020)	• 개인 성과 • 역량 관리 • 개인 성품 • 외적 매력 • 스포츠 이미지 • 위기관리 • 경기 스타일
	구본재·윤영길(2022)	• 경기 보도 • 인프라 조성 • 경기력 분석 • 도덕적 쟁점 • 사회환경 변화 • 스포츠 주변

평가를 의미한다.

'스포츠 이미지'는 용감함, 강렬함, 씩씩함, 듬직함 등 스포츠 스타의 경기 수행을 통해 형성·반영되는 이미지 평가를 나타낸다. '위기관리'는 건전한 사생활, 부정적 사건에 연루된 적이 없음, 위기상황 대처, 위기상황 극복 등 스포츠 스타 자신의 행동이나 부정적 사건에 연루되었을 때 해결하려는 노력에 대한 평가를 지칭한다.

'사회적 책임'은 사회봉사, 자선·기부, 스포츠 문화 확대 등 스포츠 스타의 사회적 기여에 대한 평가를 의미한다. '경기 스타일'은 성실, 신중, 열정, 활동적

인 플레이 등 스포츠 스타가 수행하는 플레이 스타일에 대한 평가를 뜻한다. 스포츠 분야에서 명사가 되려면 바로 이런 평판 구성요소를 염두에 두고 열심히 노력해야 한다. 그런데 가장 중요한 요소는 '경기 실력'이라는 점을 잊어서는 안 된다.

보다 단순화하면 스포츠 셀러브리티가 자신의 지위를 유지하기 위해서는 '선수로서의 운동·경기 능력'뿐만 아니라 미디어 출연, 스타일, 맵시, 외모, 행사 출연, 선행·봉사 등 '연예인과 같은 다양한 특성'이 뒷받침되어야 함이 입증되었다.[50] 이것은 김연아 선수가 2010년 2월 밴쿠버 동계올림픽에서 금메달을 딴 이후부터 2014년 러시아 소치 동계올림픽 출전을 공식 선언하고 다시 올림픽 대회에 매진하기 시작한 2012년 12월까지 3년간의 공백기 동안 우리나라 미디어가 그에 대해 보도한 인터넷 포털 기사를 종합·분석한 연구 결과다.

손연재 선수를 대상으로 한 2015년 기사 분석 연구에서는 운동선수가 셀러브리티가 되려면 '선수로서의 요소'(경기력주의, 성취주의 특성)인 경기 실력과 '스타로서의 요소'(상업주의 특성)인 스타성, 여성성 및 외모를 갖춰야 하는 것으로 나타났다.[51] 이 연구의 비판적 결론인 스포츠 셀러브리티에 대한 보도에서 경기력 성과의 지나친 강조와 이를 활용한 기업 이윤의 추구가 맞물려 상업주의적인 이데올로기 특성이 고착화했다는 지적은 널리 공감을 얻는 부분이다.

김욱기·방신웅(2020)은 스포츠 스타 선수의 평판 구성항목을 '개인 성과', '역량 관리', '개인 성품', '외적 매력', '스포츠 이미지', '위기관리', '경기 스타일'이라는 일곱 가지로 제시했다.[52] 이 요소는 전문가 집단 심층면접FGI과 이해관계 집단을 상대로 수정된 델파이 조사를 하여 척도 개발을 하고, 그 뒤 예비 추출된 10개 영역(50개 항목)을 선정 및 적용해 도출한 것이다.

구본재·윤영길(2022)은 운동선수의 평판 형성요인으로 '경기 보도', '인프라 조성', '경기력 분석', '도덕적 쟁점', '사회환경 변화', '스포츠 주변'(주변 환경)이라고 제시했다.[53] 이 연구는 한국언론진흥재단의 뉴스 아카이브 빅카인즈를 통해 경기력 키워드 뉴스 8만 9520건을 수집하고 파이썬Python 프로그램을 활용한 잠재 디리클레 할당LDA, Latent Dirichlet Allocation 토픽 모델링 분석, 귀납적 범주화로 선수 평판 형성요인을 도출한 다음 이를 회귀분석하여 시계열적 경향성을 산출한 것이다. 참고로 이 연구에서 성인 사이클선수 82명을 대상으로 설문과 내용분석을 통해 제시된 경기력 영향(사이클) 심리요인은 '정서 조절', '신뢰 자본', '인지 조절', '동기 부여', '지도자 소통' 등이었다.

제11장 명사의 품성 수양 전략 I

토픽 56 리더라면 톺아봐야 할 '마키아벨리즘'

니콜로 마키아벨리Niccolò Machiavelli는 『군주론君主論, Il Principe, The Prince』에서 군주, 즉 한나라의 '정치 지도자'가 명성을 얻으려는 다섯 가지 방법을 제시했다.[1] 피렌체를 위해 일하는 고위 공직자를 원했지만 그것이 이뤄지지 않았던 마키아벨리는 메디치Medici 가문의 군주에게 자신의 뜻을 피력해 책으로 저술해 바쳤다. 그것이 바로 『군주론』이다. 각 분야와 영역에서 리더의 위치인 명사라면 놓치지 말아야 하는 것이 이 책에 등장하는 '마키아벨리즘'이다. 리더로서 귀담아 듣거나 상황에 따라 적용할 필요가 있는 내용도 있기 때문이다.

『군주론』에 집약되어 있는 마키아벨리즘은 분명히 오늘날 정치체제나 조직 운영에 모두 적합한 전략은 아니라는 것이 중론이다. 이것은 비인간적이거나, 비도덕적이거나, 비문화적인 권모술수權謀術數가 적지 않은 데다 하위 세부 요소인 지위 욕구, 타인 불신, 무도덕, 통제 욕구, 조직 정치 등은 대체로 부정적으로 인식된다.

기업이나 단체에서 흔한 '사내 정치'와 같은 조직 정치에 대한 지각은 스트레스나 직무 만족에 영향을 미친다거나,[2] 리더의 마키아벨리즘 성향이 높을수록 후견지명後見之明, hindsight bias(다른 용어로 '사후확신편향事後確信偏向')을 높게 경험하고 조직의 유효성에 부정적인 영향을 주어 구성원의 이직 의도가 높다는 실증 연구도 나왔다.[3] '후견지명' 또는 '사후확신편향'은 어떤 일이나 사건의 결과를 다 알고 난 후 마치 자신이 처음부터 그 일의 결과가 그렇게 나타나리라는 것을 알고 있었던 것처럼 생각하는 경향을 말한다. 두뇌가 기능하는 사고방식의 오류 가운데 하나다.

하지만 『군주론』의 내용을 톺아보면서 긍정적인 측면으로 해석해 받아들이면 '맛은 매우 쓰지만 좋은 약'으로 사용할 수 있다는 견해도 있다. 마키아벨리즘에 따르면 정치 지도자는 지혜로움, 과단성, 위대함, 온화함, 관대함으로 처신해야 리더로서의 명성을 얻고 위엄을 유지할 수 있다. 리더의 마키아벨리즘은 구성원의 직무 열의에 긍정적인 영향을 미친다는 연구 결과도 제시되었다.[4]

명사들과 명사급 리더들이 『군주론』에 제시된 '마키아벨리즘'의 구체적인 내용 가운데 무엇을 채택하여 적용할 것인지는 개인이 처한 상황과 개성, 자신이 속한 조직과 단체, 공동체의 특수성에 따라 달라질 것이다. 그간의 이미지가 '악서惡書'인 책을 '명서明書'로 만드는 것은 활용하는 명사들의 인식과 태도에 달려 있다.

마키아벨리가 『군주론』에 제시한 의미 있는 술책 다섯 가지는 다음과 같다.

첫째, 전쟁과 종교를 잘 활용해야 한다. 전쟁은 국부를 확대하고 귀족과 시민들의 마음을 하나로 모으는 데 제격이며, 종교는 '국교도'와 '이교도'로 나누어 전선을 형성할 경우 전쟁의 목표가 명확해지고 물자 조달도 수월해져 전쟁을 승리로 이끌 수 있었다는 것이다. 마키아벨리는 아라곤이라는 약소국의 왕 페르디난도Ferdinando의 업적을 이 술책을 적용한 사례로 제시했다. 페르디난도는 통일 스페인 왕국의 왕이 되고 이슬람 세력의 근거지 그라나다를 함락하여 이슬람 세력을 서유럽에서 완전히 몰아내는 데 성공했다.

명사의 경우 이 술책을 긍정적으로 반영해 스포츠 경기, 기업 간의 경쟁, 자

〈표 11-1〉 '마키아벨리즘'의 주요 술책과 명사의 활용 전략

마키아벨리즘의 주요 술책	명사의 활용 포인트
1. 전쟁과 종교를 잘 활용해야 한다.	전쟁의 '대결 엔진', 종교의 '지지와 연대의식' 등을 시장 경쟁이란 승부의 세계에서 유리한 국면을 구축하는 일과 조직 인화나 팬과 지지자 확보 등에 긍정적으로 활용
2. 비범하고 과단성 있는 조처를 해 회자되게 해야 한다.	뛰어난 업적 달성의 동력, 업적 홍보를 통한 명성 제고의 수단, 신상필벌이 명확한 조직 운영, 적절한 상황 판단과 과감한 의사 결정이 엿보이는 경영을 통해 구성원 만족에 활용
3. 애매한 중립보다 분명한 동맹을 맺어라.	라이벌과의 선의의 경쟁에서 경쟁우위 확보 전략을 마련하는 것과 실천적 행동의 동기로 활용. 피아의 구별을 통해 임직원들의 단합을 도모하고, 이를 제품·서비스 혁신의 동력으로 활용
4. 월등하게 힘이 센 자와는 결코 동맹을 맺지 말라.	대등한 기업이나 우군 기업과 협력 강화, 네트워크 확장에 활용. 시장의 약탈자나 정체불명의 자본이 감행할 수 있는 '적대적 흡수통합', 기술 착취·도용을 경계하는 방책을 마련하는 데 반영
5. 재능이 뛰어난 자를 예우하고 산업을 권장하라.	조직 관리나 기예 전수자인 후배·제자 육성에 유용. 뛰어난 인재를 중용하고 고성과자에게 충분히 보상. 스포츠·예술·기술 분야에서 후배·제자를 육성하는 일과 그들에 대한 예우를 높이는 데 활용

신의 사업과 작품 세계에 필연적으로 나타나는 '승부의 세계'에서 경쟁자들보다 유리한 입지와 국면을 구축하고, 지지자와 팬 등 우호 집단을 확보·형성·유지·확대하는 데 활용할 수 있다. 전쟁에서 엿보이는 '대결의 엔진engine', 종교에서 나타나는 동류 신앙집단의 '지지와 연대의식' 등을 조직 운영 등에서 충성도를 확보하는 것처럼 긍정적으로 활용할 수 있다.

그러나 이를 유력한 정당이나 정파의 명망가 정치인들이 '편 가르기'와 '극한 대결'의 동력으로 활용할 경우 선거가 혼탁해지는 것은 물론 정치문화의 퇴행과 국민 분열을 초래하기 쉽다. 이를 정치에 활용하는 것은 인의를 가볍게 여기고 권모술수로써 천하를 다스리는 '패업霸業'이 될 소지가 크기에 위험하기 짝이 없다.

둘째, 비범하고 과단성 있는 조처를 해 사람들의 입에 회자하도록 해야 한다. 백성들 가운데 사회적·정치적으로 큰 공적이 될 만한 일을 했을 경우 사람들이 깜짝 놀랄 정도로 큰 보상을 하고, 반대로 악행을 했을 경우 중한 처벌을

내리라는 뜻이다. 마키아벨리는 1358년부터 27년간 밀라노를 통치한 군주 베르나보 비스콘티Bernabo Visconti 공작의 사례를 들면서 정치 지도자라면 자신의 결단력과 조치를 통해 자신이 뛰어난 재능을 갖춘 위대한 인물이라는 점을 부각하여 명성을 얻어야 한다고 설파했다.

이 술책은 명사들이 지금보다 훨씬 뛰어난 업적과 성취를 하여 그 명성이 널리 알려지도록 하는 데 활용할 수 있다. 업적의 격상과 명성의 제고 수단으로 적합하다. 조직 운영에서는 이 책략에 따라 구성원에 대해 공로·과실을 평가하고 상벌을 명확히 할 수 있다. 또 실전 경영에서는 도전·공성·개혁의 국면과 위기·수성의 국면에서 각각 상황 타개에 적절한 결단력을 보여주며 구성원을 만족시키는 데 쓸 수 있다.

셋째, 애매한 중립보다 분명한 동맹을 맺어라. 국제관계에서는 우유부단하게 눈치를 보거나 등거리 외교를 하지 말고 피아彼我를 명확하게 구분해 어떤 상황이 되든 한쪽 편을 들어 단호하게 싸우는 것이 현명하다. 그렇게 싸워 승리할 경우 둘은 우방이 되고 실패할 때도 훗날 함께 재기할 발판이 마련된다. 정치 지도자가 소신이 없으면 승자에게 모든 것을 빼앗기고 국제 질서를 주도하는 국가들의 제물이 된다는 취지다.

마키아벨리는 적절한 비유로 로마인의 사례를 제시했다. 아이톨리아인Aetolian들의 요청으로 로마인들을 축출하기 위해 그리스를 침략한 안티오코스Antiochus는 로마 편을 들던 그리스 남부 지역의 아카이아인Achaean들에게 사신을 보내 중립을 천명할 것을 권했다. 그러나 로마인들은 오히려 아카이아인을 향해 "중립은 당신들의 이익에 반하는 행동이며 우리를 돕지 않으면 승자의 포획물이 될 것"이라며 자기편을 들고 싸울 것을 설득했다.

이 술책은 명사가 속한 각 분야에서 경쟁우위 확보를 위한 전략을 수립하고 행동을 실천하는 데 반영하기 좋다. 명사들은 종종 '라이벌'이 생기기 때문에 그들과 선의의 경쟁을 벌이고, 보다 우위를 점하는 데 이 언술을 활용할 수 있다. 명사 경영자가 비즈니스를 할 때 특정 기업이 시장의 경쟁자로 확인된 경우, 아군인지 적군인지를 명확히 구별해 인식하게 하는 사내 교육을 통해 임직원들의 단합을 도모하고, 이를 제품과 서비스 혁신의 동력으로 삼을 수 있다.

넷째, 자신보다 월등하게 힘이 센 자와는 결코 동맹을 맺지 않아야 한다. 만약 군주가 초강대국과 동맹을 맺어 전쟁을 치른 뒤 승리를 한다면 전쟁의 승리에도 불구하고 그 군주의 운명은 더욱 기고만장해진 초강대국의 처분에 맡겨지기 때문이다. 모든 정책과 결정에는 위험이 수반된다는 사실을 알고 상황별, 단계별 시나리오를 만들어 현명하게 대비해야 한다. 마키아벨리는 베네치아가 밀라노의 공세에 대항하기 위해, 피할 수도 있었지만, 힘센 프랑스와 동맹을 맺었다가 낭패를 보고 몰락한 사례를 이 술책의 근거 사례로 제시했다.

이 술책은 명사가 기업을 운영할 경우 대등한 기업들과 협력을 강화하고 관계를 넓혀가는 데 적극적으로 활용할 수 있다. 또한 '우군 네트워크'를 확장하는 데 적용할 수 있다. 시장의 약탈자 같은 공룡 기업이나 정체가 불분명한 자본이 감행할지도 모를 여러 행태의 '적대적 흡수합병'을 경계하는 원리로 삼을 수 있다. 대기업의 기술 착취와 기술 도용을 경계하는 방책을 마련하는 데 심리적 동기로 활용할 수도 있다.

다섯째, 재능이 뛰어난 자를 예우하고 산업을 권장하라. 나라의 제도나 살림살이를 개선해 발전을 이끌기 위해서는 재능 있는 사람들에게 애정을 보이고 특정 분야에서 뛰어난 재능과 실력을 보이는 자들을 국정에 중용해야 한다는 것이다. 시민들이 교역, 농업 등 모든 분야에서 원활하게 종사하도록 권장하고 격려해야 사유재산 강탈이나 과세에 대한 두려움이 없이 창업에 나선다고 했다. 시민들을 위무慰撫하기 위해 연중 적기에 그들에게 축제와 볼거리를 제공하라고도 조언했다.

이 술책은 명사의 조직 관리나 후배·제자 육성에 유용하다. 명사가 조직을 운영할 경우 아이디어와 능력, 추진력이 뛰어난 인재를 중용하고 뛰어난 성과를 올린 사원들에게 충분한 보상을 해줘야 한다. 스포츠, 예술, 기술 분야에 종사할 경우 특히 기예의 전수자인 후배나 제자의 육성과 예우에 각별히 신경을 써야 한다. 선배 또는 스승인 명사의 그늘에 가려 빛을 보지 못하거나 그를 빛나게 하는 데 동원되며 혹사당할 우려가 있기 때문이다.

토픽 57 결국 '이름만 남는 인생' 숙고해 보기

명사는 명예의 가치와 품격을 알고 그 가치를 참되게 누리는 사람들이다. 명예名譽는 세상에서 훌륭하다고 인정되는 이름이나 자랑 또는 그런 존엄이나 품위를 이르기에 명사의 정체성 그 자체라 할 수 있다. 오죽했으면 호랑이에 빗대 명예를 소중하게 여기는 인간의 본질을 강조했을까 싶다. '호사유피 인사유명虎死留皮 人死留名'은 누구나 알다시피 호랑이는 죽어서 가죽을 남기고 사람은 죽어서 이름을 남긴다는 뜻이다. 즉, 재물보다 명예의 소중함을 강조한 말이다.

'호사유피 인사유명'은 『오대사五代史』 「왕언장전王彦章傳」에 나오는 이야기다. 옛 중국에서 당나라가 망하고 오대五代로 교체하던 시기에 양梁나라에 '왕언장王彦章'이라는 장수가 있었다. 그는 왕철창王鐵槍이란 별명을 갖고 있었는데, 이 별명이 말해주듯이 성품이 우직하고 직설적이었다. 싸움에 나갈 때는 항상 쇠창을 들고 용감히 적에게 덤벼들었다. 비록 문인처럼 학문을 하지는 않았지만 한 나라의 장수로서 가진 명예심이 매우 높았다.

어느 날 산서山西 지역에 있던 진나라가 국호를 후당後唐으로 바꾸고 양나라로 쳐들어갔다. 일대 전투가 벌어진 것이다. 이때 왕언장도 전투에 나갔다. 하지만 싸움에서 크게 패하여 파직을 당하고 말았다. 그러나 이후 후당이 재차 침입하자 다시 군에 기용되었다가 전장에서 후당의 병사들에게 붙잡혀 포로가 되고 말았다. 후당의 임금은 왕언장의 용감무쌍함을 이미 알고 있었기에, 그에게 자국에 귀순하여 일해줄 것을 종용했다. 그러자 왕언장은 당당한 태도로 "아침에는 양나라를 섬기고 저녁에는 진나라를 섬기는 일은 절대 없을 것이오"라고 큰소리쳤다. 다른 사람이라면 끌렸을 법한 후당 임금의 제의를 주저 없이 싹 잘라 거절한 것이다. 그때 후당의 임금은 당연히 버럭 화가 났다. 그래서 임금은 그에게 사형을 내리고 말았다. 결국 왕언장은 싸늘한 주검과 함께 흔적도 없이 역사에서 사라지고 말았다.

'호사유피 인사유명'은 평소 왕언장이 자주 말하던 경구였다. 왕언장은 학문에는 그리 조예가 깊지 않았다. 그러나 마치 자신이 살아생전 입버릇처럼 한 말을 그대로 실천하면서 의연하게 생을 마감했다. 사람에게는 재물보다도 명예가 소중함을 비유한 예화다. 명예를 더욱 소중하게 여기는 명사들이 새겨들을 만한 이야기다.

이 경구는 표범은 죽어서 가죽을 남기고 사람은 죽어서 이름을 남긴다는 '표사유피豹死留皮'와 같은 뜻이다. 비슷하게 영어권 사회에도 "호랑이는 죽어서 가죽을 남긴다A tiger leaves a skin behind him", "좋은 업적으로 명성을 남긴 사람은 사후에도 죽지 않는다(잊히지 않는다)He who leaves the fame of good works after him does not die"라는 속담이 있다고 한다. 일본에서도 '인사유명'과 같은 경구가 종종 회자한다.

『이솝 우화집Fables of Aesop』을 지었다고 전해지는 고대 그리스의 우화 작가 이솝Aesop은 "우리는 모두 벌거숭이로 이 세상에 왔으니 벌거숭이로 이 세상을 떠날 것이다"라고 말했다. '공수래 공수거 시인생空手來 空手去 是人生(빈손으로 왔다가 빈손으로 가는 것이 바로 인생이다)'라고 했듯이 속절없이 가는 인생, 자기의 생전 이름값을 지키고 죽어서도 좋은 이름을 남겨야 한다.

특히 이름값이 높았던 명사들은 더욱 그렇다. 우리는 언젠가 보자기에 자신의 삶을 싸 들고 죽음의 검색대를 통과할 것인데, 죽음을 관장하는 신이 존재하지 않는다면 남은 자들이 보자기를 풀어볼 것이다.[5] 명성이란 것 자체가 내가 평가해 생겨나는 것이 아니기에, 죽을 때 이름값도 남은 자들이 평가한다. 좋은 이름을 남기려면 이름을 일부러 빛내기에 앞서 부끄럽지 않게 살아야 한다.

남자에게나 여자에게나 좋은 이름은 그 영혼의 보배다. 값진 인생을 살았다는 증표다. 좋은 이름은 후세에 길이 남아 전수되기에 그의 영혼은 행복할 수밖에 없다. 미국 속담에 "좋은 이름이 큰 부보다 우선 꼽히며, 호의가 금은보화보다 낫다A good name is to be chosen rather than great riches, and favor is better than silver or gold"가 있다.[6] 명성의 중요성을 강조한 속담이다. 이 말은 관념적으로 그렇다는 뜻인데, 현대 사회에서는 경제적으로도 그렇다. 사람의 이름이 유명하고 가치가 높으면 '퍼블리시티권Right of Publicity'[7]이란 명목으로 재산적 가치가 있다고 인정받고 있기 때문이다.

따라서 사람은 자신의 인생에서 이름값을 잘 지키고, 이왕이면 훌륭한 업적을 쌓고 성취를 하면서 그 이름의 가치를 더욱 높여야 한다. 반대로 소중한 그 이름값을 더럽히거나 추락시키지 않도록 일, 언행, 사람 관계에 신중해야 한다. 이스라엘인의 율법을 기록한 모세의 오경 가운데 세 번째 책인 「레위기Leviticus」에는 "악행을 하여 하나님의 이름을 더럽히지 말라"는 표현이 나온다.[8] 종교인과 지식인들은 종종 이를 원용하여 명성이나 명예를 훼손하는 것을 경계하는 취지를 담아 비유한 말과 글을 전파하고는 한다.

명사란 말에는 높은 수준의 명성을 갖춘 사람이란 뜻이 내포되어 있다. 그래서 그 명성을 잘 다듬고 유지하며 발전시키는 것이 중요하다. 수양산 그늘이 강동 팔십 리까지 뻗친다는 '수양산음 강동팔십리樹陽山陰 江東八十里'란 말이 있다. 어떤 사람이 잘되어 명사의 반열에 오르면 친척이나 친구 또는 친지들이 그의 덕을 입고 재물도 생길 수 있다는 뜻인데, 이때 자신의 명성에 어긋남을 경계해야 한다.

특히 특정한 철학과 원칙을 인정받아 성장한 명사라면 그 상징이 자신의 이름값이기에 잘 지켜야 한다. 이것은 매우 어려운 것이기에 원칙에 따라 흔들림 없이 실천하려는 의지가 필요하다. 바로 '갈불음도천수渴不飮盜泉水'의 자세다. 목이 말라도 샘물을 훔쳐 마시지 않아야 한다는 정도의 결기가 있어야 한다는 뜻이다.

토픽 58 '컨테이너살이' 명사와 사유의 씨앗

1922년생. 만 97세를 일기로 2019년에 작고한 명사가 있다. 도지사, 4선 국회의원에 이어 대한민국 국회의 국회부의장까지 지낸 사람이다. 그러나 그는 무슨 사연인지 정계 은퇴 후 서울 성북구 삼선동의 좁은 3.8평 자투리땅에 올린 '2평짜리 컨테이너'에서 살다가 떠났다. 고 박영록朴永祿 전 국회부의장[9]에 관한 이야기다.

그는 신민당과 민주당 최고위원, 평화민주당 부총재를 지냈다. 그의 강골의 기개와 애국적인 삶, 부침을 거듭한 정치 역정, 그리고 컨테이너 집 사연은 명사 반열에 오른 사람, 명사가 되려는 사람, 한때 명사였던 사람들에게 깊은 사유의 씨앗을 제공한다. 절대 가볍지 않은 의미를 던져준다는 것이다.

그의 인생 이야기와 인터뷰가 실린 언론 보도[10]를 종합·분석하면 박영록은 일제강점기부터 일생 강직하고 기개 있는 성품으로 인해 고초가 많은 파란만장한 삶을 살아왔다. 일찌감치 우리나라가 '동방의 등불'이 되기를 바랐던 사람이다. 일제가 국토를 강탈한 시기 일본에게 '혼'을 빼앗기고 싶지 않아 그들이 운영했던 소학교에도 가지 않았다. 건국 정신을 세계에 펼쳐 평화의 기수가 되고 싶었다. 지긋지긋한 보릿고개와 가난을 벗어나는 길이라고 생각하여 일본에서 다수확 품종인 '통일벼' 볍씨를 가져와 보급하기도 했다.

1962년 11월 우리나라의 김종필 중앙정보부장과 일본 정부의 오히라 마사요시大平正芳 외무상이 대일청구권 문제를 합의하면서 유상 3억, 무상 3억 달러 제공에 대한 합의 등이 담긴 '비밀 합의각서'(소위 '김종필·오히라 메모')를 교환한 사실이 알려졌다. 이때 그는 한일 협정 비준을 막으며 극렬하게 저항했다. 그는 야당 간사로서 "지금 친일파가 강제로 통과시킨 협정 비준은 광복 조국을 다시 일본의 경제 식민지로 노예화하려는 망국적인 '제2의 을사늑약'과 같은 것이므로 나는 민족의 이름으로 이 협정이 무효임을 만천하에 선언한다"라며 비준안을 통과시킨 의사봉을 들고 달려가 당시 국회가 있던 광화문 네거리에 던져버렸다.

그는 손기정 선수가 베를린 올림픽에서 금메달을 땄지만, 일장기를 달고 달리고 뛰었던 비분을 못내 잊지 못했다. 신민당 의원 시절인 1970년 8월 15일 밤 12시에는 부인과 함께 베를린 올림픽 스타디움 기념탑에 사다리를 갖고 올라가서 정과 망치로 손기정의 국적 표시 'JAPAN'을 파내고 'KOREA'로 고친 뒤 독일 유학생들과 함께 기념 촬영을 했다. 이후 다음날 호텔에서 "인류 평화의 마당인 국제올림픽위원회IOC가 일본의 타민족 말살을 정당화한 IOC 기념비를 정정한 것은 역사의 필연이며 올림픽 정신의 회복이다"라는 요지로 기자회견을 했다 (그러나 이후 정부의 무관심으로 이 기념탑에 새겨진 국적은 다시 'JAPAN'으로 되돌려졌다고 한다).

민주주의를 짓밟는 군사 쿠데타로 집권한 박정희 정권과 전두환 정권 시절에 그는 민주화를 위해 독재자들과 맞서 싸웠다. 1980년 전두환 신군부는 그런 박 총재의 언행을 못마땅히 여겨 현역 의원인 그를 영장 없이 연행해 47일간 잡아 가뒀다. 당시 그는 "헌법에 따라 당시 최규하 대통령이 차기 정부 수립을 주도해야 한다고 주장"했다. 전두환의 심기를 거스른 것이다.

그는 결국 전두환이 대통령이 되자 "강도 집단이 잡은 정권에는 세금을 낼 수 없다"라며 납세 거부 운동을 전개했다. 그랬더니 정권은 그가 훗날 애국공원을 조성하려고 사둔 6000만 원짜리 서울 상계동 산을 18억 원짜리로 부풀려 '부정 축재자'로 몰아 재산을 몰수했다. 그리고 정치 포기 각서와 의원직 사퇴서를 받기 위해 가혹행위를 했다. 1984년 정치 규제가 풀렸지만, 정치인으로서 온전히 재기하지 못했다. 평화민주당 부총재, 민주당 최고위원, 신민당 최고위원 등 원로 역할에 그쳤다.

2003년 사회운동을 하다가 밀린 임차료를 갚지 못해 40년간 살았던 삼선동 집을 공매 처분당하고 안락하게 살 터전을 잃고 말았다. 자녀는 아들 둘을 두었다. 큰아들은 고문 후유증을 앓고 있고, 둘째는 사업에 실패해 고통을 겪다가 2004년 불효를 용서해 달라며 스스로 목숨을 거두고 말았다.

그의 처지를 알게 된 지인들이 자기네 아파트를 내줄 테니 와서 살라고 했지만, 아들의 영혼이 있는 터전을 쉽게 떠날 수 없다며 고사했다. 그러고는 평생 살아온 철문 집 바로 아래에 소박한 둥지를 마련했다. 삼선교 근처 컨테이너 숙소다. 그는 병세가 심해져 병원에 입원한 2015년까지, 무려 13년간이나 이 컨테이너에서 살았다. 헌정회에서 보내주는 100만 원 남짓한 생활비로 살아간 것이다.

2009년 5월 진실화해를위한과거사정리위원회는 그가 받은 고문에 대해 정부가 사과하고 환수재산을 돌려주라고 통보했다. 이어 국회 안전행정위원회는 2016년 2월 박영록 부의장의 명예 회복을 위한 국회 청원안을 처리했다. 내용은 '국가가 박영록과 가족에게 사과하고 피해에 대해 적절한 구제 조치를 취하라'는 것이었다.

그는 정부의 조치로 서울 상계동의 땅이 반환되면 처음 세운 계획대로 '애국공원'을 만들겠다고 종종 공언했다. 박영록의 인생 이야기는 2016년 장태령 감독이 "애국자"란 제목으로 영화로 만들겠다고 나서면서 '전국 제작위원 대표자회의'가 열렸는데, 박영록 부의장은 영화 촬영이 채 끝나기 전 세상을 떠났다. 영화가 만들어져 대중들에게 선보이기를 기대한다.

그의 삶은 건실하게 성과를 올리며 켜켜이 이름값을 높여가고 있는 바람직한 명사는 물론 부박한 삶을 좇는 타락한 명사들에게 진정한 명사의 삶이 어떤 것인지 보여주었다. '컨테이너살이'에 눈길을 두지 말고 그가 살아온 삶에 드리워진 고유한 철학과 정신을 숭모할 필요가 있다. 필자가 그의 삶을 명사를 다루는 이 책에 오롯이 기록하여 기억하고자 하는 이유다.

토픽 59 '4주덕'으로 내적 균형을 갖추자

플라톤Platon(B.C. 427~B.C. 347)이 설파한 '4주덕四主德, Four Cardinal Virtues'은 명사들이 품성과 자질 함양에서 내적인 균형을 갖추는 데 매우 유용한 수양 틀이다. 고른 요소를 갖추는 네 개의 기둥과 같은 것이다. 플라톤은 『국가Politeía』에서 인간의 목적은 실세계에서 최고 경지라 할 수 있는 선善의 실현에 있다고 보았다.[11] 이를 위해서는 철학자, 즉 철인哲人에 의한 이상적 정치(철인정치)가 최선이라고 보았다. 그러나 그는 근본적으로 신분 사회를 전제로 하는 귀족정치를 옹호했다.

플라톤은 귀족정치에서 무엇보다도 왕의 도덕적 의무를 중시했다. 그러면서 그는 귀족정치는 '지혜知慧, wisdom', '용기勇氣, courage', '절제節制, moderation', '정의正義, justice'란 '4주덕'의 조화를 통해 이뤄진다고 보았다. 이것이 바로 '플라톤의 4주덕'이다. 이는 유교의 덕목(성품)인 '인의예지仁義禮智(어질고, 의롭고, 예의 바르고, 지혜로움)'에 비견되는 덕목이다. 플라톤은 바람직한 국가의 지도자는 철학, 기개, 기민함, 강력한 힘을 가져야 한다고 통찰했다. 국가 존재의 목적은 정의의 실현이며, 최선의 국가는 정의의 덕을 완전히 실현할 수 있는 나라라는 것이다.

『국가』에 따르면 개인적으로 인간의 영혼은 이성, 의지, 감성으로 구성되며 이성의 덕은 지혜, 의지의 덕은 용기, 감성의 덕은 절제로 각각 발현된다. 본능적인 욕구와 관련된 덕은 '절제', 기개와 관련된 부분의 덕은 '용기', 이성과 관련된 부분의 덕은 '지혜'다. 이 세 부분이 각각 덕을 발휘할 때 전체로서 '정의'의 덕을 실현하게 된다. 즉, 의지와 감성이 이성에 복종함으로써 조화와 질서가 이뤄지고 결국 영혼의 정의가 완성되는 것이다.

오늘날 지혜는 경험에 근거한 전략과 판단력의 바탕이다. 용기는 도약, 발전, 자유, 개방성의 통로이자 촉진제다. 절제는 극단주의를 경계하는 균형 감각이며, 심신 건강과 에너지의 남용에 대한 경계를 이르기도 한다. 정의는 공명정대함 그 자체며 이성, 의지, 감성이란 영혼이 추구하는 목표다.

〈표 11-2〉 플라톤의 4주덕 구성체계

인간 영혼의 구성체(이성, 의지, 감성)		
지혜(wisdom)	용기(courage)	절제(moderation)
-'이성의 덕'으로 경험에 근거한 전략과 판단력의 바탕 - 국가를 통치하는 '지배계급'(정치인·공직자) 상징 - 지배계급은 선의 이데아를 인식한 지혜를 갖춰야 함	-'의지의 덕'으로 도약, 발전, 자유, 개방성의 통로 - 국방과 군사 행정을 하는 '수호자 계급'(군인·경찰) 상징 - 수호자 계급은 의지와 기개가 있는 용기를 갖춰야 함	-'감성의 덕', 극단주의·심신 건강·에너지의 남용을 막는 균형감각 - 농·공·상업인의 '생산자 계급'(경제인과 일반 국민) 상징 - 생산자 계급은 감성에서 발현하는 정욕의 절제가 필요

정의(justice)
- 공명정대함 그 자체로 이성, 의지, 감성이란 인간의 영혼이 추구하는 목표임 - 각 계급이 고유한 '덕'을 실천하며 진리와 선의 실현을 위해 일할 때 정의 실현 - 국가 존재의 목적인 정의의 덕을 완전히 실현할 수 있는 나라가 최선의 국가

개인에게 네 가지 덕이 필요하듯이 국가에서도 계급별로 각각의 덕을 행해야 한다. 이성의 덕인 지혜는 국가를 통치하는 '지배 계급', 의지의 덕인 용기는 국가를 방어하는 '수호자 계급', 감성의 덕인 절제는 농업·공업·상업 등에 종사하는 '생산자 계급'을 각각 상징한다. 따라서 최고의 계급인 통치자나 철학자는 선의 이데아를 인식한 지혜를 갖추고, 군사 행정을 맡아보는 계급은 기개 있는 용기를 갖추며, 국가의 재정과 물자의 공급 및 수요를 책임지는 생산자 계급은 정욕의 절제가 필요하다.

각 계급이 각기 고유한 덕을 갖추고 진리와 선의 실현을 위해 일할 때 국가는 전체로서의 정의를 실현할 수 있다. 즉, 플라톤이 본래 꿈꾼 이상 국가를 건설할 수 있다는 뜻이다. 이때 세 계급은 물론 시민 개인은 사적인 목적을 위해 일해서는 안 되며, 전적으로 자신의 맡은 바 본분을 다하며 국가에 봉사해야 한다. 시민 계급을 제외하고는 사유재산 소유와 가정생활 영위도 금지된다.

보기에 따라 다소 고답적일 수 있는 '플라톤의 4주덕'을 필자가 수양의 사유재료로 제시한 이유는 명사의 기본인 심리체계와 인식체계를 재확립하는 데 이것이 매우 쓸모 있는 철학 모델이기 때문이다. 먼지 가득한 고서에도 우리의 삶

〈표 11-3〉 삶에서 스스로 균형을 이루는 방법

- 1단계: 자신의 고유한 '개별성(individuality)'에 주목하기
- 2단계: 적용 대상이 모자람과 지나침에 의해 파괴될 수 있음을 알기
- 3단계: 덕성과 관련된 정념들도 계량화할 수 있다는 점에 주목하기
- 4단계: 용기와 그 저변의 두려움의 관계를 잘 감지하기

자료: 이진우(2020).

을 깨우치는 보물 같은 통찰이 숨어 있기 때문이다. 플라톤이 말한 4주덕을 아주 먼 옛날의 언술로 치부하며 유물 같은 존재로 묵혀 두기보다, 다시 들춰서 곱씹으며 새로운 의미를 발견해 긴요하게 활용한다면 '보배'가 될 것이다.

지혜, 용기, 절제, 정의라는 4주덕을 통한 균형의 추구 외에도 명사들은 자신의 명성을 유지하고 삶을 보다 매끄럽게 가꾸기 위해 극단의 감정, 이해, 목표, 집단, 그리고 상황에서 격차가 큰 양자의 조화를 꾀하는 '중용中庸'의 미덕을 갖춰야 한다. 중용은 심사숙고하며 양자의 목소리와 이해를 폭넓게 아우르고, 다양한 요인과 변수를 모두 고려하여 입체적으로 사고하는 균형의 리더십이다.

중용은 사서의 하나인 『중용中庸』에서 말하는 도덕론인데, 지나치거나 모자라지 않고 한쪽으로 치우치지도 아니한 것으로 떳떳하며 변함이 없는 상태나 정도를 뜻한다. 구체적으로 '중中'은 지나치거나 모자람이 없이 도리에 맞는 것을 말하며, '용庸'은 평상적이고 불변적인 것을 말한다. 아리스토텔레스Aristoteles는 지나침과 모자람의 중간이 '중용'이라 규정하면서, 이 가치를 실천하려면 이성으로 욕망을 통제하고 지견智見으로 과대와 과소를 억제해야 한다고 제시했다.

우리나라의 철학자 이진우는 자신의 저서 『균형이라는 삶의 기술(어떻게 인생의 중심을 지킬 것인가?)』에서 "봄, 여름, 가을, 겨울이란 사계절의 변화가 역동적인 균형을 이루듯이 우리 삶의 여정도 거의 완벽하게 좌우대칭을 이룬다. 우리의 삶은 삶과 죽음의 균형이다"라고 통찰했다.[12] 그는 이어 중용이란 '균형'은 네 가지 기술로 찾을 수 있다며 그 방법론을 제시했다.

그것은 첫째, 자신의 고유한 '개별성individuality'에 주목하기다. 개별성이란 인간 각자의 개성에 따라 다양한 삶의 방식을 간섭받지 않고 스스로 선택할 수

있다는 개념을 말한다. '개체성'과 유사한 개념이지만 보편성, 통용성과는 대비된다. 둘째는 중용이 적용되는 대상이 모자람과 지나침에 의해 파괴될 수 있음을 알기다. 삶이나 그것을 다스리는 내적 요소 간에 균형을 맞추려면 후厚일 경우 지나치지 않게, 박薄일 경우 부족하지 않게 미세 조정해야 한다. 후박은 그 대상에 대한 면밀한 탐색과 관찰, 그리고 반복된 생각을 통해 이를 감지 및 판단할 수 있다.

셋째는 너무 많음과 너무 적음을 규정하기 위해 덕성과 관련된 정념들(인상에 속하는 정서들)도 계량화할 수 있다는 점에 주목하기다. 그런 정념의 계량화는 특정 정서에 몰입되지 않은, 그것을 벗어난 객관적 위치에서 이뤄져야 한다. 넷째는 삶에서 실천적 중간은 항상 구체적인 상황과 관련되어 있기 때문에 위험을 감수하는 용기와 그 저변의 두려움의 관계를 잘 감지하기다. 두려움은 우리의 일상을 제약하기도 하며 인간을 한 걸음 진전시키는 용기를 억누르기도 한다.

따라서 두려움을 극복해야 용기를 발휘할 수 있다. 의용병으로 참전하여 칠레의 아라우카우족과 싸운 경험을 토대로 서사시 『아라우카나La Araucana』(1569~1589)를 썼던 스페인 시인 알론소 데 에르시야 이 수니가Alonso de Ercilla y Zúñiga는 "두려움은 주의 깊은 사람에겐 일상적인 것이며, 그 두려움을 어떻게 정복할지 알아가는 것이 바로 용기다"라고 말했다.

토픽 60 때를 기다리는 철학, '등고자비·도광양회'

명사가 되려면 입문·성장 단계에서 차근차근 순서를 밟아가는 것이 좋다. 벼락처럼 유명인사가 되면 치러야 할 유명세가 너무 크고, 심리적으로 견디기 어려운 일이 한둘이 아니다. "마른 나무에서 꽃 피듯 잘 되었다"라는 뜻을 지닌 '고목생화枯木生花'란 말이 있듯이, 명사의 성장 과정이 매우 곤궁한 사람이 갑자기 큰 행운을 얻게 되는 방식이라면 여러 문제가 있기 때문에 권장되지 않는다.

'등고자비登高自卑'는 명사가 되는 길과 명사의 처세를 동시에 제시하는 말이다. 등고자비는 "높은 곳에 오르려면 낮은 곳에서부터 시작해야 한다"라는 뜻이다. 아울러 "지위가 높아질수록 자신을 스스로 낮춘다"라는 뜻이기도 하다. 둔한 말이 열 수레를 끈다는 '노마십가駑馬十駕'란 말이 있듯이 뚜렷한 재주가 없는 사람이라도 열심히 해서 훌륭한 사람에 미칠 수 있는 방식도 권장된다. 열린 세상, 기회의 사다리가 있는 사회, 유리 천장glass ceiling이 없는 사회에서는 더욱 그러하다.

재주가 미약하거나 빈천한 사람이 크게 노력하여 큰 명성을 얻었다면 그 사람은 내공이 만만치 않을 것이 분명하다. 붕새[13]의 날아가는 하늘길이 만 리에 달한다는 말인 '붕정만리鵬程萬里'처럼 명사로서 전도가 극히 양양한 장래가 펼쳐질 것이다. '만고불후萬古不朽'라는 성어처럼 영원히 썩지 않고 살아남아 오래갈 것이다.

같은 관점에서 명사들은 '도광양회韜光養晦'의 자세도 권장된다. 이 말은 빛을 감추고 밖에 비치지 않도록 한 뒤 어둠 속에서 은밀히 힘을 기른다는 뜻이다. 즉, 자신의 재능이나 명성을 드러내지 않고 때가 올 때까지 실력을 키우며 참고 기다린다는 의미다. 사람은 누구나 처음부터 명사의 지위와 권력을 얻을 수 없다. 고난은 물론 모욕을 참고 견디면서 힘을 갈고닦을 일이 많은데, 그것을 극복해야 비로소 '시작은 미약했지만 끝이 창대하다'. 특히 성공하고 싶은 사람의 경우 의욕이 강할수록 조직 또는 사람과 부딪히는 일 또한 빈번하기 때문이다.

도광양회란 말은 원래 나관중羅貫中의 소설 『삼국지연의三國志演義』에서 유비

劉備가 조조曹操의 식객 노릇을 할 때 살아남으려고 일부러 몸을 낮추고 어리석은 사람으로 보이도록 하여 경계심을 풀도록 했던 계책이다. 나중에는 제갈량諸葛亮이 '천하 삼분지계三分之計'란 계책을 써서 유비에게 촉蜀을 복속시킨 다음 힘을 기르도록 하여 위魏, 오吳와 균형을 꾀하게 한 전략이기도 하다.

조선 후기 영조의 증손 남연군南延君 이구李球의 넷째 아들인 홍선군興宣君 이하응李昰應도 권세가 강했던 안동 김씨의 견제를 피해 파락호破落戶처럼 투전판과 저잣거리를 쏘다니면서 '상갓집 개'라 불리는 것도 자처하며 야심을 숨긴 채 몸을 낮추고 기회를 엿보다가 대원군이 되었다. '파락호'는 깨어지고 몰락한 인물 또는 행세하는 가문의 자손이지만 처신을 제대로 하지 못하여 허랑방탕하게 집안 위신을 깎아먹고 재산을 탕진한 사람을 일컫는다.

중국은 1980년대부터 무려 20년간 도광양회를 대외정책의 기조로 채택하여 결국 미국과 견주는 'G2'란 강국의 지위에 올랐다. 도광양회로 시작해 대국굴기大國崛起에 이른 것이다. 즉, 중국은 빛을 감추고 밖에 비치지 않도록 한 뒤, 어둠 속에서 은밀히 힘을 기르고자 했다. 빛을 감추는 것이 '도광韜光'이다. 중국은 2014년부터 35년간을 목표로 내륙과 해상을 잇는 '일대일로一帶一路' 경제벨트 구축에 착수해 국경을 접한 국가들을 자신의 영향권 아래 묶어두려 하고 있다.

명사들의 인생도 기회를 만들기 위해, 또 기회가 올 때까지 자신을 크게 낮추고 겸손한 자세로 능력과 자질을 숙달하고, 드디어 그 기회가 찾아오면 꿈을 현실로 만드는 데 모든 에너지를 투여해야 한다. "물 들어올 때 노를 저어라", "쇠뿔도 단김에 빼라"라는 속담의 속뜻처럼, 『사기史記』에 나오는 '물실호기勿失好機'란 성어의 메시지처럼 기회를 놓쳐서는 안 되는 것이다.

흔히 우리의 인생에는 몇 번의 기회는 반드시 찾아온다고 한다. 그러나 일을 제대로 하려면 실제로 그런 일생의 기회가 주어져야 하므로, 그런 기회가 찾아오면 주저하지 말고 그 기회를 십분 활용해야 한다. 영어 속담 "Strike while the iron is hot(쇠는 달궈졌을 때 두드려라)"이나 "Make hay while the sun shines(해가 나 있을 때 풀을 말려 건초를 만들자)"와 상통한다.

토픽 61 때로는 '가죽나무'처럼 크게 초월하자

『장자莊子』에 나오는 '가죽나무 이야기'는 화려한 명사와 평범한 사람의 현실적인 손익계산서를 대조적으로 보여주는 적절한 우화다. 명사든 아니든 초월적인 태도와 자세가 '행복의 열쇠'임을 교훈적으로 제시해 주고 있는 예화다. 누구나 유명인사가 되어 명사의 지위에 오르면 좋을 수도 있지만, 유명인사가 되지 않는다고 해도 크게 나쁜 것은 없을 것이다.

가죽나무Tree of Heaven는 '가짜 죽나무'란 뜻으로 중국 원산이며 한국, 일본, 중국, 사할린, 몽골, 유럽 등지에 분포한다. 소태나뭇과의 낙엽교목으로 '가중목假僧木', '저수樗樹', '산춘수山椿樹' 또는 '가중나무'로도 불린다. 나무껍질은 회갈색으로 성장이 빠르며 높이 20~25미터까지 자란다. 목재로 많이 쓰인다. 한방에서는 이 나무의 뿌리를 봄과 가을에 채취해 그 껍질을 말려 이질·치질·혈변·장풍 치료용 약재로 사용하는데, 이를 '저백피樗白皮'라 부른다.

명사가 되면 얻는 것도 많지만 많은 사람의 감시나 검증, 비판, 질시의 대상이 될 수 있다. 혹독한 유명세를 치르기에 피곤한 것이다. 명사는 지도상에서 스스로 좌표 위치를 잘 잡을 수 없다. 자신이 아닌 타인에 의한 평가에 의해 명사의 지위가 부여되기에 '셀프 포지셔닝self-positioning'이 쉽지 않다는 뜻이다. '가죽나무 이야기'는 명사나 명사가 되려는 사람들에게 겸손함과 초월적인 자세를 갖도록 성찰을 촉구하는 내용이다. 명사는 전적으로 자신들에게 환호와 박수를 보내며 그들을 지지·응원·열광·흠모·숭배하는 평범한 사람들이나 팬들이 있기에 그에 걸맞은 명성과 위상과 지위를 누릴 수 있다. 이는 아티스트와 관객 간의 관계와 같다.

유명하지는 않거나 덜 유명한 사람들은 상대적으로 명사들보다 불편함이 적기에 일상의 소소한 행복과 기쁨을 더 누릴 수 있는 처지에 있다. 그러나 유명해지면 그것을 포기하거나 그것이 제한되는 것을 감수해야 한다. 만물은 평등하기에 얻는 것이 있으면 잃는 것이 있다. 받는 것이 있으면 내줄 것도 있어야 한다.

장자莊子는 하늘로 쭉 뻗은 곧고 매끈한 나무는 수려하고 보기에도 매우 좋아서 목수들이 베어가려고 탐을 내 단명短命하고 말지만, 옹이와 곁가지가 많고 굽은 나무는 볼품은 없지만 바로 그 이유로 목수들의 눈에 잘 띄지 않아서 오래도록 살아남아 울창한 숲의 주인이 된다고 말한다. 매끈한 나무는 금방 도끼로 찍히거나 전기톱으로 베어져 생명이 끝날 운명이지만, 그렇지 못한 나무들은 오래도록 숲을 지킬 수 있기에 그늘을 만들어 많은 사람에게 맑은 산소와 쉼터를 제공하고 산짐승들의 보금자리가 되어주기도 한다는 것이다. 모두 각자의 위치에서 '숭고한 역할'을 할 뿐 무엇이 좋고 나쁜지를 엄밀하게 따질 수 없다는 달관과 초월의 지혜를 엿볼 수 있는 이야기다.

구체적으로 '가죽나무 이야기'가 어떤 내용인지 살펴보자. 이 이야기는 『장자』 「소요유逍遙遊」의 일곱 번째 이야기로 노자老子와 함께 '도가道家'를 형성한 장자가 친구인 혜자惠子와 나눈 한 가지 대화를 말한다.[14] '소요유'란 자유롭게 살포시 걸어 다니며 노닌다는 뜻이다. 산야를 즐기듯 완상玩賞하며 특정한 사물과 상황을 보고 나눈 이야기인 것이다.

어느 날 혜자가 친구인 장자에게 이렇게 물었다.

> 이봐, 내가 있는 곳에 키가 큰 '가죽나무'가 있다네. 사람들은 그것을 아무짝에도 쓸모가 없다고 하여 '개똥나무'라고 부른다네. 그 나무의 줄기는 유독 혹이 많아 목수가 먹줄을 칠 수가 없고, 그 작은 가지들은 뒤틀려 있어 곱자(먹으로 금을 긋는 'ㄱ'이나 'T'자 모양의 자)와 그림쇠(지름이나 선의 거리를 재는 기구)를 댈 수도 없네. 그래서 이 나무가 길가에 서 있어도 목수들조차 거들떠보지 않는다네. 자네, 지금, 이 가죽나무가 크기만 했지 쓸모가 없으니, 버림을 받아 모든 사람이 상대도 안 할 것이라네.

그러자 장자가 이렇게 답했다.

> 자네는 홀로 있는 족제비를 보지 못했는가? 몸을 낮추고 잔뜩 웅크리며 튀어

나올 먹이를 노리고 있는 거만한 놈 말일세. 그놈은 높고 낮은 데를 가리지 않고, 거리낌이 없이 이리저리 날뛰다가 결국 덫이나 그물에 걸려 죽게 마련이네. 소를 보게나. 소는 그 몸집 크기가 하늘에 드리운 구름과 같은데, 이놈은 큰일은 할 수 있지만, 결코 쥐는 잡지는 못하네. 지금 자네는 '큰 나무'를 갖고 어찌 그것이 쓸데없다고 근심하는가? 전혀 걱정하지 말게! 아무도 없는 고장의 광막한 들에 그걸 심어놓고서는 하는 일 없이 그 곁을 왔다 갔다 하거나 그 아래에서 노닐다가 드러누워 낮잠을 자보기라도 하면 어떻겠나? 그 나무는 목수의 도끼에 일찍 찍힐 염려도 없고, 아무도 해치지 않을 것이라네. 그런데 쓸모가 없다 하여 어찌 괴로워한단 말인가?

장자와 혜자의 대화는 비유하면 명사와 명사가 아닌 자의 복잡미묘하며 상반된 처지를 대변한다. 각자의 바른 처세가 무엇인지 적절히 암시하기도 한다. 명사라고 해서 너무 우쭐대거나 좋아할 필요도 없고, 명사가 아니라고 해서 크게 낙담하거나 기죽을 필요가 없다. 각자의 위상과 처지에서 매사에 일희일비하지 않고 초연하게 자신의 본분을 다하는 것이 꼭 필요하고 또한 가치가 있다는 수양론인 것이다.

장자와 혜자는 둘 다 전국시대 송宋나라 사람으로 서로 철학, 가치관, 신념을 비롯하여 처한 상황이 달라 논적論敵 관계를 유지했다. 그러나 서로를 인정하며 의견에 찬성 또는 동조하거나 반박하며 진정한 우정을 꽃피웠다. 장자가 직관주의적 화법으로 설파했다면 혜자는 논리주의적 화법을 구사했다. 혜자가 나중에 장자의 뒤통수를 치는 행동을 했다는 부정적인 평판이 전해지지만, 『회남자淮南子』를 보면 혜자가 죽자 장자가 말을 멈추었으며, 무덤 앞에서 슬픔에 빠져 눈물을 흘렸다고 하니 그들의 우정이 깊고 장자의 도량이 컸음을 알 수 있다. 이들의 대화는 호수에 놓인 다리 위에서의 논변이란 뜻에서 '호량지변濠梁之辯'으로 불렸다.

'100세 철학자'로 알려진 김형석 연세대학교 철학과 명예교수는 자신의 에세이집에서 "다른 무엇보다도 원만하고 조화된 인간성, 스스로의 마음과 생활을 중심 있게 가꾸어 누구에게나 공통성·친밀성을 가지고 살 수 있는 인품을 형성해 보고 싶다. 대수롭지 않은 명성, 불필요한 직위감, 지극히 적은 정신적 소유에서 오는 고민 등을 버리고 언제나 인간다운 인간, 편협됨이 없는 성격을 갖도록 노력해야만 할 것 같다"라고 말했다.[15] 자신이 구축한 명성, 직위, 소유에서 해탈해야 행복하게 살 수 있다는 뜻이다.

청나라 말기 화가 시정보(施廷輔, 1875~1946)가 그린 「호량관어도(濠梁觀魚圖)」

이 그림은 장자(莊子)가 혜자(惠子)와 함께 호수 다리 위를 거닐다가 물고기들을 보고 한가롭게 헤엄쳐 노니는 일상이 진정 물고기의 즐거움인지 아닌지에 대해 토론한 유명한 '호량지변(濠梁之辯: 호수 다리 위의 대화)'을 소재로 삼아 그렸다(129×43cm).

제12장 명사의 품성 수양 전략 II

토픽 62 '조명시리', TPO 프로토콜을 지키자

'조명시리朝名市利'[1]는 직역하면 "조정에서 명예를, 저자에서 이익을 다툰다"라는 뜻인데, 명성을 원하는 자는 임금이 나라의 정치를 신하들과 의논하거나 집행하는 곳인 조정에서 놀고, 이익을 원하는 자는 시장에서 논다는 뜻이다. 이 말을 더 쉽게 풀이하면 무슨 일이든 그것에 합당한 장소에서 행해야 한다는 의미다. 즉, 모든 일을 할 때는 때와 장소에 따라 '적시적소適時適所' 또는 '적시적지適時適地'에 행하는 것이 효과를 높이거나 극대화할 수 있으므로 사람은 결정의 순간마다 항상 심사숙고하여 바른 선택을 해야 한다는 말이다.

명성을 추구하는 사람들이나 명성을 누리고 있는 사람들이 특히 되새겨야 할 경구라 할 수 있다. 이 말은 외교행사 의전protocol, 경제 영역, 일상생활에서 많이 통용되는 용어인 'TPO', 즉 시간Time, 장소Place, 상황Occasion에 맞게 판단하고 처신해야 한다는 것을 뜻한다. 이는 패션업계가 마케팅 세분화 전략에 의해 강조한 용어이자 의복을 입을 때의 고려 요소이기도 하다.

〈표 12-1〉 TPO의 의미와 실행전략

구분	의미	판단 요소
T(Time)	적절한 타이밍인가?	시간과 주변인 및 환경 변화를 결합해 해석
P(Place)	적절한 장소인가?	공간과 장소의 의미와 환경적 특성 반영
O(Occasion)	적절한 상황인가?	맥락, 정서, 분위기, 조화로움 여부 간파

'조명시리' 이야기는 중국 전국시대 진秦나라 혜문왕惠文王[2] 때(B.C. 317) 일어난 일이다. 혜문왕은 진나라의 제26대 군주로 기원전 337년부터 기원전 311년까지 재위했다. 진나라는 당시 '전국칠웅全國七雄'이라 불리는 강국들 가운데서도 가장 강했기에 대외정책에서 주도권을 가지고 한韓, 위魏, 조趙, 제齊, 초楚, 연燕나라 등의 주변국을 상대했다.

혜문왕은 어느 날 외교 전략회의에서 신하들에게 촉나라와 한나라 가운데 어떤 나라를 먼저 치는 것이 전략적으로 더 좋을지 그 계책을 물었다. 그러자 중신 사마조司馬錯[3]는 기세가 등등하게 "촉蜀의 오랑캐를 정벌하면 국토도 더 넓어지고 전리품을 거둬 백성들의 재물도 쌓일 것이므로, 그것이야말로 일거양득一擧兩得이오니 촉을 먼저 공격해야 합니다"라고 주장했다.

그러나 종횡가縱橫家 출신의 재상 장의張儀[4]는 의견이 달랐다. 종횡가는 중국 전국시대의 제자백가 가운데 한 분파로서 여러 제후 사이를 오가며 여러 국가를 종횡으로 합쳐야 한다는 '합종책合縱策'(서쪽의 강국 진나라에 대항하기 위해 남북으로 위치한 한·위·조·연·제·초의 여섯 나라가 세로의 형세로 동맹해야 한다는 계책)과 '연횡책連衡策'(진나라가 이들 여섯 나라와 가로의 형세로 각각 동맹을 맺어 화친해야 한다는 계책)이란 외교 전략을 주장했는데, 장의는 소진蘇秦과 함께 이 분파를 대표하는 사람이었다.

장의는 "우선 위와 초라는 두 나라와 우호 관계를 맺고 한의 삼천三川[5] 지방으로 출병해 천하의 종실인 주周의 외곽을 위협한다면 주는 천자天子[6]를 상징하는 보물인 구정九鼎[7]을 지키기 어렵다는 것을 알고 스스로 그 보물을 내놓을 것이옵니다. 그때 천자를 끼고 천하에 호령하면 누가 감히 복종하지 않겠나이까?

〈표 12-2〉 'TPO 인식' 부재로 큰 낭패를 야기한 행동 사례

개인	단체
• 정치인, 기업인, 연예인 등 명사들이 참사 현장에서 기념사진 촬영을 한다. • 정치인이 수해 현장에서 사진이 잘 나오게 비가 내렸으면 좋겠다고 말한다. • 명사가 공사석에서 남성·여성, 장애인, 특정 계층을 비하하는 발언을 한다. • 상황에 맞지 않는 지나친 발언, 비유, 노출, 옷차림, 이색 행동을 한다. • 자신을 과시하고자 사회적·정치적 감수성과 지식이 결여된 정치적 발언을 한다. • 명사가 무모하게 항공기 좌석 업그레이드나 특별한 기내 서비스를 요구한다. • 국무총리가 작고한 '미혼 국회의원'의 장례식장에 가서 문상하면서 유족에게 자녀가 몇인지 묻는다. • 명사가 국내 뉴스가 금방 해외로 타전되는 것을 모르고 특정 국가나 인종에 대한 비하나 폄훼 발언을 한다. • 출판 기념회를 하면서 참석자들에게 영업을 연상케 하는 카드 결제를 요구한다.	• 장관, 지자체장 등 고위 공직자가 폭우나 참사가 발생했는데 여럿이 골프를 친다. • 국회의원·지방의원들이 수해, 화재, 지진 발생에도 불구하고 의원 연수를 떠난다. • 추도식, 위령제 등의 추모행사에 참석한 뒤 단체로 술집 등 유흥업소로 향한다. • 특정 단체 초청 행사에 가서 주최 측을 배려하지 않고 자기들 홍보에 주력한다. • 노동자들의 단식투쟁 현장에 가서 단체로 고기를 구워 먹는 퍼포먼스를 한다. • 악천후가 예상되는데 단체로 바다낚시나 유람선 여행을 떠난다. • 국립공원 내, 농어촌 마을 인근에서 취사나 노출이 있는 차박 등의 캠핑을 한다. • 국내외 여행지에 가서 현지 법규와 문화를 무시하거나 자연환경을 훼손한다. • 매표, 대중교통 탑승, 자녀 입학 추첨처럼 줄서기가 필요한 곳에서 새치기를 한다. • 리더급 인사들이 단체의 힘을 빌려 특별한 대우와 혜택을 요구한다.

이것이 패업霸業[8]이라는 것이옵니다"라고 말했다. 이어 장의는 "그까짓 변경에 있는 촉을 정벌해 봤자 군사와 백성을 피폐하게 할 뿐 무슨 명리名利가 있겠나이까? 신臣이 듣기로는 '명성은 조정에서 다투고 이익은 저자에서 다툰다朝名市利'고 하옵니다. 지금 한나라의 삼천 지방은 천하의 저자이옵고, 주나라의 황실은 천하의 조정이옵니다. 그런데도 전하께서는 이것을 다투려 하지 않고 하찮은 오랑캐의 촉을 다투려 하시옵니다. 혹, 패업을 멀리하시려는 것은 아니옵나이까?"라고 진언했다.

결국 사마조는 남쪽의 촉을 정벌하자고 주장했으며, 장의는 서쪽의 중원中原으로 나가 한을 공격하자고 피력했다. 그러나 혜문왕은 장의의 말을 듣지 않고 사마조의 의견을 따라 재위 9년에 촉을 정벌해 영토를 넓히게 되었다. 장의의 말은 받아들여지지 않았지만, 실리를 따지는 장사치들의 논리가 시장의 담을

넘어 나라의 정책을 결정하는 신성한 조정까지 장악해서는 안 된다는 명분만큼은 혜문왕의 머릿속을 맴돌게 하기에 충분했을 것이다. 요즘 시대의 국가 외교는 대체로 국익우선주의가 지배하기에 국가 간 외교에서 실리와 실용을 크게 따지지만, 당시 조정에서는 금기처럼 실리를 멀리하고 명예를 다투어야 한다는 대의명분을 중시하기도 했다.

TPO의 적용은 업무와 개인 일상에서도 매우 중요한 것이다. 명사의 경우 TPO를 잘못 적용하거나 제대로 의식하지 못하면 결례를 하게 되고, 사회적 지탄의 대상이 되거나, 심지어 패망의 길에 이를 수 있다. 특히 정치·행정 분야의 고위직에 있는 명사들은 더욱 유념해야 한다. 앞의 〈표 12-2〉에 제시된 사례들은 TPO에 대한 명확한 인식과 적용이 안 되어 큰 낭패를 본 처신들이다.

이것들은 실제 언론에 보도된 사안으로서 국민 또는 상대에 대한 결례임은 물론 엄청난 비판을 받고 굴욕적인 사과나 보직·직위 사퇴를 해야 했던 중대한 사안들이다. 무감각, 무지의 소산인 경우도 많다. 상황에 맞지 않는 지나친 발언, 비유, 노출, 옷차림, 이색 행동을 하지 않고 공사석에서 남성·여성, 장애인, 특정 계층을 비하하는 발언을 하지 않는 것은 기본이다. 특히 지진, 수해, 붕괴, 폭발, 화재 등 참사 현장에서 기념사진 촬영을 하거나 희생자들을 폄훼하는 발언을 하는 것을 금해야 한다. 사회적 감수성의 결여는 물론 기본적인 인간성을 의심하게 하는 행동이기 때문이다.

토픽 63 새로움을 마주하며 시예악을 수련하자

명사는 '명사'라는 호칭으로 불리는 순간부터 겉으로 보이지 않는 것 같지만 그나 그녀가 지닌 명성과 인지도에 걸맞은 사회적 리더로서의 강력한 위상과 계급을 부여받는다. 이 때문에 배움과 수양을 거듭하여 세상의 이치에 밝은 데다 지혜로움을 갖고 있어야 자신의 명성을 지키고 그것을 더욱 빛낼 수 있을 것이다.

사서삼경四書三經[9] 가운데 하나인 『시경詩經』의 「대아편大雅篇」에는 "사람이 밝고 슬기로워야 그 몸을 보존할 수 있다"(旣明且哲 以保其身, 기명차철 이보기신)라는 말이 나온다. 사람은 세상에 대한 직관, 지혜, 판단 능력을 기본적으로 갖춰야 함을 강조한 것인데 명사의 기본기와 덕의 수양에 적용하기 좋은 문구다.

자신의 철학 확립, 가족애, 가족 간 화목은 명사에게 필요한 기본적인 요소이자 출발점이다. 『대학大學』에서는 '수신위본修身爲本'이라 했다. 끊임없이 자신의 몸을 닦는 것을 근본으로 삼아야 한다는 뜻이다. 즉, "천자부터 서민에 이르기까지 사람에게 가장 중요한 것은 자기수양을 인생 공부의 바탕으로 삼아야 한다"(自天子以至於庶人 壹是皆以修身爲本, 자천자이지어서인 일시개이수신위본)라는 것이다.

인생 공부는 '일신우일신日新又日新'이란 말처럼 매일 새롭게 하고 매일 새로운 일을 만드는 자세로 행해야 한다. 자기 수양 외에도 학문, 사업, 생활 모두 마찬가지다. 깨어 있는 사람이 되어야 한다는 뜻이다. 이런 사람은 고루하거나 정체되지 않고 매일 새로움을 마주하려는 도전적인 열정에 사로잡힌다. 새로움을 받아들이며 혁신하려면 개방적 태도를 원칙으로 기존의 습관에 대한 안주와 맹신을 버리고 도전을 위험으로 받아들이는 생각을 하지 말아야 한다.

현재의 성립된 행동이나 습관을 특별한 이익이 주어지지 않는 이상 바꾸지 않으려는 경향성인 '현상유지 편향status quo bias'과 어떤 행동을 하지 않았을 때 돌아오는 손해보다 어떤 행동을 감행했을 때의 손해를 더 민감하게 고려하는 경향인 '부작위 편향omission bias'을 모두 극복해야 한다. '혁신'은 심리적으로 새로운 아이디어가 새로운 습관에서 더 잘 작동할 때, 변화의 잠재적인 결과가 이익으로 기대될 때, 변화를 위한 소통과정에서 구체적인 이점이 강조될 때 수월해진다는 것을 알고,[10] 먼저 이러한 심리적 환경을 조성해야 한다.

이런 새로움의 출발은 가장 기초적이고 기본적인 단위의 안정을 기초로 해야 한다. 그래야 변화의 동기와 동력이 만들어지기 때문이다. 『중용中庸』에는 군자의 도는 "비유하건대 높은 곳에 오르려면 반드시 낮은 곳에서 시작해야 하고, 먼 곳을 가려면 반드시 가까운 곳에서 출발해야 한다"(辟如登高必自碑, 辟如行遠必者邇, 비여등고필자비, 비여행원필자이)라는 말이 나온다. 큰일을 하려면 활기와 동기 부여의 원천인 보금자리가 따뜻하고 사랑이 넘쳐야 한다는 뜻이다.

"아내와 자식들을 사랑하고 거문고와 비파가 화음을 내듯이 가족이 화합하며, 형제자매가 늘 사이좋게 지내 즐겁고 집안도 화목하고 의가 좋아, 아내와 자식이 즐거워해야 한다"(妻子好合 如鼓瑟琴, 兄弟旣翕 和樂且耽, 宜爾室家 樂爾妻帑, 처자호합 여고슬금, 형제기흡 화락차탐, 의이실가 락이처노)라는 『시경』 「소아편小雅篇」의 구절과 일맥상통한다.

명사들이 이런 경지에 이르려면 배움, 독서, 운동 외에 '시예악詩禮樂', 즉 문화예술을 생활화하고 예법(매너와 에티켓)을 수양함으로써 자신의 성정을 확립하는 데 제대로 활용해야 한다. 『논어論語』의 「태백편泰伯篇」에서 공자公子는 군자라면 "시를 읽으며 감흥을 돋우고, 예의를 익혀 행동을 바르게 세우며, 음악으로 사람과 더불어 즐기며 삶을 성숙하게 해야 한다"(子曰 興於詩 立於禮 成於樂, 자왈 흥어시 입어례 성어락)라고 말했다.

시예악은 풍부한 정서와 예술적 감각의 수련은 물론 인간 사회의 배려와 품위를 격상시켜 창의, 타협, 조율, 화합, 승화의 동력을 제공한다. 위의 문장 가운데 '흥어시興於詩'는 명사가 시의 탐독과 감상, 음미를 통해 마음을 비우고 자신의 영혼 깊은 곳에 있는 감성을 끌어내는 것을 말한다. '입어례立於禮'는 예절을 반듯하게 세워 신뢰, 배려, 겸손, 존중의 철학을 전파함으로써 인간관계를 원활하게 하는 것을 말한다. '성어락成於樂'은 종합예술인 음악을 통해 인간과 삶을 풍요하게 성숙시켜 완성의 경지에 이르게 하는 것을 말한다.

과거에 비해 사람들의 인식과 수준이 격상된 요즘에는 예禮라는 것이 '지켜야 할 규칙'이 아니라 몸에 배어 '즐기는 습관'이어야 한다는 측면을 필자는 강조했다. 『논어』의 위 구절에서 시와 락은 '예술'의 범주이며, 예는 '에티켓'의 범주다. 이 세 가지는 인간의 내면에서 유기적으로 조화를 이뤄 멋진 인격과 품성, 태도, 여유로움, 존귀함으로 발산되어야 하는 요소다.

앞에서 시로 표현된 '예술'은 예술가가 경험한 감정의 전달이자(레프 톨스토이Lev Tolstoy),[11] 자신을 표현하고 자신이 살고 있는 세상에 대한 성격적 반응을 기록하려는 인간의 욕망이다(에이미 로웰Amy Lowell). 보다 현학적으로 말하면 예술은 그 자체로 혼돈스러움에 질서를 부여하려는 시도다(스티븐 손드하임Stephen Sondheim).

'카타르시스catharsis'란 말처럼 예술의 목적은 우리의 영혼에서 일상의 먼지를 씻어내는 것으로(파블로 피카소Pablo Picasso), 외관이 아니라 내면의 중요성을 표현하는 것이다(아리스토텔레스Aristoteles). 예술은 우리 자신을 찾는 것과 동시에 우리 자신을 잃어버리는 것을 가능하게 하며(토머스 머튼Thomas Merton), 올바른 방법으로 우리를 스스로 작게 느끼게 하는 기능을 한다(E. M. 포스터E. M. Forster).

예술 장르 가운데 시는 강력한 감정을 자발적으로 분출하는 표현으로서(윌리엄 워즈워스William Wordsworth) 기쁨과 고통과 경이로움의 거래이며(칼릴 지브란Khalil Gibran), 감정이 생각을 찾고 생각이 말을 찾을 때 만들어진다(로버트 프로스트Robert Frost). 그것은 우리의 꿈과 비전일 뿐 아니라 삶의 뼈대가 되는 건축물로서, 변화하는 미래를 위해 토대를 마련하고 이전에 없던 것에 대한 우리의 두려움에 다리를 놓아준다(칼릴 지브란). 그래서 시는 때로는 그림자에게 춤을 추자고 청하는 메아리와 같다(칼 샌드버그Carl Sandburg).

『손자병법孫子兵法』이나 『군주론Il principe』을 능가하는 책략서로도 종종 평가받는 고대 인도의 국가·군사 전략서 『강국론Arthashastra』에는 왕(군주)의 훈육과정이 상세히 소개되었는데, 여기에서도 시의 범주인 '서사시敍事詩 학습'을 강조하고 있다. 『강국론』에 따르면 군주는 오전에는 코끼리, 군마, 전차, 무기 등 '군사학'을, 오후에는 푸라나purana(힌두교 신들의 이야기를 운문 형식으로 기술한 신화집), 고대 설화, 역사, 귀감이 되는 사례가 포함된 '서사시'를 학습한다.[12] 새로운 교훈과 과거의 교훈을 되새기고 익혀 부지불식간에 스스로 규율할 수 있는 지혜를 축적하기 위한 것이 그 목적이다.

『강국론』은 인도 마우리아 제국의 태조인 찬드라굽타Chandragupta 황제의 책사이자 철학자인 차나키야Chanakya(이칭 '카우틸랴Kauṭilya')가 기원전 4세기에 저술했는데, '풍요롭고 정의가 지배하며 기쁨이 넘치는 강한 국가' 건설을 위한 모든 분야의 노력 방향이 서술되어 있다.[13] 이 책은 서기 3세기 이후 사라졌다가 20세기 초에 발견되었다.

'악'에 관한 명사들의 언급은 그것의 중요성을 더욱 일깨운다. 음악은 모두가 감동하는 것으로 감정의 줄임말이자(레프 톨스토이) 도덕률이며(플라톤Platon), 인간성의 폭발적 표현이다(빌리 조엘Billy Joel). 바로 감정의 치유 그 자체다(빌리 조엘). 말할 수 없는 것이나 침묵하는 것처럼 불가능한 것을 표현하는 것이다(빅토르 위고Victor Hugo). 따라서 음악은 영혼의 동요를 잠재울 수 있는, 신이 우리에게 준 가장 웅장하고 즐거운 선물 가운데 하나다(마르틴 루터Martin Luther).

음악은 우주에 영혼을 주고 마음에 날개를 달아주며, 상상으로 날아가게 하고, 삶과 모든 것에 매력과 즐거움을 주는 기능을 한다(플라톤). 인생의 어두운 밤에 달빛이 되어주기도 한다(장 파울Jean Paul). 어디 그뿐인가. 음악은 남자의 마음에서 불을 뿜게 하고 여자의 눈에서 눈물을 흘리게 한다(루트비히 판 베토벤Ludwig van Beethoven). 음악은 매우 영적인 데다 사람들을 하나로 모으는 힘이 있기에(에드거 윈터Edgar Winter), 사람들은 물론 세상을 변화시킬 수 있다(보노Bono).

'예'에 관한 명사들의 일갈은 예가 사회적 규범이라기보다는 인간의 기본적인 태도이자 삶의 지혜라는 점을 강조하고 있다. 예절은 다른 사람들의 감정을 예민하게 인식하여(에밀리 포스트Emily Post), 편안함을 느끼도록 해주는(린 코디Lynn Coady), 조화로운 공동체에서 살아가는 인간의 사회적 행동이다(주디스 마틴Judith Martin). 우리의 도덕을 끌어내는 것이 자신에 대한 존경이라면, 예를 끌어내는 것은 다른 사람에 대한 존경심이다(로런스 스턴Laurence Sterne).

예는 삶의 과학이자 윤리이자 영광이며, 모든 것을 포용한다(에밀리 포스트).

사람의 자화상을 보여주는 거울인 것이다(요한 볼프강 폰 괴테Johann Wolfgang von Goethe). 예는 공동체를 작동하게 하는 것으로서 그것에서 자유가 통하게 하는 전제다(주디스 마틴). 예는 또 직장에서 삶의 질을 높여주고 직원들의 사기에 기여하고, 회사 이미지 제고와 이윤 창출에 큰 역할을 한다(러티샤 볼드리지Letitia Baldrige). 예는 자신의 행동을 목숨으로 뒷받침해야 할 상황에서 최고조로 발휘된다(로버트 A. 하인라인Robert A. Heinlein).

중국 남송 때 주자朱子와 그 제자인 여조겸呂祖謙(1137~1181)이 함께 편찬한 유학 학습 안내 및 수양 지침서 『근사록近思錄』「교학편教學篇」에는 옛날 사람들이 시예악을 즐기며 감흥感興을 일으키고, 예법禮法을 세우고, 성정性情을 수양했다는 내용이 나온다. 여조겸이 이 책을 집필할 당시에도, 자신이 볼 때 유학을 공부하던 많은 유생들이 과거에 비해 시예악을 소홀히 하여 걱정을 많이 했음을 알 수 있다. 시예악이 오랜 세월에 걸쳐 중요한 감성·인성·덕성 수양의 수단이었다는 뜻이다. 그 내용을 살펴보자.

> 천하에는 인재가 많은데, 다만 도가 천하에 밝혀지지 않았다. 더구나 옛날에는 시를 읊어 감흥이 일게 하고, 예를 세웠으며, 음악으로 성품을 이뤘다. 그런데 요즘 사람들은 어찌 이것을 알겠는가?(天下有多少才 只爲道不明於天下, 且古者興於詩 立於禮成於樂, 如今人怎生會得, 천하유다소재 지위도불명어천하, 차고자흥어시 입어예성어악, 여금인즘생회득).

오늘날 명사들이 시예악을 즐기거나 몰입한다는 것은 예술 활동과 문화생활을 충실히 한다는 뜻이다. 취미로 할 수도 있고 조금 깊게 발을 담글 수도 있다. 시예악은 선인들이 강조했듯이 자신의 품성, 덕망, 품격을 높은 경지로 끌어올려 줄 수 있다. 인간관계의 깊이도 더해줄 수 있다. 외로움도 대폭 줄어들게 하거나 제거해 줄 수 있다. 감성이 확대되고 눈이 열려 삶의 긍정적 의미를 찾게 된다. 일상적인 수양에 시예악을 더하면 성찰과 회복의 깊이나 강도가 달라질 수 있다.

예술은 인간의 시각, 청각을 매개로 얻어지는 기쁨과 쾌락의 근원적 체험인 '아름다움'이나 '미적 가치'를 구현하는 인간의 모든 창조적 활동으로서,[14] 오락과 여흥, 즐거움 제공, 기분 전환과 정서 순화, 감정의 정화catharsis, 자유와 해방감 확대, 창의력 촉진, 업무 능력 향상, 가족관계 증진, 사교와 비즈니스에서 공감대 형성 등 다양한 순기능을 한다.

특히 명사들이 시예악을 사교·교류와 인간관계 확장, 비즈니스의 촉진에 활용하면 공감대를 형성하거나 우호적 분위기를 조성하는 데 큰 효과를 볼 수 있다. 대표적으로 미국 정치인 콘돌리자 라이스Condoleezza Rice는 미국 국무장관 시절 뛰어난 피아노 연주 실력을 정치와 외교 무대에서 활용하여 자신에 대한 호감지수를 높였다.

라이스는 "내가 세 살 정도 됐을 때 할머니가 피아노를 가르쳐 줘서 글 읽기보다 음악에 먼저 눈이 뜨였다. 하지만 내가 17살 때 이 축제에 와서 11~12살짜리들이 피아노 치는 것을 보고 카네기홀에 설 수 없다는 사실을 깨달았다"라고 말했다.[15] 라이스는 비록 훗날 피아니스트로서 카네기홀에 서지는 못했지만 국제정치학을 공부한 뒤 정치인으로 변신하여 그 직무를 수행하면서 자신이 익혔던 예술을 접목시켜 성과의 품격을 높였다.

토픽 64 허세를 경계하고 진솔함을 체화하자

명사로서 그가 가진 명성과 위엄, 품위에 걸맞게 몸과 마음의 올바름을 간직한다는 '신유심재身有心在'란 말이 있다. 모든 것은 마음의 문제(마음속에서 어떤 접근, 수용, 생각, 구상을 하느냐)며, 마음은 몸가짐에서 시작되고 인위나 가식이 없이 자연스럽게 행동하는 것이 중요하다. 사람은 가장 자연스럽게 행동할 때 다른 사람에게 감동을 줄 수 있다는 뜻이다.

『맹자』「이루편離婁篇」에서 맹자孟子는 자연스러운 처신을 강조했다. 맹자는 "자연스럽게 하는 것은 하늘의 길이며, 자연스러움을 생각하는 것은 사람의 길이다. 가장 자연스럽게 행동하면서도 심적으로 감동하게 하지 못하는 사람은 없으며 자연스럽게 행동하지 못하면서 마음을 감동하게 한 사람도 없다"(是故誠者 天之道也, 思誠者 人之道也. 至誠而不動者 未之有也, 不誠 未有能動者也, 시고성자 천지도야, 사성자 인지도야. 지성이부동자 미지유야, 불성 미유능동자야)라고 했다.

공자는 『논어』에서 "현명한 사람은 어지러운 세상을 피하고, 그다음은 질서가 무너진 나라를 피하며, 그다음은 예의 없는 사람을 피하고, 그다음은 도리에 어긋나는 나쁜 말을 피한다"(子曰 賢者辟世, 其次辟地, 其次辟色, 其次辟言, 자왈 현자피세, 기차피지, 기차피색, 기차피언)라고 말했다.

혼란스러운 것 가운데 피할 것은 될 수 있는 대로 피해야 오염된 탁수濁水에 물들지 않고 스트레스도 줄일 수 있다. 하물며 지극히 불필요한 곳에 에너지를 소진하거나 낭비하는 것을 예방해야 한다. 공자는 또 『논어』에서 교우의 방법에 대해 "옳은 사람과는 사귀고, 옳지 못한 사람은 거절해야 한다"(可者與之 其不可者拒之, 가자여지 기불가자거지)라고 강조했다.

무엇보다도 명사가 가장 경계할 것은 '허세虛勢, bluff'다. 허세는 실속이 없이 겉으로만 드러나 보이는 기세를 말한다. 『맹자』「이루편」에서 맹자는 "군자는 실제의 명성과 소문이 실제보다 많이 부풀려 있는 것을 부끄러워해야 한다"(聲聞過情 君子恥之, 성문과정 군자치지)라고 지적했다. 뿌리가 없어 잠시 흐르다가 금방 말라버리는 가뭄철의 빗물과 달리 원천에서 솟아나는 샘물은 밤낮을 쉬지 않고 흘러 구덩이를 가득 채운 뒤 냇물이 되어 바다로 흘러간다는 이치에 비유했다.

인지도가 높아진 사람이 허명을 감추기 위해 종종 많이 아는 척을 한다. 지식인의 이미지를 만들기 위해 잘 보지도 않는 두꺼운 책들을 서재에 가득 진열해 놓고 선보이거나 많은 책을 보는 것처럼 가식적인 행동을 하기도 한다. 별것도 아닌 일회성 회의 참여 경력을 어쭙잖은 저서에 대단한 상근직 이력인 양 늘어놓아 자신이 대단하거나 유력한 존재인 듯 사람들을 현혹시킨다. 모두 온당치 못하다.

공자는 "옛날 학자들은 자기 수양을 위해 공부했으나, 요즘 학자들은 남에게 잘 보이기 위해, 남의 이목을 끌기 위해 공부를 한다"(子曰 古之學者爲己, 今之學者爲人, 자왈 고지학자위기, 금지학자위인)라고 따끔하게 지적했다. 명사에 비유하면 '옛날 학자'는 위선이 없는 진솔한 부류들, '요즘 학자들'은 허세를 좇는 부류들을 각각 나타낸다고 할 수 있다.

공자는 "다른 사람이 자기를 알아주지 않음을 걱정하지 말고 나에게 능력이 없음을 걱정하라"(子曰 不患人之不己知, 患其不能也, 자왈 불환인지불기지, 환기불능야)라고 말했다. 실력에 비해 지나친 수준의 명성을 무리하게 추구하는 초보 명사나 명사가 되려는 조급증에 걸린 사람들이 특히 귀담아야 할 경구다. 허세가 아닌 실력을 갖추어야 명실상부한 명사라 할 수 있다.

명사라면 "허세를 부리지 말자"라고 거듭 자문하면서 더 큰 명성을 무리하게 탐하려는 과잉 욕구나 과잉 행동에 대해 스스로 제동을 걸어야 한다. 공자는 『논어』「학이편學而篇」에서 "말재주가 교묘하고 표정을 보기 좋게 꾸미는 사람 중에 어진 사람은 거의 없다"(巧言令色 鮮矣仁, 교언영색 선의인)라며 말이나 겉만 번지르르한 사람을 경계하라고 주문했다. 말재주가 현란하고 표정을 그럴듯하게 꾸미는 사람 가운데 좋은 사람은 거의 없다는 뜻이다.

노자老子는 『도덕경道德經』에서 "성인은 자신의 총명을 알면서도 스스로 드러내지 않는다. 스스로 아낄 뿐 (일부러) 고귀하다고 드러내지 않는다"(是以聖人自知不自見, 自愛部自貴, 故去彼取此, 시이성인자지부자견, 자애부자귀, 고거피취차)라고 했고, "뛰어난 장수는 무용武勇을 자랑하지 않는다"(善爲士者 不武, 선위사자 불무)라고 했다.[16] 아울러 "가장 뛰어난 웅변은 어눌한 것처럼 보인다. 청정함은 소란함을 이기며, 한기는 열을 이긴다. 청정무위로써 비로소 천하를 다스릴 수 있다"(大辯若訥. 靜勝躁, 寒勝熱. 清靜爲天下正, 대변약눌. 정승조, 한승열. 청정위천하정)라며 겸손함을 수양하고 실천하라고 암시했다.

아주 옛날 로마에서는 원정 전투에서 이기고 개선하는 장군이 시가행진을 할 때 행렬 뒤에서 노예들을 시켜 라틴어로 '메멘토 모리Memento mori!'를 외치게 했다. '너 자신의 죽음을 기억하라' 또는 '너는 언젠가 반드시 죽는다는 것을 기억하라'라는 뜻인데 당사자에게는 '겸손하라'라는 경고다. 오늘 전쟁에서 승리했다고, 전투 승리의 주역인 개선장군이랍시고 너무 우쭐대지 말고 너도 언젠가는 죽으니 겸손하게 행동하라는 따가운 채찍질이다.

겸손은 자신이 이룬 성취나 장점을 부각하지 않고 절제하여 표현하는 태도다. 사회가 요구하는 학습된 행동이기도 하고 순간순간의 상황과 맥락이 요구하는 외부적 압력에 의한 것이기도 하다. 지나친 겸손은 약하고 수동적이거나 자존감이 약한 사람으로 비칠 수 있지만, 누구나 할 수 없는 성찰과 수양의 표현이라는 점에서 가치가 높게 평가되기 마련이다. 우리나라와 같은 동양문화권에서는 더욱 그러하다.

노자는 "'겸손'은 다른 사람과 다투지 않는 품덕이며, 다른 사람을 운용하는 능력이다. 그러하니 매사에 스스로 어떤 일을 '행하거든 자랑하지 말라'(爲而不恃, 위이불시)"라고 조언했다. 노자는 "스스로 위대하다고 하지 않으면 능히 위대할 수 있다"(以其終不自爲大, 故能成其大, 이기종부자위대, 고능성기대)라고 말했다.

겸손한 태도를 갖추고 이를 강화하는 방법은 무엇일까? 조지메이슨대학교 심리학과 교수(임상심리학)인 준 프라이스 탱니June Price Tangney는 '겸손'의 여섯 가지 특징을 다음과 같이 제시했다.[17] 이것을 보면 그 해법을 찾을 수 있다.

그것은 첫째, 자기 능력과 성취에 대한 정확한 이해, 둘째, 자신의 실수와 불완전함, 그리고 한계를 인정하는 능력, 셋째, 새로운 생각, 상반되는 정보, 충고에 대한 개방적 자세, 넷째, 자신의 능력과 성취를 균형 있게 평가하는 것, 다섯째, 자신에 대한 초점을 약화시키거나 자신을 잊는 능력, 여섯째, 사람이나 사물이 세상에 기여할 수 있는 다양한 방법과 세상 모든 것의 소중함을 인정하는 것이다.

겸손하지 않음에서 은연중에 또는 노골적으로 표출하는 '허세'는 주변 사람들을 불편 및 불쾌하게 만들 뿐만 아니라 궁극적으로 내적 신뢰관계를 훼손한다. 더욱이 그 허세의 당사자가 높은 권력과 지위를 가진 사람이라면 상대는 겉으로는 복종하는 체하면서 내심으로는 불신하거나 배반할 수 있다. '면종후언面從後言', 즉 보는 앞에서는 복종하는 체하면서 뒤에서 비방과 욕설을 할 수도 있다.

명사들의 관련 언급을 보면 허세를 경계해야 할 이유와 겸손을 실천해야 할 당위성이 피부로 느껴질 것이다. 사람들은 누군가가 가식적이거나 거짓일 때 몸짓 언어만으로도 금방 느끼기에 그것을 쉽게 감지할 수 있다(아프로잭Afrojack). 그래서 이렇게 사람들이 놀라는 것을 멈추게 하려면 매일 뽐내거나 과시하지 말아야 한다(발타사르 그라시안Baltasar Gracian).

좋은 일을 자랑하지 않는 태도가 바로 '겸손'이다(메수트 외질Mesut Özil). 나를 공연히 드러내기보다 남의 말을 먼저 듣는 것이 겸손의 시작이다. 타인에 대한 존경의 가장 진실한 형태 가운데 하나는 다른 사람의 말을 차분히 경청하는 것이다(브라이언트 H. 맥길Bryant H. McGill). 진심이 담긴 순간과 몇 마디의 말이 언제 인생에 어떤 영향을 미칠지 모른다(지그 지글러Zig Ziglar). 진실함이 배인 정확한 칭찬보다 더 효과적인 것은 없다(빌 월시Bill Walsh).

진실한 행동을 하는 습관은 '불가능'을 '가능'으로 만드는 힘을 지녔다(다다 바스와니Dada Vaswani). 진심에서 우러나온 것은 아무것도 잃는 법이 없기에, 그런 마음을 갖고 한 일은 누구나 후회할 필요가 없다(배질 래스본Basil Rathbone). 진실한 말은 아름답지 않고 아름다운 말은 진실성이 없기에(信言不美, 美言不信, 신언불미, 미언불신)(노자, 2019), 평소 진실한 언사를 잘 분간할 줄 알아야 한다. 진실한 친구들을 뒀다는 것은 거센 폭풍우가 이는 밤에 배가 맞닥뜨린 반가운 등대의 불빛과 같다(조토 디본도네Giotto di Bondone).

겸손을 수양하려면 자기평가를 정확히 하고, 자기를 초월할 줄 알아야 하며, 자기평가를 절제하려는 마음이 확립되어야 한다. 겸손의 촉진제 역할을 하는 것은 자아 정체성 확립의 선행이다.[18] 자아 정체성을 확립하려면 자신에 대한 안정된 애착의 형성, 자아감각의 발달, 독립성의 발달, 새로운 경험에 대한 개방성 확대, 의사 결정 경험의 확대, 삶을 돌아보고 통합하는 능력의 강화가 필요하다.

토픽 65 '대인'처럼 대범함과 넉넉함을 보이자

명사라면 적어도 '대인大人'의 풍모를 갖춰야 한다. 대인이란 '큰 그릇'처럼 아량이 넓고 "사소한 일에 신경을 쓰지 않는 관대한 사람A person who has generosity and doesn't care about trifle things"을 지칭한다. 옛말로는 '군자君子'(유교에서 높은 덕을 쌓아 도덕성이 인정되어 본보기로 삼는 사람)에 해당한다고 볼 수 있다. 대인은 '대인배大人輩'와 같은 의미지만 접미어 '배輩'가 사람을 낮잡아 볼 때 쓰는 말이라 '대인'으로 쓰기로 한다. 대인배의 반대인 '소인배小人輩'는 마음씀씀이가 좁고 간사한 사람들이나 그 무리를 뜻한다.

『논어』의 「이인편里仁篇」에는 '군자유어의 소인유어리君子喩於義 小人喩於利'라는 구절이 나온다. 군자, 즉 대인은 의리에 밝지만, 소인은 이해(이익)에 밝다는 말이다. 대인은 '광량廣量'인 사람이며, 소인은 '협량狹量'인 사람이다. 광량은 넓은 도량度量 또는 도량이 넓음을 의미한다. 반면 협량은 좁은 도량 또는 도량이 좁음으로 '양협量狹'과 같은 뜻이다.

공자는 『논어』「양화편陽貨篇」에서 '민유삼질民有三疾'이란 화두를 던졌다. 즉, 사람에게 있는 세 가지 병폐를 지적하며, 부박浮薄한 소인배의 언행에서 벗어나 자신을 혁신할 것을 강조했다. 높은 뜻과 긍지, 우직함으로 세상의 바라보는 새로운 눈을 뜨라고 주문한 것이다. 공자는 구체적으로 "옛날에 뜻이 높은 사람은 자그마한 예절에 얽매이지 않았으나 오늘날에는 뜻이 높은 사람이 방탕放蕩(마음이 들떠 갈피를 잡지 못하거나 주색잡기에 빠져 행실이 좋지 못함)하기만 하며, 옛날에 긍지가 있는 사람은 품행이 방정方正(말이나 행동이 바르고 점잖음)했으나 오늘날에는 긍지가 있는 사람은 사납게 위세만 내보이며, 옛날에 어리석은 사람은 우직했으나 오늘날 어리석은 사람은 속이려고 수작을 부린다"(古之狂也肆 今之狂也蕩, 古之矜也廉 今之矜也忿戾, 古之愚也直 今之愚也詐而已矣, 고지광야사 금지광야탕, 고지긍야렴 금지긍지분려, 고지우야직 금지우야사이이의)라고 했다.

공자는 또 『논어』에서 "명성을 누릴 지위가 없음을 걱정하지 말고 그런 지위에 나설 수 있는 능력을 어떻게 갖출 것인지 걱정하고, 자신을 인정해 주는 사람이 없음을 걱정하지 말고 다른 사람이 알아보도록 자신의 능력을 갖추어야 한다"(不患無位 患所以立, 不患莫己知 求爲可知也, 불환무위 환소이립, 불환막기지 구위가지야)라고 조언했다.

공자는 대인배다운 경지의 성취 수단으로 학문, 덕행, 충실, 신뢰라는 네 가지를 갖춰야 한다고 가르쳤다(子以四教 文行忠信, 자이사교 문행충신). 배운 만큼 자신, 가족, 이웃, 사회를 상대로 덕을 행하고 충실하며 믿음을 주어야 한다는 뜻이다. 결국, 이를 통해 공자가 말한 것처럼 "가까이 있는 사람이 기뻐하고, 멀리 있는 사람이 몰려오도록 해야 하듯"(近者說 遠者來, 근자열 원자래), 큰사람이라면 덕망, 친화력, 그리고 정치력을 갖춰야 한다.

『대학大學』에 '견현사제언見賢思齊焉'이란 구절이 있다. 즉, 공자는 "현명한 자를 보면 그렇게 되기를 생각하고, 현명하지 않은 자를 보면 그런 사람이 되지 않으려고 내면 깊이 성찰해야 한다"(子曰 見賢思齊焉, 見不賢而內自省也, 자왈 견현사제언, 견불현이내자성야)라고 했다. 공자는 또 "군자는 널리 글을 배우되 예로써 몸단속을 하니 좀처럼 도리에 어긋나는 일이 없다"(子曰 君子博學於文, 約之以禮, 亦可以弗畔矣夫, 자왈 군자박학어문, 약지이례, 역가이불반의부)라고 덧붙였다.

그러면서 "새가 죽으려 할 때는 울음소리가 애처롭고, 사람이 죽으려 할 때는 말이 선하다. 군자가 귀중하게 여겨야 할 일에는 세 가지가 있다. 몸짓을 할 때는 사납거나 거만하지 말아야 하고, 얼굴빛은 바르고 믿음직해야 하며, 말솜씨는 억지를 부리지 않고 정갈해야 한다"(曾子有疾, 孟敬子問之. 曾子言曰, 鳥之將死其鳴也哀. 人之將死其言也善. 君子所貴乎道者三, 動容貌斯遠暴慢矣. 正顔色斯近信矣, 出辭氣斯遠鄙倍矣, 증자유질, 맹경자문지. 증자언왈, 조지장사기명야애. 인지장사기언야선. 군자소귀호도자삼, 동용모사원폭만의. 정안색사근신의, 출사기사원비배의)라고 강조했다.

대인이 갖춰야 할 성품으로 제시된 너른 품과 도량, 즉 '관대함'은 누군가를 위해 결코 알아채지 못하게 좋은 일을 하는 것으로(프랭크 A. 클라크Frank A. Clark), 당신이 필요로 하는 것보다 덜 받는 '자존심'과 달리 당신이 줄 수 있는 것보다 더 많이 주는 것을 뜻한다(칼릴 지브란).

『명심보감明心寶鑑』「존심편存心篇」에는 대인의 관대함과 대범함을 강조하며 매사 성찰에 바탕을 둔 실천적 행동을 채찍질하는 "소서운 박시후망자불보, 귀이망천자불구, 시은물구보 여인물추회素書云 薄施厚望者不報, 貴而忘賤者不久, 施恩勿求報與人勿追悔"란 문구가 나온다. 이 문장은 "진秦나라의 황석공黃石公이 지은 『소서素書』에서 말하길 박하게 베풀고 후하게 바라는 자는 보답받지 못하고, 몸이 귀해져 천했던 때를 잊는 자는 오래가지 못하니, 은혜를 베풀었으면 보답을 바라지 말고 남에게 주었거든 후회하며 안타까워하지 말라"라는 뜻이다.

관대함은 온화함, 자기희생과 함께 어떤 인종이나 종교도 소유하지 못한 배타적인 소유물이다(마하트마 간디Mahatma Gandhi). 평소에 몸에 배어 있으면서 마음속에서 깊이 우러나와 행하는 것이 참된 관대함이다. 어떤 전제조건도 없고 기대하는 대가나 보상, 반대급부도 없는 것이다. 관대함은 부드럽지만 그것이 결단될 때는 마음속에서 대담함이 작동한다.

대담성은 영혼에 먼지나 이끼가 끼지 않은 순수한 마음일 때 가능하다. 그래서 진정한 관대함은 제물과 같이 순수한 사랑에서 작동하여 자유롭게 주어지는 것이며, 아무런 조건도 없다(수즈 오먼Suze Orman). 미래에 대한 진정한 관대함은 현재에 있는 모든 것을 주는 데 있다(알베르 카뮈Albert Camus).

진정성이 없는, 마음속에서 우러나오지 않는 관대함은 부작용이 크다. 관대하다는 평판을 얻고자 그것을 손쉽게 얻고자 의도하는 것(미뇬 매클로플린Mignon McLaughlin), 부와 성장에 응당 따르는 것으로 행하는 장식적인 관대함(엘런 G. 화이트Ellen G. White), 허영심을 즐기기 위해 관대함을 베푸는 일(프랑수아 드 라로슈푸코François de La Rochefoucauld), 절제 없이 매우 지나친 수준의 관대함을 보여주는 일(타키투스Tacitus)은 경계해야 한다.

대담한 사람에게 행운마저 유리하게 작동한다(데시데리위스 에라스뮈스Desiderius Erasmus). 그러니 주저할 필요가 없다. 계산할 필요도 없다. 사람들 사이에 관대함이 깃들지 않는 한 지구상에 이상적인 삶은 결코 있을 수 없으니(오리슨 스웨트 마든Orison Swett Marden), 태어나면서 부모로부터 물려받지 않았다면 아예 대담한 성품을 수양하는 것이 필요하다.

토픽 66 그릇됨을 자책하며 언행을 일치하자

명사라면 특히 언행에 신중해야 한다. 명사의 말은 그나 그녀가 지닌 명성, 명예, 위상, 가치, 인지도, 품격에 걸맞게 언제나 참됨이 있어야 하고 앞뒤가 안 맞는 모순된 언사나 거짓, 교언巧言, 사언詐言, 실언失言, 허언虛言을 늘어놓아서는 안 된다. 즉, 언행일치言行一致나 지행합일知行合一이 요구된다.

공자는 "자신의 말이 행동보다 지나치는 것을 부끄럽게 여겨야 한다"(子曰 君子恥其言而過其行, 자왈 군자치기언이과기행)라고 말했다. 다급함이 앞서 실없이 말을 앞세우지 말라는 뜻이다. 공자는 "함부로 말하고도 부끄럽게 여기지 않으면 그 말을 실천하기 어렵다"(子曰 其言之不怍, 則爲之也難, 자왈 기언지부작, 즉위지야난)라며 재차 말의 성찬을 경계했다.

공자의 제자인 자장子張[19]이 스승인 공자에게 평소에 실천할 도리에 관해 묻자 공자는 외모와 출세, 명성에 치중하기보다 인仁과 덕德의 수양에 힘쓰라는 취지로 답하며 가르침을 주었다. 공자는 자장에게 "말이 충실하고 믿음직스럽고 행실이 진중하고 공손하면 심지어 적敵의 땅에서도 사람다운 도리가 행해질 것이나, 말이 충실하지 않고 믿음직스럽지 못하며 행실이 두텁지 않고 공손하지 않으면 자기가 사는 마을에서조차 행세하기 어렵다"(子張問行, 子曰 言忠信行篤敬 雖蠻貊之邦行矣, 言不忠信行不篤敬 雖州里行乎哉, 자장문행, 자왈 언충신행독경 수만맥지방행의, 언불충신행부독경 수주리행호재)라고 깨우쳤다.

수양을 하면서 게을리해서는 안 되는 것이 바로 '성찰'이기에 이것에 대해서도 언급했다. 공자는 "자신에 대해서는 엄히 책망하고 다른 사람은 가볍게 책망한다면 원망이 적다"(子曰 躬自厚 而薄責於人 則遠怨矣, 자왈 궁자후 이박책어인 즉원원의)라고 말했다. 남을 탓하기보다 먼저 자신을 탓하라고 쓴소리를 한 것이다.

『맹자』에서 맹자는 '과즉개지過則改之', 즉 잘못이 있으면 즉시 고쳐야 한다고 강조했다. 구체적으로 『맹자』 「공순추편公孫丑篇」에서 "옛날의 군자는 잘못하는 것이 해의 일식과 달의 월식과 같이 사람들이 모두 볼 수 있기에 잘못을 고치는 장면을 보면서 우러러보는 대상이 되었지만, 지금의 군자는 잘못을 그대로 밀고 나갈 뿐만 아니라 잘못에 대해 변명을 늘어놓는다"(古之君子, 其過也, 如日月之食, 民皆見之 及其更也, 民皆仰之. 今之君子, 豈徒順之, 又從爲之辭. 고지군자, 기과야, 여일월지식, 민개견지 급기경야, 민개앙지. 금지군자, 기도순지 우종위지사)라고 지적했다.

실수나 잘못을 했다면 즉시 '사과apology'하는 것이 도리다. 군자 또는 명사라면 더욱 그렇다. 평범한 사람보다 인지도가 높은 명사가 많은 기회를 누려 소득이 높다는 것은 쉽게 예상되는데, 실제로 이러한 고소득자들이 저소득자들보다 사과를 잘하는 것으로 나타났다는 조사가 있다. 이 경우 명사들은 자신의 위상에 걸맞은 도리를 잘 실천하고 있는 것이다. "미안합니다"란 말은 성찰과 수양이 제대로 안 되어 있으면 평소의 부지불식 상황에서 쉽게 나오기 어렵다.

여론조사 전문기관인 조그비인터내셔널Zogby International은 2007년 8월 7590명을 대상으로 온라인 인터뷰 조사(오차범위 ±1.1%)를 실시했더니, 연봉이 10만 달러(한화 1억 2천만 원) 이상인 고소득자가 연간 2만 5천 달러(3천만 원) 이하의 소득을 올리는 빈곤층보다 두 배 정도 사과를 많이 하는 것으로 드러났다고 밝혔다.[20] 고소득자일수록 사과를 더 많이(약 두 배 가까이) 한다는 결과가 나온 것이다. 온라인 보석 판매업체인 더펄아울렛The Pearl Outlet이 많은 고객들이 다른 사람들에게 사과하기 위해 진주를 산다는 사실을 파악하고 이에 착안해 확인차 조사를 의뢰한 것이다.

이 조사에서 '자신이 잘못했다고 느꼈을 때 사과하느냐'는 질문에 연봉 10만 달러 이상자 가운데 92%가 '그렇다'고 답했다. 반면 7만 5천~10만 달러 소득자는 89%, 5만~7만 5천 달러 소득자는 84%, 3만 5천~5만 달러 소득자는 72%, 2만 5천~3만 5천 달러 소득자는 76%, 2만 5천 달러 이하 소득자는 52%만이 각각 '그렇다'고 대답했다. 또 '자신이 잘못한 게 없다고 생각했을 때도 사과하느냐'는 물음에 대해 연봉 10만 달러 이상 소득자 가운데 22%가 '그렇다'고 답했다. 반면 2만 5천 달러 이하 소득자는 단지 13%만이 '그렇다'고 응답했다. 결국 10만 달러 이상 고소득자가 2만 5천 달러 이하 빈곤층에 비해 두 배 가까이 사과를 많이 하는 것으로 나타난 것이다.

비즈니스 컨설턴트 피터 쇼Peter Show는 "성공한 사람은 자신의 실수에서 배우려 하기 때문에 그런 태도를 나타낸다"라고 분석했다. 다른 전문가인 마티 넴코Marty Nemko는 "고소득자들은 더 총명하고 더 안전하게 하려는 경향이 있다. 그들은 자신이 잘못했을 때 사과하는 것이 자신의 경력에 흠이 되지 않는다는 것을 알기 때문"이라고 풀이했다.

물론 고소득자일수록 타인을 짓밟거나 무시하는 사례가 많아 그만큼 사과의 횟수가 많거나 빈도가 잦다는 반론도 있다. 테리 셰퍼드Terry Shepherd 더펄아울렛 사장은 "고소득자일수록 사전 허락보다 사후 사과가 더 쉽기 때문에 더 많은 사과를 하고 사전에 허락을 덜 구하는 것"이라고 덧붙였다.

전체적으로 이 조사 내용은 돈을 많이 벌고 싶으면 '미안하다'고 말하는 법부터 배우라는 직설적인 메시지를 던져준다. 명사라면, 명사로서 성공하려면 '사과'를 입에 달고 사는 습관이 갖춰져 있어야 한다는 것을 암시한다.

컨설턴트 켄 블랜차드Ken Blanchard는 『진실한 사과는 우리를 춤추게 한다One Minute Apology』를 출간해 대인관계에서 사과의 중요성을 각인시켰다. 그는 미국 해양수족관 리조트 시월드SeaWorld에서 조련사들이 5톤짜리 범고래 '샤무Shamu'(무대명)의 곡예쇼(곡예, 점프, 다이빙 등의 퍼포먼스)를 조련하는 과정에 적용시켜 효과를 본 '칭찬의 힘'을 인간 사회의 소통에 반영한 『칭찬은 고래도 춤추게 한다Whale Done! The Power of Positive Relationship』를 출간해 베스트셀러 작가가 되었다.

사과의 주적은 당장의 겸연쩍음, 쑥스러움, 굴욕감, 두려움이다. 이를 극복해야 진정한 사과를 할 수 있다. 그런데 그것이 어려워서 사과가 쉽지 않은 것이다. 아울러 사과는 빠를수록 좋고, 실기失期하면 안 된다. 우리의 몸이 위협이나 위기에 처하면 신경이 작동해 무조건 반사하듯이 즉각적인 반응 행동이어야 한다. 때를 놓치면 아무런 의미나 효과가 없기 때문이다. 사람은 누구나 항상 실수나 결례를 할 수 있기에 사과는 '판에 박힌 일상의 틀', 즉 '루틴routine'으로 자리 잡혀 있어야 한다.

공자는 『논어』에서 매사에 잘못을 성찰하고 바른 행동을 하기 위한 아홉 가지 실천철학으로 '구사九思'를 강조했다. 구체적으로 공자는 "군자는 아홉 가지를 생각해야 한다. 첫째, 볼 때는 분명하기 보기를, 둘째, 들을 때는 명확하게 듣기를, 셋째, 얼굴빛은 온화하게 하기를, 넷째, 태도는 공손하게 취하기를, 다섯째, 말은 충실히 하기를, 여섯째, 일은 신중하게 처리하기를, 일곱째, 의심스러운 것은 물어봐서 해결하기를, 여덟째, 화가 날 때는 뒤에 어려운 일이 닥칠 것을, 아홉째, 이익을 얻을 때는 그것이 올바른 것인지 각각 생각해야 한다"(孔子曰 君子有九思. 視思明聽思聰, 色思溫貌思恭, 言思忠事思敬, 疑思問忿思難, 見得思義, 공자왈 군자유구사. 시사명청사총, 색사온모사공, 언사충사사경, 의사문분사난 견득사의)라고 말했다.

아울러 항상 경계해야 할 행동 원칙으로 '군자유삼계君子有三戒'를 강조했다. 다시 말해 공자는 "젊은 시기에는 혈기가 안정되어 있지 않으므로 다양한 욕구를 경계하고, 어른이 되어서는 혈기가 강하므로 다툼을 경계하며, 늙어서는 혈기가 쇠약하므로 얻는 것(욕심)을 경계해야 한다"(少之時血氣未定, 戒之在色. 及其壯也血氣方剛, 戒之在鬪. 及其老也血氣既衰, 戒之在得, 소지시혈기미정, 계지재색. 급기장야혈기방강, 계지재투. 급기노야혈기기쇠, 계지재득)라고 말했다.

공자는 또 생활철학으로 '익손삼락益損三樂'이란 쓴소리를 했다. 즉 "예악(예도와 문화예술 철학)에 맞게 절제하는 일을 좋아하고 사람의 착함을 말하기를 좋아하고 현명한 벗을 많이 갖기를 좋아하면 유익하지만, 방자하게 즐기기를 좋아하고 안일하고 놀기를 좋아하며 잔치를 벌이고 즐기기를 좋아하면 해롭다"(樂節禮樂 樂道人之善, 樂多賢友益矣, 樂驕樂樂佚遊, 樂宴樂損矣, 요절예악 요도인지선, 요다현우익의, 요교락요일유, 요연락손의)라는 점을 강조한 것이다.

부연컨대, 명사에게 언행일치와 일관성은 매우 중요한 덕목이다. 말을 하려면 낮은 음성으로 천천히 하되, 너무 많이 하면 안 된다(존 웨인John Wayne). 말이 아니라 행동으로 보여주는 것이 인간의 책무다(장 폴 사르트르Jean-Paul Sartre). 말과 행동의 일치는 매우 중요하다. 그래서 행동하기 전에 생각하고 자신이 믿는 것에 따라 행동하는(보 베넷Bo Bennett) 습관을 들여야 한다. 생각은 혁명가처럼 빠르게, 행동은 사상가처럼 신중하게 하는(앙리 베르그송Henri Bergson) 자세도 필요하다.

사람에게 가장 어려운 일은 뭔가 행동하기로 한 결정이고, 거기에 늘 수반되기 마련인 두려움은 사실 '종이호랑이' 같은 것이니 누구나 하기로 결정만 하면 무엇이든 할 수 있다(어밀리아 에어하트Amelia Earhart). 그러나 행동할 준비가 되어 있지 않다면 아예 침묵을 지키고 생각조차 하지 않는 것이 낫다(애니 베전트Annie Besant). 실수만 유발해 낭패를 부를 수 있기 때문이다.

인간관계는 신뢰, 정직, 일관성을 바탕으로 한다(스콧 보르체타Scott Borchetta). 일관성은 신뢰를 구축하게 해주는 요소로서(링컨 체이피Lincoln Chafee), 우리에게 항상 최고의 선생님이다(스테폰 마베리Stephon Marbury). 우리는 반복적이고 일상적인 일과 함께 일관성을 통해 목표를 달성하고 원하는 곳에 도달할 수 있다(맨디 로즈Mandy Rose).

성공은 항상 위대함을 의미하는 것이 아니라 일관성에 관한 것이다(드웨인 존슨Dwayne Johnson). 스포츠계에서도 '훌륭한 선수'와 사람들이 기억하는 '위대한 선수'를 구분하는 기준은 일관성이다(라이언 메이슨Ryan Mason). 직업적 성장의 관건도 일관성이기에 그것을 이루려면 스스로 업무 목표와 훈련에 엄격해야 한다(엘리우드 킵초게Eliud Kipchoge).

토픽 67 과욕을 버리고 절제하고 배려하자

안분지족安分知足할 줄 알고 그렇게 해야 할 때를 아는 것이 진정한 명사다. 멈출 때를 아는 것이 현자다운 셀럽이다. 욕심慾心은 분수에 넘치게 무엇을 탐내거나 누리고자 하는 마음이다. 과욕過慾은 그 욕심이 지나침을 이른다. 반면 양보讓步는 자신의 불편함을 감수하면서도 희생하거나 손해를 보면서 남에게 도움을 주는 행동을 뜻한다. 자기의 주장을 굽혀 남의 의견을 따라주는 것도 양보다. 이렇듯 양보는 절제와 배려가 깃든 행동이다.

『맹자』「이루 하離婁 下」편에 '가이취 가이무취 취상렴可以取 可以無取 取傷廉'이란 문구가 나온다. 이 말은 "내가 가질 수도 있고 갖지 않을 수도 있는 경우에, 갖게 되면 덕德을 상하게 된다"라는 뜻이다. 여기에서 '덕'이란 상대, 친구, 친지, 이웃의 마음을 얻는 것이다. 사람이 매번 자신에게 유리함을 주장하거나 이익을 취하는 자세로 일관한다면 결국 대인관계에서 낭패를 볼 수 있다. 신뢰가 없어 겉도는 인생이 될 수도 있다. 바로 이런 경계를 강조한 말이다.

명사의 경우 취하고 양보하는 데 있어서 평소의 판단과 마음 씀씀이를 보면 그 사람의 풍모를 넘어 실제의 인성과 진정성까지도 간파할 수 있다. 『설원說苑』 제8권에 나오는 '취여유양 시이지기렴아取與有讓 是以知其廉也(취하고 양보하는 것을 보면 그 사람의 염치를 알 수 있다)'와 일맥상통하는 고언이다. 안분지족을 못 하는 사람은 항상 마음이 불안하고 잘된 타인에 대한 시기가 멈추지를 않는다. 자신의 능력이나 깜냥에 부합하지 않는 과도한 욕심을 부리려 한다.

묵자墨子는 그래서 '비무안거야 아무안심야, 비무족재야 아무족심야非無安居也 我無安心也, 非無足財也 我無足心也'라 했다(『묵자墨子』「친사親士」). "편안한 자리가 없는 것이 아니라 나에게 편안한 마음이 없을 뿐이며, 만족한 재물이 없는 것이 아니라 나에게 만족하는 마음이 없을 뿐이다"란 뜻이다.

따라서 명사나 그 지망생은 남들과 비교되는 자화상인 '세속적인 거울'로 세상을 보는 것을 항상 피해야 한다. 묵자는 "군자는 물을 거울로 삼지 않고 타인을 거울로 삼는다"라고 말했다. 바로 '군자불경어수 이경어인君子不鏡於水 而鏡於人'

(『묵자』「비공非攻」)을 풀이한 말이다. 거울이 없거나 귀한 옛날에는 거울의 대용代用이 물이었기 때문에 이런 수사적인 표현을 한 것이다.

명사들은 존경과 신뢰를 받는 사람이 되고 싶다면 그 명성을 이용해 이익을 취하는 데 항상 신중해야 한다. "이익을 취할 때는 그것이 옳은가를 생각하라"라는 『논어』「자장子張」 편의 언급을 유념해야 한다. 시시비비를 따질 때는 의로운 것인지가 판단 기준이다. 의롭지 못한 선택은 자멸의 길이다. 옳지 않으면서 부유한 것은 뜬구름과 같다[不義而富且貴 於我如浮雲, 불의이부차귀 어아여부운(『논어』「술이述而」)]. 즉, 무너지는 자는 남이 아닌 자신의 못된 성정이나 그릇된 판단으로 자신을 그르치는 것이다. 남이나 상황을 탓할 일이 아니다. 『춘추좌씨전春秋左氏傳』「양공襄公 23년」에서 "화복무문 유인소소禍福無門 惟人所召"라 했듯이 재앙과 복이 드나드는 문이 따로 있지 않으며, 재앙과 복은 오로지 자초하는 것이기에 판단과 처신에 항상 신경써야 한다.

자고로 "산의 가치는 그 높이에 있지 않으니, 신선이 살아야 명산이고 물의 가치는 깊이에 있지 않으니 용이 있어야 신령한 물이다"(山不在高有仙則名 水不在深有龍則靈, 산부재고유선즉명 수부재심유룡즉령)라는 말이 있다. 이 내용은 당의 시인 유우석劉禹錫의 시문집 『누실명陋室銘』에 나오는 어구로 겸허함에 바탕을 둔 가치 중심의 사고를 하기를 강조한다.

노자는 『도덕경』에서 "욕심을 부리는 것보다 큰 불행은 없고 탐욕을 부리는 것보다 큰 과실은 없을 것이니, 지족하는(만족을 하는) 사람은 영원히 만족한다"(禍莫大於不知足, 咎莫大於欲得. 故知足之足, 常足矣, 화막대어부지족, 구막대어욕득. 고지족지족, 상족의)라고 했다(노자, 2019). 안분지족의 해법으로는 '무위無爲'를 강조했다. 중국 남북조시대에 임방任昉이 쓴 『왕문헌집서王文憲集序』에 나오는 '지족지계止足之戒'와 상통한다. 지족지계는 그치고 만족할 줄 아는 경계라는 뜻으로, 자신의 분수를 알고 만족하여 과한 욕심을 부리지 말라는 것이다.

노자는 "학문을 하는 자는 갈수록 욕심과 꾸밈이 늘어나고, 도를 구하는 자는 갈수록 욕심과 꾸밈에 줄어들어 마침내 '무위'의 경지에 이르니, 이렇게 자연의 규율에 맡기면 이루지 못할 것이 무엇인가?"(爲學日益, 爲道日損. 損之又損, 以

至於無爲. 無爲而無不爲, 위학일익, 위도일손. 손지우손, 이지어무위. 무위이무불위)라고 말했다. '무위'는 자연과 순리에 따라 행하고 인위를 가하지 않는 것, 또는 자연 그대로의 상태를 말한다. 노자의 철학 세계에서 인간의 지식이나 욕심은 오히려 세상을 어지럽힌다고 보기에 무위를 최고의 경지로 여기는 것이다.

이것은 명사들에게 욕심이 넘쳐서 거짓으로 학문하지 말고, 거짓으로 수양하지 말라는 것을 제시하는 메시지다. 학문과 수양에서 엿보이는 겉치레, 자기 과시도 지나친 욕심이 만들어낸 허위의식의 일종이다. 노자가 이렇게 경계한 이유는 과욕이 동기가 된 학문과 수양은 주변 사람들을 혼란스럽게 하는 것을 넘어서 괴롭히고 병들게 하기 때문이다. 그렇다고 자연 그대로나 순리를 따르란 말이 노력을 하지 말라는 것이 아님을 주의해야 한다.

조선 후기의 문신·학자인 홍만종洪萬宗의 문학평론집 『순오지旬五志』에 나오는 '귀배괄모龜背刮毛'는 거북이 등에서 털을 깎는다는 뜻으로, 불가능한 일을 무리하게 하려고 하는 것을 이른다. 안분지족을 수양하고 실천하기 위해서는 이러한 귀배괄모식 탐욕, 과욕 따위의 헛된 욕심을 삼가야 한다. 욕심은 분수에 넘치게 무엇을 탐내거나 누리고자 하는 마음으로 집착 정서와 결합하면 걷잡을 수 없는 경우가 많다.

욕심은 인간이 그것의 충족을 통해서 즐거움과 행복감을 느끼게 되므로 의욕과 활기를 제공한다는 긍정론도 있지만, 본질적으로 그 기대치가 끝이 없기에 어느 정도 충족되면 '둔감화 현상desensitization'이 일어나 궁극적으로 충족되기 어렵기 때문에 스스로를 절제하지 못하고 나태한 존재로 만들 수 있다. 욕심은 불행하게도 '눈먼 야생마'나 '브레이크 없이 질주하는 자동차'와 같이 우리를 절벽으로 인도할 수 있다.

심리학적 견지에서 욕심은 불만족 상태인 요소들의 결핍을 채우려는 내면적 동기와 무언가를 얻고자 하는 유혹 또는 피하고자 하는 외부적 조건인 압력에 의해 발동된다.[21] 욕심은 창조해 낼 수 있는 자신의 능력에 대한 자신감 결여로 생겨나는 것이다(바나 본타Vanna Bonta). 그것은 만족에 이르지 않고 자신의 욕구를 충족시키려는 '끝없는 발버둥'으로 사람을 지치게 하는 '밑 빠진 독'이다(에

리히 프롬Erich Fromm). 순진함보다 더 잘 속는 것으로(메이슨 쿨리Mason Cooley), 정말 모든 것을 파괴한다(어사 키트Eartha Kitt).

세상에서 인간의 욕구는 충분하다고 하지만 욕심은 그렇지 않다(마하트마 간디). 후한後漢의 광무제光武帝는 농隴 지방을 평정한 후에 다시 촉나라 땅까지 원했다. 이는 '득롱망촉得隴望蜀'이란 성어를 풀이한 것이다. '원후취월猿猴取月'이란 말처럼 원숭이가 물에 비친 달을 잡으려 달려드는 격이다. 자신에게 요구하는 수준이 정말 끝이 없어 한 단계 이루면 더 높아지기를 반복한다. 도무지 지혜로 통제되지 않는 '무지'의 영역에 있다. 그래서 무지나 무식함은 무한한 고통, 열정, 악과 함께 탐욕, 분노, 망상이란 세 가지 독에 뿌리를 두고 있다(보디다르마Bodhidharma)는 말이 설득력을 얻는다.

욕심은 연못의 물을 말려 고기를 잡는다는 '갈택이어竭澤而漁'란 고사처럼 오직 오늘만을 보는 단견短見이다. 내일이 없는 욕망이다. 당장 내일이나 미래가 어떻게 될지 모른다고 느끼기에 일단 뭐든지 더 얻고 챙겨야 한다는 조급증에서 목전에 커브길이나 낭떠러지가 있는 줄 모르고 더욱 세게 액셀러레이터를 밟는다. 그래서 욕심은 현재의 집행자일 뿐이다(줄리언 카사블랑카스Julian Casablancas). 탐욕은 온 세계를 (나락으로) 앗아갔지만 아무도 그들의 타락한 영혼에 대해서는 걱정하지 않는다(리틀 리처드Little Richard).

반면 동양 사상서에서 '지족知足'으로 표현되는 만족은 고통으로부터 자유로워지는 삶의 긍정적인 요소에 있다(아르투어 쇼펜하우어Arthur Schopenhauer). 취하지만 탐하지 않는 '취이불탐取而不貪'의 철학이다(『춘추좌씨전』). 만족은 성취에 있지 않고 성취에 이르는 그 노력에 있으니, 완전하게 노력했다면 완전하게 승리한 것이다(마하트마 간디). 인간의 행복은 만족감의 여운에서 나온다(시어도어 아이작 루빈Theodore Isaac Rubin).

노장사상에서 제시한 만족의 해법이 '무위'인 이유는, 자연은 우리의 미적·지적·인지적 만족은 물론 심지어 영적 만족의 열쇠를 쥐고 있기 때문이다(에드워드 오즈번 윌슨Edward Osborne Wilson). 그러하니 무리한 욕심을 부리지 말고 자기객관화란 성찰 체제를 내적으로 구축해 만족하는 습성을 길러야 한다. 일단 소박한 것부터 실천해 보자. 작은 일부터 잘해서 거기에서 생기는 만족감을 즐길 필요가 있다(H. 잭슨 브라운 주니어H. Jackson Brown Jr.).

'절제'와 '배려' 또한 안분지족의 수양과 실천을 지탱하는 요소이기에 명사의 중요한 수양 덕목이다. 오직 이익의 고려에 의해서만 지배되는 세상(프리드리히 실러Friedrich Schiller)에서 이 두 가지 덕목은 매우 중요한 의미를 지닌다. 절제는 지혜와 떼려야 뗄 수 없는 동반자로서(찰스 케일럽 콜튼Charles Caleb Colton), 모든 미덕의 진주 사슬 장식으로 달린 비단끈 같은 것이다(조지프 홀Joseph Hall).

절제는 종종 위인의 야망을 제한하고 운運이 부족한 데다 공적이 없는 사람들을 위로하기 위한 것(벤저민 디즈레일리Benjamin Disraeli)으로 치부되기도 하지만, 성공에 이르려면 절대 지나치지 말고 자신의 지침으로 삼아야 한다(마르쿠스 툴리우스 키케로Marcus Tullius Cicero). 무조건적인 절제가 아니라 자신의 능력과 노력으로 달성할 수 있는 가능성의 한계를 넘어서는 것에 대해 스스로 멈출 줄 알라는 것이다. 그 판단의 시점은 매우 중요할 것이다.

인도 마우리아 제국의 태조인 찬드라굽타 황제의 책략가 차나키야Chanakya는 국가·국방 전략서 『강국론』에서 덕망 있는 군주가 되어 성공하려면 '오관五官'이란 신체의 감각기관을 '적절하게 통제'하여 색욕, 분노, 물욕, 허영심, 오만, 무모함이란 여섯 가지 적을 물리쳐야 한다고 제시했다.[22] 그는 오관은 학문 도야의 목적이기도 하며, 이를 제대로 통제하지 못하면 세상을 다 차지한다 해도 곧 멸망해 사라질 것이라고 덧붙였다. 이는 청교도처럼 순백의 도적적인 삶을 살라는 지침은 아니다. 군주가 누려야 하는 개인적인 즐거움이 절대로 박탈되지 않는 수준에서 지키라는 것이다.

차나키야는 고대 인도에서 보자 왕국의 단다카야Dandakya 왕과 배데하 왕국의 카랄라Karala 왕은 둘 다 '색욕' 때문에, 자나메자야Janamejaya 왕(브라만에 대한 분노)과 탈라장가Talajangha 왕(브리구스족에 대한 노여움)은 '분노' 때문에, 아일라Aila 왕과 사우비라 왕국의 아자빈두Ajabindu 왕은 브라만의 재산을 강탈하려는 '물욕' 때문에, 라바나Ravana 왕과 두리오다나Duryodhana 왕은 '허영심' 때문에, 하이다이 왕국의 아르주나Arjuna 왕과 담보다바Dambhodbhava 왕은 모든 사람을 무시하고 경멸하는 '오만함' 때문에, 바타피Vatapi 왕과 브리슈니Vrishni 사람들은 무턱대고 아가스티야Agastya와 드바이파야나Dvaipayana에 대항하려 했던 '무모함' 때문에 각각 패망했다고 기록했다.

배려는 내가 아닌 타인에 방점이 찍힌 '이타적인 행위'로 남을 도와주거나 보살펴 주려고 마음을 쓰는 품성을 말한다. 나와 남을 동시에 바라보며 행하는 선인善人의 행동이며, 천사天使의 손길이다. 자발적인 발상에 의해 긍정적인 관점에서 자신의 욕망과 이해를 억누르고 마음의 문을 열어 넓음과 따뜻함을 내보이는 행위다. 그래서 배려심은 예의 바름과 공손함으로 표출된다.

배려는 예의 바름과 공손함의 유일하고도 진정한 원천으로서(윌리엄 길모어 심스William Gilmore Simms), 그러한 배려를 전달하기 위해 예의와 공손이 사용된다(브라이언트 H. 맥길). 명사의 여유는 바로 이 배려심에서 나오며, 명사의 명성과 평판을 더욱 빛내주는 요소다. 예의와 공손함의 면적이 넓어질수록 명사의 배려심은 깊어진다.

제13장

'아름다운 명사'의 삶과 길

토픽 68 '개인의 사회적 책임(PSR)'을 설계하자

명사들은 조직 경영자도 있겠지만 개인 활동을 하는 경우도 많기에 개인으로서 보유한 명성과 평판에 걸맞게 어떻게 행동할지 사회와 주변으로부터 당연히 요구받아야 한다. 명사로서 당연히 '노블레스 오블리주noblesse oblige'를 실천해야 하는 측면도 있지만, 현대 사회에서 타인의 주목을 받는 조금은 '특별한 개인'으로서 진정성을 바탕으로 더욱 책임 있고 모범적인 행동을 하는 데 중점을 둬야 한다. 조직을 이끌거나 조직의 중요한 일원으로 일할 경우는 말할 것도 없다.

그런 차원에서 제기된 개념이 'PSRPersonal Social Responsibility'이다. PSR은 기업의 사회적 책임 활동CSR, Corporate Social Responsibility이 소비자의 책임과 의무를 거쳐 사회를 구성하는 '개인'의 책임과 의무로 진화된 개념이다. 한마디로 CSR의 개인 버전이다. 모리슨Edward Morrison과 브리드웰Larry Bridwell이 언급한 CSR의 '소비자(고객) 초점론'[1]을 한 단계 승화·발전시킨 것이다. 고객은 기업 행동의 가장 강력한 결정 요소이듯이 사회에서 시민은 민주사회와 시장 작동을 원활하

〈표 13-1〉 개인의 사회적 책임 활동(PSR) 세부 요소와 개념

구분	개념
경제적 차원 (economic dimension)	개인이 자신의 경제활동에 충실하면서 필요한 것만을 효율적으로 구매하거나 소비하는 것을 뜻한다.
법적 차원 (legal dimension)	개인이 책임감 있는 시민으로서 그 사회에 미치는 모든 법률과 사회적 규칙을 준수하는 것을 말한다.
윤리적 차원 (ethical dimension)	법치 이외의 영역으로서, 공정, 상식, 도덕, 이성에 맞게 일관된 처신과 행동을 하는 것을 뜻한다.
자선적 차원 (philanthropic dimension)	개인이 다른 사람들을 돕기 위해 진정성을 바탕으로 자발적으로 수행하는 은혜로운 선행을 말한다.
환경적 차원 (environmental dimension)	개인에게 환경 보존의 책임이 있다는 것을 전제로 행하는 모든 실천적인 생활습관과 활동을 뜻한다.

자료: Davis et al.(2021).

게 하는 핵심 구성원이다.

CSR이 기업의 이해관계자들(정부, 시민사회, 주주와 투자자, 협력업체와 거래처, 임직원, 지역사회 등)이 기업에 기대하고 요구하는 사회적 의무들을 충족시키기 위해 세부적으로 경제적, 법적, 윤리적, 자선적 책임 등을 체계적으로 수행하는 활동이라면,[2] PSR은 CSR 범주에 맞춰 그 기업이나 조직의 구성원 개개인이 책임 있는 소비 행동을 포함하여 당연히 해야 할 사회적 책임 활동을 의미한다. PSR은 조직이 아닌 '개인'에 중점을 두고 있기에 'ISRIndividual Social Responsibility'라고 부르기도 한다. 나의 행동이 소속한 지역사회는 물론 조직에 영향을 미친다는 전제에서 출발하는 개념이다.

PSR은 개인의 경제적·사회적·환경적 삶의 영역에 영향을 미치기 때문에 CSR 결과를 설명하는 데에도 기여한다. PSR은 개인행동의 경제적 차원economic dimension, 법적 차원legal dimension, 윤리적 차원ethical dimension, 자선적 차원philanthropic dimension, 환경적 차원environmental dimension으로 구성된다(Davis et al., 2021). 이에 앞서 경제적 차원, 법적 차원, 윤리적 차원, 자유 재량적discretionary 차원, 환경적 차원으로 제시한 연구도 있었다.[3] 자유재량적 차원을 통용성이 보다 높은 자선적 차원으로 대체한 것이다.

PSR의 구성 체계에서 첫째, '경제적 책임'은 개인이 자신의 경제활동에 충실

하면서 형편과 분수에 맞게 필요한 것만을 효율적으로 구매하거나 소비하는 것을 의미한다. 낭비하지 않고 소비와 저축의 균형을 맞추며 효율적인 소비를 하는 것이 권장된다. 대중교통 이용, 지역 화폐 사용 및 지역 상품 구매, 쿠폰과 마일리지 축적 사용, 할인 쇼핑을 위한 발품 팔기 등도 이에 해당된다.

둘째, '법적 책임'은 개인이 책임감 있는 시민으로서 소속한 사회, 공동체, 조직에 미치는 모든 법률과 사회적 규칙을 준수하는 것을 말한다. 법에 의해 정해진, 자신이 속한 사회, 공동체, 조직의 규범을 개인이 철저히 지키는 것을 말한다. 교통법규, 「개인정보 보호법」, 민·형사법 등의 법률 위반과 세금 미납·체납, 기타 국가와 조직을 속이는 일체의 행동을 해서는 안 된다.

셋째, '윤리적 책임'은 법에 의해 정해지지 않은 법치 이외의 영역으로서, 개인이 공정, 상식, 도덕, 이성, 합리성에 맞게 일관된 처신과 행동을 하는 것을 의미한다. 내가 다른 사람들에게 기대하는 것처럼 내가 그대로 행하여 본보기가 되는 것을 말한다. '이웃과 잘 지내기'와 '윤리적 소비'도 포함된다. 이 항목의 결과물은 존경과 명예다. 이를 위해 필요한 개인들은 종종 관련 교육을 받아야 한다.

넷째, '자선적 책임'은 개인이 다른 사람들을 돕기 위해 진정성을 바탕으로 자발적으로 수행하는 은혜로운 선행이다. 시간, 노력, 비용을 투자하여 NGO와 협력하거나, 금전·재능 기부, 봉사활동, 다양한 사회적 의제의 캠페인 동참, 결식아동이나 독거노인 돕기 모금 참여, 농어민 돕기 바자 참석 등을 실행하는 것을 말한다. 이웃을 보살피고 존중하거나, 재활용을 위해 쓰레기를 분류하는 '작은 일'도 해당된다.

다섯째, '환경적 책임'은 개인에게 환경 보존에 대한 책임이 있다는 것을 전제로 행하는 모든 실천적인 생활습관과 활동을 말한다. 제품을 만들어 판매하는 방식부터 유통·소비까지 모두 적용된다. '녹색 소비'와 '자원 절약'도 필수적으로 포함된다. 화석연료 안 쓰기, 전기차 구매, 비닐 봉투 사용 안 하기, 플라스틱 병과 그릇 덜 사용하기, 포장지 덜 사용하기, 독성이 강한 화학 세제 대신 친환경 세제 사용하기, 층간소음 방지, 쓰레기 분리수거, 물 아껴 쓰기 등이 대표적인 실천적 행위다.

〈표 13-2〉 명사의 PSR 설계 주안점

구분	실천 계획	
	세부 항목	구체적인 실천 과제(직접 구상해 작성해 보세요)
경제적 책임	• 자신과 가정 • 주변인 • 팬들 • 사회	• ____ • ____ • ____ • ____
법적 차원	• 자신과 가정 • 주변인 • 팬들 • 사회	• ____ • ____ • ____ • ____
윤리적 차원	• 자신과 가정 • 주변인 • 팬들 • 사회	• ____ • ____ • ____ • ____
자선적 차원	• 자신과 가정 • 주변인 • 팬들 • 사회	• ____ • ____ • ____ • ____
환경적 차원	• 자신과 가정 • 주변인 • 팬들 • 사회	• ____ • ____ • ____ • ____

PSR을 잘 설계하여 실천하면 그가 속한 기업 이미지, 평판, 소비자의 구매 의도에 상당한 영향을 미치며,[4] 개인적으로도 더 높은 수준의 자존감 확립과 삶에 대한 만족으로 이어져[5] 우울감이나 스트레스가 사라지고 행복지수가 높아진다. 스포츠에서도 PSR이 다양한 신체 활동을 통해 좋은 성격 형성을 돕는 효과를 나타내는데, 이는 미국의 난민 아동 및 청소년을 위한 스포츠 프로그램 운영 연구에서 실증되었다.[6]

PSR은 개인이 해야 할 마땅한 책무다. 개인이 일생의 삶을 통해서 성장하고 자아를 실현해 가는 과정에서 건전한 사회시스템에 기여하기 위한 목적이다. 설계는 자신의 자유의지에 의해 해야 하며, 유지·관리는 일시적·단발적이 아니라 지속적·반복적으로 실현되도록 유념해야 한다.[7]

명사들의 경우 〈표 13-2〉와 같이 자신과 가정, 주변인(가족, 친구, 이웃, 동료), 팬(자신을 존경하고 숭배하는 대상), 사회(자신이 속한 조직과 공동체)의 네 가지 축으로 경제적 차원, 법적 차원, 윤리적 차원, 자선적 차원, 환경적 차원의 세부 실천 과제를 구상하여 실천하는 것이 바람직하다.

무엇보다도 일관성, 지속성, 충실성을 원칙으로 실행해야 한다. 그렇게 되면 개인, 가정, 주변인, 팬, 사회에 긍정적인 영향을 미쳐 공동체가 매끄러워지고 개인의 명성도 더욱 높아질 것이다. 타인이 자신에게 보내는 명예와 존경심으로 더욱 큰 보람을 느낄 것이다. 각자 구체적인 계획을 세워 실천해 보자.

토픽 69 오드리 헵번처럼 선행·봉사를 실천하자

오드리 헵번Audrey Hepburn은 왕실의 앤Ann 공주와 우연히 만난 길거리 신사와의 로맨스를 그린 흑백 영화 〈로마의 휴일Roman Holiday〉(1953)이 히트한 것을 계기로 영화배우로서는 물론 패셔니스타로서 최고 수준의 스타덤을 누린 명사다. 그는 이른바 '헵번 룩Hepburn Look'을 유행시키면서 남성은 물론 여성들의 마음속 깊은 곳까지 파고들며 우상으로 자리 잡았다.

헵번은 1993년 1월 20일 암 투병 끝에 홀연히 세상을 떠났지만, 그를 흠모하고 그리는 사람들은 아직도, 여전히, 오래도록 너무 많다. 많은 여성, 특히 요즘 배우들에게 가장 선망하는 명사가 누구냐고 물으면 단연 오드리 헵번을 손꼽는다. 이미지 면에서 감성적인 느낌, 연약함, 청순함, 우아함, 세련됨, 현대적인 느낌, 발랄함을 갖춘 배우인 데다 개인생활 면에서도 자신의 아픔과 불행을 극복하고 이를 아름답게 승화하면서 평생 남들이 하기 어려운 선행을 여생 동안 실천했기 때문이다. 다른 사람을 돕는 일을 하면 기분이 긍정적으로 변하고 봉사자의 행복이 증진되기에,[8] 이런 만족감에서 선행에 더욱 몰두했을 것으로 추정된다.

사람들이 그를 흠모하고 칭송하는 이유는 내면적 아름다움과 외면적 아름다움을 결합한 진정한 '미美의 우상'인 데다 자원봉사와 사회 기여와 같은 실천적 행동에서 유명인의 표상으로 삼을 만하기 때문이다. 그는 예술과 인생 경험을 쌓으며 평소 생각한 바, 느낀 바를 직접 실천했다. 가슴이 따뜻한 박애주의자였다. 이런 평판을 반영하듯 2006년 영국 신문 ≪데일리 미러Daily Mirror≫는 그를 '세월이 흘러도 가장 아름다운 여인' 1위에 선정했다.

헵번은 1929년 5월 4일 벨기에 브뤼셀에서 태어났다. 아버지는 아일랜드계 영국인 은행가, 어머니는 네덜란드 귀족 출신이었다. 부모가 결혼 후 벨기에, 영국, 네덜란드를 옮겨 다니며 살았다. 헵번은 이들이 벨기에에 거주하던 시절에 태어났다. 국적은 영국이지만 성장기에는 네덜란드에서 많이 보냈고, 배우가 된 뒤에는 미국 할리우드와 뉴욕에서 주로 활동했다. 그러니까 '벨기에 출신인

오드리 헵번의 청소년기, 청년기, 중년기, 노년기의 모습

영국 국적의 미국 영화배우'라 할 수 있다. 그의 다른 이름은 오드리 캐슬린 러스턴Andrey Kathleen Ruston이다.

헵번의 어머니는 모성애가 약해 헵번이 어린 시절 그를 냉대했다. 정치를 하고자 했던 아버지는 헵번이 여섯 살 때 집을 나간 뒤 따로 살다가 결국 이혼했다. 이런 유쾌하지 않은 가정환경 때문에 헵번은 깊은 상처와 애정 결핍에 시달리며 성장기를 보냈다. 더군다나 아버지는, 각종 악행으로 세계적인 분노를 초래한 나치 정권에 협조함으로써 역사적으로 치명적인 잘못을 저질렀다.

헵번은 10대 때는 영국에서 발레를 배우며 발레리나를 꿈꿨다. 제2차 세계대전이 격화되자 나치 독일 치하의 네덜란드로 보내졌다. 성장기인 그때 음식을 제대로 먹지 못해 심하게 야위었고, 네덜란드 병사가 준 초콜릿을 먹고 간신히 죽을 고비를 넘겼다. 암스테르담에서 발레를 배우다가 런던의 발레학교에 들어가 연습하던 헵번은 키(170cm)가 작아 프리마돈나가 될 수 없다는 선생님의 이야기를 듣고 하늘이 노랗게 보이듯 충격에 빠졌다. 꿈을 포기해야 하는 상황이었다.

그 뒤 생활비를 벌려고 〈천국에서의 웃음Laughter in Paradise〉, 〈젊은 아내들의 이야기Young Wives' Tale〉, 〈첫사랑Secret People〉 등 여러 영화에 단역으로 출연했으나 큰 주목을 받지 못했다. 이후 연극 〈지지Gigi〉[9]의 뉴욕 공연에서 주연을 맡아 예기치 않게 흥행을 맛보았다. 그때 영화 〈미니버 부인Mrs. Miniver〉(1942)으로 1943년 제15회 미국 아카데미 시상식에서 감독상을 받았던 미국의 유명 영화감독 윌리엄 와일러William Wyler가 이 공연을 보고 헵번을 주목했다. 와일러는 자신이 연출하는 영화 〈로마의 휴일〉 주인공 후보로 헵번을 점찍어 캐스팅 오디션을 보도록 했고, 결국 최종적으로 그를 선택함으로써 영화 출연을 확정했다.

헵번은 1948년 영화에 입문했지만, 본격적인 데뷔작은 이 작품이었다. 〈로마의 휴일〉은 개봉 후 크게 흥행하여 그를 인기 배우 반열에 올려놓았다. 결국 이 작품의 히트와 인기를 인정받아 그는 1953년 '아카데미상' 여우주연상을 받았다. 드디어 정상급 배우로 발돋움한 것이다. 헵번의 연약하고 청순하면서도 발랄함이 풍겨나는 이미지는 이때부터 대중들에게 각인되었다.

후속작인 영화 〈사브리나Sabrina〉(1954), 〈티파니에서 아침을Breakfast at Tiffany's〉(1961), 〈샤레이드Charade〉(1963), 뮤지컬 영화 〈마이 페어 레이디My Fair Lady〉(1964) 등도 연속적으로 히트하면서 이런 작품들은 그에게 '무비 퀸movie queen'이란 영예로운 명성을 달아주었다. 영화에 나온 그의 의상, 메이크업, 액세서리 스타일 등은 모두 화제가 되어 패션계를 강타했다. 헵번은 브로드웨이 연극 〈온딘Ondine〉에 물의 요정 역으로 출연해 '토니상' 여우주연상을 받음으로써 무대 연기력을 과시하기도 했다.

작품들의 히트로 헵번의 팬덤은 하늘 높이 치솟았다. 그에 대한 사랑은 일반인을 넘어 아티스트들에게도 뜨거웠다. 그를 흠모하다 못해 집착한 대표적인 아티스트는 밴드 그룹 데이브 브루벡 쿼텟Dave Brubeck Quartet의 알토 색소폰 연주자 폴 데즈먼드Paul Desmond였다. 헵번은 연극 〈온딘〉에 출연 중이었는데, 데즈먼드는 헵번을 보기 위해 그가 연주하던 나이트클럽을 떠나 종종 브로드웨이 극장으로 향했다. 급기야 그는 헵번을 위한 서정성 짙은 노래 「오드리Audrey」를 만들었다. 이 노래는 1955년 컬럼비아 레코드의 앨범 〈브루벡 타임Brubeck Time〉에 등장한다. 이 노래는 가사가 없는 것이 특징인데, 다른 대부분의 재즈 음반에서 나타나는 특징이지만 자신의 마음을 가사로 도무지 표현할 수 없다는 것을 나타내는 '무언의 메시지' 효과라고 해석된다.

이런 행복에도 불구하고 헵번은 어린 시절의 불행한 가정사와 참혹한 전쟁으로 인한 상처에 내내 아파했다. 아울러 '직감적으로 통하고 필feeling이 꽂히는 사랑'만을 앞세웠던 본인의 판단 착오와 실수로 인해 두 번의 결혼과 이혼을 하면서 적잖은 아픔을 겪었다. 헵번은 한창 인기가 오르면서 배우 생활에 바빠 이미 약혼했던 남자와 파혼하고, 인기 절정의 시기인 25세 때 스위스의 루체른에서 12살 연상의 배우 멜 페러Mel Ferrer와 결혼했다.

페러는 극단에서 연극을 가르쳐준 선배였지만 세 번의 이혼 경력이 있고 네 명의 자식까지 있어 어머니의 반대가 심했음에도, 순전히 느낌과 애정에 끌려 결혼했다고 한다. 결혼 후 남편과 사이가 순탄치 않았지만 결혼한 지 6년 차에 아들 숀Sean을 낳았다. 이후 성격 차와 사업상 이해, 남편의 외도 등으로 부부 관계가 더욱 악화하자 1년간 별거하다 결혼 14년 차(39세 때)인 1968년에 이혼했다.

그 뒤 여행 중에 만난 9살 연하의 따뜻하고 사근사근한 남자와 사랑이 싹텄다. 상대는 바로 이탈리아 귀족 출신 정신과 의사이자 대학교수인 안드레아 도티Andrea Dotti였다. 헵번은 39세인 1970년 도티와 결혼해 아들 루카Luca를 낳았지만, 부성 결핍이자 바람둥이인 도티와의 결혼 생활은 순탄치 않았다. 결국 53세 때인 1981년에 이혼했다. 이때 헵번은 마음속으로 앞으로 다시는 무슨 일이 있어도 절대 결혼하지 말자고 결심했다고 한다.

헵번은 이후에 '유니세프UNICEF(유엔아동기금)' 홍보대사가 되었다. 그래서 당시 저개발 국가였던 아프리카 에티오피아, 수단, 아시아의 방글라데시, 베트남 등을 돌며 아이들을 살피는 등 인도주의적인 구호 및 자선 활동에 앞장섰다. 유니세프 활동을 하던 중 네덜란드 출신 배우인 로버트 월더스Robert Wolders를 만나 동거하며 가정에서 소소한 일상을 즐겼다. 배우로서 헵번은 스티븐 스필버그Steven Spielberg가 연출한 1989년 작품 〈영혼은 그대 곁에Always〉에 출연한 것을 마지막으로 영화계에서 은퇴했다.

그는 1992년 9월 유니세프 친선대사로 소말리아를 방문한 뒤 대장암에 걸린 사실을 알았다. 그 상태에서도 자선활동을 이어갔다. 아버지가 나치 동조자였다는 것에 대한 속죄의식과 자신도 어린 시절 나치 독일이 저지른 전쟁 만행의 피해자로 심한 궁핍과 배고픔을 겪었던 기억이 자선활동에 적극적으로 나선 계기 가운데 하나였다고 한다. 헵번은 1992년 11월 대장암 수술을 받았으나 완치하지 못하고 1993년 스위스 자택에서 63세의 아까운 나이에 세상을 떠났다.

헵번은 많은 아픔을 극복하고 전 세계의 모든 사람이 사랑하고 흠모한 20세기의 걸출한 '대중문화의 아이콘'으로 역사에 자리매김했다. 영화적 족적과 삶의 족적 모두 '가장 아름다운 여인'이라 칭송하기에 손색이 없었다. 특히 남성 팬들에게는 한없이 사랑스러운 '세기의 연인'으로 기억되고 있으며 여성들에게는 가장 닮고 싶은 '준거 모델reference model'이자 존귀함의 대상으로 여전히 살아 있다.

그의 일대기와 마지막 모습은 이어령 교수가 생전에 병상에서 투병하며 마지막 남기는 말로 제시한 "어느 맑은 영혼이 새벽 잡초에 떨어진 그런 말"[10]처럼 그 자체로 정갈하고 숭고한 '선물' 같은 삶이었으며, 팬들에게는 나태주 시인의 "많이 보고 싶겠지만 조금만 참자"란 시구(시 「묘비명」)[11]처럼 시간이 흘러도 뜨거운 열망과 환영을 불러일으키기에 충분했다.

헵번이 영화와 실제 결혼식에서 입거나 착용한, 허리선과 모던함을 강조한 웨딩드레스, 이브닝드레스, 트렌치코트, 이브닝 글러브, 액세서리 등은 여성들을 매혹했다. 광고와 패션업계는 그녀를 활용함으로써 브랜드의 가치와 품격을 한층 높이는 성과를 창출했다. 명품 크리에이터 크리스티앙 디오르Christian Dior, 위베르 드 지방시Hubert de Givenchy, 살바토레 페라가모Salvatore Ferragamo도 바로 그와 함께 작업하며 성장한 주역들이다. 특히 영화 〈티파니에서 아침을〉에서 착용한 아담한 블랙 드레스와 신발과 액세서리, 〈사브리나〉에서 입은 7부 바지 형태의 맘보 바지('사브리나 팬츠') 등은 그의 우아함과 감각을 상징하는 패션 코드가 되었다.

헵번의 자기 초월적 구호와 자선활동은 아티스트들은 물론 각국 명사들에게 본보기가 되었다. 엄청난 자극제였다. 유엔과 민간단체 '세계 평화를 향한 비전Global Vision for Peace'은 2004년 2월 '오드리 헵번 평화상'을 제정해, 오랫동안 유니세프 친선대사로 활동하며 인류애를 실천한 그를 추모했다.

장남인 숀 헵번 페러Sean Hepburn Ferrer는 2017년 9월 홍콩에서 열린 모친의 유품 전시회 및 경매 행사에 참석해 "어머니는 세상을 떠나시기 전 유니세프 대사로 활동하신 5년간 진정한 인간애와 열정이 무엇인지 보여주셨다. 이러한 사랑이야말로 그녀의 우아함을 만든 근원이라고 생각된다"라고 어머니의 숭고한 생을 회고했다.[12] 숀 헵번 페러는 '오드리 헵번 어린이재단'을 설립하여 각국 아동들에 대한 구호사업을 펼치고 있다. 영화제작 프로듀서로도 활동 중인 그는 우리나라 국민의 아픔에도 관심을 가졌는데, 세월호 사건 이후에 이 사건의 희생자들을 기리고 상처받은 유족들을 위로하기 위해 기부를 하여 전남 진도군 팽목항에서 4.16킬로미터 떨어진 백동 무궁화동산에 '세월호 기억의 숲'을 조성하기도 했다.[13]

헵번은 평소에 시 한 편을 무척 좋아했다. 바로 미국의 교육자이자 휴머니스트인 샘 레벤슨Sam Levenson이 손자들을 위해 쓴 「시간이 일러주는 아름다움의 비결Time Tested Beauty Tips」이다. 헵번은 세상을 떠나기 1년 전 크리스마스이브에 자식들에게도 이 시를 들려주었다고 한다. 그래서 이 시는 헵번의 유언과 다름없는 엄마가 전하는 '당부의 말'로 회자하고 있다. 이 시를 읽으면 헵번의 아름다운 성정과 정신세계를 엿볼 수 있으며, 높은 명성을 얻는 각계의 인사들도 자선활동 동기 부여 등에서 큰 울림을 얻게 될 것이다. 여기에 시의 일부를 인용하여 소개한다.[14]

시간이 일러주는 아름다움의 비결

Time Tested Beauty Tips

매혹적인 입술을 가지고 싶다면, 친절한 말을 하라.

For attractive lips, speak words of kindness.

사랑스러운 눈을 가지고 싶다면, 사람들의 선한 면을 보아라.

For lovely eyes, seek out the good in people.

날씬한 몸매를 가지고 싶다면, 그대의 음식을 배고픈 사람들과 나눠라.

For a slim figure, share your food with the hungry.

예쁜 머릿결을 가지고 싶다면, 하루에 한 번은 어린이가
자신의 손가락으로 그대의 머리카락을 쓰다듬게 하라.

For beautiful hair, let a child run his fingers through it once a day.

아름다운 자세를 가지고 싶다면, 결코 그대가 혼자 걷지 않아야 함을 명심하라.

For poise, walk with the knowledge you'll never walk alone.

사람들이야말로 재산보다는, 상처로부터 회복되어야 하고,
낡은 것들로부터 새로워져야 하고, 병으로부터 활기를 되찾아야 하고,
무지로부터 깨우쳐야 하고, 고통으로부터 구원받고 또 구원받아야 한다.

People, even more than things, have to be restored, renewed,
revived, reclaimed and redeemed and redeemed.

결코, 누구도 버리지 말라. 기억하라, 도움의 손길이 필요할 때,
그대는 팔 끝에 있는 손을 찾아 활용할 수 있으리라.

Never throw out anybody. Remember, if you ever need a helping hand,
you'll find one at the end of your arm.

그대는 나이가 들어감에 따라 손이 두 개인 이유를 알게 될 것이니,
하나는 자신을 돕기 위해서, 다른 하나는 다른 사람을 돕기 위해서니라.
As you grow older you will discover that you have two hands.
One for helping yourself, the other for helping others.

지금까지 오드리 헵번의 걸출한 배우로서의 삶과 숭고한 사회 공헌 사례를 살펴보았다. 헵번 이후 세대인 세계의 명사들도 최근 들어 가정폭력, 암 예방, 기후 변화, 트랜스젠더 수용성에서부터 난민 문제와 국내외 빈곤 퇴치에 이르기까지 공동체의 다양한 의제와 이슈에 참여하고 있다. 이들은 거의 습관적·주기적으로 그들의 이름, 시간, 돈, 에너지를 투여하거나 빌려주며 대중들의 인식을 높이고, 기금을 조성하며, 중요한 사회적 이슈에 대한 사회적·정치적 반응을 끌어내기 위해 노력하고 있다. 그 과정에서 명사와 후원단체의 연대와 연민의 정신이 강화되기도 하고, 명사와 후원기업 사이의 내재된 긴장도 나타나고는 하기에,[15] 이를 지혜롭게 잘 풀어가며 자신들의 의지를 펼쳐야 할 필요가 있다.

최상위 수준에 있는 톱스타급 명사들이 특정한 봉사활동이나 자선활동을 하면 동류나 그 이하 수준에 있는 명사들이 그들을 모방하거나, 기존의 사례를 준거로 그 사회가 요구하는 일정한 양상을 따르며 주기적으로 그 패턴을 반복한다. 대중들을 감동시키는 사례도 있지만 진정성이 거의 없어 보여주기식인 경우도 있다. 그래서 일각에서는 이들의 활동에 대해 지구촌 곳곳이 처한 문제 해결에 얼마나 도움이 되었는가라는 점에서 회의도 제기한다.

따라서 명사들의 이런 활동은 이제 차원이 달라져야 한다. 필자는 그들은 그렇게 할 만큼 충분히 지혜롭고, 그럴 만한 역량을 지녔다고 평가한다. 미디어를 통해 기사화하는 화제를 일상적인 '자선philanthropy'이나 적극적 참여인 '행동주의activism'로 관심을 끄는 데 그치지 않고, 명사들이 스스로 해당 이슈의 옳고 그

름에 대한 가치 판단, 책임 소재, 캠페인의 조직화, 실질적 문제 해결 방법까지 제공해야 한다.[16] 명사들의 이런 행동은 대중들이 놀랄 새로운 접근법이기에 그들이 속한 사회에 큰 반향과 변화를 가져다줄 것이다.

토픽 70 아우트로: '선한 영향력' 발휘로 생을 빛내자

명사는 자신을 좋아하거나 존경하거나 숭모하는 사람들의 힘으로 형성된 명성과 평판을 토대로 하는 위대한 무형의 사회적 지위다. 따라서 무엇보다도 여러 방면에서 책임 있는 행동을 하고 마음, 언행, 목표의 방향이 그런 대중이 있는 사회로 향해야 한다. 특히 자신을 위해 음양으로 지지하는 마음을 보내고 수고와 배려를 해준 대중들과 주변 사람에게 감사하고 배려하는 마음을 지녀야 한다.

감사gratitude라는 태도·행동에는 대상에 대해 감사하는 따뜻한 감정, 대상에 대한 우호적 감정, 감사함과 우호 감정을 이행하는 성향이란 세 가지 요소가 포함되어 있다.[17] 명사들은 사실 자신이 남들이 우러러보는 명사의 반열에 올랐다고 느끼는 순간, 이런 '의무감'이나 '당위성' 이전에 무언가 책임 있고 바람직한 사회적 행동을 해야 한다는 것에 대해 스스로 심한 압박을 느낀다. 실제로 2012년 미국 프로농구NBA에서 활약 중인 흑인 농구선수들을 대상으로 연구했더니, 이들은 타인의 '숭배 대상'이란 명성과 지위를 누리고 있기에 책임 있는 행동을 해야 한다는 광범위한 압력을 느끼고 있었다.[18] 결국, 명사들은 누리는 수혜만큼 강박증처럼 사회적 압력을 의식한다.

그러나 선행을 자발적으로 하고 다양한 층위에서 큰마음을 보여줘야 강박증에서 벗어날 수 있다. 실제 연구에서 선행·봉사와 자선을 왜 하는지 살펴봤더니, 공유하는 사회적 가치를 표현하고, 사회적 역할을 하며 소속감을 느끼고, 기여 분야에 대한 지식을 얻고, 잘된 것에 대한 혜택을 돌려주거나 좋은 일을 해야 한다는 심리적 부담감을 덜고, 자신을 더욱 풍요롭게 이끌고, 관련 활동 경력을 풍부하게 쌓기 위해 하는 것으로 나타났다.[19]

그런 차원에서 맞닥뜨리는 개념이 '선한 영향력positive influence'이다. 사람들은 유명해지거나 권력을 갖게 되면 다양한 '사회적 영향력social influence'을 갖게 된다. 그들이 갖거나 취하게 되는 큰 방, 고급 책상, 중후한 소품, 학위증, 상장, 면허증, 출중한 인맥, 과시적 행동, 지배적 의사 결정 등 이런 것이 모두 사회적 영향력을 보여주는 유무형의 상징이며,[20] 그 힘의 크기는 많은 경우에 사람의 행동을 바꿔놓을 수 있다는 점만 봐도 실제로 막강하다.

'사회적 영향력'은 '미치는 힘'이라는 영향력과 '상호작용'이라는 사회적 연계성이 하나로 통합된 용어다. 사회적 영향력은 사회학 관점에서는 '인간이 실제 상황이나 상상 속에서 타인에게 받는 압력에 의해 일어나는 행동 변화'를 뜻한다.[21] 심리학에서는 '어떤 사람이 영향을 주는 특정인, 타인 및 사회와의 관계에서 자신을 인식하는 결과로 나타나는, 의도적 또는 비의도적으로 타인에게 행하는 행동 변화'라고 규정한다.[22] 사회개발론 분야에서는 '사회 구성원으로서 인간이 욕구에 부응하기 위해 일상적으로 하는 일, 놀이, 삶의 방식에 변화를 주는 것',[23] 또는 '사람들이 상호 관계를 하면서 사회 구성원으로서 대처하는 방식을 바꾸거나 공공·민간의 조치를 촉발하는 사회·문화적 결과'[24]라고 정의한다.

선한 영향력은 이러한 다양한 층위의 사회적 영향력 가운데 "정서적 공감을 일으켜 타인과 조직, 사회, 국가에 긍정적 작용을 미치는 영향력"이다. 앨리스 아이센Alice M. Isen은 이를 "문제 해결과 의사 결정 효율을 향상시켜 유연하고, 혁신적이며, 창의적이며, 철저하고, 효율적인 인지처리를 이끌어내는 힘"이라고 정의했다.[25]

이 용어는 종교, 특히 개신교에서도 많이 사용한다. 목회자들은 예수의 가르침 또는 예수에 의한 인간 구원의 길을 뜻하는 '복음福音, evangelizing'과 신앙을 실천하는 자들이 행하는 '좋은 영향'에 초점을 두어 선한 영향력을 "진실하고 최선을 다하는 자세로 진리의 편에 서거나 좋은 영향을 미쳐 복음에 이르게 하는 선교활동"이라 규정한다.[26]

선한 영향력의 발휘나 실천은 명사를 비롯한 개인들이 자신의 사회적 위상과 가치를 촉진하고 실현하기 위해 일종의 기부 행동을 한다[27]는 점에서 '개인의 사회적 책임ISR, Individual Social Responsibility'이라 할 수 있다. ISR은 기업의 사회적 책임CSR, Corporate Social Responsibility의 개인 버전으로서 프린스턴대학교 교수 피터 싱어Peter Singer가 칸트Immanuel Kant의 이상적 윤리학을 실천 영역으로 승화시킨 개념이며, 자신이 사회를 위해 무엇을 해야 하는지에 관한 개인 인식에 초점을 맞춰 추진되는 행동이다. 데이비스S. L. Davis와 동료 연구자들은 ISR이 CSR에서 '구성원'의 역할을 강조한 대안적 개념이라며 'PSRPersonal Social Responsibility'이라 칭했다.[28]

명사들이 선한 영향력을 구체적으로 어떻게 계획하여 실천할지에 대한 답을 찾고자 한다면 다음 내용을 참조하면 된다. 바로 경제 잡지 ≪포브스Forbes≫의 기사와 필자의 연구 사례다.

먼저 ≪포브스≫는 본질적으로 선한 영향력은 개인의 헌신성, 개방성, 소통성, 변화 추동성, 이타성, 영향성, 탈이해성脫利害性 등을 강조하는 개념이므로 다음과 같은 아홉 가지 덕목을 실천할 것을 권한다.[29] 선한 영향력을 실천하는 아홉 가지 기본 원칙인 셈이다.

그것은 첫째, 삶의 의미와 목적을 구현하는 것에 헌신하기, 둘째, 지속해서 자신을 개선하기 위해 노력하기, 셋째, 개방적이고 상호 유익한 방식으로 사람들과 소통하기, 넷째, 시간과 에너지를 무엇을 이룰 수 있는가에 투자하기, 다섯째, 타인의 비판을 수용해 반영하기, 여섯째, 알고 있는 것들을 적시에 전파하기, 일곱째, 자신이 발전·진보하면서 다른 사람들을 고취하기, 여덟째, 어떤 결과보다 행복한 인생 여정 자체를 목표로 설정하기, 아홉째, 자신의 힘과 영향력을 적재적소에 잘 사용하기다.

이어 명사의 범주에 속하는 인기 연예인의 행동 사례와 유형을 참조할 필요가 있었다. 그래서 필자는 '선한 영향력'이란 용어가 매체에 처음 언급된 시점(2018년 말) 이후 2019년 1월 1일부터 2020년 3월 31일까지 포털 네이버에 게재된 15개월 치 관련 기사 272건의 내용을 분석했다.[30] 그 결과 먼저 연예인들이 실천한 선한 영향력의 행동 양태는 금품 기부 등 여섯 가지로, 행동의 동기는 여섯 가지 유형으로 나타났다.

이 조사에서 연예인들은 금품 기부 54.4%(148건), 사회적 의제 참여(14.0%, 38건), 자원봉사(13.2%, 36건), 캠페인 참여(11.4%, 31건), 기타 선행 활동(4.0%, 11건), 자선적 작품 활동(3.0%, 8건) 순으로 사회적 영향력을 실천했다. 가장 많은 비중을 차지한 금품 기부는 구체적으로 현금 기부 87.8%(130건), 물품 기부 11.5%(17건),

현금·물품 혼합 0.7%(1건) 순으로 나타나 절차와 방법이 간단한 현금 기부에 과 집중된 특성을 보였다.

동기별로 유형을 분류하면 여섯 가지가 된다. 첫째, '고충 공감형苦衷共感型'은 어려운 계층이 겪는 어려움에 공감하여 저절로 마음이 발동함으로써 선행과 같은 행동에 나선 것으로서 가장 많은 사례를 나타냈다. 둘째, '팬덤 보답형fandom 報答型'은 팬들이 보내준 사랑에 대한 답례로 한 것이다. '보은'이란 단순한 심리가 발동해서 이뤄지는 것들이다. 셋째, 동참 촉구형同參促求型'은 선행을 통해 대중의 관심과 참여를 촉구하는 유형으로 사회적 공명심과 닿아 있었다. 넷째, '인연 중시형因緣重視型'은 인연이 있는 개인과 단체에 대해 지속적인 표현 행동을 하는 것이다. 다섯째, '체험 천착형體驗穿鑿型'은 어떤 일이나 사건을 먼저 겪은 경험을 반추하며 이런 사안에 특별히 관심을 표명하는 것을 말한다. 여섯째, '기억 환기형記憶喚起型'은 역사적 사실이나 사건, 망각해서는 안 되는 중대 사안에 대해 공동체 구성원들의 기억과 기념을 촉구하는 동기 유형을 말한다.

잔잔한 물은 깊이 흐르고Still waters run deep., 벼는 익을수록 고개를 숙인다. 사람을 대할 때는 머리를 낮게 하고 마음을 아래로 한다(저수하심低首下心)는 말이 있다. 사회적 영향력의 실천은 경륜이 쌓일수록, 인생과 세상에 대한 통찰력이 강할수록, 나이가 들수록 수용성이 높고 실천 의지도 강해진다고 한다. 심리학자 에릭 에릭슨Erik Erikson은 인생을 8개 발달 단계로 구분하면서 7번째 단계(35~60세)에는 인간의 본성에 따라 자신이 세상과 후대에 이바지하는 공헌의 덕목을 배우고 실천해야 하는 시기이기 때문에 인간 본연의 긍정적 성품인 선한 영향력이 잘 발휘되는 시기라고 말했다.[31]

선한 영향력은 자신이 가진 마음의 크기와 기대치, 자신의 능력과 관점, 경제적 여유의 범위 내에서 진심에서 우러나와 발휘하면 매우 자연스럽고 아름답다. 무엇보다 특별한 이벤트가 아닌, 늘 하는 일처럼 해야 한다. 그렇게 하면 누구나 세상에 아름다운 이름을 남기게 될 것이다.

명사들이 실천해야 하는 개인의 사회적 책임 활동의 동기 및 실천과 관련하여 교황의 말은 적지 않은 생각의 씨앗과 마음의 울림을 준다. 프란치스코Francisco

교황은 2022년 8월 KBS와 인터뷰에서 "모든 분들이 선행하는 일에 지치지 마시길 부탁드립니다. 삶은 아름다운 것입니다. 그런데 삶은 경계선 없는 넓은 마음으로 삶을 살 때 아름다운 것입니다. 여러분, 이 일에 삶을 거십시오"라며 선행의 실천을 당부했다.[32] 이에 앞서 교황은 2021년 11월 '제6차 가난한 이의 날' 담화에서 "가난한 이들은 항상 당신의 곁에 있습니다. 선행의 기회를 놓치지 마세요"라며 선행할 때 미사여구를 늘어놓지 말 것과, 시혜적 봉사가 아닌 대상과의 상호 나눔 및 운명의 공유가 중요하다는 점을 강조했다.[33] 선행을 할 때 자발성, 일상성, 진정성, 쌍방향 소통과 교감, 같은 눈높이가 무엇보다도 중요하다는 뜻이다.

| 주 |

제1장 명성과 명사 관련 개념

1 Duckworth, A. 2016. *Grit: The Power of Passion and Perseverance*. New York: Scribner Book Company[『그릿』, 김미정 옮김(서울: 비즈니스북스, 2022)].

2 Douglas, R. L. 2021.2.28. "No Stupid Questions EPISODE #41: Why Are We So Attracted to Fame?" Freakonomics Radio Network.
(https://freakonomics.com/podcast/why-are-we-so-attracted-to-fame/)

3 Stever, G. 2018. *The Psychology Celebrity*. New York: Routledge.

4 https://www.youtube.com/zoella

5 Jerslev, A. 2016. "In The Time of the Microcelebrity: Celebrification and the YouTuber Zoella." *International Journal of Communication*, Vol.10, pp.5233~5251.

6 Van Krieken, R. 2018. *Celebrity Society: The Struggle for Attention*(2nd edition). London: Routledge.

7 "The star becomes identified with and ultimately transcends her screen image: by assimilating the moral virtues of every movie heroine she becomes analogous to the tutelary saints, to the guardian angels"(p.8).

8 Dyer, R. 1979. *Stars*. London: British Film Institute.

9 Dyer, R., and McDonald, P. 1998. *Stars*(orig. in 1979). London: British Film Institute.

10 Garber, M. 2017.2.25. "Why Are They 'Stars'?" *The Atlantic*.
(https://www.theatlantic.com/entertainment/archive/2017/02/why-are-celebrities-known-as-stars/517674/)

11 김정섭. 2014.『케이컬처 시대의 배우 경영학』. 파주: 한울엠플러스.

12 김정섭. 2020.「조선의 톱스타 엔터테이너 '달문(達文)'의 예술적 역량 분석과 그 함의」. ≪한국엔터테인먼트산업학회논문지≫, 제14권 제1호, 125~135쪽.

13 https://www.ldoceonline.com/

14 "At the feet of each star rises, as if of its own accord, a chapel, i.e., a club"(p.74).

15 "Love for the stars is a love without jealousy, without envy, divisible among them, relatively unsexualized, i.e., a matter of adoration"(p.78).

16 Gottbrecht. L. 2016.8.18. "Three Different Types Of Influencers All Marketers Should Know

[Infographic]." *Mavrck*. (https://www.mavrck.co/the-three-types-of-influencers-all-marketers-should-know-infographic/); 최조이스·강환국. 2017. 「소셜 인플루언서를 활용한 미국 시장 진출 전략」. *Global Market Report*, Vol.17, No.3. 1~44쪽. 서울: KOTRA.

17 박종석. 2020.8.19. "허언증과 관종은 왜 생길까?" ≪정신의학신문≫. (http://www.psychiatricnews.net/news/articleView.html?idxno=17932).

18 김곡. 2020. 『관종의 시대』. 서울: 그린비.

19 양수영. 2018. 『관심종자』. 서울: 더로드.

20 온라인 에디터. 2016.4.22. "[카드뉴스] 혹시 나도 관종? 관종 자가 진단 테스트." ≪매거진 한경≫. (https://magazine.hankyung.com/job-joy/article/202102195619d)

21 임홍택. 2020. 『관종의 조건』. 서울: 웨일북.

22 Rockwell, D., and Giles, D. 2009. "Being a Celebrity: A Phenomenology of Fame." *Journal of Phenomenological Psychology*, Vol.40, No.2, pp.178~210.

23 Braudy, L. 1997. *The Frenzy of Renown: Fame and its History*(2nd ed.). New York: Vintage.

24 Van Krieken, R. 2018. *Celebrity Society: The Struggle for Attention*. London: Routledge.

25 Drake, P., and Miah, A. 2010. "The Cultural Politics of Celebrity." *Cultural Politics*, Vol.6, No.1, pp.49~64.

26 Luckhurst, M., and Moody, J.(Eds.) 2005. *Theatre and Celebrity in Britain, 1660~2000*. Basingstoke: Palgrave Macmillan; Stever, G. 2018. *The Psychology Celebrity*. New York: Routledge[『셀러브리티』, 정지숙 옮김(서울: 돌배나무, 2022)].

27 Garber, M. 2017.2.25. "Why Are They 'Stars'?" *The Atlantic*. (https://www.theatlantic.com/entertainment/archive/2017/02/why-are-celebrities-known-as-stars/517674/)

28 Boorstin, D. J. 1962. *The Image: A Guide to Pseudo-events in America*. New York: Harper.

29 Duffett, Mark. 2013. *Understanding Fandom: An Introduction to the Study of Media Fan Culture*. New York: Bloomsbury Academic.

30 Turner, G. 2010. *Ordinary People and the Media: the Demotic Turn*. London: Sage.

31 Patty-Giles, T. 2008. "Fame, Celebrity and the Legacy of John Adams." *Western Journal of Communication*, Vol.72, No.1, pp.83~101.

32 Spurgin, T. 2014. "'Notoriety is the Thing': Modern Celebrity and Early Dickens." *Dickens Studies Annual*, Vol.45, pp.45~62.

33 Usher, B. 2020. *Journalism and Celebrity*. New York: Routledge.

34 Broostin. D. J. 1962. *The Image: Or What Happened to the American Dream*. New York: Atheneum.

35 Van Krieken, R. 2012. *Celebrity Society: The Struggle for Attention*. New York: Routledge.

36 신문·잡지에 등장하는 정치와 정치인에 관한 가십(gossip)은 언론과 정치의 관계 설정과 취재 편의를 위한 '정치(인) 띄우기'의 대표적인 현상이다.

37 Cashmore, E. 2006. *Celebrity Culture*. New York: Routledge.

38 Dyer, R. 1979. *Stars*. London: BFI Publishing.

39 Sternheimer, K. 2014. *Celebrity Culture and the American Dream: Stardom and Social Mobility*. New York: Routledge.

40 미국 연방 수정헌법(제1조의 '언론 자유와 언론 보호의 자유')에 의거해 정부와 공공 문제에 대한 격렬한 논쟁을 촉진하기 위한 언론 자유의 포괄적 보호와 명예훼손 소송에서 원고의 입증 책임을 재확인한 역사적인 판결이다. 민권 운동기인 1960년 ≪뉴욕타임스≫는 위증 혐의로 기소된 마틴 루서 킹 주니어(Martin Luther King Jr.) 목사를 변호하기 위해 기부금 모집 광고("Heed Their Rising Voices")를 게재했다. 그런데 이 광고에는 그 목사가 체포된 횟수, 경찰의 세부 행동 등 몇 가지 부정확한 내용이 포함되는 실수가 있었다. 몽고메리시 공안국장인 설리번은 비록 그가 광고에서 직접 언급되지는 않았지만, 그의 부하들에 대한 비판이 반영되었다고 보고 ≪뉴욕타임스≫에 관련 정보 철회를 서면으로 공식 요구했다. ≪뉴욕타임스≫가 이를 거부하자, 설리번은 ≪뉴욕타임스≫와 신문광고에 언급된 아프리카계 미국인 장관들을 상대로 명예훼손 소송을 제기했다. 관할 앨라배마 주법원의 배심원단과 판사는 그에게 50만 달러란 거액의 손해배상금 지급을 요지로 설리번의 손을 들어줬지만, ≪뉴욕타임스≫는 즉시 항소했다. 연방대법원에서는 하급심 판결이 뒤집혀 ≪뉴욕타임스≫가 대법관 만장일치로 승소했다. 윌리엄 브레넌(William J. Brennan Jr.) 대법관이 '실제적인 악의(actual malice)'란 용어를 처음 사용해 작성한 판결문에는 공공 문제에 대한 토론은 제한받지 않고, 강력하고, 개방적이어야 하며, 맹렬한 비판과 심지어 실수까지도 민주사회가 자유를 위해 치러야 할 대가의 일부라고 적시되었다. 결국 대법원은 그 성명서는 공인에 관한 것으로 언론의 관련 보도에 실수가 있었지만 거짓이라고 보기에 충분하지 않다고 보았다. 아울러 명예훼손 소송의 제기자가 보도나 진술이 '실제적인 악의'가 작동하여 허위이거나 정확성의 검증 없이 사실에 대한 무모한 무시를 통해 만들어져 유포되었다는 것을 입증해야 한다는 점도 재확인했다.

41 Hanson, W., and Kalyanam, K. 2007. *Internet Marketing & E-commerce*. Mason, OH: Thomson/South-Western.

42 Keel, A. and Nataraajan, R. 2012. *Celebrity Endorsements and Beyond: New Avenues for Celebrity Branding*. Psychology and Marketing, Vo.29, No.9, pp.690~703.

43 Bell, C. E. 2009. *American Idolatry: Celebrity, Commodity and Reality Television*. University of Colorado at Boulder ProQuest Dissertations Publishing.

44 Van Krieken, R. 2012. "Celebrity's Futures: 15 Minutes of Fame, or Fame in 15 Minutes." in *Celebrity Society*. New York: Routledge. 앤디 워홀의 발언 원문은 "In the future, everyone will be world-famous for 15 minutes"이다.

45 La Ferla, R. 2010. "The New Icons of Fashion." *The New York Times*. Retrieved November, 2010, from http://nytimes.com.

46 Monaco, J. 1978. "Celebration." in J. Monaco(ed.). *Celebrity*. New York: Delta.

47 Rojek, C. 2001. *Celebrity*. London: Reaktion Books.

48 Giles, D. 2000. *Illusions of Immortality: A Psychology of Fame and Celebrity*. Houndmills

and London: Macmillan Press Ltd.

49 https://portal.ct.gov/MIL/MAPO/History/People/Stubby-the-Military-Dog

50 http://strongheart.com.au/?page_id=24

51 2018년 개봉된 애니메이션 영화 〈캡틴 스터비(Sgt. Stubby: An American Hero)〉를 참조하면 이야기의 기승전결을 이해할 수 있다.

52 이 개에 관한 이야기는 다음 문헌을 통해 상세히 확인할 수 있다. Candace, F., and Rohmann, E. 2018. *Strongheart: Wonder Dog of the Silver Screen*. Schwartz & Wade Books.

53 Silverman, S. M. 2001. *Movie Mutts: Hollywood Goes to the Dogs*. New York: H. N. Abrams.

54 로버트 콘로이(Robert Conroy) 상병의 누나인 마거릿(Margaret)이 제1차 세계대전 때 남동생에게 이런 일이 있었다는 서사 형식으로 전개하는 애니메이션 영화이다.

55 Giles, D. C. 2013. "Animal Celebrities." *Celebrity Studies*, Vol.4, No.2, pp.115~128.

56 https://www.imsil.go.kr/tour/board/view.imsil?boardId=BBS_0000050&menuCd=DOM_000000202002000000&paging=ok&startPage=1&searchType=DATA_TITLE&searchOperation=AND&categoryCode3=DOM_000000706&dataSid=617#place_view02

57 https://blog.naver.com/jindo_korea/221161608774

58 김권. 2004.11.25. "'주인 찾아 삼만리' 진도에 백구상 건립." ≪동아일보≫. (https://n.news.naver.com/mnews/article/020/0000272300?sid=102)

59 조형주. 2022.7.11. "가상세계에 '괴물급 신인들' 대거 탄생 예고 … 유아인부터 수지 닮은 꼴까지." ≪Ai타임스≫. (http://www.aitimes.com/news/articleView.html?idxno=145687)

60 한경진. 2021.3.19. "현대차 로봇개 따라 만든 살인 로봇 SF영화라니 … [왓칭]." ≪조선일보≫. (https://www.chosun.com/culture-life/watching/2021/03/19/F5NACYPJ3RCSRJE2CO3M7ZIWWY/?utm_source=naver&utm_medium=referral&utm_campaign=naver-news)

61 방성수. 2017.11.5. "[Top-Notch]㊻ '터미네이터'와 '아이보' … 인공지능 로봇 시대 성큼." ≪조선비즈≫. (https://biz.chosun.com/site/data/html_dir/2017/11/04/2017110401250.html)

62 Armstrong, K. 2023.2.2. "Bobi breaks Guinness World Record for oldest dog ever Published." BBC News. (https://www.bbc.com/news/world-europe-64507336)

63 Boorstin, D. J. 1992. *The Image: A Guide to Pseudo-events in America*. New York: Random House.

64 Gamson, J. 1994. *Claims to Fame: Celebrity in Contemporary America*. Berkely, CA: University of California Press.

65 Turner, G., Bonner, F. J., and Marshall, P. D. 2000. *Game Games: The Production of Cambridge in Australia*. Cambridge: Cambridge University Press.

66 Holmes, S., and Redmond, S. 2006. *Framing Celebrity: New Directions in Celebrity Culture* (eds.). London and New York : Routledge.

67 Lowenthal, L. 1961. *Literature, Popular Culture, and Society*. Englewood Clips: Presentice-Hall.

68 Althusser, L. P. 1968. *Lenin and Philosophy and Other Essays*. Paris: François Maspero.

69 Dictionary.com(https://www.dictionary.com/browse/vip)

70 Etymonline(https://www.etymonline.com/word/vip)

71 Stack Exchange, 2017. "'VIP' and the acronym fad of the '30s". *English Language & Usage Stack Exchange.* (https://english.stackexchange.com/questions/367100/vip-and-the-acronym-fad-of-the-30s)

72 Popik, B. 2012.4.28. "VIP (Very Important Person)." *New York City Permalink.* (https://www.barrypopik.com/index.php/new_york_city/entry/vip_very_important_person)

73 Von Earl of Cruise. 2018.1.4. "What does 'VIP' really mean?" *Earl of Cruise.* (https://earlofcruise.blogspot.com/2018/01/what-does-vip-really-mean.html)

74 Johri, S. 1933. *Where India, China and Burma Meet.* Calcutta: Thacker Spink.

75 유길용. 2017.5.15. "3부요인 대신 '국가요인'으로 … 헌재가 의전서열 강조한 이유." ≪중앙일보≫. (https://www.joongang.co.kr/article/21572604)

76 Ma, A. 2010.10.23. "Meet the VVIP(Very Very Important People)." *Wall Street Journal.* (https://www.wsj.com/articles/BL-SJB-3690)

77 Difference Between. 2022. "Difference between VIP and VVIP." (http://www.differencebetween.info/difference-between-vip-and-vvip)

78 김수현. 2012.5.16. "한 자리 40만 원 … 공연장 '옥상옥' 등급 사라진다." SBS. (https://news.sbs.co.kr/news/endPage.do?news_id=N1001191603&plink=OLDURL)

79 Merriam-Webster Dictionary. "Most valuable player." *Merriam-Webster.* (https://www.merriam-webster.com/dictionary/most%20valuable%20player)

80 Berri, D. J. 1999. "Who is 'Most Valuable'? Measuring the Player's Production of Wins in the National Basketball Association." *Managerial and Decision Economics*, Vol.20, No.8, pp.411~427.

81 Lexico. "most valuable player." *Oxford English and Spanish Dictionary, Synonyms, and Spanish to English Translator.* (https://www.lexico.com/definition/most_valuable_player)

82 https://www.limaohio.com

83 Costa, G. B., Huber, M. R., and Saccoman, J. T. 2012. *Reasoning with Sabermetrics: Applying Statistical Science to Baseball's Tough Questions.* North Carolina: McFarland.

84 Encyclopædia Britannica. (https://www.britannica.com/sports/baseball/Awards#ref783230)

85 Zink, D. 2019.8.15. "MVP is not the most valuable player." *Herald-Tribune.* (https://www.heraldtribune.com/story/business/briefs/2019/10/14/zink-mvp-is-not-most-valuable-player/2527088007/)

86 Baker, L. 2016.2.22. "Where does the red carpet come from?" BBC. (https://www.bbc.com/culture/article/20160222-where-does-the-red-carpet-come-from)

87 Page, T. 2019.2.8. "Greek tragedy and railways: An unexpected history of the red carpet." CNN. (https://edition.cnn.com/style/article/an-unexpected-history-of-the-red-carpet/index.html)

88 황유미. 2017.4.23. "[색깔의 비밀③] '레드 카펫'의 유래, BC 13세기로 돌아가볼까." ≪뉴스핌≫. (https://www.newspim.com/news/view/20170422000035)

89 류경희. 2017.10.15. "레드카펫과 블랙 드레스." ≪충북일보≫. (https://www.inews365.com/news/article.html?no=511062)

90 이경미. 2021. 『이문화의 이해와 글로벌 에티켓』. 서울: 한울.

91 김동주. 2021.4.9. "연지벌레 사용 않고 천연색소 만든다 … 대장균 균주 최초 개발 성공." ≪메디컬 투데이≫. (http://www.mdtoday.co.kr/mdtoday/index.html?no=417993)

제2장 명성학·명사학 기본 이론

1 이미지의 라틴어 어원은 '표상' 또는 '모방'을 뜻하는 이마고(imago)와 '모방하다', '재생하다'란 의미를 지닌 이미토르(imitor)이며, 그리스어 어원은 아이콘(eikon), 에이돌론(eidolon), 판타스마(phantasma)다[유평근·진형준, 『이미지(Images)』(서울: 살림, 2002)].

2 최미정·심정신. 2014. 「대학생들의 노인에 대한 인식과 이미지에 관한 연구」. ≪한국엔터테인먼트산업학회논문지≫, 제8권 제2호, 299~306쪽.

3 김정섭. 2018. 「배우 정우성과 강동원의 이미지 재구축 시나리오 분석」. ≪한국엔터테인먼트산업학회논문지≫, 제12권 제3호, 95~103쪽.

4 중국 당나라 때 관리를 등용하는 시험에서 인물 평가의 기준으로 삼아서 유교 국가 체제에서 인물 평가의 기준으로 유래되었던 체모(體貌)의 품위를 나타내는 '신수', 언변(言辯)의 변정(辯正)에 관한 '말씨', 글씨의 유려함을 나타내는 '필적(筆跡)', 문리(文理)의 우장(優長)을 뜻하는 '판단'이란 네 가지 요소를 말한다. 『당서(唐書)』의 「선거지(選擧志)」에 따르면 신(身)은 풍채가 늠름하게 생겨야 하고, 언(言)은 말을 정직하게 해야 하며, 서(書)는 글씨를 힘 있고 아름답게 잘 써야 하고, 판(判)은 글의 뜻은 물론 사물의 이치를 파악하는 문리(文理)가 익숙해야 한다고 했다.

5 Rein, G. L. 2005. "A Reference Model for Designing Effective Reputation Information Systems." *Journal of Information Science*, Vol.31, No.5, pp.365~380.

6 Kautz, H., Selman, B., and Shah, M. 1997. "The Hidden Web." *AI Magazine*, Vol.18, No.2, pp.27~36.

7 Jones, S. C., and Shrauger, S. 1970. "Reputation and Self-Evaluation as Determinants of Attractiveness." *Sociometry*, Vol.33, No.3, pp.276~286.

8 Miller, G. D. 2003. "Hypotheses on Reputation: Alliance Choices and the Shadow of the Past." *Security Studies*, Vol.12, No.3, pp.40~78.

9 Cosmides, L., and Tooby, J. 1992. "Cognitive Adaptations for Social exchange." in J. H. Barkow, L. Cosmides and J. Tooby(eds.). *The Adapted Mind: Evolutionary Psychology and the Generation of Culture*, pp.163~228. New York: Oxford University Press; Buss, D. M., and Schmitt, D. P. 1993. "Sexual Strategies Theory An Evolutionary Perspective on Human Mating." *Psychological Review*, Vol.100, No.2, pp.204~232; 이홍표·한성열. 2006. 「지각된 사회적 평판의 구성요소: 진화심리학적 추론」. ≪한국심리학회지: 사회 및 성격≫,

제20권 제3호, 1~16쪽.

10 Hakim, Catherine. 2011. *Money Money: The Power of Erotic Capital*. Allen Lane: London [『매력 자본: 매력을 무기로 성공을 이룬 사람들』, 이현주 옮김(서울: 민음사, 2013)].

11 황성욱·조윤홍. 2017.「일반인의 평판, 어떻게 측정할 수 있는가?: 개인 평판 구성요소에 대한 연구」. ≪한국광고홍보학보≫, 제19권 제4호, 35~63쪽.

12 김혜영·정봉희. 2019.『글로벌 비즈니스 매너와 에티켓』. 서울: 한올출판사.

13 정유진. 2022.『로열 패밀리: 유럽을 지배한 여덟 가문의 기막힌 이야기』. 서울: 위즈덤하우스.

14 자신이 항상 옳다고 믿거나, 자신의 의견에 절대적으로 복종하기를 강요하거나, 다른 사람은 늘 잘못됐다고 혼내거나 모욕하고 불필요한 조언을 일삼는 연장자를 뜻하는 '꼰대'의 유래가 된 어휘로 추정한다. 영국 공영방송 BBC는 2019년 기사(Soo Zee Kim, 2019.8.6, "The 'Condescending Old People' of South Korea's Workforce", BBC)에서 어원은 불분명하지만 한국 일터에서 'Kkondae'(꼰대)란 말이 '거드름 피우는 나이 든 중상위직의 사람'이란 뜻으로 널리 쓰이고 있다고 소개했다. 프랑스어로 백작(count)은 스페인어로 '꼰데(conde)', 프랑스어로 '콩테(comte)'라 한다. 14세기에 스페인 바스크 지방 꼰데들이 일본에 와서 선교활동을 할 때 보여준 강요하는 태도, 또는 일제강점기 이완용 등 친일파들이 귀족 행세를 하면서 벌인 못된 짓에서 유래했다는 설이 많다. 우리 국어사전에는 '곤댓짓(뽐내어 우쭐거리며 하는 고갯짓)'이란 말도 있다. 꼰대의 특성인 '꼰대의 6하원칙'은 '내가 누군지 알아(Who), 네가 뭘 안다고(What), 어딜 감히(Where), 왕년에 나 때는 말이야(When), 어떻게 감히 나한테(How), 내가 그걸 왜(Why)'이다.

15 Morin, E. 1957. *Les Stars*. Paris: Éditions du Seuil.

16 Madere, C. M. 2018. *Celebrity Media Effects: The Persuasive Power of the Stars*. London: Lexington Books.

17 박지현·김민수·신윤애. 2021.4.23.「2021 포브스코리아 선정 파워 셀럽 40」. ≪포브스코리아≫.

18 김영문·신윤애. 2022.4.23.「2022 포브스코리아 선정 파워 셀러브리티 40: 2022년 파워 셀럽은 누구?」. ≪포브스코리아≫.

19 이재훈. 2021.10.6. "블랙핑크, '파리 패션위크' 주인공 … K팝, 명품도 접수." 〈뉴시스〉. (https://newsis.com/view/?id=NISX20211006_0001604697&cID=10601&pID=10600)

20 McDonnell, A., and Douglas, S. J. 2019. *Celebrity: A History of Fame*. New York: NYU Press.

21 Rojek, C. 2012. *Fame Attack: The Inflation of Celebrity and Its Consequences*. London: A&C Black.

22 Rockwell, D., and Giles, D. 2009. "Being a Celebrity: A Phenomenology of Fame." *Journal of Phenomenological Psychology*, Vol.40, No.2, pp.178~210.

23 Marshall, P. D., and Redmond, S. 2015. *A Companion to Celebrity*. Hoboken: John Wiley & Sons.

24 Turner, G. 2013. "Understanding Celebrity." *Understanding Celebrity*, pp.1~184.

25 Parmentier, M., Fischer, E., and Reuber, A. R. 2013. "Positioning Person Brands in Established Organizational Fields." *Journal of the Academy of Marketing Science*, Vol.41, No.3, pp.373~387.

26 Marwick, A. 2010. "Status Update: Celebrity, Publicity and Self-branding in Web 2.0. [Unpublished doctoral dissertation]." *Steinhardt School of Culture, Education, and Human Development.* New York University.

27 Brooke, D. E., and Pooley, J. D. 2017. "Facebook for Academics: The Convergence of Self-branding and Social Media Logic on Academia.edu." *Social Media+Society*, Vol.3, No.1, pp.1~11.

28 Shepherd, I. D. H. 2005. "From Cattle and Coke to Charlie: Meeting the Challenge of Self-marketing and Personal Branding." *Journal of Marketing Management*, Vol.21, No.5~6, pp.589~606.

29 Khedher, M. 2014. "Personal Branding Phenomenon." *International Journal of Information, Business and Management*, Vol.6, No.2, pp.29~40.

30 Te'eni-Harari, T., and Bareket-Bojmel, L. 2021. "An Integrative Career Self-management Framework: The Personal-brand Ownership Model." *Consulting Psychology Journal: Practice and Research*, Vol.73, No.4, pp.372~383.

31 "I awoke one morning and found myself famous."

32 김정섭. 2020.「'선한 영향력'에 관한 엔터테이너들의 개념 인식과 발현 양태」. ≪한국엔터테인먼트산업학회논문지≫, 제14권 제4호, 199~209쪽.

33 Milgram, S. 1983. *Obedience to Authority: An Experimental View.* New York: Harper/Collins.

34 Garner, R. 2005. "Post-It Note Persuasion Perhaps: A Sticky Influence." *Journal of Consumer Psychology*, Vol.15, pp.230~237.

35 '네트워크 사회 분석론'에서 '허브'는 다수의 링크를 보유하고 있으며 네트워크의 중심에 위치하고 있어 영향력이 큰 노드(node, 개인과 같은 연결망의 개별적인 접속점)를 의미한다. '커넥터'는 다양한 계층의 연결을 담당하는 노드이자 언론, 전문가, 비평가 등 다양한 부류의 전문가들로 조직이나 사회시스템의 조력자를 지칭한다.

36 최영. 2019.『허브와 커넥터: 독점과 배제의 네트워크』. 파주: 한울엠플러스.

37 Bourdieu, P. 1986. "The Forms of Capital." in J. Richardson. *Handbook of Theory and Research for the Sociology of Education*, pp.241~258. Westport, CT: Greenwood; Coleman, J. S. 1988. "Social Capital in the Creation of Human Capital." *The American Journal of Sociology*, Vol.94, pp.S95~S120; Coleman, J. S. 1990. *Foundations of Social Theory.* Cambridge: Harvard University Press.

38 Woolcock, M. 1999. 4.15. "Social Capital: The State of the Notion." Paper Presented at a Multidisciplinary Seminar on Social Capital. *Global and Local Perspectives.* Helsinki.

39 김경희. 2022.7.22. "'이 망할 화장도 못 지워 … 내가 가수 아니었으면' 비비 오열 왜." ≪중

앙일보≫. (https://www.joongang.co.kr/article/25088995)

40 안태현. 2022.7.22. "비비, 라방 중 오열 해명 '타이거JK·윤미래, 고마운 분들 … 걱정 끼쳐 죄송'." 뉴스1. (https://www.news1.kr/articles/?4751201)

41 Keyes, C. L. M., and Lopez, S. J. 2002. "Toward a Science of Mental Health: Positive Directions in Diagnosis and Interventions." in C. R. Snyder and S. J. Lopez(eds.). *The Handbook of Positive Psychology*, pp.45~59. New York: Oxford University.

42 최영. 2019. 『허브와 커넥터: 독점과 배제의 네트워크』. 파주: 한울엠플러스.

43 Giles, D. C. 2017. "How Do Fan and Celebrity Identities Become Established on Twitter? A Study of 'Social Media Natives' and Their Followers." *Celebrity Studies*, Vol.8, No.3, pp.445~460.

44 Maltby, John, Day, Liza, Giles, David C., Gillett, Raphael, Quick, Marianne, Langcaster-James, Honey, and Linley, P. Alex. 2008. "Implicit Theories of a Desire for Fame." *British Journal of Psychology*, Vol.99, No.2, pp.279~292.

45 American Psychiatric Association. 2013. *DSM-5 Task Force*(5th ed.). American Psychiatric Publishing, Inc. (https://doi.org/10.1176/appi.books.9780890425596)

46 Comer, R. J. 2016. *Fundamentals of Abnormal Psychology*(8th edition). New York: Worth Publisher[(오경자·정경미·송현주·양윤란·송원영·김현수, 『이상심리학』(서울: 시그마프레스, 2017)].

47 Rutledge, P. 2013.10.20. "Positively Media: How are we connect and thrive through emerging technologies." *Psychology Today*.

48 Paris, J. 2014. "Modernity and Narcissistic Personal Disorder." *Personality Disorder*, Vol.5 No.2, pp.220~226.

49 Miller, T. 2013.8.12. "Too many selfies on Facebook can damage relationships: Study." *New York Times*.

50 리카르, 마티유(Matthieu Ricard). 2019. 『이타심』. 이희수 옮김. 서울: 하루헌.

51 Stever, G. 2018. *The Psychology Celebrity*. New York: Routledge[『셀러브리티』, 정지숙 옮김(서울: 돌배나무, 2022)].

52 조윤성. 2009.11.6. "넥타이 보면 CEO가 보인다: 색상·무늬는 이미지 평가 '바로미터'." ≪이코노믹 리뷰≫. (https://www.econovill.com/news/articleView.html?idxno=10829)

53 윤석금. 2018. 『사람의 힘: 영원한 세일즈맨 윤석금이 말한다』. 서울: 리더스북.

54 J-14. 2017.5.5. "K-Pop Takeover!: The Inside Scoop on BTS!" *J-14(Just For Teens Magazine)*.

55 윤정화. 2020. 「한강 소설에 나타나는 '흰' 색채 이미지와 변이 양상」. ≪비평문학≫, 제78권, 239~274쪽.

56 Fitzpatrick, E. 2022.1.18. "[Celebrity Style] The 2022 Color Trends Hailey Bieber, Rihanna, and Dua Lipa Are Wearing." *Who What Wear*.
(https://www.whowhatwear.com/celebrity-color-trends)

57 Solomon, M. 2013.8.20. "True Colors: Celebs Show Off Their Favorite Hues: A Colorful Guide to Celebrities' Signature Shades." *ELLE.* (https://www.elle.com/fashion/celebrity-style/news/g7625/celebrity-best-colors/)

58 서정민. 2011.3.23. "[Style &] 로열 룩, 그 매력은 절제." ≪중앙일보≫. (https://www.joongang.co.kr/article/5233703#home)

59 김현진. 2006.10.25. "파리의 패션, 파리의 명품-색깔에도 명품 있다." ≪주간동아≫, 제558호, 87쪽. (https://weekly.donga.com/3/all/11/80560/1)

60 백주원. 2022.6.12. "명품 백 달랑 하나만? 디자이너 브랜드 여러 개 살래." ≪서울경제≫. (https://n.news.naver.com/article/011/0004064022?lfrom=kakao)

61 장연주. 2017.6.07. "경기 불황에 '명품백'도 내다판다." ≪헤럴드경제≫. (https://n.news.naver.com/article/016/0001247692)

62 나태주. 2020.「자세히 보아야 예쁘다」. 서울: 톡.

63 노경진. 2021.5.18. "[니가트렌드] 명품 로고는 왜 커질까?" MBC. (https://n.news.naver.com/article/214/0001068314)

64 갤럽리포트. 2019.5.25. "한국인이 좋아하는 40가지 [그 밖의 것들]: 국내 도시/외국/외국 도시/옷 색깔/보석/숫자/월/요일/종교/직업 (2004~2019)." 한국갤럽. (https://www.gallup.co.kr/gallupdb/reportContent.asp?seqNo=1064)

65 김미리·최보윤. 2017.1.25. "푸른 계열 좋아하는 한국인, 좋아하는 옷 색깔은 검정 … 머리카락 색인 'DNA 컬러'가 영향." ≪조선일보≫. (https://www.chosun.com/site/data/html_dir/2017/01/24/2017012401610.html)

66 리뷰보이. 2018.6.16. "한국인이 가장 좋아하는 색상 Top 5와 색상별 숨은 이야기." 정이 넘치는 마을. (https://reviewboy.tistory.com)

67 윤보람. 2019.2.5. "한국인이 가장 좋아하는 자동차 색깔은 '흰색' … 셋 중 한 대꼴." 〈연합뉴스〉. (https://www.yna.co.kr/view/AKR20190201186700003)

68 Taylor, C., Clifford, A., and Franklin, A. 2013. "Color Preferences are Not Universal." *Journal of Experimental Psychology: General*, Vol.142, No.4, pp.1015~1027.

69 Saito, M. 1994. "A Cross-cultural Study on Color Preference in Three Asian Cities: Comparison between Tokyo, Taipei and Tianjin." *Japanese Psychological Research*, Vol.36, pp.219~232.

70 Simon, W. E. 1971. "Number and Color Responses of Some College Students: Preliminary Evidence for a 'Blue Seven Phenomenon'." *Perceptual and Motor Skills*, Vol.33, pp.373~374; Saito, M. 1992a. *Comparative(Cross-cultural) Color Preference and Its Structure: Encyclopedia of Color Science and Technology.* New York: Springer Science+Business Media; Saito, M. 1999. "'Blue and Seven Phenomena' among Japanese Students." *Perceptual and Motor Skills*, Vol.89, pp.532~536.

71 Saito, M. 1994. "A Cross-cultural Study on Color Preference in Three Asian Cities: Comparison between Tokyo, Taipei and Tianjin." *Japanese Psychological Research*, Vol.36, pp.219~232.

72 Saito, M., and Lai, A. C. 1992. "A Cross-cultural Survey on Color Preference in Asian

Countries: 2. Comparison between Japanese and Taiwanese with Emphasis on Preference for White." *Journal of the Color Science Association of Japan*, Vol.16, No.2, pp.84~96; Saito, M. 1996. "A Comparative Study of Color Preferences in Japan, China and Indonesia, with Emphasis on the Preference for White." *Perceptual and Motor Skills*, Vol.83, No.1, pp.115~128.

73 Saito, M. 1992b. "A Cross-cultural Survey on Color Preference in Asian Countries I: Comparison between Japanese and Koreans with Emphasis on Preference for White." *Journal of the Color Science Association of Japan*, Vol.16, pp.1~10.

74 문은배. 2011.『색채 디자인 교과서』. 서울: 안그라픽스.

75 김선주·김우정. 2019.『세계 시민이 알아야 할 글로벌 매너』. 서울: 어가; 임형택·서영수. 2021.『글로벌 문화와 관광』. 서울: 학현사; 김정준·박준범·심우석·위주연. 2023.『세계문화와 관광』. 서울: 한올.

제3장 명성의 사회학

1 Zinko, R., Ferris, G. R., Humphrey, S. E., Meyer, C. J., and Aime, F. 2012. "Personal Reputation in Organizations: Two-study Constructive Replication and Extension of Antecedents and Consequences." *Journal of Occupational and Organizational Psychology*, Vol.85, pp.156~180.

2 Clardy, A. 2012. "Organizational Reputation: Issues in Conceptualization and Measurement." *Corporate Reputation Review*, Vol.15, No.4, pp.285~303.

3 Greenwood, D., Long, C. R., and Dal Cin, S. 2013. "Fame and the Social Self: The Need to Belong, Narcissism, and Relatedness Predict the Appeal of Fame." *Personality and Individual Differences*, Vol.55, No.5. pp.490~495.

4 Righetti, F., Luchies, L. B., Van Gils, S., Slotter, E. B., Witcher, B., and Kumashiro, Madoka. 2015. "The Prosocial Versus Proself Power Holder: How Power Influences Sacrifice in Romantic Relationships." *Personality and Social Psychology Bulletin*, Vol.41, No.6, pp.779~790.

5 Belschak, F. D., and Den Hartog, D. N. 2010. "Pro-self, Prosocial, and Pro-organizational Foci of Proactive Behaviour: Differential Antecedents and Consequences." *Journal of Occupational and Organizational Psychology*, Vol.83, No.2, pp.475~498.

6 Deci, E. L., and Ryan, R. M. 2000. "The 'What' and 'Why' of Goal Pursuits: Human Needs and the Self-determination of Behavior." *Psychological Inquiry*, Vol.11, pp.227~268.

7 Baumeister, R. F., and Leary, M. R. 1995. "The Need to Belong: Desire for Interpersonal Attachments as a Fundamental Human Motivation." *Psychological Bulletin*, Vol.117, pp.497~529.

8 Bushman, B., and Thomaes, S. 2011. "When the Narcissistic Ego Deflates, Narcissistic Aggression Inflates." in W. K. Campbell and J. D. Miller(eds.). *The Handbook of Narcissism and Narcissistic Personality Disorder*, pp.319~329. NY: Wiley.

9 Reis, H. T., Sheldon, K. M., Gable, S. L., Roscoe, J., and Ryan, R. M. 2000. "Daily Wellbeing: The Role of Autonomy, Competence and Relatedness." *Personality and Social Psychology Bulletin*, Vol.26, pp.419~435.

10 Greenwood, D., Long, C. R., and Dal Cin, S. 2013. "Fame and the Social Self: The Need to Belong, Narcissism, and Relatedness Predict the Appeal of Fame." *Personality and Individual Differences*, Vol.55; No.5, pp.490~495.

11 Self, C. S. 1996. "Credibility." in M. Salwen and D. Stacks(eds.). *An Integrated Approach to Communication Theory and Research.* Mahway, New Jersey: Erlbaum.

12 Fogg, B. J., and Tseng, H. 1999. "The Elements of Computer Credibility." *Proceedings of ACM CHI 99 Conference on Human Factors in Computing Systems.* Vol.1, pp.80~87. New York: ACM Press.

13 Hilligoss, B. and Rieh, S. Y. 2008. "Developing a Unifying Framework of Credibility Assessment: Construct, Heuristics, and Interaction in Context." *Information Processing and Management*, Vol.44, pp.1467~1484.

14 이은정. 2019.2.14. "팬 약속 지킨 아이유 … 김제여고 졸업식장 깜짝 방문." 〈연합뉴스〉. (https://entertain.naver.com/read?oid=001&aid=0010634919)

15 권효준. 2013.5.21. "앤젤리나 졸리 이펙트 지구촌 들썩 … 유방 절제술 논란 확산." ≪한국경제≫. (http://news.hankyung.com/article/201305216158g?nv=o); 구정은. 2013.5.16. "졸리, 유방암 예방절제 고백 '전 세계 여성들에 용기 줬다'." ≪경향신문≫. (http://news.khan.co.kr/kh_news/khan_art_view.html?artid=201305152228375&code=970100)

16 CBS News. 2023.5.14. "Angelina Jolie: I Had Preventive Double Mastectomy." (https://www.cbsnews.com/news/angelina-jolie-i-had-preventive-double-mastectomy/)

17 Evans, D. G., Barwell, J., Eccles, D. M., Collins, A. L., Izatt, L., Jacobs, C., Donaldson, A., Brady, A. F., Cuthbert, A., Harrison, R., Thomas, S., Howell1, A., The FH02 Study Group, RGC teams, Miedzybrodzka, Z., and Murray, A. 2014. "The Angelina Jolie Effect: How High Celebrity Profile Can Have a Major Impact on Provision of Cancer Related Services." *Breast Cancer Research*, Vol.16, No.5, p.442.

18 정혜정. 2017.7.18. "[K스타] 소방관 처우 개선 위해 밀가루 뒤집어쓴 김혜수." KBS. (https://news.kbs.co.kr/news/view.do?ncd=3518010&ref=A)

19 이재진. 2004.「연예인 관련 언론소송에서 나타난 한·미 간의 위법성 조각 사유에 대한 비교 연구: '공인이론'과 '알 권리'를 중심으로」. ≪한국방송학보≫, 제18권 제3호, 7~50쪽; 윤성옥. 2007.「공인의 미디어 소송 특징과 국내 판결 경향에 관한 연구: 1989년 이후 정치인 및 고위 공직자 명예훼손 판례를 중심으로」. ≪한국언론정보학보≫, 제40권, 150~191쪽; 이재진·이창훈. 2010.「법원과 언론의 공인 개념 및 입증 책임에 대한 인식적 차이 연구」. ≪미디어 경제와 문화≫, 제8권 제3호, 235~286쪽; 심석태. 2011.「공인 개념의 현실적 의의와 범위에 대한 고찰: 법무부 '수사공보준칙'에 나타난 공인 개념을 중심으로」. ≪언론과 법≫, 제10권 제2호. 207~236쪽; 이부하. 2012.「공인(公人)의 인격권과 표현의 자유」. ≪서울법

학≫, 제20권 제1호, 43~77쪽.

20 이효성. 1999. 「공인의 명예훼손과 언론자유」. ≪저널리즘비평≫, 제28권, 90~97쪽.

21 Jerslev, A. 2016. "In The Time of the Microcelebrity: Celebrification and the YouTuber Zoella." *International Journal of Communication*, Vol.10, pp.5233~5251.

22 이재진. 2011. 「공인의 사생활 보도 어디까지가 한계인가?」. ≪관훈저널≫, 제121호. 83~89쪽.

23 우리말 사전에 따르면 '공연히(空然히)'는 "아무 까닭이나 실속이 없게", "괜히", "괜스레"라는 뜻이지만, '공연히(公然히)'는 '공공연히(公公然히)'와 마찬가지로 "세상에서 다 알 만큼 뚜렷하고 떳떳하게(openly and publicly)"란 뜻이다. 여기에서는 후자의 의미니 전자와 혼동해서는 안 된다.

24 언론중재위원회 교육본부 연구팀. 2022. 「2021년도 언론 관련 판결 분석 보고서」. 서울: 언론중재위원회.

25 최수진·김정섭. 2014. 「인터넷 공간에서 기사 어뷰징 실태 및 개선방안 연구」. 서울: 한국언론진흥재단.

26 대법원. 2002.1.22. 선고 2000다37524,37531 판결.

27 법제처 국가법령정보센터(www.law.go.kr)(「민법」, 「형법」).

28 이재진. 2004. 「연예인 관련 언론소송에서 나타난 한·미 간의 위법성 조각사유에 대한 비교 연구: '공인이론'과 '알 권리'를 중심으로」. ≪한국방송학보≫, 제18권 제3호, 7~50쪽.

29 라시카는 독립 출판, 독립 영화 분야의 뉴스 매체인 *Best of Indie*의 공동 창업자 겸 편집인 출신으로 크루즈 분야 스타트업 기업인 'Cruiseable'의 공동 창업자 겸 최고경영자, 소셜미디어 비즈니스 기업인 'Inside Social Media'와 'Socialbrite' 등을 창업하여 운영하며 뉴미디어 분야의 저술가와 강연자로 활발하게 활동하고 있다.

30 「개인정보 보호법」은 「정보통신망 이용 촉진 및 정보보호 등에 관한 법률」, 「신용정보의 이용 및 보호에 관한 법률」 등의 개별 법령에서 다루고 있는 개인정보와 관련된 사항을 통합하여 규정한 법으로 2012년에 처음 시행된 후 몇 차례 개정되었다.

31 스페인의 변호사 마리오 코스테하 곤살레스(Mario Costeja González)는 2010년 어느 날 구글에서 자기 이름을 검색해 봤더니 과거에 빚으로 1998년 연금 납입액을 제때 내지 않아 집이 경매에 처했다는 신문 기사가 나타났다. 곤살레스는 "관련 기사가 나의 명예를 훼손하기에 구글에서 검색되지 않도록 해달라"라고 스페인 개인정보보호원에 요청해 "기사는 삭제하지 않되 구글 검색 결과 화면에서는 관련 링크를 없애라"라는 결정을 받아냈다. 이 결정에 불복한 구글은 항소했지만, 유럽연합(EU) 최고법원인 유럽사법재판소는 2014년 5월 13일 "구글 검색 결과에 링크된 해당 웹페이지의 정보가 합법적인 경우에도 링크를 삭제할 의무가 있다"라고 판시했다. 이는 잊힐 권리를 인정하는 첫 판결이었다.

제4장 명성의 심리학

1 Redmond, S., and S. Holmes. 2007. "Introduction: What's in a Reader?" in S. Redmond and S. Holmes(eds.). *Stardom and Celebrity: A Reader*, pp.1~12. London: SAGE. (doi.org/10.4135/9781446269534.n1)

2 Turner, G. 2014. *Understanding Celebrity*(2nd ed.). London: SAGE. (doi.org/10.4135/9781473957855)

3 http://www.oed.com/

4 https://dictionary.cambridge.org/

5 https://www.ldoceonline.com/

6 Garber, M. 2017.2.25. "Why Are They 'Stars'?" *The Atlantic*. (https://www.theatlantic.com/entertainment/archive/2017/02/why-are-celebrities-known-as-stars/517674/)

7 James, G. T. 2003. *Complete Guide to United States Marine Corps Medals, Badges, and Insignia: World War II to Present*. Medals of America Press; Tucker, S. C. 2012. *Almanac of American Military History*. Santa Barbara: ABC-CLIO.

8 Warner, J. 1779[2018]. *George Selwyn and His Contempories Vol. 4: With Memoirs and Notes*. J. H. Jesse(ed.). London: Forgotten Books.

9 김정섭. 2014. 『케이컬처 시대의 배우 경영학』. 파주: 한울엠플러스.

10 Thurtell, John. 1824. *Murder Mr. Weare 219 Carter A Complete History and Development of all the Extraordinary Circumstances and Events Connected with the Murder of Mr. Weare*. London: Jone & Co.

11 Meaning "Lead Performer"(noun) and "Perform the Lead Part"(of Actors, Singers, etc., verb) is from 1824 in Online Etymology Dictionary.

12 Lindemann, C. 2020.2.7. "Star Texts: A Case Study in Harper's and Vogue." *Stanford Literary Lab*. (https://litlab.stanford.edu/star-texts/)

13 Dyer, R. 1979. *Stars*. New Edition, with a Supplementary Chapter and Bibliography by Paul McDonald. London: British Film Institute; Dyer, R. 2004. *Heavenly Bodies: Film Stars and Society*(2nd ed.). Abingdon: Routledge.

14 Polley, S. 2020.12.13. "The Origins of the Film Star System / George Clooney." Autumn 2020 Book Reviews, *NECSUS*. (https://necsus-ejms.org/the-origins-of-the-film-star-system-george-clooney/)

15 McDonald, P. 2019. *George Clooney*. London: BFI/Bloomsbury.

16 Dyer, R., and McDonald, P. 1998. *Stars*(orig. in 1979). London: British Film Institute.

17 Dyer, R. 1991. "A Star is Born and the Construction of Authenticity." in C. Gledhill(ed.). *Stardom: Industry of Desire*. London: Routledge.

18 Rosen, S. 1981. "The Economics of Superstars." *American Economic Review*, Vol.71, No.5, pp.845~858.

19 2005년에 출간된 『광대 달문』이란 책을 보면 홍선주 작가가 전래담을 토대로 상상의 나래를 펼쳐 창작한 달문의 형상을 볼 수 있다[김영주·홍선주, 『광대 달문』(서울: 문학과지성사, (2015)].

20 김정섭. 2020. 「조선의 톱스타 엔터테이너 '달문(達文)'의 예술적 역량 분석과 그 함의」. ≪한국엔터테인먼트산업학회논문지≫, 제14권 제1호, 125~135쪽.

21 정규식. 2018. 「'광문자전'의 서사적 내용과 주제 의식」. ≪용봉인문논총≫, 제52호, 163~192쪽.

22 김영주·홍선주. 2015. 『광대 달문』. 서울: 문학과지성사.

23 이 그림은 문학과지성사의 인용 허락을 받아 게재했다.

24 박준원. 1985. 「'광문자전(廣文者傳)' 분석: 광문(廣文)의 실체와 형상」. ≪한국한문학연구≫, 제8호, 111~129쪽.

25 박기석. 1998. 「'광문자전' 연구」. ≪한국어교육학회지≫, 제96호, 375~394쪽.

26 김정섭. 2022. 「한류의 씨앗, 개항기 서양 엔터테인먼트 콘텐츠의 국내 유입 시원(始原) 고찰」. ≪한국엔터테인먼트산업학회논문지≫, 제16권 제1호, 57~67쪽.

27 Hamel, H. 1813. James Burney(ed.). *Narratives and Description of the Kingdom of Korea. in A Chronological History the Voyages and Discoveries in the South Sea or Pacific Ocean: Part III(1620~1688).* London: Luke Hansard and Sons.

28 Leslie, L. Z. 2011. *Celebrity in the 21st Century: A Reference Handbook: A Reference Handbook.* Santa Barbara: ABC-CLIO.

29 Greenberg, J., and Arndt, J. 2012. "Terror Management Theory." in *Handbook of Theories of Social Psychology: Volume 1*, pp.398~415. SAGE Publications Inc.

30 Vermigli, P., and Toni, A. 2004. "Attachment and Field Dependence: Individual Differences in Information Processing." *European Psychologist*, Vol.9, No.1, pp.43~55.

31 Bowlby, J. 1969. *Attachment and Loss: Vol. 1. Attachment.* New York: Basic; Bowlby, J. 1973. *Attachment and Loss Vol. 2—Separation: Anxiety and Anger.* New York: Basic Books; Bowlby, J. 1980. *Attachment and Loss Vol. 3—Loss, Sadness, and Depression.* New York: Basic Books; Bowlby, J. 1988. *A Secure Base: Parent-child Attachment and Healthy Human Development.* New York: Basic Books.

32 Stever, G. S. 2011. "Fan Behavior and Lifespan Development Theory: Explaining Para-social and Social Attachment to Celebrities." *Journal of Adult Development*, Vol.18, No.1, pp.1~7.

33 Stever, G. S. 2018. *The Psychology Celebrity.* New York: Routledge[(『셀러브리티』, 정지숙 옮김(서울: 돌배나무, 2022)].

34 Giles, D. C. 2018. *Twenty-first Century Celebrity.* Bingley: Emerald.

35 Allison S. T., and Goethals, G. R. 2016. "Hero Worship: The Elevation of the Human Spirit." *Journal for the Theory of Social Behaviour*, Vol.46, No.2, pp.187~210.

36 McCutcheon, L. E., and Maltby, J. 2002. "Personality Attributions About Individuals High and Low in the Tendency to Worship Celebrities." *Current Research in Social Psychology*, Vol.7, No.19, pp.325~338.

37 Rosenberg, S. V., Nelson, C., and Vivekananthan, P. S. 1968. "A Multidimensional Approach to the Structure of Personality Impressions." *Journal of Personality and Social Psychology*, Vol.9, No.4, pp.283~294.

38 Costa, P. T., Jr., and McCrae, R. R. 1985. *The NEO Personality Inventory Manual.* Odessa, FL: Psychological Assessment Resources.

39 Horton, D., and Wohl, R. R. 1956. "Mass Communication and Para-social Interaction: Observation on Intimacy at a Distance." *Psychiatry*, Vol.19, pp.185~206.

40 Lewis, L. A. 1992. "Something More than Love: Fan Stories on Film." in L. A. Lewis(ed.). *The Adoring Audience: Fan Culture and Popular Media.* New York: Routledge.

41 Cline, C. 1992. "Essays from Bitch: The Women's Rock Newsletter." in L. A. Lewis(ed.). *The Adoring Audience: Fan Culture and Popular Media.* New York: Routledge.

42 Caughey, J. L. 1978. "Artificial Social Relations in Modern America." *American Quarterly*, Vol.30, No.1, pp.70~89; Burchill, J. 1986. *Damaged Gods: Cults and Heroes Reappraised.* London: Century.

43 Jenkins, H. 1992. *Textual Poachers: Television Fans and Participatory Culture.* New York: Routledge.

44 Maltby, J., Liza., D., Giles, D., Gillett, R., Marianne, Q., Honey. L.-J., Linley, P., and Alex, L. P. 2008. "Implicit Theories of a Desire for Fame." *British Journal of Psychology.* Vol.99, No.2, pp.279~292.

45 Maltby, J., Day, L., McCutcheon, L. E., Gillett, R., Houran, J., and Ashe, D. 2004. "Celebrity Worship Using an Adaptational-continuum Model of Personality and Coping." *British Journal of Psychology*, Vol.95, pp.411~428.

46 정재민. 2010. 「청소년 팬덤 현상에 대한 근거: 이론적 접근」. ≪한국청소년연구≫, 제21권 제3호, 91~119쪽.

47 Fiske, J. 1993. "The Cultural Economy of Fandom." in L. Lewis(ed.). *The Adoring Audience: Fan Culture and Popular Media.* NY: Routledge.

48 Fiske, J. 1993. "The Cultural Economy of Fandom." in L. Lewis(ed.). *The Adoring Audience: Fan Culture and Popular Media.* NY: Routledge.

49 김선숙. 2013. 「청소년 팬덤 활동에 미치는 영향」. ≪한국콘텐츠학회논문지≫, 제13권 제6호, 167~176쪽.

50 Spurgin, T. 2014. "'Notoriety is the Thing': Modern Celebrity and Early Dickens." *Dickens Studies Annual*, Vol.45, pp.45~62.

51 Neubauer, P. B. 1982. "Rivalry, Envy, and Jealousy." *The Psychoanalytic Study of the Child*, Vol.37, pp.121~142.

52 Bacon, F. 1985. "Of Envy." in *Essays or Counsels, Civil and Moral.* Oxford University Press.

53 Klein, M. 1957. *Envy and Gratitude.* New York: Basic Books.

54 Klein, M. 1957. *Envy and Gratitude.* New York: Basic Books.

55 "Only a true best friend can protect you from your immortal enemies." in Richelle Mead, *Vampire Academy*(2007), Razorbill.

56 "Tis(It is) the privilege of friendship to talk nonsense, and to have her nonsense respected." in Lamb, Charles. 2013. *The Life, Letters and Writings of Charles Lamb*. Cosimo Classics.

57 Davenport, B. 2021.7.19. "Livebold & Bloom Lindsay Sunde Fake Friend: 20 Signs Of Fake Friends And How To Deal With Them." *Livebold and Bloom*. (https://liveboldandbloom.com/07/relationships/fake-friends)

58 "Words are easy, like the wind; Faithful friends are hard to find." in William Shakespeare, *The Passionate Pilgrim*.

59 "If you have good friends, no matter how much life is sucking, they can make you laugh." P. C. Cast and Kristin Cast.

제5장 명성의 정치학

1 Thompson, S. 2006. *The Political Theory of Recognition: A Critical Introduction*. UK Cambridge: Polity Press.

2 Bartle, J. 1997. "Political Awareness and Heterogeneity in Models of Voting: Some Evidence from the British Election Studies." in C. Pattie, D. Denver, J. Fisher, S. Ludlam(eds.). *British Elections & Parties Review*, Vol.7, pp.1~22. London: Frank Cass.

3 Bartels, L. 1996. "Uninformed Votes: Information Effects in Presidential Elections." *American Journal of Political Science*, Vol.40, pp.194~230.

4 Zaller, J. 1990. "Political Awareness, Elite Opinion Leadership, and the Mass Survey Response." *Social Cognition*, Vol.8, No.1, pp.125~153.

5 Kroszner, R. S., and Stratmann, T. 2000. "Does Political Ambiguity Pay? Corporate Campaign Contributions and the Rewards to Legislator Reputation." *NBER Working Paper*, No.7475.

6 Tiung, L. K., and Hasim, M. S. 2009. "Media Framing of A Political Personality: A Case Study of a Malaysian Politician." *European Journal of Social Sciences*, Vol.9, No.3, pp.408~424.

7 오지현. 2018. 「한국 정치인의 셀러브리티화(化) 현상」. 이화여자대학교 대학원 사회학과 석사학위 논문.

8 류호성. 2015.12.23. "이재오 '정치적 명성 얻은 사람들 호남 출마해야'." KBS. (https://n.news.naver.com/article/056/0010264790)

9 홍종흠. 2022.6.1. "[홍종흠 목요칼럼] 이런 지방선거 계속해야 하나?" ≪경북신문≫.

10 McLaughlin, B., and Macafee, T. 2019. "Becoming a Presidential Candidate: Social Media Following and Politician Identification." *Mass Communication and Society*, Vol.22, No.5, pp.584~603.

11 김미리. 2021.8.14. "류호정, 난 샌드백 정치인 … 언제든 두들겨 맞을 준비 돼 있다." ≪조선일보≫.

12 이준규. 2019.5.18. "[뒤끝 작렬] 막말로 도배된 정치권 … 언제까지 막 나갈 텐가." ≪CBS 노컷뉴스≫.

13 윤종석. 2008.10.10. "[국감현장] 악플 우려 … 사이버 모욕죄는 이견." 〈연합뉴스〉.

14 Hellevik, O., and Bjørklund, T. 1991. "Opinion Leadership and Political Extremism." *International Journal of Public Opinion Research*, Vol.3, pp.157~181.

15 Lowery, S., and DeFleur, M. L. 1994. *Milestones in Mass Communication Research: Media Effects*(3rd ed.). New York : Addison-Wesley.

16 Katz, E., and Lazarsfeld, P. F. 1955. *Personal Influence: The Part Played by People in the Flow of Mass Communications*. New York: The Free Press.

17 Lazarsfeld, P. F., Berelson, B., and Gaudet, H. 1968. *The People's Choice*(3rd ed.). NY: Columbia University Press.

18 Ajzen, I., and Fishbein, M. 1980. "Prediction of Goal-directed Behaviour: Attitudes, Intentions, and Perceived Behavioural Control." *Journal of Experimental Social Psychology*, Vol.22, pp.453~474; Zaller, J. R. 1992. *The Nature and Origins of Mass Opinion*. Cambridge: Cambridge UP.

19 최장집·박상훈. 2011. 『막스 베버, 소명으로서의 정치』. 서울: 후마니타스.

20 정진형. 2015.12.21. "전병헌, '명망가 중심 정당은 가장 낙후된 정당': 역선택 포함시킨 일부 여론조사, 기본 상식도 없어." ≪뷰스앤뉴스≫. (http://www.viewsnnews.com/article?q=127135)

21 호프마이스터, 빌헬름(Wilhelm Hofmeister). 2021. 『민주주의를 형성하는 정당: 국제적 시각에서 이론과 실천』. 안미라 옮김. 서울: 콘라트 아데나워 재단 한국사무소.

22 박성민. 2022.7.25. "[박성민의 법문정답] ⑥리더십 스쿨로 정치인 양성해야." ≪법률신문≫. (https://www.lawtimes.co.kr/Legal-News/Legal-News-View?serial=180433)

23 Garthwaite, C., and Moore, T. J. 2013. "Can Celebrity Endorsements Affect Political Outcomes? Evidence from the 2008 US Democratic Presidential Primary Get access Arrow." *The Journal of Law, Economics, and Organization*, Vol.29, No.2, pp.355~384.

24 구강모. 2007.11.27. "[동영상] 보아 사랑 vs 동방신기 굴욕?" ≪머니투데이≫. (https://news.mt.co.kr/mtview.php?no=2007112714055579769&outlink=1&ref=https%3A%2F%2Fsearch.naver.com)

25 이문원. 2022. "연예인들의 大選 후보 지지 선언이 사라진 이유: SNS에서 비판 활성화되면서 정치적 발언 조심하게 돼." ≪월간조선≫, 2022년 2월호. (http://monthly.chosun.com/client/news/viw.asp?ctcd=I&nNewsNumb=202202100017)

제6장 명성의 경제학

1 Van Krieken, R. 2012. *Celebrity Society*. London: Routledge.

2 행동과 태도를 정해야 할 때 망설이기만 하고 결단을 내리지 못하는 특성으로서 의사 결정(decision making)이 더딘 상태부터 아예 하지 못하는 상태까지 그 정도가 다양하다. 정신과 전문의 문요한에 따르면 결정장애는 질병이라기보다 잘못된 습관이 누적된 결과다[(문요한, 『굿바이, 게으름: 게으름에서 벗어나 나를 찾는 10가지 열쇠』(서울: 더난출판사, 2009)]. 결정장애는 '선택장애', '선택 곤란증', '햄릿 증후군' 등으로도 불린다.

3 Stever, G. 2018. *The Psychology Celebrity*. New York: Routledge[『셀러브리티』, 정지숙 옮

김(서울: 돌배나무, 2022)].

4 Rosen, S. 1981. "The Economics of Superstars." *The American Economic Review*, Vol.71, No.5, pp.845~858.

5 한국에너지공단의 「에너지 용어사전」(온라인).
(http://www.energy.or.kr/web/kem_home_new/info/dictionary/voca/kem_view.asp?sch_search=%E3%84%B1&sch_key=&sch_value=&h_page=8&q=1399)

6 Rumelt, R. P. 1984. "Toward a Strategic Theory of Firm." in R. B. Lamb(ed.). *Competitive Strategic Management*, pp.556~570. NY: Prentice Hall; Teece, D. J., Pisano, G., and Shuen, A. 1997. "Dynamic Capabilities and Strategic Management." *Strategic Management Journal*, Vol.18, No.7, pp.509~533; Barney, J. B. 1991. "Firm Resources and Sustained Competitive Advantage." *Journal of Management*, Vol.7, No.1, pp.99~120.

7 Chayko, M. 2017. *Superconnected: The Internet, Digital Media, and Techno-Social Life*. New Dehi: SAGE Publications[『초연결사회: 인터넷, 디지털 미디어, 그리고 기술·사회생활』, 배현석 옮김(파주: 한울엠플러스, 2018)].

8 Marcos, P. D. 2020.3.31. "Paying Attention: The Attention Economy Posted." *Berkeley Economic Review*. (https://econreview.berkeley.edu/paying-attention-the-attention-economy/)

9 Hendricks, V. F. 2022.4.1. "The Nuts and Bolts of Attention Economy." *OECD Forum Network*. (https://www.oecd-forum.org/posts/the-nuts-and-bolts-of-attention-economy)

10 Simon, H. A. 1971. "Designing Organizations for an Information- Rich World." in M. Greenberger(ed.). *Computers, Communications, and The Public Interest*, pp.37~72. Baltimore: The John Hopkins Press.

11 Davenport, T. H., and Beck, J. C. 2001. *The Attention Economy: Understanding the New Currency of Business*. Harvard Business School Press.

12 Van Krieken, R. 2018. *Celebrity Society: The Struggle for Attention*. London: Routledge.

13 Rose, F. 2015. "The Attention Economy 3.0." *Milken Institute Review*, Vol.17, No.42, pp.41~51.

14 Penrose, E. 1995. *The Theory of the Growth of The Firm*. New York: Oxford University Press.

15 이홍규·김성철. 2011. 『뉴미디어 시대의 비즈니스 모델: 창조와 변형의 바이블』. 파주: 한울엠플러스.

16 Murray, K., and White, J. 2005. "CEOs' Vews on Reputation Management." *Journal of Communication Management*, Vol.9, No.4, pp.348~358; Lo, F. Y., and Fu, P. H. 2016. "The Interaction of Chief Executive Officer and Top Management Team on Organization Performance." *Journal of Business Research*, Vol.69, No.6, pp.2182~2186.

17 Bass, B. 1985. *Leadership and Performance beyond Expectations*. New York: Free Press.

18 Hunter, J., and Hunter, R. 1984. "Validity and Utility of Alternative Predictors of Job Performance." *Psychological Bulletin*, Vol.96, pp.72~98.

19 Graham, J., Harvey, S,, and Puri, M. 2010. "A Corporate Beauty Contest." *Working Paper*. Duke University.

20 Conte, F. 2018. "Understanding the Influence of CEO Tenure and CEO Reputation on Corporate Reputation: An Exploratory Study in Italy." *International Journal of Business and Management*, Vol.13, No.3, pp.54~66.

21 Pfeffer, J., and Salancik, G. 1978. *The External Control of Organizations: A Resource Dependence Perspective*. New York: Harper & Row.

22 Cialdini, R. 1993. *Influence: The Psychology of Persuasion*. New York: William Morrow and Company.

23 Russell Reynolds Associates(RRA). 2003. "Investment Management Compensation Survey." *AIMR(Association for Investment Management and Research)*. London.

24 Hayward, M., Rindova, V., and Pollock, T. 2004. "Believing One's Own Press: the Causes and Consequences of CEO Celebrity." *Strategic Management Journal*, Vol.25, No.7, pp.637~653.

25 Ranft, A., Zinko, R., Ferris. G. R., and Buckley, M. R. 2006. "Marketing the Image of Management: the Costs and Benefits of CEO Reputation." *Organizational Dynamics*, Vol.35, No.3, pp.279~290.

26 Khurana, R. 2002. *Searching for a Corporate Savior*. Princeton, New Jersey: Princeton University Press.

27 Serfling, M. A. 2014. "CEO Age and the Riskiness of Corporate Policies." *Journal of Corporate Finance*, Vol.25, pp.251~273.

28 Deephouse, D. L. 2000. "Media Reputation as a Strategic Resource: An Integration of Mass Communication and Resource-based Theories." *Journal of Management*, Vol.26, No.6, pp.1091~1112.

29 Ranft, A., Zinko, R., Ferris, G. R., and Buckley, M. R. 2006. "Marketing the Image of Management: The Costs and Benefits of CEO Reputation." *Organizational Dynamics*, Vol.35, No.3, pp.279~290.

30 윤지혜·정동섭. 2017.「최고경영자 유명도(CEO Celebrity)의 결정 요인과 경영 성과에 관한 연구」. ≪2017 한국경영학회 통합학술발표논문집≫, 158~179쪽.

31 Men, L. R. 2012. "CEO Credibility, Perceived Organizational Reputation, and Employee Engagement." *Public Relations Review*, Vol.38, No.1, pp.171~173.

32 Koh, K. 2011, "Value or Glamour? An Empirical Investigation of the Effect of Celebrity CEOs on Financial Reporting Practices and Firm Performance." *Accounting and Finance*, Vol.56, pp.517~547.

33 Rajgopal, S., Shevlin, T., and Zamora, V. 2006. "CEOs' Outside Employment Opportunities and the Lack of Relative Performance Evaluation in Compensation Contracts." *The Journal of Finance*, Vol.61, No.4, pp.1813~1844.

34 Weisbach, M. 2007. "Optimal Executive Compensation vs. Managerial Power: A Review of Lucian Bebchuk and Jesse Fried's Pay without Performance: The Unfulfilled Promise of Executive Compensation." *Journal of Economic Literature*, XLV, pp.420~429.

35 Burns, J. 1978. *Leadership*. New York: Harper & Row.

36 Karuna, C., and Merchant, K. A. 2014. "CEO Renown and Its Impact on CEO Pay." *Working Paper*. University of Houston, University of Southern California.

37 Shemesh, J. 2011. "CEO Social Status and Risk Taking." *Working Paper*. University of Melbourne.

38 Doorley, J., and Garcia, H. F. 2011. *Reputation Management: The Key to Successful Public Relations and Corporate Communication*(2nd ed.). London: Routledge[『기업 생존을 좌우하는 명성경영 전략』, 백지현·김장현·홍유정 옮김(서울: 알마, 2016)].

39 Wolf, S., and Plowright, A. 2018.8.17. "Air Canada's Ben Smith Named Head of Air France-KLM." AFP. (https://www.yahoo.com/news/no-canadians-air-france-unions-want-french-ceo-000134717.html)

40 김지연. 2018.5.14. "美 상장사 CEO·직원 연봉 격차 적을수록 생산성 높다." 〈연합뉴스〉. (http://www.yonhapnews.co.kr/dev/9601000000.html)

41 전승훈. 2014.4.11. "기업 임원 연봉에 칼 빼든 EU." ≪동아일보≫. (http://news.donga.com/List/SectionLETShttp/3/all/20140411/62446074/1?)

42 이 의약용 음료는 프랑스 출신의 화학자 안토니 마리아니(Antoni Mariani)가 발명한 것으로 알려졌는데, 이를 응용해 코카콜라가 만들어졌다는 것이 정설이다.

43 Feldman, E. 2007. "Celebrity Endorsements: Love'em Or Hate'em. Associated Content." Retrieved November, 2010 from (http://www.associatedcontent.com/article/367243/celebrity endorsements love em or hate.html)

44 Erdogan, B. Z. 1999. "Celebrity Endorsement: A Literature Review." *Journal of Marketing Management*, Vol.15, No.4, pp.291~314.

45 Stever, G. 2018. *The Psychology Celebrity*. New York: Routledge[『셀러브리티』, 정지숙 옮김(서울: 돌배나무, 2022)].

46 Roy, K. 2018. *How to Execute Celebrity Endorsements for Enhancing Brand Preferences?* New Delhi: Kisholoy Roy.

47 Dholakia, R., and Sternthal, B. 1977. "Highly Credible Sources: Persuasive Facilitators or Persuasive Liabilities?" *Journal of Consumer Research*, Vol.3, No.4, pp.223~232; Hovland, C., and Weiss, W. 1951. "The Influence of Source Credibility on Communication Effectiveness." *Public Opinion Quarterly*, Vol.15, No.4, pp.635~650.

48 Baker, M. J., and Churchill, G. A., Jr. 1977. "The Impact of Physically Attractive Models on Advertising Evaluations." *Journal of Marketing Research(JMR)*, Vol.14, No.4, pp.538~555.

49 Kamins, M. A. 1990. "An Investigation into the 'Match-up' Hypothesis in Celebrity Advertising: When Beauty May be Only Skin Deep." *Journal of Advertising*, Vol.19, No.1, pp.4~13.

50 Jaikumar, S., and Sahay, A. 2015, "Celebrity Endorsements and Branding Strategies: Event Study from India." *Journal of Product & Brand Management*, Vol.24, No.6, pp.633~645.

51 Atkin, C., and Block, M. 1983. "Effectiveness of Celebrity Endorsers." *Journal of Advertising Research*, Vol.23, No.1, pp.57~61.

52 Ray, M. 2004. "The Intangible Magic of Celebrity Marketing." *PLoS Medicine: San Francisco*, Vol.1, No.2, e42.

53 Keel, A., and Nataraajan, R. 2012. "Celebrity Endorsements and Beyond: New Avenues for Celebrity Branding." *Special Issue: Psychology, Marketing and Celebrities*, Vol.29, No.9, pp.690~703.

54 Städtler, R. 2011. *Celebrity Scandals and Their Impact on Brand Image: A Study Among Young Consumers*. Nordestedt Germany: GRIN Berleg.

55 Kron, J. 1984. "What do you say when a lady has smudged lipstick?: You might compliment her; 'new look' makeup relies on bizarre applications." *Wall Street Journal*. Retrieved November, 2010, from http://proquest.umi.com/pqdweb?did=27052759&sid=5&Fmt=3&clientId=1997&RQT=309&VName=PQD.

56 Helmig, B., Huber, J., and Leeflang, P. S. H. 2008. "Co-branding: The State of the Art." *Schmalenbach Business Review(SBR)*, Vol.60, pp.359~377.

57 Park, C. W., Jun, S. Y., and Shocker, A. D. 1996. "Composite Branding Alliances: An Investigation of Extension and Feedback Effects." *Journal of Marketing Research(JMR)*, Vol.33, No.4, pp.453~466.

58 Fang, X., and Mishra, S. 2002. "The Effect of Brand Alliance Portfolio on the Perceived Quality of an Unknown Brand." *Advances in Consumer Research*, Vol.29, pp.519~520.

59 Keel, A., and Nataraajan, R. 2012. "Celebrity Endorsements and Beyond: New Avenues for Celebrity Branding." *Psychology and Marketing*, Vol.29, No.9, pp.690~703.

60 Erdogan, B. Z. 1999. "Celebrity Endorsement: A Literature Review." *Journal of Marketing Management*, Vol.15, No.4, pp.291~314.

제7장 셀럽들의 명성론 I

1 이 책의 제7장과 제8장에 제시된 명사들의 개별 발언 가운데 별도의 출처 표시가 없는 것은 그간의 언론 인터뷰와 goodreads(https://www.goodreads.com/), BrainyQuote(https://www.brainyquote.com/authors/leo-tolstoy-quotes), kidadl(https://kidadl.com/quotes/tom-hanks-quotes-and-movie-lines-from-the-nicest-man-in-hollywood) 등의 발언 모음 사이트에서 발췌·인용했다.

2 노자. 2019.『도덕경』. 소준섭 옮김. 서울: 현대지성.

3 마르쿠스 아우렐리우스(Marcus Aurelius). 2018.『명상록』. 박문재 옮김. 서울: 현대지성.

4 Rockwell, D., and Giles, D. C. 2009. "Being a Celebrity: A Phenomenology of Fame." *Journal of Phenomenological Psychology*, Vol.40, pp.178~210.

5 Boorstin, D. J. 1961. *The Image: A Guide to Pseudo-events in America*. New York: Random House.

6 Schaller, M. 1997. "The Psychological Consequences of Fame: Three Tests of the Self-Consciousness Hypothesis." *Journal of Personality*, Vol.65, No.2, pp.291~309.

7 Braudy, L. 1986. *The Frenzy of Renown*. New York: Oxford University Press.

8 Adler, P. A., and Adler, P. 1989. "The Glorified Self: The Aggrandizement and the Constriction of Self." *Social Psychology Quarterly*, Vol.52, pp.299~310.

9 이진우. 2020. 『균형이라는 삶의 기술(어떻게 인생의 중심을 지킬 것인가)』. 서울: 인플루엔셜.

10 이어령. 2022. 『이어령의 마지막 노트(2019~2022): 눈물 한 방울』. 서울: 김영사.

11 McDermott, T., and Barabak, M. Z. 2006.12.11. "Crowds Adore Obama." *Los Angeles Times*. (https://www.latimes.com/archives/la-xpm-2006-dec-11-na-obama11-story.html)

12 위병기. 2014.5.26. "측근정치와 지방선거." ≪전북일보≫. (http://www.jjan.kr/512666)

13 김민지·권유진·송수원·이예영·최경희·이진민·이민선. 2014. 『패션 디자이너와 패션 아이콘』. 서울: 교문사.

14 Culpan, Tim. 2020.1.20. "Masayoshi Son is no angel. He might want to give it a try." *The Economic Times*. (https://economictimes.indiatimes.com/small-biz/startups/newsbuzz/masayoshi-son-is-no-angel-he-might-want-to-give-it-a-try/articleshow/73468421.cms?from=mdr)

15 Green, T. "Masayoshi Son: The CEO who lost $70bn in a day before conquering the world." *Hottopics.Ht*. (https://hottopic.ht/4605/masayoshi-son-ceo-lost-70bn-in-day-before-conquering-world/)

16 Griffin, A. 2008. *Crisis, Issues and Reputation Management: A Handbook for PR and Communications Professionals*. London: Kogan Page Ltd.

17 오문영. 2022.10.17. "16년전 일(日) 기업 보고 놀랐던 이재용 … 이후 삼성이 만든 변화." ≪머니투데이≫. (https://news.mt.co.kr/mtview.php?no=2022101710032083474)

18 현대경제연구원. 2011. 『정주영 경영을 말하다: 시대를 초월한 세기의 기업인』. 서울: 웅진씽크빅.

19 하진수. 2014b.10.31. "[한국의 큰손들] ③ 박현주 미래에셋 회장이 배워갔던 '백 할머니'." ≪조선비즈≫. (https://biz.chosun.com/site/data/html_dir/2014/10/30/2014103002837.html)

20 하진수. 2014a.10.24. "[한국의 큰손들] ② 서울 들어가려면 '광화문 곰'의 땅을 안 밟을 수 없다." ≪조선비즈≫. (https://biz.chosun.com/site/data/html_dir/2014/10/24/2014102400948.html)

21 김기성·김영택. 2015.5.19. "(재벌 명성지수) 이건희, 총수 명성 1위 … 조양호 '꼴찌'." ≪뉴스토마토≫. (http://www.newstomato.com/ReadNews.aspx?no=555979)

22 나예진. 2022.9.22. "'18년' 역임한 차석용 LG생활건강 부회장, 최장수 전문 CEO 등극." ≪이코노미스트≫ (https://economist.co.kr/2022/09/22/industry/distribution/20220922173005183.html)

23 Westaby, S. 2020. *The Knife's Edge*. London: Mudlark[『칼끝의 심장』, 서정아 옮김(서울:

지식서가, 2022)].
24 임동현. 2021.12.27. "[인터뷰] 선각자이자 위대한 스승, 아버지 주인호 박사의 정신을 남기려합니다." ≪뉴스더원≫. (http://www.newstheone.com/news/articleView.html?idxno=89339)
25 미국 심리학회(APA)의 『심리학사전(Dictionary of Psychology)』에 화병은 "a culture-bound syndrome specific to Korea and characterized by a range of symptoms that are attributed to the suppression of anger(Korean, literally: "anger disease"). Also called suppressed anger syndrome; wool-hwa-byung"이라고 등재되어 있다.
26 남수연·최호승. 2018.1.3. "열정 넘치고 화끈한 한국인에게 가장 필요한 것은 '명상'." ≪법보신문≫. (http://www.beopbo.com/news/articleView.html?idxno=101558)
27 김수진. 2015.10.30. "[허갑범 원장] 실력과 명성에, 예약도 잘 되는 대학병원 교수 출신 개원명의 24명." ≪헬스조선≫. (https://health.chosun.com/site/data/html_dir/2015/10/30/2015103000970.html)
28 이지현. 2012.5.16. "수술 잘하는 병원, 외과 명성 되찾을 것." ≪머니투데이≫. (https://news.mt.co.kr/mtview.php?no=2012051511515806958&outlink=1&ref=https%3A%2F%2Fsearch.naver.com)

제8장 셀럽들의 명성론 II

1 유원정. 2015.12.17. "명성은 양날의 검 … 스스로 검열해서는 안 돼." ≪CBS 노컷뉴스≫. (https://www.nocutnews.co.kr/news/4519570)
2 장주연. 2022.7.19. "류준열 '〈외계+인〉, 앤드류 가필드도 궁금해했죠'." 머니투데이방송 MTN. (https://news.mtn.co.kr/news-detail/2022071714481030273)
3 노규민. 2023b.2.27. [인터뷰②] 〈대외비〉 이성민 "20~30대 때 미래 없었다 … 늦게 떠서 다행." ≪뉴스컬처≫. (http://www.newsculture.press/news/articleView.html?idxno=518671)
4 이미나. 2012.10.8. "이성민의 '연기학 총론' … '배우에게 두려운 건'." ≪오마이뉴스≫. (https://star.ohmynews.com/NWS_Web/OhmyStar/at_pg.aspx?CNTN_CD=A0001786939)
5 노규민. 2023a.2.27. [인터뷰①] 이성민 "〈재벌집〉 → 〈대외비〉 … 각 잡힌 연기 쉬고 싶어." ≪뉴스컬처≫. (http://www.newsculture.press/news/articleView.html?idxno=518666)
6 박아름. 2018.8.1. '공작' 이성민 "'신과함께2'와 대결? 작은 보상 있었으면"(인터뷰). ≪뉴스엔≫. (https://www.newsen.com/news_view.php?uid=201808010848401910)
7 홍상희. 2023.3.1. 〈대외비〉 이성민 "나는 성공한 덕후, 배우는 나의 숙명." YTN. (https://www.ytn.co.kr/_ln/0106_202303010636277036)
8 이동건. 2016.1.28. [인터뷰] 〈로봇, 소리〉 이성민 "송강호 선배, 따라갈 만하면 앞에 가 있더라고요." ≪서울경제≫. (https://entertain.naver.com/read?oid=011&aid=0002793923)
9 최현정. 2014.5.1. [인터뷰] "'뼛속까지 가수' 박정현, 노래하는 꿈 이뤄 만족." ≪파이낸셜뉴스≫. (https://entertain.v.daum.net/v/20140501081908447)
10 이다원. 2022a.6.9. "[인터뷰] 아이유에서, 이지은으로." ≪스포츠경향≫. (https://sports.khan.co.kr/entertainment/sk_index.html?art_id=202206090920003&sec_id

=540401)

11 이다원. 2022b.6.14. "[인터뷰] 송강호 '칸 남우주연상, 브로커 팀 덕분에 완성된 거죠'." ≪스포츠경향≫. (https://sports.khan.co.kr/entertainment/sk_index.html?art_id=202206141525003&sec_id=540401&pt=nv)

12 김샛별. 2022.5.24. "블랙핑크, 美 롤링스톤 표지 모델 선정 '아시아 걸그룹 최초'." ≪더팩트≫. (http://news.tf.co.kr/read/entertain/1940539.htm)

13 김하영. 2022.5.31. "블랙핑크 지수 '사람들은 나에게 어떤 종류의 음악을 원할까?'." ≪스포츠경향≫. (https://sports.khan.co.kr/entertainment/sk_index.html?art_id=202205310927003&sec_id=540101&pt=nv)

14 김도향. 2016.12.13. "[삶, 예술, 자연… 가수 김도향] '산은 소리로 인간을 치유하는 완벽한 종합병원이에요'." ≪월간 산≫.
(http://san.chosun.com/news/articleView.html?idxno=10569)

15 문영진. 2010.2.7. "인순이 '아버지 보셨나요?', 美 카네기홀서 감동적 공연." ≪파이낸셜뉴스≫. (https://www.fnnews.com/news/201002071811123011?t=y)

16 김고금평. 2011.5.4. "[수요 초대석] 인순이, '나가수' 섭외 왔지만 탈락 강박에 거절." ≪문화일보≫. (https://entertain.v.daum.net/v/20110504114109109?f=o)

17 김정섭. 2021. 「삼중고 탈피 후 대역전의 성공을 이끈 걸 그룹 '카라'의 차별화 전략」. ≪한국엔터테인먼트산업학회논문지≫, 제15권 제2호, 169~178쪽.

18 이런 닮은꼴로 인해 구하라는 인기 절정기인 생전에 필자의 주선으로 아무로 나미에와 일본에서 미팅을 추진했으나 침체기였던 아무로 나미에가 적극적인 태도를 보이지 않아 성사되지 않았다.

19 정윤섭. 2021.2.9. "방탄소년단 '우리는 행운아' … 애플뮤직 'BTS는 팝의 혁명'." 〈연합뉴스〉. (https://www.yna.co.kr/view/PYH20210209023200075?input=1196m)

20 Russell, E. 2019.11.20. "Break the Internet: BTS." *PAPER*.
(https://www.papermag.com/break-the-internet-bts-2641354203.html?rebelltitem=1#rebelltitem1)

21 Melas, C. 2020.9.12. "BTS on Making Music, Watching Netflix and Working out During Quarantine." CNN. (https://edition.cnn.com/2020/09/11/entertainment/bts-dynamite-quarantine-netflix-interview/index.html)

22 황선용. 2022.1.6. "방탄소년단 정국, '본업' 먼저 잘하려 노력 → 2022년 '참 멋지다' 가장 듣고 싶어 … '숨멋' 남신 자태." ≪톱스타뉴스≫. (https://www.topstarnews.net/news/articleView.html?idxno=14662059)

23 반경림. 2022b.10.20. "[BTS News] 방탄소년단 지민, 특별한 빛을 발하고 있었다." ≪Viewers≫. (http://theviewers.co.kr/View.aspx?No=2572904)

24 반경림. 2022a.10.11. "[BTS News] 방탄소년단 지민, 시상식 빛낸 무대 천재 … '팬이 주시는 마음 항상 생각하고 있어요'." ≪Viewers≫.
(http://theviewers.co.kr/View.aspx?No=2562139)

25 Besoccer. 2022.12.22(search). "'Top 20' Best Quotes Ever Said About Messi." (https://www.besoccer.com/new/top-20-best-quotes-ever-said-about-messi-46925)

26 이형주. 2022.5.30. "에브라의 염원, '돈이나 유명세 아닌 맨유를 생각하는 선수 찾길." ≪STN 스포츠≫. (https://www.stnsports.co.kr/news/articleView.html?idxno=150690)

27 윤태석. 2017.8.4. "[단독 인터뷰] 박지성 '대표팀 기강? 선수끼리의 신뢰가 우선'." ≪한국일보≫. (https://www.hankookilbo.com/News/Read/201708041426482272)

28 배준용. 2022.7.16. "'홍민이 성공은 오롯이 그의 것', 세대 초월한 손웅정의 이유 있는 신드롬." ≪조선일보≫. (https://www.chosun.com/national/weekend/2022/07/16/DFFX3LXNJJFYTIALAJ5TDL3RJA/?utm_source=naver&utm_medium=referral&utm_campaign=naver-news)

29 헤어초크, 다니엘(Daniel Herzog). 2019.10.1. "손흥민, 시즌은 길다. 토트넘은 흐름을 탈 것이다." ≪GOAL≫. (https://www.goal.com/kr/%EB%89%B4%EC%8A%A4/a/1te40a8a6ddv21w6z52stav5zt)

30 Eccleshare, C. 2022.7.18. "He's bigger than K-pop: How Son-mania is putting Spurs on the map in South Korea." *The Athletic*. (https://theathletic.com/3428814/2022/07/18/son-south-korea-tottenham/); 김정현. 2022.7.19. "'K-팝보다 크다', 英 기자가 바라본 손흥민의 영향력, 그리고 우려." ≪엑스포츠≫. (https://www.xportsnews.com/article/1606208)

31 신창용. 2015.5.7. "미국 CNN, '리듬체조 요정' 손연재 집중조명." 〈연합뉴스〉. (https://www.yna.co.kr/view/AKR20150507084800007?input=1195m)

32 심현희. 2021.8.4. "'성덕' 우상혁: 롤모델 스테판 홀름과 SNS '맞팔'." ≪서울신문≫. (https://www.seoul.co.kr/news/newsView.php?id=20210804025021&wlog_tag3=naver)

33 이윤민. 2021.12.11. "[종합] '아는 형님' 이종범 & 이정후, 돈독한 부자 케미와 남다른 예능감 뽐내." ≪톱스타뉴스≫. (https://www.topstarnews.net/news/articleView.html?idxno=14656429)

34 이영미. 2016.11.22. "[이영미 人터뷰] 이종범과 아들 이정후, 야구의 길을 가다." 네이버 스포츠 이영미 칼럼. (https://sports.news.naver.com/news.nhn?oid=380&aid=0000000938)

35 김연아의 포털 프로필에 따르면 2024 강원 동계 청소년올림픽 홍보대사(위촉 2022), 2018 평창 동계올림픽 홍보대사(2014), 세계헌법재판 회의 제3차 총회 홍보대사(2014), 제1회 동계유스올림픽 홍보대사(2012), 2012 인스브루크 동계청소년올림픽 홍보대사(2011), 2013 평창 동계스페셜올림픽 글로벌 명예 홍보대사(2011), 서울특별시 글로벌 홍보대사(2010), G20 서울 정상회의 홍보대사(2010), 유니세프 친선대사(2020), 한식 세계화 홍보대사(2010), 바보의 나눔 홍보대사(2010), 방송통신위원회 디지털전환 홍보대사(2009), 인천국제공항 명예홍보대사(2009), 2018 평창 동계올림픽 유치 홍보대사(2009), 한국방문의 해 홍보대사(2009), 국정홍보처 다이내믹코리아 홍보대사(2007), 아시아나항공 명예홍보대사(2007), 경기도 홍보대사(2006)를 맡았다.

36 이혜미. 2014.2.5."[영상] 김연아 美 NBC 인터뷰 … 유창한 영어 실력 화제." SBS. (https://n.news.naver.com/sports/general/article/096/0000287653)

37 이석무. 2009.3.30. "[세계 피겨] 김연아 '올림픽 金 따면 더 이상 바랄 게 없을 것'." ≪마이데일리≫. (https://n.news.naver.com/sports/general/article/117/0002012226)

38 민병호. 2013.3.19. "'저는 행복한 스케이터', 김연아의 솔직 담백 인터뷰." MBC. (https://n.news.naver.com/sports/general/article/214/0000233063)

39 이건. 2011.5.1. "[결산인터뷰] 김연아는 ㅁㅁㅁㅁ다." ≪스포츠조선≫. (https://n.news.naver.com/sports/general/article/076/0002104105)

40 서다슬. 2018.2.10. "김연아 성화봉송, 이제는 휴식이 필요? '못하겠다고 했는데 … 나를 외면한다더라'." ≪무등일보≫. (http://www.mdilbo.com/detail/etc/534008)

제9장 명성 관리와 명사의 수양 기법

1 양소영. 2021.12.26. "[2021 KBS 연예대상] 오윤아 장민호 리얼리티 우수상 '민이·김갑수 덕'." ≪스타투데이≫. (https://www.mk.co.kr/star/broadcasting-service/view/2021/12/1205650/)

2 MBN 뉴스. 2014.5.28. "정우 수상 소감, '하늘에 계신 아버지 보고싶다' … '폭풍 눈물'." MBN. (https://www.mbn.co.kr/news/entertain/1810661)

3 이원희. 2018.3.8. "[W 시상식] 박혜진, 2017~2018 정규 리그 MVP … 위성우 감독 6년 연속 지도상(종합)." ≪점프볼≫.

4 이상훈. 2019.2.4. "천재 이윤열, 그의 도전은 아직 멈추지 않았다." ≪아이벤 e스포츠≫.

5 한영혜. 2019.2.11. "BTS, 한국 가수 최초 美 그래미 어워드 참석 '꿈 이뤘다'." ≪중앙일보≫.

6 위근우. 2009.11.27. "비 '내 이름을 알린다는 것은 세계를 정복한다는 것'." ≪텐아시아≫.

7 이상필. 2019.1.31. "1군 공식 승격 이강인, 꿈이 이뤄졌다." ≪스포츠투데이≫.

8 박영진. 2019.1.13. "김연아가 꿈이었던 유영 … '제 이야기 들려드리고 싶다'." ≪오마이뉴스≫.

9 Chayko, M. 2017. *Superconnected: The Internet, Digital Media, and Techno-Social Life*. New Dehi: SAGE Publications[『초연결사회: 인터넷, 디지털 미디어, 그리고 기술·사회생활』, 배현석 옮김(파주: 한울엠플러스, 2018)].

10 Katsali, Sofia. 2015.10.20. "How To Use Social Media [The Celebrity Edition]." (https://www.linkedin.com/pulse/how-use-social-media-celebrity-edition-sofia-katsali)

11 Grady, P. A., and Gough, L. L. 2014. "Self-management: A Comprehensive Approach to Management of Chronic Conditions." *American Journal of Public Health*, Vol.104, No.8, pp.e25~e31.

12 밀러, 크리스천(Christian B. Miller). 2021. 『인간의 품성: 우리는 얼마나 선량한가?』. 김태훈 옮김. 서울: 글로벌콘텐츠.

13 Bourdieu, P. 1979. *Distinction: A Social Critique of the Judgement of Taste*. London: Routledge and Kegan Paul.

14 Bourdieu, P. 1995. "Structures, Habitus, Practices." in J. Faubion(ed.). *Rethinking the Subject*, pp.31~45. Boulder, Colo.: Westview Press.

15 메르틴, 도리스(Doris Martin). 2020. 『아비투스』. 배명자 옮김. 서울: 다산초당.

16 채복기. 2021. 『우리에게 필요한 리더 다시 링컨』. 서울: 북스토리.

17 오긍(吳兢). 2013. 『리더십의 영원한 고전: 정관정요』. 김원중 옮김. 서울: 글항아리.

18 이기주. 2017.『말의 품격』. 서울: 황소북스.

19 알레산드라, 토니(Tony Alessandra). 2003.『설득을 위한 대화의 기술』. 서울: 한국경제신문사; 알레산드라, 토니(Tony Alessandra)·헌스커, 필립(Phillip Hunsaker). 2003.『행복한 일터의 커뮤니케이션』. 정봉원·최경희 옮김. 서울: 한언출판사.

20 김선주·김우정. 2019.『세계 시민이 알아야 할 글로벌 매너』. 서울: 어가.

21 Spencer, L. M., and Spencer, S. M. 1993. *Competency at Work.* New York: John Wiley & Sons.

22 Boyatzis, R. 1982. *The Competent Management: A Model for Effective Performance.* New York: John Wiley & Sons.

23 Coopersmith, S. 1967. *The Antecedents of Self-esteem.* San Francisco and London: W. H. Freeman and Company.

24 Schiraldi, G. R. 2017. *The Resilience Workbook: Essential Skill to Recover from Stress, Trauma, and Adversity.* Oakland, CA: New Harbinger Publications, Inc.[『회복력과 성장을 위한 리질리언스 워크북』, 김동일 옮김(서울: 학지사, 2022)].

25 Bandura, A. 1982. "Self-efficacy Mechanism in Human Agency." *American Psychologist,* Vol.37, No.2, pp.122~147; Branden, N. 1986. *The Psychology of Self-esteem.* New York: Bantan Books.

26 Coopersmith, S. 1967. *The Antecedents of Self-esteem.* San Francisco and London: W. H. Freeman and Company.

27 Branden, N. 1989. *The Psychology of High Self-esteem: A Life-Changing Program for Personal Growth Audio Cassette.* Nightingale Conant Corp.

28 Mruk, C. J. 2006a. "Changing Self-Esteem: Research and Practice." in M. H. Kernis(ed.). *Self-esteem Issues and Answers: A Sourcebook of Current Perspectives.* New York: Psychology Press.

29 Mruk, C. J. 2006b. "Defining Self-esteem: Research and Practice." in M. H. Kernis(ed.). *Self-esteem Issues and Answers: A Sourcebook of Current Perspectives.* New York: Psychology Press.

30 쿠에, 에밀(Coue Emile). 2018.『자기암시(긍정적인 자기암시가 우리 몸과 마음을 어떻게 변화시키는가)』. 윤지영 옮김. 서울: 연암사.

31 resilience는 '다시 뛰어오르다'는 뜻을 지닌 라틴어 '리실리오(resilio)'가 어원이다.

32 '흔들리며 피는 꽃'이란 표현은 도종환의 시집『흔들리며 피는 꽃』(2012, 문학동네)과 같은 시인의 시화선집『흔들리지 않고 피는 꽃이 어디 있으랴』(2014, 알에이치코리아)에서 연유한다.

33 박남수. 2015.『(마음챙김과 함께하는) 회복탄력성』. 서울: 학지사.

34 채복기. 2021.『우리에게 필요한 리더 다시 링컨』. 서울: 북스토리.

35 Ryff, C. D. 1989. "Happiness is Everything, or is It? Explorations on the Meaning of Psychological Well-being." *Journal of Personality and Social Psychology,* Vol.57, No.6,

pp.1069~1081.

36 권석만. 2008.『긍정심리학: 행복의 과학적 탐구』. 서울: 학지사.

37 Brooks, C. S. 1917. "XI. On the Difference between Wit and Humor." in *Chimney-Pot Papers*, pp.128~135. New Haven: Yale University Press; Brooks, C. S. 1963. "On the Difference between Wit and Humor." *Modern Essays*(3rd ed.). Chicago: Scott, Foresman.

38 Kuiper, N. A., and Martin, R. A. 1993. "Humor and Self-concept." *International Journal of Humor Research*, Vo1.6, pp.251~270.

39 Schiraldi, G. R. 2017. *The Resilience Workbook: Essential Skill to Recover from Stress, Trauma, and Adversity*. Oakland, CA: New Harbinger Publications, Inc.[『회복력과 성장을 위한 리질리언스 워크북』, 김동일 옮김(서울: 학지사, 2022)].

40 Kuiper, N. A., Martin, R. A., and Olinger, L. J. 1993. "Coping Humour, Stress, and Cognitive Appraisals." *Canadian Journal of Behavioural Science* , Vol.25, No.1, pp.81~89.

41 Frecknall, P. 1994. "Good Humor: A Qualitative Study of the Uses of Humor in Everyday Life." *Psychology: A Journal of Human Behavior*, Vol.31, No.1, pp.12~21.

42 김선진. 2013.『재미의 본질』. 부산: 경성대학교 출판부.

43 구현정·전정미. 2019.『유머학 개론』. 서울: 박이정.

44 유재호. 2021.『(농담의 기저에 흐르는) 위트의 원리』. 서울: 예랑.

45 Nevo, O., Aharonson, H., and Klingman, A. 1998. "The Development and Evaluation of a Systematic Program for Improving Sense of Humor." in Ruch, W.(ed.). *The Sense of Humor: Explorations of a Personality Characteristic*, pp.385~404. New York: Mouton de Gruyter.

46 Feyoh, M. 2019.4.29. "15 Hilarious Ways To Be Funny." (https://www.developgoodhabits.com/how-to-be-funny/)

47 Verbano, C., and Venturini, K. 2013. "Karen Venturini Managing Risks in SMEs: A Literature Review and Research Agenda." *Journal of Technology Management & Innovation*, Vol.8, No.3, pp.186~197.

48 Henschel, T. 2009. *Implementing a Holistic Risk Management in Small and Medium Sized Enterprises(SMEs)*. Edinburgh Napier University School of Accounting, Economics & Statistics, UK; ISO 31000. 2009. *Principles and Generic Guidelines on Risk Management*. (http://www.iso.org)

49 Chapman, C. B., and Cooper, D. F. 1983. "Risk Engineering: Basic Controlled Interval and Memory Models." *Journal of the Operational Research Society*, Vol.34, No.1, pp.51~60.

50 The Missouri Group. 2005. *News Reporting and Writing*(8th edition). Boston, MA: Bedford/St. Martin's; 임현수·이준웅. 2011.「기사화 과정에서의 영향 요인에 관한 연구: 정부 보도자료에 대한 조선일보, 한겨레 기사 분석을 중심으로」. ≪한국언론학보≫, 제55권 제2호, 5~31쪽.

51 Comer, R. J. 2016. *Fundamentals of Abnormal Psychology*(8th edition). New York: Worth Pubilsher[오경자·정경미·송현주·양윤란·송원영·김현수,『이상심리학』(서울: 시그마프레스, 2017)].

52 박민. 2022.7.14. "[오후여담] 양날의 칼, 정치인의 말." ≪문화일보≫. (http://www.munhwa.com/news/view.html?no=2022071401033411000001)

53 이우승. 2022.7.19. "[데스크의 눈] 도어 스테핑의 역설." ≪세계일보≫. (https://www.segye.com/newsView/20220719520148?OutUrl=naver)

54 O'connor, L. 1997.11.24. "Talk Less and Learn the Value of Silence." *SunSentinel*. (https://www.sun-sentinel.com/news/fl-xpm-1997-11-24-9711200563-story.html)["If you have the time to think before you start talking, then consider whether it is worth speaking at all, or whether you may harm someone."]

55 시오노 나나미(塩野七生, Shiono Nanami)는 『로마인 이야기』에서 로마제국 2000년 역사를 지탱해 준 힘이 노블레스 오블리주의 철학이라고 강조했다. '노블레스 오블리주'는 프랑스의 정치가 겸 작가인 가스통 피에르 마르크(Pierre Marc Gaston de Lévis, 1764~1830)가 『격률과 교훈(Maximes et réflexions sur différents sujets)』(1808)이란 책(51번째 교훈)에서 처음 사용한 용어로 프랑스어로 '고귀한 신분' 또는 '귀족'이라는 노블레스(noblesse)와 '책임이 있다'는 오블리주(oblige)의 합성어다. '높은 사회적 신분에 상응하는 도덕적 의무'로 풀이할 수 있다. 사회적으로 높은 신분이나 지위에 있는 사람들일수록 법으로 강제하는 것이 아니라 스스로 판단에 의해, 즉 자발적인 동기에 의해 마땅히 그에 합당한 책임, 역할, 처신을 해야 한다는 뜻이다.

56 James, W. 1892. *Psychology: Briefer Course*. New York: Henry Holt. Co.

57 김정섭. 2019. 「배우 손예진의 코어 페르소나와 주연 작품에 대한 수용자 반응과의 정합성 분석」. ≪한국엔터테인먼트산업학회논문지≫, 제13권 제4호, 93~106쪽.

58 Jung, C. G. 1943[1916]. "On the Psychology of the Unconscious." in C. G. Jung. *Two Essays on Analytical Psychology*, pp.9~130. Cleveland: The World; 예민희·임은혁. 2015. 「패션 디자이너의 페르소나 마케팅」. ≪한국의류학회지≫, 제39권 제3호, 124~134쪽.

59 Thomson, M., and Tracy, B. 2011. *Now, Build a Great Business: 7 Ways to Maximize Your Profits in Any Market*. Gildan Media Corp.

60 Hisanabe, Y. 2009. "Persona Marketing for Fujitsu Kids Site." *Fujitsu Science Technology Journal*, Vol.45, No.2, pp.210~218.

61 Wright, S. H. 2012. *The ABCs of Greening Communications*. LuLu.com Press.

62 김정섭·이은혜. 2021. 「'투사-역투사 이론' 관점의 한국 뮤지컬 배우 정선아의 연기 스킬과 스타일 특성」. ≪한국엔터테인먼트산업학회논문지≫, 제15권 제4호, 45~54쪽.

63 Landy, R. J. 1994. *Drama Therapy: Concepts, Theories and Practices*(2nd ed.). Charles C. Thomas Publisher, IL: USA.

64 Moore, J. 2006. "Theatre of 'Theatre of Attachment': Using Drama to Facilitate Attachment in Adoption." *Adoption & Fostering*, Vol.30, No.2, pp.64~73.

65 Nakamura, J., and Csikszentmihalyi, M. 2014. *The Concept of Flow. Flow and the Foundations of Positive Psychology*, pp.239~263. Amsterdam: Springer Netherlands.

66 Landy, R. J. 2009. "Role Theory and The Role Method of Drama Therapy." in D. R. Johnson

and R. Emunah(eds.). *Current Approaches in Drama Therapy*, Vol.2, pp.65~88. Springfield, IL: Charles C. Thomas.

67 Bailey, S., and Dickinson, P. 2016. "The Importance of Safely 'De-roling' Methods." *A Journal of Acting Pedagogy*, Vol.2, pp.1~18.

68 Valente, L., and Fontana, D. 1994. "Drama Therapist and Client: An Examination of Good Practice and Outcomes." *The Arts in Psychotherapy*, Vol.21, No.1, pp.3~10.

69 드라마테라피 전문가인 미국 캔자스주립대학교 음악·연극·무용대학의 샐리 베일리(Sally Bailey) 교수와 미국 에커드칼리지 인간발달학과의 페이지 디킨슨(Paige Dickinson) 교수는 2016년 심리 회복 원리에 중점을 두어 디롤링에 적합한 아홉 가지 기법을 개발해 현장에서 사용할 것을 제안했다. 그것은 ① 스텝 아웃(The Step-Out) 기법, ② 공간이동(Shifting Spaces) 기법, ③ 공연 공간과 관객 공간의 분리, ④ 연기 개시 및 종료 의식(Ritual)의 거행, ⑤ 내 이름과 정체성 되찾기(Reclaiming My Name and Identity), ⑥ 캐릭터 벗기(Taking off the Character), ⑦ 캐릭터를 '친구'로 여기기(Creating and Embodying a Friend), ⑧ 다른 장르의 예술 활용(Using Art), ⑨ 상징적인 소품과 의상(Symbolic Props and Costumes) 사용기법이다. 이에 앞서 드라마테라피 연구자인 브라질 에보라대학교 공연예술학과 루실리아 발렌테(Lucilia Valente) 교수와 영국과 웨일스의 대학에서 심리학과 교수로 일한 데이비드 폰태나(David Fontana)는 1994년 디롤링에 사용할 도구와 매개체를 기준으로 설정한 네 가지 기법을 개발해 제안했다. 그것은 ① 언어적(Verbal) 기법, ② 신체적(Physical) 기법, ③ 소품(Props) 처치 기법, ④ 공간(Space) 전환 기법이다.

제10장 명사의 직업별 평판 증진 전략

1 Pettersson, D., and Karlström, P. 2011. "Reputation as a Product: Politicians in Social Media." *Stockholm University Forum 100 Conference Paper*. The Second International Conference on Reputation, ICORE 2011 Conference.

2 Dziuda, W., and Howell, W. G. 2021. "Political Scandal: A Theory." *American Journal of Political Science*, Vol.65, No.1, pp.197~209.

3 권태순. 2006. 「패션 룩(Fashion Look) 유형에 따른 여성 정치인의 외모 이미지 연구」. 성신여자대학교 박사학위 논문.

4 Powell, L. 1977. "Voting Intention and the Complexity of Political Images: A Pilot Study." *Psychological Reports*, Vol.40, No.1, pp.243~273.

5 Miller, A. H., Wattenberg, M. P., and Malanchuk, O. 1985. "Cognitive Representations of Candidate Assessments." in K. R. Sanders, L. L. Kaid, and D. Nimmo(eds.). *Political Communication Yearbook*, pp.183~210. Southern Illinois University Press.

6 박기태. 1999. 『현대정치와 커뮤니케이션』. 서울: 커뮤니케이션북스.

7 정연주. 2021. 『이기는 선거의 법칙』. 서울: 북코리아.

8 진용주·유재웅. 2015. 「국가 위기 상황에서 국가 지도자의 눈물 소구가 수용자에게 미치는 영향」. ≪정치커뮤니케이션연구≫, 제36권, 97~129쪽; 진용주·윤천석·유재웅. 2014. 「국가 지도자의 공신력(credibility)이 국가 평판(reputation)에 미치는 영향: 한국 국가 지도자에 대

한 중국인의 태도를 중심으로」. ≪정치커뮤니케이션연구≫, 제32권, 325~355쪽.

9 이준웅. 1998.「후보 이미지의 정치적 영향력에 대한 사회 인지론적 설명: 제15대 대통령 선거를 중심으로」. ≪한국언론학보≫, 제43권 제2호, 243~282쪽.

10 김현주. 1999.「대통령 후보에 대한 이미지 형성과 커뮤니케이션」. ≪한국방송학보≫, 제12호, 45~73쪽.

11 Gergen, D. R. 2000. *Eyewitness to Power: The Essence of Leadership Nixon to Clinton*. New York: Simon & Schuster[『CEO 대통령의 7가지 리더십』, 서율택 옮김(스테디북, 2002)].

12 Derichs, C., Fleschenberg, A., and Hüstebeck, M. 2006. "Gendering Moral Capital: Morality as a Political Asset and Strategy of top Female Politicians in Asia." *Critical Asian Studies*, Vol.38, No.3, pp.245~270.

13 Buinitskyi, V., and Yakovets, A. 2019. "The Role of the Media in Shaping the Image of a Politician." *World Science 3*, Vol.11, No.51, pp.34~37.

14 Goffman, E. 1974. *Frame Analysis: an Essay on the Organization of Experience*. New York: Harper and Row.

15 Entman, R. 1993. "Framing: Toward Clarification of a Fractured Paradigm." *Journal of Communication*, Vol.43, No.4, pp.51~58; Entman, R. 2007. "Framing Bias: Media in the Distribution of Power." *Journal of Communication*, Vol.57, No.1, pp.163~173.

16 한은경·김이환·문효진. 2005.「기업 평판과 CEO 평판의 효과 모델 연구: 삼성과 SK를 중심으로」. ≪광고학연구≫, 제16권 제2호, 125~144쪽; 김대영·변상호. 2016.「기업-CEO 평판 격차가 개인의 구매 의사, 성장 및 투자 전망, 기업 선호에 미치는 영향」. ≪벤처창업연구≫, 제11권 제3호, 131~143쪽.

17 Conte, F. 2018. "Understanding the Influence of CEO Tenure and CEO Reputation on Corporate Reputation: An Exploratory Study in Italy." *International Journal of Business and Management*, Vol.13, No.3, pp.54~66.

18 Neves, P., and Story, J. 2015. "Ethical Leadership and Reputation: Combined Indirect Effects on Organizational Deviance." *Journal of Business Ethics*, Vol.127, No.1, pp.165~176.

19 김지예·황성욱. 2015.「PR 중간 관리자 리더십 AHP 평가 모형 연구」. ≪광고학연구≫, 제26권 제1호, 207~234쪽.

20 Gaines-Ross, L. 2003. *CEO Capital: A Guide to Building CEO Reputation and Company Success*. John Wiley & Sons, Inc.

21 Burson-Marsteller. 2003. *CEO Reputation Study*. Belgium: Burson-Marsteller's Research; Gaines-Ross, L. 2003. *CEO Capital: A Guide to Building CEO Reputation and Company Success*. John Wiley & Sons, Inc.

22 Burson-Marsteller. 2003. *CEO Reputation Study*. Belgium: Burson-Marsteller's Research.

23 한은경·김이환·문효진. 2005.「기업 평판과 CEO 평판의 효과 모델 연구: 삼성과 SK를 중심으로」. ≪광고학연구≫, 제16권 제2호, 125~144쪽.

24 Love, E. G., Lim, J., and Bednar, M. K. 2017. "The Face of the Firm: The Influence of CEOs

on Corporate Reputation." *Academy of Management Journal*, Vol.60, No.4, pp.1462~1481.

25 최건. 2005.「CEO의 리더십 유형이 CEO 평판과 상품 선택에 미치는 영향에 관한 연구」. 동국대학교 대학원 석사학위 논문.

26 장우정. 2021.8.1. "'라스트마일' 뜨자 명품 배송으로 재기 노리는 '팬택 신화' 박병엽." ≪조선비즈≫. (https://biz.chosun.com/it-science/ict/2021/07/23/VBI5XRYQWBCD5GAEK3QRRZN3XU/?utm_source=naver&utm_medium=original&utm_campaign=biz)

27 남궁민관. 2019.11.19. "[프로필] 권오갑 현대중공업그룹 회장." ≪이데일리≫. (https://m.edaily.co.kr/news/Read?newsId=03680166622687360)

28 김시무. 2018.『스타 페르소나』. 서울: 아모르문디.

29 McGuire, W. J. 1973. "Persuasion, Resistance and Attitude Change." in Lthiel de Sola Pool et al.(eds.). *Handbook of Communication*, pp.216~247. Chicago: Rand McNally.

30 Ohanian, R. 1990. "Construction and Validation of a Scale to Measure Celebrity Endorsers Perceived Expertise, Trustworthiness and Attractiveness." *Journal of Advertising*, Vol.19, No.3, pp.39~52.

31 이수범·서경화·안혜령·이광석. 2011.「연예인 광고모델 속성이 광고 태도, 기업 명성 및 신뢰에 미치는 영향: 뚜레쥬르와 배스킨라빈스의 크리스마스 케이크 광고를 중심으로」. ≪한국조리학회지≫ 제17권 제4호, 104~120쪽.

32 한은경·이보영·문효진. 2007.「연예인 평판의 척도 개발에 관한 연구: 한국, 중국, 싱가포르를 중심으로」. ≪한국방송학보≫, 제21권 제5호, 297~338쪽.

33 황성욱. 2016.「연예인의 평판 관리, 어떻게 해야 하는가?: 정황적 수용이론을 중심으로」. ≪홍보학연구≫, 제20권 제1호, 105~137쪽.

34 Caldwell, N., and Nicholson, K. 2014. "Star Quality: Celebrity Casting in London West End Theatres." *Arts Marketing: An International Journal*, Vol.4, No.1/2, pp.136~155.

35 김정섭. 2015.「학제간 융합 연구기법을 적용한 배우 평가모델 개발」. ≪한국콘텐츠학회논문지≫, 제15권 제10호, 18~25쪽.

36 한미소·윤태진. 2017.「대중문화는 '전문가-셀러브리티'를 어떻게 구성하고 활용하는가: 백종원, 허지웅, 최진기의 캐릭터 분석을 중심으로」. ≪한국방송학보≫, 제31권 제5호, 189~228쪽.

37 정혜란. 2018.「이효리를 통해 본 한국의 셀러브리티 문화와 여성성」. 서울대학교 대학원 언론정보학과 석사학위 논문.

38 김동수. 2018. "셀러브리티 페미니즘 확산 요인 연구." 한국문화융합학회 2018년 동계학술대회 발표자료집, 411~428쪽.

39 Greenberg, B. S., and Roloff, M. E. 1974. "Mass Media Credibility: Research Results and Critical Issues." *News Research Bulletin of the American Newspaper Publishers Association*, No.6, pp.1~48.

40 Berlo, D. K., Lemert, J. B., and Merz, R. J. 1970. "Dimensions for Evaluating the Acceptability of Message Sources." *Public Opinion Quarterly*, Vol.33, pp.563~576.

41 김수정. 2001.「채널 선택에 영향을 미치는 앵커의 속성」. 이화여자대학교 대학원 석사학위

논문.

42 안송미. 2003.「TV 뉴스 시청 의도에 미치는 영향에 관한 연구: KBS, MBC, SBS의 메인 뉴스를 중심으로」. 성균관대학교 석사학위 논문.

43 박홍식. 2007.「뉴스 앵커의 평판이 프로그램의 신뢰도와 만족도에 미치는 영향: 지상파 TV 3사의 메인 뉴스 프로그램을 중심으로」. 성균관대학교 대학원 박사학위 논문.

44 최명일·김신애·최믿음. 2013.「뉴스 프로그램 선택요인의 상대적 중요도 및 우선순위 분석: 계층분석 과정을 중심으로」. ≪미디어 경제와 문화≫, 제11권 제4호, 7~46쪽.

45 유현경·이영아. 2017.「뉴스 앵커 이미지가 뉴스 선택에 미치는 연구: 종편 4사의 비교를 중심으로」. ≪한국인체미용예술학회지≫, 제18권 제3호, 183~193쪽.

46 하동근·안서진. 2018.「TV 뉴스 프로그램의 앵커 평판과 브랜드 자산 평가가 지속적 시청 의도에 미치는 영향 : KBS, JTBC, YTN 뉴스를 중심으로」. ≪한국콘텐츠학회논문지≫, 제18권 제9호, 91~101쪽.

47 Yoo, Eunhye. 2021. "I Can't Just Post Anything I Want: Self-management of South Korean Sports Stars on Social Media." *International Review for the Sociology of Sport*, Vol.57, No.3, pp.521~535.

48 Whannel, G. 2001. *Sport Stars: Punishment, Redemption and Celebration in the Popular Press, the Case of Beckham*. UK: Routledge Publishers.

49 박상윤·김태희·장경로. 2014.「스포츠 스타 평판의 구성 요인에 대한 연구」. ≪한국스포츠산업·경영학회지≫. 제19권 제3호, 33~45쪽.

50 박보현·한승백. 2014.「김연아를 통해 본 스포츠 셀러브리티(celebrity)의 지위와 조건」. ≪한국스포츠사회학회지≫, 제27권 제4호, 197~215쪽.

51 정현·이종영. 2015.「손연재 신문보도를 통해 본 한국 여성 스포츠 셀러브리티의 이데올로기적 특성」. ≪한국체육학회지≫, 제54권 제5호, 119~128쪽.

52 김욱기·방신웅. 2020.「스포츠 스타 선수 평판 척도 개발: 이해관계자를 중심으로」. ≪한국스포츠학회지≫, 제18권 제3호, 1079~1091쪽.

53 구본재·윤영길. 2022.「사이클 경기력 영향 심리요인으로 평판의 향배」. ≪체육과학연구≫, 제33권 제1호, 56~66쪽.

제11장 명사의 품성 수양 전략 I

1 Machiavelli, N. 1513. *The Prince(Il Principe)*.

2 이종현·백승근·신강현. 2018.「조직 구성원의 마키아벨리즘이 직무 태도에 미치는 영향에서 조직 공정성의 조절 효과」. ≪지역과 세계≫, 제42권 제2호, 183~224쪽.

3 정재영·신제구. 2021a.「리더의 마키아벨리즘이 이직 의도에 미치는 영향: 후견지명의 매개효과」. ≪지식경영연구≫, 제22권 제1호, 155~181쪽.

4 정재영·신제구. 2021b.「리더의 마키아벨리즘이 구성원의 직무 열의에 미치는 영향: 자기효능감 및 목표 몰입의 직렬다중 매개를 중심으로」. ≪대한경영학회지≫, 제1권, 29~60쪽.

5 김택근. 2022.5.14. "[김택근의 묵언] 네 죽음을 기억하라." ≪경향신문≫. (https://www.khan.co.kr/opinion/column/article/202205140300005)

6 Geneva College. 2017.7.5. "A Good Name is to be Chosen." *Biblical Wisdom: Geneva's Biblical Studies Program*. (https://www.geneva.edu/blog/biblical-wisdom/proverbs-22-1)

7 '퍼블리시티권'은 재산적 가치가 있는 유명인의 성명·초상 등을 상업적으로 이용하여 경제적인 이익을 얻을 수 있는 권리로서 미국의 프라이버시권에서 유래했다.

8 「레위기」 18장 21절에 "너는 결단코 자기 욕망을 위해 자녀를 몰렉(Molech: 셈족이 섬기던 신)에게 제물로 바치는 악행을 하여 하나님의 이름을 더럽히지 말라. 나는 여호와니라"란 내용이 등장한다.

9 박영록(朴永祿)은 1922년 강원도 고성에서 태어나 춘천농업고등학교를 졸업했다. 38세 때인 1960년에는 민선 초대 강원도지사(제11대)를 지냈다. 지역구인 강원도 원주·횡성을 기반으로 제6대(1963), 7대(1967), 9대(1970), 10대(1979) 국회의원을 역임했다. 1970년대에는 김영삼·김대중 전 대통령, 이철승 전 의원과 더불어 '40대 기수론'을 주창했으며, 평화민주당 부총재(1987), 민주당 최고위원(1991), 신민당 최고위원(1995)을 지냈다. 2007년에는 '대한민국 청렴 정치인 대상'을 수상했으며, 상금 1억 원을 전액 사회운동에 투입했다. 2017년 제헌절 기념식에서 국회의장으로부터 헌정 발전에 이바지한 공로로 감사패를 받았다. 범민족화합통일운동본부란 단체의 총재를 맡기도 했다.

10 홍수영. 2007.7.18. "'컨테이너 살이' 박영록 前의원 청렴정치인 대상 받아." ≪동아일보≫; 배한성. 2008.1.9. "3.8평 컨테이너 살지만, 마음은 떳떳하고 기뻐요." ≪노컷뉴스≫.

11 Platon. around 380 B.C. *Politeía(The Republic)*.

12 이진우. 2020. 『균형이라는 삶의 기술(어떻게 인생의 중심을 지킬 것인가?)』. 서울: 인플루엔셜.

13 '붕새'는 한 번에 9만 리를 날아오르며, 날개는 구름처럼 하늘을 뒤덮고 파도는 3천 리에 이를 정도로 엄청난 바람을 일으킨다는 상상 속의 새로 『장자(莊子)』의 「소요유편(逍遙遊篇)」에 등장한다.

14 『장자(莊子)』, 「내편(內篇)」, 제1권 소요유(逍遙遊).

15 김형석. 2017. 『영원과 사랑의 대화』. 서울: 김영사.

제12장 명사의 품성 수양 전략 II

1 『전국책(戰國策)』의 진책(秦策).

2 혜문왕은 27년이란 재위 기간에 촉(蜀) 등 주변 국가를 정벌하고 국토를 넓히는 데 주력했다. 군대를 동원해 위(魏)나라를 공격하여 하서(河西) 지역을 수복했으며, 재위 9년에 촉을 멸망시키고, 재위 13년에는 초(楚)나라 한중(漢中) 땅 600리를 취했다고 한다.

3 사마조는 전국시대 진나라 사람으로 혜문왕의 중신이었다.

4 전국시대 말엽의 종횡가로서 위나라 사람이었다. 합종책(合縱策)으로 6국의 재상을 겸임했던 소진(蘇秦)과 함께 수수께끼의 종횡가인 귀곡 선생(鬼谷先生)에게 종횡의 술책을 배웠다. 위

나라의 재상으로 있다가 진 혜문왕의 신임을 받아 진나라의 재상이 되었다. 소진이 제(齊)나라에서 살해되자(B.C. 317) 6국을 순방하면서 유세(遊說)하여 소진의 합종책을 깨고 연횡책(連橫策)을 성사시켜 6국으로 하여금 개별적으로 진나라를 섬기게 했다. 혜문왕이 죽은 후 참소를 당하여 위나라에서 객사했다.

5 양관(杨宽)이 쓴 『전국사(战国史)』(2003)에 따르면 중국 전국시대 한(韓)의 7대 군주인 한선혜왕(韓宣惠王)이 황허(黃河)·뤄허(漯河)·이수(伊水)란 세 강이 있는 곳이라 하여 '삼천군'이란 이름의 행정구역을 처음 설치했다. 기원전 249년 전국시대에 진이 한을 공격해 한이 성곽과 땅을 진에게 바치면서 진에서 삼천군을 재설치했다. 전국시대~진까지 이 이름이 존속하다가 한~당나라 시절에 하남군(河南郡)으로 개칭했다. '중원(中原)'으로 불리는 중국 중남부 허난성(河南省)에 속한다.

6 천제(天帝)의 아들로서 하늘의 뜻을 받아 하늘을 대신해 천하를 다스리는 사람을 뜻한다. 즉, 한 국가의 군주, 임금, 왕, 최고 통치자를 비유적으로 표현한 말이다.

7 중국 하(夏)의 우왕(禹王) 시절 전국의 아홉 주(州)에서 쇠붙이를 거두어서 만들었다는 아홉 개의 솥을 말한다. 주(周)나라 때까지 대대로 천자에게 전해진 보물이었다고 한다.

8 '패업'은 인의를 가볍게 여기고 무력이나 권모술수로써 천하를 다스리는 사업. '사업(事業)'은 나라나 일을 다스려 천하의 백성들을 이롭게 하는 것, '제업(帝業)'은 제왕(帝王)이나 임금이 이루어 놓은 업적을 말한다. 이 말은 『삼국지(三國志)』에도 등장한다. 이 책에서 유비(劉備)는 '천하삼분지계(天下三分之計)'란 절묘한 계책을 제시한 제갈량(諸葛亮)의 말을 듣고 그것을 통해 중원을 통일할 수 있고 물러나서는 천하를 삼분할 수 있으니, '제업(帝業)'은 이루지 못해도 '패업(霸業)'은 이룰 수 있고, 패업은 이루지 못해도 '사업(事業)'은 이룩할 수 있다고 생각했다.

9 유교에서 기본으로 삼는 네 가지 경서(經書)인 『대학(大學)』, 『논어(論語)』, 『맹자(孟子)』, 『중용(中庸)』을 '사서(四書)', 세 가지 경전(經典)인 『시경(詩經)』, 『서경(書經)』, 『역경(易經)』[다른 명칭은 『주역(周易)』]을 '삼경(三經)'이라 한다. 이 책에서 수양할 덕목과 풀이는 다음 책을 종합적으로 참고하여 분석한 뒤 인용했다[공자, 『대학』(서울: 디즈비즈북스, 2021); 공자, 『논어』(서울: 지식여행, 2022); 자사, 『중용』(서울: 디즈비즈북스, 2021); 맹자, 『맹자』, 장현근 옮김(서울: 지식을만드는지식, 2009); 맹자, 『맹자』, 박영환 옮김(서울: 홍익, 2021); 『시경』, 이기석 옮김, 이가원 감수(서울: 홍신문화사, 2012); 이가원, 『시경(신역)』(서울: 홍신문화사, 1989); 작자 미상, 『서경』, 이세동 옮김(서울: 을유문화사, 2020); 유교문화연구소, 『서경』(서울: 성균관대학교 출판부, 2011); 이우영, 『사서삼경(대학·논어·맹자·중용·시경·서경·주역)』(서울: 글로북스, 2012); 페이퍼문 편집부, 『역경』(서울: 페이퍼문, 2017)].

10 Juma, C. 2016. *Innovation and Its Enemies: Why People Resist New Technologies*. Northamptonshire: Oxford University Press[『규제를 깬 혁신의 역사』, 박정택 옮김(파주: 한울엠플러스, 2022)].

11 외국인 명사들의 발언은 BrainyQuote.com에서 발췌·인용했다. 이하 동일하며, 다음 장들도 마찬가지다. (https://www.brainyquote.com/search_results?q=generosity&pg=2)

12 짜나끼야(Chanakya). 2018. 『강국론: 고대 인도의 전략서』. 허세만 옮김. 서울: 해드림출판사.

13 허세만. 2016. 「고대 인도의 전략사상을 원용한 합동전략 기획체계의 발전방향 모색」. ≪군사연구≫, 제142호, 273~304쪽.

14 김정섭. 2017. 『한국 대중문화 예술사』. 파주: 한울엠플러스.

15 신정훈. 2008.8.5. "라이스, 인생 행로 바꾼 사연 소개." ≪세계일보≫. (https://www.segye.com/newsView/20080804002711)

16 노자. 2019. 『도덕경』. 소준섭 옮김. 서울: 현대지성.

17 Tangney, J. P. 2000. "Humility: Theoretical Perspectives, Empirical Findings and Directions for Future Research." *Journal of Social and Clinical Psychology*, Vol.19, No.1, pp.70~82.

18 Santrock. J. W. 1996. *Child Development*(Edition 7). IA: Brown & Benchmark Publishers.

19 자장(子張, B.C. 503년~미상)은 춘추시대 진(陳)나라 사람으로 공자의 제자 가운데 한 명이다. 이름이 전손사(顓孫師)로 자장(子張)은 자(字)다. 잘생긴 외모를 갖추고 열정, 정의감, 의협심이 강했다. 품성이 몹시 너그럽고 매우 외향적이고 적극적이어서 사람들과 사교하는 것을 좋아했다. 공자의 사후에 안회(顔回), 민자건(閔子騫), 염백우(冉伯牛), 염옹(冉雍), 재아(宰我), 자공(子貢), 염구(冉求), 자로(子路), 자유(子游)와 함께 '십철(十哲: 공자의 제자 가운데 뛰어난 열 사람)'에 추증되었다.

20 김병수. 2007.8.29. "가장 '돈 되는' 말 'I am sorry', 美 여론조사 기관: '미안하다는 말 많이 하는 사람이 소득 더 높아'." ≪연합뉴스≫.

21 Murry, H. A. 1938. *Explorations in Personality*. New York: Oxford University Press.

22 쨔나끼야(Chanakya). 2018. 『강국론: 고대 인도의 전략서』. 허세만 옮김. 서울: 해드림출판사.

제13장 '아름다운 명사'의 삶과 길

1 Morrison, E., and Bridwell, L. 2011. "Consumer Social Responsibility: The True Corporate Social Responsibility." *Competition Forum*, Vol.9, No.1, pp.144~149.

2 Carroll, B. 1979. "A Three-dimensional Conceptual Model of Corporate Performance." *Academy of Management Review*, Vol.4, No.4, pp.497~505.

3 Davis, S. L., Rives, L. M., and Maya, S. R. 2017. "Introducing Personal Social Responsibility as a Key Element to Upgrade CSR." *Spanish Journal of Marketing*, Vol.21, No.2, pp.146~163.

4 임기태·박상윤. 2016. 「스포츠 선수 보증인의 사회적 책임활동이 광고기업의 성과에 미치는 영향」. ≪한국사회체육학회지≫, 제64호, 247~258쪽.

5 Davis, S. L., Rives, L. M., and Maya, S. R. 2021. "Personal Social Responsibility: Scale Development and Validation." *Corporate Social Responsibility and Environmental Management*, Vol.28, No.2, pp.763~775.

6 Whitley, M. A., and Gould, D. 2011. "Psychosocial Development in Refugee Children and Youth through the Personal-Social Responsibility Model." *Journal of Sport Psychology in Action*, Vol.1, No.3, pp.118~138.

7 박명희. 2011. 『PSR 개인의 사회적 책임』. 서울: 파란마음.

8 권석만. 2008.『긍정 심리학: 행복의 과학적 탐구』. 서울: 학지사.

9 여성 소설가 시도니 가브리엘 콜레트(Sidonie Gabrielle Colette)가 1945년에 쓴 동명 소설을 애니타 루스(Anita Loos)가 극화한 것이다.

10 이어령. 2022.『이어령의 마지막 노트(2019~2022): 눈물 한 방울』. 서울: 김영사.

11 나태주. 2015(2022 6쇄 판).『오래 보아야 예쁘다 너도 그렇다』. 서울: 알에이치코리아.

12 안승섭. 2017.9.2. "오드리 헵번 아들 '인간애와 열정이 어머니의 우아함 만들어'." 〈연합뉴스〉.

13 유연석. 2015.4.7. "오드리 헵번 子 '세월호를 기억하자'." ≪CBS 노컷뉴스≫.

14 Levenson, Sam. "Time Tested Beauty Tips."
(https://hellopoetry.com/poem/672625/time-tested-beauty-tips-by-sam-levenson/)

15 Farrell, N. 2019. *The Political Economy of Celebrity Activism*. New York: Routledge.

16 Van Den Bulck, H. 2018. *Celebrity Philanthropy and Activism: Mediated Interventions in the Global Public Sphere*. New York: Routledge.

17 Fitzgerald, P. 1998. "Gratitude and Justice." *Ethics*, Vol.109, No.1, pp.119~153.

18 Agyemang, K., and Singer, J. N. 2013. "An Exploratory Study of Professional Black Male Athletes' Individual Social Responsibility(ISR), Spectrum." *A Journal on Black Men*, Vol.2, No.1, pp.47~71.

19 Snyder, M., Clary, E. G., and Stukas, A. A. 2000. "The Functional Approach to Volunteerism." in G. R. Maio and J. M. Olson(eds.). *Why We Evaluate: Functions of Attitudes*, pp.365~393. Hillsdale, NJ: Lawrence Erlbaum Associates; Stukas, A. A., Snyder, M., and Clary, E. G. 2016. "Understanding and Encouraging Volunteerism and Community Involvement." *The Journal of Social Psychology*, Vol.156, No.3, pp.243~255.

20 김정섭. 2020b.「'선한 영향력'에 관한 엔터테이너들의 개념 인식과 발현 양태」. ≪한국엔터테인먼트산업학회논문지≫, 제14권 제4호, 199~209쪽.

21 Kenrick, D., Neuberg, S. L. and Cialdini, R. B. 2014. *Social Psychology: Goals in Interaction*. New York: Pearson.

22 Asch, S. E. 1966. "Opinions and Social Pressure." in A. P. Hare, E. F. Borgatta and R. F. Bales(eds.). *Small Groups: Studies in Social Interaction*, pp.318~324. New York: Alfred A. Knopf; Milgram, S. 1983. *Obedience to Authority: An Experimental View*. New York: Harper/Collins.

23 Centre for Good Governance(CGG). 2006. *A Comprehensive Guide for Social Assessment*; Hassan, M. M. 2018. "Social Impact Assessment(SIA): A Review of SIA Procedure in Malaysia." *The International Journal of Social Sciences and Humanities Invention*, Vol.5, No.4, pp.4550~4557; Ali, H. 2021. "Social Impact Assessment(Sia): A Review Of Sia Procedure In Malaysia." *Social Impact Assessment*, Vol.1, No.5, pp.105~118.

24 Burdge, R. J., and Vanclay, F. 1996. "Social Impact Assessment: A Contribution to the State-of the-arts Series." *Impact Assessment*, Vol.14, No.1, pp.59~86; Vanclay, F. 2003.

"International Principles for Social Impact Assessment." *Impact Assessment & Project Appraisal*, Vol.21, No.1, pp.5~11.

25 Isen, A. M. 2001. "An Influence of Positive Affect on Decision Making in Complex Situations: Theoretical Issues With Practical Implications." *Journal of Consumer Psychology*, Vol.11, No.2, pp.75~85.

26 김진수. 2018.『선한 영향력: 선교적 삶과 비즈니스 선교』. 서울: 선율.

27 Bekkers, R., and Wiepking, P. 2010. "A Literature Review of Empirical Studies of Philanthropy: Eight Mechanisms That Drive Charitable Giving." *Nonprofit and Voluntary Sector Quarterly*, Vol.40, No.5, pp.1~50.

28 Davis, S. L., Rives, L. M., and Maya, S .R. 2017. "Introducing Personal Social Responsibility as a Key Element to Upgrade CSR." *Spanish Journal of Marketing*, Vol.21, No.2, pp.146~163.

29 Caprino, K. 2014.6.2. "9 Core Behaviors Of People Who Positively Impact The World." *Forbes*.

30 김정섭. 2020b.「'선한 영향력'에 관한 엔터테이너들의 개념 인식과 발현 양태」. ≪한국엔터테인먼트산업학회논문지≫, 제14권 제4호, 199~209쪽.

31 Erikson, E. 1982. *The Life Cycle Completed*. New York: Norton.

32 유호윤. 2022.8.25. "삶은 아름다운 것 … 선을 행하는 데 지치지 말길." KBS 뉴스. (https://news.kbs.co.kr/news/view.do?ncd=5542063)

33 김혜영. 2021.11.12. "프란치스코 교황, '선행의 기회를 놓치지 마세요'." cpbc 뉴스. (http://www.cpbc.co.kr/CMS/news/view_body.php?cid=813182&path=202111)

| 참고문헌 |

국문 자료

갤럽리포트. 2019.5.25. “한국인이 좋아하는 40가지 [그 밖의 것들]: 국내도시/외국/외국도시/옷 색깔/보석/숫자/월/요일/종교/직업(2004~2019).” 한국갤럽.

공자. 2021.『대학』. 서울: 디즈비즈북스.

_____. 2022.『논어』. 서울: 지식여행.

구강모. 2007.11.27. “[동영상] 보아 사랑 vs 동방신기 굴욕?” ≪머니투데이≫.

구본재·윤영길. 2022.「사이클 경기력 영향 심리요인으로 평판의 향배」. ≪체육과학연구≫, 제33권 제1호, 56~66쪽.

구정은. 2013.5.16. “졸리, 유방암 예방절제 고백 ‘전 세계 여성들에 용기줬다’.” ≪경향신문≫.

구현정·전정미, 2019.『유머학 개론』. 서울: 박이정.

권석만. 2008.『긍정 심리학: 행복의 과학적 탐구』. 서울: 학지사.

권태순. 2006.「패션 룩(Fashion Look) 유형에 따른 여성 정치인의 외모 이미지 연구」. 성신여자대학교 박사학위 논문.

권효준. 2013.5.21. “앤젤리나 졸리 이펙트 지구촌 들썩 … 유방 절제술 논란 확산.” ≪한국경제≫.

김경희. 2022.7.22. “‘이 망할 화장도 못 지워 … 내가 가수 아니었으면’ 비비 오열 왜.” ≪중앙일보≫.

김고금평. 2011.5.4. “[수요 초대석] 인순이, ‘나가수’ 섭외 왔지만 탈락 강박에 거절.” ≪문화일보≫.

김곡. 2020.『관종의 시대』. 서울: 그린비.

김권. 2004.11.25. “‘주인 찾아 삼만리’ 진도에 백구상 건립.” ≪동아일보≫.

김기성·김영택. 2015.5.19. “(재벌 명성지수) 이건희, 총수 명성 1위 … 조양호 ‘꼴찌’.” ≪뉴스토마토≫.

김대영·변상호. 2016.「기업-CEO 평판 격차가 개인의 구매 의사, 성장 및 투자 전망, 기업 선호에 미치는 영향」. ≪벤처창업연구≫, 제11권 제3호, 131~143쪽.

김도향. 2016.12.13. “[삶, 예술, 자연… 가수 김도향] ‘산은 소리로 인간을 치유하는 완벽한 종합병원이에요’.” ≪월간 산≫.

김동수. 2018. “셀러브리티 페미니즘 확산 요인 연구.” 한국문화융합학회 2018년 동계학술대회 발표자료집, 411~428쪽.

김동주. 2021.4.9. “연지벌레 사용 않고 천연색소 만든다 … 대장균 균주 최초 개발 성공.” ≪메디컬 투데이≫.

김미리. 2021.8.14. “류호정 난 샌드백 정치인 … 언제든 두들겨 맞을 준비 돼 있다.” ≪조선일보≫.

김미리·최보윤. 2017.1.25. “푸른 계열 좋아하는 한국인, 좋아하는 옷 색깔은 검정 … 머리카락 색인 ‘DNA 컬러’가 영향.” ≪조선일보≫.
김민지·권유진·송수원·이예영·최경희·이진민·이민선. 2014. ≪패션 디자이너와 패션 아이콘≫. 서울: 교문사.
김병수. 2007.8.29. “가장 ‘돈 되는’ 말 ‘I am sorry’, 美 여론조사 기관: ‘미안하다는 말 많이 하는 사람이 소득 더 높아’.” ⟨연합뉴스⟩.
김샛별. 2022.5.24. “블랙핑크, 美 롤링스톤 표지 모델 선정 ‘아시아 걸그룹 최초’.” ≪더팩트≫.
김선숙. 2013. 「청소년 팬덤 활동에 미치는 영향」. ≪한국콘텐츠학회논문지≫, 제13권 제6호. 167~176쪽.
김선주·김우정. 2019. 『세계 시민이 알아야 할 글로벌 매너』. 서울: 어가.
김선진. 2013. 『재미의 본질』. 부산: 경성대학교 출판부.
김수정. 2001. 「채널 선택에 영향을 미치는 앵커의 속성」. 이화여자대학교 대학원 석사학위 논문.
김수진. 2015.10.30. “[허갑범 원장] 실력과 명성에, 예약도 잘 되는 대학병원 교수 출신 개원 명의 24명.” ≪헬스조선≫.
김수현. 2012.5.16. “한 자리 40만 원 … 공연장 ‘옥상옥’ 등급 사라진다.” SBS.
김시무. 2018. 『스타 페르소나』. 서울: 아모르문디.
김영문·신윤애. 2022.4. “2022 포브스코리아 선정 파워 셀러브리티 40: 2022년 파워 셀럽은 누구?” ≪포브스코리아≫.
김영주·홍선주. 2015. 『광대 달문』. 서울: 문학과지성사.
김욱기·방신웅. 2020. 「스포츠 스타 선수 평판 척도 개발: 이해관계자를 중심으로」. ≪한국스포츠학회지≫, 제18권 제3호, 1079~1091쪽.
김정섭. 2014. 『케이컬처 시대의 배우 경영학』. 파주: 한울엠플러스.
_____. 2015. 「학제간 융합 연구기법을 적용한 배우 평가모델 개발」. ≪한국콘텐츠학회논문지≫, 제15권 제10호, 18~25쪽.
_____. 2017. 『한국 대중문화 예술사』. 파주: 한울엠플러스.
_____. 2018. 「배우 정우성과 강동원의 이미지 재구축 시나리오 분석」. ≪한국엔터테인먼트산업학회논문지≫, 제12권 제3호, 95~103쪽.
_____. 2019. 「배우 손예진의 코어 페르소나와 주연 작품에 대한 수용자 반응과의 정합성 분석」. ≪한국엔터테인먼트산업학회논문지≫, 제13권 제4호, 93~106쪽.
_____. 2020a. 「조선의 톱스타 엔터테이너 ‘달문(達文)’의 예술적 역량 분석과 그 함의」. ≪한국엔터테인먼트산업학회논문지≫, 제14권 제1호, 125~135쪽.
_____. 2020b. 「‘선한 영향력’에 관한 엔터테이너들의 개념 인식과 발현 양태」. ≪한국엔터테인먼트산업학회논문지≫, 제14권 제4호, 199~209쪽.
_____. 2021. 「삼중고 탈피 후 대역전의 성공을 이끈 걸 그룹 ‘카라’의 차별화 전략」. ≪한국엔터테인먼트산업학회논문지≫, 제15권 제2호, 169~178쪽.
_____. 2022. 「한류의 씨앗, 개항기 서양 엔터테인먼트 콘텐츠의 국내 유입 시원(始原) 고찰」. ≪한국엔터테인먼트산업학회논문지≫, 제16권 제1호, 57~67쪽.
김정섭·이은혜. 2021. 「‘투사-역투사 이론’ 관점의 한국 뮤지컬 배우 정선아의 연기 스킬과 스타일 특성」. ≪한국엔터테인먼트산업학회논문지≫, 제15권 제4호, 45~54쪽.
김정준·박준범·심우석·위주연. 2023. 『세계문화와 관광』. 서울: 한올.

김정현. 2022.7.19. "'K-팝보다 크다', 英 기자가 바라본 손흥민의 영향력, 그리고 우려." ≪엑스포츠≫.
김지연. 2018.5.14. "美 상장사 CEO·직원 연봉 격차 적을수록 생산성 높다." 〈연합뉴스〉.
김지예·황성욱. 2015. 「PR 중간 관리자 리더십 AHP 평가 모형 연구」. ≪광고학연구≫, 제26권 제1호, 207~234쪽.
김진수. 2018. 『선한 영향력: 선교적 삶과 비즈니스 선교』. 서울: 선율.
김택근. 2022.5.14. "[김택근의 묵언] 네 죽음을 기억하라." ≪경향신문≫.
김하영. 2022.5.31. "블랙핑크 지수 '사람들은 나에게 어떤 종류의 음악을 원할까?'" ≪스포츠경향≫.
김현주. 1999. 「대통령 후보에 대한 이미지 형성과 커뮤니케이션」. ≪한국방송학보≫, 제12호, 45~73쪽.
김현진. 2006.10.25. "파리의 패션, 파리의 명품: 색깔에도 명품 있다." ≪주간동아≫, 제558호, 87쪽.
김형석. 2017. 『영원과 사랑의 대화』. 서울: 김영사.
김혜영. 2021.11.12. "프란치스코 교황, '선행의 기회를 놓치지 마세요'." cpbc 뉴스.
김혜영·정봉희. 2019. 『글로벌 비즈니스 매너와 에티켓』. 서울: 한올출판사.
나태주. 2015(2022). 『오래 보아야 예쁘다 너도 그렇다』. 서울: 알에이치코리아.
_____. 2020. 『자세히 보아야 예쁘다』. 서울: 톡.
남궁민관. 2019.11.19. "[프로필] 권오갑 현대중공업그룹 회장." ≪이데일리≫.
남수연·최호승. 2018.1.3. "열정 넘치고 화끈한 한국인에게 가장 필요한 것은 '명상'." ≪법보신문≫.
노경진. 2021.5.18. "[니가트렌드] 명품 로고는 왜 커질까?" MBC.
노규민. 2023a.2.27. "[인터뷰①] 이성민 '〈재벌집〉 → 〈대외비〉…각 잡힌 연기 쉬고 싶어'." ≪뉴스컬처≫.
_____. 2023b.2.27. "[인터뷰②] 〈대외비〉 이성민 '20~30대 때 미래 없었다 … 늦게 떠서 다행'." ≪뉴스컬처≫.
노자. 2019. 『도덕경』. 소준섭 옮김. 서울: 현대지성.
류경희. 2017.10.15. "레드 카펫과 블랙 드레스." ≪충북일보≫.
류호성. 2015.12.23. "이재오 '정치적 명성 얻은 사람들 호남 출마해야'." KBS.
리뷰보이. 2018.6.16. "한국인이 가장 좋아하는 색상 Top 5와 색상별 숨은 이야기." 정이 넘치는 마을.
리카르, 마티유(Matthieu Ricard). 2019. 『이타심』. 이희수 옮김. 서울: 하루헌.
마르쿠스 아우렐리우스(Marcus Aurelius). 2018. 『명상록』. 박문재 옮김. 서울: 현대지성.
맹자. 2009. 『맹자』. 서울: 지식을만드는지식.
_____. 2021. 『맹자』. 서울: 홍익.
메르틴, 도리스(Doris Martin). 2020. 『아비투스』. 배명자 옮김. 서울: 다산초당.
문영진. 2010.2.7. "인순이 '아버지 보셨나요?', 美 카네기홀서 감동적 공연." ≪파이낸셜뉴스≫.
문요한. 2009. 『굿바이, 게으름: 게으름에서 벗어나 나를 찾는 10가지 열쇠』. 서울: 더난출판사.
문은배. 2011. 『색채 디자인 교과서』. 서울: 안그라픽스.
민병호. 2013.3.19. "'저는 행복한 스케이터', 김연아의 솔직 담백 인터뷰." MBC.

밀러, 크리스천(Christian B. Miller). 2021. 『인간의 품성: 우리는 얼마나 선량한가?』. 김태훈 옮김. 서울: 글로벌콘텐츠.
박기석. 1998. 「『광문자전』 연구」 ≪한국어교육학회지≫, 제96호, 375~394쪽.
박기태. 1999. 『현대정치와 커뮤니케이션』. 서울: 커뮤니케이션북스.
박남수. 2015. 『(마음챙김과 함께하는) 회복탄력성』. 서울: 학지사.
박명희. 2011. 『PSR 개인의 사회적 책임』. 서울: 파란마음.
박민. 2022.7.14. "〈오후여담〉 양날의 칼, 정치인의 말." ≪문화일보≫.
박보현·한승백. 2014. 「김연아를 통해 본 스포츠 셀러브리티(celebrity)의 지위와 조건」. ≪한국스포츠사회학회지≫, 제27권 제4호, 197~215쪽.
박상윤·김태희·장경로. 2014. 「스포츠 스타 평판의 구성 요인에 대한 연구」. ≪한국스포츠산업·경영학회지≫. 제19권 제3호, 33~45쪽.
박성민. 2022.7.25. "[박성민의 법문정답] ⑥ 리더십 스쿨로 정치인 양성해야." ≪법률신문≫.
박아름. 2018.8.1. "'공작' 이성민 '신과함께2'와 대결? 작은 보상 있었으면(인터뷰)." ≪뉴스엔≫.
박영진. 2019.1.13. "김연아가 꿈이었던 유영 … '제 이야기 들려드리고 싶다'." ≪오마이뉴스≫.
박종석. 2020.8.19. "허언증과 관종은 왜 생길까?" ≪정신의학신문≫.
박종혁·장창호. 2013. 『사서삼경의 이해』(개정 3판). 서울: 국민대학교 출판부.
박준원. 1985. 「『광문자전(廣文者傳)』 분석: 광문(廣文)의 실체와 형상」. ≪한국한문학연구≫, 제8호, 111~129쪽.
박지현·김민수·신윤애. 2021.4.23. "2021 포브스코리아 선정 파워 셀럽 40." ≪포브스코리아≫.
박홍식. 2007. 「뉴스 앵커의 평판이 프로그램의 신뢰도와 만족도에 미치는 영향: 지상파 TV 3사의 메인 뉴스 프로그램을 중심으로」. 성균관대학교 대학원 박사학위 논문.
반경림. 2022a.10.11. "[BTS News] 방탄소년단 지민, 시상식 빛낸 무대 천재 … '팬이 주시는 마음 항상 생각하고 있어요'." ≪Viewers≫.
_____. 2022b.10.20. "[BTS News] 방탄소년단 지민, 특별한 빛을 발하고 있었다." ≪Viewers≫.
방성수. 2017.11.5. "[Top-Notch] ㊻ '터미네이터'와 '아이보' … 인공지능 로봇 시대 성큼." ≪조선비즈≫.
배준용. 2022.7.16. "'흥민이 성공은 오롯이 그의 것', 세대 초월한 손웅정의 이유 있는 신드롬." ≪조선일보≫.
배한성. 2008.1.9. "3.8평 컨테이너 살지만, 마음은 떳떳하고 기뻐요." ≪노컷뉴스≫.
백주원. 2022.6.12. "명품 백 달랑 하나만? 디자이너 브랜드 여러 개 살래." ≪서울경제≫.
법제처 국가법령정보센터(www.law.go.kr)(「민법」, 「형법」).
서다슬. 2018.2.10. "김연아 성화봉송, 이제는 휴식이 필요? '못하겠다고 했는데 … 나를 외면한다더라'." ≪무등일보≫.
서정민. 2011.3.23. "[Style &] 로열 룩, 그 매력은 절제." ≪중앙일보≫.
신정훈. 2008.8.5. "라이스, 인생 항로 바꾼 사연 소개." ≪세계일보≫.
신창용. 2015.5.7. "미국 CNN, '리듬체조 요정' 손연재 집중 조명." 〈연합뉴스〉.
신창호. 2018. 『사서: 이치를 담은 네 권의 책』. 서울: 나무발전소.
심석태. 2011. 「공인 개념의 현실적 의의와 범위에 대한 고찰 모바일 이용 가능: 법무부 '수사공보준칙'에 나타난 공인 개념을 중심으로」. ≪언론과 법≫, 제10권 제2호, 207~236쪽.
심현희. 2021.8.4. "'성덕' 우상혁: 롤모델 스테판 홀름과 SNS '맞팔'." ≪서울신문≫.

안송미. 2003. 「TV 뉴스 시청 의도에 미치는 영향에 관한 연구: KBS, MBC, SBS의 메인 뉴스를 중심으로」. 성균관대학교 석사학위 논문.
안승섭. 2017.9.2. "오드리 헵번 아들 '인간애와 열정이 어머니의 우아함 만들어'." 〈연합뉴스〉.
안태현. 2022.7.22. "비비, 라방 중 오열 해명 '타이거JK·윤미래, 고마운 분들 … 걱정 끼쳐 죄송'." ≪뉴스1≫.
알레산드라, 토니(Tony Alessandra). 2003. 『설득을 위한 대화의 기술』. 정봉원·최경희 옮김. 서울: 한국경제신문사.
알레산드라, 토니(Tony Alessandra)·헌스커, 필립(Phillip Hunsaker). 2003. 『행복한 일터의 커뮤니케이션』. 정봉원·최경희 옮김. 서울: 한언출판사.
양관(杨宽). 2003. 『전국사』. 상하이인민출판사.
양소영. 2021.12.26. "[2021 KBS 연예대상] 오윤아·장민호 리얼리티 우수상 '민이·김갑수 덕'." ≪스타투데이≫. (https://www.mk.co.kr/star/broadcasting-service/view/2021/12/1205650/)
양수영. 2018. 『관심종자』. 서울: 더로드.
언론중재위원회 교육본부 연구팀. 2022. 「2021년도 언론 관련 판결 분석보고서」. 서울: 언론중재위원회.
MBN 뉴스. 2014.5.28. "정우 수상 소감, '하늘에 계신 아버지 보고싶다' … '폭풍 눈물'." MBN. (https://www.mbn.co.kr/news/entertain/1810661)
예민희·임은혁. 2015. 「패션 디자이너의 페르소나 마케팅」. ≪한국의류학회지≫, 제39권 제3호, 124~134쪽.
오긍(吳兢). 2013. 『리더십의 영원한 고전: 정관정요』. 김원중 옮김. 서울: 글항아리.
오문영. 2022.10.17. "16년전 일(日) 기업 보고 놀랐던 이재용 … 이후 삼성이 만든 변화." ≪머니투데이≫.
오지현. 2018. 「한국 정치인의 셀러브리티화(化) 현상」. 이화여자대학교 대학원 사회학과 석사학위 논문.
온라인 에디터. 2016.4.22. "[카드뉴스] 혹시 나도 관종? 관종 자가 진단 테스트." ≪매거진 한경≫.
위근우. 2009.11.27. "비 '내 이름을 알린다는 것은 세계를 정복한다는 것'." ≪텐아시아≫.
위병기. 2014.5.26. "측근정치와 지방선거." ≪전북일보≫.
유교문화연구소. 2011. 『서경』. 서울: 성균관대학교 출판부.
유길용. 2017.5.15. "3부요인 대신 '국가요인'으로 … 헌재가 의전서열 강조한 이유." ≪중앙일보≫.
유연석. 2015.4.7. "오드리 헵번 子 '세월호를 기억하자'." ≪CBS 노컷뉴스≫.
유원정. 2015.12.17. "명성은 양날의 검 … 스스로 검열해서는 안 돼." ≪CBS 노컷뉴스≫.
유재호. 2021. 『(농담의 기저에 흐르는) 위트의 원리』. 서울: 예랑.
유평근·진형준. 2002. 『이미지(Images)』. 서울: 살림.
유현경·이영아. 2017. 「뉴스 앵커 이미지가 뉴스 선택에 미치는 연구: 종편 4사의 비교를 중심으로」. ≪한국인체미용예술학회지≫, 제18권 제3호, 183~193쪽.
유호윤. 2022.8.25. "삶은 아름다운 것 … 선을 행하는 데 지치지 말길." KBS 뉴스. (https://news.kbs.co.kr/news/view.do?ncd=5542063)
윤보람. 2019.2.5. "한국인이 가장 좋아하는 자동차 색깔은 '흰색' … 셋 중 한 대꼴." 〈연합뉴스〉.
윤석금. 2018. 『사람의 힘: 영원한 세일즈맨 윤석금이 말한다』. 서울: 리더스북.
윤성옥. 2007. 「공인의 미디어 소송 특징과 국내 판결 경향에 관한 연구: 1989년 이후 정치인 및 고위 공직자 명예훼손 판례를 중심으로」. ≪한국언론정보학보≫, 제40권, 150~191쪽.
윤정화. 2020. 「한강 소설에 나타나는 '흰' 색채 이미지와 변이 양상」. ≪비평문학≫, 제78권, 239~274쪽.
윤종석. 2008.10.10. "[국감현장] 악플 우려 … 사이버 모욕죄는 이견." 〈연합뉴스〉.
윤지혜·정동섭, 2017. 「최고경영자 유명도(CEO Celebrity)의 결정 요인과 경영 성과에 관한 연구」. 2017 한국경영학회 통합학술발표논문집, 158~179쪽.
윤태석. 2017.8.4. "[단독 인터뷰] 박지성 '대표팀 기강? 선수끼리의 신뢰가 우선'." ≪한국일보≫.
이건. 2011.5.1. "[결산 인터뷰] 김연아는 □□□□다." ≪스포츠조선≫.
이경미. 2021. 『이문화의 이해와 글로벌 에티켓』. 서울: 한올.
이가원. 1989. 『시경(신역)』. 서울: 홍신문화사.
이기석 옮김. 2012. 이가원 감수. 『시경(詩經)』. 서울: 홍신문화사.
이기주. 2017. 『말의 품격』. 서울: 황소북스.
이다원. 2022a.6.9. "[인터뷰] 아이유에서, 이지은으로." ≪스포츠경향≫.
_____. 2022b.6.14. "[인터뷰] 송강호 '칸 남우주연상, 브로커 팀 덕분에 완성된 거죠'." ≪스포츠경향≫.
이동건. 2016.1.28. "[인터뷰] 〈로봇, 소리〉 이성민 '송강호 선배, 따라갈 만하면 앞에 가 있더라고요'." ≪서울경제≫.
이문원. 2022. "연예인들의 大選 후보 지지 선언이 사라진 이유: SNS에서 비판 활성화되면서 정치적 발언 조심하게 돼." ≪월간조선≫, 2022년 2월호.
이미나. 2012.10.8. "이성민의 '연기학 총론' … '배우에게 두려운 건'." ≪오마이뉴스≫.
이보영. 2006. 「연예인 평판이 대중의 귀인성향에 미치는 영향」. 성균관대학교 대학원 신문방송학과 석사학위 논문.
이부하. 2012. 「공인(公人)의 인격권과 표현의 자유」. ≪서울법학≫, 제20권 제1호, 43~77쪽.
이상필. 2019.1.31. "1군 공식 승격 이강인, 꿈이 이뤄졌다." ≪스포츠투데이≫.
이상훈. 2019.2.4. "천재 이윤열, 그의 도전은 아직 멈추지 않았다." ≪아이벤 e스포츠≫.
이석무. 2009.3.30. "[세계 피겨] 김연아 '올림픽 金 따면 더 이상 바랄게 없을 것'." ≪마이데일리≫.
이수범·서경화·안혜령·이광석. 2011. 「연예인 광고모델 속성이 광고 태도, 기업 명성 및 신뢰에 미치는 영향: 뚜레쥬르와 배스킨라빈스의 크리스마스 케이크 광고를 중심으로」. ≪한국조리학회지≫ 제17권 제4호, 104~120쪽.
이어령. 2022. 『이어령의 마지막 노트(2019~2022): 눈물 한 방울』. 서울: 김영사.
이영미. 2016.11.22. "[이영미 人터뷰] 이종범과 아들 이정후, 야구의 길을 가다." 이영미 칼럼.
이우승. 2022.7.19. "[데스크의 눈] 도어스테핑의 역설." ≪세계일보≫.
이우영. 2012. 『사서삼경(대학·논어·맹자·중용·시경·서경·주역)』. 서울: 글로북스.
이원희. 2018.3.8. "[W 시상식] 박혜진, 2017~2018 정규 리그 MVP … 위성우 감독 6년 연속 지도상(종합)." ≪점프볼≫.
이윤민. 2021.12.11. "[종합] '아는 형님' 이종범&이정후, 돈독한 부자 케미와 남다른 예능감 뽐내." ≪톱스타뉴스≫.
이은정. 2019.2.14. "팬 약속 지킨 아이유 … 김제여고 졸업식장 깜짝 방문." 〈연합뉴스〉.
이재진. 2004. 「연예인 관련 언론소송에서 나타난 한·미 간의 위법성 조각 사유에 대한 비교연구: '공인이론'과 '알 권리'를 중심으로」. ≪한국방송학보≫, 제18권 제3호, 7~50쪽.

______. 2011. "공인의 사생활 보도, 어디까지가 한계인가?" ≪관훈저널≫, 제121호, 83~89쪽.
이재진·이창훈. 2010. 「법원과 언론의 공인 개념 및 입증 책임에 대한 인식적 차이 연구」. ≪미디어 경제와 문화≫, 제8권 제3호. 235~286쪽.
이재훈. 2021.10.6. "블랙핑크, '파리 패션위크' 주인공 … K팝, 명품도 접수." ≪뉴시스≫.
이종현·백승근·신강현. 2018. 「조직 구성원의 마키아벨리즘이 직무 태도에 미치는 영향에서 조직 공정성의 조절 효과」. ≪지역과 세계≫, 제42권 제2호, 183~224쪽.
이준규. 2019.5.18. "[뒤끝 작렬] 막말로 도배된 정치권 … 언제까지 막 나갈 텐가." ≪CBS 노컷뉴스≫.
이준웅. 1998. 「후보 이미지의 정치적 영향력에 대한 사회 인지론적 설명: 제15대 대통령 선거를 중심으로」. ≪한국언론학보≫, 제43권 제2호, 243~282쪽.
이지현. 2012.5.16. "수술 잘하는 병원, 외과 명성 되찾을 것." ≪머니투데이≫.
이진우. 2020. 『균형이라는 삶의 기술(어떻게 인생의 중심을 지킬 것인가?)』. 서울: 인플루엔셜.
이한우. 2015. 『이한우의 사서삼경』. 서울: 해냄.
이형주. 2022.5.30. "에브라의 염원, '돈이나 유명세 아닌 맨유를 생각하는 선수 찾길'." ≪STN스포츠≫.
이혜미. 2014.2.5. "[영상] 김연아 미(美) NBC 인터뷰 … 유창한 영어 실력 화제." SBS.
이홍규·김성철. 2011. 『뉴미디어 시대의 비즈니스 모델: 창조와 변형의 바이블』. 파주: 한울엠플러스.
이홍표·한성열. 2006. 「지각된 사회적 평판의 구성요소: 진화심리학적 추론」. ≪한국심리학회지: 사회 및 성격≫, 제20권 제3호, 1~16쪽.
이효성. 1999. 「공인의 명예훼손과 언론자유」. ≪저널리즘비평≫, 제28권, 90~97쪽.
임기태·박상윤. 2016. 「스포츠 선수 보증인의 사회적 책임활동이 광고기업의 성과에 미치는 영향」. ≪한국사회체육학회지≫, 제64호, 247~258쪽.
임동현. 2021.12.27. "[인터뷰] 선각자이자 위대한 스승, 아버지 주인호 박사의 정신을 남기려 합니다." ≪뉴스더원≫.
임현수·이준웅. 2011. 「기사화 과정에서의 영향요인에 관한 연구: 정부 보도자료에 대한 조선일보, 한겨레 기사 분석을 중심으로」. ≪한국언론학보≫, 제55권 제2호, 5~31쪽.
임형택·서영수. 2021. 『글로벌 문화와 관광』. 서울: 학현사.
임홍택. 2020. 『관종의 조건』. 서울: 웨일북.
자사. 2021. 『중용』. 서울: 디즈비즈북스.
작자 미상. 2020. 『서경』. 서울: 을유문화사.
장연주. 2017.6.07. "경기 불황에 '명품백'도 내다판다." ≪헤럴드경제≫.
장우정. 2021.8.1. "'라스트마일' 뜨자 명품 배송으로 재기 노리는 '팬택 신화' 박병엽." ≪조선비즈≫.
장주연. 2022.7.19. "류준열 '〈외계+인〉, 앤드류 가필드도 궁금해했죠'." 머니투데이방송 MTN.
전승훈. 2014.4.11. "기업 임원 연봉에 칼 빼든 EU." ≪동아일보≫.
정규식. 2018. 「『광문자전』의 서사적 내용과 주제 의식」. ≪용봉인문논총≫, 제52호, 163~192쪽.
정연주. 2021. 『이기는 선거의 법칙』. 서울: 북코리아.
정유진. 2022. 『로열 패밀리: 유럽을 지배한 여덟 가문의 기막힌 이야기』. 서울: 위즈덤하우스.
정윤섭. 2021.2.9. "방탄소년단 '우리는 행운아' … 애플뮤직 'BTS는 팝의 혁명'." 〈연합뉴스〉.

정재민. 2010. 「청소년 팬덤 현상에 대한 근거 이론적 접근」. ≪한국청소년연구≫, 제21권 제3호, 91~119쪽.
정재영·신제구. 2021a. 「리더의 마키아벨리즘이 이직 의도에 미치는 영향: 후견지명의 매개효과」. ≪지식경영연구≫, 제22권 제1호, 155~181쪽.
_____. 2021b. 「리더의 마키아벨리즘이 구성원의 직무 열의에 미치는 영향: 자기효능감 및 목표몰입의 직렬다중 매개를 중심으로」. ≪대한경영학회지≫, 제1권, 29~60쪽.
정진형. 2015.12.21. "전병헌, '명망가 중심 정당은 가장 낙후된 정당': 역선택 포함시킨 일부 여론조사, 기본 상식도 없어." ≪뷰스앤뉴스≫.
정현·이종영. 2015. 「손연재 신문보도를 통해 본 한국 여성 스포츠 셀러브리티의 이데올로기적 특성」. ≪한국체육학회지≫, 제54권 제5호, 119~128쪽.
정혜란. 2018. 「이효리를 통해 본 한국의 셀러브리티 문화와 여성성」. 서울대학교 대학원 언론정보학과 석사학위 논문.
정혜정. 2017.7.18. "[K스타] 소방관 처우 개선 위해 밀가루 뒤집어쓴 김혜수." KBS.
조윤성. 2009.11.6. "넥타이 보면 CEO가 보인다: 색상·무늬는 이미지 평가 '바로미터'." ≪이코노믹 리뷰≫.
조형주. 2022.7.11. "가상세계에 '괴물급 신인들' 대거 탄생 예고 … 유아인부터 수지 닮은 꼴까지." ≪Ai타임스≫.
진용주·유재웅. 2015. 「국가 위기 상황에서 국가 지도자의 눈물 소구가 수용자에게 미치는 영향」. ≪정치커뮤니케이션연구≫, 제36권, 97~129쪽.
진용주·윤천석·유재웅. 2014. 「국가 지도자의 공신력(credibility)이 국가 평판(reputation)에 미치는 영향: 한국 국가 지도자에 대한 중국인의 태도를 중심으로」. ≪정치커뮤니케이션연구≫, 제32권, 325~355쪽.
짜나끼야(Chanakya). 2018. 『강국론: 고대 인도의 전략서』. 허세만 옮김. 서울: 해드림출판사.
채복기. 2021. 『우리에게 필요한 리더 다시 링컨』. 서울: 북스토리.
최건. 2005. 「CEO의 리더십 유형이 CEO 평판과 상품 선택에 미치는 영향에 관한 연구」. 동국대학교 대학원 석사학위 논문.
최명일·김신애·최믿음. 2013. 「뉴스 프로그램 선택요인의 상대적 중요도 및 우선순위 분석: 계층분석 과정을 중심으로」. ≪미디어 경제와 문화≫, 제11권 제4호, 7~46쪽.
최미정·심정신. 2014. 「대학생들의 노인에 대한 인식과 이미지에 관한 연구」. ≪한국엔터테인먼트산업학회논문지≫, 제8권 제2호, 299~306쪽.
최수진·김정섭. 2014. 「인터넷 공간에서 기사 어뷰징 실태 및 개선방안 연구」. 서울: 한국언론진흥재단.
최영. 2019. 『허브와 커넥터: 독점과 배제 네트워크』. 파주: 한울엠플러스.
최장집·박상훈. 2011. 『막스 베버, 소명으로서의 정치』. 서울 : 후마니타스.
최조이스·강환국. 2017. 「소셜 인플루언서를 활용한 미국 시장 진출 전략」. *Global Market Report*, Vol.17, No.3. 1~44쪽. 서울: KOTRA.
최현정. 2014.5.1. "[인터뷰] '뼛속까지 가수' 박정현, 노래하는 꿈 이뤄 만족." ≪파이낸셜뉴스≫.
쿠에, 에밀(Emile Coue). 2018. 『자기암시(긍정적인 자기암시가 우리 몸과 마음을 어떻게 변화시키는가)』. 윤지영 옮김. 서울: 연암사.
페이퍼문 편집부. 2017. 『역경』. 서울: 페이퍼문.

하동근·안서진. 2018. 「TV 뉴스 프로그램의 앵커 평판과 브랜드 자산 평가가 지속적 시청 의도에 미치는 영향: KBS, JTBC, YTN 뉴스를 중심으로」. ≪한국콘텐츠학회 논문지≫, 제18권 제9호, 91~101쪽.
하진수. 2014a.10.24. "[한국의 큰손들] ② 서울 들어가려면 '광화문 곰'의 땅을 안 밟을 수 없다." ≪조선비즈≫.
_____. 2014b.10.31. "[한국의 큰손들] ③ 박현주 미래에셋 회장이 배워갔던 '백 할머니'." ≪조선비즈≫.
한경진. 2021.3.19. "현대차 로봇개 따라 만든 살인 로봇 SF영화라니⋯ [왓칭]." ≪조선일보≫.
한미소·윤태진. 2017. [대중문화는 '전문가-셀러브리티'를 어떻게 구성하고 활용하는가: 백종원, 허지웅, 최진기의 캐릭터 분석을 중심으로]. ≪한국방송학보≫, 제31권 제5호, 189~228쪽.
한영혜. 2019.2.11. "BTS, 한국 가수 최초 美 그래미 어워드 참석 '꿈 이뤘다'." ≪중앙일보≫.
한은경·김이환·문효진. 2005. [기업 평판과 CEO 평판의 효과 모델 연구: 삼성과 SK를 중심으로」. ≪광고학연구≫, 제16권 제2호, 125~144쪽.
한은경·이보영·문효진. 2007. 「연예인 평판의 척도 개발에 관한 연구: 한국, 중국, 싱가포르를 중심으로」. ≪한국방송학보≫, 제21권 제5호, 297~338쪽.
허세만. 2016. 「고대 인도의 전략사상을 원용한 합동전략 기획체계의 발전방향 모색」. ≪군사연구≫, 제142호, 273~304쪽.
헤어초크, 다니엘(Daniel Herzog). 2019.10.1. "손흥민, 시즌은 길다. 토트넘은 흐름을 탈 것이다." ≪GOAL≫.
현대경제연구원. 2011. 『정주영 경영을 말하다: 시대를 초월한 세기의 기업인』. 서울: 웅진씽크빅.
호프마이스터, 빌헬름(Wilhelm Hofmeister). 2021. 『민주주의를 형성하는 정당: 국제적 시각에서 이론과 실천』. 안미라 옮김. 서울: 콘라트 아데나워 재단 한국사무소.
홍상희, 2023.3.1. "〈대외비〉 이성민 '나는 성공한 덕후, 배우는 나의 숙명'." YTN.
홍수영. 2007.7.18. "'컨테이너 살이' 박영록 前의원 청렴 정치인 대상 받아." ≪동아일보≫.
홍종흠. 2022.6.1. "[홍종흠 목요칼럼] 이런 지방선거 계속해야 하나?" ≪경북신문≫.
황선용. 2022.1.6. "방탄소년단 정국, '본업' 먼저 잘하려 노력 → 2022년 '참 멋지다' 가장 듣고 싶어 ⋯ '숨멎' 남신 자태." ≪톱스타뉴스≫.
황성욱. 2016. 「연예인의 평판 관리, 어떻게 해야 하는가?: 정황적 수용이론을 중심으로」. ≪홍보학연구≫, 제20권 제1호, 105~137쪽.
황성욱·조윤홍. 2017. 「일반인의 평판, 어떻게 측정할 수 있는가?: 개인 평판 구성요소에 대한 연구」. ≪한국광고홍보학보≫, 제19권 제4호, 35~63쪽.
황유미. 2017.4.23. "[색깔의 비밀③] '레드 카펫'의 유래, BC 13세기로 돌아가볼까." ≪뉴스핌≫.

「롱맨 영어사전」(https://www.ldoceonline.com/)
「옥스퍼드 영어사전(OED)」(http://www.oed.com/)
「케임브리지 영어사전」(https://dictionary.cambridge.org/)

영문 자료

Adler, P. A., and Adler, P. 1989. "The Glorified Self: The Aggrandizement and the Constriction of Self." *Social Psychology Quarterly*, Vol.52, pp.299~310.

Agyemang, K., and Singer, J. N. 2013. "An Exploratory Study of Professional Black Male Athletes' Individual Social Responsibility(ISR), Spectrum." *A Journal on Black Men*, Vol.2, No.1, pp.47~71.

Ajzen, I., and Fishbein, M. 1980. "Prediction of Goal-directed Behaviour: Attitudes, Intentions, and Perceived Behavioural Control." *Journal of Experimental Social Psychology*, Vol.22, pp.453~474.

Ali, H. 2021. "Social Impact Assessment (Sia): A Review Of Sia Procedure In Malaysia." *Social Impact Assessment*, Vol.1, No.5, pp.105~118.

Allison S. T., and Goethals, G. R. 2016. "Hero Worship: The Elevation of the Human Spirit." *Journal for the Theory of Social Behaviour*, Vol.46, No.2, pp.187~210.

Althusser, L. P. 1968. *Lenin and Philosophy and Other Essays*. Paris: François Maspero.

American Psychiatric Association. 2013. *DSM-5 Task Force*(5th ed.). American Psychiatric Publishing, Inc.

Armstrong, K. 2023.2.2. "Bobi breaks Guinness World Record for oldest dog ever Published." BBC News.

Asch, S. E. 1966. "Opinions and Social Pressure." in A. P. Hare, E. F. Borgatta and R. F. Bales(eds.). *Small Groups: Studies in Social Interaction*, pp.318~324. New York: Alfred A. Knopf.

Atkin, C., and Block, M. 1983. "Effectiveness of Celebrity Endorsers." *Journal of Advertising Research*, Vol.23, No.1, pp.57~61.

Bacon, F. 1985. "Of Envy." *Essays or Counsels, Civil and Moral*.

Bailey, S. and Dickinson, P. 2016. "The Importance of Safely 'De-roling' Methods." *A Journal of Acting Pedagogy*, Vol.2, pp.1~18.

Baker, L. 2016.2.22. "Where does the red carpet come from?" BBC.

Baker, M. J., and Churchill, G. A., Jr. 1977. "The Impact of Physically Attractive Models on Advertising Evaluations." *Journal of Marketing Research(JMR)*, Vol.14, No.4, pp.538~555.

Bandura, A. 1982. "Self-efficacy Mechanism in Human Agency." *American Psychologist*, Vol.37, No.2, pp.122~147.

Barney, J. B. 1991. "Firm Resources and Sustained Competitive Advantage." *Journal of Management*, Vol.7, No.1, pp.99~120.

Bartels, L. 1996. "Uninformed Votes: Information Effects in Presidential Elections." *American Journal of Political Science*, Vol.40, pp.194~230.

Bartle, J. 1997. "Political Awareness and Heterogeneity in Models of Voting: Some Evidence from the British Election Studies." in C. Pattie, D. Denver, J. Fisher and S. Ludlam(eds.). *British Elections & Parties Review*, Vol.7, pp.1~22. London: Frank Cass.

Bass, B. 1985. *Leadership and Performance beyond Expectations*. New York: Free Press.

Bates, S. 2011. *Discover Your CEO Brand: Secrets to Embracing and Maximizing Your Unique Value as a Leader.* New York: McGraw Hill Professional.

Baumeister, R. F., and Leary, M. R. 1995. "The Need to Belong: Desire for Interpersonal Attachments as a Fundamental Human Motivation." *Psychological Bulletin*, Vol.117, pp.497~529.

Bekkers, R., and Wiepking, P. 2010. "A Literature Review of Empirical Studies of Philanthropy: Eight Mechanisms That Drive Charitable Giving." *Nonprofit and Voluntary Sector Quarterly*, Vol.40, No.5, pp.1~50.

Bell, C. E. 2009. *American Idolatry: Celebrity, Commodity and Reality Television.* University of Colorado at Boulder ProQuest Dissertations Publishing.

Belschak, F. D., and Den Hartog, D. N. 2010. "Pro-self, Prosocial, and Pro-organizational Foci of Proactive Behaviour: Differential Antecedents and Consequences." *Journal of Occupational and Organizational Psychology*, Vol.83, No.2. pp.475~498.

Bergson, H. 2022. *The Collected Works of Henri Bergson.* DigiCat.

Berlo, D. K., Lemert, J. B., and Merz, R. J. 1970. "Dimensions for Evaluating the Acceptability of Message Sources." *Public Opinion Quarterly*, Vol.33, pp.563~576.

Berri, D. J. 1999. "Who is 'Most Valuable'? Measuring the Player's Production of Wins in the National Basketball Association." *Managerial and Decision Economics*, Vol.20, No.8, pp.411~427.

Besoccer. 2022.12.22.(search). 'Top 20' Best Quotes Ever Said About Messi (https://www.besoccer.com/new/top-20-best-quotes-ever-said-about-messi-46925)

Boorstin, D. J. 1961. *The Image: A Guide to Pseudo-events in America.* New York: Random House.

_____. 1962. *The Image: A Guide to Pseudo-events in America.* New York: Harper.

_____. 1992. *The Image: A Guide to Pseudo-events in America.* New York: Random House.

Bourdieu, P. 1979. *Distinction: A Social Critique of the Judgement of Taste.* London: Routledge and Kegan Paul.

_____. 1986. "The Forms of Capital." in J. Richardson. *Handbook of Theory and Research for the Sociology of Education*, pp.241~258. Westport, CT: Greenwood.

_____. 1995. "Structures, Habitus, Practices." in J. Faubion(ed.). *Rethinking the Subject*, pp.31~45. Boulder, Colo.: Westview Press.

Bowlby, J. 1969. *Attachment and Loss: Vol. 1. Attachment.* New York: Basic.

_____. 1973. *Attachment and Loss: Vol. 2—Separation: Anxiety and Anger.* New York: Basic Books.

_____. 1980. *Attachment and Loss: Vol. 3—Loss, Sadness, and Depression.* New York: Basic Books.

_____. 1988. *A Secure Base: Parent-child Attachment and Healthy Human Development.* New York: Basic Books.

Boyatzis, R. 1982. *The Competent Management: A Model for Effective Performance.* New York: John Wiley & Sons.

Branden, N. 1986. *The Psychology of Self-esteem*. New York: Bantan Books.
_____. 1989. *The Psychology of High Self-esteem: A Life-Changing Program for Personal Growth Audio Cassette*. Nightingale Conant Corp.
Braudy, L. 1986. *The Frenzy of Renown*. New York: Oxford University Press.
_____. 1997. *The Frenzy of Renown: Fame and its History*(2nd ed.). New York: Vintage.
Brooke, D. E., and Pooley, J. D. 2017. "Facebook for Academics: The Convergence of Self-branding and Social Media Logic on Academia.edu." *Social Media+Society*, Vol.3, No.1, pp.1~11.
Brooks, C. S. 1917. "XI. On the Difference between Wit and Humor." *Chimney-Pot Papers*, pp.128~135. New Haven: Yale University Press.
Brooks, C. S. 1963. "On the Difference between Wit and Humor." *Modern Essays*(3rd ed.). Chicago: Scott, Foresman.
Boorstin, D. J. 1962. *The Image: Or What Happened to the American Dream*. New York: Atheneum.
Buijzen, M., and Valkenburg, P. M. 2004. "Developing a Typology of Humor in Audiovisual Media." *Media Psychology*, Vol.6, pp.147~167.
Buinitskyi, V., and Yakovets, A. 2019. "The Role of the Media in Shaping the Image of a Politician." *World Science 3*, Vol.11, No.51, pp.34~37.
Burchill, J. 1986. *Damaged Gods: Cults and Heroes Reappraised*. London: Century.
Burdge, R. J., and Vanclay, F. 1996. "Social Impact Assessment: A Contribution to the State-of the-arts Series." *Impact Assessment*, Vol.14, No.1, pp.59~86.
Burns, J. 1978. *Leadership*. New York: Harper & Row.
Burson-Marsteller. 2003. "CEO Reputation Study." Belgium: Burson-Marsteller's Research.
Bushman, B., and Thomaes, S. 2011. "When the Narcissistic Ego Deflates, Narcissistic Aggression Inflates." in W. K. Campbell and J. D. Miller(eds.). *The Handbook of Narcissism and Narcissistic Personality Disorder*, pp.319~329. NY: Wiley.
Buss, D. M., and Schmitt, D. P. 1993. "Sexual Strategies Theory An Evolutionary Perspective on Human Mating." *Psychological Review*, Vol.100, No.2, pp.204~232.
Caldwell, N., and Nicholson, K. 2014. "Star Quality: Celebrity Casting in London West End Theatres." *Arts Marketing: An International Journal*, Vol.4, No.1/2, pp.136~155.
Candace, F., and Rohmann, E. 2018. *Strongheart: Wonder Dog of the Silver Screen*. Schwartz & Wade Books.
Caprino, K. 2014. 6. 2. "9 Core Behaviors Of People Who Positively Impact The World." *Forbes*.
Carroll, B. 1979. "A Three-dimensional Conceptual Model of Corporate Performance." *Academy of Management Review*, Vol.4, No.4, pp.497~505.
Cashmore, E. 2006. *Celebrity Culture*. New York: Routledge.
Caughey, J. L. 1978. "Artificial Social Relations in Modern America." *American Quarterly*, Vol.30, No.1, pp.70~89.
CBS News. 2023.5.14. "Angelina Jolie: I Had Preventive Double Mastectomy."

Centre for Good Governance(CGG). 2006. *A Comprehensive Guide for Social Assessment.*

Chapman, C. B., and Cooper, D. F. 1983. "Risk Engineering: Basic Controlled Interval and Memory Models." *Journal of the Operational Research Society*, Vol.34, No.1, pp.51~60.

Chayko, M. 2017. *Superconnected: The Internet, Digital Media, and Techno-Social Life.* New Dehi: SAGE Publications[『초연결사회: 인터넷, 디지털 미디어, 그리고 기술·사회생활』, 배현석 옮김(파주: 한울엠플러스, 2018)].

Cialdini, R. 1993. *Influence: The Psychology of Persuasion.* New York: William Morrow and Company.

Clardy, A. 2012. "Organizational Reputation: Issues in Conceptualization and Measurement." *Corporate Reputation Review*, Vol.15, No.4, pp.285~303.

Cline, C. 1992. "Essays from Bitch: The Women's Rock Newsletter." in L. A. Lewis(ed.). *The Adoring Audience: Fan Culture and Popular Media.* New York: Routledge.

Coleman, J. S. 1988. "Social Capital in the Creation of Human Capital." *The American Journal of Sociology*, Vol.94, pp.S95~S120.

Coleman, J. S. 1990. *Foundations of Social Theory.* Cambridge: Harvard University Press.

Comer, R. J. 2016. *Fundamentals of Abnormal Psychology*(8th ed.). New York: Worth Pubilsher [『이상심리학』, 오경자·정경미·송현주·양윤란·송원영·김현수 옮김(서울: 시그마프레스, 2017)].

Compl, Hist. 1824. *Murder Mr. Weare 219 Carter A Complete History and Development of all the Extraordinary Circumstances and Events Connected with the Murder of Mr. Weare.* London: Jone & Co.

Conte, F. 2018. "Understanding the Influence of CEO Tenure and CEO Reputation on Corporate Reputation: An Exploratory Study in Italy." *International Journal of Business and Management*, Vol.13, No. 3, pp.54~66.

Coopersmith, S. 1967. *The Antecedents of Self-esteem.* San Francisco: H Freeman and Company.

Cosmides, L., and Tooby, J. 1992. "Cognitive Adaptations for Social exchange." in J. H. Barkow, L. Cosmides and J. Tooby(eds.). *The Adapted Mind: Evolutionary Psychology and the Generation of Culture*, pp.163~228. New York: Oxford University Press.

Costa, G. B., Huber, M. R., and Saccoman, J. T. 2012. *Reasoning with Sabermetrics: Applying Statistical Science to Baseball's Tough Questions.* North Carolina: McFarland.

Costa, P. T., Jr., and McCrae, R. R. 1985. *The NEO Personality Inventory Manual.* Odessa, FL: Psychological Assessment Resources.

Culpan, Tim. 2020.1.20. "Masayoshi Son is no angel. He might want to give it a try." *The Economic Times.*

Davenport, T. H., and Beck, J. C. 2001. *The Attention Economy: Understanding the New Currency of Business.* Boston, MA: Harvard Business School Press.

Davenport. B. 2021.7.19. "Livebold & Bloom Lindsay Sunde Fake Friend: 20 Signs Of Fake Friends And How To Deal With Them." *Livebold and Bloom.*

Davis, S. L., Rives, L. M., and Maya, S. R. 2017. "Introducing Personal Social Responsibility as a Key Element to Upgrade CSR." *Spanish Journal of Marketing*, Vol.21, No.2, pp.146~163.

_____. 2021. "Personal Social Responsibility: Scale Development and Validation." *Corporate*

Social Responsibility and Environmental Management, Vol.28, No.2, pp.763~775.
Deci, E. L., and Ryan, R. M. 2000. "The 'What' and 'Why' of Goal Pursuits: Human Needs and the Self-determination of Behavior." *Psychological Inquiry*, Vol.11, pp.227~268.
Deephouse, D. L. 2000. "Media Reputation as a Strategic Resource: An Integration of Mass Communication and Resource-based Theories." *Journal of Management*, Vol.26, No.6, pp. 1091~1112.
Derichs, C., Fleschenberg, A., and Hüstebeck, M. 2006. "Gendering Moral Capital: Morality as a Political Asset and Strategy of top Female Politicians in Asia." *Critical Asian Studies*, Vol.38, No.3, pp.245~270.
Dholakia, R., and Sternthal, B. 1977. "Highly Credible Sources: Persuasive Facilitators or Persuasive Liabilities?" *Journal of Consumer Research*, Vol.3, No.4, pp.223~232.
Dictionary.com(https://www.dictionary.com/browse/vip)
Difference Between. 2022. "Difference between VIP and VVIP."
(http://www.differencebetween.info/difference-between-vip-and-vvip)
Doorley, J., and Garcia, H. F. 2011. *Reputation Management: The Key to Successful Public Relations and Corporate Communication*(2nd ed.). London: Routledge[『기업 생존을 좌우하는 명성경영 전략』, 백지현·김장현·홍유정 옮김(서울: 알마, 2016)].
Douglas, R. L. 2021.2.28. "No Stupid Questions EPISODE #41: Why Are We So Attracted to Fame?" Freakonomics Radio Network.
(https://freakonomics.com/podcast/why-are-we-so-attracted-to-fame/)
Drake, P., and Miah, A. 2010. "The Cultural Politics of Celebrity." *Cultural Politics*, Vol.6, No.1, pp.49~64.
Duckworth, A. 2016. *Grit: The Power of Passion and Perseverance*. New York: Scribner Book Company[『그릿』, 김미정 옮김(서울: 비즈니스북스, 2016)].
Duffett, Mark. 2013. *Understanding Fandom: An Introduction to the Study of Media Fan Culture*. New York: Bloomsbury Academic.
Dyer, R. 1979. *Stars*. London: British Film Institute.
_____. 1979. *Stars*. New Edition, with a Supplementary Chapter and Bibliography by Paul McDonald. London: British Film Institute.
_____. 1991. "A Star is Born and the Construction of Authenticity." in C. Gledhill(ed.). *Stardom: Industry of Desire*. London: Routledge.
_____. 2004. *Heavenly Bodies: Film Stars and Society*(2nd ed). Abingdon: Routledge.
Dyer, R., and McDonald, P. 1998. *Stars*(orig. in 1979). London: British Film Institute.
Dziuda, W., and Howell, W. G. 2021. "Political Scandal: A Theory." *American Journal of Political Science*, Vol.65, No.1, pp.197~209.
Eccleshare, C. 2022.7.18. "He's bigger than K-pop: How Son-mania is putting Spurs on the map in South Korea." *The Athletic*.
Encyclopædia Britannica. (https://www.britannica.com/sports/baseball/Awards#ref783230)
Entman, R. 1993. "Framing: Toward Clarification of a Fractured Paradigm." *Journal of Communication*, Vol.43, No.4, pp.51~58.

_____. 2007. "Framing Bias: Media in the Distribution of Power." *Journal of Communication*, Vol.57, No.1, pp.163~173.

Erdogan, B. Z. 1999. "Celebrity Endorsement: A Literature Review." *Journal of Marketing Management*, Vol.15, No.4, pp.291~314.

Erikson, E. 1982. *The Life Cycle Completed.* New York: Norton.

Etymonline(https://www.etymonline.com/word/vip)

Evans, D. G., Barwell, J., Eccles, D. M., Collins, A. L., Izatt, L., Jacobs, C., Donaldson, A., Brady, A. F., Cuthbert, A., Harrison, R., Thomas, S., Howell, A., The FH02 Study Group, RGC Teams, Miedzybrodzka, Z., and Murray, A. 2014. "The Angelina Jolie Effect: How High Celebrity Profile Can Have a Major Impact on Provision of Cancer Related Services." *Breast Cancer Research.* Vol.16, No.5, p.442.

Fang, X., and Mishra, S. 2002. "The Effect of Brand Alliance Portfolio on the Perceived Quality of an Unknown Brand." *Advances in Consumer Research*, Vol.29, pp.519~520.

Farrell, N. 2019. *The Political Economy of Celebrity Activism.* New York: Routledge.

Feldman, E. 2007. "Celebrity Endorsements: Love'em Or Hate'em. Associated Content." Retrieved November, 2010 from http://www.associatedcontent.com/article/367243/celebrity endorsements love em or hate.html.

Feyoh, M. 2019.4.29. 15 Hilarious Ways To Be Funny. (https://www.developgoodhabits.com/how-to-be-funny/)

Fiske, J. 1993. "The Cultural Economy of Fandom." in L. Lewis(ed.). *The Adoring Audience: Fan Culture and Popular Media*, NY: Routledge.

Fitzgerald, P. 1998. "Gratitude and Justice." *Ethics*, Vol.109, No.1, pp.119~153.

Fitzpatrick, E. 2022.1.18. "[Celebrity Style] The 2022 Color Trends Hailey Bieber, Rihanna, and Dua Lipa Are Wearing." *Who What Wear.*

Fogg, B. J., and Tseng, H. 1999. "The Elements of Computer Credibility." *Proceedings of ACM CHI 99 Conference on Human Factors in Computing Systems*, Vol.1, pp.80~87. New York: ACM Press.

Frecknall, P. 1994. "Good Humor: A Qualitative Study of the Uses of Humor in Everyday Life." *Psychology: A Journal of Human Behavior*, Vol.31, No.1, pp.12~21.

Gaines-Ross, L. 2003. *CEO Capital: A Guide to Building CEO Reputation and Company Success.* John Wiley & Sons, Inc.

Gamson, J. 1994. *Claims to Fame: Celebrity in Contemporary America.* Berkely, CA: University of California Press.

Garber, M. 2017.2.25. "Why Are They 'Stars'?" *The Atlantic.*

Garner, R. 2005. "Post-It Note Persuasion Perhaps: A Sticky Influence." *Journal of Consumer Psychology*, Vol.15, pp.230~237.

Garthwaite, C., and Moore, T. J. 2013. "Can Celebrity Endorsements Affect Political Outcomes? Evidence from the 2008 US Democratic Presidential Primary Get access Arrow." *The Journal of Law, Economics, and Organization*, Vol.29, No.2, pp.355~384.

Geneva College. 2017.7.5. "A Good Name is to be Chosen…." *Biblical Wisdom: Geneva's*

Biblical Studies Program.
Gergen, D. R. 2000. *Eyewitness to Power : The Essence of Leadership Nixon to Clinton*. New York: Simon & Schuster[『CEO 대통령의 7가지 리더십』, 서율택 옮김(스테디북, 2002)].
Giles, D. C. 2000. *Illusions of Immortality: A Psychology of Fame and Celebrity*. Houndmills and London: Macmillan Press Ltd.
_____. 2013. "Animal Celebrities." *Celebrity Studies*, Vol.4, No.2, pp.115~128.
_____. 2017. "How Do Fan and Celebrity Identities Become Established on Twitter? A Study of 'Social Media Natives' and Their Followers." *Celebrity Studies*, Vol.8, No.3, pp.445~460.
_____. 2018. *Twenty-first Century Celebrity*. Bingley: Emerald.
Goffman, E. 1974. *Frame Analysis: an Essay on the Organization of Experience*. New York: Harper and Row.
Gottbrecht. L. 2016. 8.18. "Three Different Types Of Influencers All Marketers Should Know [Infographic]." *Mavrck*.
Grady, P. A., and Gough, L. L. 2014. "Self-management: A Comprehensive Approach to Management of Chronic Conditions." *American Journal of Public Health*, Vol.104, No.8, pp.e25~e31.
Graham, J., Harvey, S,, and Puri, M. 2010. "A Corporate Beauty Contest." *Working Paper*. Duke University.
Green, T. "Masayoshi Son: The CEO who lost $70bn in a day before conquering the world." *Hottopics.Ht*.
Greenberg, B. S., and Roloff, M. E. 1974. "Mass Media Credibility: Research Results and Critical Issues." *News Research Bulletin of the American Newspaper Publishers Association*, No.6, pp.1~48.
Greenberg, J., and Arndt, J. 2012. "Terror Management Theory." *Handbook of Theories of Social Psychology: Volume 1*, pp.398~415. SAGE Publications Inc.
Greenwood, D., Long, C. R., and Dal Cin, S. 2013. "Fame and the Social Self: The Need to Belong, Narcissism, and Relatedness Predict the Appeal of Fame." *Personality and Individual Differences*, Vol.55, No.5. pp.490~495.
Griffin, A. 2008. *Crisis, Issues and Reputation Management: A Handbook for PR and Communications Professionals*. London: Kogan Page Ltd.
Hakim, Catherine. 2011. *Money Money: The Power of Erotic Capital*. Allen Lane: London[『매력 자본: 매력을 무기로 성공을 이룬 사람들』, 이현주 옮김(서울: 민음사, 2013)].
Hamel, H. 1813. *Narratives and Description of the Kingdom of Korea. in A Chronological History the Voyages and Discoveries in the South Sea or Pacific Ocean: Part III(1620~1688)*. James Burney(ed.). London: Luke Hansard and Sons.
Hanson, W., and Kalyanam, K. 2007. *Internet Marketing & E-commerce*. Mason, OH: Thomson/South-Western.
Hassan, M. M. 2018. "Social Impact Assessment(SIA): A Review of SIA Procedure in Malaysia." *The International Journal of Social Sciences and Humanities Invention*, Vol.5, No.4, pp.4550~4557.

Hayward, M., Rindova, V., and Pollock, T. 2004. "Believing One's Own Press: the Causes and Consequences of CEO Celebrity." *Strategic Management Journal*, Vol.25, No.7, pp.637~653.
Hellevik, O., and Bjørklund, T. 1991. "Opinion Leadership and Political Extremism." *International Journal of Public Opinion Research*, Vol.3, pp.157~181.
Helmig, B., Huber, J., and Leeflang, P. S. H. 2008. "Co-branding: The State of the Art." *Schmalenbach Business Review(SBR)*, Vol.60, pp.359~377.
Hendricks, V. F. 2022.4.1. "The Nuts and Bolts of Attention Economy. OECD Forum Network." (https://www.oecd-forum.org/posts/the-nuts-and-bolts-of-attention-economy)
Henschel, T. 2009. *Implementing a Holistic Risk Management in Small and Medium Sized Enterprises(SMEs).* Edinburgh Napier University School of Accounting, Economics & Statistics, UK.
Hilligoss, B., and Rieh, S. Y. 2008. "Developing a Unifying Framework of Credibility Assessment: Construct, Heuristics, and Interaction in Context." *Information Processing and Management*, Vol.44, pp.1467~1484.
Hisanabe, Y. 2009. "Persona Marketing for Fujitsu Kids Site." *Fujitsu Science Technology Journal*, Vol.45, No.2, pp.210~218.
Holmes, S., and Redmond, S. 2006. *Framing Celebrity: New Directions in Celebrity Culture* (eds.). London and New York : Routledge.
Horton, D., and Wohl, R. R. 1956. "Mass Communication and Para-social Interaction: Observation on Intimacy at a Distance." *Psychiatry*, Vol.19, pp.185~206.
Hovland, C., and Weiss, W. 1951. "The Influence of Source Credibility on Communication Effectiveness." *Public Opinion Quarterly*, Vol.15, No.4, pp.635~650.
Hunter, J., and Hunter, R. 1984. "Validity and Utility of Alternative Predictors of Job Performance." *Psychological Bulletin*, Vol.96, pp.72~98.
Isen, A. M. 2001. "An Influence of Positive Affect on Decision Making in Complex Situations: Theoretical Issues With Practical Implications." *Journal of Consumer Psychology*, Vol.11, No.2, pp.75~85.
ISO 31000. 2009. *Principles and Generic Guidelines on Risk Management.* (http://www.iso.org)
J-14. 2017.5.5. "K-Pop Takeover!: The Inside Scoop on BTS!" *J-14(Just For Teens Magazine).*
Jaikumar, S., and Sahay, A. 2015. "Celebrity Endorsements and Branding Strategies: Event Study from India." *Journal of Product & Brand Management*, Vol.24, No.6, pp.633~645.
James, G. T. 2003. *Complete Guide to United States Marine Corps Medals, Badges, and Insignia: World War II to Present.* Medals of America Press.
James, W. 1892. *Psychology: Briefer Course.* New York: Henry Holt. Co.
Jenkins, H. 1992. *Textual Poachers: Television Fans and Participatory Culture.* New York: Routledge.
Jerslev, A. 2016. "In The Time of the Microcelebrity: Celebrification and the YouTuber Zoella." *International Journal of Communication*, Vol.10, pp.5233~5251.
Johri, S. 1933. *Where India, China and Burma Meet.* Calcutta: Thacker Spink.
Jones, S. C., and Shrauger, S. 1970. "Reputation and Self-Evaluation as Determinants of

Attractiveness." *Sociometry*, Vol.33, No.3, pp.276~286.

Juma, C. 2016. *Innovation and Its Enemies: Why People Resist New Technologies*. Northamptonshire: Oxford University Press[『규제를 깬 혁신의 역사』, 박정택 옮김(파주: 한울엠플러스, 2022)].

Jung, C. G. 1943[1916]. "On the Psychology of the Unconscious." in C. G. Jung. *Two Essays on Analytical Psychology*, pp.9~130. Cleveland: The World.

Kamins, M. A. 1990. "An Investigation into the 'Match-up' Hypothesis in Celebrity Advertising: When Beauty May be Only Skin Deep." *Journal of Advertising*, Vol.19, No.1, pp.4~13.

Karuna, C., and Merchant, K. A. 2014. "CEO Renown and Its Impact on CEO Pay." *Working Paper*. University of Houston, University of Southern California.

Katsali, Sofia. 2015.10.20. "How To Use Social Media[The Celebrity Edition]." (https://www.linkedin.com/pulse/how-use-social-media-celebrity-edition-sofia-katsali)

Katz, E., and Lazarsfeld, P. F. 1955. *Personal Influence: The Part Played by People in the Flow of Mass Communications*. New York: The Free Press.

Kautz, H., Selman, B., and Sha., M. 1997. "The Hidden Web." *AI Magazine*, Vol.18, No.2, pp.27~36.

Keel, A., and Nataraajan, R. 2012. "Celebrity Endorsements and Beyond: New Avenues for Celebrity Branding." *Special Issue: Psychology, Marketing and Celebrities*, Vol.29, No.9, pp.690~703.

Kenrick, D., Neuberg, S. L., and Cialdini, R. B. 2014. *Social Psychology: Goals in Interaction*, New York: Pearson.

Keyes, C. L. M., and Lopez, S. J. 2002. "Toward a Science of Mental Health: Positive Directions in Diagnosis and Interventions." in C. R. Snyder and S. J. Lopez(eds.). *The Handbook of Positive Psychology*, pp.45~59. New York: Oxford University.

Khedher, M. 2014. "Personal Branding Phenomenon." *International Journal of Information, Business and Management*, Vol.6, No.2, pp.29~40.

Khurana, R. 2002. *Searching for a Corporate Savior*. Princeton, New Jersey: Princeton University Press.

Kim, Soo Zee. 2019.8.6. "The 'Condescending Old People' of South Korea's Workforce." *BBC*.

Klein, M. 1957. *Envy and Gratitude*. New York: Basic Books.

Koh, K. 2011, "Value or Glamour? An Empirical Investigation of the Effect of Celebrity CEOs on Financial Reporting Practices and Firm Performance." *Accounting and Finance*, Vol.56, pp.517~547.

Kron, J. 1984. "What do you say when a lady has smudged lipstick?: You might compliment her; 'new look' makeup relies on bizarre applications." *Wall Street Journal*. Retrieved November, 2010, from http://proquest.umi.com/pqdweb?did=27052759&sid=5&Fmt=3&clientId=1997&RQT=309&VName=PQD

Kroszner, R. S., and Stratmann, T. 2000. "Does Political Ambiguity Pay? Corporate Campaign Contributions and the Rewards to Legislator Reputation." *NBER Working Paper*, No.7475.

Kuiper, N. A., and Martin, R. A. 1993. "Humor and Self-concept." *International Journal of Humor Research*, Vo1.6, pp.251~270.
Kuiper, N. A., Martin, R. A., and Olinger, L. J. 1993. "Coping Humour, Stress, and Cognitive Appraisals." *Canadian Journal of Behavioural Science*, Vol.25, No.1, pp.81~89.
La Ferla, R. 2010. "The New Icons of Fashion." *The New York Times*. Retrieved November, 2010, from http://nytimes.com.
Landy, R. J. 1994. *Drama Therapy; Concepts, Theories and Practices*(2nd ed.). Charles C. Thomas Publisher, IL: USA.
_____. 2009. "Role Theory and The Role Method of Drama Therapy." in D. R. Johnson and R. Emunah(eds.). *Current Approaches in Drama Therapy*, Vol.2, pp.65~88. Springfield, IL: Charles C. Thomas.
Lazarsfeld, P. F., Berelson, B., and Gaudet, H. 1968. *The people's Choice*(3rd ed.). New York: Columbia University Press.
Leslie. L. Z. 2011. *Celebrity in the 21st Century: A Reference Handbook: A Reference Handbook*. Santa Barbara: ABC-CLIO.
Lewis, L. A. 1992. "Something More than Love: Fan Stories on Film." in L. A. Lewis(ed.). *The Adoring Audience: Fan Culture and Popular Media*. New York: Routledge.
Lexico. "most valuable player." *Oxford English and Spanish Dictionary, Synonyms, and Spanish to English Translator*. (https://www.lexico.com/definition/most_valuable_player)
Lindemann, C. 2020.2.7. "Star Texts: A Case Study in Harper's and Vogue." Stanford Literary Lab.
Lo, F. Y., and Fu, P. H. 2016. "The Interaction of Chief Executive Officer and Top Management Team on Organization Performance." *Journal of Business Research*, Vol.69, No.6, pp.2182~2186.
Love, E. G., Lim, J., and Bednar, M. K. 2017. "The Face of the Firm: The Influence of CEOs on Corporate Reputation." *Academy of Management Journal*, Vol.60, No.4, pp.1462~1481.
Lowenthal, L. 1961. *Literature, Popular Culture, and Society*. Englewood Clips: Presentice-Hall.
Lowery, S., and DeFleur, M. L. 1994. *Milestones in Mass Communication Research: Media Effects*(3rd ed.). New York: Addison-Wesley.
Luckhurst, M., and Moody, J.(eds.). 2005. *Theatre and Celebrity in Britain, 1660~2000*. Basingstoke: Palgrave Macmillan.
Ma, A. 2010.10.23. "Meet the VVIP(Very Very Important People)." *Wall Street Journal*.
Machiavelli. N. 1513. *The Prince(II Principe)*.
Madere, C. M. 2018. *Celebrity Media Effects: The Persuasive Power of the Stars*. London: Lexington Books.
Maltby, J., Day, L., McCutcheon, L. E., Gillett, R., Houran, J., and Ashe, D. 2004. "Celebrity Worship Using an Adaptational-continuum Model of Personality and Coping." *British Journal of Psychology*, Vol.95, pp.411~428.
Maltby, J., Liza., D., Giles, D., Gillett, R., Marianne, Q., Honey. L.-J., Linley, P., and Alex, L. P. 2008. "Implicit Theories of a Desire for Fame." *British Journal of Psychology*. Vol.99,

No.2. pp.279~292.

Marcos, P. D. 2020.3.31. "Paying Attention: The Attention Economy Posted." *Berkeley Economic Review.* (https://econreview.berkeley.edu/paying-attention-the-attention-economy/)

Marshall, P. D., and Redmond, S. 2015. *A Companion to Celebrity.* Hoboken: John Wiley & Sons.

Marwick, A. 2010. "Status Update: Celebrity, Publicity and Self-branding in Web 2.0. [Unpublished doctoral dissertation]." *Steinhardt School of Culture, Education, and Human Development.* New York University.

McCutcheon, L. E., and Maltby, J. 2002. "Personality Attributions About Individuals High and Low in the Tendency to Worship Celebrities." *Current Research in Social Psychology*, Vol.7, No.19, pp.325~338.

McDermott, T., and Barabak, M. Z. 2006.12.11. "Crowds Adore Obama." *Los Angeles Times.* (https://www.latimes.com/archives/la-xpm-2006-dec-11-na-obama11-story.html)

McDonald, P. 2000. *The Star System: Hollywood's Production of Popular Identities.* London-New York: Wallflower Press.

McDonald, P. 2013. *Hollywood Stardom.* Oxford: Wiley-Blackwell, 2013.

_____. 2019. *George Clooney.* London: BFI/Bloomsbury.

McDonnell, A., and Douglas, S. J. 2019. *Celebrity: A History of Fame.* New York: NYU Press.

McGuire, W. J. 1973. *Persuasion, Resistance and Attitude Change.* in Lthiel de Sola Pool et al.(eds.). *Handbook of Communication*, pp.216~247. Chicago: Rand McNally.

McLaughlin, B., and Macafee, T. 2019. "Becoming a Presidential Candidate: Social Media Following and Politician Identification." *Mass Communication and Society*, Vol.22, No.5, pp.584~603.

Melas, C. 2020.9.12. "BTS on Making Music, Watching Netflix and Working out During Quarantine." *CNN.*

Men, L. R. 2012. "CEO Credibility, Perceived Organizational Reputation, and Employee Engagement." *Public Relations Review*, Vol.38, No.1, pp.171~173.

Merriam-Webster Dictionary. "Most valuable player." *Merriam-Webster.* (https://www.merriam-webster.com/dictionary/most%20valuable%20player).

Milgram, S. 1983. *Obedience to Authority: An Experimental View.* New York: Harper/Collins.

Miller, A. H., Wattenberg, M. P., and Malanchuk, O. 1985. "Cognitive Representations of Candidate Assessments." in K. R. Sanders, L. L. Kaid, and D. Nimmo(eds.). *Political Communication Yearbook*, pp.183~210. Southern Illinois University Press.

Miller, G. D. 2003. "Hypotheses on Reputation: Alliance Choices and the Shadow of the Past." *Security Studies*, Vol.12, No.3, pp.40~78.

Miller, T. 2013.8.12. "Too Many Selfies on Facebook Can Damage Relationships: Study." *New York Times.*

Monaco, J. 1978. "Celebration." in J. Monaco(ed.). *Celebrity.* New York: Delta.

Moore, J. 2006. "Theatre of 'Theatre of Attachment': Using Drama to Facilitate Attachment in Adoption." *Adoption & Fostering*, Vol.30, No.2, pp.64~73.

Morin, E. 1957. *Les Stars*. Paris: Éditions du Seuil.
Morrison, E., and Bridwell, L. 2011. "Consumer Social Responsibility: The True Corporate Social Responsibility." *Competition Forum*, Vol.9, No.1, pp.144~149.
Mruk, C. J. 2006a. "Changing Self-Esteem: Research and Practice." in M. H. Kernis(ed.). *Self-esteem Issues and Answers: A Sourcebook of Current Perspectives*. New York: Psychology Press.
_____. 2006b. "Defining Self-esteem: Research and Practice." in M. H. Kernis(ed.). *Self-esteem Issues and Answers: A Sourcebook of Current Perspectives*. New York: Psychology Press.
Murray, K., and White, J. 2005. "CEOs' Views on Reputation Management." *Journal of Communication Management*, Vol.9, No.4, pp.348~358.
Murry, H. A. 1938. *Explorations in Personality*. New York: Oxford University Press.
Nakamura, J., and Csikszentmihalyi, M. 2014. *The Concept of Flow. Flow and the Foundations of Positive Psychology*, pp.239~263. Amsterdam: Springer Netherlands.
Neubauer, P. B. 1982. "Rivalry, Envy, and Jealousy." *The Psychoanalytic Study of the Child*, Vol.37, pp.121~142.
Neves, P., and Story, J. 2015. "Ethical Leadership and Reputation: Combined Indirect Effects on Organizational Deviance." *Journal of Business Ethics*, Vol.127, No.1, pp.165~176.
Nevo, O., Aharonson, H., and Klingman, A. 1998. "The Development and Evaluation of a Systematic Program for Improving Sense of Humor." in W. Ruch(ed.). *The Sense of Humor: Explorations of a Personality Characteristic*, pp.385~404. New York: Mouton de Gruyter.
O'connor, L. 1997.11.24. "Talk Less and Learn the Value of Silence." *SunSentinel*.
Ohanian, R. 1990. "Construction and Validation of a Scale to Measure Celebrity Endorsers Perceived Expertise, Trustworthiness and Attractiveness." *Journal of Advertising*, Vol.19, No.3, pp.39~52.
Online Etymology Dictionary. https://www.etymonline.com/)
Page, T. 2019.2.8. "Greek tragedy and railways: An unexpected history of the red carpet." *CNN*.
Paris, J. 2014. *Modernity and Narcissistic Personal Disorder. Personality Disorder*, Vol.5, No.2, pp.220~226.
Park, C. W., Jun, S. Y., and Shocker, A. D. 1996. "Composite Branding Alliances: An Investigation of Extension and Feedback Effects." *Journal of Marketing Research(JMR)*, Vol.33, No.4, pp.453~466.
Parmentier, M., Fischer, E., and Reuber, A. R. 2013. "Positioning Person Brands in Established Organizational Fields." *Journal of the Academy of Marketing Science*, Vol.41, No.3, pp.373~387.
Patty-Giles, T. 2008. "Fame, Celebrity and the Legacy of John Adams." *Western Journal of Communication*, Vol.72, No.1, pp.83~101.
Penrose, E. 1995. *The Theory of the Growth of The Firm*. New York: Oxford University Press.
Pettersson, D., and Karlström, P. 2011. "Reputation as a Product: Politicians in Social Media." *Stockholm University Forum 100 Conference Paper*. The Second International Conference

on Reputation, ICORE 2011 Conference.
Pfeffer, J., and Salancik, G. 1978. *The External Control of Organizations: A Resource Dependence Perspective*. New York: Harper & Row.
Platon. around 380 B.C. *Politeía(The Republic)*.
Polley, S. 2020.12.13. "The Origins of the Film Star System / George Clooney." Autumn 2020 Book Reviews, NECSUS.
Popik, B. 2012.4.28. "VIP(Very Important Person)." *New York City Permalink*.
Powell, L. 1977. "Voting Intention and the Complexity of Political Images: A Pilot Study." *Psychological Reports*, Vol.40, No.1, pp.243~273.
Rajgopal, S., Shevlin, T., and Zamora, V. 2006. "CEOs' Outside Employment Opportunities and the Lack of Relative Performance Evaluation in Compensation Contracts." *The Journal of Finance*, Vol.61 No.4, pp.1813~1844.
Ranft, A., Zinko, R., Ferris, G. R., and Buckley, M. R. 2006. "Marketing the Image of Management: the Costs and Benefits of CEO Reputation." *Organizational Dynamics*, Vol.35, No.3, pp.279~290.
Ray, M. 2004. "The Intangible Magic of Celebrity Marketing." *PLoS Medicine: San Francisco*, Vol.1, No.2, e42.
Redmond, S., and Holmes, S. 2007. "Introduction: What's in a Reader?" in S. Redmond and S. Holmes(eds.). *Stardom and Celebrity: A Reader*, pp.1~12. London: SAGE.
Rein, G. L. 2005. "A Reference Model for Designing Effective Reputation Information Systems." *Journal of Information Science*, Vol.31, No.5, pp.365~380.
Reis, H. T., Sheldon, K. M., Gable, S. L., Roscoe, J., and Ryan, R. M. 2000. "Daily Wellbeing: The Role of Autonomy, Competence and Relatedness." *Personality and Social Psychology Bulletin*, Vol.26, pp.419~435.
Righetti, F., Luchies, L. B., Van Gils, S., Slotter, E. B., Witcher, B., and Kumashiro, Madoka. 2015. "The Prosocial Versus Proself Power Holder: How Power Influences Sacrifice in Romantic Relationships." *Personality and Social Psychology Bulletin*, Vol.41, No.6. pp.779~790.
Rockwell, D., and Giles. D. 2009. "Being a Celebrity: A Phenomenology of Fame." *Journal of Phenomenological Psychology*, Vol.40, No.2, pp.178~210.
Rojek, C. 2001. *Celebrity*. London: Reaktion Books.
_____. 2012. *Fame Attack: The Inflation of Celebrity and Its Consequences*. London: A&C Black.
Rose, F. 2015. "The Attention Economy 3.0." *Milken Institute Review*, Vol.17, No.42, pp.41~51.
Rosen, S. 1981. "The Economics of Superstars." *The American Economic Review*, Vol.71, No.5, pp.845~858.
Rosenberg, S. V., Nelson, C., and Vivekananthan, P. S. 1968. "A Multidimensional Approach to the Structure of Personality Impressions." *Journal of Personality and Social Psychology*, Vol.9, No.4, pp.283~294.
Roy, K. 2018. *How to Execute Celebrity Endorsements for Enhancing Brand Preferences?* New Delhi: Kisholoy Roy.

Rumelt, R. P. 1984. "Toward a Strategic Theory of Firm." in R. B. Lamb(ed.). *Competitive Strategic Management*, pp.556~570. NY : Prentice Hall.

Russell Reynolds Associates(RRA). 2003. "Investment Management Compensation Survey." AIMR(Association for Investment Management and Research), London.

Russell, E. 2019.11.20. "Break the Internet: BTS." PAPER.

Rutledge, P. 2013.10.20. "Positively Media: How Are We Connect and Thrive through Emerging Technologies." *Psychology Today*.

Ryff, C. D. 1989. "Happiness is Everything, or is It? Explorations on the Meaning of Psychological Well-being." *Journal of Personality and Social Psychology*, Vol.57, No.6, pp.1069~1081.

Saito, M. 1992a. "Comparative (Cross-cultural) Color Preference and Its Structure." *Encyclopedia of Color Science and Technology*. New York: Springer Science+Business Media.

_____. 1992b. "A Cross-cultural Survey on Color Preference in Asian Countries I: Comparison between Japanese and Koreans with Emphasis on Preference for White." *Journal of the Color Science Association of Japan*, Vol.16, pp.1~10.

_____. 1994. "A Cross-cultural Study on Color Preference in Three Asian Cities: Comparison between Tokyo, Taipei and Tianjin." *Japanese Psychological Research*, Vol.36, pp.219~232.

_____. 1996. "A Comparative Study of Color Preferences in Japan, China and Indonesia, with Emphasis on the Preference for White." *Perceptual and Motor Skills*, Vol.83, No.1, pp.115~128.

_____. 1999. "'Blue and Seven Phenomena' among Japanese Students." *Perceptual and Motor Skills*, Vol.89, pp.532~536.

Saito, M., and Lai, A. C. 1992. "A Cross-cultural Survey on Color Preference in Asian Countries: 2. Comparison between Japanese and Taiwanese with Emphasis on Preference for White." *Journal of the Color Science Association of Japan*, Vol.16, No.2, pp.84~96.

Santrock. J. W. 1996. *Child Development*(7th ed.). IA: Brown & Benchmark Publishers.

Schaller, M. 1997. "The Psychological Consequences of Fame: Three Tests of the Self-Consciousness Hypothesis." *Journal of Personality*, Vol.65, No.2, pp.291~309.

Schiraldi, G. R. 2017. *The Resilience Workbook: Essential Skill to Recover from Stress, Trauma, and Adversity*. Oakland, CA: New Harbinger Publications, Inc.[『회복력과 성장을 위한 리질리언스 워크북』, 김동일 옮김(서울: 학지사, 2022)].

Self, C. S. 1996. "Credibility." in M. Salwen and D. Stacks(eds.). *An Integrated Approach to Communication Theory and Research*. Mahway, New Jersey: Erlbaum.

Seo, K. H., An, H. L., Lee, K. S., and Lee, S. B. 2011. "A Study on the Influence of Attitudes of Celebrity Advertising Models on Advertising Attitude, Corporation Reputation and Reliability: Focusing on TOUS les JOURS and Baskin Robbins Christmas Cake Advertisements." *The Korean Journal of Culinary Research*, Vol.17, No.4, pp.104~120.

Serfling, M. A. 2014. "CEO Age and the Riskiness of Corporate Policies." *Journal of Corporate Finance*, Vol.25, pp.251~273.

Shemesh, J. 2011. "CEO Social Status and Risk Taking." *Working Paper*. University of Melbourne.

Shepherd, I. D. H. 2005. "From Cattle and Coke to Charlie: Meeting the Challenge of

Self-marketing and Personal Branding." *Journal of Marketing Management*, Vol.21, No.5~6, pp.589~606.

Silverman, S. M. 2001. *Movie Mutts: Hollywood Goes to the Dogs*. New York: H.N. Abrams.

Simon, H. A. 1971. "Designing Organizations for an Information-Rich World." in M. Greenberger (ed.). *Computers, Communications, and The Public Interest*, pp.37~72. Baltimore: The John Hopkins Press.

Simon, W. E. 1971. "Number and Color Responses of Some College Students: Preliminary Evidence for a 'Blue Seven Phenomenon'." *Perceptual and Motor Skills*, Vol.33, pp.373~374.

Snyder, M., Clary, E. G., and Stukas, A. A. 2000. "The Functional Approach to Volunteerism." in G. R. Maio and J. M. Olson(eds.). *Why We Evaluate: Functions of Attitudes*, pp.365~393. Hillsdale, NJ: Lawrence Erlbaum Associates.

Solomon, M. 2013.8.20. "True Colors: Celebs Show Off Their Favorite Hues: A Colorful Guide to Celebrities' Signature Shades." *ELLE*.

Spencer, L. M., and Spencer, S. M. 1993. *Competency at Work*. New York: John Wiley & Sons.

Spurgin, T. 2014. "'Notoriety is the Thing': Modern Celebrity and Early Dickens." *Dickens Studies Annual*, Vol.45, pp.45~62.

Stack Exchange. 2017. "'VIP' and the acronym fad of the '30s." *English Language & Usage Stack Exchange*. (https://english.stackexchange.com/questions/367100/vip-and-the-acronym-fad-of-the-30s)

Städtler, R. 2011. *Celebrity Scandals and Their Impact on Brand Image: A Study Among Young Consumers*. Nordestedt Germany: GRIN Berleg.

Sternheimer, K. 2014. *Celebrity Culture and the American Dream: Stardom and Social Mobility*. New York: Routledge.

Stever, G. S. 2018. *The Psychology Celebrity*. New York: Routledge[『셀러브리티』, 정지숙 옮김(서울: 돌배나무, 2022)].

Stever, G. S. 2011. "Fan Behavior and Lifespan Development Theory: Explaining Para-social and Social Attachment to Celebrities." *Journal of Adult Development*, Vol.18, No.1, pp.1~7.

Stukas, A. A., Snyder, M., and Clary, E. G. 2016. "Understanding and Encouraging Volunteerism and Community Involvement." *The Journal of Social Psychology*, Vol.156, No.3, pp.243~255.

Tangney, J. P. 2000. "Humility: Theoretical Perspectives, Empirical Findings and Directions for Future Research." *Journal of Social and Clinical Psychology*, Vol.19, No.1, pp.70~82.

Taylor, C., Clifford, A., and Franklin, A. 2013. "Color Preferences are Not Universal." *Journal of Experimental Psychology: General*, Vol.142, No.4, pp.1015~1027.

Te'eni-Harari, T., and Bareket-Bojmel, L. 2021. "An Integrative Career Self-management Framework: The Personal-brand Ownership Model." *Consulting Psychology Journal: Practice and Research*, Vol.73, No.4, pp.372~383.

Teece, D. J., Pisano, G., and Shuen, A. 1997. "Dynamic Capabilities and Strategic Management." *Strategic Management Journal*, Vol.18, No.7, pp.509~533.

The Missouri Group. 2005. *News Reporting and Writing*(8th ed.). Boston, MA: Bedford/St.

Martin's.

Thompson, S. 2006. *The Political Theory of Recognition: A Critical Introduction*. UK Cambridge: Polity Press.

Thomson, M., and Tracy, B. 2011. *Now, Build a Great Business: 7 Ways to Maximize Your Profits in Any Market*. Gildan Media Corp.

Tiung, L. K., and Hasim, M. S. 2009. "Media Framing of A Political Personality: A Case Study of a Malaysian Politician." *European Journal of Social Sciences*, Vol.9, No.3, pp.408~424.

Tucker, S. C. 2012. *Almanac of American Military History*. Santa Barbara: ABC-CLIO.

Turner, G. 2010. *Ordinary People and the Media: the Demotic Turn*. London: Sage.

_____. 2013. *Understanding Celebrity*. London: Sage.

_____. 2014. *Understanding Celebrity*(2nd ed.). London: Sage.

Turner, G., Bonner, F. J., and Marshall, P. D. 2000. *Game Games: The Production of Cambridge in Australia*. Cambridge: Cambridge University Press.

Usher, B. 2020. *Journalism and Celebrity*. New York: Routledge.

Valente, L., and Fontana, D. 1994. "Drama Therapist and Client: An Examination of Good Practice and Outcomes." *The Arts in Psychotherapy*, Vol.21, No.1, pp.3~10.

Van Den Bulck, H. 2018. *Celebrity Philanthropy and Activism: Mediated Interventions in the Global Public Sphere*. New York: Routledge.

Van Krieken, R. 2012a. "Celebrity's Futures: 15 Minutes of Fame, or Fame in 15 Minutes." *Celebrity Society*. New York: Routledge.

_____. 2012b. *Celebrity Society: The Struggle for Attention*. New York: Routledge.

Van Krieken, R. 2018. *Celebrity Society: The Struggle for Attention*(2nd ed.). London: Routledge.

Vanclay, F. 2003. "International Principles for Social Impact Assessment." *Impact Assessment & Project Appraisal*, Vol.21, No.1, pp.5~11.

Verbano, C., and Venturini, K. 2013. "Karen Venturini Managing Risks in SMEs: A Literature Review and Research Agenda." *Journal of Technology Management & Innovation*, Vol.8, No.3, pp.186~197.

Vermigli, P., and Toni, A. 2004. "Attachment and Field Dependence: Individual Differences in Information Processing." *European Psychologist*, Vol.9, No.1, pp.43~55.

Von Earl of Cruise. 2018.1.4. "What does 'VIP' really mean?" *Earl of Cruise*.

Warner, J. 1779[2018]. *George Selwyn and His Contempories Vol. 4: With Memoirs and Notes*. J. H. Jesse(ed.). London: Forgotten Books.

Weisbach, M. 2007. "Optimal Executive Compensation vs. Managerial Power: A Review of Lucian Bebchuk and Jesse Fried's Pay without Performance: The Unfulfilled Promise of Executive Compensation." *Journal of Economic Literature*, XLV, pp.420~429.

Westaby, S. 2020. *The Knife's Edge*. London: Mudlark[『칼끝의 심장』, 서정아 옮김(서울: 지식서가, 2022)].

Whannel, G. 2001. *Sport Stars: Punishment, Redemption and Celebration in the Popular Press, the Case of Beckham*. UK: Routledge Publishers.

Whitley, M. A., and Gould, D. 2011. "Psychosocial Development in Refugee Children and

Youth through the Personal–Social Responsibility Model." *Journal of Sport Psychology in Action*, Vol.1, No.3, pp.118~138.

Wolf, S., and Plowright, A. 2018.8.17. "Air Canada's Ben Smith Named Head of Air France-KLM." *AFP*. (https://www.yahoo.com/news/no-canadians-air-france-unions-want-french-ceo-000134717.html)

Woolcock, M. 1999.4.15. "Social Capital: The State of the Notion." Paper Presented at a Multidisciplinary Seminar on Social Capital, Global and Local Perspectives, Helsinki.

Wright, S. H. 2012. *The ABCs of Greening Communications*. LuLu.com Press,

Yoo, Eunhye. 2021. "I Can't Just Post Anything I Want: Self-management of South Korean Sports Stars on Social Media." *International Review for the Sociology of Sport*, Vol.57, No.3, pp.521~535.

Zaller, J. 1990. "Political Awareness, Elite Opinion Leadership, and the Mass Survey Response." *Social Cognition*, Vol.8, No.1, pp.125~153.

Zaller, J. R. 1992. *The Nature and Origins of Mass Opinion*. Cambridge: Cambridge UP.

Zink, D. 2019.8.15. "MVP Is Not the Most Valuable Player." *Herald-Tribune*.

Zinko, R., Ferris, G. R., Humphrey, S. E., Meyer, C. J., and Aime, F. 2012. "Personal Reputation in Organizations: Two-study Constructive Replication and Extension of Antecedents and Consequences." *Journal of Occupational and Organizational Psychology*, Vol.85, pp.156~180.

| 찾아보기 |

용어

[나]

[다]

[라]

[마]

[바]

[사]

[아]

[자]

[차]

[카]

[타]

[파]

[하]

[영문·숫자]

인명

지은이

김정섭은 성신여자대학교 문화산업예술대학원 문화산업예술학과 교수(Ph. D.)로서 K-컬처, 아티스트, 스타 연구에 집중해 왔다. 아울러 ≪경향신문≫ 기자, 'LG 글로벌 챌린저' 제1기, 성신여자대학교 방송영상저널리즘스쿨 원장, 문화부·인사혁신처·환경부·고용노동부 정책 자문·평가위원, 대통령 연설 자문위원, 한국거래소 상장심사위원, '2022 한국케이블TV방송대상' 심사위원장, KTV 방송 자문위원, 한국엔터테인먼트산업학회 이사 등을 지냈다. 2009년에는 '2008년 한국기자상'을, 2019년에는 한국엔터테인먼트산업학회 '우수논문상'을 받았다. 박사학위 논문을 통해 'K-컬처'란 용어를 학문 영역에 처음 데뷔시켰다. 우리나라 최서단 영해기점인 격렬비열도에 대한 연구·저술을 통해 방치된 이 섬의 '국가연안항' 지정에 크게 기여했다. 시나리오 「1978년 대한민국 최서단 무인도 조난 대참사 실화극: 격렬비열도」 등을 창작하고, 아래와 같은 다양한 학술서를 출간했다.

e-mail: lakejs@naver.com

- 『대한민국 신선마을(무형유산 신선강림 전설을 품은 명승 10선)』(2022)
- 『엔터테인먼트 경영·경제학』, 『엔터테인먼트 상품 경영론』, 『엔터테인먼트 통합 마케팅』(3권 공역, 2021)[2022년 대한민국학술원 우수학술도서 선정]
- 『케이컬처 시대의 뮤직 비즈니스』(2021)[2021년 문화체육관광부 세종도서 학술부문 선정]
- 『(함께 가요, 함께 가꿔요, 함께 지켜요) 격렬비열도』(2020)
- 『할리우드 에이전트』(역서, 2019)[2019년 세계일보·교보문고 '올해의 책' 선정]
- 『우리는 왜 사랑에 빠지고 마는 걸까(로맨스 심리학)』(2019)
- 『한국 대중문화 예술사』(2017)
- 『명품배우 만들기 스페셜 컨설팅』(2016)
- 『협동조합: 성공과 실패의 비밀』(공저, 2016)
- 『케이컬처 시대의 배우 경영학』(2014)[2015년 대한민국학술원 우수학술도서 선정]
- 『언론사 패스 심층지식 I·II』(2권, 2014)
- 『한국 방송 엔터테인먼트 산업 리포트』(2007)

한울아카데미 2448
셀럽시대 이론 · 데이터에서 수양 · 실천까지

지은이 김정섭
펴낸이 김종수 | **펴낸곳** 한울엠플러스(주) | **편집책임** 정은선
초판 1쇄 인쇄 2023년 5월 10일 | **초판 1쇄 발행** 2023년 6월 1일
주소 10881 경기도 파주시 광인사길 153 한울시소빌딩 3층
전화 031-955-0655 | **팩스** 031-955-0656 | **홈페이지** www.hanulmplus.kr
등록번호 제406-2015-000143호

Printed in Korea.
ISBN 978-89-460-7448-4 93680
* 책값은 겉표지에 표시되어 있습니다.